Aus Freude am Lesen

Verdrängung, Sublimierung der Triebe, Ödipuskomplex, der ganze Freud: von Wissenschaft keine Rede. Einer Religion gleich hat seine Psychoanalyse unsere Kultur verführt. Dabei ist sie wahr und gültig nur für eine einzige Person – Sigmund Freud selbst. Michel Onfray, der große radikale unter den Denkern der Gegenwart, führt Freud als Schamanen und mächtigen Guru vor. In einer furios geschriebenen Gegenbiographie entlarvt er dessen Vermächtnis als »großartiges Märchen« und kollektive Wahnvorstellung, der alle kritiklos erliegen.

Michel Onfray, Philosoph, geboren 1959 in Argentan/Frankreich, gründete 2002 in Caen die »Université Populaire«, eine Art Volksuniversität, zu der jeder Zutritt hat. Jährlich besuchen Tausende Zuhörer seine Vorlesungen. Onfray ist einer der wirkungsmächtigsten französischen Intellektuellen, seine zahlreichen Bücher (u.a. »Wir brauchen keinen Gott«) erschienen in mehr als 25 Ländern. »Anti Freud« löste in Frankreich eine leidenschaftlich und kontrovers geführte Debatte aus und wurde zum Nummer-1-Bestseller.

Michel Onfray

Anti Freud

Die Psychoanalyse wird entzaubert

Aus dem Französischen
von Stephanie Singh

btb

Die französische Originalausgabe erschien 2010 unter dem Titel *Le crépuscule d'une idole. L'affabulation freudienne* bei Editions Grasset & Fasquelle, Paris.

MIX
Papier aus verantwortungsvollen Quellen
FSC® C083411
FSC
www.fsc.org

Verlagsgruppe Random House FSC-DEU-0100
Das für dieses Buch verwendete
FSC®-zertifizierte Papier *Lux Cream*
liefert Stora Enso, Finnland.

1. Auflage
Genehmigte Taschenbuchausgabe März 2013,
btb Verlag in der Verlagsgruppe Random House GmbH, München

Lektorat: Margret Plath
Umschlaggestaltung: © semper smile, München, nach einem Umschlagentwurf von bürosüd°, München
Umschlagmotiv: picture alliance / Ferdinand Schmutzer
Druck und Einband: CPI – Clausen & Bosse, Leck
MI · Herstellung: sc
Printed in Germany
ISBN 978-3-442-74522-7

www.btb-verlag.de
www.facebook.com/btbverlag
Besuchen Sie auch unseren LiteraturBlog www.transatlantik.de.

Was dazu reizt, auf alle Philosophen halb misstrauisch, halb spöttisch zu blicken, ist nicht, dass man wieder und wieder dahinter kommt, wie unschuldig sie sind – wie oft und wie leicht sie sich vergreifen und verirren, kurz ihre Kinderei und Kindlichkeit –, sondern dass es bei ihnen nicht redlich genug zugeht: während sie allesamt einen großen und tugendhaften Lärm machen, sobald das Problem der Wahrhaftigkeit auch nur von ferne angerührt wird. Sie stellen sich sämtlich, als ob sie ihre eigentlichen Meinungen durch die Selbstverwirklichung einer kalten, reinen, göttlich unbekümmerten Dialektik entdeckt und erreicht hätten (zum Unterschiede von den Mystikern jeden Rangs, die ehrlicher als sie und tölpelhafter sind – diese reden von »Inspiration« –): während im Grunde ein vorweggenommener Satz, ein Einfall, eine »Eingebung«, zumeist ein abstrakt gemachter und durchgesiebter Herzenswunsch von ihnen mit hinterher gesuchten Gründen verteidigt wird: – sie sind allesamt Advokaten, welche es nicht heißen wollen, und zwar zumeist sogar verschmitzte Fürsprecher ihrer Vorurteile, die sie »Wahrheiten« taufen –

Friedrich Nietzsche, *Jenseits von Gut und Böse*,
Erstes Hauptstück, § 5

Inhalt

Vorwort
Freud – Ein Phänomen in zehn Ansichtskarten

Freud begegnete mir zum ersten Mal auf dem Markt von Argentan im Département Orne. Ich war ungefähr fünfzehn Jahre alt. Er erschien mir in Gestalt eines Namens auf den Titelblättern vergilbter Bücher. Ich kaufte sie am Stand einer Buchhändlerin, die – wahrscheinlich ohne es zu wissen – so etwas wie der Lichtblick meiner ansonsten dunklen Jugendjahre war. Ich erinnere mich, als sei es gestern gewesen, wie ich *Drei Abhandlungen zur Sexualtheorie* aus der bei Gallimard verlegten Reihe »Idées« mit dem schwarzvioletten Buchdeckel kaufte. Noch heute habe ich dieses kostbare Buch, auf dessen erster Seite der Preis mit Bleistift vermerkt ist.

Zwischen all den Marktständen voller Büstenhalter und Markisenstoffe, den üppigen Bäuerinnen, die ihre Erzeugnisse feilboten, und dem Eisenwarenhändler, der seine Blechbasteleien an Ehemänner verkaufte, die einer Erzählung von Maupassant entsprungen schienen, befand sich der Bücherstand dieser kurzhaarigen Dame. Sie ist mittlerweile sicher verstorben. Für sehr wenig Geld verkaufte sie mir viele Bücher, die ich gierig las – in der Hoffnung, sie brächten die dringend benötigte Klarheit in das Chaos meiner Seele.

Ich hatte gerade vier Jahre in einem Waisenhaus der Salesianermönche hinter mir, von denen einige pädophil gewesen waren, und schon damals bedeuteten die Bücher meine Rettung vor einem Abgrund aus Schmach und Schande, bei dem man sich nie sicher sein konnte, am nächsten Tag nicht noch tiefer hinabzugleiten. Diese Höllenqual durchlitt ich von meinem zehnten bis vierzehnten Lebensjahr – dem Zeitpunkt meiner Rückkehr ins Leben. 1973 kam ich ins Gymnasium. In den Pausen ging ich auf den Markt und verstaute in meinem Ranzen Werke von Dichtern und Schriftstellern, Biographien, Soziologisches, Bücher über Psychologie und Philosophie.

Damals entdeckte ich das *Manifest des Surrealismus* von André Breton, begeisterte mich für Automatisches Schreiben, für die Technik des *Cadavre Exquis,* für Alltagsdichtung, Jubelprosa und den freiheitlichen Geist der Künstler. Rimbaud beeindruckte mich, auch Baudelaire, und an den glühenden Vulkanen der leidenschaftlichen Surrealisten entzündeten sich meine vagen Vorstellungskräfte.

Unter den zahllosen Büchern, die ich erwarb und zum Teil wieder verkaufte, um mir neue leisten zu können, waren drei wahre Goldstücke: Nietzsche, Marx und Freud. Damals wusste ich noch nicht, dass ein gewisser Michel Foucault die Namen dieser drei Denker zum Titel seiner 1964 bei einer Nietzsche-Konferenz in Royaumont gehaltenen Vorlesung gemacht hatte. Ich war Lichtjahre davon entfernt, zu erkennen, dass dieses wunderbare Dreigestirn flammende Debatten in der zeitgenössischen Philosophie entfacht hatte. Stattdessen bewegte ich mich wie ein Blinder zwischen all den leuchtenden Wegmarken.

Mein Sammelsurium an Büchern enthielt gewiss auch einige schlechte, aber es waren eben jene drei philosophischen Donnerschläge darunter: Nietzsches *Antichrist,* Marx' *Manifest der Kommunistischen Partei* und Freuds *Drei Abhandlungen zur Sexualtheorie.* In den Jahren nach dem Waisenhaus entfachten diese drei hellen Blitze am dunklen Himmel eine Inbrunst in mir, die ich noch heute empfinde. Das erste Buch lehrte mich, dass das Christentum kein unabwendbares Schicksal bedeutet, dass es ein Leben vor ihm gibt und man die Entwicklung hin zu einem Leben nach ihm sogar beschleunigen kann. Das zweite brachte mir bei, dass der Kapitalismus kein unüberwindbarer Zustand der Menschheit ist und es eine andere Welt mit dem schönen Namen Sozialismus gibt. Durch das dritte Buch entdeckte ich, dass man Sexualität mit der leuchtenden Klarheit der Anatomie jenseits von Moral begreifen kann, ohne sich um Gott oder den Teufel kümmern zu müssen; ohne Drohungen, ohne Furcht und ohne die Ängste, die mit dem repressiven Apparat der christlichen Moral verbunden sind. Mit fünfzehn oder sechzehn Jahren verfügte ich so über einen beachtlichen Vorrat an Sprengstoff, mit dem ich die katholische Moral in die Luft jagen, die kapitalistische Maschinerie unterhöhlen und die repressive jüdisch-christliche Sexualmoral sich in Luft auflösen lassen konnte. Aus philosophischer Sicht hatte ich also etwas zu feiern, und zwar richtig!

Dann begriff ich, dass die Philosophie zuallererst die Kunst ist, das Leben zu denken und das Denken zu leben. Mit dieser praktischen Wahrheit konnte man gut durch das Dickicht der existentiellen Fragestellungen navigieren. So betrachtet deklassiert die Philosophie als Disziplin in unserer kleinen Welt alles, was ausschließlich von Theorie, Auslegung, Kommentaren, gelehrtem Palaver und Haarspaltereien lebt. Der kleine Junge, der den monströsen Atem des Christentums im Nacken gespürt hatte; der aus einer armen Familie kam – sein Vater war in der Landwirtschaft beschäftigt, seine Mutter war Hausfrau, und obwohl beide hart arbeiteten, kamen sie gerade so über die Runden –; der sein gesamtes Sexualleben hatte beichten müssen – es entsprach dem aller anderen jungen Leute in diesem Alter –; und dem man gesagt hatte, die Masturbation führe direkt ins Höllenfeuer – dieser kleine Junge entdeckte in Nietzsche, Marx und Freud drei *Freunde*.

Und das kam so: *Der Antichrist* endet mit einem einseitigen »Gesetz wider das Christentum«! Für mich war das damals natürlich ein gefundenes Fressen. Der erste der sieben Gesetzesartikel lautet: »Lasterhaft ist jede Art Widernatur. Die lasterhafteste Art Mensch ist der Priester: er *lehrt* die Widernatur. Gegen den Priester hat man nicht Gründe, man hat das Zuchthaus.« (*Der Antichrist,* Erster Satz aus dem »Gesetz wider das Christentum«) Ich hatte das Bedürfnis, diesem starken Menschen die Hand zu schütteln. Er hatte dem Kind die Würde zurückgegeben, die man ihm hatte stehlen wollen. Ein weiterer Vorschlag Nietzsches: den Vatikan niederzureißen und auf seinem Grund und Boden giftige Schlangen zu züchten! Ein anderer Artikel propagiert: »Die Predigt der Keuschheit ist eine öffentliche Aufreizung zur Widernatur. Jede Verachtung des geschlechtlichen Lebens, jede Verunreinigung desselben durch den Begriff ›unrein‹ ist die eigentliche Sünde wider den heiligen Geist des Lebens.« (*Der Antichrist*, Vierter Satz aus dem »Gesetz wider das Christentum«) Es wird wohl niemanden wundern, dass dieser Mann mir zum Freund wurde – *und er ist es geblieben.*

Zu Marx' Äußerungen im *Manifest der Kommunistischen Partei* verspürte ich die gleiche Nähe. Er erklärt, dass der Motor der Geschichte seit jeher der Klassenkampf war. Das schmale orangefarbene, bei Éditions sociales verlegte Bändchen ist übersät mit Bleistiftmarkierungen. Angestrichen hatte ich die Stellen über die Dialektik zwischen dem freien Menschen und dem Sklaven, dem Patrizier und dem Plebejer, dem Baron und dem Knecht, dem Zunftmeister und dem Gesellen, dem Unterdrücker und dem Unterdrückten. Das las ich nicht nur, sondern ich wusste auch instinktiv, dass es stimmte, denn ich erlebte es an mir selbst und zu Hause bei meinen Eltern. Der Lohn meines Vaters reichte gerade, um seine Arbeitskraft aufrechtzuerhalten, sodass er im nächsten Monat weiterarbeiten und das Überleben seiner Familie sichern konnte.

Wir fuhren nie in den Urlaub, machten nie Ausflüge, gingen natürlich weder ins Kino, noch besuchten wir Theateraufführungen oder Konzerte; wir gingen nicht in Museen oder Restaurants, wir hatten kein Bad, nur ein Zimmer für vier Personen, eine Toilette im Keller, besaßen selbstverständlich keine Bücher – außer einem von den Großeltern geerbten Wörterbuch und einem Kochbuch –, wurden kaum eingeladen, und die zwei oder drei Freunde meiner Eltern hatten kaum mehr Geld als wir: Ich wusste also, dass Marx die Wahrheit sagte. Mein Vater besorgte den Haushalt eines großbürgerlichen Molkereibesitzers, und so bekam ich mit, dass man dort anders lebte als bei uns zu Hause. Durch Marx entdeckte ich, dass weder das Schicksal noch irgendein Fluch dafür verantwortlich waren, dass manche alles oder vieles, jedenfalls zu viel besaßen, während andere nicht einmal das Nötigste hatten und Hunger litten.

Die Marx-Lektüre machte einen *Sozialisten* aus mir – und der bin ich geblieben. Schnell entdeckte ich, dass auch andere Autoren eine solche Wirkung auf mich hatten, nämlich die Anarchisten im Allgemeinen und Proudhon im Besonderen. Im Abiturjahr las ich sein Buch *Was ist das Eigentum?* Es überzeugte mich davon, dass der libertaristische Sozialismus ungenutzte Möglichkeiten barg. In einer Welt, in der man angesichts des Zustands des Marxismus an der herausragenden Stellung von Marx hätte zweifeln können, war er von bemerkenswerter Aktualität. Ich glaube immer noch an das immens fruchtbare Potential Proudhons. Aber ich vergesse auch nicht, dass ich meine ersten politischen Erkenntnisse Marx verdanke.

Und schließlich Freud! Entdeckt hatte ich ihn ursprünglich durch schlechte Bücher, deren Rolle bei der Legendenbildung und der Verbreitung von Märchen und Mythen noch zu analysieren ist. Ich denke an Pierre Dacos Schrift *Les Triomphes de la psychanalyse,* eine Publikation, die mit der in der Politik üblichen ideologischen Propaganda vergleichbar ist. Ich kaufte auch *Psychanalyse de l'humour érotique,* die sich weniger durch Psychoanalyse als durch erotischen Humor hervortat. Doch ich hatte das Wort *Psychoanalyse* entdeckt, und sein Schwefelgeruch zog mich an wie ein verbotener Duft.

Dann las ich Freud selbst, das schien mir angemessener. Die Literatur seiner Schüler, die verschiedenen Debatten und Kommentare, die in den Regalen meiner Buchhändlerin viel Platz einnahmen, kamen mir wie ein Sumpf vor, der mich vom harten Kern des Denkens fernhielt. Zunächst las ich *Drei Abhandlungen zur*

Sexualtheorie. Sie waren meine erste Unterhaltung mit einem Mann, der aus meiner Sicht Klartext sprach: Kinder haben eine Sexualität; Masturbation ist ein notwendiger Teil der psychischen Entwicklung eines Menschen; die Ambivalenz auf dem Weg zur sexuellen Identität führt manchmal zu homosexuellen Erfahrungen. All dies erhellte mein Dasein und ließ mich auf einen Schlag den jahrelangen christlichen Gestank, den trunkenen Atem und den fauligen Mundgeruch der Priester vergessen, die jede Woche hinter dem Holzgitter des Beichtstuhls gesessen und uns sechshundert Kindern Geständnisse über das Onanieren oder kleine Schwindeleien abgerungen hatten.

Wenn ich heute mein Exemplar von *Drei Abhandlungen zur Sexualtheorie* wieder aufschlage, finde ich eine am Rand blau markierte Stelle, die von meiner damals intimen Beziehung zu diesem Buch zeugt: »Zwistigkeiten zwischen den Eltern selbst, unglückliche Ehe derselben, bedingen die schwerste Prädisposition für gestörte Sexualentwicklung oder neurotische Erkrankung der Kinder.« (Bd. V, S. 130) Man kann sich kaum vorstellen, welche Auswirkungen die Gedanken eines Philosophen auf das zukünftige Leben eines jungen Lesers haben können. Freud wusch den mentalen Dreck, der sich über die Jahre bei uns angesammelt hatte, mit reinigendem Wasser ab. Sein Buch entfernte den ganzen Schmutz. Es befreite uns von dem nächtlichen Eros, der die meisten von uns zu ertränken oder zu ersticken gedroht hatte. Und Freud machte uns klar, dass das Ende einer Angst, nämlich jener vor der christlichen Verdammnis, nicht das Ende aller Ängste bedeutet – schließlich gibt es auch psychische Strafen.

Nietzsche, Marx und Freud waren also die drei Leuchttürme im stürmischen Meer meiner Jugend, drei Sterne in einer Nacht, die unendlich schien, drei Wege aus der Hölle. Mein ganzes Leben lang habe ich Nietzsche gelesen. Heute amüsieren mich die Anmerkungen am Rand, die so viel über meinen damaligen seelischen Zustand verraten. Ich sah ihn als misogynen Philosophen, der unfähig war, mit Frauen zu sprechen; der, geschwächt wie er war, die Kraft verehrte; der so sanft war und doch in Kriegsmetaphorik schwelgte; der das heroische Loblied auf das poetische Leben und auf neue Möglichkeiten der Existenz sang. Heute begreife ich ihn als Meister der existentiellen Weisheit, der dachte, um seine Haut zu retten – wie übrigens jeder Philosoph, der diesen Namen verdient, mit anderen Worten, wie jeder irrationale Philosoph.

Marx habe ich zugunsten der anarchistischen Sozialisten, insbesondere der französischen, hinter mir gelassen. Marx hat sich den internationalen Sozialismus zu eigen gemacht; wie Freud hatte er das Talent, dem ganzen Planeten sein Gesetz aufzuzwingen, und sei dies um den Preis höchst ehrenrühriger Taten. Er missachtete jede Form des Sozialismus außer der eigenen. Er bediente sich des gleichen populistischen Repertoires wie die albernsten Utopien; er hasste die Landbevölkerung und die Landwirtschaft. Er pflegte den proletarischen Elitismus der aufgeklärten Avantgarde und verabscheute das Volk, das Proudhon so liebte. Aus all diesen Gründen bevorzuge ich den libertaristischen Sozialismus. Und doch vergesse ich nicht, dass ich dank Marx das schöne Mosaik der *Sozialismen* entdeckt habe.

Einmal überschnitten sich meine wilden und einsamen, gefräßigen und wütenden, anarchischen und instinktiven Lektüren mit jenem Lesestoff, der im Philosophieunterricht vorgeschrieben und das genaue Gegenteil davon war – nämlich verordnet, kollektiv, schulisch, fleißgetrieben und verbindlich. Am Anfang eines jeden Schuljahres gab mein Philosophielehrer den Lehrplan bekannt. Er verkündete stets in der letzten Stunde im Juni, welcher Schüler der fleißigste gewesen war und sein Heft am besten geführt hatte. Dann diktierte er das Pensum für das folgende Jahr. Wir hatten also einen ganz ordnungsgemäßen Unterricht, bei dem unsere ernsthafte Strebsamkeit manchmal von der Gnade eines hinreißenden Gedankens durchbrochen wurde.

Eines Tages gehörte Freud zur Liste der Autoren auf dem Lehrplan. Das *Journal officiel* hatte für jeden, den es interessierte, eine Aufstellung von Themen und Autoren veröffentlicht, die nach Meinung der Schulbehörde den Grundstock des Philosophieunterrichts bilden sollten. Wollte jemand das Abitur machen – also das Initiationszeugnis, den napoleonischen Sesam-öffne-dich-Schlüssel, den gesellschaftlichen Talisman erwerben –, musste er einen Aufsatz oder eine Interpretation schreiben. Und diesmal standen auch Texte von Freud zur Auswahl.

Auf der vom Bildungsministerium erstellten Liste, an der die Leiter der Schulbehörden und ihre Untergebenen sowie die Ministerialen und deren Sherpas mitgearbeitet hatten und an der auch die unumgänglichen Pädagogikexperten beteiligt gewesen waren, die wegen ihrer Gelehrsamkeit hinzugezogen worden waren und wegen ihrer Fähigkeit, das Rauschen jener Gesellschaft wiederzukäuen, die sie ausgewählt hatte – auf jener Liste also fand sich Sigmund Freud, und zwar unter zahlreichen Philosophen von der Antike seit Platon bis zur Postmoderne Foucaults.

Der Freud, den ich zu meiner persönlichen Orientierung las, war also *auch* der Freud, den das Bildungsministerium und die Französische Republik für einen Teil des philosophischen Weltkulturerbes hielten und unter Millionen von Denkern aus fünfundzwanzig Jahrhunderten ausgewählt hatten. Wie kann man darin etwas anderes sehen als eine Qualitätsgarantie?

Die Lektüreliste unseres Philosophielehrers enthielt: Platons *Der Staat*, Descartes' *Abhandlung über die Methode*, Rousseaus *Gesellschaftsvertrag* und seine *Abhandlung über den Ursprung und die Grundlagen der Ungleichheit unter den Menschen*, Kants *Grundlegung zur Metaphysik der Sitten* und Freuds *Totem und Tabu* sowie dessen *Vorlesungen zur Einführung in die Psychoanalyse*. Die erste Erkenntnis aus dem Philosophieunterricht lautete also: *Freud ist ein Philosoph*, wie Platon, Descartes oder Rousseau.

Und so las ich, was wir lesen sollten. Im Fall von Freud sogar mehr, als die Leseliste vorsah. Ich las zusätzlich *Der Witz und seine Beziehung zum Unbewußten, Die Traumdeutung* und *Metapsychologische Schriften.* Anscheinend konnte man Marx studieren, ohne Marxist zu sein, und Spinoza oder Platon, ohne der spinozistischen oder platonischen Philosophie anzuhängen. Doch bei der Freud-Lektüre hatte man nicht die Wahl, Freudianer oder Nicht-Freudianer zu sein, denn die Psychoanalyse erschien als universelle und endgültige Gewissheit. Sie war ein entscheidender wissenschaftlicher Fortschritt – heute glaubt auch niemand mehr an das geozentristische Weltbild. Die Psychoanalyse wurde nicht als Hypothese eines Mannes oder Fiktion eines Philosophen dargestellt, sondern als Gemeingut, als Wahrheit allgemeiner Ordnung. Sie galt als Entdeckung, ähnlich der Entdeckung Amerikas durch Christoph Kolumbus. Als Disziplin beschrieb sie die ganze Welt bis ins kleinste Detail; außerdem war sie eine Therapie, die nicht nur behandeln, sondern auch *heilen* konnte – so sagte es Freud, so schrieb er es, so schrieben es auch seine Schüler und viele andere seriöse Autoren! Damit begnügten sich auch die Institutionen und Verleger. Und so erwarb man mit dem Abitur ganz wunderbare Gewissheiten.

Im Oktober 1976, mit siebzehn Jahren, begann ich mein Studium an der Universität von Caen. In die Philosophie verliebte ich mich in einem Seminar meines alten Lehrers Lucien Jerphagnon über Lukrez. Hier entdeckte ich eine ganze Welt, die antike Philosophie, und vor allem ein Werk: *Über die Natur der Dinge.* Es plädierte für eine rigorose Ethik, für eine strenge Moral, eine hedonistische Askese, Tugenden ohne Gott, ein materialistisches und sensualistisches Denken, ein Weltbild ohne Götter, eine praktische Weisheit, ein existentielles Heilsdenken ohne theologische, transzendente Krücken. Tugenden ohne Teufel und ohne Drohungen mit der Hölle oder Versprechungen vom Paradies.

Die Studienordnung verlangte, dass man neben Philosophie noch andere Fächer belegte. So schrieb ich mich für Kunstgeschichte und Archäologie der Antike ein, später noch für Alte

Geschichte, um der für mich so faszinierenden Antike noch näher zu kommen. Im Philosophischen Institut wetterte ein junger, marxistisch-leninistischer Dozent über die bürgerliche Wissenschaft der Psychoanalyse. Ein Jahr lang besuchte ich seinen Unterricht. Nach den Sommerferien war er zu einem überzeugten Lacan-Anhänger konvertiert. Für die Linken, die nun mit dem lacanschen Striegel gebürstet wurden, begann ein hartes Jahr. Mit einem Löffel de Sade und einer Prise Bataille fügte er zwei weitere große Kritiker des Beichtstuhls seinem Programm hinzu. Heute ist er beim heiligen Paulus angelangt und garniert das Loblied auf seine neue Sekte mit phänomenologischer Sauce ... Doch Lukrez, der seine Leser lehrt, die Götter nicht zu fürchten, hatte mich gegen die lacanschen Hampeleien immun gemacht.

1979 belegte ich ein Seminar über Psychoanalyse. Der Raum war brechend voll. Der Dozent unterrichtete zwei Stunden pro Woche, bis er sich mit einem alten Stalinisten und Mitglied des Zentralkomitees der Kommunistischen Partei Frankreichs (KPF) einigte und abwechselnd mit diesem nur noch alle zwei Wochen – dann jedoch vier Stunden lang – Vorlesung hielt. Einer lehrte also die Grundzüge der Psychoanalyse, der andere pries das Genie Marx und stellte Proudhon ein Armutszeugnis aus! Der Kommunist vergaß die Vorlesung jedes zweite Mal, und wenn er kam, widmete er einen Teil der Zeit dem Erstellen von Kopien, einen weiteren den Rauchpausen und verschwand dann frühzeitig mit Verweis auf den Zugfahrplan.

Die Einführung in die Psychoanalyse war gut aufgebaut: Der Dozent stellte die Grundlagen der Disziplin vor und demonstrierte, wie Freud sie im Rahmen der Krankengeschichten einsetzte. So verbrachten wir das Jahr mit Dora, dem kleinen Hans, dem Wolfsmann, dem Rattenmann und dem Präsidenten Schreber und bekamen Hysterie, Phobie, kindliche Neurose, obsessive Neurose und Paranoia vorgeführt. Freud schrieb, er habe die hinter ihren Fantasienamen versteckten Menschen behandelt und geheilt. Seine Texte waren bei angesehenen Verlagen veröffentlicht worden, wurden in ganz Frankreich in den Philosophieseminaren behandelt, waren Bestandteil von Universitätsabschlüssen wie zum Beispiel der Licence in Philosophie und auch schon vor dem Abitur zugänglich.

Damals las ich neben den genannten fünf Fallgeschichten *Das Unbehagen in der Kultur, Zur Psychopathologie des Alltagslebens* und *Die Zukunft einer Illusion*. Und dann *Freuds Selbstanalyse*, die monumentale Dissertation von Didier Anzieu. Bis ich selbst Philosophielehrer an einem technischen Gymnasium wurde und nach dem Philosophielehrplan unterrichtete, zu dem Freud immer noch gehörte, hatte ich alles in allem an die 2500 Seiten Freud gelesen und in meinen zwanzig Jahren als Lehrer in Abiturprüfungen mehr als einmal Interpretationen von Freud-Texten korrigiert.

Wie auch sollte man im Lehrplan aufgeführte Themen wie »das Gewissen« behandeln, ohne Freuds Psychoanalyse und das Unbewusste anzusprechen? Das Gleiche galt für »die Vernunft«, »die Natur«, »die Religion«, »die Freiheit«, »die Geschichte« und andere bedeutungsschwere Begriffe aus dem offiziellen Unterrichtsprogramm. Wie hätte ich es rechtfertigen können, die freudsche Fallgrube, die Lehre Freuds, die Psychoanalyse im Philosophieunterricht zu umschiffen, dessen Inhalt vorgeschrieben war und für den der Staat mich bezahlte? Weder die seriöse Verlagswelt, das Bildungsministerium und sein offizieller Lehrplan für die Abiturklassen und die universitäre Lehre der Disziplin noch die Verpflichtung, Freud im Abitur zu behandeln, erlaubten einen Zweifel an der wissenschaftlichen Gültigkeit der Psychoanalyse.

Zwanzig Jahre lang lehrte ich also im Philosophieunterricht, was ich gewissenhaft gelernt hatte. Ich erläuterte den Schülern die sexuelle Entwicklung des Kindes von der oralen über die analsadistische bis zur phallisch-ödipalen Phase; die möglichen Störungen oder Traumata, die dabei auftreten können; den unvermeidlichen Ödipuskomplex, die sexuelle Ätiologie der Neurosen, die Topik des psychischen Apparats, das Verhältnis von Verdrängung und Sublimierung, aber auch die Bedeutung der Couch, das Bewusstmachen der Verdrängung und das Verschwinden der Symptome sowie die Heilung. Dabei verfuhr ich genau so, als erklärte ich die Begriffe *natura naturans* und *natura naturata* bei Spinoza oder Platons berühmtes Höhlengleichnis.

Doch meine Schüler verstanden es anders. Denn nie löste eine Stunde über Kants kategorischen Imperativ oder Nietzsches Übermenschen solche Reaktionen aus wie der Unterricht über die Psychoanalyse. Wenn ich die Entstehung der homosexuellen Identität oder den Ödipuskomplex durchnahm, wenn ich den Zusammenhang zwischen kindlichem Trauma und Störungen der Libido erläuterte oder den Prozess der Überführung der klitoralen in die vaginale Phase als notwendige Bedingung für eine weibliche Sexualität, die diesen Namen verdient; wenn ich die Frage der Perversionen eben jener Sexualität ansprach oder den Widerstand gegen den psychoanalytischen Diskurs als Zeichen der Notwendigkeit, sich auf die Couch zu legen, dann ging es nicht um die vagen Inhalte eines vom Bildungsministerium vorgegebenen Korpus, sondern um die biografischen und existentiellen Lebensfragmente jedes Einzelnen meiner Schüler. Die *theoretisch* gelehrte Psychoanalyse wurde *praktisch* zur Psychoanalyse der Schüler, zur Analyse der Psyche dieser jungen Frauen und Männer. Mir war klar, dass dieses Denken eine Art Hexenwerk birgt, welches man mit großer Vorsicht handhaben muss. Und mir liefen Schauer über den Rücken angesichts der Möglichkeit, hier zum Therapeuten und damit Zauberer, Hexer und Guru zu werden. Man verlangte von uns, leicht entflammbaren Seelen einen hochentzündlichen Stoff zu vermitteln. In dieser Zeit bekam ich eine Ahnung von der gefährlichen Macht der Psychoanalytiker. So entwickelte ich ein instinktives und tiefes Misstrauen gegenüber deren priesterhafter Kaste und Einfluss.

Doch der Lehrplan führte uns auch in ruhigere, weniger magische, weniger verstörende philosophische Gefilde: Das Verhältnis von Staat und Natur und die Notwendigkeit eines Gesellschaftsvertrags bei Rousseau oder der Unterschied zwischen natürlichen und notwendigen sowie natürlichen und nicht notwendigen Begierden bei Epikur verursachten weniger Turbulenzen. Freud war in das Leben meiner Schüler getreten, wieder verschwunden, als Abituraufgabe erneut aufgetaucht und danach wieder verschwunden, doch er hatte ihre verletzlichen Seelen emporgehoben, gestreift, berührt. Ich hatte mich nie ohne die Angst auf dieses gefährliche Terrain begeben, ihre in der Entstehung begriffene Identität in eine dunkle, magische Welt gestürzt zu haben, die unvernünftig, verstörend und zugleich sehr reizvoll ist für Persönlichkeiten, die sich gerade erst entwickeln.

Ich tat damals letztlich nichts anderes, als Ansichtskarten von Freud weiterzugeben. Was meine ich mit dem Begriff Ansichtskarte in der Philosophie? Sie ist ein Klischee, das durch übertriebene Vereinfachung entsteht, eine Ikone ähnlich einem Heiligenbild, eine einfache und wirkungsvolle Fotografie. Sie gibt vor, auf der Basis einer Inszenierung, eines Ausschnitts, einer arbiträren Perspektive unter Beschneidung des lebendigen Ganzen die Wahrheit eines Orts oder eines Augenblicks darzustellen. Eine Ansichtskarte ist das trockene Bruchstück einer feuchten Wirklichkeit, eine szenische Darstellung, die ihre Kulissen verbirgt, ein Stück Welt, das gefriergetrocknet wurde und im besten Licht präsentiert wird, ein ausgestopftes Tier – bloßer Schein.

Eine Ansichtskarte kondensiert die ganze komplexe Welt in einer einfachen Vignette. Was bedeutet das in der Philosophie? Sie liefert Abkürzungen und Zusammenfassungen, entweder in Form einer Anekdote – der Schierlingsbecher des Sokrates, das Fass des Diogenes, Platons gen Himmel gestreckter Zeigefinger, Aristoteles' auf den Boden zeigender Finger, Christus am Kreuz – oder in Form einer Theorie: Sokrates' »Erkenne dich selbst«, das naturnahe Leben von Diogenes, Platons erkennbare Welt. Auch Freud entgeht diesem philosophischen Bauchladen nicht.

Die meisten Menschen geben sich auch bei Freud mit Ansichtskarten zufrieden. Nur wenige versuchen, die Bewegung und Komplexität seines Denkens zu erfassen, indem sie das Gesamtwerk lesen und die Dialektik seiner Sicht auf die Welt als Ganzes entdecken. Der Unterricht in einer Abiturklasse und der Hörsaal einer Universität funktionieren wie Maschinen zur Herstellung solcher Ansichtskarten: Sie konzentrieren sich auf einige leicht zu vermittelnde und leicht zu kommentierende Klischees, die als grundlegend für die Verbreitung eines »Denkens« betrachtet werden. Die akademische Auslegung und Gegenauslegung stellt Ansichtskarten von Ansichtskarten her, sie reproduziert die bestehenden Klischees in beachtlicher Menge, in großem Stil und über lange Zeit.

Wie sehen diese Ansichtskarten von Freud nun also aus? Ich habe für unseren Bauchladen exemplarisch zehn von ihnen ausgewählt, aber ich könnte die Liste auch verlängern.

Ansichtskarte Nummer 1
Freud entdeckte mithilfe einer äußerst gewagten und mutigen *Selbstanalyse* ganz allein das *Unbewusste.*

Ansichtskarte Nummer 2
Der *Lapsus,* die *Fehlleistung,* der *Witz,* das *Vergessen von Eigennamen* und das *Vergreifen* zeugen von einer *Psychopathologie,* über die man Zugang zum Unbewussten findet.

Ansichtskarte Nummer 3
Den *Traum* kann man interpretieren: Als verkleideter Ausdruck eines *verdrängten Wunsches* ist er der Königsweg zum Unbewussten.

Ansichtskarte Nummer 4
Die *Psychoanalyse* geht von klinischen Beobachtungen aus: Sie fußt auf der Wissenschaft.

Ansichtskarte Nummer 5
Freud entdeckte eine Technik, die mittels der *Kur* und der *Couch* die Behandlung und Heilung von Psychopathologien ermöglicht.

Ansichtskarte Nummer 6
Das Bewusstmachen einer *Verdrängung* durch die *Analyse* führt zum Verschwinden des Symptoms.

Ansichtskarte Nummer 7
Der *Ödipuskomplex,* aufgrund dessen das Kind den Elternteil des anderen Geschlechts sexuell begehrt und den gleichgeschlechtlichen Elternteil als Rivalen begreift, welchen es symbolisch zu töten gilt, ist universell.

Ansichtskarte Nummer 8
Leistet ein Patient *Widerstand* gegen die Psychoanalyse, so gilt dies als Beweis für das Vorliegen einer *Neurose.*

Ansichtskarte Nummer 9
Die Psychoanalyse ist eine emanzipatorische Disziplin.

Ansichtskarte Nummer 10
Freud ist der Inbegriff des Fortbestands der kritischen Vernunft, wie sie für die Aufklärung kennzeichnend ist.

Aus diesen Ansichtskarten setzt sich das Wissen über Freud zusammen, das heute an Schulen und Universitäten gelehrt wird. Der Großteil der intellektuellen Eliten wiederholt einmütig diese Klischees. Die ideologische Maschinerie transportiert sie in die breitere Öffentlichkeit und vergröbert sie dabei immer weiter, bis sie schließlich zu einer Art Vulgata in den Händen eines Kindes geraten, etwa nach der Art: »Mit der Psychoanalyse als Theorie beschreibt Freud endgültig die Mechanismen der menschlichen Psyche, in der die Libido die allgemeinen Gesetze und insbesondere den Ödipuskomplex bestimmt. Mit der Psychoanalyse als Praxis hat Freud eine Technik zur Behandlung und Heilung von Psychopathologien entwickelt.« Nun aber reproduzieren die Ansichtskarten Klischees im Sinne der zweiten Bedeutung des Wortes – nämlich Fehler, die qua Wiederholung zu Wahrheiten geworden sind, Neuauflagen der immergleichen Bänkellieder.

2006 dachte ich über die Stellung Freuds innerhalb meiner *Contre-histoire de la philosophie* nach. Seit 2002 unterrichte ich gemeinsam mit einigen Freunden an einer von mir gegründeten alternativen Einrichtung namens Université populaire (Volksuniversität, UP) die Geschichte der vergessenen Philosophie. Bislang wird diese von der vorherrschenden Geschichtsschreibung bestimmt, welche idealistisch, spiritualistisch, dualistisch, kurz gesagt christlich ist, da viele ihrer Urteile mit der in Europa dominierenden Religion übereinstimmen. Es ist unmöglich, die 2500-jährige Geschichte der marginalisierten, randständigen Philosophie zu schreiben, ohne die Frage nach der Rolle von Freuds Lehre darin zu stellen.

Hier unterrichte ich nicht die von anderen – übrigens hervorragend – vertretenen Ansichten. Vielmehr widme ich meine Seminare entweder vergessenen Denkern, von Antiphon aus Athen bis Robert Owen, über Karpokrates bis zu Bentivenga von Gubbio und vielen anderen. Oder ich betrachte bekannte Denker aus einer ganz neuen Perspektive, zum Beispiel die hedonistische politische Gemeinschaft im Garten des Epikur, die Diktion der von Montaigne nicht niedergeschriebenen, sondern mündlich weitergegebenen Essays oder die These einer existentiellen Weisheit in Nietzsches Konstruktion des Übermenschen. Dazu gehört natürlich auch Freud. Zunächst nahm ich mir im Vertrauen auf meine bisherige Lektüre vor, ihn als *vitalistischen Philosophen* zu lesen, der seine Theorie im Gefolge Schopenhauers und Nietzsches entwickelte – Denker, die ihn dermaßen beeindruckt hatten, dass er ihren Einfluss auf ihn verdächtig kategorisch abstritt. Die erneute Lektüre der *Metapsychologischen Schriften* sowie von *Jenseits des Lustprinzips* bestätigten meinen Eindruck von Freud als vitalistischem Denker.

Um meine Seminare für die UP vorzubereiten, bediene ich mich einer ganz einfachen Methode: der ausgiebigen Lektüre des Gesamtwerks des zu behandelnden Autors. Denn die meisten Ansichtskarten sind Produkte einer Art intellektueller Faulheit. Weshalb sollte man mit dem Gesamtwerk arbeiten, wenn für das Angestelltengehalt, den Buchvertrag oder wenigstens die Zugehörigkeit zum Club der Intellektuellen die ausgiebige Wiederholung der Vulgata ausreicht? Was rechtfertigt einen derartigen Aufwand, wenn man schon mit sehr wenig Arbeit eine gewisse Wirkung erzielen kann?

Ich kaufte also die bei Presses universitaires de France erschienene Gesamtausgabe der Werke Freuds und las sie bewusst in chronologischer Folge. Ich las auch die Briefwechsel, die bei der Arbeit hinter den Kulissen entscheidende Dienste leisten. Außerdem Biographien, die für das Ordnen und Verbinden der Teile zu einem Ganzen wichtig sind und helfen, die intellektuellen Hervorbringungen einer Person im Kontext von deren Leben, Familie, Epoche und Zeit zu begreifen. Ich habe nie etwas von der strukturalistischen Lesart gehalten, die den Text ohne Kontext zur Religion erhebt und eine Seite als von Geisterhand beschriebenes Stück Pergament begreift.

Derzeit schreibe ich eine *nietzscheanische Geschichte der Philosophie* und behalte dabei immer das Vorwort zur *Fröhlichen Wissenschaft* im Auge, das für mich eine Art Diskurs über die Methode ist. Ich habe es schon oft zitiert, doch man gestatte mir, hier erneut darauf zurückzukommen, und sei es nur in Form dieser wenigen, einer langen und wunderbaren Argumentation entnommenen Sätze: »Die unbewusste Verkleidung physiologischer Bedürfnisse unter die Mäntel des Objektiven, Ideellen, Rein-Geistigen geht bis zum Erschrecken weit, – und oft genug habe ich mich gefragt ob nicht, im Grossen gerechnet, Philosophie bisher überhaupt nur eine Auslegung des Leibes und ein *Missverständnis des Leibes* gewesen ist.« (Vorrede zur zweiten Ausgabe, S. 2)

Ich schlage hier also eine *nietzscheanische Geschichte Freuds, des freudschen Denkens und der Psychoanalyse* vor: Die Geschichte der freudschen Verkleidung und der Doktrin vom *Unbewussten* (das Wort findet sich bei Nietzsche); die Geschichte der Verwandlung der Instinkte, der körperlichen Bedürfnisse des Menschen in eine Doktrin, die eine ganze Zivilisation verführt hat; die Geschichte der Fabel, die es Freud ermöglichte, den subjektiven Gehalt seiner eigenen Biographie objektiv und wissenschaftlich darzustellen – kurz, ich versuche hier die Skizze einer Exegese des freudschen Textkorpus.

Die Teilnehmer der UP – manchmal über tausend Personen – sind oft sehr gut informiert. Jede Seminarsitzung dauert zwei Stunden. In der ersten Hälfte halte ich einen Vortrag, dessen Vorbereitung mich ungefähr dreißig Arbeitsstunden kostet. In der zweiten Hälfte beantworte ich Fragen, und zwar ganz direkt, ohne Netz und doppelten Boden. Einige dieser Fragen sind natürlich von langer Hand vorbereitet, informiert und sehr speziell, manchmal sogar voller Fallstricke. Darüber freue ich mich, denn man spricht nicht unvorbereitet öffentlich über Philosophie, und hat man die notwendige Arbeit investiert, so hat man nichts zu befürchten.

Man muss also alle Themen detailliert bearbeitet haben. Deshalb, und weil ich schon mit Fragen von Gegnern der Psychoanalyse rechnete, las ich Untersuchungen kritischer Historiker. Dabei hatte ich falsche Vorstellungen im Kopf, die von der Lektüre vorgeblich ehrlicher Historiker der Psychoanalyse herrührten. Diese hatten in allgemein als glaubwürdig angesehenen Zeitschriften Darstellungen veröffentlicht, die ich für seriös hielt. Die Hüter der Legende wischten alle kritische Literatur mit einem Handstreich beiseite und etikettierten sie als »revisionistisch«, antisemitisch, reaktionär und der extremen Rechten nahe stehend.

Damals hatte ich die Bücher, die als Produkte intellektuell Aussätziger hingestellt wurden, noch nicht gelesen.

Nun aber habe ich die Bücher gelesen: Sie sagen die Wahrheit. Diese Erkenntnis versetzte mich in Schockstarre. Zunächst einmal waren die Autoren in keiner Weise antisemitisch, auch nicht »revisionistisch«. Ihre politischen Standpunkte waren (vielleicht) nicht links, aber das machte sie noch lange nicht zu Vorkämpfern der extremen Rechten! Die Bezeichnung »revisionistisch« fand sich immer im Haupttext. In der Fußnote wurde dann stets darauf hingewiesen, dass natürlich nicht jene Revisionisten gemeint seien, welche gemeinsam mit den Geschichtsklitterern die Existenz der Gaskammern bestritten. Gewiss nicht. Aber wieso wird dann dieses Wort benutzt, das im besten Fall doppeldeutig ist und im schlimmsten Fall insinuiert, wer sich als kritischer Historiker der Psychoanalyse Freud mit historisch überprüfbaren Argumenten entgegenstellt, fände sich in einer Reihe mit den Leugnern der Endlösung?

Hier findet, so musste ich erkennen, ein Kampf zwischen Hysterie und Historie statt. Natürlich sind die *rationalen Waffen der Historiker* viel schwächer als der *irrationale Glaube der Hysterischen,* denen zur Diskreditierung ihrer Gegner jedes Mittel recht ist, selbst das Unterstellen einer Komplizenschaft mit Hitler. So wollen sie eine wirkliche Debatte, einen authentischen Austausch von Standpunkten, eine ehrenwerte intellektuelle Konfrontation, eine durchargumentierte Diskussion und alle weiteren Merkmale noch der elementarsten kulturellen Intersubjektivität vermeiden.

Ohne zu sehr ins Detail zu gehen, lassen sich die Thesen der kritischen Historiker ungefähr so zusammenfassen: Freud hat viel gelogen, kaschiert und an seiner eigenen Legende gearbeitet; er hat Briefe an seine Schüler und seine Tochter vernichtet, und bis heute vernichten seine Angehörigen Teile seiner Korrespondenz. Er hat versucht, Briefe verschwinden zu lassen, insbesondere seinen Briefwechsel mit Fließ, weil sie ihn als Anhänger dubioser Theorien von Numerologie über Telepathie bis hin zu Okkultismus zeigen. Ganze Briefwechsel sind bereinigt, im Sinne der Legendenbildung umgeschrieben und als hagiographische Versionen jahrelang verbreitet worden – dank der ersten Gesamtausgabe, die in Frankreich erst 2006 erschien (in Deutschland 1986), lässt sich das Ausmaß der so entstandenen Schäden nun ermessen. Die Kritiker sagen weiter, dass jene, die Freud immer noch beweihräuchern wollen, die Archive auf unverantwortlich lange Zeit für Forschung und Öffentlichkeit geschlossen halten – manche bis ins Jahr 2057. Dennoch dürfen ausgewählte Forscher, von deren hagiographischem Eifer sich das Komitee zuvor überzeugt hat, bestimmte Dokumente einsehen.

Die kritische Literatur lehrt uns auch, dass Freud Ergebnisse fälschte und Patienten erfand; dass er seine Entdeckungen auf nicht nachweisbare klinische Fälle stützte; dass er die Beweise für seine Fälschungen vernichtete und dass seine vehement verteidigten Theorien über Kokain öffentlich von der Wissenschaft widerlegt wurden, woraufhin er sie entweder unter den Teppich kehrte oder das Falsche neu präsentierte, um sich die Stellung als selbst ernannter Held zu sichern.

Bedenken wir außerdem, dass die Psychoanalyse Anna O. entgegen der von Freud lebenslang und unablässig wiederholten Bekundungen nicht geheilt hat. Dass sie auch den fünf als Archetypen präsentierten Patienten nicht helfen konnte und die Situation für einige von ihnen nur schlimmer machte. Wer sich davon überzeugen will, kann den Bericht des berühmten Wolfsmanns Sergej Pankejeff lesen, der angeblich von Freud geheilt wurde. Als er 1979 im Alter von 92 Jahren starb, hatte er 62 Jahre Psychoanalyse bei insgesamt zehn Analytikern hinter sich.

Die Lektüre kritischer Historiker zeigt auch, dass Freud den Mythos, er allein habe in einem einsamen und genialen Akt die Psychoanalyse erfunden, selbst ins Leben gerufen hat. Tatsächlich war er ein großer Leser, der opportunistisch bei vielen heute unbekannten Autoren Anleihen machte, deren obskure wissenschaftliche Entdeckungen nun als die seinen gelten. Es gibt eine historisch und literarisch überprüfbare Genealogie des Denkens von Sigmund Freud, welche die legendäre und hagiographische Version gegen den Strich bürstet. Doch schon zu Freuds Lebzeiten und noch heute wurde und wird alles getan, um eine *historische Lektüre* der Genese seines Werks, seiner Arbeitsweise, seiner Theorie und der Entstehung seiner Lehre zu verhindern.

Was soll man tun, wenn man diese historischen Fakten entdeckt hat, die den Mythos Freud pulverisieren? Soll man alles zerstören, nichts aufheben, Freuds Gesamtwerk in den Keller verbannen? Oder alles behalten und sich auf Beleidigungen zurückziehen; der Debatte über die Ergebnisse der kritischen Untersuchungen ausweichen? Kann man im Angesicht der bewiesenen Tatsachen, der nicht abzustreitenden, überprüfbaren historischen Gewissheiten, der mittlerweile bekannten sowie der unter Verschluss gehaltenen Dokumente – welche darauf hindeuten, dass bestimmte Dinge nicht öffentlich werden und besser im Verborgenen bleiben sollen –, noch so tun, als wäre nichts? Kann man weiterhin Historiker beleidigen und als Anhänger Hitlers verunglimpfen, nur weil sich die Hüter des goldenen Mythos nicht mit deren Beweisen auseinandersetzen wollen?

Lassen wir die Freudianer doch bei Freud selbst nachlesen. In seinem Text *»Selbstdarstellung«* empörte er sich darüber, dass ihm seine Gegner widersprachen, nicht an seine Theorien glaubten, gar die ketzerische Vermutung aufstellten, die Psychoanalyse sei »ein Produkt [s]einer spekulativen Phantasie«, während er sich doch auf lange, geduldige Forschungen berief. Freud warf seinen Gegnern vor, sie vollführten »das klassische Widerstandsmanöver, nicht ins Mikroskop zu gucken, um das nicht zu sehen, was sie bestritten hatten« (Bd. XIV, S. 79). Diese Metapher hatte er bei Cremonini entliehen, der nicht in Galileos Fernglas blicken wollte und sich damit dem Beweis für die These vom heliozentrischen Weltbild verweigerte. Heute weigern sich die Freudianer, in das historische Teleskop zu blicken. Darin ähneln sie den Priestern im Vatikan, die damals Angst hatten, den heiligen Text mit wissenschaftlichen Beweisen zu konfrontieren.

Ich selbst wollte durch die freudsche Brille zunächst genau das entdecken, was Freud verspricht. Ich setzte sie also ganz vorurteilsfrei auf und hielt mich lange genug an Freuds performative Aussagen. Doch als ich ein Zielfernrohr hinzunahm, entdeckte ich etwas anderes. Nun musste ich die Ansichtskarten von den Wänden nehmen, die ich vor so langer Zeit aufgehängt hatte. Ich schlage deshalb eine Reihe von Karten mit Gegenansichten vor:

Gegenansichtskarte Nummer 1
Freud formulierte seine Hypothese über das Unbewusste im historischen Umfeld des 19. Jahrhunderts und im Gefolge zahlreicher insbesondere philosophischer, aber auch wissenschaftlicher Lektüren (vor allem Schopenhauer und Nietzsche).

Gegenansichtskarte Nummer 2
Die verschiedenen Fehlleistungen aus der Psychopathologie des Alltagslebens ergeben zwar Sinn, allerdings nicht im Hinblick auf eine rein libidinös und noch weniger auf eine ödipal motivierte Verdrängung.

Gegenansichtskarte Nummer 3
Der Traum hat wohl einen Sinn, aber in der eben genannten Hinsicht und keineswegs als speziell libidinöse oder ödipale Konfiguration.

Gegenansichtskarte Nummer 4
Die Psychoanalyse ist eine Lehre, die der literarischen Psychologie entspringt. Sie basiert auf den autobiographischen Erlebnissen ihres Erfinders und eignet sich ausgezeichnet, um ihn zu verstehen – und zwar nur ihn.

Gegenansichtskarte Nummer 5
Die analytische Therapie ist ein Ausläufer des magischen Denkens: Sie wirkt ausschließlich durch den Placeboeffekt.

Gegenansichtskarte Nummer 6
Das Bewusstmachen einer Verdrängung hat noch nie mechanisch zum Verschwinden der Symptome, geschweige denn zu einer Heilung geführt.

Gegenansichtskarte Nummer 7
Der Ödipuskomplex ist bei Weitem nicht universell; in ihm manifestiert sich einzig der infantile Wunsch Sigmund Freuds.

Gegenansichtskarte Nummer 8
Die Ablehnung des magischen Denkens verpflichtet keineswegs dazu, sein Schicksal in die Hände des Hexenmeisters zu legen.

Gegenansichtskarte Nummer 9
Unter dem Deckmantel der Emanzipation hat die Psychoanalyse die konstitutiven Verbote des Psychologismus ersetzt – jener säkularen Religion, die auf die Religion folgte.

Gegenansichtskarte Nummer 10
Freud verkörpert das, was im Zeitalter der Aufklärung Antiphilosophie genannt wurde – eine philosophische Negation der rationalistischen Philosophie.

Freud hasste die Philosophie und die Philosophen. Als guter Nietzscheaner, für den er sich hielt, wollte er die unbewussten Motive der Philosophen aufdecken, ihre Texte also lesen wie eine *Exegese ihrer Körper!* Versuchen wir also eine »Psychographie«, wie Freud sie in *Das Interesse an der Psychoanalyse* (Bd. VIII, S. 407) vorschlägt. Ihr Ziel ist es weder, Freud zu zerstören, noch ihn zu übertrumpfen, zu verurteilen, abzulehnen oder lächerlich zu machen. Vielmehr besteht es darin, zu verstehen, dass seine Disziplin zunächst ein existentielles und rein persönliches autobiographisches Abenteuer war – eine Gebrauchsanweisung zur einmaligen Anwendung, eine ontologische Formel, die ihm half, mit seinen zahlreichen Problemen zu leben.

Die These dieses Buchs lautet: Die Psychoanalyse ist so lange eine wahre und richtige Lehre, wie sie Freud und niemand anderen betrifft. Die theoretischen Konzepte in seinem riesigen Werk halfen ihm zunächst, sein eigenes Leben zu denken, die eigene Existenz zu ordnen. Zu den direkt aus autobiographischen Konstellationen entstandenen Theorieelementen und Methoden gehören neben vielen anderen: die Kryptomnesie, die Selbstanalyse, die Traumdeutung, die psychopathologischen Untersuchungen, der Ödipuskomplex, der Familienroman, die Deckerinnerung, die primitive Horde, der Vatermord, die sexuelle Ätiologie der Neurosen und die Sublimierung. Wie das spinozistische oder das nietzscheanische, das platonische oder das cartesianische, das augustinische oder das kantische Weltbild ist eben auch das freudsche nichts anderes als eine private Weltsicht mit universellem Anspruch. Die Psychoanalyse ist die Autobiographie eines Mannes, der eine ganze Welt erfindet, um mit seinen Hirngespinsten leben zu können – genau wie jeder beliebige andere Philosoph.

Ich möchte diese nietzscheanische Analyse Freuds mit Nietzsche beenden, der auf die Frage *Wozu Psychoanalyse?* im *Antichrist* seine ganz eigene Antwort gab. Sie zeugt nicht nur von einem großartigen Humor, sondern liefert auch eine zur Lösung unseres Problems geeignete Formel: »[I]m Grunde gab es nur Einen Christen, und der starb am Kreuz« (KSA 6, S. 211), schreibt der Vater von Zarathustra. In glücklicher Komplizenschaft mit Nietzsches lautem Lachen können wir hinzufügen: »Im Grunde gab es nur einen Freudianer, und der starb am 23. September 1939 in seinem Bett in London.« All das hätte keine großen Probleme verursacht, wenn die beiden – Jesus und Freud – keine

Schüler gehabt und keine Weltreligionen ins Leben gerufen hätten. Ich hoffe, man hat mich verstanden: In diesem Buch verfolge ich das gleiche Ziel wie in *Wir brauchen keinen Gott,* diesmal jedoch anhand eines Stoffs namens Psychoanalyse.

Teil 1

SYMPTOMATOLOGIE

Es irrt, wer Böses dabei denkt

I.
Mit Feuer und Schwert gegen die Biographen

»[D]ie biographische Wahrheit ist nicht zu haben, und wenn man sie hätte, wäre sie nicht zu brauchen.«

Sigmund Freud, Brief an Arnold Zweig, 31. Mai 1936
(Freud/Zweig, *Briefwechsel*, S. 137)

»Die ›*Selbstdarstellung*‹ zeigt, wie die Psychoanalyse mein Lebensinhalt wird.«

Sigmund Freud, *Nachschrift 1935 zu »Selbstdarstellung«* (Bd. XVI, S. 31)

Wir sollten uns vor jenen Philosophen hüten, welche die Zeit nach ihrem Tod zu kontrollieren versuchen. Sie halten sich Biographen, fürchten zugleich deren Recherchen, lassen von ihren Anhängern hagiographische Darstellungen verbreiten, zerstören ihre Korrespondenz, verwischen Spuren, verbrennen Dokumente und arbeiten zu Lebzeiten an einer Legende, die lästige Nachfragen verhindern soll. Sie umgeben sich mit einer Art Leibwache aus Schülern, welche die akribisch gezeichneten frommen Bilder drucken und verteilen. Sie schreiben ihre Autobiographie und wissen, dass ihr sorgsam justiertes Scheinwerferlicht den Blick von den stillen, dunklen Ecken fernhält, in denen sich ihre Schlangenbrut versteckt hält.

Auch Freud war Teil dieser Spezies, die die Vorteile des Berühmtseins genießen will, ohne unter den Nachteilen zu leiden: Er legte es stets darauf an, dass man über ihn sprach, aber nur Gutes und nur in seinem Sinn. Was war das Anliegen des Erfinders der Psychoanalyse? Sein ganzes Leben lang versuchte er die Meinung seiner Mutter zu bestätigen, er sei das achte Weltwunder.

Legendenschreiber wie er fühlen sich von der meist nüchternen Wirklichkeit gelangweilt. Sie bevorzugen das Reich der Fantasie, das von Vorstellungen, Wünschen und Träumen bestimmt wird. Besser eine hübsche und falsche Geschichte, als eine schlechte und wahre. Ein Fälscher beschönigt, übermalt, arrangiert und schiebt jene Momente seines Lebens beiseite, in denen unschöne Gefühle die Oberhand hatten, etwa Neid, Eifersucht, Boshaftigkeit, Ehrgeiz, Hass, Grausamkeit oder Hochmut.

Der Autor von *»Selbstdarstellung«* und *Die Frage der Laienanalyse* wollte nie, dass man sein Werk mit seinem Leben, sein Denken mit seiner Biographie oder seine Theorien mit seinem Dasein erklärt. Wie die meisten Philosophen hing auch Freud der idealistischen Vorstellung an, Ideen fielen vom Himmel, schössen Feuerzungen gleich aus dem Empyreum hinab und erhellten den auserwählten Geist mit ihrer Gnade. Freud setzte alles daran, dass man seiner Darstellung folgte – der Geschichte eines Wissenschaftlers ohne Körper oder Leidenschaften, der wie ein Mystiker der reinen Vernunft durch bloße Beobachtung die Nadel im Heuhaufen fand, als wäre das ein Kinderspiel, und alles, was man dazu brauche, sei ein ausreichendes Maß an Genialität.

Doch wie jeder andere ist natürlich auch Freud ein Produkt dessen, was er las, des Austauschs mit anderen, der Begegnungen und von Freunden (die sich häufig im Lauf der Zeit zu Feinden entwickelten). Er studierte, arbeitete auch mit Vorgesetzten im Labor, er las viel, zitierte wenig, huldigte selten jemandem, sondern verunglimpfte ihn lieber. Er schrieb dieses, jenes und das genaue Gegenteil. Er hatte Freundinnen, heiratete eine von ihnen, hielt die inzestuöse Beziehung zu einer anderen geheim, bekam Kinder und gründete eine Familie.

1885, einige Tage vor seinem neunundzwanzigsten Geburtstag, schrieb er an seine Braut Martha Bernays einen seltsamen Brief, in dem er seine Freude darüber kundtat, die Spuren von vierzehn Jahren Arbeit zerstört zu haben. Er hatte seine Tagebücher, Notizen, Briefe und alle Unterlagen mit wissenschaftlichen Kommentaren verbrannt; er hatte die – noch nicht sehr zahlreichen – Manuskripte den Flammen überlassen; und nun bejubelte er, dass nichts davon übrig war.

Mit diesem Holocaust in Miniaturform vernichtete Freud für immer die Beweise der menschlichen, sehr menschlichen, in seinen Augen wahrscheinlich allzu menschlichen Natur eines Mannes, der schon in jungen Jahren beschlossen hatte, die Welt mit seinen Erkenntnissen in ihren Grundfesten zu erschüttern. Nur womit? Das wusste er noch nicht. Doch er zweifelte nicht daran, dass er dieser Mann sein würde. Das heilige Feuer brannte in ihm und wies ihm den Weg. Während er noch darauf wartete, berühmt zu werden, schrieb er schon darüber und stellte sich freudig vor, welches Gesicht seine Biographen machen würden, wenn sie entdeckten, wie er sie an der Nase herumführte (er schrieb nicht *sein,* sondern *seine,* also ohne Zweifel daran, dass es viele sein würden, obwohl er noch völlig unbekannt war)!

Doch vorerst hatte Sigmund Freud noch nicht viel vorzuweisen: Am 6. Mai 1856 wurde er in Freiberg als Sohn des Wollhändlers Jakob Freud und dessen Frau Amalia geboren. Beide Eltern waren Juden. Zunächst lautete sein Vorname noch Sigismund. Er wurde beschnitten und verlebte eine banale Kindheit, besuchte das Gymnasium und ließ sich Zeit beim Medizinstudium, weil er noch nicht wusste, worauf er sich spezialisieren sollte. Er forschte über die Sexualität der Aale und veröffentlichte einen Aufsatz über das Zentrale Nervensystem von Neunaugenlarven. Er leistete Wehrdienst, übersetzte einige Texte von John Stuart Mill und lernte seine Verlobte kennen. Er führte wirre Forschungen über Kokain durch und veröffentlichte seine angeblich wissenschaftlichen Erkenntnisse über die Droge, die er zehn Jahre lang konsumierte. Er behandelte Patienten mit Elektrotherapie. All dies bot wahrlich nicht genug Stoff für *mehrere* Biographien. Freud war nun achtundzwanzig Jahre alt und wollte in kürzester Zeit zu weltweiter Bekanntheit gelangen, ohne jedoch zu wissen, wie. Abgesehen davon bestand seine größte Sorge darin, möglichst schnell seinen Lebensunterhalt zu sichern, um seine Verlobte heiraten, in ein schickes Wiener Wohnviertel ziehen und eine Familie gründen zu können. Dieses Material also fiel dem Autodafé zum Opfer, mit dem er den zukünftigen Biographen eins auswischen wollte.

Sein Handeln könnte sich zum Teil aus der Kokain-Episode erklären. In seiner Besessenheit, berühmt zu werden, ergriff er einfach die Gelegenheit beim Schopf und nahm sich die Droge vor. Er arbeitete schnell, experimentierte nur mit einer Versuchsperson (einem Freund) und gab vor, dessen Morphiumsucht mit Kokain heilen zu können. Er scheiterte, der Freund wurde kokainabhängig und Freud musste feststellen, dass er nicht zu den erwarteten Ergebnissen gelangt war. Er behauptete jedoch das Gegenteil, schrieb hastig seine Schlussfolgerungen auf und publizierte sie in einer Zeitschrift. Dort präsentierte er das Kokain als potentielle Lösung für alle Probleme der Menschheit. Immerhin half es ihm bei seiner eigenen Angst, steigerte seine intellektuelle und sexuelle Leistungsfähigkeit und wirkte beruhigend auf ihn. Schon hier zeigte sich seine Methode in Reinform: Ausgehend von sich selbst als Einzelfall, extrapolierte er eine Lehre mit universellem Anspruch. Einfacher ausgedrückt: *Er nahm den eigenen Fall für allgemeingültig*.

Freuds umfangreiche Korrespondenz mit Wilhelm Fließ wurde lange unter Verschluss gehalten und zunächst nur auszugsweise veröffentlicht. Dabei wurden die Passagen mit abseitigen theoretischen Positionen weggelassen. Zeigen ihn die Ansichtskarten als experimentell arbeitenden Wissenschaftler, der gar nicht anders kann, als große Entdeckungen zu machen, weil er fest davon überzeugt ist, zu Großem bestimmt zu sein, so offenbart die Korrespondenz einen ganz anderen Freud.

In ihr begegnen wir einem Freud, der strauchelt, zögert, heute dies und morgen das Gegenteil behauptet, einmal von einer wissenschaftlichen Psychologie überzeugt ist und ein anderes Mal bekundet, die gestern noch geniale und revolutionäre Entdeckung sei ein sinnloses Unterfangen. Wir sehen einen auf den eigenen Körper fixierten Freud, der sich über seine Furunkel, Hoden und wiederkehrenden Migräneanfälle Gedanken macht, über Herzmuskelentzündung genau wie über die fürchterliche Nikotinsucht, über sexuelles Versagen und Verdauungsstörungen, über Neurose und Missstimmung, über Alkohol und Kokain – an das er sich immer mehr gewöhnt –, über seine Phobie vor Zügen, seine Angst, nicht genügend zu essen zu haben, seine Furcht vor dem Tod und seinen krankhaften Aberglauben.

Auch Freuds zwanghaftes Streben nach Erfolg, Geld und Ruhm ist hier erkennbar; es frisst täglich an seiner Seele. Was soll er nur tun, um ein berühmter Wissenschaftler zu werden? Am 12. Juni 1900 schreibt er an Fließ: »Glaubst Du eigentlich, daß an dem Hause dereinst auf einer Marmortafel zu lesen sein wird: ›Hier enthüllte sich am 24. Juli 1895 dem Dr. Sigm. Freud das Geheimnis des Traumes.‹« (*Briefe 1873–1939,* S.254) Hier zeigt sich zweierlei: Zum einen der Traum vom Berühmtsein, der ihn antreibt, und zum anderen die Vorstellung, seine Theorien verdankten sich einer *Enthüllung* – und nicht der Lektüre, Arbeit und Überlegung, der Beschäftigung mit den Hypothesen anderer Forscher, der kritischen Aneignung der themenbezogenen Literatur, der Deduktion, klinischen Beobachtungen und dem geduldigen Zusammentragen experimenteller Ergebnisse.

So wird der methodologische Imperativ verständlich, der dem ersten Autodafé von 1885 zugrunde liegt: Freud will alles auslöschen, was auf die historische Entstehung seines Werks hinweist; er will jede Möglichkeit einer disziplinimmanenten Genealogie verhindern und alle Versionen außer der von ihm gewollten und oktroyierten verbieten – nämlich dass es sich bei seiner Theoriebildung nicht um eine historische Entwicklung, sondern um eine sagenhafte Epiphanie gehandelt habe. Wie oft in solchen Fällen beginnt das Märchen mit einer wundersamen Geburt. Die Psychoanalyse? Sie stammt aus dem Schenkel eines Jupiters namens

Sigmund Freud, kam voll bewaffnet mit Schutzhelm zur Welt und funkelte und glitzerte in der Sonne des Wiener Fin de Siècle.

Sein Wunsch, biographische Nachforschungen hinter den Kulissen zu vermeiden, führte Freud zu einer Theorie über die Unmöglichkeit von Biographien. Nachdem er sich im Brief an Arnold Zweig über die Schwierigkeit amüsiert hatte, vor die er zukünftige Biographen stellen würde, postulierte er in eigener Sache: »Wer Biograph wird, verpflichtet sich zur Lüge, zur Verheimlichung, Heuchelei, Schönfärberei und selbst zur Verhehlung seines Unverständnisses, denn die biographische Wahrheit ist nicht zu haben, und wenn man sie hätte, wäre sie nicht zu brauchen.« (31. Mai 1936, Freud/Zweig, *Briefwechsel,* S. 137) Damit ist es gesagt: Eine Biographie ist per se ein Ding der Unmöglichkeit, und somit kann sie auch faktisch unmöglich gemacht werden! Bemerkenswert ist zudem die Zweideutigkeit. Eine Biographie ist unmöglich, und wäre sie es nicht, könnte man ohnehin nichts mit ihr anfangen. Doch weshalb nicht? Verzichtete Freud selbst im Fall Präsident Wilsons, über den er gemeinsam mit William Bullit eine psychoanalytische Studie verfasste, etwa auf das Abenteuer Biographie?

Niemand zweifelt daran, dass Biographen eine besondere Beziehung zu ihren Protagonisten haben; dass ein Leben komplex und verwickelt ist; dass tatsächlich viel verschleiert und verwischt wird; dass manche noch zu Lebzeiten an der eigenen Legende arbeiten, um ihre Geschichte zu beschönigen; dass Berichte von Überlebenden aus Träumen, Wünschen und veränderten Erinnerungen gesponnen sind; dass auch die sogenannten Freunde, die Zeugnis ablegen sollen, von Neid und Eifersucht beeinflusst sind; dass autobiographische Texte oft Fallen darstellen, die mit Nebensächlichkeiten vom Hauptsächlichen ablenken wollen; und dass eine Biographie ein schwieriges Unterfangen ist, welches stets nur den Charakter einer Annäherung hat. Doch trotz allem ist es statthaft, den Versuch einer Biographie zu unternehmen. Gerade Freud, der zur Psychoanalyse der Philosophen einlud, wäre schlecht beraten gewesen, anderen hier die Mäßigung vorzuschreiben, die er sich selbst nicht auferlegte. Obwohl er damit nicht der Erste gewesen wäre ... Freud, die Freudsche Lehre und die Psychoanalyse entsprangen eben keiner sagenhaften Epiphanie – dies kann und muss die biographische Darstellung zeigen.

Und sie wird gerade deshalb interessant, weil Freud absichtlich Verwirrung gestiftet, Spuren verwischt und wissentlich ausgelöscht hat; weil er über die Unmöglichkeit einer Biographie theoretisiert, Untersuchungsergebnisse gefälscht und unter dem Vorwand der Wissenschaftlichkeit die Texte anderer verwendet hat; weil er Briefe vernichtet hat und weil er versuchte, solche Briefe wieder in seinen Besitz zu bringen, die seine strahlende Legende beschädigt hätten. So vermischt sich die geistige Biographie Freuds mit der Biographie der Freudschen Lehre, welche natürlich die Biographie der Psychoanalyse einschließt.

Freuds Brief an Arnold Zweig spricht von Lügen, Vertuschung und Scheinheiligkeit. Er wirkt wie ein kaum maskiertes Eingeständnis Freuds über seine eigene Arbeitsweise. Die von den Hagiographen – allen voran Ernest Jones mit seiner 1500 Seiten umfassenden Darstellung *Sigmund Freud – Leben und Werk* – verbreiteten Legenden machen eine Biographie tatsächlich unmöglich. Dafür sorgte der Doktor aus Wien, der alles tat, um seine Ammenmärchen, literarischen Erzählungen, Mythen und Chimären zu zementieren. Jones' Biographie diente als Ausgangspunkt für viele weitere, welche beim Kopieren der Ansichtskarten aus dem freudschen Bauchladen miteinander wetteiferten.

Ich halte mich gleichermaßen von den Hagiographien wie den Pathographien fern. Erstere nehmen für sich in Anspruch, das zarte Pflänzchen zu wässern; Letztere das schädliche Unkraut zu entfernen. Jenseits der freudschen Ansichtskarten möchte ich zeigen, *dass die Psychoanalyse Freuds schönster Traum ist* – ein Traum, ein Märchen, eine Fantasterei, eine literarische Konstruktion, ein Kunstprodukt, ein im etymologischen Sinn poetisches Konstrukt. Außerdem möchte ich die Grundlagen der freudschen Lehre darstellen, denn diese ist ungeachtet ihres Anspruchs auf

Universalität, Objektivität und Wissenschaftlichkeit höchst biographisch, subjektiv und individuell. Dabei vertrete ich keinesfalls einen moralischen Standpunkt und urteile nicht, Freuds (nachweisliche) Lügen machten ein Autodafé Freuds, seiner Werke, seiner Arbeit und seiner Schüler nötig!

Spinozas Prinzip »Nicht weinen, nicht lachen, sondern verstehen« folgend, nehme ich Nietzsches Perspektive jenseits von Gut und Böse ein. Ich schlage die Dekonstruktion eines Werks vor, so wie man eine Sonate von Anton Webern, ein Gemälde von Kokoschka oder ein Theaterstück von Karl Kraus dekonstruieren würde. Freud ist kein Wissenschaftler, er hat nichts Allgemeingültiges hervorgebracht, und seine Lehre ist ein auf seine Hirngespinste, seine Obsessionen und sein vom Inzest gequältes und zerfressenes Innenleben zugeschnittenes Konstrukt. Freud ist ein Philosoph. Das ist nicht wenig, doch er selbst lehnte diese Zuschreibung mit einer wütenden Vehemenz ab, die auf seinen wunden Punkt verweist: den Ort des existentiellen Schmerzes.

II.
Nietzsche vernichten, sagte er

»[W]ie ich im geheimsten die Hoffnung nähre, [...] zu meinem Anfangsziel, der Philosophie, zu kommen. Denn das wollte ich ursprünglich«.

Sigmund Freud, Brief an Wilhelm Fließ, 1. Januar 1896
(*Briefe an Wilhelm Fließ*, S. 165)

In dem unbedingten Willen, sich von allen Göttern und Lehrern frei zu machen, attackierte Freud hauptsächlich Nietzsche. Wieso gerade ihn? Aus welchen seltsamen Gründen entwickelte er eine anhaltende Abneigung gegen diesen großen Namen? Wen oder was wollte er damit schützen? Welche Geheimnisse vertuschen? Was bedeutete seine hitzige Ablehnung der Philosophie und der Philosophen – zu denen er doch selbst gehörte? Liegt der Grund dafür darin, dass er war, was er verheimlichen wollte: ein Philosoph, einfach ein Philosoph, nur ein Philosoph, nichts als ein Philosoph? Aus der Sicht eines Menschen, der sich nach Anerkennung sehnt, führt die Philosophie nicht schnell genug zu weltweitem Ruhm anders als eine wissenschaftliche Entdeckung.

Mit der Entstehung der Psychoanalyse aus Legenden, Märchen und Mythen korrespondiert eine immense Wut gegen jenen Philosophen, dessen Einfluss am offensichtlichsten ist und der einen – mit der Legendenbildung unvereinbaren – wahren, richtigen und starken Gedanken vertritt: Alle Philosophie ist das autobiographische Geständnis ihres Autors, sie ist das Produkt eines Körpers und keine epiphanische Idee aus einer unerklärlichen anderen Welt. Freud stilisierte sich als Mensch ohne äußere Einflüsse, ohne Biographie, ohne historische Wurzeln – so verlangte es die Legende.

Freud kämpfte unablässig gegen die Philosophen und die Philosophie, ganz so wie Lukian von Samosata, Pascal, Montaigne oder auch Nietzsche. Sie alle vertraten eine großartige Tradition, derzufolge *wahres Philosophieren darin besteht, sich über die Philosophie zu mokieren.* Dass Freud statt des erhofften Nobelpreises für Medizin den Goethepreis erhielt, lag natürlich daran, dass ein fachkundiges Gremium sein Werk bereits zu seinen Lebzeiten für eher literarisch als für wissenschaftlich hielt!

In der selbst verfassten freudschen Mythologie spielt Goethe eine wichtige Rolle, sei er doch der Ausgangspunkt eines ganzen Schicksalsweges gewesen. Und tatsächlich wies Goethe Freud den Weg, als dieser zweifelte, am meisten der Philosophie zugetan war und seine medizinische Laufbahn – die er selbst als Missverständnis bezeichnete – noch nicht eingeschlagen hatte. In *»Selbstdarstellung«* und *Die Frage der Laienanalyse* erwähnt Freud, dass ihn die Lektüre von Goethes Aufsatz *Die Natur* zum Medizinstudium bewogen habe.

In *Zur Geschichte der psychoanalytischen Bewegung* gab Freud 1914 vor, Schopenhauer zwar gelesen zu haben; seine eigene Theorie der Verdrängung habe aber nichts mit dessen Werk *Die Welt als Wille und Vorstellung* zu tun, obwohl sie ihr gleicht und der seinen über ein halbes Jahrhundert vorausgeht! Wer die tausend Seiten von Eduard von Hartmanns *Philosophie des Unbewußten* gelesen hat, erkennt zudem Berührungspunkte zwischen Freud und ihm, der seinerseits ein Anhänger Schopenhauers war. Die Parallelen betreffen insbesondere die zentrale Frage der Determinanten des Unbewussten. Freud versicherte, er habe seine Theorie der Verdrängung allein und ohne Hilfe erdacht und offengelegt, und zeigte sich dann hoch erfreut darüber, sie von Schopenhauer bestätigt zu sehen.

Doch Freuds Beziehung zu Nietzsche erweist sich als problematischer und, um es deutlich zu sagen, neurotischer. Im bereits erwähnten Bekenntnistext schreibt er weiter: »Den hohen Genuß der Werke Nietzsches habe ich mir dann in späterer Zeit mit der bewußten Motivierung versagt, daß ich in der Verarbeitung der psychoanalytischen Eindrücke durch keinerlei Erwartungsvorstellung behindert sein wolle.« (*Zur Geschichte der psychoanalytischen Bewegung*, Bd. X, S. 53) Welch seltsames Geständnis! Weshalb sollte man sich einen besonderen Genuss versagen? Auf bewusste Motive Bezug nehmen, wenn das eigene Theoriegebäude auf der Annahme basiert, das Unbewusste sei die Wurzel von allem? Wieso hält man sich dann nicht an diese Methode und befragt nicht sein eigenes Unbewusstes im Hinblick auf diese bedeutsame Ablehnung? Was bedeutet die vage Formulierung »Erwartungsvorstellung«?

Freud hat also Schopenhauer gelesen, wurde aber angeblich nie von seinen Theorien beeinflusst, selbst dort nicht, wo sie vergleichbar sind. Und Freud hat Nietzsche nicht gelesen, um nicht von ihm beeinflusst zu werden! Doch wie kann er von dieser Gefahr wissen, ohne sich bereits im Klaren darüber zu sein, dass die Thesen sich gleichen? Der Wiener Doktor mag so viel abstreiten, wie er will: Für jeden halbwegs philosophisch informierten Leser bleibt der Eindruck, dass Freuds Lehre ein Abkömmling des nietzscheschen Denkens ist.

Freud kannte Nietzsche, und selbst wenn er ihn nicht gelesen haben sollte, so hat er sich doch mit anderen über ihn ausgetauscht, die Nietzsche auf dem Weg nach Èze bei Nizza begegnet waren. Auch während seiner Studienjahre zwischen 1873 und 1881 traf Freud auf Nietzsche in Brentanos Philosophievorlesungen. In einem Brief an Fließ vom 1. Februar 1900 erwähnt Freud, Nietzsches Werke gekauft zu haben. Wie seltsam, die Bücher eines Philosophen zu kaufen, den man nicht lesen wird, um nicht von ihm beeinflusst zu werden! Er berichtete seinem Freund: »Ich habe mir jetzt den Nietzsche beigelegt, in dem ich die Worte für vieles, was in mir stumm bleibt, zu finden hoffe, aber ihn noch nicht aufgeschlagen. Vorläufig zu träge.« (*Briefe an Wilhelm Fließ*, S. 438)

Am 28. Juni 1931, als er den größten Teil seines Werks bereits verfasst hatte, schrieb Freud an Lothar Bickel, er habe sich die Nietzsche-Lektüre versagt, obwohl oder gar weil er dort Einsichten vermutete, die jenen der Psychoanalyse ähnelten. Damit wir es recht verstehen: Der Philosoph hat *Intuitionen,* der Psychoanalytiker *Beweise.* Das ist Freuds Verteidigungsstrategie, wenn er die Philosophie kritisiert. In dieser kleinen Welt, mit der er als Mediziner nichts zu tun hat, lebt man im Ideenhimmel, verbreitet Postulate, Unbewiesenes, Behauptungen, man entwickelt Konzepte, ohne sich um deren Wahrscheinlichkeit zu sorgen. Die Psychoanalyse dagegen geht anders vor. Basierend auf Beobachtungen, Untersuchungen, Fallabgleichung und wissenschaftlicher Deduktion produziert sie unzweifelhafte Wahrheiten.

Nach Meinung Freuds hatte Nietzsche lediglich Intuitionen, während er selbst sich in einem wissenschaftlichen Kontext bewegte, innerhalb dessen bewiesene Fakten galten. Wir werden noch sehen, dass es keinen schlechteren Philosophen gibt als jenen, der keiner sein will und sich für einen Wissenschaftler hält – der, um sein Lügengerüst aufrechtzuerhalten, Ergebnisse fälscht, Schlussfolgerungen erfindet und die Zahl der angeblich behandelten Fälle schönt, aus denen er hypothetische, von der Wirklichkeit widerlegte Wahrheiten ableitet.

Die Biographien der Zeitgenossen Freud und Nietzsche zu vergleichen ist sehr aufschlussreich. Nietzsche war zwölf Jahre älter; doch dies blieb ohne Bedeutung für den Auftritt der beiden auf der philosophischen Bühne. Als Nietzsche 1871 seinen ersten Text, *Die Geburt der Tragödie,* veröffentlichte, besuchte Freud das Gymnasium. Als der erste Teil der *Unzeitgemäßen Betrachtungen* erschien, begann Freud das Medizinstudium. Nietzsche vollendete seinen Text über Richard Wagner; Freud erforschte währenddessen in Triest die Sexualität der Aale. Dann erzählte ihm Breuer vom Fall Anna O.; Nietzsche brachte *Die fröhliche Wissenschaft* heraus. Als *Also sprach Zarathustra* erschien, besuchte Freud Charcots Vorlesungen. Am Ostersonntag (!) 1886 eröffnete Freud seine Praxis in Wien; in dieser Zeit kam *Jenseits von Gut und Böse* in die Buchläden. Am 3. Januar 1889 brach Nietzsche in Turin zu Füßen eines Pferdes zusammen und blieb das folgende Jahrzehnt dem Wahnsinn verfallen. Im selben Jahr perfektionierte Freud bei Bernheim in Nancy seine – ziemlich schlechte – Hypnosetechnik. Nietzsche verbrachte die letzten zehn Jahre gelähmt und stumm bei seiner Mutter und später seiner Schwester, die sich seiner bemächtigten, um sein Werk und Denken zu verzerren und den Denker selbst in Richtung des Nationalsozialismus zu treiben. In diesen zehn Jahren, die Nietzsche als lebender Toter verbrachte, schrieb Freud über die hysterische Paralyse, die sexuelle Ätiologie der Hysterie und andere nützliche Themen, vor deren Hintergrund sich Nietzsches Fall untersuchen ließe.

1900 erwies sich als ein symbolisches Jahr. Zu Beginn des neuen Jahrhunderts, am 25. August 1900, starb Nietzsche. Im gleichen Jahr erschien *Die Traumdeutung*. Man konnte das Buch zwar bereits ab Oktober 1899 kaufen, doch Freud wünschte als offizielles Erscheinungsdatum diesen späteren, besonderen Zeitpunkt. Er sollte seinem Werk Sinn verleihen. Mit diesem Text glaubte Freud, sein Glück gesichert zu haben. Zunächst druckte man 600 Exemplare. In den ersten sechs Jahren wurden nur 123 davon verkauft und erst nach acht Jahren war die Auflage vergriffen. Nietzsches Tod, die Geburt des Nietzscheanismus und die Anfänge der freudschen Lehre fielen also zeitlich zusammen.

Nietzsche kam in den zehn Jahren seiner Umnachtung derart in Mode, dass Freud sich dieser Entwicklung bestimmt nicht entziehen konnte. In dieser Zeit entstanden die Villa Silberblick und die Nietzsche-Archive. Nietzsches Schwester veröffentlichte eine Biographie; die Werke wurden neu aufgelegt. Lou Andreas-Salomés Buch über Werk und Leben Nietzsches als Europäer erschien. Gustav Mahler und Richard Strauss ließen sich von *Zarathustra* zu Kompositionen inspirieren. Nietzsche erhielt Besuch von überall her; das Besuchsritual gestaltete seine Schwester. Um die Jahrhundertwende war man nicht nur verrückt nach Schopenhauer, sondern auch nach Nietzsche. Wie hätte Freud dieser philosophischen Hysterie entgehen sollen?

Am 1. April 1908 widmete die Wiener Psychoanalytische Vereinigung ihre Sitzung dem Thema »Nietzsche: ›Vom asketischen Ideal‹ (3. Abschnitt der Genealogie der Moral [1887])« (*Protokolle der Wiener Psychoanalytischen Vereinigung,* Bd. I, S. 334). Zu diesem Zeitpunkt lag der Philosoph gerade erst acht Jahre auf dem Friedhof von Röcken begraben. Selbst wenn Freud die *Genealogie* nicht gelesen haben sollte, konnte er jetzt nicht länger behaupten, die dort vertretenen Thesen nicht zu kennen – besonders jene, die in seiner eigenen Theorie von der Entstehung der Zivilisation durch die Unterdrückung der Triebe eine so große Rolle spielen. Und doch kann man etwas kennen, ohne es zu kennen, etwas wissen und zugleich nicht wissen, Nietzsches Konzepte verarbeiten, ohne eine einzige Zeile von ihm gelesen zu haben – vorausgesetzt, wir glauben Freuds fantasievoller Behauptung, er habe die Bücher gekauft, ohne sie je lesen zu wollen.

Eduard Hitschmann, der an diesem Tag den Vortrag hielt, las zunächst einen Auszug aus der *Genealogie* vor und ging dann direkt zu seiner These über, die besagte, »[e]ine Philosophie sei ein aus innerem Drang geschaffenes, von einem dichterischen nicht sehr verschiedenes Werk.« (ebd.)

Diese Ansicht über Nietzsche ist sehr nietzscheanisch! Tatsächlich sagt der Philosoph eben das in seinem Vorwort zur *Fröhlichen Wissenschaft* und auch in seinen Ausführungen über die Lügen der Philosophen in *Jenseits von Gut und Böse.* Mit dem Hammer zerschlägt er die kristallene These vom himmlischen Ursprung der Ideen und macht deutlich, dass alle Ideen in irdischen Körpern entstehen.

Hitschmann führte weiter aus, dass man über Nietzsches Biographie wenig wisse. Und doch hatte er Folgendes zu berichten:

eine Kindheit ohne Vater; Erziehung in einem Frauenhaushalt; frühes Nachdenken über moralische Fragen; Freude an der Antike im Allgemeinen und der Philologie im Besonderen; eine starke Tendenz zu Männerfreundschaften nach römischem Vorbild, die die Psychoanalytiker, die stets zu einer Sexualisierung der Dinge neigen, spontan als Tendenz zur »Verwerfung« (ebd., S. 335) interpretierten.

Der Redner wies auch auf den Kontrast zwischen Nietzsches traurigem, tragischem Leben und der großen Bedeutung der Freude in seinem Werk hin. Ein Widerspruch bestünde zudem zwischen dem Lob der Grausamkeit in seinen Büchern und seinem sympathischen, gar empathischen Charakter, der jedem, der mit Nietzsche Kontakt hatte, aufgefallen sei. Hitschmann bezog sich weiter auf Nietzsches pathologisches Verhältnis zum Schreiben; etwa darauf, dass er lediglich zwanzig Tage zum Verfassen der *Genealogie* benötigt hatte. Es folgten knappe Ausführungen über Fehler, Gut und Böse, das schlechte Gewissen und das asketische Ideal, die Freud später allesamt in der Psychoanalyse reaktivierte.

Der Vortragende merkte an, Nietzsche sei nicht klar gewesen, dass sein Werk nicht verwirklichten Begierden entsprungen sei. Hätte er ein normales Sexualleben gehabt, hätte er wahrscheinlich keine Bordelle besucht und sich folglich nicht derart Mühe gegeben, das asketische Ideal schriftlich zu überhöhnen. Zwar hatte Nietzsche dabei nie auf sich selbst Bezug genommen, sich aber theoretisch mit der Entstehung philosophischer Konzepte aus den Schwächen, Begierden, Trieben, Fehlern und Grenzüberschreitungen von Philosophen beschäftigt. Zum Ende seiner Rede erwähnte Hitschmann noch Nietzsches »Paralyse« (ebd.), die es unmöglich mache, eine echte Analyse durchzuführen.

Nach dem Vortrag diskutierte man. Entgegen einem weitverbreiteten Vorurteil sind Psychoanalytiker weder Befreier der Sexualität noch Revolutionäre der Sitten. Auch Freud zeigte sich hier nicht als Abweichler. Unter dem Deckmantel des Fachvokabulars herrschte über die Themen Homosexualität, Inversion, befreite Lust und Masturbation eine erschreckende bourgeoise Einigkeit. Dem einen galt Nietzsche als »verrücktes Subjekt« – ein schnelles und nützliches Urteil, um den Philosophen samt seiner Philosophie ad acta zu legen und sich nur mit dem pathologischen Fall als solchem zu beschäftigen. Einem anderen Diskussionsteilnehmer erschien Nietzsche nicht als Philosoph, sondern lediglich als Moralist in der Tradition französischer Denker wie La Rochefoucauld oder Chamfort.

Ein dritter, Alfred Adler, kam zu dem Schluss, dass »von allen bedeutenden Philosophen [...] Nietzsche unserer Denkweise am allernächsten stehe.« (ebd., S. 336) Freuds zukünftiger Intimfeind wagte es sogar, via Nietzsche einen Zusammenhang zwischen Schopenhauer und Freud herzustellen. Adler zufolge habe Nietzsche lange vor der Erfindung der Psychoanalyse entdeckt, dass der Patient sich selbst im Zuge der fortschreitenden Therapie besser versteht. Er fügte hinzu, die *Genealogie der Moral* habe die Kausalbeziehung zwischen der Unterdrückung der Libido und der Entstehung der Zivilisation (Kunst, Religion, Moral, Kultur) begriffen. Zu diesem Zeitpunkt waren *Das Unbehagen in der Kultur* oder *Die Zukunft einer Illusion* noch lange nicht erschienen, doch Adler traf ins Schwarze.

Paul Federn äußerte sich ähnlich: »Nietzsche stehe uns so nahe, daß man nur fragen müsse, wie weit er nicht gekommen sei.« Und er ließ, in Anwesenheit Freuds, eine Majestätsbeleidigung folgen: »Er [Nietzsche] habe eine Reihe der Funde Freuds intuitiv erkannt; er habe die Bedeutung des Abreagierens, der Verdrängung, der Flucht in die Krankheit, der Triebe als erster entdeckt; sowohl die normalsexuellen als auch die sadistischen Triebe.« (ebd., S. 337) Was sagt man dazu! Einmal immerhin wurde hier klar ausgesprochen, was Sache war, sogar in Anwesenheit des Meisters, der immer noch schwieg. Für die einen war Nietzsche ein verrücktes Subjekt, den anderen galt er als Vorläufer Freuds. Für eine der Positionen musste man sich entscheiden – außer man war der Meinung, das eine schließe das andere nicht aus, aber auch das musste gesagt werden.

Freud ergriff das Wort. Er erklärte, auf die Lektüre von Nietzsches Werken verzichtet zu haben, und zwar wegen der *Antipathie,* die er gegen deren abstrakten Charakter hege. Jeder Leser von *Das Ich und das Es* oder *Jenseits des Lustprinzips* wird zu Recht entgegnen, dass hier mit (philosophischen) Steinen wirft, wer im (psychoanalytischen) Glashaus sitzt. Der Protokollant berichtet, Freud habe vor den versammelten Kollegen zugegeben, Nietzsche nicht zu kennen: »ein gelegentlicher Versuch, ihn zu lesen, sei an einem Übermaß von Interesse erstickt.« (ebd., S. 338) Noch ein freudscher Sophismus: Man interessiert sich nicht für etwas, weil es einen übermäßig interessiert.

Natürlich vergaß Freud in seiner Antwortrede auch jene nicht, welche – allen voran Adler – so unverfroren meinten, er habe Vorläufer gehabt, die ihm diese oder jene nützliche Idee geliefert hätten. Freuds ontologisches Diktum blieb unverändert: Er habe seine Entdeckungen ganz allein und mithilfe seiner Genialität gemacht, ihm sei Gnade zuteil geworden, nichts und niemand könne ihn beeinflussen. Dem Protokoll zufolge versicherte Freud, Nietzsches Denken habe keinen Einfluss auf seine Arbeit gehabt. Und da er es schließlich *versicherte,* war niemand so vermessen, von ihm Beweise einzufordern.

Nun war ein anderer berühmter Psychoanalytiker an der Reihe: Otto Rank. Er trug wirre Gedanken über Nietzsches verdrängten sadomasochistischen Trieb und dessen Position innerhalb der Philosophie der Grausamkeit vor. Dann präsentierte Wilhelm Stekel, Baumeister der »frigiden Frau«, eine These, die eigentlich schallendes Gelächter hätte auslösen müssen. Doch weil Ernsthaftigkeit die vorherrschende Tugend in psychoanalytischen Kreisen ist, fand die These beim Publikum Gehör. Stekel sah doch tatsächlich »in der Anführung von Lupulin und Kampher eine Art Selbstgeständnis Nietzsches« (ebd., S. 339). Inwiefern? Man weiß es nicht. Unter welchen Umständen? Auch das weiß man nicht. Nietzsche-Leser können Stekels Diagnose jedenfalls nicht beurteilen, denn in Nietzsches gesamtem Werk ist keine Erwähnung von Lupulin zu finden.

Weil die versammelten Kollegen kaum Fortschritte im Fall Nietzsche gemacht zu haben schienen, widmeten sie ihm am 28. Oktober desselben Jahres eine weitere Sitzung. Es ging um *Ecce homo* – ein gefundenes Fressen für die anwesenden Herren. Der Vortragende Adolf Häutler interpretierte das Werk als geträumtes Selbstporträt – eine Einschätzung, die man durchaus als Pleonasmus bezeichnen könnte. Um dem Meister zu schmeicheln, behauptete er, Nietzsche habe gar nicht genesen wollen, weil er gewusst habe, dass die Krankheit Ursprung seiner Überlegungen sei.

Es folgte eine verblüffende Diskussion, an der man die Logik der kollektiven Halluzination in Reinform studieren kann. Sie war beispielhaft für einen Sophismus, der Freud in seiner Leugnung noch des geringsten Einflusses von Nietzsches Denken bestärkte. Die Diskutanden Friedmann und Frey steuerten folgenden Paralogismus bei: »Ohne die Freudsche Lehre zu kennen, habe Nietzsche hier vieles daraus empfunden und vorausgeahnt. So den Wert des Vergessens, Vergessen-Könnens, dann daß er die Krankheit als eine übergroße Empfindlichkeit gegen das Leben versteht u. a. m.« (*Protokolle der Wiener Psychoanalytischen Vereinigung*, Bd. II, S. 25)

Kümmern wir uns nicht um das »u. a. m.«, sondern lieber um das Ausmaß der Verzerrung: Freud als Vorläufer Nietzsches!

Ungeachtet der historischen Daten fand sich Freud durch eine spektakuläre Umkehrung als Vorläufer Nietzsches wieder! Freud nicht zu kennen, aber *vieles daraus zu empfinden* ist eine große intellektuelle Leistung! Denn hätte Nietzsche Freud gelesen, bevor er im Wahnsinn versank, hätte er nur zwei oder drei Artikel über die Keimdrüsen der Aale, die Neuronen der Flusskrebse oder das Nervensystem der Fische in Händen gehalten. Von einer Theorie des Vergessens beispielsweise ist darin nicht die

Rede. Und vom »u.a.m.« wollen wir gar nicht erst sprechen. Entgegen jeder grundlegenden Logik wird uns hier beinahe ein *von Freud beeinflusster Nietzsche* präsentiert, obwohl der gesunde Menschenverstand nur einen *von Nietzsche beeinflussten Freud* nahelegt.

Um den Vater Nietzsche zu ermorden, musste man ihn also ignorieren, seine Existenz kleinreden, so tun, als kenne man ihn nicht, oder gar vorgeben, er sei einem gleichgültig, er zähle nichts in unserem Leben. Man konnte ihn auch symbolisch ermorden, indem man ihn durch eine hinterhältig moralisierende Darstellung in Misskredit brachte. So wurde Nietzsche zum Homosexuellen, zum perversen Besucher von Männerbordellen, in denen er sich die Syphilis einfing. Dass es für eine solche sexuelle Neigung bei ihm keinen Beweis gab, war unwichtig. Es genügte, einen weiteren Sophismus in Umlauf zu bringen: Wenn die Homosexualität nicht zutage trat, dann deshalb, weil sie verdrängt wurde und sich in der Folge umso stärker und machtvoller auswirkte. Die zugrunde liegende Logik lautet: Er ist homosexuell, macht aber nicht den Anschein, und zwar weil seine Homosexualität verdrängt ist, und aufgrund dieser weitgehenden Verdrängung hat sie bei ihm einen besonders starken Effekt. Einer solchen Dialektik konnte niemand entfliehen, niemand konnte sich ihrer erwehren. Als Schlussfolgerung aus der Debatte verzeichnet das Protokoll, eine gewisse sexuelle Anomalie liege sicher vor. Gab es dafür Beweise? Die erste Prämisse besagte, *Ecce Homo* zeuge von einem offensichtlichen Narzissmus; eine zweite, der Narzissmus sei ein offensichtliches Zeichen der Homosexualität. Daraus folgte: Nietzsche war homosexuell.

Und Homosexualität ist eine Perversion. Nietzsche wurde dargestellt als Perverser, der Männer bezahlte und sich dabei mit Treponema ansteckte; als Mensch, der an einer sexuellen Anomalie litt, als paralysiert und hysterisch; als Unterdrücker der Frauen, als Narzisst. Wie hätte ein solches Monster Freud auch nur im Geringsten beeinflussen können?

Das dicke Ende kam auch hier zum Schluss. Auf den Vatermord ließ Freud eine Art nette Geste folgen: Nietzsche hätte dennoch ein bisher selten oder gar nicht erreichtes Niveau der Selbstbeobachtung demonstriert. Hatte Freud Augustin gelesen? Oder Montaigne? Oder auch Rousseau? Jedenfalls scheint es, als hätte die nette Geste die Situation zunächst gerettet. Doch das täuscht. Denn in Wahrheit sagte Freud damit, Nietzsche hätte nur subjektive und individuelle Erkenntnisse gewonnen, die für niemanden als ihn selbst galten. Die, mit anderen Worten, uninteressant seien. Freud selbst dagegen entdeckte universelle Wahrheiten.

Am 21. und 22. September 1911 fand ein psychoanalytischer Kongress in Weimar statt. Zwei der Teilnehmer, Sachs und Ernest Jones, besuchten bei dieser Gelegenheit Nietzsches Schwester Elisabeth Förster-Nietzsche – nicht ohne jedoch Freuds Zustimmung eingeholt zu haben. Er selbst machte sich nicht auf den Weg zur Villa Silberblick. Zwei Apostel der freudschen Lehre besuchten also eine der größten Tatsachenverdreherinnen aller Zeiten! Diese Frau tat alles, um ihren Bruder mit Falschaussagen, Lügen und Boshaftigkeiten in die Arme der Nationalsozialisten zu treiben. So veröffentlichte sie *Der Wille zur Macht,* eine gut gemachte Fälschung, mit dem Ziel, Nietzsche als Antisemiten, Kriegstreiber, preußischen Nationalisten, Pangermanisten und Verfechter von Grausamkeit, Brutalität und Mitleidlosigkeit erscheinen zu lassen. Dabei war dies im Grunde ein Selbstporträt seiner Schwester.

Dieser Frau brachten die beiden Freudianer also mit Freuds Zustimmung Myrrhe und Weihrauch dar. Jones sprach im Namen der Kongressteilnehmer. Er erkannte die intellektuellen Gemeinsamkeiten zwischen Freud und Nietzsche an. War nun die Stunde der Versöhnung gekommen? Sollte Freud sich endlich mit seinem geistigen Vater abgefunden, dessen philosophische Vaterschaft anerkannt haben? Während Nietzsches Schwester, welche dieses seltsame Zusammentreffen überhaupt erst möglich gemacht hatte, die Ehrerbietung der Psychoanalyse entgegennahm, traf Freud sich in Weimar mit Lou Andreas-Salomé. Lou war von Nietzsche verehrt worden und Autorin des ersten Buchs, das den autobiographischen und existentiellen Charakter von dessen Werk offenlegte. Zugleich war sie eine erklärte Feindin von Nietzsches Schwester. Elisabeth hasste Lou ihrerseits aus vielen Gründen, unter anderem wegen ihrer jüdischen Abstammung, ihrer libertinär-lutheranischen Haltung und ihres Beitrags zum (eingebildeten) sittlichen Verfall Nietzsches.

Sachs und Jones stellten also die geistige Verwandtschaft von Nietzsche und Freud fest. Für einen Mann, der so viel getan hatte, um das Gegenteil zu beweisen, war dies ein bedeutsames Ereignis. Man weiß nicht, was Freud über die Initiative der beiden dachte, ob er sie unterstützte oder nur tolerierte, was er darüber wusste und vielleicht davon erwartete, welche strategischen oder taktischen Beweggründe ihn antrieben. Denn es ist schwer vorstellbar, dass mit einem derart großen Eingeständnis nicht eine ebenso große Erwartung korrespondierte – war es doch gewissermaßen Freuds Anerkennung eines geistigen Vasallentums.

Elisabeth Förster war eine notorische Hysterikerin, eine zutiefst überzeugte Antisemitin, eine böse Frau und ein schlechter Mensch. Sie muss die Hommage zweier Repräsentanten der jüdischen Medizin, welche für sie den Gipfel moralischer und geistiger Verkommenheit darstellte, mit Argwohn betrachtet haben. Freud übrigens fand den überproportionalen jüdischen Anteil unter den Psychoanalytikern problematisch und hoffte gemeinsam mit C.G. Jung auf mehr »arischen« (das Wort stammt von ihm) Rückhalt für diese neue Disziplin, die sich auf der ganzen Welt verbreiten sollte. Es bleibt offen, ob der Besuch bei Nietzsche Teil dieser Taktik war.

Gegen Ende seines Lebens, als er endlich weltweit bekannt war, schrieb Freud in einem Brief an Arnold Zweig (12. Mai 1934): »In meiner Jugend bedeutete er [Nietzsche] mir eine mir unzugängliche Vornehmheit, ein Freund von mir, Dr. Paneth, hatte im Engadin seine Bekanntschaft gemacht und mir viel von ihm geschrieben.« (Freud/Zweig, *Briefwechsel,* S. 89) Was umfasst das Wörtchen »viel«? Wahrscheinlich all das, was Nietzsche zum damaligen Zeitpunkt umtrieb: die Umwertung der Werte; die Gleichsetzung des Leibes mit der Großen Vernunft; das »Es« (ein wichtiger Begriff der zweiten freudschen Topik) als bestimmende Instanz des Unbewussten; das Wesen des Willens zur Macht; die Kritik der dominierenden jüdisch-christlichen Moral, ihre Rolle bei der Entstehung des zeitgenössischen Unbehagens und der sexuellen Misere; ansonsten seine Thesen aus der *Genealogie der Moral* über Schuld und schlechtes Gewissen sowie andere Themen, die man in kaum veränderter Form in Freuds Analysen findet.

Derselbe Arnold Zweig vertraute Freud seine Absicht an, ein Buch über Nietzsches Zusammenbruch zu schreiben. Dem Brief fügte er einen ersten Entwurf bei. Zur Antwort erhielt er den Rat, das Vorhaben abzubrechen. In Bezug auf diese Geschichte berichtete Ernest Jones, Freud habe Zweig den Verzicht auf das Projekt vorgeschlagen, obwohl er gleichzeitig zugegeben habe, die Gründe dafür nicht genau zu kennen. Die berühmte Vornehmheit Nietzsches war Freud in jungen Jahren unerreichbar erschienen. Sein Umgang mit Nietzsche erinnert vor diesem Hintergrund an eine Fabel von Jean de La Fontaine, in der ein Fuchs, der nicht an die zu hoch hängenden Trauben gelangt, sich unter dem Vorwand von diesen abwendet, sie seien noch zu unreif … Was, wenn Nietzsche ein zu hohes Ich-Ideal verkörperte, sein Schüler nicht heranreichte und deshalb denjenigen den Flammen vorwarf, den er verehrte? Diese Hypothese reizt mich.

III.
Ist Freuds Lehre nietzscheanisch?

»In meiner Jugend bedeutete er [Nietzsche] mir eine mir unzugängliche Vornehmheit.«

Sigmund Freud, Brief an Arnold Zweig, 12. Mai 1934
(Freud/Zweig, *Briefwechsel*, S. 89)

Freuds Widerstand gegen jemanden, dem er allem Anschein nach viel verdankte, ist verständlich. *Jemandes Sohn zu sein,* einem Vater etwas zu schulden, versetzte Freud in einen psychischen Zustand, in dem er großes Talent für den Vatermord bewies. Es überstieg einfach seine libidinösen Kräfte, einzugestehen, was er Schopenhauer oder Nietzsche verdankte. Doch viele freudsche Begriffe, die heute längst in die Alltagssprache übergegangen sind, lassen sich als Ergebnis einer kosmetischen Anstrengung begreifen, mit der Freuds Aneignung von originär nietzscheschem Denken versteckt werden sollte.

Glaubt man den Analytikern, die Freud bei den Treffen der Psychoanalytischen Vereinigung begegnet sind, ging viel von Nietzsches Vokabular auf Freud über: die sexuelle Ätiologie der Neurosen; die Rolle der Unterdrückung der Instinkte bei der Entstehung der Zivilisation, Kultur, Kunst und Moral; die Logik der Abreaktion; die Strategien der Verdrängung; die Verleugnung und Spaltung des Ich; die Flucht in die Krankheit, die Somatisierung; der unbewusste Ursprung des Bewusstseins; die Bedeutung der Selbstbeobachtung für die Entstehung des Selbst; die Kritik der herrschenden christlichen Moral, welche Schuld trägt an der Entstehung individueller und kollektiver Pathologien; die Beziehung zwischen Schuld, schlechtem Gewissen und

Triebverzicht. Diese Aufzählung entstammt den Berichten der Psychoanalytiker selbst, die in Freuds Gegenwart vorgetragen wurden.

Die Liste allein verdeutlicht bereits, in welchem Maß Freuds Lehre Nietzsches Lehre entspricht. Rufen wir unseren formatierten Gehirnen nochmals in Erinnerung, dass der Nietzscheanismus nicht einfach eine Summe aller Gedanken Nietzsches ist (beispielsweise von der ewigen Wiederkehr des Gleichen, der Theorie vom Willen zur Macht oder vom Übermenschen). Vielmehr gehört dazu auch alles Denken, das sich *ausgehend* von Nietzsches philosophischer Baustelle entwickelt hat. Man wird bei Freud nichts über das Recycling der Theorie von der ewigen Wiederkehr des Gleichen oder die Rolle der Musik beim Aufbau einer neuen Zivilisation finden.

Aber unsere Untersuchung wird im Detail ausführen, dass Freuds *Unbewusstes* viel mit dem *Willen* aus Schopenhauers *Die Welt als Wille und Vorstellung* oder dem *Willen zur Macht* aus Nietzsches *Jenseits von Gut und Böse* gemeinsam hat. Die blinde Macht ist bei allen drei Philosophen das beherrschende Gesetz. Und sie ist es auch, die den freien Willen unmöglich macht. Sie begründet eine Tragik der Notwendigkeit und produziert so viele Verästelungen, wie es Variationen über ein Thema gibt. An der Macht wird sich auf andere Weise zeigen, dass Freuds Lehre ein Nietzscheanismus ist. Insofern wird dem scharfsichtigen Adler recht zu geben sein, der diesen Zusammenhang von Schopenhauer über Nietzsche bis Freud benannt hatte. Doch das ist eine andere Baustelle.

Ein weiterer Ansatz – und mithin jener dieses Buch – untersucht, inwiefern Freud ein Beleg für Nietzsches These ist, der zufolge alle Philosophie ein autobiographisches Bekenntnis ihres Autors ist. Ich stelle die Hypothese auf, dass hierin der Hauptgrund der freudschen Ablehnung Nietzsches besteht. Freud wollte nicht wissen, was er längst wusste: dass er als Philosoph – der er immer war – eine von ihm selbst ausgehende Weltanschauung erschaffen hatte, um die eigene Haut zu retten. Freud war es unmöglich, diese Tatsache zuzugeben, widersprach sie doch zu stark seinem erklärten Willen, sich auf dem wissenschaftlichen Gebiet der Beweise und Beweisführungen, der experimentellen Methoden, der Laborarbeit, der klinischen Beobachtung und des Allgemeingültigen zu positionieren. Freuds Pfeile zielten deshalb ins Herz von Nietzsches Denken: Jede Philosophie gründet in einer Autobiographie.

In *Fröhliche Wissenschaft* ist nachzulesen, dass unbewusste Versuche, körperliche Bedürfnisse hinter Objektivität und Intellektualität zu verstecken, enorme Ausmaße annehmen könnten. Nietzsche habe sich oft gefragt, ob die bisherige Philosophie sich letztlich nicht als Exegese und Missverständnis des Körpers beschreiben lasse. Freud hat unbewusst seine physiologischen Bedürfnisse verborgen und Objektivität für sich reklamiert.

Und er setzte alles daran, das Offensichtliche zu verbergen und zu verschleiern. Die Psychoanalyse ist die Exegese von Freuds Körper – und nichts anderes. Auch wenn Freud das genaue Gegenteil behauptete, dass nämlich die Psychoanalyse die Exegese aller Körper außer des seinen sei, so offenbart sie sich dem kundigen Blick als subjektive Lektüre einer existentiellen persönlichen Tragödie, die das Siegel des inzestuösen Begehrens trägt. Sie möchte – vor allem natürlich aus Freuds Perspektive – eine wissenschaftliche Theorie des Trieblebens und der kollektiven Psyche darstellen, aber es ist so: Als Kind begehrte Freud seine Mutter im Rahmen einer Inzestfantasie; als Erwachsener stellte er eine allgemeine Theorie über den angeblichen Ödipuskomplex auf. Nietzsche bietet den Schlüssel zur Auflösung dieser Abenteuerlichkeit an, doch Freud wollte davon nichts hören. Er wusste, dass er ihm den Weg in einen dunklen Raum voller verendeter Ratten, rachsüchtiger Schlangen und hungrigem Ungeziefer eröffnen würde.

Ziehen wir *Jenseits von Gut und Böse* (Erstes Hauptstück, §5) zu Rate: »Was dazu reizt, auf alle Philosophen halb misstrauisch, halb spöttisch zu blicken, ist nicht, dass man wieder und wieder dahinter kommt, wie unschuldig sie sind – wie oft und wie leicht sie sich vergreifen und verirren, kurz ihre Kinderei und Kindlichkeit – sondern dass es bei ihnen nicht redlich genug zugeht: während sie allesammt einen grossen und tugendhaften Lärm machen, sobald das Problem der Wahrhaftigkeit auch nur von ferne angerührt wird. Sie stellen sich sämmtlich, als ob sie ihre eigentlichen Meinungen durch die Selbstentwicklung einer kalten, reinen, göttlich unbekümmerten Dialektik entdeckt und erreicht hätten (zum Unterschiede von den Mystikern jeden Rangs, die ehrlicher als sie und tölpelhafter sind – diese reden von ›Inspiration‹ –): während im Grunde ein vorweggenommener Satz, ein Einfall, eine ›Eingebung‹, zumeist ein abstrakt gemachter und durchgesiebter Herzenswunsch von ihnen mit hinterher gesuchten Gründen vertheidigt wird: – sie sind allesammt Advokaten, welche es nicht heissen wollen, und zwar zumeist sogar verschmitzte Fürsprecher ihrer Vorurtheile, die sie ›Wahrheiten‹ taufen.«

Dieser furchterregende, bemerkenswerte Text nimmt innerhalb der Geschichte der Philosophie eine revolutionäre Rolle ein. Denn er verkündet erstmals: »Der König ist nackt.« Im Detail heißt das: Der Philosoph beruft sich auf die reine Vernunft, nimmt die Dialektik für sich in Anspruch und gibt sich den Anschein der Objektivität. Dabei wird er, wie die Mystiker, von der Intuition gesteuert; seine Thesen entspringen Launen; er glaubt, frei zu sein, obgleich er dem Willen zur Macht unterworfen ist – einer Macht, die stärker als er selbst ist und ihn dorthin führt, wo sie ihn haben möchte. Er glaubt, sein eigener Herr zu sein, und ist doch Sklave und Diener seiner Triebe, seiner geheimen Wünsche und intimen Begierden. Und was er Wahrheiten nennt? Sind nichts als Vorurteile.

Derlei wollte und konnte Freud sich nicht anhören. Einerseits wusste er, dass Nietzsche im Allgemeinen wie im Besonderen recht hatte. Andererseits wollte er sich selbst vom Gegenteil überzeugen. Das ewige Schwanken zwischen Anziehung und Abstoßung wurzelt gewiss in der Wahrheit, die Nietzsches Werke bergen, aber auch in den Darstellungen aus Lou Andreas-Salomés Buch. Aus diesen erfuhr Freud über Dr. Paneth, der mit dem Einsiedler aus dem Engadin befreundet war und den Freud seinerseits in der *Traumdeutung* dreimal als »Freund« bezeichnete. Dies ganz abgesehen von den Sitzungen der Wiener Psychoanalytischen Vereinigung. Auch deren Mitglieder konnten nicht umhin, die in *Ecce Homo* gleichfalls enthaltene und ausführlich entwickelte These zu diskutieren.

Infolgedessen gilt: Entweder man anerkennt Nietzsches Thesen als Wahrheit und ist damit zum Singulären, zum Besonderen verdammt. Dann ist der Philosoph ein Künstler wie jeder andere, ein Ästhet und Literat. Oder man verwirft, verneint und streitet ab. Noch besser, man nimmt eine Gegenposition ein. Dann kann man mit Freud sagen: »Was Nietzsche schreibt ist richtig, aber es betrifft nur die Philosophen. Ich aber bin Psychoanalytiker und Wissenschaftler, also bezieht sich diese Analyse nicht auf mich. Nietzsche mag seine grausame Methode zwar auf Spinoza, Kant oder gar Platon anwenden, aber nicht auf Kepler, Galileo, Darwin oder … mich!«

Freud verkündete oft klar und deutlich, dass er kein Philosoph sei, sondern ein Wissenschaftler. Doch der Erfinder der Psychoanalyse ist keinen Deut mehr Wissenschaftler als Shakespeare oder Cervantes, um zwei seiner Lieblingsautoren zu nennen. Ob es ihm gefallen hätte oder nicht: Freud war ein Philosoph, der mittels seiner Intuitionen zu vorgeblich universellen Wahrheiten gelangte. Er entwickelte seine Gedanken von sich selbst ausgehend und hatte dabei sein persönliches Wohl im Blick. Seine Theorie entspringt seiner Biographie, und zwar von der ersten bis zur letzten Zeile. Nicht in der Lage, an sich selbst zu erkennen, was er bei anderen so gut zu analysieren vorgab, erklärte Freud, was die Philosophie ausmache: Sie sei eine Weltanschauung. Dann entwickelte er über ein halbes Jahrhundert lang seine Theorien und präsentierte sie als – Weltanschauung. Aber er wollte auf keinen Fall ein Philosoph sein!

Freud hat viel gelesen, vor allem philosophische Texte. Aber er verschwieg, welche Texte es waren, wann er sie gelesen hat, was davon für ihn wichtig war, welche Quellen und Einflüsse es gab, welches Verhältnis er zu diesem oder jenem großen Denker oder Gedanken hatte. So müssen wir zu Archäologen werden und überall nach Fundstücken suchen, Spuren verfolgen und insbesondere dort zu graben beginnen, wo der *Philosoph* Freud Anleihen bei der Philosophie gemacht hat, um seine mit dem Anstrich der Wissenschaft versehene Weltanschauung zu gestalten.

Wir wollen zeigen, inwiefern die Biographie eines Autors Ausgangspunkt seiner Gedanken und Theorien ist. Dazu werden wir eine Denkbewegung Freuds untersuchen, die seine Entmachtung der Philosophie und der Philosophen rechtfertigen soll. Hierbei wird deutlich werden, dass keine Theorie vom Himmel fällt, sondern dahinter immer ein Mensch steht, der sie entwickelt, um seine eigenen Triebdynamiken zu legitimieren. Eine solches Gedankengebäude ist die *Kryptomnesie.* In Anbetracht dessen, was der Begriff bedeutet, wird man vielleicht verstehen, dass sie noch klarer als jedes andere Konstrukt vor dem Hintergrund einer Biographie zustande gekommen ist.

Das Wort Kryptomnesie begegnet uns in einem Buch Freuds, aber auch in einem Brief an Israel Doryon vom 7. Oktober 1938. Es findet sich in *Die endliche und die unendliche Analyse* (1937) in Zusammenhang mit der Betrachtung der Ursachen für den *Lebenstrieb* und den *Todestrieb,* zwei Begriffe, die Freud 1920 in *Jenseits des Lustprinzips* einführte, als er eine Neuformulierung seiner Topik der Triebe unternahm.

In Freuds Werk strebt der Lebenstrieb nach dem Erhalt des Lebens und nach Zusammenhalt und Einheit alles Lebendigen. Der Todestrieb dagegen strebt nach Zerstörung und nach Rückkehr in den Zustand vor dem Leben, mit anderen Worten: ins Nichts. Freud erwähnt auch das *Nirwanaprinzip* – ohne jedoch die Urheberin, seine Schülerin Barbara Low, zu benennen – und zeigt sich in seinen Ausführungen über die Beziehung von Eros und

Thanatos verwundert darüber, dass Empedokles bereits vor ihm eine ähnliche Theorie entwickelt hatte.

Der Philosoph aus Agrigent, der im fünften Jahrhundert vor Christus lebte, vertrat in seinem großen Gedicht über die Natur die These, allem liege letztlich der Konflikt zwischen Liebe und Hass zugrunde. Diese beiden aktiven Kräfte bestimmten das Verhältnis der vier Elemente, welche zusammen die Wirklichkeit bildeten. Die Liebe führe die Teilchen zusammen, der Hass zerstöre die Einheit. Die Wirklichkeit konstituiert sich nach Empedokles aus dem ewigen Zusammenspiel dieser Kräfte. Könnte Freuds Theorie vom Lebens- und Todestrieb Anleihen bei Empedokles' philosophischem Text gemacht haben? Der Frage, ob er ihn gelesen habe oder nicht, ist Freud ausgewichen, doch er bestätigte, die eigene Theorie bei »eine[r] der großartigsten und merkwürdigsten Gestalten der griechischen Kulturgeschichte« wiedergefunden zu haben (*Die endliche und die unendliche Analyse,* Bd. XVI, S. 90 f). Es folgt ein Panegyrikum der außergewöhnlichen Talente dieses Mannes, der »von seinen Zeitgenossen [...] wie ein Gott« (ebd., S. 91) verehrt wurde.

Damals schenkten die Psychoanalytiker der Theorie von den beiden Trieben keinen Glauben. Doch Freud mochte es nicht, wenn man sich ihm widersetzte. So war er hocherfreut, als er den Gegnern in der Psychoanalytischen Vereinigung einen genialen vorsokratischen Philosophen präsentieren konnte, der zu dem gleichen Schluss gekommen war wie er selbst! Nun sah sich die unfähige Clique der Psychoanalytiker, die sein Talent nicht begriff, mit Empedokles konfrontiert, welcher sich in grober Missachtung der historischen Chronologie als eine Art unbewusster Freudianer erwies.

Gestärkt durch Empedokles' Unterstützung sah sich Freud beinahe in der Lage, die Identität seiner Theorie mit der des Denkers aus Agrigent einzugestehen. Doch es gelang ihm nicht. Der Vergleich mit einem Philosophen oder mit der Philosophie schien ihm einfach nicht zulässig. Und so kam er zu dem Schluss, zwischen beiden Theorien gebe es einen entscheidenden Unterschied, nämlich »daß die des Griechen eine kosmische Phantasie ist, während unsere sich mit dem Anspruch auf biologische Geltung bescheidet.« (ebd.) Hier bewegen wir uns auf bekanntem Terrain: Auf der einen Seite Intuition und Vorstellungskraft, auf der anderen die Wissenschaft! Hier Empedokles, dort Freud. Anders ausgedrückt: Gestern eine Poetik der Träumerei, heute eine Wahrheitsdoktrin.

Hat Freud Empedokles gelesen? Und wenn ja, hat er daraus Vorteile gezogen und die vorsokratische Theorie vom Kampf zwischen Liebe und Hass für seine eigene Theorie der beiden Triebe genutzt? Lesen wir nach, was er über die Frage der Entstehung seiner Gedanken dazu schrieb: »Ich opfere dieser Bestätigung gern das Prestige der Originalität, zumal da ich bei dem Umfang meiner Lektüre in früheren Jahren doch nie sicher werden kann, ob meine angebliche Neuschöpfung nicht eine Leistung der Kryptomnesie war.« (ebd., S. 90)

Demnach bestimmt also die Kryptomnesie das unbewusste Zurückerinnern an etwas einst Gelesenes, das während der Arbeit an einer angeblich selbst entwickelten Theorie plötzlich und unerwartet zutage tritt. Der Theoretiker des Unbewussten hielt es nicht für nötig, diesen hübschen, bei Théodore Flournoy entliehenen Gedanken näher zu analysieren. Er eignet sich hervorragend als Rechtfertigung, wenn man etwas vielleicht gelesen hat, sich jedoch nicht daran erinnert. Eben weil man sich nicht erinnert, ist die in der Vergangenheit rezipierte Quelle für die gegenwärtige Epiphanie irrelevant! Als Autor von *Psychopathologie des Alltagslebens* hätte Freud doch wissen müssen, dass das Vergessen in sehr enger Beziehung zum Unbewussten steht und derlei Abenteuerlichkeiten letztlich im Ödipuskomplex gründen – weil der Vater seinen Sohn mit der Kastration per Messer bedroht oder weil man mit der eigenen Mutter schlafen möchte.

Vor diesem Hintergrund ist es schwierig, die philosophischen Quellen eines Philosophen aufzuzeigen, der keiner sein will und sich auf seine Eigenschaft als Wissenschaftler beruft. So trägt die Kryptomnesie schwer an ihrer Verantwortung. Die folgende Liste umfasst nur die möglichen Anleihen bei der antiken Philosophie: Empedokles' Theorie von Liebe und Hass beziehungsweise Lebens- und Todestrieb; die ontologische Basis des sokratischen »Erkenne dich selbst« und die Notwendigkeit der Selbstbeobachtung und Selbstanalyse für die Bildung des Ich; zahlreiche – von Freud bestrittene – Schnittstellen zwischen dem *Traumbuch* des Artemidor von Dalis und der symbolischen Methode in der *Traumdeutung;* die Technik des Antiphon von Athen, der Pathologien behandelte, indem er mit den Patienten sprach und sich von diesen bezahlen ließ, nachdem sie ihr Gewissen erleichtert hatten, und Freuds Prototyp der Analyse, nämlich die Behandlung durch bezahlte Gespräche; die Theorie über das Androgyne aus Aristophanes' Rede in Platons *Gastmahl* und Freuds Theorie der Bisexualität (Freud zitiert diese Quelle in *Drei Abhandlungen zur Sexualtheorie*).

Kommen wir zu Freuds Zeitgenossen. Er machte zahlreiche Anleihen bei Wissenschaftlern. Hierzu gibt es umfangreiche und eindeutige Untersuchungen (Henri F. Ellenbergers *Entdeckung des Unbewussten* sowie Frank J. Sulloways *Freud – Biologe der Seele*), welche Beziehungen, Schnittstellen und die vertuschte (positive oder negative) Verwendung fremden Materials darlegen. Sie zeigen den intellektuellen, soziologischen, philosophischen, aber auch anatomischen, histologischen, physiologischen, biologischen, chemischen, physikalischen und neurologischen Nährboden, auf dem Freuds Werk entstand, und sie zerstören die Legende von einem Forscher, dem nach langer und geduldiger wissenschaftlicher Arbeit – meist nur an sich selbst – die Gnade der Erkenntnis zuteil wurde.

Wenden wir uns wieder Nietzsche zu und lassen wir das bereits Gesagte außer Acht. Erinnern wir an etwas, das den ersten Weggefährten Freuds damals wohl nicht aufgefallen ist. In *Jenseits von Gut und Böse* forderte Nietzsche klar und deutlich eine neuartige, nie da gewesene »Psychologie der Tiefe«, die man suchen und finden, falls nötig gar »erfinden« müsse. Sie sei »als Morphologie und Entwicklungslehre des Willens zur Macht zu fassen« (*Jenseits von Gut und Böse,* § 23) – und hier soll wirklich keine Beziehung zur *Psycho-Analyse* als Matrize der Psychoanalyse bestehen?

Nietzsche hat dieser Frage nie einen eigenen Text gewidmet. Trägt man seine verstreuten Überlegungen zusammen, findet man viele Hypothesen, Eingebungen, Behauptungen, Hinweise und Ansichten, die später in höchstens durch die Magie der Neologismen veränderter Form im Werk Freuds auftauchen. In *Menschliches, Allzumenschliches* etwa wird der Gedanke vorgetragen, die Mutter sei der psychische Prototyp des Weiblichen, von dem aus jeder Mann seine Beziehung zum anderen Geschlecht konstruiere; Freud spricht von der *Mutter als erstem Liebesobjekt.* Wer keinen guten Vater habe, muss sich laut Nietzsche einen machen; Freud spricht in diesem Zusammenhang vom *Ichideal.* In *Also sprach Zarathustra* führt Nietzsche aus, dass der Traum der Ökonomie des Erwachens entspringe und dass der Sinn eines jeden Traums im Alltagsleben des Träumenden verborgen sei. Freud bezeichnet den Traum als *Wächter des Schlafs.* Der *Fröhlichen Wissenschaft* aber auch *Jenseits von Gut und Böse* zufolge gründet das Bewusstsein in einem triebbestimmten Unbewussten, das dem Wissen nicht zugänglich ist. Freud spricht hier vom *psychischen Unbewussten.* Die *Genealogie der Moral* berichtet von der dynamischen Rolle des Vergessens bei der Aufrechterhaltung der psychischen Ordnung; Freud nennt das *Verdrängung.* Nietzsches Gedanken über den Zusammenhang von asketischem Ideal und pathologischer Identität ähneln Freuds *sexueller Ätiologie der Neurosen.* Bei Nietzsche konstituiert sich die Seele durch die Triebe; Freud theoretisiert über die *Libidoökonomie.* Nietzsche beklagt die pathogene Rolle der Zivilisation, die über Moral und Religion die Triebe unterdrückt, das Leben massakriert und individuelles wie kollektives Unbehagen auslöst. Für Freud ist dies die *repressive Rolle der Zensur des Unbewussten* und, nach dem Paradigmenwechsel in der zweiten Topik, *die Arbeit des Über-Ich am Es zur Konstitution des Ich* – ganz abgesehen von den analytischen Grundlagen in *Das Unbehagen in der Kultur.* Nietzsche thematisierte die Beteiligung der Selbstaufgabe an der Ökonomie der Grausamkeit; bei Freud geht es in diesem Zusammenhang um *narzisstische Verletzungen und die Entstehung des Masochismus.* Nietzsche macht sich über unterdrückte Triebe Gedanken, die andernorts in neuer Gestalt auftauchen; Freud spricht von *Sublimierung.* Im *Antichrist* wird schließlich der Hass auf den Körper in den Blick genommen; der christliche Aufruf zum Verzicht auf das Leben im Hier und Jetzt; es geht um Nihilismus und die Krankheit der westlichen Zivilisation. Freud kritisiert die *dominierende Sexualmoral* und die perverse Rolle der *Religionen als kollektive Neurosen.* Allein das Werk Nietzsches liefert uns also eine Vielzahl von Anlässen, der freudschen Kryptomnesie auf die Spur zu kommen.

IV.
So bedeutend wie Kopernikus und Darwin

»[M]ein Zutrauen zu meinem eigenen Urteile
sowie mein moralischer Mut [waren] nicht eben gering.«

Sigmund Freud, *Zur Geschichte der psychoanalytischen Bewegung* (Bd. X, S. 60)

»Ich bin, soviel ich weiß, nicht ehrgeizig.«

Sigmund Freud, *Die Traumentstellung* (Bd. II/III, S. 142)

Napoleon ernannte sich in Anwesenheit von Papst Pius VII. und vielen hochrangigen Persönlichkeiten selbst zum Kaiser, weil er niemand anderen für würdig erachtete, ihm das Schmuckstück auf den Kopf zu setzen. Freud bediente sich in einem kurzen Text von 1917 mit dem Titel *Eine Schwierigkeit der Psychoanalyse* eines vergleichbaren Gestus. Er hatte den Artikel für eine ungarische Zeitschrift verfasst und kurz zuvor erfahren, dass er den Nobelpreis in diesem Jahr nicht erhalten würde.

Die im Titel erwähnte »Schwierigkeit« bezieht sich auf den affektiven, nicht auf den intellektuellen Hintergrund. Wenn die Psychoanalyse als Disziplin nicht so schnell, umfassend und dauerhaft erfolgreich war, wie Freud es wünschte; wenn sie sich nicht sofort, gänzlich und definitiv durchsetzte, so lag das ihm zufolge daran, dass sie der Menschheit eine Kränkung zufügte. Natürlich brachte Freud den Text nicht mit seinem Scheitern vor dem Nobelpreiskomitee in Zusammenhang. Dies wäre doch zu trivial für einen Mann, der Universelles anstrebt. Doch ohne zu merken, dass er von seinem persönlichen Fall in die Verallgemeinerung abglitt, schrieb der enttäuschte, beschämte Psychoanalytiker hier über den Narzissmus der Menschheit. Nicht etwa über seinen eigenen, sondern – wir lesen richtig – über den Narzissmus aller Menschen.

Mit einer berühmt gewordenen Formulierung beschreibt Freud das Wesen der angesprochenen Kränkung, nämlich dass »das Ich nicht Herr sei in seinem eigenen Haus« (*Eine Schwierigkeit der Psychoanalyse,* Bd. XII, S. 12). Und zwar deshalb, weil dort das Unbewusste regiere. Diese Entdeckung beanspruchte der unglückliche Nobelpreiskandidat für sich. Weil der Mensch bemerkt, dass nicht er im Zentrum seiner selbst steht, erleidet er eine Kränkung – die Freud als eben erst Gekränkter gleich allen Menschen auf einmal zufügte! Es liegt also eine »Kränkung« (ebd.) vor, und zum Ausgleich verletzt der Verletzte alle anderen.

Zwei Kränkungen gehen dieser voraus. Zunächst die »kosmologische Kränkung« (ebd., S. 7). Zu verdanken haben wir sie Nikolaus Kopernikus und dessen Nachweis, dass sich die Erde nicht im Zentrum des Universums befindet, wie es die christliche Vulgata vorgibt, sondern sich um sich selbst und um die Sonne dreht, die ihrerseits den Mittelpunkt bildet. Der Mensch glaubte sich lange im Zentrum des Universums und musste nun in *Über die Kreisbewegungen der Weltkörper* erfahren, dass in Wahrheit nicht der Geo-, sondern der Heliozentrismus sein Sonnensystem bestimmt. Seitdem schwebt er durch die Peripherie, verloren in der Unendlichkeit des Universums.

Die zweite narzisstische Kränkung ist die »biologische« (ebd., S. 8). Zugefügt wurde sie uns von Charles Darwin mit dem Erscheinen von *Die Entstehung der Arten* im Jahr 1859. Den Lehren der römisch-katholischen Kirche folgend, hielten die Menschen bis dato den Wortlaut der Bibel und die Geschichte der Genesis für wahr. Demnach hätte Gott die Welt in sechs Tagen erschaffen und sein Werk mit einem nach seinem Bilde geformten Menschen vollendet, bevor er sich am siebten Tag, der glücklicherweise auf einen Sonntag fiel, die wohlverdiente Ruhe gegönnt habe.

Doch nun war Darwin von einer Weltumsegelung auf der *Beagle* zurückgekehrt und präsentierte die Ergebnisse seiner wissenschaftlichen Arbeit: Der Mensch wurde nicht von Gott erschaffen, sondern ist das Ergebnis eines natürlichen Prozesses namens Evolution. Der Mensch steht am Ende dieses Prozesses, der Affe am Anfang. Seit Darwin gibt es also keinen grundsätzlichen Unterschied mehr zwischen Mensch und Affe – wie die Religion ihn vertritt –, sondern nur einen graduellen. Diese Wahrheit traf den Menschen nach der ersten Kränkung erneut wie ein Faustschlag.

Die dritte narzisstische Kränkung kennen wir bereits. Nach der Entdeckung des Heliozentrismus durch Kopernikus und der Evolution durch Darwin entdeckte Freud die Psychoanalyse. Es fällt auf, dass nach Freuds Schema nicht nur die kosmologische und die biologische, sondern auch die psychologische Kränkung wissenschaftlicher Natur ist. Freud positioniert sich hier also klar als Wissenschaftler.

Es ist, nebenbei bemerkt, äußerst unbescheiden, sich selbst zu Lebzeiten auf eine Stufe mit zwei bedeutenden Forschern zu stellen, zumal wenn man nur wenige Veröffentlichungen – darunter *Die Traumdeutung* – vorzuweisen hat. Doch Freud hatte keine Angst vor Größenwahn. Er ging sogar noch darüber hinaus und kombinierte Hochmut mit Eitelkeit. Auf einem gedachten Siegertreppchen für die drei Wissenschaftler stünde er zweifelsohne auf der höchsten Stufe! Diese Selbsteinschätzung nämlich liegt der erstaunlichen Äußerung zugrunde: »Am empfindlichsten trifft wohl die dritte Kränkung, die psychologischer Natur ist.« (ebd.) Und das ist: seine Kränkung. Kopernikus und Darwin müssen sich nun gleichberechtigt den zweiten Platz teilen.

Diese Unglaublichkeit kann man im Zusammenhang mit einer Analyse sehen, die Freud in *Eine Kindheitserinnerung aus »Dichtung und Wahrheit«* vornimmt. Der kurze Text wurde 1917 veröffentlicht, im selben Jahr wie die schriftliche Selbstkrönung. *Dichtung und Wahrheit* ist der Titel von Goethes Autobiographie. Goethe erzählt darin von seiner einzigen Erinnerung aus der Kleinkindzeit: Er warf Geschirr zu Boden, welches zerbrach.

Daraufhin feuerten ihn drei Kameraden an, und so zerstörte er mit großer Begeisterung immer mehr Teller und Schüsseln aus dem Familienbesitz.

Freud vergleicht diese alte Geschichte mit einem ähnlichen Fall aus seiner Praxis und folgert daraus, das so handelnde Kind aktiviere ein »magisch[es]« Denken (*Eine Kindheitserinnerung aus ›Dichtung und Wahrheit‹*, Bd. XII, S. 21). Denn das zerstörte Geschirr beziehe sich auf ein bestimmtes Ereignis, in Goethes Fall auf die Geburt des kleinen Bruders, der dem Älteren als Bedrohung erscheint. Der Eindringling sei eine Gefahr, weil er den Älteren zwingt, die Liebe seiner Eltern zu teilen. Als Herr über diese Magie schließt Freud, das Zu-Boden-Werfen schwerer Gegenstände beziehe sich auf die Mutter. Ein Tellerwurf als Zurückweisung des kleinen Bruders! Das ist wahrlich magisches Denken.

Goethes *Dichtung und Wahrheit,* die Szene mit dem zerbrochenen Geschirr und der ähnliche Fall des Patienten auf dem Diwan boten Freud genug Gelegenheiten, auf sich selbst Bezug zu nehmen – natürlich ohne es dem Leser mitzuteilen. In einem Brief an Fließ vom 3. Oktober 1897 berichtete er, wie sehr er bei der Geburt seines kleinen Bruders *persönlich empfunden* habe, was er *aus der Analyse eines Dritten abgeleitet* haben wollte, nämlich dass »ich meinen ein Jahr jüngeren Bruder (der mit wenigen Monaten gestorben) mit bösen Wünschen und echter Kindereifersucht begrüßt hatte und von seinem Tod der Keim zu Vorwürfen in mir geblieben ist.« (*Briefe an Wilhelm Fließ,* S. 288)

Freud hatte also negative Gedanken bei der Geburt seines jüngeren Bruders Julius? *Dann* muss natürlich jeder solche bösen Gedanken hegen, wenn ein jüngeres Geschwisterchen geboren wird, das auf immer und ewig ein Rivale ist. Schließlich kannte auch Goethe, wie der ihm ebenbürtige Freud, dieses Gefühl. Wie zum Beweis warf er Teller zu Boden, was an der Geburt seines kleinen Bruders gelegen haben musste. Eine allgemeine Theorie wird hier als universelle wissenschaftliche Wahrheit präsentiert. Wer sich über die Ankunft eines kleinen Bruders gefreut hat, wie ich zum Beispiel, hat also nur seinen unbewussten Wunsch versteckt, sich des Neuankömmlings zu entledigen.

Der kleine Text enthält noch eine weitere freudsche Perle. Dass Freud von Goethe ausgeht und zu sich selbst überleitet, ist bei ihm eine gängige Methode. Der Psychoanalytiker schließt mit einer These, die letztlich doch zu einem unfreiwilligen Geständnis wird: »Wenn man der unbestrittene Liebling der Mutter gewesen ist, so behält man fürs Leben jenes Eroberergefühl, jene Zuversicht des Erfolges, welche nicht selten wirklich den Erfolg nach sich zieht.« Weiter heißt es: »Und eine Bemerkung solcher Art wie: Meine Stärke wurzelt in meinem Verhältnis zur Mutter, hätte Goethe seiner Lebensgeschichte mit Recht voranstellen können.« (*Eine Kindheitserinnerung aus »Dichtung und Wahrheit«*, Bd. XII, S. 26) Freud allerdings auch.

Denn schon von frühester Kindheit an war Freud der Liebling seiner Mutter Amalia. Sie glaubte, aus ihm werde einmal ein Genie, ein Held, ein berühmter Mann, und sagte ihm das regelmäßig. Dies werden wir später noch genauer untersuchen. Freud richtete sein Leben darauf aus, seiner Mutter diese Freude zu machen – auf Kosten der sexuellen Freude, über die er pausenlos fantasierte. Diese Liebe rechtfertigte, dass er sich auf ein Treppchen mit Kopernikus und Darwin stellte, gar selbst den ersten Platz beanspruchte, und dass er sich als Reaktion auf die zugefügte Kränkung – die Nichtverleihung des Nobelpreises – selbst durch eine Kränkung an der Menschheit rächte. Das also sind die Beweise für die Wissenschaftlichkeit der Behauptungen des Wiener Philosophen.

Das Wort »Eroberer« in der eben zitierten Passage des versteckt autobiographischen Textes lässt sich mit einem Anspruch Freuds zusammenbringen, der sich durch alle seine Schriften zieht. Er wollte Wissenschaftler sein und auf keinen Fall Philosoph. Doch wie konnte er eine Stellung als »Conquistador« für sich reklamieren? An Fließ schrieb er am 1. Februar 1900 tatsächlich: »Ich bin nämlich gar kein Mann der Wissenschaft, kein Beobachter, kein Experimentator, kein Denker. Ich bin nichts als ein Conquistadorentemperament, ein Abenteurer, wenn Du es übersetzt willst, mit der Neugierde, der Kühnheit und der Zähigkeit eines solchen. Solche Leute pflegt man nur zu schätzen, wenn sie Erfolg gehabt, wirklich etwas entdeckt haben, sonst aber sie beiseite zu werfen. Und das ist nicht so ganz ungerecht.« (*Briefe an Wilhelm Fließ*, S. 437) Damit ist es amtlich!

Wer glaubt auch nur im Geringsten, dass Hernán Cortés oder Christoph Columbus Wissenschaftler waren? Denn Freud, der so belesen war und so viel wusste, konnte doch – ungeachtet seiner Anfälle von Kryptomnesie – nicht außer Acht lassen, dass für jeden halbwegs Gebildeten die Konquistadoren gnadenlose, gewinnsüchtige, oft gesetzeslose Söldner waren, die sich nicht lange mit moralischen Überlegungen aufhielten. Den Konquistadoren verdanken wir Genozide, Massaker, Epidemien, Pandemien, die Verbreitung von Typhus, Pocken und Syphilis, zerstörte Zivilisationen und Massentötungen von Ureinwohnern. Und all das nur, weil die Kassen klingeln sollten. Denn sie glaubten, in den von ihnen einzig zu diesem Zweck entdeckten Gebieten gäbe es Reichtümer in Hülle und Fülle.

Wo ist jener Freud geblieben, der sich noch einen Monat zuvor auf den ersten Seiten der *Traumdeutung* als »Naturforscher« bezeichnet hatte? (*Vorbemerkung*, Band II/III, S. VIII) Der im selben Buch seine Methode als »wissenschaftliches Verfahren der Traumdeutung« bezeichnete oder von einer »wissenschaftliche[n] Behandlung« der hier analysierten Träume sprach? (*Die Methode der Traumdeutung*, Bd. II/III, S. 104) Wie können diese Glaubensbekenntnisse, die nur ihm selbst zu gelten scheinen und nur dem Zweck dienen, ihn selbst zu überzeugen, mit der Rede vom wagemutigen Abenteurer koexistieren? Selbst Freud gab zu, dass dieser Menschentyp nicht erstrebenswert und mit gutem Grund abzulehnen sei.

Freud wollte Geld und Berühmtheit. Deshalb musste er den

dunklen Wald nach dem Eldorado durchforsten. Im Dialog mit Fließ fühlte er sich einigermaßen geborgen und zeigte sein wahres Wesen. Hier stand er nicht im Scheinwerferlicht und vertraute seinem Freund alles an: Krankheiten, sexuelle Missgeschicke, Zweifel, die wiederkehrenden Depressionen, die Sehnsucht nach Patienten, Geldsorgen, den Wunsch, eine Familie zu gründen, und das Leid an der eigenen Unbekanntheit. Hier legte er die Maske ab und zeigte seine wahre Natur: *Er war ein Abenteurer.*

Ganz anders äußerte sich Freud, wenn er im Fokus der Aufmerksamkeit stand. Dann ließ er sich nicht in die Karten blicken. Auf der Bühne war er weder Abenteurer noch Konquistador, sondern Wissenschaftler. Ich wiederhole: Der Privatmann, der seinem Freud Fließ gestand, »gar kein Mann der Wissenschaft [*sic*], kein Beobachter, kein Experimentator« (*Briefe an Wilhelm Fließ*, S. 437) zu sein, bezeichnete sich in seinen Büchern klar und deutlich als »Naturforscher« (*Vorbemerkung*, Band II/III, S. VIII). Wem sollen wir glauben? Die Lektüre und Analyse des Gesamtwerks sowie dessen Zusammenschau mit den Briefen und Biographien zeigt, dass es der Briefschreiber ist, der die Wahrheit sagt.

Natürlich nahm Freud die Rolle des Konquistadoren nicht in seinen Werken ein, sondern in den Briefen oder etwa in einem Gespräch mit Marie Bonaparte, einer Schülerin, die ihn als eine Mischung aus Immanuel Kant und Louis Pasteur bezeichnete! Sein Biograph Ernest Jones überliefert, dass Freud diesen Vergleich zurückwies: Er sei zwar nicht bescheiden und schätze die eigenen Entdeckungen in hohem Maß, nicht aber sich selbst als Person. Auch Kolumbus sei nur ein Abenteurer gewesen, der sehr viel Energie gehabt habe, jedoch nicht als große Persönlichkeit bezeichnet werden könne. Man könne also bedeutende Entdeckungen machen, ohne ein bedeutender Mann zu sein.

V.
Wie ermordet man die Philosophie?

»Ich habe als junger Mensch keine
andere Sehnsucht gekannt
als die nach philosophischer Erkenntnis.«

Sigmund Freud, Brief an Wilhelm Fließ, 2. April 1896
(*Briefe an Wilhelm Fließ*, S. 190)

In seinem totalen Krieg gegen die Philosophen und die Philosophie war Freud nicht parteiisch. Mit trauriger Konsequenz warf er Materialisten und Idealisten, Atheisten und Christen, Doktrinäre und Utilitaristen, Platoniker und Epikuräer, Alte und Moderne, Hegelianer und Nietzsche-Anhänger, Spiritualisten und Positivisten, Mystiker und Szientisten, Vorsokratiker und Zeitgenossen in einen Topf. Und unter diesem Topf wollte Freud dann so richtig Feuer machen. Er wollte ein für allemal mit 2500 Jahren philosophischer Irrtümer aufräumen.

Sein Hauptvorwurf lautete: Der gesamten Zunft war seine größte Entdeckung, das Unbewusste, verborgen geblieben. Dabei nahm er Leibniz' »kleine Perzeptionen«, Schopenhauers »Lebenswillen«, Hartmanns »Unbewusstes« oder Nietzsches »Willen zur Macht« einfach nicht zur Kenntnis, obwohl sie seiner phantastischen Entdeckung so ähnlich sind. Auch Begriffe wie Spinozas »Conatus«, d'Holbachs oder Guyaus »Nisus« oder Schellings »Leben«, die sich doch kaum vom eigenen, immer wieder erwähnten »Keimplasma« unterscheiden, ließ er unbeachtet. Freud hatte sich für den totalen Krieg entschieden, also führte er ihn.

Worin bestand sein Vorwurf genau? Freud zufolge wären die Philosophen die Frage nach dem Unbewussten falsch angegangen; sie hielten es für einen unbekannten, dunklen Bereich des Bewusstseins. Als Grund für diesen Fehler identifizierte Freud ihre Unfähigkeit, anderes Untersuchungsmaterial als sich selbst zu verwenden. Außerdem hätten sie sich weder für Träume noch Hypnose oder die Klinik interessiert – ganz anders als Freud selbst! Solange ein Denker sich in der Bibliothek vergräbt und sich weder um die eigenen Träume noch um die seiner Patienten kümmert, kann er natürlich nicht zu interessanten, verlässlichen Gewissheiten und Erkenntnissen gelangen.

Mit anderen Worten: Weil Kant nie jemanden hypnotisiert und nie eine *Kritik des Träumens* geschrieben hat; weil er den therapeutischen Nutzen einer Behandlung nach Charcot nicht kannte und die eigenen Träume nicht analysierte, konnte er nichts Sinnvolles über das Unbewusste aussagen. Man könnte Freud entgegenhalten, dass man jemandem schwerlich vorwerfen kann, er habe eine zu seiner Zeit nicht existierende Methode nicht angewendet. Man könnte sagen, dass die Hypnose typisch für das 19. Jahrhundert war und eng mit dem Mesmerismus verwandt ist. Man könnte hinzufügen, dass ein weißer Arztkittel und ein auf der Couch liegender Patient nicht vor theoretischen Irrtümern bewahren. Doch das würde alles nichts nützen. Denn weil der Philosoph eben kein Psychoanalytiker ist, kann er Freud zufolge nichts Intelligentes zu diesem Thema beitragen. Wieder und wieder formulierte Freud den Gedanken, wenn man selbst nicht Analytiker oder Analysierter sei, könne man keine legitimen Aussagen über die Psychoanalyse machen. Seine geistige Blockade zeigt sich hier in Vollendung: Jede philosophische Äußerung über das Unbewusste ist prinzipiell null und nichtig, weil sie nicht von einem Psychoanalytiker stammt.

In *Neue Folge der Vorlesungen zur Einführung in die Psychoanalyse* führte Freud seine Vorwürfe gegenüber der Philosophie näher aus. Die Philosophie irre, weil sie sich darüber definiere, Weltanschauungen zu entwerfen. Und was sei eine Weltanschauung? Eine »intellektuelle Konstruktion, die alle Probleme unseres Daseins aus einer übergeordneten Annahme einheitlich löst, in der demnach keine Frage offen bleibt und alles, was unser Interesse hat, seinen bestimmten Platz findet.« (*XXXV. Vorlesung: Über eine Weltanschauung*, Bd. XV, S. 170) Doch passte diese Definition auf die Psychoanalyse nicht besser als auf jede andere Disziplin? War nicht die Psychoanalyse damals die aktuellste, am stärksten in sich geschlossene, totale, einheitliche und globale Weltanschauung? Umfasste sie nicht alle Themen, subsumierte sie unter das Prinzip des Unbewussten und löste sie damit nicht alle Rätsel? Schließlich befasste sie sich doch mit der Herkunft der Kunst, der Entstehung der Religionen und der Götter, der Genealogie der Moral und des Rechts, dem Ursprung der Menschheit, der Logik des Kriegs, den Geheimnissen der Politik; den individuell bewussten und unbewussten Prozessen, dem Sinn der Träume, der kleinsten Gesten, der Bedeutung der Lapsus, Fehlleistungen, geistreichen Bemerkungen, der Ironie, des Humors und des Scherzes; mit den Mysterien des Sexuallebens, der Masturbation im Bauch der Mutter, den Spielarten der Erotik und schließlich mit der Sublimierung. Wer gab vor, Phänomene aller Art behandeln zu können, etwa Geisteskrankheiten, Halluzinationen, Psychosen, Neurosen, Paranoia, Hysterie, Phobien und die gesamte Psychopathologie des Alltagslebens? War es nicht Freud, der einen Versprecher, einen verlorenen Schlüsselbund, ein betontes Schweigen, eine Stimmlage, die Berufswahl, die Entscheidung für einen Sexualpartner, Nahrungsvorlieben oder -abneigungen und tausend andere Dinge mit einer psychoanalytischen Erklärung versah, die stets auf die berühmte Grundthese über das Unbewusste hinauslief?

Und bedarf es denn nicht einer ganz besonderen Weltanschauung, wenn man die Zähmung des Feuers aus dem Verzicht auf das Feuerlöschen durch Urinieren erklärt? Wird etwa keine Weltanschauung angewendet beziehungsweise missbraucht, wenn der Philosoph wider Willen namens Freud in *Das Unbehagen in der*

Kultur über die phallische Natur der Flamme doziert und über die Homologie zwischen dem Löschen des Feuers mit dem Urinstrahl und dem sexuellen Akt mit einem Mann? Der Urinierende genieße so die Freude an der männlichen Stärke, ohne sich in einer homosexuellen Konkurrenzsituation zu befinden. Wer den Drang, das Feuer zu löschen, unterdrücke, beherrsche es fortan und gewinne dadurch an Stärke. So erklärt sich auch, dass die Frau aus einleuchtenden anatomischen Gründen auf dieses Spiel verzichten und forthin alles verwahren müsse, was der Mann von seinen durch das unterdrückte Feuerlöschen erfolgreichen Streifzügen mitbringe. Freud trägt all dies sehr ernsthaft vor und betont, diese universellen Wahrheiten legitimierten sich aus seinen eigenen »analytischen Erfahrungen« (*Das Unbehagen in der Kultur,* Bd. XIV, S. 449, Fußnote). Man versteht nun, dass ein bloß mit der eigenen Vorstellungskraft bewaffneter Philosoph nicht zu solchen Schlussfolgerungen gelangt wäre, denn diese erfordern Klinik, Sitzungen auf der Couch und lange, geduldige Beobachtung.

Und trägt Freud nicht auch eine *Weltanschauung* vor, wenn er seine – selbstverständlich wissenschaftliche – Hypothese vom Ursprung der Musik präsentiert? Aus einem Brief zu diesem Thema an Stefan Zweig vom 25. Juni 1931 erfahren wir durch Freuds koprophiles Vokabular mehr über ihn selbst als über die Musik: »In mehreren Analysen mit Musikern ist mir deren besonderes, in die Kindheit zurückreichendes Interesse für die Geräusche, die man mit dem Darm macht, aufgefallen. [...] [O]b man annehmen soll, in die (uns unbekannte) Begabung für Musik gehe eine starke anale Komponente ein, lasse ich unentschieden.« (Stefan Zweig, *Briefwechsel,* S. 197) Gustav Mahler, den Freud binnen vier (!) Stunden während eines Spaziergangs durch die Straßen des niederländischen Leiden analysierte, leistete bestimmt einen bedeutenden Beitrag zu diesem wissenschaftlichen Befund.

Freud unterscheidet zwei Arten, die Welt zu begreifen: Auf der einen Seite befinden sich Kunst, Religion und Philosophie – eine perfide Gruppierung, weiß doch jeder, welch geringes Ansehen die Religion bei ihm genießt. Auf der anderen Seite steht die Psychoanalyse – in anderen Worten: Freuds eigene Art, die Welt zu begreifen. Erstere arbeiten mit ästhetischen Fabeln, literarischen Allegorien, religiöser Mythologie und philosophischen Fiktionen. Die Psychoanalyse – selbstverständlich den Vorherigen nicht nachrangig – vermittelt aus klinischen Beobachtungen gewonnene wissenschaftliche Wahrheiten, für jeden zu erkennen am pinkelnden Steinzeitmenschen oder am Furz des Musikers.

1926 zeigte Freud sich erneut als erklärter Gegner der Philosophie: »Ich bin überhaupt nicht für die Fabrikation von Weltanschauungen. Die überlasse man den Philosophen, die eingestandenermaßen die Lebensreise ohne einen solchen Baedeker, der über alles Auskunft gibt, nicht ausführbar finden. Nehmen wir demütig die Verachtung auf uns, mit der die Philosophen vom Standpunkt ihrer höheren Bedürftigkeit auf uns herabschauen.« (*Hemmung, Symptom und Angst,* Bd. XIV, S. 123)

Überlesen wir schnell den Gestus der Bescheidenheit, mit dem sich ein Mann schmücken will, dem diese Tugend eigentlich völlig fremd ist! Konzentrieren wir uns lieber auf die angebliche Verachtung, derer sich die Philosophen gegenüber ihren Kollegen schuldig machen: Auf wen trifft das zu? Wann, wo, in welchen Zeitschriften oder Veröffentlichungen haben sich Philosophen so geäußert? Wie viele gegen Freud gerichtete Bücher gab es im Jahr 1926? Sein Vorwurf ist paranoid, denn seine These von der Verachtung, die der neuen Disziplin vonseiten namen- und gesichtsloser Philosophen angeblich entgegenschlug, lässt sich durch historische Fakten nicht belegen. Freud behauptete weiter, die Philosophen veranstalteten einen Heidenlärm nach Art jener, die aus Angst im Dunkeln singen. Dieser Kohorte von Knallköpfen stellte er den Wissenschaftler gegenüber, der langsam und geduldig arbeitet, der seine Zeit mit Beobachtungen, Untersuchungen und Vergleichen verbringt, Informationen zusammenführt und dann, ganz vorsichtig und nach umfangreicher experimenteller Überprüfung, bescheiden seine Ergebnisse vorlegt.

Man könnte Freud seinen Tonfall vorhalten oder seine Beleidigungen, seine Vorurteile über die blind im Dunkeln rufenden, koprophilen Philosophen. Und dann könnte man sich fragen, woher so viel Hass kommt. Er, der den Philosophen ohne Grund und ohne Beweise, ohne Namen oder Referenzen Verachtung vorwarf, verachtete selbst die Philosophen und lieferte uns dafür sogar Beweise, er nannte Namen und kriminalisierte sogar per Ferndiagnose. Man denke nur an Nietzsche, den gewohnheitsmäßigen Besucher von Männerbordellen.

Freud hatte sich also vorgenommen, der Philosophie ein Ende zu setzen, und zwar mit einer Waffe namens Psychoanalyse. Der avisierte *Tod der Philosophie* ließ viel (philosophische) Tinte fließen, führte zu zahlreichen (philosophischen) Büchern, gefolgt von ausgiebigen (philosophischen) Debatten. Der Gedanke, eine nur auf Aussagen basierende Lehre ihrem Ende zuzuführen und im Sinne des Positivismus des 19. Jahrhunderts den Siegeszug der Wissenschaft zu sichern, wurde zum festen Bestandteil von Freuds Werk. Dieser Fantasterei fielen von Marx über Comte bis Freud viele große Geister zum Opfer – Nietzsche allerdings blieb davon immer verschont.

Wie kann man unter 2500 Jahre europäischer Philosophie einen Schlussstrich ziehen? Indem man aufzeigt, dass sie sich zwar wie eine Wissenschaft geriert und scheinbar wissenschaftliche Methoden anwendet, jedoch keine vernünftige Grundlage hat. Freud, der angeblich keine Weltanschauung vertrat, berichtete 1913 in *Das Interesse an der Psychoanalyse*, dass seine Lehre für folgende Bereiche von Interesse sei: Psychologie, Linguistik, Biologie, Psychiatrie, Phylogenese, Sexualität, Kunst, Soziologie, Pädagogik, Kultur, Völkerkunde, Mythologie, Folklore, Religion, Recht, Moral – und natürlich Philosophie.

Man kann die Philosophie aber auch auf andere Weise töten, indem man nämlich behauptet, dass sie das Unbewusste stets übersehen oder in den Bereich des Mystischen, Ungreifbaren und Ungewissen verwiesen habe. All diese Anschuldigungen sind falsch, wie wir gesehen haben, insbesondere in Bezug auf Schopenhauer und Nietzsche, die den größten Einfluss auf Freud hatten, wenn nicht auch auf Eduard von Hartmann. Doch Freuds Taktik funktionierte recht gut, und der Versuch, die Philosophie im Namen der Psychoanalyse umzubringen, gelang immerhin teilweise. Ein Ergebnis des von Freud ins Leben gerufenen Irrglaubens sind die berühmten Humanwissenschaften, die schon vielen Opfern den Garaus gemacht haben.

Um das Verbrechen zur Vollendung zu bringen, müsste man die Philosophie auf die Couch legen, damit sie ihre uneingestandenen Geheimnisse preisgibt. Eine solche Behandlung ist verlockend, denn sie umfasst die Diagnose einer Zwangsneurose sowie eine Gratistherapie, um sie durch regelmäßige Sitzungen zu beheben. Für Freud war ein guter Philosoph nur ein toter Philosoph – oder einer, der ins psychoanalytische Lager übergelaufen war.

Zu welcher Tatwaffe griff Freud bei seinen Mordversuchen? Er unterzog die Philosophen der »Psychographie« (*Das Interesse an der Psychoanalyse*, Bd. VIII, S. 407). Er ergründete ihre Seelentriebe, Instinkte, unbewussten Wirkprinzipien und genetischen Komplexe und suchte dabei nach einem Ariadnefaden im Labyrinth dieser besonderen Persönlichkeiten. Mit ungewohnter Sensibilität sprach Freud von »hervorragender individueller Ausprägung« (ebd.), mit deren Hilfe der Philosoph und damit dessen Philosophie begriffen werden sollte. Ein wahrhaft nietzscheanischer Gedanke!

Der Mann, der behauptete, jede Biographie über ihn sei unmöglich und unnötig, schrieb zugleich, sie sei machbar und nötig, sobald sie andere betreffe. Denn die Psychoanalyse könne die subjektiven und individuellen Motive angeblich nur auf Logik basierender philosophischer Theorien aufdecken und damit auf die Schwachpunkte des Systems hinweisen. Das ist fast so schön wie eine Seite aus der *Fröhlichen Wissenschaft!* Weil Nietzsche die Idee zuerst hatte, erlaube ich mir, eine solche »Psychographie« mit der Person und der Figur Sigmund Freud durchzuführen. Es folgt deshalb eine *nietzscheanische Psychobiographie* des Erfinders der Psychoanalyse.

Teil 2

GENEALOGIE

Einblicke in Freuds Kinderschädel

I.
Eine »ausgesprochene Psychoneurose«

»Meine Stärke wurzelt in meinem
Verhältnis zur Mutter.«

Sigmund Freud, *Eine Kindheitserinnerung aus »Dichtung und Wahrheit«* (Bd. XII, S. 26)

Eine Psychographie Freuds muss dessen ambivalenter Haltung zur Philosophie zwischen jugendlicher Faszination und späterer, Jahrzehnte währender Ablehnung Rechnung tragen. Und sie muss auch eine Art Aufhebung thematisieren, die ihm erlaubte, die Philosophie dann ohne Vorbehalt zu lieben, nachdem er den Hass integriert hatte. Im Jahr 1896 erfand Freud die Psychoanalyse. An Fließ schrieb er damals: »Ich habe als junger Mensch keine andere Sehnsucht gekannt als die nach philosophischer Erkenntnis, und ich bin jetzt im Begriffe, sie zu erfüllen, indem ich von der Medizin zur Psychologie hinüberlenke. Therapeut bin ich wider Willen geworden« (2. April 1896, *Briefe an Wilhelm Fließ,* S. 190).

Einige Monate zuvor hatte er sich in Bezug auf seine Abkehr von der Medizin ähnlich geäußert: »wie ich im geheimsten die Hoffnung nähre, über dieselben Wege zu meinem Anfangsziel, der Philosophie, zu kommen. Denn das wollte ich ursprünglich, als mir noch nicht ganz klar war, wozu ich auf der Welt bin.« (1. Januar 1896, ebd., S. 165) In beiden Briefen bekundete Freud, dass die Philosophie sein höchstes Ziel gewesen sei, und das in dem Moment, als der Begriff Psychoanalyse auftauchte, mit dem er, wie es schien, seine Jugendliebe zurückgewinnen wollte. Ich behaupte deshalb, *dass die Psychoanalyse Freuds Philosophie ist* und keine wissenschaftliche, allgemeingültige Lehre.

Freud gab sich den Anstrich des Wissenschaftlers, agierte aber als Philosoph. Lassen wir in diesem Zusammenhang die himmelschreiende Gleichsetzung mit Kopernikus und Darwin außer Acht. Sie ist bloßer Flitterkram und gehört in das Reich von Freuds selbst verfassten Legenden und Mythen. Doch erinnern wir uns an die Vorstellung vom Konquistador auf Abenteuersuche. Bleibt nur noch herauszufinden, was der neue Kolumbus denn tatsächlich entdeckt hat: einen riesigen Kontinent mit unendlichen Weiten oder das kleine, umzäunte Feld seiner subjektiven Wahrheit? Das weit entfernte Amerika oder ein kleines Fürstentum vor der eigenen Haustür? Oder vielleicht gar nichts – nämlich eine Illusion, ein Trugbild, eine Fata Morgana in der Wüste des Denkens?

Im Vorwort zur zweiten Auflage von *Die Traumdeutung* gibt Freud uns dazu einige Hinweise. Der umfangreiche Band tritt wie eine Kriegsmaschine auf, imstande die Geschichte der Menschheit in zwei Teile zu spalten: die Zeit vor der Entdeckung des Unbewussten und die Zeit danach. Das vorgezogene symbolkräftige Erscheinungsdatum 1900 sollte dieser Aussage zusätzliches Gewicht verleihen. Denn Freud wusste, glaubte und wünschte, dass dieses Buch der Auftakt einer neuen Zeit würde, ein neues Jahrhundert einläuten und einen Fortschritt in der Menschheitsentwicklung darstellen könnte. Es sollte gewissermaßen einen neuen Kalender begründen, der ausschließlich auf dieser neuen *Wissenschaft* basierte.

Doch das *wissenschaftliche* Werk verrät auf jeder Seite seinen autobiographischen Charakter. Freud höchstpersönlich weist darauf hin, dass es sich um Teile einer Selbstanalyse handelt. Er untersucht die eigenen Träume und präsentiert eine analytische Selbstbeobachtung in der großen Tradition von Augustinus' *Confessiones,* Montaignes *Essays,* Rousseaus *Bekenntnissen* oder Nietzsches *Ecce homo,* um nur die Monumente des abendländischen Denkens zu nennen. *Die Traumdeutung* hat ihren Platz in dieser philosophischen Ahnengalerie.

Wer könnte das abstreiten, wenn selbst der Autor es verkündet? Erstens basiert das Werk auf seinen eigenen Träumen und deren Analyse. Zweitens enthält es ein persönliches Bekenntnis: »Für mich hat dieses Buch nämlich noch eine andere subjektive Bedeutung, die ich erst nach seiner Beendigung verstehen konnte. Es erwies sich mir als ein Stück meiner Selbstanalyse, als meine Reaktion auf den Tod meines Vaters, also auf das bedeutsamste Ereignis, den einschneidendsten Verlust im Leben eines Mannes. Nachdem ich dies erkannt hatte, fühlte ich mich unfähig, die Spuren dieser Einwirkung zu verwischen.« (*Die Traumdeutung, Vorwort zur zweiten Auflage,* Bd. II/III, S. X)

Der Konquistador machte sich also auf, unbekanntes Terrain zu erobern, doch sein Ziel lag nicht weit entfernt, denn es war der dunkle Teil des eigenen Innenlebens. Auch Freuds Korrespondenz mit Fließ – ebenfalls eine Selbstanalyse – zeugt von der ständigen Beschäftigung mit den eigenen Leiden, darunter Migräne, Nasenbluten, Verdauungsprobleme, depressive Verstimmungen, sexuelles Versagen, Müdigkeit, Somatisierungen und fehlende Inspiration. Freud muss damals wirklich in einem sehr schlechten Zustand gewesen sein: Sein treuer Schüler Ernest Jones, der Hagiograph, der stets darauf bedacht war, seinen Helden im besten Licht erscheinen zu lassen, und, Lehnsmann der er war, die Geschichte so verzerrte, dass sie stets mit der Legende übereinstimmte, vermerkte schwarz auf weiß, Freud habe zwischen 1890 und 1900 an einer »ausgesprochenen Psychoneurose« (Jones, *Sigmund Freud – Leben und Werk,* Bd. 1, S. 356) gelitten.

In seinen Briefen sprach Freud zweimal (am 14. August und am 3. Oktober 1897) von seiner *Hysterie:* »genieße […] jetzt eine grantige Periode. Der Hauptpatient, der mich beschäftigt, bin ich selbst. Meine kleine, aber durch die Arbeit sehr gehobene Hysterie hat sich ein Stück weiter gelöst. Anderes steckt noch. Davon hängt meine Stimmung in erster Linie ab.« (*Briefe an Wilhelm Fließ,* S. 281) Die *wissenschaftliche* Arbeit schien also die Neigung des Patienten zur Hysterie zu verstärken. Der freudschen

Selbstanalyse verdanken sich viele seiner Werke. Sie ist so zentral, weil der Autor selbst bekundet, dass die gesamte Disziplin auf ihr fußt. Doch paradoxerweise widmete Freud ihr nie einen eigenen Text. Wieso wurde dieses wichtige Element nirgendwo in dem umfangreichen Werk detaillierter untersucht?

Einmal erklärte Freud, eine gute Selbstanalyse genüge, um Psychoanalytiker zu werden, vorausgesetzt man sei »nicht allzu abnorm« (*Zur Geschichte der psychoanalytischen Bewegung*, Bd. X, S. 59) oder neurotisch. Gleichzeitig schrieb er jedoch am 14. November 1897 an Fließ, er käme mit seiner Selbstanalyse nicht richtig voran, was letztlich normal sei, denn wäre sie tatsächlich möglich, gäbe es keine durch Verdrängung ausgelösten Krankheiten. 1922 kam die Internationale Psychoanalytische Vereinigung auf Vorschlag von Sándor Ferenczi zu dem Schluss, die Lösung bestünde in einer »didaktischen Analyse«, die bei einem anderen, seinerseits analysierten Analytiker stattzufinden habe. Nach dem Prinzip des aristotelischen unbegründeten Grundes funktionierte die Selbstanalyse nur bei dem Erfinder der Psychoanalyse und bei niemand anderem. Jeder sonst musste sich auf die Couch eines von Freud oder einem Freudianer offiziell anerkannten Kollegen begeben.

Die genaue Datierung von Freuds Selbstanalyse ist historisch umstritten. Wann begann und wann endete sie? Fand sie regelmäßig statt oder gab es Unterbrechungen? Wenn ja, wie lange dauerten diese? Üblicherweise stellen Freuds Biographen die Selbstanalyse als Geniestreich, mutiges Unterfangen, besondere Begebenheit, heroischen Versuch, grandioses Ereignis oder ehrgeiziges Ziel dar. Die Adjektive wuchern, sobald es um diese ganz gewöhnliche Selbstbeobachtung geht, zu der doch schon alle antiken Philosophen der Stoa aufgerufen und sie zu einer wichtigen geistigen Übung innerhalb ihrer Disziplin erklärt hatten. *Selbstdarstellung* heißt ganz einfach: Darstellung, Beschreibung und Analyse des Selbst. Dass Jones hier von einem einzigartigen Unterfangen spricht, ist ganz und gar unbegründet.

Man könnte sich gut vorstellen, dass die Phase der Selbstanalyse parallel zum Briefwechsel mit Fließ stattfand – von 1887 bis 1904. In dieser Zeit schickte Freud ungefähr alle zehn Tage einen Brief sowie regelmäßig umfangreiche Manuskripte an Fließ, darunter den Text *Entwurf einer Psychologie* (1895). Tatsächlich könnte dieser intime Briefwechsel, in dem die Protagonisten einander nichts verheimlichten, Freud als eine Art *Selbstversuch* vor einem Zeugen gedient haben, oder wenigstens als Spiegel. Dann wären seine Briefe wie Aussagen gegenüber einem Therapeuten zu verstehen. Indem er (an Fließ) schrieb, schrieb er sich (selbst). Der Briefwechsel endete mit einem Plagiatsstreit, der jedoch nur ein Vorwand und kein echtes Motiv sein konnte. Fließ warf Freud vor, seine eigenen, in den Briefen ausgeführten Thesen über Bisexualität an Dritte weitergegeben zu haben. Gewiss war Freud jemand, der – wie selbst Jones zugibt – den Mund nicht halten konnte und sich in seiner langen Karriere nicht viel um Berufsgeheimnisse kümmerte. So kam es zum Bruch mit dem stets bewunderten Freund. Wäre Anna ein Junge geworden, hätte er sie nach Fließ Wilhelm genannt.

Was lehrt uns die Lektüre dieser Briefe? Wir entdecken in ihnen den Mann Sigmund Freud, der, noch jenseits von Legende und Mythos, nicht auf seinen Ruf bedacht war und sich keine Gedanken darüber machte, was *seine* Biographen – so hätte er sich ausgedrückt – später aus dieser privaten Brieffreundschaft machen würden. Im Austausch mit Fließ fühlte Freud sich wohl, entspannte sich und schrieb frei von der Seele weg. Er entblößte sich, offenbarte seine Schattenseiten, Schwächen, Fehler und Zweifel, seinen Charakter und sein Temperament, ohne sich zu verstellen. Hier begegnen wir einem *unehrlichen* Mann – auf die Affäre Emma Eckstein werde ich noch im Detail zurückkommen. Wir begegnen einem *ehrgeizigen* Mann, der besessen davon war, der Geschichte möglichst schnell seinen Stempel aufzudrücken. Wir treffen auf einen *habgierigen* Mann, der rasch zu Reichtum gelangen wollte – sein Umgang mit den Kokainforschungen sowie der Fall Fleischl-Marxow zeugen davon. Wir erleben einen *sturen* Mann, der selbst im Angesicht der eigenen Fehler keinen solchen einräumte – dies zeigte sich beispielsweise anhand der Theorie der Verführung. Der Mann, der sich uns in den Briefen offenbart, war auch *abergläubisch* und verstieg sich zu schriftlichen Beschwörungsformeln – später dann dem Versuch, seine in Wirklichkeit positive Haltung gegenüber dem Okkultismus zu vertuschen. Wir erleben einen *unbedarften* Mann, der die seltsamen Vorstellungen seines Freundes Fließ über Zyklen, Perioden und Numerologie teilte. Wir werden Zeuge von Freuds *zyklothymischem* Verhalten; so berichtete er Fließ detailliert noch von den kleinsten körperlichen Zipperlein, von einer laufenden Nase und Herzrhythmusstörungen, Migräneanfällen und Nikotinsucht über ein eigroßes Furunkel am Skrotum bis zu Verstopfung und Durchfall. Wir erleben den *depressiven* Freud, der Fließ von jahrelangen derartigen Problemen erzählte (7. August 1894). Wir erfahren von Stimmungsschwankungen, von Phasen, in denen Freuds geistige Produktivität gleich null war, Zeiten genereller Müdigkeit, mangelnder Libido und »elendem Körperbefinden« (16. Oktober 1895, *Briefe an Wilhelm Fließ,* S. 148). Wir begegnen dem *verängstigten* und dem *phobischen* Freud, der Furcht vor Reisen, dem Tod, Zugfahrten, Hunger und Armut hatte; Freud offenbarte Fließ außerdem seine *Kokainsucht* (12. Juni 1895). In den Briefen an Fließ sehen wir den nackten, ungeschminkten Freud, ohne künstliche Pose, der erkennbar darunter litt, aus Fleisch und Blut zu sein anstatt aus Marmor und Gold.

Die Selbstanalyse hatte weder Anfang noch Ende. Dazu passt der Titel eines späten Texts von Freud, *Die endliche und die unendliche Analyse,* aus dem Jahr 1937. Damals war er bereits dem Tode nah, litt unter einem fortschreitenden Gaumenkrebs, hatte eine Kieferprothese und war von über dreißig Operationen geschwächt. Der Text enthält den Schlüssel zu Freuds Odyssee oder – um einen schönen Begriff von Derrida zu bemühen – seiner *Egodizee:* Freud hatte Zweifel daran, dass die Psychoanalyse endgültig heilen könne. Als alter Sophist argumentierte er, wiederkehrende Pathologien seien kein Beweis der Unbehandelbarkeit, sondern Folgen äußerer Einwirkung. Mit subtiler Rhetorik unterschied er zwischen der »unvollständigen« und der »unvollendeten Analyse« (*Die endliche und die unendliche Analyse,* Bd. XVI, S. 63). Zudem sei es unmöglich, eine triebbestimmte Störung für immer zu unterdrücken. Freud schreibt weiter, der Analytiker müsse nicht nur selbst analysiert worden sein, sondern sich zudem alle fünf Jahre wieder auf die Couch begeben. Wäre in diesem Zusammenhang die Möglichkeit der Selbstanalyse nicht besonders ökonomisch? Nach weiteren Überlegungen kommt Freud zu dem Schluss, die Analyse könne »eine Arbeit ohne Abschluß« (ebd., S. 96) sein. Hier könnte man den Eindruck gewinnen, Freud habe die Analyse – *seine* Analyse – gegen Ende seines Lebens als unabschließbare Aufgabe bezeichnet.

Die Psychoanalyse wäre also eine Analyse ohne Anfang und Ende, erschaffen von einem Mann auf der Basis seiner eigenen Psyche. Er gab zwar vor, sie genau zu erforschen, hatte jedoch kein echtes Bedürfnis, ihren wahren Gehalt zu ergründen. Er begnügte sich damit, die Psyche der anderen – und zwar aller anderen – zu fiktionalisieren. Sein gesamtes Werk ist das Dokument einer unvollendeten Selbstsuche. Ob kleine Artikel für Zeitschriften oder große theoretische Bücher wie die *Psychopathologie des Alltagslebens:* Jeder Text ist zugleich das Tagebuch einer gepeinigten Seele.

Die Traumdeutung, die zum einen wissenschaftlicher Text (nämlich Grundstein einer neuen Wissenschaft) und zum anderen autobiographisches Werk (nämlich Selbstanalyse nach dem Tod des Vaters) sein wollte, wimmelt nur so von persönlichen, subjektiven, in der ersten Person erzählten Sequenzen. Man findet darin ungefähr fünfzig Träume, die von den nächtlichen Fantasien, Begierden und der Lust des Autors zeugen. Der Leser begegnet Freuds Mutter, als sie von Wesen mit Vogelschnäbeln auf ein Bett gelegt wird; einem Onkel mit blondem Bart; einem von Freuds Söhnen im Sportanzug; einem missmutigen Freund; einem anderen, kurzsichtigen Sohn; Freuds Vater auf dem Totenbett oder einer gewissen Irma, der eine Spritze verabreicht wird. Man erfährt etwas über Freuds Kindermädchen, dem er sein sexuelles Initiationserlebnis verdankte; über seine Studienjahre; über das Familienchaos mit drei Generationen unter einem Dach; über das Sterben und den Tod des Vaters, den Freud in seinen Briefen an Fließ stets den »Alten« nannte; über Freuds Ernennung zum außerordentlichen Professor und seine Italienreisen. Außerdem befassen sich viele Abschnitte mit der Psyche des erwachsenen Freud.

Zu diesen gehört auch eine Schlüsselszene, die uns im Folgenden beschäftigen soll, eine Art Eröffnungsakt und damit maßgeblich für das weitere Leben. Sartre hätte sie mit seinem existentialistischen Vokabular als originäres Projekt bezeichnet. Die Szene ist selbstverständlich traumatisch; sie ist peinlich für den Vater und damit auch für den Sohn. Als Freud zehn oder zwölf Jahre alt war, flanierte er mit seinem Vater durch die Straßen. Die beiden plauderten. Der Vater erzählte eine Geschichte aus der eigenen Jugend, um dem Sohn zu zeigen, welchen anderen gesellschaftlichen Status die Juden damals hatte und wie angenehm das Leben im nunmehr toleranteren Wien war. Damals, im Jahr 1866/1867, war der Vater, gut gekleidet und mit einer neuen Pelzmütze, auf einen Christen getroffen. Der hatte die Mütze mit einem Handstreich in die Gosse befördert und Jakob Freud beleidigt: »Jud, herunter vom Trottoir!« Sigmund Freud wollte wissen, wie sein Vater darauf reagiert hatte, und musste enttäuscht erfahren, dass der Vater nichts getan, sich gebückt, die Mütze aufgehoben und seinen Weg fortgesetzt hatte. Dies kommentierte Freud dreißig Jahre später mit den Worten: »Das schien mir nicht heldenhaft von dem großen starken Mann, der mich Kleinen an der Hand führte.« (*Traummaterial und Traumquellen,* Bd. II/III, S. 203)

Das Kind stellte sich einen alternativen Ausgang der Geschichte vor und dachte an Hannibals Vater Hamilkar Barkas, der seinen Sohn Rache an den Römern schwören ließ. Es scheint plausibel, dass ein Teil von Freuds Programmatik auf diesem Wunsch basierte, selbst zum Hannibal zu werden und den Vater zu rächen. Freud bekannte, fortan sei Hannibal für ihn ein Held gewesen. Als Schüler las er die Berichte von den punischen Kriegen und identifizierte sich mit den Karthagern. Als junger Mann erlebte er den in Wien herrschenden Antisemitismus, wodurch ihm Marschall Masséna zum Helden wurde. In Freuds Vorstellung entstand ein Gegensatz zwischen dem katholischen Rom, das für den Mann stand, der seinen Vater beleidigt hatte, und Karthago, der Stadt des Kriegsführers, der Widerstand gegen die Römer geleistet hatte. Von nun an strebte er nur noch danach, als Sieger und Eroberer in Rom Einzug zu halten.

Freud wurde von der Identifikation mit bestimmten Figuren geradezu gepeinigt. Seine Programmatik orientierte sich oft sklavisch an diesen Figuren; zunächst an Hannibal, später an Moses, aber – wie wir noch sehen werden – auch an Ödipus. Hannibals Leben erinnert in der Tat in einigen Punkten an das Freuds. Beide Männer teilten etwa das treue Festhalten an einem gegebenen Versprechen, die gnadenlose Opposition gegen den Feind, ein offenkundiges Talent für Strategie und Taktik, mit denen die gesetzten Ziele erreicht wurden; einen Ruf, der die Verleumdungen der Gegner überdauerte, und ein Lebensende, das im Zeichen der Wiederaneignung des Selbst durch Suizid stand.

Doch jenseits biographischer Gemeinsamkeiten einte beide Männer das starke Bedürfnis, als Sieger und Eroberer in Rom Einzug zu halten. Dieser Gedanke quälte Freud lange Zeit. Er dachte über einen Umzug nach, beschäftigte sich mit der Topografie der Stadt und las zahlreiche Bücher zum Thema. In einem Brief an seine Frau sprach er von dem Wunsch, mit ihr dorthin zu ziehen. Er überlegte sogar, dafür seine Stelle als Professor aufzugeben. Doch eine Reise Richtung Rom im Jahr 1897 endete seltsamerweise am Trasimenischen See. Freud hörte auf eine innere Stimme, die ihm sagte: Bis hierher und nicht weiter. Zweitausend Jahre zuvor hatte Hannibal dieselbe Stimme vernommen und am selben Ort Halt gemacht.

Neben den Briefen an Fließ zeugt auch Freuds Werk von dieser merkwürdigen Beziehung zu Rom. In der *Traumdeutung* spielt die Stadt häufig eine Rolle. Freud analysierte seine Träume und erkannte, dass hier eine tiefere Bedeutung verborgen lag. Doch erneut machte er vor deren Entschlüsselung Halt, bis die Reise eines Tages doch ein Ende fand. In *Aus den Anfängen der Psychoanalyse* ist über die endlich vollendete Reise die seltsame Bemerkung zu lesen, sie sei der Höhepunkt seines Lebens. Welch Eingeständnis!

Freuds Beziehung zu Italien im Allgemeinen und Rom im Besonderen war Teil seiner Neurose. Er selbst bestätigte dies in einem Brief an Fließ vom 3. Dezember 1897: »Meine Romsehnsucht ist übrigens tief neurotisch« (*Briefe an Wilhelm Fließ*, S. 309), schrieb er in Bezug auf seine Rombegeisterung als Schüler. Folgt man dem Prinzip der Deckerinnerung, so kann man unterstellen, dass Freud in seinen Äußerungen über Hannibal der Hypothese der Rache für den Vater eine bedeutende Rolle zuschrieb, obwohl die Lösung anderweitig zu finden war. Denn immer wenn Freuds Erzeuger in dessen Werk auftauchte, erschien er vielmehr als kastrierender Vater, als rivalisierender Vater, als toter Vater oder als Vater, den es aus dem Weg zu räumen – und eben nicht zu ehren – galt. Das Bild vom berühmten, verehrten, auf der ganzen Welt respektierten Freud, der seinen Vater oder gar alle verhöhnten Juden rächen wollte, ist zwar schön, steht aber in extremem Widerspruch zu allem, was in seinem Werk zu lesen ist.

Ohne es zu merken lieferte Freud sogar den Schlüssel zu den am sorgsamsten verriegelten Schlössern. So erwähnte er etwa in einem Anhang zur *Traumdeutung* von 1911, er habe darin die typische Analyse eines versteckt ödipalen Traums vorgelegt. Er zitierte Rank, der wiederum Titus Livius zitierte, mit der Episode vom Orakel, das den Tarquinern weissagte, die Herrschaft über

Rom werde demjenigen zufallen, »der zuerst die Mutter küsse« (*Die Traumarbeit,* Bd. II/III, S. 403, Fußnote). Freud zufolge steht der Traum von einer sexuellen Beziehung zur Mutter für eine Inbesitznahme der Mutter-Erde.

So lässt sich das Rätsel um Hannibal lösen. Freuds Interpretation von Hannibal als jüdischem Rächer der von den Römern gedemütigten Karthager (die er mit seinem jüdischen, von einem Katholiken – also Römer – beleidigten Vater gleichsetzt) verstellt den Blick auf eine andere Deutung. Sie findet sich hier, aber auch an vielen anderen Stellen in seinem Werk: Die Erde ist die Mutter. Rom erobern bedeutet, die Mutter-Erde zu besitzen. Der Einzug in die Stadt entsprach in Freuds vom Inzestwunsch gepeinigter Seele der Vereinigung mit seiner Mutter. Deshalb begehrte er Rom so lange, umkreiste die Stadt so lange, deshalb war er bereit, für sie alles aufzugeben. Und deshalb gelang es ihm auch lange nicht, sie zu betreten, deshalb schaffte er es nur bis vor ihre Tore, und als er endlich in die Stadt gelangt war, bezeichnete er dies als Höhepunkt seines Lebens.

Eine weitere Szene, die Freud aus seiner Kindheit berichtete, zeigt sein Verhältnis zum Vater in neuem Licht. Hier wird Jakob nicht als ein Vater imaginiert, den es zu rächen gilt, nachdem er selbst nicht in der Lage war, eine antisemitische Anfeindung zu parieren. Vielmehr erscheint er hier als kastrierender Vater. Liest man die erste Episode im Hinblick auf die zu erobernde Mutter und nicht auf den zu rächenden Vater, weist sie dem Vater einen logischen Platz innerhalb von Freuds ödipalem System zu. Die zahlreichen Darstellungen des kastrierenden, toten oder zu tötenden Vaters scheinen der einen Geschichte über den entwürdigten, vom Sohn gerächten Vater zu widersprechen. Plötzlich sah man den Vater aus einer Perspektive, die dem Sohn zupass kam: nämlich als entwürdigten, verletzten Vater, den Freud keineswegs zu rächen gedachte – obgleich er mit dieser Behauptung die ödipale Wahrheit verbergen wollte.

Die andere Szene erachtete Freud für würdig, in ein Meisterwerk aufgenommen zu werden, von dem er sich immerhin den Nobelpreis erhoffte – ganz zu schweigen von Geld, Gedenktafeln, Büsten, weltweitem Ruhm und einem tieferen Fußabdruck in der Geschichte, als Kopernikus oder Darwin ihn hinterlassen hatten. Das Buch kündete vom Tod der Philosophie und der ganzen Macht der Psychoanalyse; es sollte die Geschichte der Menschheit in zwei Teile spalten, sodass nach seinem Erscheinen nichts mehr so sein würde wie zuvor. Das Buch, dessen erste Auflage sich jahrelang nur stockend verkaufte und das doch 2500 Jahre westlicher Philosophie zu Grabe trug, das den Übertritt in eine neue Welt markierte und eine neue geistesgeschichtliche Zeitrechnung begründen wollte, berichtete in wenigen Zeilen, wie der sieben- oder achtjährige Freud eines Tages das Zimmer seiner Eltern betrat. Dort erleichterte er sich in den Nachttopf und hörte, wie sein Vater über ihn die an sich banale Bemerkung machte: »Aus dem Buben wird nichts werden.« (*Traummaterial und Traumquellen*, Bd. II/III, S. 221) Freud kommentierte diesen Vorfall mit der Einschätzung: »Es muß eine furchtbare Kränkung für meinen Ehrgeiz gewesen sein, denn Anspielungen an diese Szene kehren immer in meinen Träumen wieder und sind regelmäßig mit Aufzählung meiner Leistungen und Erfolge verknüpft, als wollte ich sagen: Siehst du, ich bin doch etwas geworden.« (ebd., S. 222) Diese Darstellung des Vaters entspricht eher dem Bild des freudschen, sprich ödipalen Vaters, wie er im Gesamtwerk zu finden ist. So trat zum erniedrigten Vater der erniedrigende Vater. In beiden Fällen war es ein Vater, den man einfach hassen musste.

Der Vater war kastriert, der Vater kastrierte, und vielleicht kastrierte er auch, weil er kastriert war. Freud entwarf die Figur eines hassenswerten Erzeugers. Der Mann, der nicht auf die antisemitische Beleidigung reagieren konnte, verhielt sich in Freuds Augen schwach gegenüber den Starken und stark gegenüber den Schwachen, im konkreten Fall gegenüber seinem Sohn, der den verzeihlichen Fehltritt beging, in den Nachttopf der Eltern zu urinieren. Jakob Freud kuschte vor der antisemitischen Erniedrigung, kastrierte aber erhobenen Hauptes sein kleines jüdisches Kind.

Die Zusammenschau der beiden hier geschilderten Träume zeigt, dass Freud weniger *den Vater rächen* wollte, der auf die antisemitische Provokation nicht richtig reagieren konnte. Vielmehr wollte er *sich am Vater rächen* und an dessen kastrierender Bemerkung, die ihn verletzt hatte – strebte er doch von frühester Kindheit an nach Ruhm, Ansehen, Geld, einem guten Ruf und allen äußeren Zeichen sozialer Anerkennung vom Titel eines Universitätsprofessors über verschiedene andere Ehrbezeugungen bis zum Nobelpreis.

Dort wo der Vater in *Die Traumdeutung* weder als Kastrierter noch als Kastrator erscheint, tritt er als Toter auf. Davon zeugen weitere Träume. Einer ereignete sich in der Nacht vor der Beisetzung des Vaters. Im Brief an Fließ schilderte Freud detailliert, wie sein Erzeuger ins Nichts glitt. Freud wollte seinen geschätzten Freund gerne treffen, doch die lange Agonie des Vaters verhinderte dies. Ein Brief vom 30. Juni 1896 berichtet von Herzattacken, einer Blasenlähmung und anderen Symptomen, die beweisen, dass der einundachtzigjährige Jakob seinem Ende entgegenging.

Bereits in einem Brief vom 11. Dezember 1893 hatte Freud von einer schlimmen Grippe erzählt, die den damals achtundsiebzigjährigen Vater völlig veränderte und zu einem Schatten seiner selbst werden ließ. Ende September 1896 stand er schon mit einem Fuß im Grab; er war zeitweise verwirrt, geschwächt, hatte Lungenentzündung, Lähmungen der inneren Organe (29. September 1896), und – dies war das bedeutendste Anzeichen – all das ereignete sich zeitnah zu einem verhängnisvollen und schicksalhaften Datum. Wir erinnern uns, dass Freud mit Fließ die seltsame Begeisterung für Daten, Zyklen und Zahlen teilte. So erklärte sich, weshalb der Tod zu einem bestimmten Datum eher eintreten würde als zu einem anderen. Im folgenden Brief (9. Oktober 1896) äußerte sich Freud kühl über einen möglichen Besuch bei seinem Freund in Berlin: »Der Zustand meines Alten wird meine Teilnahme wahrscheinlich auf das mindeste einschränken.« (*Briefe an Wilhelm Fließ*, S. 211)

Tatsächlich starb der »Alte« in der Nacht des 23. Oktober 1896. Freud war damals vierzig Jahre alt. Der Vater der Psychoanalyse schrieb über den Tod des eigenen Vaters: »Er hatte sich wacker gehalten bis zum Ende, wie er überhaupt ein nicht gewöhnlicher Mensch war. Zuletzt muß er Meningealblutungen gehabt haben, Anfälle von Sopor mit unerklärtem Fieber, Hyperästhesie, Spannungen, aus denen er dann fieberlos erwachte. An den letzten Anfall schloß sich Lungenödem und ein eigentlich leichter Tod.« (26. Oktober 1896, ebd., S. 212)

Die Toten sind alle mutig – nicht jedoch bei Freud, am wenigsten sein Vater. Im Folgejahr äußerte er sich in einem Brief (8. Februar) unverändert. Sein Leben war der Zerstörung oder der Missachtung des Vaters gewidmet. Das Sterben des Vaters markierte eine kurze Pause und ein Mindestmaß von Anstand, doch schon zu Beginn des Jahres 1897 nahm Freud den Kampf mit voller Kraft wieder auf. Diesmal stürzte er sich auf die Leiche des Vaters. Freud zerrte den verwesenden Kadaver aus dem Grab und ging blind auf ihn los. Wie aus dem Nichts stellte er die These auf, sein Vater sei »einer von den Perversen gewesen« (8. Februar 1897, ebd., S. 245) und habe die Hysterie seines anderen Sohnes und einiger seiner jüngeren Töchter zu verantworten.

Hier beginnt die extravagante Theorie der Verführung, auf die ich später noch zurückkommen werde. Bevor ich die schrecklichen Details dieser freudschen Neurose nachzeichne, beschränke ich mich darauf, dass die sexuelle Ätiologie der Neurosen sich meist auf ein Trauma aus der frühesten Jugend bezieht, während der Freuds Erzeuger seine eigenen Kinder sexuell missbraucht haben soll! So verwandelte Freud den Kadaver des Vaters in einen Perversen, der den eigenen Nachwuchs vergewaltigte! Hätte Hannibal einen solchen Vater rächen wollen?

Es wundert kaum, dass Freud im gleichen Jahr, in dem er seinen Vater zum sexuellen Täter an der eigenen Familie machte, auch zwei wichtige Träume hatte. Sie sind unter den Namen »Hella« und »nackt Treppensteigen« in die Geschichte eingegangen. Ausgehend von ihnen entwickelte er die Theorie vom Ödipuskomplex. 1897 war das Jahr, in dem er seine neurologischen Arbeiten aufgab und seine wissenschaftliche Psychologie entwickelte, und es war auch das Jahr, in dem er beschloss, seinen Text *Die Traumdeutung* zu schreiben. 1897 begann er offiziell mit seiner Selbstanalyse, 1897 kümmerte er sich um die Auswahl eines Grabsteins für den Vater, und schließlich war 1897 das Jahr seiner Italienreise! Und – wie sein Brief vom 15. Dezember an Fließ bezeugt – das Jahr der Entdeckung des angeblichen Ödipuskomplexes. Der Tod des Vaters wurde von Freud selbst als das wichtigste Ereignis im Leben eines Individuums dargestellt. Und tatsächlich war es ein entscheidender Moment im Leben des kleinen Jungen, der von der sexuellen Vereinigung mit der Mutter besessen war, denn er gab dem Sohn die vom Vater geraubte Mutter zurück.

Der Vater spielte nach seinem Tod auch in zwei weiteren Träumen eine Rolle. Sie zeigen, dass Freud seinen Frieden mit ihm gemacht hatte, auch weil dieser ihn nicht mehr bedrohte. Der am Vortag verstorbene Jakob suchte also den Sohn nachts im Traum heim. Überspringen wir die Details. Freud bemerkte in diesem Traum ein Plakat, auf dem stand: »Man bittet, die Augen zuzudrücken/ Oder/ Man bittet, ein Auge zuzudrücken« (*Die Traumarbeit*, Bd. II/III, S. 322) Der Sohn hatte für den »Alten« das günstigste Begräbnis ausgewählt! Unvorstellbar, mehr für den Vater zu bezahlen. Als Begründung behauptete Freud, der Vater sei kein Freund unnützer Ausgaben gewesen. In seinem Traum sah der Sohn eine Art Vorwurf der Familie, die seine Knauserigkeit womöglich mit anderen Augen betrachtete. Der Psychoanalytiker interpretierte den Traum als Aufforderung, die Augen zu schließen, in anderen Worten als Bitte, großzügig über die unschöne Tat des Sohnes hinwegzusehen.

In einem anderen Traum verwandelte sich der Vater, den Freud zu Lebzeiten für seine schwache Reaktion auf eine antisemitische Handlung verachtete, in einen magyarischen Helden. Der alte Mann saß umringt von einer Menschenmenge wie in der Nationalversammlung und hatte anscheinend den Status eines Königs oder Weisen. Der Sohn kommentiert: *»Ich erinnere mich daran, daß er auf dem Totenbette Garibaldi so ähnlich gesehen hat, und freue mich, daß diese Verheißung doch wahr geworden ist.«* (ebd., S. 430) Nach seinem Tod und im Traum konnte der Vater zum Helden werden, denn für den Sohn, der seine Aufmerksamkeit nun auf die endlich befreite Mutter richtete, stellte er keinerlei Gefahr mehr dar.

Lesen wir in der *Traumdeutung* nach: »Der Traum ist die (verkleidete) Erfüllung eines (unterdrückten, verdrängten) Wunsches.« (*Die Traumentstellung*, Bd. II/III, S. 166) Um welchen Wunsch handelte es sich hier? Sollte der Vater ein für alle mal tot sein? Sollte er Garibaldi sein? Sollte er die Magyaren triumphal vereinigen? Der Sohn interpretierte das Bild des stehenden, von Menschen umringten Vaters als Hinweis auf die Vergänglichkeit eben dieser Situation; so kam er einige Zeilen später auf einen anderen Vater zu sprechen, bei dem sich eine postmortale Stuhlentleerung ereignet hatte. Oder bedeutet der Traum, dass der Vater zwar ein Held sein darf, aber nur post mortem? Das jedenfalls wäre meine These.

Zusammenfassend heißt das: Dieses dicke Buch mit wissenschaftlichem Anspruch gründet in einer autobiographischen Selbstbeobachtung. Die subjektive Interpretation von Träumen und einigen vom Autor für bedeutsam erachteten Kindheitserlebnissen ist die einzige Anwendung einer Methode, die als evidenzbasiert gelten will. Die Beweisführung fußt ausschließlich auf dem autobiographischen Gehalt; zugleich dienen alle Interpretationen der

Glorifizierung des Interpreten. Die Selbstanalyse hat einen großen Anteil an den vorgeblich klinisch fundierten Darstellungen, und die literarische Psychologie des Autors drängt die wissenschaftliche Psychoanalyse in den Hintergrund.

Diese Tatsachen liefern nützliche Erkenntnisse für unsere Psychographie: Der Erfinder der Psychoanalyse litt an starken neurotischen Beschwerden mit handfesten Symptomen. Weil er seine Träume selbst deutete, fielen die Interpretationen parteiisch aus, und dennoch beanspruchte er für seine Analysen Objektivität. Die Selbstanalyse führte unweigerlich zu einer Selbstrechtfertigung und machte einen großen Bogen um das Schlangennest namens Psyche.

Die Zusammenschau der Texte, Briefe, Analysen, Biographien und des Gesamtwerks führt zur dunklen Quelle von Freuds Psychoneurose: dem Hass auf den Vater, der als erniedrigter und andere erniedrigender Mensch erscheint, als Kastrator, dessen Größe sich nie so deutlich zeigte wie in seinem Tod, und auf Freuds Mutter, die er sexuell begehrte, mit der Mutter-Erde Rom identifizierte – mit einer Stadt also, in die er eindringen wollte, was ihm aber nicht gelang, und als es ihm schließlich doch gelang, war dies der schönste Tag seines Lebens. Diese Pathologie hatte keinen Namen, bis Freud sie Ödipuskomplex taufte und ein universelles Krankheitsbild daraus machte. Dabei hatte er nur ein Ziel: mit seiner Krankheit nicht mehr allein zu sein.

II.
Die Mutter, das Gold und Sigmunds Eingeweide

»Sollte meine Größensehnsucht
aus dieser Quelle stammen?«

Sigmund Freud, *Die Traumdeutung*
(Bd. II/III, S. 198)

Die große Bedeutung, die Freuds Mutter im Leben ihres Sohnes spielte, lässt sich auch daran ablesen, dass er in seinem Werk kaum von ihr sprach. In keinem theoretischen Text erwähnte er ihren Tod. Im Gegensatz zum Tod des Vaters diente der Tod der Mutter nicht zur Untermauerung von Argumenten. Auch sonst erwähnte Freud keine Details über die Mutter. Und doch steht sie im Zentrum eines Traums aus der Rubrik »Angsttraum«, in dem auch Männer mit Vogelschnäbeln auftreten.

Freud spricht davon, lange keinen Angsttraum mehr gehabt zu haben, sich jedoch an einen Traum aus der Kindheit erinnern zu können. Er war damals sieben oder acht Jahre alt; er deutet den Traum also dreißig Jahre später. Nebenbei bemerkt: Erlebnisse, Seelenqualen, Begierden und andere psychische Kräfte, welche die seelischen Magnetfelder verändern, können die Erinnerung an einen Traum binnen dreißig Jahren natürlich beeinflussen. Das Material, mit dem der Wissenschaftler hier arbeitete, war also nicht besonders frisch, auch wenn der Autor uns anvertraut, der Traum sei »sehr lebhaft« gewesen (*Der Angsttraum,* Bd. II/III, S. 589). Wir werden gleich sehen, wie das gemeint war.

Der Traum zeigte also »die geliebte Mutter [...] mit eigentümlich ruhigem, schlafendem Gesichtsausdruck« (ebd.). Amalia wurde von zwei oder drei Personen mit Vogelschnäbeln ins

Zimmer getragen und auf das Bett gelegt. Zunächst erinnerten die Kreaturen an den ägyptischen Gott Horus, Sohn von Isis und Osiris. Um den Tod des Vaters Osiris zu rächen, zog Horus gegen seinen Onkel in den Krieg und bestieg schließlich den Thron Ägyptens. Deshalb ging Horus als Rächer des Vaters in die Mythologie ein. Freud, der als Rächer des Vaters in multiplizierter Gestalt auftritt, die Mutter ins Schlafzimmer trägt und auf das Bett legt – ein plausibles Szenario.

Freud schlug eine andere Deutung vor. Zwar benannte er den Gott mit dem Falkenkopf nicht, doch er glaubte, ihn aus den Illustrationen der (jüdischen) Bibel von Philippson zu kennen. Freuds Vater hatte oft in dem monumentalen, mit Hunderten von Holzschnitten illustrierten Werk gelesen, das auch Anmerkungen über frühe Kulturen und andere Religionen enthält. Im alttestamentarischen Teil findet sich eine ägyptische Ikonographie, darunter auch ein Grabrelief. Freud schrieb, Philippson habe ihn an einen gleichaltrigen Jungen erinnert, mit dem er immer auf der Wiese vor dem Haus gespielt habe: »[U]nd ich möchte [*sic*] sagen, der hieß Philipp.« (ebd.) Der Junge, der vielleicht Philipp hieß, habe seinem Spielkameraden ein anzügliches Wort beigebracht, das eine sexuelle Handlung bezeichnet. Freud genügte also die klangliche Verwandtschaft von »Vogel« und »vögeln«, um die Existenz der Männer mit den Vogelschnäbeln zu erklären.

Er fügte hinzu: »Der Gesichtsausdruck der Mutter im Traume war vom Angesicht des Großvaters kopiert, den ich einige Tage vor seinem Tode im Koma schnarchend gesehen hatte. Die Deutung der sekundären Bearbeitung im Traume muß also gelautet haben, daß die Mutter stirbt, auch das Grabrelief stimmt dazu.« (ebd.) Als Kind wachte Freud nach diesem Traum auf, weinte und rief nach den Eltern. Der Anblick der Mutter ließ die Angst vergehen. Seine Schlussfolgerung lautete: Es war ein Angsttraum.

Die letzte Zeile dieser Traumanalyse ist einigermaßen sibyllinisch: »Die Angst aber läßt sich mittels der Verdrängung zurückführen auf ein dunkles offenkundig sexuelles Gelüste, daß in dem visuellen Inhalt des Traumes seinen guten Ausdruck gefunden hat.« (ebd., S. 590) Sie ist sibyllinisch und klar in der Charakterisierung dieses Gelüstes als dunkel und deshalb möglicherweise sexueller Natur. Warum wagte Freud es nicht, Rom zu betreten? Hier löste er das Rätsel, doch er wollte sich der Lösung nicht stellen – vielleicht aus Angst, in einer Paarung mit der eigenen Mutter zu erscheinen.

Lesen wir Freuds Deutung dieses Traums noch einmal und interpretieren wir seine Interpretation. Hiermit meine ich nicht, dass ich meine (wahre) Lesart Freuds (falscher) Lesart gegenüberstellen will. Das maße ich mir nicht an. Meine eigene Deutung biete ich aus Freude an der epistemologischen Lektion an, die in ihr enthalten ist. Es ist eine hypothetische Lesart, die zeigen soll, dass die *Traumdeutung* keine Wissenschaft oder verbindliche Lösungsmuster, keine endgültige Gewissheit und keine objektive Erkenntnis liefert, sondern aus subjektiven Ansichten besteht, die als Wahrheiten präsentiert werden. Ich nehme also einen nietzscheanischen Blickwinkel ein, denn mit dem von Freud vorgelegten Material könnte man auch andere Vermutungen anstellen und zu anderen Schlüssen kommen, sogar zu solchen, die Freuds eigenen widersprechen. Versuchen wir deshalb ein alternatives Deutungsmuster.

Freud *verschwieg* den Namen Horus, den Rächer des Vaters, und bezüglich der Bedeutung des Namens Philippson für den Traum *legte er eine falsche Spur.* Die Thesen über die Bibel und den Ursprung der Vogelmänner im vulgären Wortgebrauch des Jungen vermeiden eine andere Erklärung. Denn Philipp hieß auch der Sohn von Freuds Vater aus dessen erster Ehe. Vielleicht schrieb Freud deshalb, er *wolle* ihn Philipp nennen.

Es ist also der Name des Stiefsohns seiner eigenen Mutter, der Name von Freuds Halbbruder. Freud berichtete, angesichts des Altersunterschieds zwischen seinen Eltern geglaubt zu haben, der eigene Bruder sei nicht das Kind seines alten Vaters und seiner jungen Mutter, sondern seine junge Mutter habe ihn mit diesem

Jungen gezeugt, der fast genauso alt wie sie und ihr Stiefsohn war. Philippson mag wohl der Name des Herausgebers der jüdischen Bibel sein, die Freud als kleiner Junge gelesen hatte. Etymologisch bedeutet er aber auch: Philipps Sohn.

Verdrängung: Weshalb dachte Freud, der sich lang und breit über Symbole ausließ und im selben Text bemerkte, dass der Vogel auf das Fliegen verweise, welches »meist eine grobsinnliche Bedeutung hat« (*Die Traumarbeit,* Bd. II/III, S. 399), nie daran, die Vögel aus diesem Traum mit der Sexualität in Zusammenhang zu bringen; wieso verschwieg er den Namen Horus und bevorzugte eine auf das Grabmal bezogene Lesart? Was könnte der Grund für diese Verdrängung sein, im Zuge derer sich der sexuelle Vogel in einen Todesvogel verwandelte? Hatte Freud das starke Bedürfnis, seine Mutter zu schützen und den sexuellen Charakter dieses Traums auszublenden?

Blindheit: Der friedliche Gesichtsausdruck der Mutter scheint nicht zu dem röchelnden, komatösen, im Sterben liegenden Großvater zu passen, auf den Freud verweist. Der Gesichtsausdruck des Sterbenden steht im Widerspruch zu dem »eigentümlich ruhige[n], schlafende[n] Gesichtsausdruck« (*Der Angsttraum,* Bd. II/III, S. 589) der »geliebten Mutter« (ebd.). Freuds Wortwahl passt eher zur Ruhe nach einem sexuellen Akt als zum Leid eines Sterbenden. Wieso sollten die Vögel für den Tod und nicht für das Leben stehen, wenn nicht aus Freuds Bedürfnis heraus, alles lieber zu sehen als eine durch die Beziehung zum Stiefsohn sexuell befriedigte Mutter? Dies war Freud sicher unerträglich, und zwar nicht aus Scham oder moralischen Gründen, sondern weil es sein innigster Wunsch war, den Platz des Halbbruders Philipp einzunehmen. Was spricht gegen diese Lesart? Mein Märchen ist genauso gut wie jedes andere.

Das Durcheinander im Stammbaum der Familie könnte dem jungen Freud Probleme bereitet haben. Davon kann sich jeder selbst ein Bild machen: Der Vater unseres Konquistadoren, Jakob

Freud, war in erster Ehe mit einer Frau namens Sally verheiratet. Mit ihr hatte er zwei Kinder. Er hatte mit sechzehn Jahren geheiratet, war mit siebzehn zum ersten Mal Vater geworden und mit dreiunddreißig verwitweter Vater zweier Söhne. Einer von ihnen hieß Philipp. Jakobs zweite Frau hieß Rebecca. Über sie ist wenig bekannt, denn sie starb schon kurz nach der Hochzeit. Jakob Freud heiratete zum dritten Mal und bekam mit seiner Frau Amalia am 6. Mai 1856 den Sohn Sigismund – der Name allein versprach eine große Karriere. Bei der Geburt seines Sohnes war Jakob einundvierzig, Amalia einundzwanzig Jahre alt. 1857 wurde ein zweiter Sohn geboren, der schon nach sieben Monaten starb. Aus einem Brief Freuds an Fließ haben wir bereits erfahren, dass Freud die Geburt seines kleinen Bruders mit gemischten Gefühlen wahrnahm und ihm sein Tod als wahre Erleichterung erschien. 1858 bekam Sigmund Schwester Anna. Bekanntlich nannte Freud so auch eine seiner Töchter, die zu seinem Schatten werden sollte. Wir wissen auch, dass Freud in *Die Traumdeutung* über die Entwicklungschancen eines unter den Geschwistern bevorzugten Kindes spekulierte. Zu all diesen Kindern gesellten sich zwischen 1860 und 1866 noch weitere; zuletzt hatte Jakob zehn Kinder aus drei Ehen.

Der Altersunterschied von zwanzig Jahren zwischen seinem Vater und seiner Mutter beschäftigte Freud als Kind sehr. Zusätzlich verwirrte ihn, dass seine Mutter nur ein Jahr älter war als sein Halbbruder Philipp. Und: Der ältere Sohn aus Jakobs erster Ehe, Emanuel, war älter als Freuds Mutter Amalia. Wessen Mutter, Gattin, Schwester, Frau, Partnerin und Geliebte war seine Mutter bloß? Oder, trivialer gefragt: Mit wem schlief sie? Mit Jakob, dem alten Herren? Oder mit Philipp, dem jungen, gleichaltrigen Mann, der jedoch zugleich ihr Stiefsohn und Sigmunds Halbbruder war? Oder gar mit Emanuel, ihrem anderen Stiefsohn, der aber älter war als sie? Bei einem kleinen Jungen kann diese seltsame Familienkonstellation sicherlich zu Identitätsproblemen führen.

Ehen, Scheidungen, der Witwerstatus, erneute Hochzeiten, Mutterschaft, eine Patchworkfamilie, Hausgeburten, ein alter Vater und eine junge Mutter – all dies wirkte auf Sigmund ein. Emanuel zeigte ihm, dass die Familie sich aus drei Generationen zusammensetzte: Jakob hätte Sigmunds Großvater sein können, doch er war sein Vater. Phillip hätte Amalias Ehemann oder Geliebter sein können, doch er war ihr Stiefsohn. Jakob hätte Amalias Vater sein können, doch er war ihr Gatte. Emanuels Sohn war ein Altersgenosse Sigmunds und zugleich dessen Onkel.

Der junge Freud reagierte auf diese Familienkonstellation mit Verunsicherung. Davon zeugt eine Anekdote aus der *Psychopathologie des Alltagslebens:* Freud hatte sein drittes Lebensjahr noch nicht vollendet – so wenigstens glaubte er sich zu erinnern – und stand weinend vor einem Kasten, dessen Tür sein zwanzig Jahre älterer Halbbruder festhielt. Wollte er den Kasten öffnen oder schließen? In diesem Moment kam Freuds Mutter »schön und schlank« hinzu (*Zur Psychopathologie des Alltagslebens,* Bd. IV, S. 58). Freud hatte diese Erinnerung mit dreiundvierzig Jahren bewusst wachgerufen und deutete sie zunächst als Hinweis auf eine Hänselei seines Bruders.

Tatsächlich verhielt es sich jedoch anders: Sigmund war durch die Abwesenheit der Mutter verängstigt und glaubte, Philipp habe sie in den Kasten gesperrt. Er bat ihn, diesen zu öffnen, um nachzusehen, ob sie wirklich nicht darin war. Vor dem leeren Kasten fing er zu schreien an, worauf die Mutter kam, um ihn zu beruhigen. Doch weshalb suchte er seine Mutter in einem Kasten? Freud forschte tiefer in seinen Erinnerungen nach und stieß auf die alte Kinderfrau, konnte jedoch keine Verbindung zwischen beiden Erinnerungen herstellen. Auf Nachfrage bei der Mutter erfuhr er, dass die Kinderfrau Diebstähle im Haus begangen hatte, während die Mutter im Wochenbett lag. Auf Betreiben des Bruders wurde sie vor Gericht gestellt.

Und als Freud den Bruder fragte, wo die Kinderfrau geblieben sei, antwortete dieser, sie sei »eingekastelt« (ebd., S. 59). Wegen der Abwesenheit der Mutter befragte Freud den Bruder und nahm an, dass er diese, wie schon die Kinderfrau, in den Kasten gesperrt habe, was Freud in seinem naiven Symbolismus als Schwängern deutete. »Dosen, Schachteln, Kästen, Schränke, Öfen entsprechen dem Frauenleib« (*Die Traumarbeit,* Bd. II/III, S. 359).

In der Episode setzte Freud alle Faktoren miteinander in Beziehung: die mit der Schwester Anna schwangere Mutter, die Jugendlichkeit sowohl seiner Mutter Amalia als auch seines Halbbruders Philipp, das Alter des Vaters, das Verschwinden der »eingekastelten« Kinderfrau und der im Wochenbett liegenden Mutter, die »schlank« zurückkehrte (mit anderen Worten: der Koffer war – wieder – leer), und schließlich die Möglichkeit, dass Philipp Annas Vater war, dass also sein Halbbruder mit seiner Mutter geschlafen und ein kleines Mädchen gezeugt haben könnte, das genauso hieß wie später eine von Freuds Töchtern, mit der er eine ontologisch inzestuöse Beziehung unterhielt.

Aus dieser subjektiven, persönlichen und individuellen Familienkonstellation leitete Freud – wie üblich – Folgerungen ab, die in eine Theorie mit universellem Anspruch Eingang fanden. In *Der Familienroman der Neurotiker* aus dem Jahr 1909 stellte er eine These auf, die er bereits in einem Brief an Fließ vom 20. Juni 1898 formuliert hatte: »Alle Neurotiker bilden den sogenannten Familienroman […], der einerseits dem Größenbedürfnis dient, andererseits der Abwehr des Inzestes« (*Briefe an Wilhelm Fließ,* S. 347). Hier sei angemerkt, dass die Konstruktion dieses Romans nach Freuds eigener Aussage Einfluss auf die Neurosen hat und dass er sich in Gestalt des jungen Philipp einen anderen Vater als den alten Jakob gewünscht hatte.

Damit wollte Freud uns sagen, dass ein Kind sich von den Eltern zurückgesetzt fühle, wenn es den Eindruck hat, diese gingen nicht auf alle seine Wünsche ein. Darüber hinaus stelle es sich vor, seine Eltern seien nicht seine Erzeuger, es bilde Fantasien über ideale, jüngere, schönere, reichere, berühmtere Vorfahren. Dieses Gefühl des Zurückgesetztseins tritt laut Freud genau dann auf, wenn die Eltern alt sind oder wenn ein jüngeres Geschwisterkind zur Familie hinzukommt – beides war bei ihm der Fall.

Als das Kind die Verteilung der sexuellen Rollen innerhalb der Paarbeziehung begriffen hatte, verstand es auch, dass man sich der Mutter immer sicher ist, nie aber des Vaters. Der zweite Teil des Familienromans beschäftigte sich deshalb mit dem Vater. An dieser Stelle ist der Text bemüht, die Mutter »in die Situation von geheimer Unruhe und geheimen Liebesverhältnissen zu bringen« (*Der Familienroman der Neurotiker,* Bd. VII, S. 230), doch die Untreue ist im Rahmen dieser Logik nicht offensichtlich, weil der ersetzte meistens Züge des tatsächlichen Elternteils trägt. So ist das Kind letztlich wieder auf den imaginären idealen Vater bezogen und zeigt damit, dass es jenen als glücklich empfundenen Abschnitt der Kindheit schmerzlich vermisst, in dem ihm der wirkliche Vater noch als ideal erschienen war.

Es wird deutlich, dass diese Analyse mit allgemeinem Anspruch letztlich ein kaum kaschiertes autobiographisches Bekenntnis ist. Dessen Protagonisten heißen Jakob und Amalia (die Eltern), Julius und Anna (die Kinder) sowie Sigmund und Philipp (der Halbbruder als imaginärer Vater des Kindes, das seinen Familienroman erfindet). Wann und wo hat Freud weitere Beobachtungen durchgeführt, Analysen überprüft, klinische Experimente unternommen oder Fälle aus der therapeutischen Praxis zusammengeführt, bevor er zu diesen Schlussfolgerungen mit Anspruch auf allgemeine Gültigkeit kam? Wie viele Patienten hat er untersucht? Wie viele »Neurosen« – denn diesen Begriff verwendet er – hat er analysiert, um zu dieser Gewissheit zu gelangen, die nicht etwa als Hypothese im Konjunktiv verfasst ist, sondern uns im Indikativ als universelle Wahrheit präsentiert wird?

Es genügte dem Sohn, dass der Vater alt war, ihn als Nichtsnutz demütigte, sich nicht heldenhaft gegen eine antisemitische Beleidigung wehrte und ihm narzisstische Kränkungen in Gestalt eines kleines Bruders und einer kleinen Schwester zufügte. Dafür strafte er ihn, indem er sich vorstellte, wie ihn die eigene Frau mit dem jungen hübschen Stiefsohn betrog, und indem er eine für die gesamte Menschheit gültige Theorie über einen »Familienroman« aufstellte, die sich zu einem der Tragpfeiler der Psychoanalyse entwickelte.

In *Eine Kindheitserinnerung aus »Dichtung und Wahrheit«* ist das Phänomen des Extrapolierens anhand der Theorie vom Lieblingssohn schön zu sehen. Auch sie entstand aus einem persönlichen Erlebnis. In der *Traumdeutung* findet sich dazu die These: Das von seiner Mutter bevorzugte Kind entwickele ein immenses Selbstvertrauen, welches es zu großen späteren Leistungen befähige. Und so weiter. Auch wenn Freuds Vater nicht mehr war als ein Kastrator, der seinem Sohn das Scheitern prophezeite, dachte und sagte die Mutter stets das Gegenteil.

Alles begann mit der Geburt und dem ersten Orakel: Als Freud zur Welt kam, hatte er einen dichten, schwarzen Haarschopf, was als schicksalhafter Hinweis auf späteren Ruhm gedeutet wurde. Die Anekdote war Freud so wichtig, dass er sie in seinem großen wissenschaftlichen Werk namens *Die Traumdeutung* unsterblich machte. Man hatte Freud oft erzählt, wie »eine alte Bäuerin der über den Erstgeborenen glücklichen Mutter prophezeit[e], daß sie der Welt einen großen Mann geschenkt habe.« (*Traummaterial und Traumquellen,* Bd. II/III, S. 198) Und einige Zeilen später fragte sich der Autor: »Sollte meine Größensehnsucht aus dieser Quelle stammen?« (ebd.) Er bleibt die Antwort schuldig, aber er gibt sein starkes Bedürfnis nach Größe immerhin offen zu. Für unsere Psychographie ist das sehr nützlich.

In der Kindheit ereignete sich das zweite Orakel: Mit elf oder zwölf Jahren besuchte Freud mit seinen Eltern ein Café im Prater. Dort ging ein Mann von Tisch zu Tisch, der gegen ein paar Münzen kleine Verse dichtete. Dem Jungen sagte er, dieser könne einmal Minister werden. »An den Eindruck dieser zweiten Prophezeiung kann ich mich noch sehr wohl erinnern.« (ebd.) Tatsächlich hatte Freud eine Weile überlegt, Jura zu studieren und eine politische Karriere einzuschlagen. Als Erwachsener träumte er dann einmal, er wäre Minister.

Seine Mutter Amalia erzählte ihm immer wieder von den beiden Prophezeiungen. Sie gab sich nicht damit zufrieden, ihren Sohn zum achten Weltwunder zu erklären, sondern wollte es ihm von frühester Jugend an beweisen. Nach der Pleite des Vaters, der nicht gut mit Geld umgehen konnte, zog die siebenköpfige Familie von Freiberg nach Wien in eine Dreizimmerwohnung mit Büro. Die Mutter erlaubte ihrem Sohn, allein im Büro zu wohnen, während sich die sechs Übrigen die restlichen Zimmer teilen mussten. Je zwei Kinder teilten sich also ein Zimmer; die Eltern bewohnten gemeinsam den dritten Raum. Sigismund hatte somit als Einziger einen privaten Rückzugsraum ohne Eltern, Brüder oder Schwestern.

Mit acht Jahren begann Freuds kleine Schwester mit dem Klavierspiel. Freud protestierte: Der Lärm störe ihn und halte ihn vom Lernen ab – und lernen musste er wohl, wenn er ein berühmter Mann werden wollte. Die Mutter reagierte sofort und machte dem Klavierunterricht ein Ende. Von nun an durfte niemand mehr ein Instrument lernen. Als Familienvater reproduzierte Freud später selbst dieses Diktum: In der Berggasse 19 wurde keine Musik gemacht! Freud mochte die Musik ohnehin nicht. Sie war die Domäne seiner Mutter; andere sollten an ihr keine Freude haben.

Was also blieb Freud anderes, als seine Lebenspraxis in Theorie zu verwandeln, die eigene Erfahrung in eine universelle Lehre umzuformen und in *Eine Kindheitserinnerung aus »Dichtung und Wahrheit«* als unumstößliche Fakten zu präsentieren? War er doch das Lieblingskind und zum Eroberer (oder Konquistador?) bestimmt. Die Gewissheit, als Kind geliebt worden zu sein, führte beim Erwachsenen zu der Überzeugung, künftig Erfolg zu haben, und tatsächlich gründete der unausweichliche Erfolg in genau dieser Sicherheit.

Auch Freuds *subjektives Gefühl* bei der Geburt seines Bruders 1857 wurde 1931 in *Über die weibliche Sexualität* zur *allgemeinen Theorie* ausgeweitet. Erinnern wir uns an Freuds Brief an Fließ vom 3. Oktober 1897, in dem er erklärt, seinen Bruder Julius »mit bösen Wünschen und echter Kindereifersucht begrüßt« zu haben (*Briefe an Wilhelm Fließ,* S. 288). Denn die Ankunft des Bruders bedrohte die exklusive Beziehung, welche die Mutter zum bislang einzigen Sohn pflegte. Der frühe Tod des Jungen löste bei Freud eine gewisse – und unverstellte – Befriedigung aus.

Bereits seine Analyse der Kindheitserinnerung Goethes brachte ihn zu der Ansicht, das Kind habe durch die Zerstörung des Geschirrs »seinen Wunsch nach Beseitigung des störenden Eindringlings zu kräftigem Ausdruck« gebracht (*Eine Kindheitserinnerung aus »Dichtung und Wahrheit«,* Bd. XII, S. 21). Im Text von 1931 referiert er über die »Eifersucht auf andere Personen [...], auf Geschwister, Rivalen« (*Über die weibliche Sexualität,* Bd. XIV, S. 524). Der Grund: »Die kindliche Liebe ist maßlos, verlangt Ausschließlichkeit, gibt sich nicht mit Anteilen zufrieden.« (ebd.) In diesem Fall ist die psychoanalytische Wissenschaft wirklich autobiographisch!

Wenden wir uns wieder Freuds Mutter zu. Sie verhätschelte, liebte, umhegte, feierte und bevorzugte also ihren Sohn. Das sagte, zeigte und bewies sie, und er glaubte ihr natürlich. Wie hätte er diese Frau nicht bis zum Wahnsinn lieben können? Sie vermittelte ihm ein schönes, makelloses, wunderbares Selbstbild, das exakt seiner eigenen Wahrnehmung entsprach – die ja von der Mutter selbst generiert worden war! Hier liegt der Ursprung der inzestuösen Beziehung. Zugleich jedoch distanzierte Freud sich von der Mutter; die Beziehung war pathologisch und manifestierte sich somatisch. Lou Andreas-Salomé, die sich nach dem Befinden der Mutter erkundigte, antwortete er mit Neuigkeiten über seine Frau.

Jeden Sonntag besuchte er gemeinsam mit einem seiner Kinder die Mutter. Und jedes Mal kehrte er mit Verdauungsbeschwerden zurück. Wie immer wandte er seine Lehre nicht auf sich selbst an und fand für die Probleme weit weniger transzendente Erklärungen als jene, deren er sich in seiner Praxis bediente. Er fand banale Begründungen, etwa das zu reichhaltige Abendessen am Vortag. Die Briefe an Fließ dokumentieren die Verdauungshistorie. Am 31. Oktober 1897 berichtete er beispielsweise: »Unter dem Einfluß der Analyse ersetzen sich meine Herzbeschwerden jetzt sehr häufig durch Magendarmbeschwerden.« (*Briefe an Wilhelm Fließ*, S. 298)

Als er am 19. September 1901 von seiner Reise nach *Rom* zurückkehrte, unterhielt er den Freund mit Beschreibungen über »eine Magen-Darmverderbnis« (ebd., S. 494). In einem Brief an Karl Abraham vom 25. März 1914 erzählte Freud, dass er mit seiner Schwägerin Minna in der italienischen Hauptstadt, der Mutter-Erde, Urlaub machte (während seine Frau sich um die Kinder kümmerte). Er arbeitete damals an der Gliederung für *Zur Einführung des Narzißmus* und klagte: »Ich habe seit der Beendigung des Narzißmus keine guten Zeiten. Viel Kopfweh, Darmbeschwerden« (Freud/Abraham, *Briefe*, S. 164). Der Aufenthalt im mit der Mutter identifizierten Rom, das Nachdenken über den Narzissmus und die Verdauungsbeschwerden scheinen miteinander in Beziehung zu stehen – jedoch nicht aus Freuds Perspektive.

In der Korrespondenz mit seinen Freunden klagte Freud immer wieder über den »armen Konrad« – so nannte er seinen Verdauungsapparat. Bei einer USA-Reise 1910 hatte er dort Beschwerden und machte die Ernährungsweise dafür verantwortlich. 1914 ließ er sich untersuchen, weil er glaubte, Krebs zu haben. Im Folgejahr vertraute er Ferenczi seine Probleme an und begründete sie damit, dass er schlechtes Brot gegessen habe! Oder er suchte den Grund im durch den Ersten Weltkrieg bedingten Verlust der beachtlichen Summe von 40 000 Kronen (entsprechend 3 250 000 Euro im Jahr 2010). Nur ganz am Rande hält er es in einem Brief an Ferenczi für möglich, die Beschwerden »einem psychischen

[Faktor]« zu verdanken (8. April 1915, Freud/Ferenczi, *Briefwechsel,* Bd. II/1, S. 116), über den er nichts weiter verlauten lässt. Die so von Freud gelegten Spuren sind jedenfalls nicht geeignet, den Fall Freud zu erklären.

Äußerst zaghaft wagte Ernest Jones eine Interpretation, die mit der Fiktion der Psychoanalyse übereinstimmt: Solcherlei Unpässlichkeiten könnten sehr gut auch psychosomatische Resterscheinungen der Neurose sein, die Freud vor und während seiner Selbstanalyse so stark gepeinigt hätte. Bemerkenswert ist, dass er von Resterscheinungen spricht, denn eigentlich hätte Freud durch den Geniestreich der Selbstanalyse von seiner »ausgesprochenen Psychoneurose« geheilt sein müssen. Treten lange nach dem Ende der Selbstanalyse noch Symptome auf, so heißt das nicht etwa, dass die Krankheit fortbestehe, sondern dass es sich lediglich um Resterscheinungen handele.

Tatsächlich hat Jones mit seinem Hinweis recht: Die Verdauungsprobleme gründen in der Psychopathologie einer Person. Und dem berühmten Patienten war keine Pause von seinen Beschwerden vergönnt. Freuds Zurückführen der Verdauungsprobleme auf den Verlust eines Großteils seiner Ersparnisse – er hatte vor dem Krieg über 100 000 österreichische Kronen gespart und deshalb auch nach der Krise noch 60 000 übrig – ist besonders interessant, wenn man seine Gleichsetzung von Geld, Gold und Fäkalien einbezieht. Sie dürfte zwar nicht alle Proktologen überzeugen, aber Freud verfocht sie mit großer Ernsthaftigkeit.

Freuds Mutter nannte ihn in einem Brief einmal »Sigi, mein Gold«. Doch die wöchentlichen Besuche des *Gold-Sigi* führten bei diesem eben regelmäßig zu Verdauungsbeschwerden. Gemäß dem bereits erläuterten Prinzip der Übertragung des selbst Erlebten auf die ganze Welt fand auch die Verwandtschaft zwischen Gold und Fäkalien Eingang in die Theoriebildung. So wurde die persönliche, anhaltende und unbestreitbar neurotische Pathologie eines Tages zur Theorie, nachzulesen in *Charakter und Anal-*

erotik (1908) und später in *Über Triebumsetzungen, insbesondere der Analerotik* (1916/17).

Gleich zu Beginn des ersten Buchs erklärt Freud: »Ich weiß heute nicht mehr anzugeben, aus welchen einzelnen Veranlassungen mir der Eindruck erwuchs, daß zwischen jenem Charakter und diesem Organverhalten ein organischer Zusammenhang bestehe, aber ich kann versichern [*sic*], daß theoretische Erwartung keinen Anteil an diesem Eindrucke hatte.« (*Charakter und Analerotik,* Bd. VII, S. 203) Danach spricht er von »Erfahrung«, ohne anzugeben, welchen Anteil Selbstbeobachtung und Ergebnisse aus der Klinik jeweils daran hatten. Berücksichtigt man den großen Anteil der subjektiven Erfahrungen des Autors an diesem *Charakter,* so lohnt es sich, deren Rolle bei der Entstehung von Zwangsneurosen näher zu betrachten.

In *Drei Abhandlungen zur Sexualtheorie* (1905) und anderen Texten stellte Freud eine Theorie der sexuellen Entwicklung auf: Sie reicht von der oralen Phase über die sadistisch-anale und die (von einer Latenzperiode gefolgte) phallische bis zur genitalen Phase. Die orale Phase umfasst das erste Lebensjahr des Kindes, welches in dieser Zeit kein anderes Sexualobjekt kennt als sich selbst. Die Ziele der letzten Phase sind die Entwicklung eines sogenannten normalen Sexuallebens und die Fortpflanzung. In der oralen Phase wird die sexuelle Aktivität kannibalisch genannt, weil sie nicht vom Akt der Nahrungsaufnahme getrennt ist: Lust entsteht durch die Aufnahme von flüssigen oder festen Substanzen. Die erogene Zone besteht aus Mund, Lippen und Mundschleimhaut. So erklärt sich die Lust am Saugen, Gestilltwerden und Lutschen.

In der sadistisch-analen Phase im Alter von zwei bis drei Jahren verlagert sich die erogene Zone hin zum Schließmuskel. Nun geht es darum, den Stuhlgang zu kontrollieren, was die Fähigkeit zur Entscheidung über das Zurückhalten oder Ausstoßen der Fäkalien voraussetzt. Das Kind erlebt diese Aktivitäten nun als lustvoll. Der Hedonismus betrifft »vor allem die erogene Darmschleimhaut« (*Die infantile Sexualität,* Bd. V, S. 99). In dieser vorgenitalen Phase geht es noch nicht um sexuelle Reproduktion. Die »Kloakenrolle der analen Zone« (ebd.) polarisiert die Libido, bevor die Entwicklung zur heterosexuellen genitalen Phase beginnt.

Indem es Kontrolle über seine Fäkalien gewinnt, begreift das Kind, dass es Ja oder Nein sagen, Geben oder Zurückhalten kann. Es entdeckt, dass es Macht über die Welt hat; es erkennt die eigene Autonomie und Unabhängigkeit. Die Exkremente erhalten so zwar keinen Nutz-, aber immerhin einen Tauschwert: Das Kind weiß, dass die Eltern von ihm die Beherrschung des Stuhlgangs, also das Sauberwerden, erwarten, und kann mit dieser Erwartungshaltung spielen. Die Absonderungen aus dem eigenen Bauch erscheinen dem Kind wie Teile seines Körpers, mit denen es spielen kann. Es ist bekannt, dass Kinder in den ersten Lebensjahren koprophile Neigungen haben.

In der phallischen Phase im Alter von drei bis fünf Jahren entwickelt die Libido ihre sogenannte normale Topik: Die erogene Zone umfasst nun die Sexualorgane, und die Sexualität wird intersubjektiv. In dieser Phase entdecken Kinder den Geschlechterunterschied und die Rolle von Vater und Mutter bei Sexualität und Fortpflanzung. Jungen entwickeln den Ödipuskomplex und die Kastrationsangst, Mädchen den Penisneid – hierauf wird noch zurückzukommen sein. Zur gleichen Zeit entsteht auch das Über-Ich, jene Instanz der sozialen Kontrolle, die moralische, soziale und ethische Zwänge betrifft.

Das Abebben des Ödipuskomplexes (auf dessen genauere Umstände ich später eingehen werde) mündet in einer Latenzzeit. Sie beginnt mit sechs Jahren (in den nach 1924 datierten Ausgaben von *Charakter und Analerotik* schon mit vier Jahren) und endet um das elfte Lebensjahr herum. Dann, wenn die Sexualität zum Hauptanliegen des Kindes zu werden scheint, führt die Kraft des Ödipus' die Verdrängung der Latenz herbei. In dieser Zeit würdigt das Kind das andere Geschlecht herab, verinnerlicht Verbote und die Technik der Sublimierung. Anders gesagt, die Triebe werden in gesellschaftlich akzeptable Bahnen geleitet, das Kind wird vernünftig und eignet sich die Vorstellungen und Werte seiner Kultur an.

In der Pubertät rebelliert der Jugendliche gegen Autoritäten in Gestalt der Eltern, der Gesellschaft, der Religion oder der sozialen und moralischen Ordnung. Auch der Körper verändert sich. Der anatomische Wandel zum Erwachsenen verwirrt das Kind. Sexuelle Identität wird problematisch, Bisexualität ein Thema. Es kann Phasen mit homosexuellen Experimenten geben, die aber nicht auf eine spätere Homosexualität vorausweisen. Am Ende der Entwicklung steht eine nicht ohne Schwierigkeiten erlangte, klare sexuelle Identität.

Aufgrund der Entwicklungen in den ersten fünf Lebensjahren des Kindes können sich durch Traumata Fixierungen herausbilden. Sie erklären bestimmte Verhaltensweisen oder Krankheitsbilder. Aus der Fixierung auf die anale Phase beispielsweise entstehen Geiz, die Faszination für Zahlen, die Neigung zu extremer Sauberkeit oder extremer Unreinlichkeit, Zwangsneurosen und Sammelleidenschaften (Freud sammelte Feuerzeuge und Briefmarken). Die Fixierung auf die orale Phase führt zu Hysterie. Zu den möglichen Traumata gehören eine zu lange Phase des Glücks, eine kurze, frustrierende unglückliche Zeit oder eine brutale, unerwartete Trennung. Bonvivants, Gastronomen, Weinliebhaber, große Redner oder Plauderer könnten hier Erklärungen für ihre jeweiligen Leidenschaften finden.

Vor diesem Hintergrund wird verständlich, inwiefern Freuds Verdauungsprobleme auf einen bestimmten Abschnitt *seines* Lebens bezogen sind. Als durchschnittliche Dauer der oralen Phase gab Freud die Zeit vom achtzehnten Lebensmonat bis zum dritten Lebensjahr an. Das entspricht den Jahren 1857 bis 1859 in seiner eigenen Biographie – eine Zeit, in der seine Mutter Amalia mit Schwester Anna schwanger war. Ein kleines Mädchen, das den Bauch der Mutter verlassen würde – genau wie jene Materie, die Freud zeitlebens Probleme bereiten sollte. Die Tragkraft der psychopathologischen These, Freud habe sein Leben lang mit seiner Verdauungsneurose den aufgeblähten Bauch der Mutter nachgestellt, muss jeder für sich beurteilen. Doch angesichts von Freuds – zur Erklärung des eigenen Trieblebens stets bestens geeigneten – Theorien drängt sie sich auf.

Fäkalien hatten in Freuds Denken also besondere Bedeutung. Er stützte sich auf Märchen, Folklore und alte Kulturen, aber auch auf Redewendungen, und er zählte Darstellungen auf, in denen Gold und Exkremente – meistens jene des Teufels – gleichgesetzt wurden. Auf die für ihn typische Weise kam er so zu dem Schluss, »das Geld [werde] in innigste Beziehungen zum Drecke gebracht.« (*Charakter und Analerotik,* Bd. VII, S. 207) Personen mit analem Charakter seien folglich »ordentlich, sparsam und eigensinnig« (ebd., S. 203). Freud selbst war übrigens nie besonders unordentlich, verschwenderisch oder geistig flexibel.

Mutters *Gold-Sigi* konzipierte also eine symbolische Äquivalenz zwischen dem edelsten und dem niedrigsten aller Stoffe, zwischen dem Machtsymbol schlechthin, mit dem man alles bekommen kann, und den Fäkalien, die für den Abfall stehen und für alles Unschöne, das nach dem noblen Prozess der Nahrungsaufnahme übrig bleibt. Aus der Feder eines Denkers, der Wissenschaft und Wahrheit auf dem Niveau eines Kopernikus oder eines Darwin für sich beanspruchte, ist dies erstaunlich. Die seltsame Gleichsetzung von Geld und Fäkalien entspringt einer persönlichen Mythologie. Mit ihr schließt die Untersuchung von Freuds Beziehung zu seiner Mutter.

Es ist zwar nur ein Detail, aber wie jeder weiß, sitzt der Teufel gerade dort: Freuds Mutter Amalia starb im September 1930. Im selben Monat schrieb Freud einen Brief an Jones, in dem er zugab, durch diesen Tod zwei Dinge über sich herausgefunden zu haben: Erstens habe er größere persönliche Freiheit erlangt, weil sie vor ihm gestorben sei und er ihr das eigene Ableben nicht habe zumuten müssen. Vor diesem Szenario hatte er seit Langem Angst gehabt, wahrscheinlich seit seiner Krebsdiagnose im Jahr 1923.

Zweitens empfand er »die Befriedigung, daß ihr endlich die Befreiung geworden ist, auf die sie sich in einem so langen Leben ein Recht erworben hatte.« (15. September 1930, Freud/Jones, *Briefwechsel,* S. 76.) Welche Befreiung? Wovon wurde sie befreit? Von welchem Übel, welcher Krankheit, welchen Leiden oder extremen Enttäuschungen? Seine Mutter war nicht krank gewesen, im Gegenteil, sie war bis zum letzten Atemzug mit fünfundneunzig Jahren bei guter Gesundheit und bei vollem Bewusstsein.

Nicht sie war nun endlich vom Leben befreit. Vielmehr war es Freud, der sich endlich *befreit* sah, und zwar von der Angst vor dem Verlust der Mutter. Jones schilderte er seine Gefühlslage als »Keine Trauer sonst« (ebd.). Ein letztes Detail beweist, dass sich hinter der gelassenen Rhetorik des Briefes Freuds reales, extremes Leid verbarg. *Gold-Sigi* nahm nämlich nicht am Begräbnis der Mutter teil, sondern schickte seine Tochter *Anna.*

III.
Ödipus – Eine Fata Morgana im Schlafwagen

»[D]aß […] meine Libido gegen matrem [*sic*] erwacht ist, und zwar aus Anlaß der Reise mit ihr von Leipzig nach Wien, auf welcher ein gemeinsames Übernachten und Gelegenheit, sie nudam [*sic*] zu sehen, vorgefallen sein muß [*sic*].«

Sigmund Freud, Brief an Wilhelm Fließ, 3. Oktober 1897
(*Briefe an Wilhelm Fließ*, S. 288)

Sigmund Freud hat einige der zentralen Positionen der Psychoanalyse vor dem Hintergrund seiner Biographie entwickelt. Fassen wir das Verhältnis von biographischer Praxis und Theoriebildung zusammen: Es gibt Kausalbeziehungen zwischen der *Selbstanalyse,* dem Tod des Vaters und Freuds Bedürfnis, die eigene Mitte wiederzufinden. Es besteht eine Wechselwirkung zwischen der *Bedeutung der Träume* und bestimmten rätselhaften Kindheitserinnerungen. Die *Kastrationsangst* steht in Zusammenhang mit dem Nachttopf als Ausgangsmoment einer existentiellen Reaktivität. Der *Familienroman* gründet im Nachdenken über den Halbbruder im Alter der Mutter und in den daraus entstehenden Fragen zu Familiengeschichte und sexueller Identität. Die Theorie vom Lieblingskind basiert auf den intensiven Liebesbezeugungen der Mutter, welche Freuds Genie und Erfolg begründen und legitimieren. Freud hatte Schuldgefühle angesichts des *Todeswunsches,* den er in seinen frühen Jahren den neugeborenen Geschwistern entgegenbrachte. Der Keim der *Deckerinnerung* liegt in der Verschiebung von einem Philipp zum anderen unter Ausblendung der Wahrheit. Im *analen Charakter des Geldes* finden sich die Mutter und ihr *Gold-Sigi* mit seinen Verdauungsbeschwerden wieder – es ist die nervöse Schwangerschaft eines Sohnes, der ontologisch von seiner Mutter geschwängert wurde.

Dies ist der rote Faden, der die Ereignisse eines an sich banalen Lebens miteinander verbindet. In Freuds Jugend geschah nichts Außergewöhnliches. Er erfuhr narzisstische Kränkungen und seelische Blessuren; erlebte die Vermischung von Fantasien und Vorstellungen mit der Wirklichkeit und der Geschichte; oberflächliche Reaktionen; Liebe und Hass, Vorlieben und Abneigungen; andere Kinder; die Differenz zwischen imaginärer und zeitlicher Ordnung; die kompromisslose Herrschaft von Regungen, Trieben und der Libido sowie die Fixierungen der schwarzen, geschlechtlichen Energie auf die Psyche. Kurz: Er erlebte die Banalität der Existenz.

Heute kennen wir diesen roten Faden unter dem Namen *Ödipuskomplex*. Jenes Epizentrum der Psychoanalyse entsprang Freuds tiefster Seele, denn die *angebliche wissenschaftliche Wahrheit* war vor allem ein *existentielles subjektives Problem*. Durch die Zauberkünste des Meisters und seiner Schüler wurde aus diesem persönlichen Problem eine über alle Zeiten fortdauernde Geißel der Menschheit. Das Problem eines einzelnen Mannes brachte allen Menschen eine Neurose ein – nur weil dieser Mann glaubte, die eigene Neurose sei leichter erträglich, wenn sie von allen geteilt würde.

Freud arbeitete an seiner Legende und schuf eine Statue seiner selbst. Dazu gehörte auch die Erzählung von der finanziellen Pleite seines Vaters. Dieser hatte eine Textilfabrik in Freiberg besessen und musste diese angeblich im Zuge einer Krise im Textilsektor aufgeben. Die Familie sei deshalb 1859 von Mähren nach Wien gezogen. Zudem sei eine Eisenbahnstrecke gebaut worden, von der nicht nur Freiberg, sondern auch andere Orte profitiert hätten. Freud war damals dreieinhalb Jahre alt. Die Krise von 1872 habe, so Freuds Legende weiter, Jakob Freud endgültig ruiniert. Freud sprach seinen Vater damit von jeder Schuld frei und wies ihm keinerlei Verantwortung für das eigene Schicksal oder das der Familie zu.

In Wahrheit spielte sich die Geschichte etwas anders ab, als Freud die Welt glauben machen wollte. Zu dieser Zeit gab es keine solche Krise, andere Textilunternehmen in der gleichen Stadt florierten sogar, während die Firma des Vaters schließen musste. Die Eisenbahnstrecke wurde zwar gebaut, aber sie verlief unweit der väterlichen Fabrik und verbesserte so die Möglichkeiten der Familie, mit anderen Städten Handel zu treiben. Jakob Freud scheint ein Dilettant gewesen zu sein, der wenig Talent für den Handel hatte. Er arbeitete nicht, lebte von geliehenem und nie zurückgezahltem Geld und schien sich um nichts weiter Sorgen zu machen. Als seine erste Frau mit dreiunddreißig Jahren starb, war er allein für die zwei Kinder verantwortlich. Mit Amalia zeugte er binnen zehn Jahren acht weitere Kinder, war dann im Alter von siebenundsechzig Jahren für sieben Kinder und eine Ehefrau verantwortlich und konnte seinen Verpflichtungen nicht nachkommen: Um studieren zu können, musste Sigmund Freud Kredite aufnehmen, sich um Stipendien bemühen und Geld von Verwandten, Freunden oder Lehrern leihen. Aus diesem Stoff macht man keinen Helden.

Das berufliche Scheitern in Freiberg führte jedenfalls zum Umzug nach Leipzig und später nach Wien. Man reiste mit dem Zug – ein Fortbewegungsmittel, vor dem Freud zeitlebens Angst haben sollte. Er fürchtete Unfälle, kam immer viel zu früh am Bahnhof an und buchte bei Ferienreisen manchmal einen Wagen für sich allein, abgetrennt von der Familie. Vor den Nazis flüchtete er mit dem Zug aus Wien. Ein berühmtes Foto zeigt ihn mit seiner Tochter Anna in einem Waggon am Fenster sitzend. So war es passend, dass er dem Geist des Ödipus in einem Zug begegnete.

Solange Freuds Briefe an Fließ nicht zugänglich waren, funktionierte die Legende, der zufolge Freud die Untiefen seiner Psyche erkundete, als mutiger Abenteurer auf unbekanntem Terrain alle Gefahren überwand und mit der Kühnheit des Konquistadors die universelle Wahrheit des Ödipuskomplexes entdeckt hatte. Doch mit den historischen Fakten hat diese Geschichte nichts zu tun. Und doch wurde sie von allen verbreitet und bestätigt: von Wörterbüchern, Lexika, Schulen, Universitäten, Verlagen, der gesamten Wissensmaschinerie, der journalistischen Vulgata, den Achtundsechzigern und deren Gegnern und anderen zahllosen Mechanismen der Reproduktion von Fiktionen. Diesem ideologischen Totalitarismus konnte sich niemand entziehen.

Die Zensur vonseiten der Tempelwächter und Sektenmitglieder – allen voran Anna Freud – ist vor diesem Hintergrund verständlich. Sie zerstörten Dokumente, kauften sie, um sie dann verschwinden zu lassen, und veröffentlichten nur bestimmte Texte. Das oberste Ziel war, den goldenen Mythos ihres Helden aufrechtzuerhalten. Andere Dokumente lagerten in Archiven, durften nur von wenigen Auserwählten eingesehen werden und wurden der Öffentlichkeit erst nach Ablauf wahnwitziger Fristen zugänglich gemacht. Der Inhalt dieser Briefwechsel muss wahrlich explosiv sein. Wieso wird zum Beispiel ein Gespräch mit Freuds Sohn Oliver bis 2057 unter Verschluss gehalten?

Der Briefwechsel mit Fließ umfasst die Jahre 1887 bis 1904 und erstreckt sich damit von Freuds einunddreißigstem bis zu seinem achtundvierzigsten Lebensjahr. Siebzehn Jahre intimster Einblicke in das Leben eines depressiven, melancholischen, ungeduldig auf den Erfolg wartenden Psychiaters. Seine Veröffentlichung kratzte natürlich an der Legende, beschädigte den Mythos. Die Geschichte kam endlich zu ihrem Recht. Es geht bei der Betrachtung des Briefwechsels nicht um ein *moralisches Urteil,* sondern um eine *wertfreie Darstellung.* Sie soll zeigen, welche historischen Wahrheiten zugunsten der Legendenbildung verschwiegen wurden.

Zwischen 1887 und 1904 wechselte Freud von der Elektrotherapie über die Hypnose zu einer Therapie, bei der seine Patienten sich auf der berühmten Couch ausstreckten. Er gelangte von der wissenschaftlichen Psychologie über die Methode der freien Assoziation zur psychischen Metapsychologie. Er wurde vom einsamen, armen Psychiater ohne Kunden, der erst nach langer Zeit einen festen Preis pro Sitzung verlangen konnte, zum Gründer der Psychologischen Mittwochsgesellschaft, einer Art Kirche der Psychoanalyse. Er gründete eine Familie und verlor seinen Vater. Er lebte einfach das Leben eines Mannes – und nicht das eines Halbgottes oder gar Gottes.

Natürlich vernichtete Freud die Briefe von Fließ, weil sie zu kompromittierend waren. Im Winter 1907/1908 schritt er zur Tat. Übrig blieben 287 Briefe und einige theoretische Manuskripte. Über fünfhundert Seiten, auf denen man einen Freud erlebt, der missmutig, opportunistisch, neidisch, geldgierig, böse, zögerlich und von sich selbst überzeugt war, der nach Erfolg, Ruhm, Wohlstand und akademischer Anerkennung lechzte, an Zahlenmystik und Okkultismus glaubte, noch den bizarrsten Theorien seines Freundes – etwa über den Zusammenhang von Monatsblutung und Nasenbluten mit der sexuellen Ätiologie der Neurosen – anhing und ihm alle Sorgen und Zweifel anvertraute, oder der eine Theorie (zum Beispiel der wissenschaftlichen Psychologie oder der Verführung) vertrat und dann wieder fallen ließ.

Dieser wunderbare Blick hinter die Kulissen von Freuds Leben war fast ein Jahrhundert lang unmöglich. Die nur zur Hälfte erhaltene Korrespondenz wurde 1950 in Deutschland veröffentlicht, selbstverständlich in bereinigter Form. 1954 erschien sie in England und 1956 in Frankreich, doch besonders kompromittierende Briefe oder für Freud potentiell schädliche Passagen wurden auch hier zensiert. Die Briefausgabe war darauf zugeschnitten, ein kohärentes Bild *Aus den Anfängen der Psychoanalyse* zu liefern – so der Titel der besagten Ausgabe. Freuds Weg zur Psychoanalyse sollte geradlinig, frei von Fehlern, Brüchen und Kehrtwenden wirken, nämlich als Weg eines einsamen Mannes, der von seinen Zeitgenossen missverstanden wurde, deren Dummheit er ertragen musste und der aus eigener Kraft, ohne fremde Hilfe, Quellen oder Diskussionen mit Kollegen die wissenschaftliche Wahrheit entdeckte und zu einer Disziplin machte. Die fehlerhafte Ausgabe wurde in Frankreich wieder und wieder gedruckt. 1996 erschien die letzte Auflage dieses Inbegriffs der Desinformation! In Frankreich konnte man die Epistemologie dieser Disziplin erst ab 2006 (in Deutschland 1986) jenseits freudianischer Hagiographie untersuchen. Denn erst in diesem Jahr erschien eine authentische, wissenschaftliche und kritische Ausgabe des zur Hälfte erhaltenen Briefwechsels.

Um das ganze Ausmaß der Täuschung zu erfassen, wäre eine genaue Untersuchung der hier zur Debatte stehenden Dokumente nötig. Doch das ist nicht Ziel dieses Buchs. Stattdessen soll aus dem umfangreichen Dokumentenkorpus beispielhaft eine zentrale Vorstellung isoliert werden. So wird nachvollziehbar, wie Freuds »Methode« funktioniert. Ich wähle dafür den wohl wichtigsten Theoriebaustein in Freuds Werk aus: den *Ödipuskomplex,* der von den Hagiographen als Grundstein der Psychoanalyse begriffen wird.

Als Theorie trifft man auf den *Ödipuskomplex* erstmals 1910 in *Beiträge zur Psychologie des Liebeslebens.* Er entstand jedoch in der Praxis. Ein Brief an Fließ enthält die Details dieser unglaublichen Fiktion, und schon an der Art der Darstellung merkt man, dass hier jedes Wort zählt. Der Legende zufolge entdeckte Freud den Ödipuskomplex bei der Selbstanalyse. Ernest Jones verwandelte den banalen Akt der Selbstbeobachtung in ein »heldenhaftes« Unterfangen. Die Eroberung der Neuen Welt funktioniert demnach hauptsächlich über den Traum und dessen Deutung sowie über die kleinen Fehlleistungen der Psyche wie Lapsus, Scherzworte, das Vergessen von Namen oder Wörtern, Rechenfehler und allem anderen, was die *Psychopathologie des Alltagslebens* umfasst.

Doch was erfahren wir aus den Briefen an Fließ über den Ödipuskomplex? Ein Schreiben vom 3. Oktober 1897 beginnt mit numerologischen Exkursen, wie sie zwischen den beiden Freunden üblich waren. Fließ glaubte, alle Krankheiten ließen sich aus den Zyklen von 23 Tagen bei Männern und 28 Tagen bei Frauen erklären: Nasenbluten, Nasensekretion, Menstruation, Angina, Zahnen, Zahnausfall, literarische Inspiration, melancholische Phasen, sexuelle Impotenz, Todeszeitpunkte.

Nach den kabbalistischen Zahlenspielchen kam man wie immer auf den Boden der Tatsachen zurück. Freud schlug eine – natürlich wissenschaftliche – Erklärung für die Beziehung zwischen der Lungenentzündung einer Frau und dem Einsetzen der Wehen von deren schwangerer Tochter vor! Zitat: »a x 28 + b x 23« (*Briefe an Wilhelm Fließ*, S. 288). Ähnlich verfuhr Freud nach der Geburt seiner Tochter Anna. Er füllte eine Seite mit Berechnungen ausgehend von den Daten der Kontraktionen, der Geburt, dem Wiedereinsetzen der Regelblutung und der regulären Periode von Annas Mutter. Er sammelte ungefähr dreißig Zahlen, mit denen er herumjonglierte, er addierte, dividierte und kam schließlich zu dem bedeutsamen Schluss, die Geburt habe zum richtigen Datum stattgefunden – nämlich am 1. März 1896. In solchen Momenten war Kopernikus ganz weit weg ... Es ist verständlich, dass Anna die Veröffentlichung von derlei wissenschaftlichen Elaboraten ihres Vaters so lange wie möglich zu verhindern suchte. In diesem intellektuellen Kontext und unter derartigen wissenschaftlichen Vorzeichen erzählte Freud seinem Freund also von jener großen Entdeckung, die später in der Theorie vom Ödipuskomplex gipfeln sollte.

Stöbern wir zunächst ein wenig hinter den Kulissen dieser außergewöhnlichen Geschichte. Die sogenannte Urszene spielte sich laut Freud ab, als dieser zwei oder zweieinhalb Jahre alt war. Er schrieb an Fließ, damals habe er bemerkt, »daß [...] meine Libido gegen matrem [*sic*] erwacht ist, und zwar aus Anlaß der Reise mit ihr von Leipzig nach Wien, auf welcher ein gemeinsames Übernachten und Gelegenheit, sie nudam [*sic*] zu sehen, vorgefallen sein muß [*sic*]« (3. Oktober 1897, *Briefe an Wilhelm Fließ*,

S. 288). In dieser Urszene spielt die Sprache Ciceros eine interessante Rolle!

Richard von Krafft-Ebing nannte seine klinisch-forensische Studie *Psychopathia sexualis,* weil Obszönitäten auf Lateinisch nicht als solche erscheinen – wie man weiß, sind Lateiner echte Lebemänner. Auch Freud sah nicht die *nackte Mutter,* sondern *matrem nudam.* Die erste Lektion lautet also: Während die meisten hier mit ihrem Latein am Ende wären, beunruhigte Freud die Sache dermaßen, dass er sich zuallererst ins Lateinische flüchtete. Die zweite Lektion ist: Wenn es sich wirklich um diesen Zeitpunkt und um diese Reise handelte, dann saß Freud während der Reise nach Wien mit seiner Mutter im Zug. Doch dies war nicht 1858 oder 1859, worauf Freuds Angaben hindeuten, sondern 1860. Damals war das Kind nicht zwei oder zweieinhalb, sondern dreidreiviertel Jahre alt, also knapp vier.

Die dritte und wichtigste Lektion zeigt uns: Freud sagte nicht, dass er die Mutter *gesehen hat,* sondern dass er sie *gesehen haben muss,* dass die Dinge sich so abgespielt haben müssen. In anderen Worten: dass diese Szene nicht stattgefunden hat, sondern stattgefunden haben könnte! Also basiert der Ödipuskomplex nicht auf einer wissenschaftlichen, ordnungsgemäß bestätigten und klinisch überprüften Beobachtung, sondern auf einem Wunsch, einer These, einem Bedürfnis, einer Hoffnung, auf dem Gelüst eines kleinen Jungen, der seine Mutter im Waggon oder nachts im Hotel gerne nackt sehen wollte. Man kann es nicht anders sagen, als dass Freud hier seine Wünsche für Realität hielt.

Von Leipzig nach Wien sind es fünfhundert Kilometer Luftlinie. Rechnet man die Kutschfahrten zu den Bahnhöfen hinzu, sind eine Reisedauer von zwei Tagen und eine Übernachtung wahrscheinlich. Vielleicht in einem Hotel in Prag? Oder an einem anderen Ort? Niemand weiß es, und Freud äußerte sich nicht dazu. Doch er vermutete, dass er seine Mutter unter diesen Umständen nicht nackt gesehen haben konnte. Aus diesem Kindheitswunsch, an den der Erwachsene sich vierzig Jahre später zu erinnern meinte, entwickelte sich eine unglaubliche Geschichte, die eine wichtige Rolle für die Entstehung einer Disziplin namens *Psychoanalyse* spielte.

Ernest Jones verwandelte in seiner Biographie *Sigmund Freud – Leben und Werk* (1953, dt. 1962) in Kenntnis des Briefes an Fließ die *kindliche These* von der Nacktheit der Mutter in eine *historische Wahrheit.* Jones zufolge«wollte es auf der Reise von Leipzig nach Wien der Zufall, daß Freud seine Mutter nackt sah.« (Jones, *Sigmund Freud – Leben und Werk,* Bd. I, S. 31) 1959 schrieb Didier Anzieu in seinem Monumentalwerk *Freuds Selbstanalyse und die Entdeckung der Psychoanalyse* gleichermaßen, Freud habe die Mutter nackt gesehen. Und 1988 erzählte Peter Gay in *Freud – Eine Biographie* von der Bahnfahrt, »auf der er Gelegenheit hatte, ›sie nudam zu sehen‹« (S. 19). Einige Zeilen später bemerkte Gay den Fehler bezüglich Freuds Alter: »Er war tatsächlich beinahe vier und nicht knapp über zwei Jahre alt, als er einen Blick auf seine nackte Mutter erhaschte« (ebd.). So wundert es nicht, dass noch 2009, also nach dem Erscheinen des ungekürzten Briefwechsels mit Fließ, Gérard Huber in seinem 920 Seiten dicken Wälzer *Si c'était Freud – biographie psychanalytique* den Fehler reproduzierte. Über die Reise nach Wien schrieb er: »Bekanntlich datierte Freud auf diese Reise das entscheidende Erlebnis, bei dem er seine Mutter nackt gesehen hatte [*sic*] und spürte, wie sich seine Libido auf sie richtete« (S. 66). So wird ein Fehler durch mehrfache Wiederholung zur Wahrheit.

Ein weiterer Brief von Freud illustriert die Verwandlung seiner persönlichen Fantasien in universelle wissenschaftliche Wahrheiten. Wieder zwischen zwei numerologischen Überlegungen berichtete er Fließ am 15. Oktober 1897, er habe nicht genügend Patienten. Es folgte eine Kindheitserinnerung an seine alte katholische Kinderfrau, die ihn immer heimlich mit zur Kirche genommen hatte. Eines Tages entdeckten die überraschten Eltern, dass ihr Sohn christliche Rituale pflegte. Es war eben jene Kinderfrau, die später des Diebstahls überführt und im psychoanalytischen Sinne – wie bereits erläutert – »eingekastelt« wurde.

In dem Brief an Fließ schrieb Freud: »Ganz ehrlich mit sich sein ist eine gute Übung. Ein einziger Gedanke von allgemeinem Wert ist mir aufgegangen. Ich habe die Verliebtheit in die Mutter und die Eifersucht gegen den Vater auch bei mir gefunden und halte sie jetzt für ein allgemeines Ereignis früher Kindheit.« Und nachdem er über Ödipus referiert und vernünftige Gegenargumente beiseitegewischt hatte, fuhr er fort: »Jeder der Hörer war einmal im Keime und in der Phantasie ein solcher Ödipus, und vor der hier in die Realität gezogenen Traumerfüllung schaudert jeder zurück mit dem ganzen Betrag der Verdrängung, der seinen infantilen Zustand von seinem heutigen trennt.« (*Briefe an Wilhelm Fließ*, S. 293) So und nicht anders muss es sein – *magister dixit.*

Hier ist Freuds Methode deutlich erkennbar: Er berief sich stets auf die ehrliche Selbstbeobachtung, und nachdem er alles vernebelt hatte, verkündete er, was er dort entdecke, sei wissenschaftlich und allgemein gültig. Auf welcher Basis? Nach welchen Kriterien? Mit welchen Beweisen? Das wird man nie erfahren, denn Freud begnügte sich mit Prophezeiungen und bewegte sich jenseits jeder wissenschaftlichen Beweisführung. Er war eher ein Moses, der Gesetzestafeln verlas, als ein Darwin, der auf einer systematischen Weltreise Beweise sammelte.

Die Formulierung »auch bei mir« lässt vermuten, dass Fließ' von Freud zerstörter Brief eine ähnliche Aussage enthielt. Schon in einem anderen Brief, in dem Freud berichtete, die Mutter nackt gesehen zu haben, gibt es einen Hinweis darauf, dass Fließ etwas Ähnliches über seinen Sohn erzählt haben muss. Doch weil wir Fließ' Briefe nicht kennen, sollten wir derlei Schlussfolgerungen vermeiden. Die beiden Freunde scheinen jedenfalls ähnliche Fantasien gehabt zu haben, und dies genügte, um eine allgemeingültige Regel abzuleiten, um das erste Gebot der zukünftigen Psychoanalyse zu verkünden.

Ausgehend von dem kindlichen Wunsch, *die Mutter nackt zu*

sehen, errichtete Freud sein Theoriegebäude. Was er erlebte, haben alle erlebt. Mehr noch: Es war schon immer so und wird immer so bleiben. In *Totem und Tabu* wird der Eindruck erweckt, dass es diesen Wunsch schon zu Beginn der Menschheit gab und dass man ihn endlos in die Zukunft projizieren könne. Demnach kennt jeder Mann das Gefühl, die Mutter zu begehren und auf den Vater eifersüchtig zu sein. Überall, immer. Das war Freuds Wahrheit. Er schrieb: »Ein einziger Gedanke [...] ist mir aufgegangen.« So fangen Märchen an: *Es war einmal* ...

In der *Traumdeutung* formulierte Freud die ersten Zeilen dieses spannenden und abwechslungsreichen Märchens. In einem Zusatz von 1919 erläuterte er: »Der hier zuerst in der *Traumdeutung* berührte ›Ödipuskomplex‹ hat durch weitere Studien eine ungeahnt große Bedeutung für das Verständnis der Menschheitsgeschichte und der Entwicklung von Religion und Sittlichkeit gewonnen.« (*Traummaterial und Traumquellen,* Bd. II/III, S. 270, Fußnote) Obwohl es hier nicht um den *Ödipuskomplex* ging, sondern um die *Ödipusfrage,* die an dieser Stelle erstmals auftauchte. Freud gab seine Richtung bekannt: Diese seine wissenschaftliche Entdeckung bedeute eine Revolution im Verständnis der Menschheitsgeschichte, der Religion und der Sittlichkeit.

IV.
Eine große inzestuöse Leidenschaft

»Wir sehen beide aus, schade, daß Ihr uns nicht sehen könnt.«

Sigmund Freud im Urlaub mit seiner Schwägerin Minna,
Postkarte an seine Frau, 13. August 1898
(*Unser Herz zeigt nach dem Süden. Reisebriefe 1895–1923*, S. 109)

Freuds Leben stand im Zeichen von Ödipus. Die große inzestuöse Leidenschaft war das Rückgrat seiner Existenz. Was das Kind mit seiner Mutter erlebte, wiederholte es als Vater mit der eigenen Tochter. Sein ganzes Leben lang folgte er den Spuren des Sohns von Iokaste und Laios. Auch Hannibal und Moses, die für Freud Modellcharakter hatten, entstammten dem inzestuösen Schema. Und auch Freuds Beziehung zu Vater, Mutter, Ehefrau, Schwägerin, Lieblingstochter und seinen anderen Kindern muss man im düsteren Licht des Inzests betrachten.

Freuds Privatleben organisierte sich um die Figur des Ödipus herum; Gleiches galt für die Theoriebildung. Umgeben vom Geist der Mutter, dem Ektoplasma des Vaters, dem Schatten der Schwägerin und der Silhouette der Tochter berichtete der Möchtegern-Wissenschaftler in *Totem und Tabu* vom Inzest. Das Buch erzählt vom Ursprung der Menschheit durch den Mord am Vater, dem Anführer der Urhorde und Herr über die Frauen der Horde. Verführt durch die Aussicht auf sexuelle Freiheit hätten die Söhne den Vater getötet und gegessen und daraufhin, entsetzt über die eigene Tat, Mord und Inzest verboten.

Freud setzte diese Argumentation in *Der Mann Moses und die monotheistische Religion* fort. Hier offenbart sich ein unglaublich starker Drang des Juden Freud, Moses zu töten, den Vater der Juden, den er zugleich zur rein historischen Figur aus Ägypten machte. Vor dem Hintergrund dieses pathologischen Drangs wird man Freuds missmutiges Buch über *Thomas Woodrow Wilson* mit anderen Augen sehen. Es will eine Biographie sein, doch schon die ersten Zeilen zeigen, wie »unsympathisch« (*Einleitung zu* »Thomas Woodrow Wilson«, Nachtragsband, S. 686) Freud sein Gegenstand war. Der berühmte Präsident hatte nämlich einen Fehler: »Dieser Vater war die bedeutendste Figur seiner Kindheit. Im Vergleich zu ihm spielte seine Mutter eine sehr geringe Rolle.« (Freud/Bullitt, *Thomas Woodrow Wilson,* S. 74) Freud dachte bekanntlich genau das Gegenteil, hielt nämlich die Mutter für die wichtigste Person und den Vater für unbedeutend. So gestand er bereits in den ersten Zeilen seiner Untersuchung, »daß die Gestalt des amerikanischen Präsidenten mir von Anfang an unsympathisch war, sobald sie am Horizont des Europäers auftauchte, und daß die Abneigung sich im Laufe der Jahre immer nur steigerte, je mehr man über ihn erfuhr« (ebd.).

Verständlicherweise suchten die Exegeten, Biographen, Analysten und Interpreten die Verantwortung für dieses nach Freuds Tod erschienene – aber zu Wilsons Lebzeiten geschriebene – Machwerk bei dessen Koautor William C. Bullitt. So sprachen sie ihren Helden von jeder Schuld frei und umgingen eine Beschäftigung mit den wahren Gründen dieser mordlüsternen Anwendung der Psychoanalyse. Denn der Hass eines Sohnes, der seine Mutter liebte und auf den Vater eifersüchtig war, auf einen Sohn, der seinen Vater mehr liebte als die Mutter, wäre ein Beweis dafür gewesen, dass der Wissenschaftler Freud oft von schändlichen Beweggründen getrieben wurde.

Die große inzestuöse Leidenschaft motivierte auch den Atheismus in *Die Zukunft einer Illusion.* Dort legte Freud dar, dass die Figur »Gott« verständlich wird, wenn man sie als Vater begreift. Die Menschen hätten Gott erdacht, weil sie unfähig seien, mit den Fakten ihrer Existenz zu leben, etwa mit der Aussicht auf den Tod oder dem Wissen, überhaupt nur deshalb auf der Welt zu sein. Bereits im Uterus verweigerten sie sich diesem vorgezeichneten Weg ins Nichts. War das Bild Gottes in *Das Unbehagen in der Kultur* noch das »eines großartig erhöhten Vaters« (Bd. XIV, S. 431), so erschien er nun als jener Mann, den es zu besiegen galt! Freud war unbestreitbar ein militanter Atheist. Ob das gut oder schlecht war, sei dahingestellt – verständlich ist es immerhin.

Auch das übrige Werk krankt an dieser inzestuösen Pathologie, die Freud nie losließ. An oberster Stelle stand natürlich der Ödipuskomplex, das Herzstück von Freuds Psychopathologie. Von diesem leiten sich weitere Konzepte ab: die Kastrationsangst, der Penisneid der Frau, die Konzeption der Homosexualität als Unterbrechung einer sogenannten normalen Entwicklung zur Geschlechtlichkeit, die Sublimierung aufgrund der Verdrängung des angeblich historisch begründeten Inzests, welche während der Analyse entdeckt werden kann. Das gesamte freudsche Theoriegebäude basiert auf dieser angeblich wissenschaftlichen Entdeckung, die doch letztlich nur ein banaler Kinderwunsch war, nämlich das Begehren eines kleinen Jungen für seine Mutter.

Welche Frau entschied sich für den Mann, dessen Archetyp der Libido die unerreichbare Mutter war? Eine Verlobte, die vier Jahre lang nicht entjungfert wurde; eine Ehefrau, die nur selten berührt wurde – gerade oft genug, um sie zu schwängern –; eine Frau, deren Mann nicht mehr mit ihr schlief, sobald die Familie komplett war, der seine Sexualität bald nicht mehr auf seine junge Frau richtete, die nun Mutter geworden war, und stattdessen ausgerechnet die Schwester seiner vernachlässigten Frau erwählte, was er in seinen Briefen an Fließ auch zugab. Sie war ein junges Mädchen, das aus der Ferne geliebt wurde und die Beziehung überwiegend per Brief führen musste. Sie wurde nur auf dem Papier begehrt. Als Freuds Ehefrau bekam Martha Bernays sechs Kinder in acht Jahren, zwischen dem 16. Oktober 1887 und dem 3. Dezember 1895. Als Mutter war sie zu sexueller Abstinenz gezwungen, denn Freud suchte nach dem perfekten Verhütungsmittel und nutzte dessen Fehlen als Erklärung für seine sexuellen Unzulänglichkeiten. Martha ertrug Freuds Fremdgehen und die inzestuöse Sexualität mit seiner Schwägerin. Wie es der Zufall will, sind die entsprechenden Briefe nicht zugänglich. Freud, von der Liebe zu seiner Mutter bestimmt, versuchte sein Leben lang erfolglos, dem Labyrinth der Libido zu entfliehen.

Ein einzigartiger Moment in Freuds Biographie erlaubt uns, seine inzestuöse Psyche zu begreifen. Die genaue Geschichte findet sich in einem Brief an Eduard Silberstein vom 4. September 1872. Im Alter von sechzehn Jahren war Freud bei Freunden seiner Eltern, der Familie Fluß, untergebracht. Er verliebte sich in die dreizehnjährige Tochter des Hauses. Im Brief änderte er diese Zahlen, die ihm nicht gefielen, und machte sich siebzehn und das Mädchen fünfzehn Jahre alt. Familie Fluß war in der Freiberger Textilindustrie zu Wohlstand gekommen – in der gleichen Branche, in der Jakob Freud wegen einer angeblichen Krise des gesamten Industriezweigs gescheitert war. Freud war schwer verliebt und sehr schüchtern. Drei Tage lang behielt er seine Gefühle für sich. Dann endete der Besuch, und Freud hatte keine Zeit mehr für ein Liebesgeständnis. Er war überzeugt, dass er mit dem Mädchen hätte glücklich werden können, und machte die wirtschaftliche Unfähigkeit seines Vaters für die Trennung verantwortlich. Glücklos aus Freiburg abgereist, saß er nun traurig in Wien – einer Stadt, die er nie wirklich lieben lernte.

In seinem Brief an den Freund Silberstein erklärte Freud die Liebe mit einer Übertragung der Libido: Die junge Gisela sei nur ein Vorwand gewesen und das tatsächliche Liebesobjekt ihre Mutter, die natürlich Freuds Mutter hätte sein können! Nun folgten lange Dithyramben über die Vorzüge dieser Frau. Sie hatte anscheinend alle Qualitäten, die man sich denken kann: Sie stammte aus bürgerlichem Hause, hatte gute Manieren, klassische Bildung, die richtige Meinung in allen Dingen, Interesse an Politik, die Fähigkeit, gemeinsam mit ihrem Mann eine Firma zu leiten, genug

Autorität, um das Personal zu führen, und sieben wohlerzogene Kinder, um deren Wohlergehen sie stets besorgt war. Sie erfüllte alle Mutterpflichten – ganz im Gegensatz zur eigenen Mutter, wie Freud Silberstein nebenbei wissen ließ. Sie hatte Talent zur Haushaltsführung, war häuslich, stets gut gelaunt, großzügig und gastfreundlich. So verliebte sich der Sechzehnjährige – immerhin in eine Frau, die fast so alt war wie seine eigene Mutter.

Freud berichtete Silberstein, wie er im Hause dieser Venus heftige Zahnschmerzen bekam. Der zukünftige Wissenschaftler und Autor von *Die Traumdeutung* war damals noch nicht zu der Erkenntnis gelangt, dass »der Zahn und das männliche Genitale in eine gewisse Beziehung gebracht werden« (*Die Traumarbeit,* Bd. II/III, S. 395). Um den Schmerz zu betäuben, trank er zu viel Alkohol. Freud hatte Freud noch nicht gelesen und wusste deshalb nicht, dass der eigenen Lehre zufolge ordentliches Onanieren dem Zahnschmerz wahrscheinlich schnell den Garaus gemacht hätte. So berichtete er: »Ich schlief auch bald ein oder fiel vielmehr betäubt um.« (*Jugendbriefe an Eduard Silberstein,* S. 23) Dann erbrach er sich mehrfach – wie er euphemistisch schrieb. Giselas Mutter entpuppte sich als wunderbare Krankenschwester und sah in dieser Nacht mehrmals nach ihm. Ein »geistreiches, keckes Feuer« (ebd., S. 24) habe aus ihren Augen gesprüht, schrieb Freud und verglich dieses besondere Leuchten mit dem Aussehen der Tochter: »Auch Giselas Schönheit ist eine wilde« (ebd.).

Freud blieb der Methode treu, seinen Fall für allgemeingültig zu erklären. Später behauptete er mit dem nötigen wissenschaftlichen Ernst, das erste Liebesobjekt sei stets die Mutter oder die Schwester – in Freuds Fall Anna. Nachzulesen etwa in *Über die allgemeinste Erniedrigung des Liebeslebens. Beiträge zur Psychologie des Liebeslebens II* (Bd. VIII, S. 78–91). Der verdrängte Inzest ließ den Jungen nicht los. Im Gegenteil, er fühlte sich nun auch noch zu seiner Schwiegermutter hingezogen. Konsultieren wir diesmal *Totem und Tabu,* wo es heißt, »daß die Schwiegermutter tatsächlich eine Inzestversuchung für den Schwiegersohn darstellt, sowie es andererseits nicht selten vorkommt, daß sich ein Mann manifesterweise zunächst in seine spätere Schwiegermutter verliebt, ehe seine Neigung auf deren Tochter übergeht.« Freud fasste zusammen, hier zeige sich »der inzestuöse Faktor des Verhältnisses« (Bd. IX, S. 23).

Dort, wo Freud seine biographische Erfahrung hätte einbringen und erzählen können, wie er als Junge in die Mutter seiner Verlobten verliebt war, verwies der *Wissenschaftler* auf die Aborigines, stützte sich auf Ethnologie, Ethnographie und Reiseberichte. Er versteckte sich hinter einem Berg wissenschaftlicher Literatur, um den privaten und subjektiven Ursprung seiner vorgeblich universellen Theorie zu verschleiern. Natürlich steht man unter Kollegen wie Kopernikus und Darwin besser da, wenn man Frazer oder Marcel Mauss ins Feld führt und nicht Giselas Mutter.

Freud schrieb sehr viel über die Sexualität anderer Leute. Er schreckte nie davor zurück, den Familienvätern seiner Patienten den sexuellen Missbrauch ihrer Kinder vorzuwerfen. Er sah ein Ekzem am Mund als Beweis einer Fellatio, die der Erzeuger der betroffenen Frau dieser in ihrer frühesten Kindheit aufgezwungen hatte. Er diagnostizierte bei einem seiner Patienten, dem berühmten Wolfsmann, Fantasien über Sodomie mit Ratten. Wie Freud litt dieser an Verdauungsproblemen, die der Analytiker bei sich selbst jedoch auf altes Brot oder zu schwere Mahlzeiten zurückführte. Eine Geruchshalluzination interpretierte er als somatische Reaktion auf eine sexuelle Zurückweisung, die Angst vor einem Pferd als Kastrationsangst. Doch Freud behielt für sich, welche Rolle die Sexualität in seinem eigenen Leben spielte – und mithin in seiner Theorie.

Wir müssen also zwischen den Zeilen lesen, Fragmente zusammensetzen und mit der Lupe suchen, wenn wir mehr über Freuds Sexualleben herausfinden wollen. Einmal mehr erweist sich hier die Korrespondenz mit Fließ als nützlich. Schrieb Freud an Fließ, dass eine sexuelle Beziehung korrekt verlaufen war, so dürfen wir annehmen, dass ein solch positiver Ausgang eher die Ausnahme war! Weshalb hätte er sonst erwähnt, dass alles korrekt verlaufen sei? Freuds sexuelle Leistungsfähigkeit war anscheinend nicht bemerkenswert.

Gisela war also Freuds platonische Liebe, und er hatte inzestuösen Fantasien über ihre Mutter. Später widmete er seine Aufmerksamkeit Martha Bernays. Es heißt, er habe ihr aus Paris, wo er Charcots Vorlesungen besuchte, tausend Briefe geschrieben. Er vermied also auch bei dieser zweiten Gelegenheit die Sexualität und lebte sie stattdessen in sublimierter Form aus. Eigentlich liebte er die Mutter des jungen Mädchens, doch er schlief mit keiner der beiden. Seine Verlobte erhielt nur Briefe und blieb vorerst Jungfrau. Freud mochte die Sexualität, aber ohne Körperlichkeit, denn er wollte das Begehren für seine Mutter bewahren.

Von der ersten Begegnung mit seiner Zukünftigen (April 1882) bis zur Verlobung (27. Juni 1882) vergingen zwei Monate. Freud war sechsundzwanzig Jahre alt, lebte von geliehenem Geld, war arbeitslos und hatte im Jahr zuvor sein Medizinstudium beendet. Er hatte es sehr früh begonnen, schon mit siebzehn Jahren, doch erst mit fünfundzwanzig beendet. So hatte er deutlich länger als seine Kommilitonen gebraucht, nämlich acht statt der üblichen fünf Jahre. Von der Verlobung bis zur Hochzeit (standesamtlich am 13. September 1886, kirchlich einen Tag später) vergingen nochmals vier Jahre. Dreieinhalb davon verbrachten die Verlobten getrennt. Freud schrieb Martha fast täglich einen Brief.

In dem Briefwechsel begegnen wir einem sehr eifersüchtigen, äußerst besitzergreifenden Freud, der seine tyrannische Art auch noch rechtfertigte. Er befahl seiner Verlobten, sie solle ihre Cousins nicht mit Vornamen ansprechen. Er beschwor sie, alle Gelegenheiten zu vermeiden, bei denen sie junge Männer hätte kennen lernen können. Er erklärte ihr, die Rolle der Frau bestünde darin, eine gute Ehefrau und Mutter zu sein und dem Ehemann zu gehorchen. Er hatte John Stuart Mills feministischen Text *Die Hörigkeit der Frau* übersetzt und teilte Martha mit, es handele sich um leeres Geschwafel. Am 2. August 1882 schrieb er ihr, er sehe sich gezwungen, ihr zu sagen, dass sie keine Schönheit sei. Damit mache er ihr zwar nicht gerade ein Kompliment, aber das sei auch nicht seine Stärke. Er erzählte Martha vom Leben in Paris und berichtete, er könne seine Karriere beschleunigen, wenn er eine von Charcots Töchtern verführe; und er vertraute Martha seine Sehnsucht nach Reichtum und Ruhm an. Zu diesem Zeitpunkt lebte er noch in ärmlichen Verhältnissen.

Sind der Verzicht auf Sexualität und die persönlichen Neurosen der Ursprung seiner Theorie über die sexuelle Ätiologie der Neurosen und die Sublimierung? Es wäre möglich, denn in seinem Text geht es darum, dass eine unbefriedigte Sexualität, verdrängte Triebe, eine Libido, die sich nicht entfalten, und ein Körper, der seine Sinnlichkeit nicht ausdrücken kann, Gründe für Störungen wie Psychose, Neurose, Paranoia oder Hysterie sind. Jede Psychopathologie ist laut Freud auf die Unterdrückung des Geschlechtstriebs zurückzuführen.

Freuds Aufsatz *Die »kulturelle« Sexualmoral und die moderne Nervosität* aus dem Jahr 1908 scheint zunächst ein Pamphlet gegen die puritanische Moral der Zeit zu sein. Doch auf den zweiten Blick erweist er sich als kaum verschleierter autobiographischer Protest gegen alles, was ihm selbst schwer fiel. Mit siebenunddreißig Jahren erzählte er Fließ in einem Brief vom 20. August 1893, dass er mit seiner Frau in sexueller Abstinenz lebe. Freud mochte weder den Koitus interruptus noch Präservative (weil diese seine ohnehin geringe sexuelle Leistungsfähigkeit einschränkten), und er wollte kein sechstes Kind. Später bekam er es dank eines kleinen Unfalls mit Anna dann doch.

Wahrscheinlich kam Freud nach diesem letzten Beitrag zum Fortbestand der Spezies auf andere Weise mit seiner Sexualität zurecht. Die Onanie spielte in Freuds Leben wohl eine große

Rolle, und er leitete von ihr viele Neurosen ab. Er schlief nicht mit seiner Verlobten, selten und später gar nicht mehr mit seiner Frau und lebte dann wahrscheinlich lange Zeit eine einsame Sexualität. Schließlich beging er mit seiner Schwägerin Ehebruch. So hatte die inzestuöse Fantasie lange und unbehelligt von der Realität Bestand.

Der Text über die herrschende *»kulturelle« Sexualmoral* beklagt, dass die Gesellschaft keine Möglichkeit biete, von der Fortpflanzung unabhängige und nur auf Genuss ausgerichtete sexuelle Erfüllung zu erleben. In einer Paarbeziehung sei die Sexualität auf Monogamie und Ehe beschränkt. Die sogenannte normale Sexualität sei nur von kurzer Dauer, sodass die Frauen sie in der Folge auf ein neues Objekt projizierten: ihr Kind. Hier sprach Freud als verheirateter Mann und Familienvater natürlich aus Erfahrung.

Wir belügen uns selbst und die anderen, wenn wir glauben, dass die Sexualität einen anderen Zweck als die Selektion des virilsten Partners hat, der am besten zum Fortbestand der Spezies beitragen kann. Wir sind Opfer der Natur und haben keine Wahl. Würden diese Triebe nicht kulturell eingedämmt, gefährdeten sie die gesamte Gesellschaftsordnung. Und Freud war nicht nihilistisch genug, um diese soziale Struktur zu zerstören.

Die unbefriedigten Bedürfnisse seien es, die die moderne Nervosität auslösten oder in Ersatzbefriedigung und Perversionen mündeten, also die Ausrichtung der Libido auf nicht geschlechtliche Objekte. Zu diesen Fehlsteuerungen oder Perversionen zählte Freud auch Homosexualität und Masturbation. Sexualität zielte für ihn auf ein sogenanntes normales, nämlich heterosexuelles Geschlechtsleben. Jede Abweichung von diesem Schema bezeichnete er als »Perversion«.

Da die Unterdrückung der Instinkte und Triebe die Basis jeder Kultur und Gesellschaft bildet und folglich notwendig ist, wollte Freud keine Revolution, sondern er gab sich mit einer *Reform* zufrieden. Sein Ideal war eine freie, autonome, von sozialen

Verpflichtungen unabhängige Sexualität, doch daran war nicht zu denken, denn Ideale sind nicht von dieser Welt, und man muss sich mit der Realität abfinden. Freud gab sich also mit einer kleinen Verbesserung zufrieden: Er wünschte sich ein verlässliches Verhütungsmittel. Weiter reichten seine Ambitionen zur sexuellen Befreiung nicht.

Das schon von Nietzsche kritisierte Dogma der Monogamie führte laut Freud also zur Entstehung von Neurosen, Leiden, Unwohlsein, Hysterie sowie Geistes- und Gefühlskrankheiten. Manche Menschen entgingen diesem Schicksal, indem sie sublimierten, also ihre unterdrückte und verdrängte sexuelle Energie in intellektuelle Ersatzobjekte mit hohem Symbolwert umleiteten. Dazu gehören nach Freud die Künste, Literatur, Philosophie, Religion, Poesie und Politik. Der Trieb sei noch genauso stark, er breche sich nur anders Bahn: »Man nennt diese Fähigkeit, das ursprünglich sexuelle Ziel gegen ein anderes, nicht mehr sexuelles, aber psychisch mit ihm verwandtes, zu vertauschen, die Fähigkeit zur Sublimierung.« (*Die »kulturelle« Sexualmoral und die moderne Nervosität,* Bd. VII, S. 150)

Und die Psychoanalyse? Freud baute vor: »Ein abstinenter Künstler ist kaum recht möglich, ein abstinenter junger Gelehrter gewiß keine Seltenheit. Der letztere kann durch Enthaltsamkeit freie Kräfte für sein Studium gewinnen, beim ersteren wird wahrscheinlich seine künstlerische Leistung durch sein sexuelles Erleben mächtig angeregt werden.« (ebd., S. 160) Freud war eindeutig der Wissenschaftler, also konnte er durch seine Enthaltsamkeit Kräfte für das Studium freisetzen. Die Sublimierung war mithin ein weiteres Konzept, das ihm äußerst gelegen kam: Sie rechtfertigte seine (eheliche) sexuelle Abstinenz und lieferte die Erklärung für ein intellektuelles Konstrukt, das der geliebten, sublimierten, geschätzten, behüteten, angebeteten, verehrten Mutter gewidmet war. Amalia war als sexuelles Ideal dermaßen unerreichbar, dass Freud *theoretisch* Abstinenz, Verzicht und Askese bevorzugte – auch wenn diese kantianische Position *prak-*

tisch an Onanie, schuldbehafteten Ehebruch und andere neurotische Ersatzaktivitäten gekoppelt war.

Laut Freud produzierte der gesellschaftlich auferlegte sexuelle Verzicht kastrierte, handlungsunfähige Männer. Er brachte keine energiegeladenen Befreier oder Reformatoren hervor, sondern nutzloses Fleisch. Denn Frauen, so Freud, bevorzugten Männer, »die sich schon bei anderen Frauen als Männer bewährt haben.« (ebd.) In dieser Situation böten sich den Frauen nur zwei Möglichkeiten: Sie könnten ihre Ehemänner betrügen oder die einsame Befriedigung suchen, was direkt in die Neurose führe. Weil die Gesellschaft die erste Möglichkeit verbiete, flüchteten sie sich in die zweite. Sie seien frigide, klammerten sich an Vater und Mutter, kümmerten sich nicht um ihre Männer und konzentrierten den Großteil ihrer Libido auf ihre Kinder. Am 6. November 1911 schrieb Freud an Emma Jung: »[D]ie Ehe ist längst amortisiert, jetzt gibt es nichts mehr, als – Sterben.« (Freud/Jung, *Briefwechsel,* S. 504) Doch Freud hatte es mit dem Sterben nicht so eilig.

Hellsichtig schrieb er deshalb, dass es »befriedigenden Sexualverkehr in der Ehe nur durch einige Jahre [gibt], natürlich noch mit Abzug der zur Schonung der Frau aus hygienischen Gründen erforderten Zeiten. Nach diesen drei, vier oder fünf Jahren versagt die Ehe, insofern sie die Befriedigung der sexuellen Bedürfnisse versprochen hat« (*Die »kulturelle« Sexualmoral und die moderne Nervosität«*, Bd. VII, S. 157). Das entsprach in Freuds Leben der Zeit bis 1889, 1890 oder 1891, also dem Alter von dreiunddreißig bis fünfunddreißig Jahren, oder anders gesagt, es war zwei bis vier Jahre, bevor er Fließ von seiner Abstinenz erzählte. Und so hatte Anna – die um das Problem wusste – recht, als sie ihre Geburt am 3. Dezember 1895 als Unfall bezeichnete. Die Sexualität ihres damals neununddreißigjährigen Erzeugers lag schon zu diesem Zeitpunkt quasi brach.

Ein weiterer biographisch interessierter Blick auf den Text fördert zutage, wie Freud das durch die herrschende Moral ausgelöste sexuelle Elend vermeiden wollte: »Das Heilmittel gegen die aus der Ehe entspringende Nervosität wäre vielmehr die eheliche Untreue; je strenger eine Frau erzogen ist, je ernsthafter sie sich der Kulturforderung unterworfen hat, desto mehr fürchtet sie aber diesen Ausweg, und im Konflikte zwischen ihren Begierden und ihrem Pflichtgefühl sucht sie ihre Zuflucht wiederum – in der Neurose.« (ebd., S. 158) Doch nicht alle fügten sich so vollständig den geltenden Regeln.

Dieser Text lehrt uns, dass Freud eine Theorie des bürgerlichen Ehebruchs aufstellte und sie insgeheim durch sein Privatleben legitimierte. Er beschäftigte sich nicht mit der Verbesserung des Scheidungsrechts, mit einem freieren Sexualleben, einer libertinären Lebensweise oder gar der sexuellen Revolution, er riet nicht von der Ehe oder der Familiengründung ab, sondern er hielt sich an ein altes Rezept – den guten alten Ehebrecher, der in so vielen europäischen Komödien von Plautus und Terenz über Molière und Goldoni bis Labiche und Feydeau seinen Auftritt hat.

Den Tempelhütern Freuds gefällt es nicht, wenn man nachweist, dass er auf seine Worte Taten folgen ließ und in diesem Text, wie so oft, scheinbar ohne es zu wollen das Modell für das eigene Handeln entwarf. Denn die Beschäftigung mit Freuds sexueller Beziehung zu seiner Schwägerin Minna Bernays gilt gerade denen, die sonst überall Sexuelles vermuten, als Abstieg in die Gosse. Der große Konquistador hatte behauptet, die eigene Libido im Namen der Psychoanalyse sublimiert zu haben. Wer dieses Evangelium anzweifelt, macht sich der Blasphemie schuldig.

Dennoch recherchierte Franz Maciejewski, in welchen – meist luxuriösen – Hotels Freud mit seiner Schwägerin übernachtete. Er fand heraus, dass das Paar am 13. August 1898 im Hotel Schweizerhaus unter dem Namen »Dr. Sigmund Freud und Frau« ein Doppelzimmer für drei Nächte reserviert hatte. Freuds Anhänger streiten das ab und behaupten, die Zimmernummern und die Raumaufteilung hätten sich seither geändert. Und was die These betrifft, Freud und seine Schwägerin hätten keine Möglichkeit gehabt, getrennte Zimmer zu buchen, so muss man wissen, dass es damals in Maloja fünf weitere Hotels gab.

An jenem 13. August schickte Freud seiner Frau eine Postkarte, auf der er von der schönen Landschaft schwärmte. Und weiter hieß es: »Wir sehen beide aus, schade, daß Ihr uns nicht sehen könnt. Wir sind in einem bescheidenen Schweizer Haus abgestiegen, vor uns eine Hotelfestung.« (*Unser Herz zeigt nach dem Süden. Reisebriefe 1895–1923*, S. 109) Vielleicht hätte es dort getrennte Zimmer gegeben. Insgesamt dauerte die Reise zehn Tage, vom 4. bis zum 14. August 1898.

Wenn in diesem Zeitraum nichts geschehen ist, was auf eine ehebrecherische und inzestuöse Beziehung zwischen Freud und seiner Schwägerin hinweist, wieso sind die entsprechenden Dokumente der Freud Collection in der Washingtoner Library of Congress dann nicht zugänglich? Weshalb werden den Forschern Freuds Briefe an Minna vorenthalten, die er schrieb, als beide noch nicht unter einem Dach lebten? Peter Gay, ein Biograph, der die These vom Ehebruch erklärtermaßen abstreitet, bezeichnete die Briefe, die Freud als Marthas Verlobter an deren Schwester Minna schrieb, als leidenschaftlich. Wenn es nichts zu verbergen gibt, wieso wird dann etwas verheimlicht – und was rechtfertigt ein solches Mysterium? Die *leidenschaftlichen* Briefe an die Schwester seiner Verlobten muss es wirklich geben. Freuds Leben folgte also weiterhin dem Inzestprinzip.

Denn ein paar Details über die mysteriösen Briefe sind doch nach außen gedrungen. Demnach schrieb Freud beiden Schwestern gleichzeitig, wobei der jüngeren Schwester seiner Angebeteten Zärtlichkeiten wie »mein theurer Schatz« oder »meine Theure« vorbehalten blieben – und die seltsame Unterschrift »Dein Bruder Sigmund« (ebd., verschiedene Briefe). Indem er die Schwester seiner Verlobten verführte und sich als ihr Bruder darstellte, machte er aus seiner zukünftigen Frau und der zukünftigen Mutter seiner Kinder auch die eigene Schwester. Welch seltsame Konstruktion aus der Feder des Erfinders einer Wissenschaft, welche die Schlüssel zum Unbewussten liefern will! Übrigens war Minna, während ihr zukünftiger Schwager ihr schrieb, selbst mit einem Freund Freuds verlobt. Er starb 1886 an Tuberkulose. Danach scheint Minna keine weitere Liebschaft, sexuelle oder eheliche Beziehung gehabt zu haben. Ende 1896 zog sie bei den Freuds ein und lebte dort dreiundvierzig Jahre lang.

Jeder Leser von *Zur Psychopathologie des Alltagslebens* weiß, weshalb Minna ein ganz bestimmtes Zimmer in der Berggasse 19 bezog. Die Wohnung hatte siebzehn Zimmer, doch sie bewohnte ein Zimmer mit eigenem Bad, in das man *ausschließlich* über das Schlafzimmer der Freuds gelangte. Man kam also nur hinein oder hinaus, wenn man in den ehelichen Bereich des Psychoanalytikers eindrang. Minna hatte in der Wohnung auch einen Salon, in dem sie Gäste empfangen konnte. Dort hätte auch ein Schlafzimmer eingerichtet werden können, das sie oder ihre Gäste betreten und verlassen konnten, ohne ihre Schwester und ihren Schwager zu stören. Doch Freud kontrollierte auf diese Weise auch den Zugang zu Minnas Intimleben. »Tante Minnas« Zimmer war eine Art Appendix des Schlafzimmers von Freud und seiner Frau.

Ernest Jones schrieb, Minna habe wundervollen Wandschmuck gestickt, gelesen, mit dem Hausherrn Karten gespielt und von allen geschätzte Epigramme entworfen. Freud habe sich natürlich niemals sexuell zu ihr hingezogen gefühlt. Laut Jones unternahm er »mit ihr gelegentlich, wenn seine Frau nicht abkömmlich war, kleine Ferienreisen. Das hat Anlaß zu der bösartigen und unwahren Behauptung gegeben, sie habe seine Frau aus seinem Herzen verdrängt.« (Jones, *Sigmund Freud – Leben und Werk,* Bd. I, S. 186) In der Theorie feierte Freud den Ehebruch als einzigen Ausweg aus der ehelichen Neurose, doch natürlich blieb es auch in diesem Fall bei der bloßen Theorie, und wer etwas anderes behauptet, ist missgünstig.

Was ist mit den »kleinen Ferienreisen« gemeint? Die beiden fuhren nach Florenz, verbrachten eine Woche am Gardasee, kurten viermal im österreichischen Bad Gastein, reisten für siebzehn

Tage nach Rom, für eine Sommerfrische in die Alpen, verbrachten im August 1898 zwei Wochen in Tirol und im September 1900 eine Woche in Berchtesgaden. Im August und September 1902 reisten sie nach Rom und Neapel; im August 1903 waren sie wieder in Südtirol. Im August und September des folgenden Jahres erkundeten sie Athen, im September 1905 Norditalien. Im September 1907 waren sie erneut in Rom, das Jahr darauf in Südtirol, wohin sie erneut im September 1913 reisten. Das waren in der Tat ein paar »kleine Ferienreisen«.

Peter Gay erzählt von einem wenig rühmlichen Moment in Freuds Eheleben: »Im Sommer 1919, während sich seine Frau in einem Sanatorium erholte, verbrachte Freud einen Monat in seinem österreichischen Lieblingskurort, Bad Gastein. Seine Schwägerin Minna begleitete ihn. Er fühlte sich ein wenig schuldig, weil er einen so teuren Ort gewählt hatte, rechtfertigte es aber mit der Begründung, dass es die kommende kalte Jahreszeit erfordere, so viel Erholungskraft wie möglich zu speichern.« (*Freud. Eine Biographie,* S. 431) Martha erholte sich im Sanatorium gerade von der Spanischen Grippe, einer Epidemie, an der 15 000 Menschen in Wien und mindestens 30 Millionen Menschen in Europa starben.

Doch die Hagiographen stützen Jones' Legendenbildung und stellen die Reisen als ganz und gar harmlose Angelegenheit dar. Wir wissen nun, was unter »kleinen Ferienreisen« zu verstehen ist. So können wir uns auch denken, was er meinte, wenn er schrieb, Martha sei »nicht abkömmlich« gewesen. Freuds Reisebriefen fehlt es nicht an Zynismus. Seiner Frau, die bei den Kindern geblieben ist, erzählte er von dem angenehmen Urlaub mit Minna, vom schönen Wetter, hübschen Gletschern, fantastischen Wanderungen, herrlichen Landschaften, gemütlichen Hotels, anspruchsvollen Konzerten, perfekter Küche und Entspannung.

Der oft so melancholische oder depressive Freud ließ seine Frau hautnah an dem Glück teilhaben, das er fern von ihr erlebte. Und sollte die Botschaft bei Martha nicht angekommen sein, fügte ihre Schwester hinzu: »Wir wären also glücklich so weit, jede Nacht in einem anderen Bett zu schlafen [*sic*], was ja Sigis Ideal ist [nochmals *sic*]. Er sieht unberufen großartig aus und ist kreuzfidel, natürlich ganz ruhelos.« (Zusatz von Minna Bernays zu einem Brief von Freud an Martha, 6. August 1898, *Unser Herz zeigt nach dem Süden. Reisebriefe 1895–1923,* S. 101) Vielleicht hat Minna später *Zur Psychopathologie des Alltagslebens* gelesen.

Der junge Sigmund sagte seiner späteren Frau, sie sei nicht hübsch, erzählte ihr, er könne Charcots Tochter den Hof machen, verbot ihr, die eigenen Cousins beim Vornamen zu nennen oder mit unverheirateten Männern zu sprechen, und bekannte, schrecklich eifersüchtig zu sein, womit sie aber leben müsse. Er schrieb der Daheimgebliebenen fröhliche Postkarten aus dem Urlaub. Auf diesen ließ er oft Platz für kleine Texte seiner Schwägerin. Am 10. August 1898 schrieb Minna: »Ich paradiere endlich im Flanellkleid und sämtlichen Schmückern, und Sigi findet mich natürlich [*sic*] immer hochelegant, ob auch die andern, weiß ich nicht« (ebd., S. 107). Währenddessen kümmerte sich Martha um die drei Söhne und die drei Töchter.

Die Hagiographen beschimpfen jeden, der in solchen Dingen den Beweis für eine körperliche Beziehung zwischen Minna und Sigmund sieht. Und sie vermeiden den Verweis auf Jung, den Freud in einem Brief vom 26. Dezember 1908 zu den *Ariern* zählte: »Unsere arischen Genossen sind uns doch ganz unentbehrlich, sonst verfiele die Psychoanalyse dem Antisemitismus.« (Freud/Abraham, *Briefe* (1965), S. 73) Jung gilt den Hagiographen als Verräter, weil er nicht blind Freuds gesamter Theorie anhing. So sind ihnen alle Äußerungen Jungs suspekt. Dabei hatte er Interessantes über Freuds Beziehungen zu seiner Schwägerin zu sagen. 1907 besuchte Jung Freud in Wien und lernte Minna kennen. Manchmal meldete sie sich am Telefon als »Frau Freud«.

Peter Gay schildert, was Jung einem Journalisten anvertraute: »Sie war sehr hübsch, und sie wusste nicht nur genug über die

Psychoanalyse, sondern über alles, was Freud tat. Als ich einige Tage darauf Freuds Laboratorium besuchte, fragte mich Freuds Schwägerin, ob sie mit mir sprechen könne. Von ihr erfuhr ich, daß sie in Freud verliebt war und daß ihre Beziehung tatsächlich sehr intim war.« (*Freud. Eine Biographie,* S. 837) Jung betonte, er sei sehr enttäuscht gewesen.

Zwei Jahre später waren Freud und er zu einem siebenwöchigen Forschungsaufenthalt in den USA eingeladen. Gegenseitig analysierten sie ihre Träume. Freud träumte viel von der Dreiecksbeziehung mit seiner Frau und seiner Schwägerin. Er wusste nicht, dass Minna Jung alles erzählt hatte. Jung schlug vor, Freud solle nach dem Assoziationsprinzip vorgehen und alles erzählen, was ihm bezüglich des Dreiecks durch den Kopf gehe. »Er [Freud] sah mich voll Bitterkeit an und sagte: ›Ich könnte Ihnen mehr sagen, aber ich kann meine Autorität nicht riskieren.‹« (ebd.) Übrigens machte Jung diese Geschichte mehrfach öffentlich, ohne dass Freud sie je dementierte.

V.
Taufen, Benennen, Bestimmen

»Du hast doch nichts dagegen,
wenn ich meinen nächsten Sohn Wilhelm heiße!
Wenn er ein Mädchen wird, ist Anna für sie vorgemerkt.«

Sigmund Freud, Brief an Wilhelm Fließ, 20. Oktober 1895
(*Briefe an Wilhelm Fließ*, S.151)

Mit seiner Frau Martha hatte Freud sechs Kinder, drei Jungen und drei Mädchen. Natürlich durfte seine Frau bei der Namenswahl nicht mitreden, und Freud wählte immer solche Namen, denen innerhalb seiner Privatmythologie eine bestimmte Bedeutung zukam. Die Mutter seiner Kinder hatte sich da herauszuhalten. Das erste Kind, geboren am 16. Oktober 1887, war ein kleines Mädchen, das Mathilde genannt wurde – zu Ehren Mathilde Breuers, der Frau seines Lehrers Josef Breuer. Von diesem wusste er in der in den USA gehaltenen Vorlesung *Über Psychoanalyse* (1909) viel Gutes zu erzählen. Freud, der die Amerikaner hasste, nahm die Ehrendoktorwürde der Clark University in Worcester mit Tränen in den Augen entgegen.

Für die Vorlesung hatte er sich bei einem nachmittäglichen Spaziergang im Park nur einige Notizen gemacht und ansonsten improvisiert. Er trug vor: »Wenn es ein Verdienst ist, die Psychoanalyse ins Leben gerufen zu haben, so ist es nicht mein Verdienst. Ich bin an den ersten Anfängen derselben nicht beteiligt gewesen. Ich war Student und mit der Ablegung meiner letzten Prüfungen beschäftigt, als ein anderer Wiener Arzt, Dr. Josef Breuer, dieses Verfahren zuerst an einem hysterisch erkrankten Mädchen anwendete (1880 bis 1882).« (*Über Psychoanalyse,* Bd. VIII, S. 3)

Doch in seinem Beitrag zur *Geschichte der psychoanalytischen*

Bewegung von 1914 kam Freud noch einmal auf die Entstehungsgeschichte zurück. Hier begegnen wir nun dem Mann, der seine geistigen Ahnen ablehnte und verleugnete, der vehement jeden Einfluss von außen bestritt. Wir sehen den Sophisten, der sich auf die Kryptomnesie berief, um eventuelle, angeblich vergessene theoretische Anleihen zu rechtfertigen und zu legitimieren. Er verwarf die einstige Hommage an Breuer und machte seinen damaligen Geisteszustand dafür verantwortlich: Die Gefühle hätten ihn übermannt … Tatsächlich berichteten Zeugen von Freuds emotionaler Reaktion bei der Verleihung seiner amerikanischen Ehrenurkunde. Freud erwähnte nun »wohlmeinende Freunde« (*Zur Geschichte der psychoanalytischen Bewegung*, Bd. X, S. 45). Sie hätten ihn darauf hingewiesen, dass die Psychoanalyse nicht mit Breuers *kathartischer Methode* begonnen habe, sondern mit der Abkehr von der Hypnose und der *Theorie des freien Assoziierens*. Also mit ihm!

So wurde Breuer vom Erfinder zum Koautor der Psychoanalyse – eine These, die Freud von nun an vertrat. Die Beleidigungen und Vorwürfe sah er als Beleg dafür, dass er tatsächlich der Erfinder der Disziplin war. Und er fügte hinzu, dass Breuer ihn in seinen Arbeiten über die Hysterie stets zitiere, wenn es um die Frage der Konversion gehe. Auch dies sah er als Beweis für die gemeinsame Autorschaft. Doch schließlich gründete er die Psychoanalyse auf den Fall der Anna O., den Untersuchungsgegenstand der *Studien über Hysterie:* Von 1914 an behauptete Freud, Anna O., die in Wahrheit Bertha Pappenheim hieß, sei von Breuer schlecht analysiert worden. Dieser habe nicht bemerkt, dass die hysterische Schwangerschaft dem Phänomen der Übertragung geschuldet war, während Freud die sexuelle Natur der Neurose begriffen und die Patientin geheilt habe. Doch dies war nicht der Fall.

Seine Version der Geschichte präsentierte Freud auch in *»Selbstdarstellung«*. Der vierzehn Jahre ältere Breuer sei für ihn sehr wichtig gewesen. Er habe ein enges Verhältnis zu Breuer gehabt, und dieser sei ihm in schwierigen Situationen mehrmals zur Seite gestanden. Der Jüngere bekannte also, in der Schuld des Älteren zu stehen – doch ein solches Eingeständnis lief seinem Stolz zuwider. Hatte er 1909 in *Über Psychoanalyse* Breuer noch als Erfinder der Disziplin bezeichnet, sagte er schon 1914: »Denn die Psychoanalyse ist meine Schöpfung« (*Zur Geschichte der psychoanalytischen Bewegung*, Bd. X, S. 44). 1924 behauptete er dann: »Die Entwicklung der Psychoanalyse hat mich dann seine Freundschaft gekostet. Es wurde mir nicht leicht, diesen Preis dafür zu zahlen, aber es war unausweichlich.« (*»Selbstdarstellung«*, Bd. XIV, S. 43 f) Mit anderen Worten: Wenn der Schüler den Lehrer überholt, stellt er den Lehrer natürlich in den Schatten und verärgert ihn damit.

Freud nannte einen weiteren Grund für den Bruch der Freundschaft: Als die beiden 1895 gemeinsam die *Studien über Hysterie* vorlegten, habe Breuer Schwächen gezeigt: »Sein Selbstvertrauen und seine Widerstandsfähigkeit standen nicht auf der Höhe seiner sonstigen geistigen Organisation.« (*Selbstdarstellung*, Bd. XIV, S. 48) Schließlich sei die Freundschaft an einem Verriss ihres Buchs zerbrochen: Freud »konnte [...] über die verständnislose Kritik lachen, er aber kränkte sich und wurde entmutigt.« (ebd.) Und weil er merkte, dass dieses Argument allein nicht ausreichte, fügte er hinzu: »Am meisten trug aber zu seinem Entschluß bei, daß meine eigenen weiteren Arbeiten eine Richtung einschlugen, mit der er sich vergeblich zu befreunden versuchte.« (ebd.)

Natürlich verschwieg Freud den wahren Grund für den Bruch der Freundschaft. Viele Jahre lang hatte Breuer seinen Schüler finanziell unterstützt. Als Freud zu Reichtum gelangt war, wollte er das Geld zurückzahlen, und Breuer lehnte ab. Dies beschämte und ärgerte Freud. Aber auf Breuer wirkte Freuds Angebot, seine Schulden zu begleichen, wie eine Kriegserklärung. Hätte er es angenommen, wäre das beschämend für ihn gewesen, und seine Ablehnung beschämte Freud. Wann immer es um Geld ging, das Freud auch gern als »Scheiße« bezeichnete, kam am Ende ein Gewinn für den Psychoanalytiker heraus.

Mathilde stand also im Zeichen Breuers beziehungsweise dessen Frau; ihr Vorname ist eine eindeutige Hommage. In der Zeit, als sie geboren wurde, kümmerten sich Breuer und seine Frau wie Ersatzeltern um sämtliche Bedürfnisse des mittellosen Freud. Breuer bot Freud nach gemeinsamen Arbeitstagen sogar die Benutzung seiner Badewanne an oder einen Platz am Familientisch. So war Mathilde für Freud mit einer Vergangenheit verbunden, von der er sich eigentlich befreien wollte, und ihre Biographie zeugt von jenem Hass, den Freud sein Leben lang für Breuer empfand. Aus diesem Hass heraus schuf er seine eigene Version der Geschichte, der zufolge Breuer zwar etwas Entscheidendes aufgespürt hatte, nämlich die sexuelle Ätiologie der Neurosen, es ihm jedoch an Mut fehlte, der Sache auf den Grund zu gehen. Der Ältere war zu schwach für die große Aufgabe, den neuen Kontinent zu erkunden, den Freud entdeckt hatte, und nur Freud selbst brachte den Mut dazu auf. So beging Freud seinen ersten Vatermord.

Freuds zweites Kind wurde am 7. Dezember 1889 geboren. Der Sohn bekam den Namen Jean-Martin, eine Hommage an Charcot. Freud studierte mit einem Stipendium in Paris und untersuchte die Histologie von Kinderhirnen. Um in Charcots inneren Zirkel vorzudringen, schlug er ihm vor, den dritten Band von dessen *Neuen Vorlesungen über die Krankheiten des Nervensystems, insbesondere der Hysterie* zu übersetzen. Das Engagement zahlte sich aus; von nun an zählte Freud zu Charcots engsten Mitarbeitern.

In vielen Briefen berichtete er seiner zukünftigen Frau von Charcots faszinierenden Vorträgen in der Salpêtrière. Sie waren wie gesellschaftliche Ereignisse mit vielen Zuhörern und Fotografen, bei denen sich hysterische Szenen abspielten und Geisteskrankheiten wie auf einer Bühne präsentiert wurden. Der Meister führte Hypnosen vor und improvisierte Diagnosen, und es hatte den Charakter psychiatrischer Messen. Freud, der bei den Veranstaltungen selbst nicht untätig war, verglich seine Empfindungen sogar mit dem Gefühl Adams, dem Gott auftrug, den Tieren Namen zu geben. Freud sah sich also von seinem Gott in Adam verwandelt.

Wenn man mit neunundzwanzig Jahren Gott höchstpersönlich begegnet ist, mit fünfzig hochrangigen Gästen bei ihm zu Besuch war, wenn man sich vorher mit Kokain vollgepumpt hat, um dort eine gute Figur zu machen, und wenn man überlegt, die Tochter jenes berühmten Mannes zu heiraten, der einen zum Adam machte, dann muss man diesem Gott einfach die Ehre erweisen und ihm folgen. Weit weg von seiner Verlobten und in direktem Kontakt mit Charcot, den er ohne zu zögern mit Gott verglich, wandte Freud sich von der Neurophysiologie ab und widmete sich der Behandlung von Geisteskrankheiten. Schluss mit den Keimdrüsen der Aale – von nun an kümmerte Freud sich um das Unbewusste.

Zurück in Wien wollte Freud weiterhin von Charcots Aura profitieren. Er hielt Vorlesungen über dessen Einsatz der Hypnose bei der Behandlung von Hysterie – einem nicht klar definierten Krankheitsbild, unter dem eine Reihe heterogener Pathologien subsumiert wurden. Außerdem kaufte er eine Lithographie von André Brouillets berühmtem Gemälde *Une leçon clinique à la Salpêtrière* – von dem noch die Rede sein wird – und hängte es in seiner Praxis auf, ganz in der Nähe eines vom Meister höchstselbst signierten Fotos. Wie dieser begann er, antike archäologische Fundstücke zu sammeln. Und er schickte dem Professor und dessen engstem Schülerkreis Abdrucke seiner ersten Veröffentlichungen.

So stand das Neugeborene mit dem Namen Jean-Martin für jenen Teil der Vergangenheit seines Vaters, in dem dieser sich von der Physiologie, der Anatomie und der Laborarbeit wie auch der Neurologie (und mithin der Aalforschung) abgewandt hatte und sich fortan der Magnettherapie, der Behandlung durch Hypnose, der Erforschung der Hysterie und einer Karriere als Psychopathologe widmete, die schließlich zur Einführung der Couch führte. Die Geburtsanzeige seines Sohnes, die Freud Charcot schickte, beantwortete dieser, ohne auf die Namensverwandtschaft einzugehen. Stattdessen gab er seiner Hoffnung Ausdruck, der Name stelle den ersten männlichen Nachkommen unter den Schutz des Evangelisten Johannes und des Heiligen Martin, der die Hälfte seines Mantels einem frierenden Bettler gegeben haben soll. Für einen Juden ist diese explizit katholische Referenz doch sehr seltsam!

Am 19. Februar 1891 wurde das dritte Kind geboren: Oliver. Nun wechselte Freud das Register. Er huldigte weder seinem ersten Lehrer, der auch eine Art Ersatzmutter gewesen war, noch dem Gottvater Charcot, über den er sagte: »[D]aß kein anderer Mensch je ähnlich auf mich eingewirkt hat, weiß ich gewiß.« (Brief an Martha Bernays, 24. November 1885, *Briefe 1873–1939,* S. 189) Von den Lebenden war Freud mittlerweile enttäuscht; von den Toten nicht in diesem Maß. So richtete er seinen Blick auf Oliver Cromwell. Diese politische Referenz wird von keinem Autor, der sich mit Freud beschäftigt hat, je erwähnt. Tatsächlich finden sich darin jedoch Indizien, welche der Legende vom apolitischen, aber liberal-demokratischen Juden Freud widersprechen.

Denn Oliver Cromwell war bei Weitem kein Liberaler oder Demokrat. Der exaltierte puritanische Calvinist befehligte eine Armee von gleichgesinnten Fanatikern, mit deren Hilfe er einen gnadenlosen Krieg gegen die katholischen Machthaber führte. Nach vielen Schlachten und einer Säuberung des Parlaments bildete er eine Regierung und rief die Republik aus. Er massakrierte zahlreiche irische Katholiken und konfiszierte deren Besitztümer. Aufstände ließ er blutig niederschlagen, er löste das Parlament auf und regierte despotisch. Er war ein Puritaner, Kriegsherr, Despot und Massenmörder. Hundertfünfzig Jahre vor der Französischen Revolution ließ er König Karl I., den Repräsentanten

Gottes auf Erden, enthaupten. Welch seltsames politisches Vorbild für Freuds kleinen Sohn!

Freud selbst lieferte in der *Traumdeutung* einen Grund für die Namenswahl. Hier sprach er von seinem »zweiten Knaben, dem ich den Vornamen einer großen historischen Persönlichkeit gegeben habe, die mich in den Knabenjahren, besonders seit meinem Aufenthalte in England, mächtig angezogen. Ich hatte das Jahr der Erwartung über den Vorsatz, gerade diesen Namen zu verwenden, wenn es ein Sohn würde, und begrüßte mit ihm hoch befriedigt schon den eben Geborenen. Es ist leicht zu merken, wie die unterdrückte Größensucht des Vaters sich in seinen Gedanken auf die Kinder überträgt« (*Die Traumarbeit,* Bd. II/III, S. 450).

»Unterdrückte Größensucht«? Dieses Eingeständnis passt nicht zu der glänzenden Legende. Doch wie fast immer verbirgt sich hinter Freuds Wortwahl eine zusätzliche Information – in diesem Fall seine Faszination für die Enthauptung eines katholischen Königs, die nichts anderes ist als eine Variation des Vatermords.

Das vierte Kind kam am 6. April 1892 zur Welt und wurde Ernst genannt. Mit diesem Namen wandte Freud sich wieder den Lebenden und den Lehrmeistern zu. Diesmal war Ernst Brücke an der Reihe, sein Physiologielehrer, in dessen Labor er von 1876 bis 1882 gearbeitet hatte. Brücke war vierzig Jahre älter als Freud, Lehrstuhlinhaber für Physiologie in Wien und gilt als Begründer der Histologie. Er stand Juden liberal und positiv gegenüber und hatte Freud und Breuer bekannt gemacht. Er war zurückhaltend und verfügte doch über eine natürliche Autorität. Der Kunstliebhaber, Hobbymaler und positivistische Forscher nahm Freud in seine Arbeitsgruppe auf, wo dieser zunächst über die Sexualität von *Ammocoetes petromyzo*n aus der Familie der Neunaugen und später über die Anatomie des menschlichen Gehirns forschte.

Freud bezeichnete Ernst Brücke einmal als die größte »Autorität, die je auf mich gewirkt hat« (Nachwort zur *Frage der Lai-*

enanalyse, Bd. XIV, S. 290). Wer um Freuds Unfähigkeit weiß, ein Lob ohne unmittelbar darauf folgende Relativierung auszusprechen, kann die Bedeutung dieses Eingeständnisses ermessen. Nach dem Quasi-Gott Charcot begegnen wir hier dem Quasi-Vater Brücke. 1878 lernte Freud Brücke kennen. Änderte er deshalb im gleichen Jahr seinen Namen von Sigismund – Mutters *Gold-Sigi* – in Sigmund? Wir werden es wohl nie erfahren.

In *»Selbstdarstellung«* gedachte Freud »des warmen Fürspruchs Brückners« (Bd. XIV, S. 37) im Zusammenhang mit seinem Stipendium für das Studium bei Charcot in Paris. Andererseits schrieb er am 3. Juni 1885 an Martha, sein Mentor habe sich hinsichtlich des Stipendiums nicht genug Mühe gegeben. Die private Kritik kontrastiert mit dem für die Nachwelt aufgeschriebenen Lob. Freud schien sich seinem Lehrer – so sagte er es auch selbst – wie einem Vater unterworfen zu haben.

Im Rahmen der Interpretation eines Traums taucht Brücke auf, als es um eine Verspätung geht. Freud berichtet, er habe während seiner Zeit in Brückes Labor die anatomischen Sektionen vorbereiten müssen. Dabei sei er manchmal zu spät gekommen. Eines Tages habe Brücke seine Verspätung lakonisch kommentiert. Was Brücke sagte, verschweigt der Text, aber für Freud war der Blick viel bedeutsamer: »Das Überwältigende waren die fürchterlichen blauen Augen, mit denen er mich ansah, und vor denen ich verging« (*Die Traumarbeit,* Bd. II/III, S. 425).

Die Deutung, die Freud diesem Traum über Brücke gab, weist in eine seltsame Richtung. Im Traum sah er sich selbst seziert und in zwei Teile gespalten daliegen, Beine und Becken waren entfernt; er hatte also kein Geschlechtsteil. Er half Bücke dann beim Präparieren des eigenen Körpers, ohne dabei Schmerzen zu verspüren. Freud, der sonst überall Sexuelles vermutete, sah es gerade dort nicht, wo es offensichtlich war: Brücke, den er als väterliche Autorität betrachtete, befahl ihm eine anatomische Sektion, die einer Kastration gleichkam. Doch Freud verstand den Traum eher als Symbol für – die Selbstanalyse! Wir erinnern uns, dass nach Freuds eigenem Bekunden der Tod seines Vaters im Jahr 1896 das Bedürfnis nach einer Selbstanalyse ausgelöst hatte.

Sophie wurde am 12. April 1893 geboren. Es wäre denkbar, dass Freud mit ihrem Namen auf die Weisheit anspielen wollte. Doch wir wissen um seine Abkehr von den Philosophen im Bestreben, als Wissenschaftler zu erscheinen. Sophie als Hommage an die Disziplin Platons, Schopenhauers und Nietzsches wäre dem Zugeständnis einer verdrängten Begierde gleichgekommen – und das bei einem Mann, der sich in einer Reihe mit Kopernikus und Darwin sah. Undenkbar.

Jones zufolge verdankt Sophie ihren Namen einem Freund vom Physiologischen Institut, Professor Samuel Hammerschlag, der Freud am Gymnasium mit der Bibel und dem Hebräischen vertraut gemacht hatte. Jones zitiert Freud mit der Einschätzung, dieser Mann sei wie ein Vater für ihn gewesen (Jones, *Sigmund Freud – Leben und Werk*, Bd. I, S. 198). Hammerschlag hatte eine Nichte mit dem Namen Sophie. Man weiß nicht, ob er ein guter Lehrer war, aber da Freud 1930 ein Buch eines jüdischen Autors erhielt und eine Übersetzung für das einfache hebräische Vorwort benötigte, scheint er wohl kein guter Schüler gewesen zu sein – oder Hammerschlag kein guter Lehrer. Doch auch in dieser Frage könnte Verdrängung eine wichtige Rolle gespielt haben.

Wie dem auch sei, der Jude Freud heiratete zwar kirchlich, doch er untersagte religiöse Praktiken in seinem Haus – sehr zur Enttäuschung seiner Frau Martha, der Tochter des Hamburger Oberrabbiners. Sie hätte die Traditionen gern in ihrer Familie fortgesetzt, doch Freud verbot ihr dies rigoros. Mit fünfundsiebzig Jahren hatte der aus einer chassidischen Familie stammende Jakob Freud seinem damals fünfunddreißigjährigen Sohn eine Bibel geschenkt – ein Erbstück seines Vaters mit einer hebräischen Widmung. Auch diese konnte Sigmund nicht entziffern.

Um dem Wunsch des jüdischen Vaters nachzukommen, der

sich in dessen Bibelgeschenk andeutete, untersagte Freud die Beschneidung seiner Söhne, Synagogenbesuche, Religionsunterricht, religiöse Rituale zu Hause und die private Frömmigkeit seiner Frau. In der Berggasse 19 feierte man Weihnachten mit einem Tannenbaum, an Ostern wurden Eier bemalt. Freud selbst gestattete sich 1897 jedoch den Beitritt zu der liberalen jüdischen Organisation B'nai B'rith, deren Wiener Loge zwei Jahre zuvor gegründet worden war.

Doch wie so oft zeigte sich Freud im Schatten des Vaters ambivalent: Er trat der Loge bei, engagierte sich für die Universität von Jerusalem, überwand im Angesicht der nazistischen Judenverfolgung in Europa seinen in der Jugend gepflegten Antizionismus und schloss einen jüdischen Staat nicht mehr aus. Zugleich jedoch legte er in *Der Mann Moses und die monotheistische Religion* dar, Moses sei kein Jude, sondern Ägypter gewesen; er erklärte Gott für unmöglich und alle Religionen zu »Zwangsneurosen«. Er wollte kein Jude sein und spekulierte doch darüber, ob der Widerstand gegen seine Theorien nicht in einem verborgenen ausgeprägten Antisemitismus gründete – gegen den er sich zu schützen versuchte, indem er den »Arier« C.G. Jung zu seinem Erben erklärte, bevor er sich von ihm distanzierte.

Freud glaubte, diese Widersprüche vereinen zu können. Am 6. Mai 1926 verkündete er den Mitgliedern der B'nai-Brith-Loge seine »klare Bewußtheit der inneren Identität, die Heimlichkeit der gleichen seelischen Konstruktion.« (*Briefe 1873–1939*, S. 381) Sophie zeugt von dieser klaren Bewusstheit; sie verkörpert die seelische Konstruktion.

Im Januar 1913 heiratete Sophie Max Halberstadt. Im September desselben Jahres war Freud mit der unvermeidlichen Tante Minna in Rom und bezeichnete sich in einer Postkarte an Max als »verwaisten Vater«. Wir lesen richtig: *verwaist*. Indem er Sophie heiratete, beraubte Max Halberstadt Freud seines Besitzes. Und er konnte nun mit ihr schlafen. Doch Freud wollte sich nicht nehmen lassen, worauf er kein Recht hatte. Mit dem Wort *Waise* beruft Freud sich auf das gleiche Recht wie sein Schwiegersohn: auf die sexuelle Inbesitznahme, auf das Verfügen über den Körper, auf die Teilhabe an der Intimität einer Person.

Eigentlich ist eine Waise jemand, der Vater, Mutter oder beide Eltern verloren hat, und nicht ein Vater, der des Sohn oder der Tochter beraubt ist. Woher nahm Freud das Recht, dieses inzestuöse Privileg zu reklamieren? Wie kam er auf die Idee, ein Vater habe an seiner Tochter, was ein Ehemann durch Heirat erlangt? Was veranlasste den Begründer der Psychoanalyse, der alles auf Sexualität und Libido zurückführte, solange es nicht ihn selbst betraf, blind wie Ödipus etwas Derartiges zu schreiben? Wie ist es zu erklären, dass dem Autor von *Zur Psychopathologie des Alltagslebens* ein solches psychopathologisches Eingeständnis herausrutschte? Freud sollte eine Waise sein, weil Sophie geheiratet hatte? Der Vater hatte keine Tochter mehr, weil sie nun im Bett eines anderen Mannes schlief? Das liefert genug Material, um sich über Freuds Beziehung zu seiner zweitjüngsten Tochter Gedanken zu machen.

Sie sollte sein Lieblingskind sein; er nannte sie sein »Sonntagskind«. Doch sie starb bereits 1920 mit sechsundzwanzig Jahren an der Spanischen Grippe. Sie hinterließ zwei Kinder; das jüngste war erst dreizehn Monate alt. Ihr älterer Sohn, Freuds Enkel, folgte seiner Mutter schon bald ins Grab.

VI.
Geboren im Zeichen der Hysterie

»Wenn es ein Sohn gewesen wäre, hätte ich Dir telegraphische Nachricht gegeben, denn er – hätte Deinen Namen getragen. Da es ein Töchterchen namens Anna geworden ist, kommt es bei Euch verspätet zur Vorstellung (per Post).«

Sigmund Freud, Brief an Wilhelm Fließ, 3. Dezember 1895
(*Briefe an Wilhelm Fließ*, S. 159)

Vor diesem onomastisch symbolträchtigen Hintergrund wurde am 3. Dezember 1895 Anna geboren. Sie war die Anti-Sophie. Ihr Name war keine Hommage an irgendjemanden, sie hatte keine früheren Lehrer als Ersatzväter, verwies nicht auf Freuds jüdisches Seelenleben und verkörperte auch nicht den Inbegriff des puritanischen Cäsarismus. Und – so gab Anna selbst zu – sie hätte nie das Licht der Welt erblickt, wenn ihre Eltern Verhütungsmittel benutzt hätten, die diesen Namen verdienten. Die zukünftige Kinderpsychoanalytikerin Anna wusste, dass sie kein Kind der Liebe war.

Ein Brief Freuds an Fließ lässt durchblicken, dass das Kind Fließ' Vornamen Wilhelm erhalten hätte, wäre es ein Junge geworden. Kennt man den Briefwechsel der beiden Männer und weiß man um deren tiefe Beziehung (oder gar Liebe), so erstaunt es, dass Freud hier nicht erkannte, was er bei anderen so leichtfertig diagnostizierte. Er stellte diese Beziehung nie in einen Zusammenhang mit verdrängter Homosexualität.

Und doch schrieb er Fließ, kaum war ihre Freundschaft beendet, eine durch die Verdrängung erotischer Gefühle ausgelöste paranoide Psychose zu. Natürlich habe nur Fließ so für Freud empfunden, nicht aber umgekehrt. Diese Diagnose findet sich zweimal: in einem Brief an Jung vom 3. Dezember 1910 und einem an Ferenczi vom 6. Oktober 1910. Freud schrieb, er selbst sei nicht erkrankt, da er die Leidenschaft für seinen Freund zur Theoriebildung genutzt habe. Weiter heißt es: »Ein Stück homosex.[ueller] Besetzung ist eingezogen und zur Vergrößerung des eigenen Ichs verwendet worden. Mir ist das gelungen, was dem Paranoiker mißlingt.« (Freud/Ferenczi, *Briefwechsel,* Bd. I/1, S. 313) Anders gesagt, es gab zwar eine homosexuelle Komponente in dieser Beziehung, aber Fließ verdrängte sie und wurde paranoid, während Freud sie in Energie zur Entwicklung der Psychoanalyse umwandelte. Wir erinnern uns, dass das Ende der Freundschaft nicht von Freud ausging.

Im Briefwechsel der Freunde spielte Bisexualität eine große Rolle. Als Theorie ermöglichte sie Freud, seine Ätiologie der Homosexualität zu diskutieren. Er schlug Fließ auch ein gemeinsames Buch mit dem geplanten Titel *Die menschliche Bisexualität* vor – daraus wurde später *Drei Abhandlungen zur Sexualtheorie,* das nur unter Freuds Namen erschien. Freud beanspruchte für sich, die Bisexualität entdeckt zu haben, obwohl sie eigentlich Fließ' Idee gewesen war. Und an der Frage der Bisexualität zerbrach letztlich auch die Freundschaft. Fließ zog sich als Erster zurück, und als sich das Klima zwischen den beiden verschlechterte, gab Freud vor, schon früher erste Risse in der Beziehung bemerkt zu haben.

In dem bedeutsamen Brief vom 7. August 1901 erinnerte Freud Fließ an eine alte Geschichte: Breuer hatte Fließ' Ehefrau einst suggeriert, es sei gut, dass Freud in Wien und Fließ in Berlin arbeite, da Freuds Nähe das Ende für Fließ' Ehe bedeutet hätte. Freud warf dem Freund vor, dieser These zuzustimmen. Fließ wiederum hatte Freud vorgehalten, sich dessen Theorie über Bisexualität zu eigen gemacht zu haben. Freud fuhr fort: »Wenn ich so einer bin, so wirf mein Alltagsleben nur ungelesen in den Papierkorb. Es ist voll von Beziehungen auf Dich, manifesten, zu denen Du das Material geliefert, und versteckten, bei denen das Motiv auf Dich zurückgeht. Das Motto ist auch von Dir geschenkt. Von allem Bleibenden des Inhaltes abgesehen, kann es Dir Zeugnis für die Rolle ablegen, die Du bei mir bis jetzt gespielt hast.« (*Briefe an Wilhelm Fließ,* S. 492)

Freud spielt auf ein seltsames Geister-Zitat aus Goethes *Faust* an, das er als Epigramm gewählt hatte. War Fließ mit dem Geist gemeint? Wahrscheinlich. Denn weshalb hätte Freud ihn sonst bitten sollen, das Zitat verwenden zu dürfen? Weil Freud Fließ' Briefe vernichtete, wird man nie erfahren, was es mit dieser Geschichte auf sich hat. Doch in den letzten Briefen an Fließ zeigt Freud sich als schüchterner Liebhaber, der seinem Freund sagt, er sei überall in seiner Arbeit zu finden – und damit auch in ihm selbst.

Anna musste jedenfalls nicht Wilhelm heißen, da sie – wie alle Frauen – mit einem verkümmerten Penis geboren wurde (siehe *Über die weibliche Sexualität,* 1931). Doch wieso bekam sie den Namen Anna? Seltsamerweise scheint Anna, deren Zeugung ein Unfall war, als Einzige nicht unter das ödipale Prinzip subsumiert worden zu sein. Denn in Freuds Biographie spielte der Name Anna eine Rolle. Wir werden noch sehen, welche Annas dies im Einzelnen betrifft. Bemerkenswert ist zunächst, dass Annas Geburt beinahe mit der Geburt der Psychoanalyse zusammenfiel. Das Mädchen kam am 3. Dezember 1895 vorzeitig zur Welt, und am 30. März 1896 tauchte der Begriff *Psycho-Analyse* erstmals in Freuds für Charcot und dessen Schüler (auf Französisch) geschriebenem Artikel *L'Hérédité et l'Étiologie des Névroses* auf. Ein Brief an Fließ vom 6. Februar 1896 erläutert, dass der Text in den drei Monaten vor dem Verfassen dieses Briefes entstanden war – also zwischen November 1895 und Februar 1896. In dieser Zeit wurde Anna geboren und fortan von Freud zeitlebens überhöht.

Die erste abwesende Anna, an die der Vorname von Freuds

Tochter gemahnen könnte, war die berühmte Anna O. In Wahrheit hieß sie, wie schon erwähnt, Bertha Pappenheim, und durch ihren Fall entdeckten Breuer und Freud die Psychoanalyse. Anna war also das Signum der Entstehung der Psychoanalyse, was mit dem Auftreten der *Psycho-Analyse* und dem Schicksal des kleinen Mädchens zusammenfiel, welches zur Hüterin des psychoanalytischen Tempels, zur Hohepriesterin, zur Pythia, zur Vestalin, zur Jungfrau und zur keusch-ödipalen Inkarnation heranwachsen sollte. Zugleich spielte sie die hagiographische Polizei und qua Vollmacht die Autorin der Doppellegende von ihrem Vater und dessen literarischer Kreatur.

Wer war Bertha Pappenheim oder Anna O. laut Freuds Legende? Sie war Breuers erste Patientin, die Heldin von *Studien über Hysterie,* die von manch kritischem Historiker ohne Zögern als »erste Lüge der Psychoanalyse« bezeichnet wird. Erinnern wir uns: Im November 1880 litt die einundzwanzigjährige Patientin an deutlichen Krankheitssymptomen wie Kopfschmerzen, Schielen, Sehproblemen, einer Lähmung der Halsmuskeln, verschiedenen Kontraktionen und Taubheiten, Halluzinationen (überwiegend von schwarzen Schlangen) und Phobien (vor Wasser und dem Einstürzen der Wände). Sie hatte Sprachschwierigkeiten, war zeitweise stumm, vergaß ihre Muttersprache, mischte sie mit Fremdsprachen, litt an einer Dopplung der Persönlichkeit, verweigerte die Nahrungsaufnahme und erkannte viele Menschen nicht wieder. Unter ihr Vorzeichen also stellte Freud möglicherweise die Geburt seiner Tochter. Zwar symbolisierte sie die Geburt der Psychoanalyse, doch sie war zugleich Inbegriff der Hysterie.

Freuds Version klang so: Breuer behandelte die schwer kranke Patientin mit Hypnose. Durch diese Technik machte sie sich Verdrängtes bewusst und wurde letztlich geheilt. Das *dauerhafte* Verschwinden der Symptome nach der Formulierung des Verdrängten unter Hypnose bezeichnete Freud als »wunderbare Tatsache« (*sic*) (Freud/Breuer, *Studien über Hysterie,* S. 40). So entstand eine neue »therapeutische Technik«, welche die Hypnose ersetzte. Anna O. bezeichnete sie als »›talking cure‹ (Redekur)« oder scherzhaft als »›chimney-sweeping‹ (Kaminfegen)« (ebd., S. 27). Breuer und Freud vermieden diese Metapher und sprachen lieber von einer »karthartischen Methode«.

Die historische, also nicht legendäre Version der Geschichte sieht anders aus. Anna O. wurde nie geheilt und erlebte zahlreiche Rückfälle, wie selbst Ernest Jones in seiner Freud-Biographie bestätigt. Bertha Pappenheim litt tatsächlich auch nach der Behandlung noch an depressiven Zuständen, gefolgt von Delirien; wenn sie sich abends hingelegt hatte, vergaß sie weiterhin ihre Muttersprache und fühlte sich beobachtet und ausgespäht. Offiziell wurde sie am 7. Juni 1882 geheilt und war doch bis 1887 viermal zur Behandlung ihrer Symptome im Krankenhaus. Nach acht Jahren Krankheit engagierte sie sich ab 1890 für Literatur und Soziales. Breuer unterrichtete Freud regelmäßig über ihre Entwicklung. Am 5. August 1883 – ein Jahr nach der in der Publikation über Anna O. verkündeten Heilung – schrieb Freud an Martha, Anna O. sei »einmal mehr« im Krankenhaus. Er fügte hinzu, Breuer wünsche ihren Tod, damit die arme Frau von ihren Leiden erlöst werde. Er sei der Meinung, sie werde sich davon nie erholen und sei innerlich vernichtet. Der Todeswunsch ist verständlich, denn er wäre dem Tandem Breuer/Freud besser zupass gekommen als eine auf dem Papier geheilte Patientin, die weiterhin leidend im Krankenhaus lag.

1888 schrieb der über Anna O.s wahren Zustand gut informierte Freud dennoch, Breuers Methode sei exzellent und liefere »Heilerfolge, die sonst nicht zu erreichen sind.« (*Handwörterbuch der Gesamten Medizin,* Bd. 1, S. 892) Mit dieser Lüge überholte Freud seine französische Konkurrenz, darunter deren schwarzes Schaf Janet, der endlich rehabilitiert werden müsste. Freuds Konkurrenten experimentierten, gingen langsam vor, sammelten klinische Fälle und begnügten sich nicht mit einem einzigen Patienten. Sie logen nicht, waren vorsichtig und geduldig.

Sie hatten also noch keine Ergebnisse formuliert, während Freud sich um derlei Vorbehalte nicht kümmerte und froh war, der Erste zu sein. Doch worin genau bestand sein Sieg, und welchen Preis musste er dafür zahlen?

Schamlos behauptete Freud zeit seines Lebens, die Behandlung der Anna O. sei ein Erfolg gewesen, so 1916/17 in *Vorlesungen zur Einführung in die Psychoanalyse* (Bd. XI, S. 264), 1924 in *»Selbstdarstellung«* (Bd. XIV, S. 45), 1925/26 in *Psycho-Analysis* (Bd. XIV, S. 299) und 1932 in *Meine Berührung mit Josef Popper-Lynkeus* (Bd. XVI, S. 261). Privat gab er das Scheitern zwar zu, führte es allerdings auf Breuers Unfähigkeit zurück, in Anna O.s Hysterie die Auswirkung einer sexuellen Übertragung zu sehen. Breuer scheiterte dort, wo Freud Erfolg hatte, und so kam es zum Bruch zwischen den Männern. Laut Freud ist die Psychoanalyse zwar auch Breuer zu verdanken, jedoch nur in geringem Maß. Bedurfte es doch Freuds Mut, Intelligenz und Genie, um ihren wahren Gehalt ans Licht zu bringen – nämlich die ausschließlich sexuelle Ätiologie der Neurosen.

Dem *vorgeblichen* Grund für die Wahl des Namens seiner Tochter Anna als Hommage an die Geburt der Psychoanalyse korrespondiert möglicherweise ein *wahrer* Grund, nämlich die Anspielung auf eine Hysterikerin und auf zwei Spinner, die sich vor allen anderen mit *psycho-analytischen* Federn schmücken wollten, gleich um welchen Preis. Auch wenn die bei den anderen Kindern angewendete Logik der symbolschwangeren Vornamen im Fall einer anonymen Patientin wenig greift, so verweist der Name von Freuds jüngster Tochter hinsichtlich seiner Bedeutung und seines Zeichencharakters ziemlich genau auf das von Breuer erdachte Pseudonym Anna O.

Wir gehen also davon aus, dass Anna nicht den Vornamen der unbekannten Tochter eines noch unbekannteren Lehrers trägt, über den wir historisch rein gar nichts wissen. Es ist vielmehr wahrscheinlich, dass Anna unter den düsteren Vorzeichen eines zynischen, verlogenen, frei erfundenen Gedankengebäudes das

Licht der Welt erblickte. Was wäre, wenn Freud diesen möglichen Grund für die Namensgebung seiner Tochter geheim gehalten hätte, wohl wissend, dass er seiner Legendenbildung zuwidergelaufen wäre, und wenn er zu diesem Zweck die Tochter eines Lehrers erfunden hätte, welcher keinerlei Spuren in der Geschichte hinterlassen hat? Eine verlockende Hypothese.

Es gibt noch einen weiteren möglichen Ursprung des Vornamens Anna. Er passt zu Freuds inzestuöser Neigung und er schließt die voranstehende Hypothese über Anna O. nicht aus. Denn Anna hieß auch Freuds eigene Schwester. Freud berichtete, sie als Rivalin empfunden zu haben. Schon sein kleiner Bruder Julius war ein Konkurrent gewesen, starb jedoch bereits am 15. April 1858. Bei Julius' Begräbnis auf dem jüdischen Friedhof war Amalia schon mit Anna schwanger. So wurde der eben verschwundene Rivale durch eine Konkurrentin mit schicksalhaftem Namen ersetzt.

Freud war zweieinhalb Jahre alt, als seine Mutter mit Anna schwanger war. Er wusste natürlich noch nichts über die Entstehung eines Kindes. Doch die Erinnerung an das »eingekastelte« Kindermädchen, die während des Wochenbetts verschwundene – also wie das Kindermädchen »eingekastelte« – und später schlank zurückgekehrte Mutter und die durch den Familienroman ausgelöste Fantasie, der alte Vater könne nicht der Erzeuger des Kindes sein, sondern der junge Halbbruder Philipp müsse die Mutter geschwängert haben – das alles platzierte Anna im Zentrum eines bemerkenswerten psychischen und biographischen Dispositivs. Wie konnte Freud (oder sein Unbewusstes) diese Anna verschweigen, wenn es um eine Erklärung für den Namen seiner eigenen Tochter ging?

Indem er Anna, seiner letzten, nicht geplanten Tochter, den Namen der eigenen Schwester gab, stellte Freud sich an den Platz seines Vaters Jakob, den Erzeuger Annas. Er verkörperte – buchstäblich – seinen persönlichen Familienroman. Indem er die Geburt seiner Tochter mit der Geburt seines (nach eigenem Bekunden) anderen Kindes, der Psychoanalyse, zusammenfallen ließ, betonte er die autobiographische Komponente dieser neuen Disziplin, die er stets als Wissenschaft und nie als literarisches Phänomen verstanden wissen wollte. Indem er ihr den Vornamen der Anna O. gab, jener Hysterikerin, deren Fall zum Gründungsmoment der Psychoanalyse wurde und Anlass zu so vielen Lügen gab, positionierte Freud seine Tochter unter dem ödipalen Damoklesschwert.

VII.
Ein ödipales Leben

»Es scheint, als habe es – wie diverse Indizien nahe legen – eine komplexe prägenitale Beziehung zwischen Freud und seiner Mutter gegeben; eine Beziehung, die er nie wirklich analysiert hat.«

Max Schur, Brief an Ernest Jones, 6. Oktober 1955

Die Psychoanalyse wurde also von einem Mann erfunden, der mit ihrer Hilfe seine dunklen Seiten besser ertragen konnte, von denen wir ein immer deutlicheres Bild bekamen, je weiter wir die freudschen Familienstrukturen entwirren konnten. Ein alter Vater war in dritter Ehe mit einer jungen Frau verheiratet; in der Patchworkfamilie lebten drei Generationen zusammen; die Vaterschaft des alten Erzeugers schien fraglich; in Freuds Fantasie nahm der Stiefbruder den Platz des Vaters ein; der älteste Sohn wurde zum achten Weltwunder erklärt; er empfand den jüngeren Bruder als Rivalen und verspürte bei dessen frühem Tod Schuldgefühle; die Konkurrenzsituation wiederholte sich mit den anderen Geschwistern; er begehrte die stark auf ihn bezogene Mutter sexuell und nahm somit auch den Vater als Rivalen wahr. In diesem Kontext bewegte sich Freud seit seiner frühesten Kindheit.

Und in diesem Zusammenhang steht auch die seltsame inzestuöse Beziehung, die Freud zu seinen Töchtern pflegte, wie schon das Beispiel Sophies gezeigt hat. So besehen ist die Psychoanalyse eine Autobiographie, deren Autor gerade diesen Gedanken ablehnte, was sich auch in seiner erklärten Zurückweisung der Philosophie im Allgemeinen und Nietzsches im Besonderen zeigte. Und doch bewegte Freud sich auf philosophischem Terrain und wollte unbedingt als Wissenschaftler wahrgenommen werden.

Das gesamte Werk ist übersät von persönlichen Bekenntnissen und Träumen, die sich allesamt als Königsweg zum Unbewussten erweisen – und zwar einzig und allein dem Unbewussten von Freud.

Durch einen dieser Träume wurde Freud mit seinen »überzärtlichen Gefühlen« (Brief an Fließ, 31. Mai 1897, *Briefe an Wilhelm Fließ,* S. 266) für seine Tochter Mathilde konfrontiert. Der Traum erschien ihm in keiner Weise problematisch, im Gegenteil: Er interpretierte ihn als Beweis für die Theorie der Verführung, die er damals verbissen verteidigte. Später musste er sie öffentlich zurücknehmen; darauf wird noch zurückzukommen sein. Freud nannte keine Details, aber es ist durchaus vorstellbar, dass ein Vater, der mit seiner Tochter »überzärtlich« ist, auch mit ihr schläft. Sah Freud darin ein Problem? Keineswegs. Im selben Brief erläuterte er: »Der Traum zeigt natürlich meinen Wunsch erfüllt, einen *pater* [*sic*] als Urheber der Neurose zu ertappen, und macht so meinen sich immer noch regenden Zweifeln ein Ende.« (ebd.) Mit anderen Worten: Der Traum beweist laut Freud die These der sexuellen Ätiologie der Neurosen, besonders hinsichtlich des Traumas, das der Vater bei den Kindern verursacht. Freud träumte, und schon wurde der Traum Wirklichkeit. Nebenbei bemerkt erinnert der Gebrauch des Lateinischen zur Bezeichnung des Vaters an Freuds Kinderfantasie, in der er *matrem nudam* gesehen zu haben glaubte.

Wir merken uns deshalb auch diese Formulierung und erinnern uns, dass es sich um einen Brief handelt, also um einen spontan und ohne Entwurf geschriebenen, frei formulierten Text, der nicht den gleichen Vorsichtsmaßnahmen unterzogen wird wie ein zur Veröffentlichung vorgesehenes Manuskript. Was also schrieb Freud? Dass der inzestuöse Traum *natürlich seinen Wunsch erfüllt* … Welcher Wunsch ist hier gemeint? Mit seiner Tochter Mathilde zu schlafen oder die Theorie der Verführung bestätigt zu sehen – die im Übrigen davon ausgeht, dass er mit ihr hätte schlafen können, weil das angeblich viele Väter taten?

In einem anderen Brief an Otto Rank vom 4. August 1922 sprach Freud von einem prophetischen Traum über den Tod seiner Söhne. Was könnte das sein, ein prophetischer Traum? Dem Wörterbuch zufolge kündigt er ein bevorstehendes Ereignis an.

Besagter Traum ereignete sich in der Nacht vom 8. auf den 9. Juli 1915. Freud schildert ihn in seinem Text *Traum und Telepathie,* der im gleichen Jahr erschien, aus dem der Brief an Rank datiert. Wie der Titel schon sagt, geht es darin um die Beziehung zwischen Traum und Telepathie, wobei dem zweiten Begriff besondere Bedeutung zukommt. Vor diesem Hintergrund berichtete Freud: »Ich habe z.B. einmal während des Krieges geträumt, daß einer meiner an der Front befindlichen Söhne gefallen sei. Der Traum sagte dies nicht direkt, aber doch unverkennbar, er drückte es mit den Mitteln der bekannten […] Todessymbolik aus.« (*Traum und Telepathie,* Bd. XIII, S. 166) Es folgte eine detaillierte Beschreibung des Traums und die Feststellung: »Mein Sohn aber, den jener Traum totsagte, ist heil aus den Gefahren des Krieges zurückgekehrt.« (ebd.) Weshalb erzählte Freud von diesem Traum? Um zu demonstrieren, dass es keine *warnenden* Träume gibt.

In besagtem Brief an Rank sprach er nicht von einem *warnenden,* sondern von einem *prophetischen* Traum. Wie ist dieser Lapsus zu erklären, der dazu führte, dass Freuds Formulierung *Telepathie* auch an *Prophezeiung* denken ließ? Freud behauptet, er wolle mit dem antiken Denken brechen, demzufolge der Traum die Zukunft vorhersagt. Für ihn gibt es keine warnenden Träume, denn Träume zeigen nicht das, was *geschehen wird,* sondern erzählen in ihrer spezifischen Logik das, was aufgrund von Verdrängung *nicht geschehen ist.* Die entsprechende These aus *Die Traumdeutung* ist hinlänglich bekannt: »Der Traum ist die (verkleidete) Erfüllung eines (unterdrückten, verdrängten) Wunsches.« (*Die Traumentstellung,* Bd. II/III, S. 166).

Glaubt man den Deutungsvorgaben des Vaters, so wäre der Traum vom an der Front gestorbenen Sohn die verkleidete Erfüllung eines verdrängten Wunsches. In *Psychopathologie des Alltagslebens* heißt es, ein Versprecher oder ein versehentlich falscher Ausdruck verriete ein verdrängtes unbewusstes Bedürfnis. So lieferte Freud selbst die Argumente, um den Lapsus im Brief an Rank als unbewussten Wunsch zu deuten. Unterschreiben können wir schließlich auch diese Beobachtung: »Kriegszeiten wie die gegenwärtigen bringen eine Reihe von Versprechen hervor, deren Verständnis wenig Schwierigkeiten macht.« (*Zur Psychopathologie des Alltagslebens,* Bd. IV, S. 80)

Aus zwei Träumen Freuds und einem Lapsus in einem Brief an den befreundeten Psychoanalytiker Rank wird also deutlich: Freud empfand inzestuöse Begierden und überzärtliche Gefühle für seine Tochter Mathilde. Es hat wahrscheinlich sexuelle Szenen zwischen Vater und Tochter gegeben, die seine Theorie der Verführung bestätigten. Ein »prophetischer« Traum kündigte den Tod des in Wahrheit bloß verletzten Sohnes an; selbst als »warnender« Traum hätte er nur ein *halb wahres Ereignis* angezeigt, also ein *halb wahres, halb falsches Ereignis*. Erinnern wir uns zudem an Freuds Äußerung auf einer Postkarte, er sei ein verwaister Vater – weil seine Tochter einen anderen Mann geheiratet hatte. All dies deutet auf eine stark inzestuöse Neigung zu seinem weiblichen Nachwuchs hin sowie auf das Bedürfnis, den männlichen Nachwuchs zu töten. Ödipus lief immer noch frei herum!

Freuds Leben stand im Zeichen von König Ödipus. Eine von Ernest Jones übermittelte Anekdote dokumentiert Freuds Begeisterung für den Mann, der mit seiner Mutter geschlafen und seinen Vater getötet hatte. 1906 feierte Freud im Kreise von Freunden, Schülern und Bekannten seinen fünfzigsten Geburtstag. Als Geschenk erhielt er eine Medaille mit seinem Konterfei auf der einen und einer Darstellung von Ödipus und der Sphinx auf der anderen Seite. Jeder weiß, auf welches Rätsel hier angespielt wurde: »Was ist das, was eine Stimme hat, aber vierfüßig, zweifüßig und dreifüßig wird?« (*Bibliotheke des Apollodor,* III, 5, 3) Bekannt ist auch Ödipus' Antwort. Er »löste das Rätsel mit der Deutung, die Sphinx meine den Menschen, der vierfüßig geboren werde, indem das Kind auf allen Vieren krieche; herangewachsen sei der Mensch zweifüßig, gegen das Alter hin aber nehme er als dritten Fuß den Stock hinzu.« (ebd., III, 5, 4)

Wer die Lösung nicht wusste, wurde von der Sphinx verschlungen. Doch Ödipus löste das Rätsel, und die Sphinx stürzte die Mauern hinab in den Tod. So konnte Ödipus nach Theben einziehen und sich mit seiner Mutter vereinigen. Denn der Lohn für die Lösung des Rätsels und die Befreiung Thebens war die Heirat mit Iokaste – Ödipus' eigener Mutter. Ödipus schlief also mit seiner Mutter und bekam mit ihr die vier Kinder Eteokles, Polyneikes, Antigone und Ismene.

Die Zeichnung war umrahmt von einem Vers von Sophokles: »Der das berühmte Rätsel löste und ein gar mächtiger Mann war!« (Jones, *Sigmund Freud – Leben und Werk,* Bd. II, S. 27) Sobald Freud das Geschenk sah, wurde er bleich und aufgeregt, zitterte und fragte mit bebender Stimme, wer die Idee dazu gehabt habe. Jones meinte: »Er benahm sich wie ein Mensch, dem ein Geist erschienen ist, und so war es auch.« (ebd.) Was war geschehen?

Als junger, nur an Illusionen reicher und von seiner Mutter unter Erfolgsdruck gesetzter Mann ging Freud einmal durch die Galerie, in der die Büsten berühmter Universitätsprofessoren ausgestellt waren. Er träumte davon, dass seine Büste einmal dort stehen würde, und hatte sich, eingebildet wie er war, sogar vorgestellt, dass genau dieser Vers von Sophokles in die Büste graviert wäre! Als heiliger Paulus der Causa Freud verwirklichte der treue Apostel Jones den Wunsch seines Helden und schenkte der Universität später besagte Büste.

Die versammelten Psychoanalytiker begriffen Freuds Erbleichen, Zittern und bebende Stimme lediglich als Zeichen dafür, dass er im Kreise der Freunde von seinen Gefühlen überwältigt wurde, und stellten sie nicht in den Zusammenhang mit den von ihm selbst beschriebenen psychischen Vorgängen. Es ist unbegreiflich, dass diese angeblich kultivierten, im Altgriechischen bewanderten Männer, die Sophokles' Dramen kannten und besonders diese Tragödie mochten, genau diese Verse ausgesucht hatten und nicht bemerkten, dass der Vergleich zwischen Freud und Ödipus *auch* oder *vor allem* den Sohn ins Scheinwerferlicht rückte, der seinen Vater (Jakob/Laios) töten und mit seiner Mutter (Amalia/Iokaste) schlafen wollte – von der neurotischen Beziehung zu seiner Tochter (Anna/Antigone) ganz zu schweigen. Und dann nannte Freud seine Tochter eines Tages ... Antigone!

Der Mythos von Ödipus legte sich wie ein Schema über Freuds Leben. Und dieser nahm dann sein persönliches ontologisches Muster und erhob es zur universellen Struktur, die seit jeher und für immer auf jeden Menschen zutreffen sollte. Er unterstellte der gesamten Menschheit der Vergangenheit, Gegenwart und Zukunft, die gleichen Neigungen zu verspüren. Freud begehrte seine Mutter und wünschte den Vater weit fort? So war es, so ist es und so würde es immer sein. Freud stellte diese Behauptung auf und überließ die Beweislast dem Rest der Menschheit.

In der *Traumdeutung* schrieb er: »Uns allen vielleicht war es beschieden, die erste sexuelle Regung auf die Mutter, den ersten Haß und gewalttätigen Wunsch gegen den Vater zu richten; unsere Träume überzeugen uns davon. König Ödipus, der seinen Vater Laïos erschlagen und seine Mutter Jokaste geheiratet hat, ist nur die Wunscherfüllung unserer Kindheit.« (*Traummaterial und Traumquellen,* Bd. II/III, S. 269) Welche Beweise er dafür anführte? Keine. Vom »vielleicht« gelangte er zur Behauptung und Gewissheit, womit aus Wunsch Wahrheit und aus Begierde wissenschaftliche Tatsache wurde. So verwandelte sich der Ödipuskomplex vom Kindertraum zum Naturgesetz. Der *Wunsch eines kleinen Kindes,* die Mutter im Schlafwagen von Leipzig nach Wien nackt zu sehen, wurde zur *vom Psychoanalytiker vertretenen wissenschaftlichen Wahrheit,* die weltweit als gleichrangig mit den Entdeckungen Kopernikus' oder Darwins angepriesen wurde.

Freud sagte uns, ohne Beweise anzuführen, dass auch wir diesen Kinderwunsch in uns trügen. Jeder von uns habe einmal mit dem gegengeschlechtlichen Elternteil schlafen wollen und das gleichgeschlechtliche Elternteil als Rivalen begriffen, den es zu beseitigen galt. Freud hatte es so erlebt, und folglich mussten alle anderen es auch so erlebt haben. Für ihn gab es nur zwei Möglichkeiten: entweder jemand erinnerte sich an diese Konstellation und er konnte sich bestätigt sehen, oder man erinnerte sich nicht und er sah sich noch stärker bestätigt, denn wer sich nicht erinnert, zeugt von der wunderbaren Kraft der Verdrängung, die umso wichtiger wird, je ausgeprägter das ödipale Begehren ist. In beiden Fällen triumphiert Ödipus, aber auch – und vor allem – Freud, dem seine eigene Neurose erträglicher wurde, kaum dass auch jeder andere an ihr litt. Wenn alle die gleiche Krankheit haben, ist niemand mehr krank.

VIII.
Die Wahrheit über den »wissenschaftlichen Mythos«

»Klare Grundbegriffe und scharf umrissene Definitionen sind nur in den Geisteswissenschaften möglich, soweit diese ein Tatsachengebiet in den Rahmen einer intellektuellen Systembildung fassen wollen. In den Naturwissenschaften, zu denen die Psychologie gehört, ist solche Klarheit der Oberbegriffe überflüssig, ja unmöglich.«

Sigmund Freud, *»Selbstdarstellung«* (Bd. XIV, S. 84)

Um zu beweisen, dass die Menschheit seit ihren Anfängen solcherart Empfindungen hat wie das kleine Kind im Zug nach Wien, beschäftigte sich Freud mit der Geschichte. Er untersuchte die Urvölker, um die Psyche des prähistorischen Menschen zu ergründen. Sein erklärtes Ziel war, einen »wissenschaftlichen Mythos« zu präsentieren, und zwar den »wissenschaftlichen Mythos vom Vater der Urhorde« (*Massenpsychologie und Ich-Analyse,* Bd. XIII, S. 151). Dieser Mythos war gut geeignet, die Allgemeingültigkeit des Ödipuskomplexes zu beweisen.

Wir lesen richtig: ein *wissenschaftlicher Mythos!* In diesem Oxymoron war die gesamte Ambivalenz Freuds als Person und somit auch der Disziplin der Psychoanalyse enthalten. Denn ein Mythos bedeutet: eine Geschichte ohne Autor und konkreten Entstehungszeitpunkt, der durch poetische Texte – im etymologischen Sinn: *poietikos* (schöpferisch) – die Welt erklären will. So illustriert der Mythos von Sisyphos das ewige Scheitern; die Geschichte von Ikarus verdeutlicht, wie der Hochmut gegenüber den Göttern bestraft wird; Prometheus wiederum steht für die Macht der Menschen über die Götter. Doch weder bei Sisyphos noch bei Ikarus oder Prometheus handelt es sich um eine Wissenschaft.

Ein Mythos funktioniert qua Allegorie, qua mündlich von Generation zu Generation überlieferter Metaphorik. Er entstammt der alten Welt der Götter. Eine Wissenschaft ist das exakte Gegenteil: Sie basiert auf Hypothesen, Recherchen, Experimenten sowie deren Reproduktion, der Validierung der Hypothesen, dem Aufstellen von Gesetzen, die durch Reproduzierbarkeit gültig sind. Der Dichter lebt im Mythos, der Wissenschaftler aber lebt in der Welt. Und die Welt ist kein Mythos, selbst wenn der Mythos eine Welt erschaffen kann.

Was Freuds Vorbilder betrifft, in die er sich einreihen wollte: Der Heliozentrismus ist kein von Kopernikus erdachter Mythos, und die Evolution der Arten hat Darwin sich nicht ausgedacht. Vielmehr sind beides wissenschaftliche Entdeckungen, die mit den jüdisch-christlichen Mythen vom geozentristischen Weltbild oder der Erschaffung des Menschen aufräumten. Die Wissenschaft ermöglicht die Überwindung des Mythos, sie macht ihn obsolet. Der Mythos seinerseits verschmäht die Wissenschaft, er spricht zu den Dichtern, Rednern und Zauberern.

Was also könnte ein »wissenschaftlicher Mythos« sein? Es muss sich dabei um reine Fiktion handeln, um ein Märchen im Sinne von »Märchen erzählen«, was einerseits Lügen bedeutet und andererseits Geschichten für Kinder bezeichnet. In *Massenpsychologie und Ich-Analyse* griff Freud eine Kritik an *Totem und Tabu* auf in der Absicht, den Verfasser Lügen zu strafen. Der amerikanische Kritiker Robert Ranulph Marrett hielt Freuds These von der Tötung des Vaters, des Stammesführers der Urhorde, und dem anschließenden Verzehr von dessen Körper durch seine Söhne für »nur eine Geschichte«, anders gesagt »einfach nur eine Geschichte«, also eine mögliche Version.

Als Freud sich auf diese »Geschichte« – in anderen Worten: einen »wissenschaftlichen Mythos« – bezog, zitierte er den Namen Kröger, obwohl es sich tatsächlich um Kröber handelte. Es wäre grausam, hier daran zu erinnern, dass das Vergessen oder Falschschreiben von Eigennamen ein ganzes Kapitel in *Psychopathologie des Alltagslebens* einnimmt und dass derlei Fehlleistungen direkt auf das Unbewusste dessen verweisen, dem sie unterlaufen. Außerdem täuschte sich Freud, denn der Vorwurf stammte nicht von Kröger/Kröber, sondern von Robert Ranulph Marrett. Freud schrieb den Namen also falsch und verwechselte ihn dann auch noch! Zwei Fehlleistungen sind mehr wert als eine.

Freuds »wissenschaftlicher Mythos« entstand ganz in seiner Bibliothek, so wie auch Marcel Mauss nie sein Büro in Paris oder seinen Lehrstuhl am Collège de France verließ und dennoch über polynesische Riten, Tauschbeziehungen auf Samoa, melanesische Gaben, die Bedeutung des Geschenks bei den Maori, den Todesbegriff australischer und neuseeländischer Ureinwohner, die Bestattungsriten der Eskimos und die orientalischen Sprachen schrieb. Freud produzierte in gleicher Manier eine große Untersuchung über die australischen Aborigines in seinem gut geheizten Büro in der Wiener Berggasse 19.

Der Untertitel von *Totem und Tabu* lautet *Einige Übereinstimmungen im Seelenleben der Wilden und der Neurotiker.* Mit diesem Buch begann die seltsame und tragische Gleichsetzung des Wilden, Primitiven mit dem Kranken, Neurotischen (worauf die Ausdehnung der Theorie auf alle Menschen folgte). Eine von Freuds seltsamsten Perversionen bestand im Verwischen aller Grenzen zwischen dem Normalen und dem Pathologischen – nachvollziehbar bei jemandem, der so schnell wie möglich *normal* werden wollte.

Freud ging davon aus, sich über die Untersuchung der Psyche der Urvölker von 1900 das Seelenleben der Höhlenmenschen und damit des Menschen an sich erschließen zu können. Deutlicher kann man kaum bekunden, dass man von der Geschichte, der Evolution und der konkreten – und sei sie auch psychischen – Realität nicht viel hält: Die Seele scheint bei Freud in einem unwirklichen, leeren Raum zu schweben, unergründlich und ohne Wurzeln in der realen Welt, als existiere sie nur in der reinen Welt der Ideen und werde von den Trivialitäten des Lebens nicht berührt. Freud glaubte also weniger an die Realität der Geschichte als an die Realität der Essenz. Im Jahrhundert der Geschichtswissenschaft konnte man wohl keine essentialistischere – um nicht zu sagen platonischere – Haltung einnehmen. Doch Freud war ja erklärtermaßen ausgezogen, einen Mythos zu finden.

Die primitive Welt stellte er sich so vor: Es gab keine Gebäude, keine Landwirtschaft, kein Geschirr, keine Tierzucht. Die Menschen jagten, sammelten Wurzeln und Beeren. Sie kannten weder Stammesführer noch Könige, verehrten weder Götter noch andere Kräfte. Die Aborigines waren Kannibalen. Doch wie konnte es in einer solchen, von moralischen Fragen völlig unbelasteten Welt, die verdächtig an Rousseaus idealen Naturzustand erinnert, zum Inzestverbot kommen?

Diese gottlosen Menschen praktizierten den Totemismus. Er besagte, dass jedem Menschen ein Tier oder eine Pflanze entsprach, mit dem oder der er sich identifizierte. Der Totem wurde weder zerstört noch gegessen. Er war erblich, folgte aber nicht den Kriterien der Blutsverwandtschaft, sondern komplexen Strukturen, die den gesamten Stamm betrafen. Die Totemgenossen durften nicht untereinander heiraten, weil Totemismus und Exogamie zusammengehörten. Die Überschreitung dieses Verbots wurde mit dem Tod bestraft. Der Totem wurde über die Mutter vererbt und änderte sich auch mit einer Heirat nicht.

Elternschaft wurde über die Beziehung eines Individuums zu einer Gruppe definiert. Vater war nicht zwingend der Erzeuger, sondern jeder, der als Vater infrage kam; das Gleiche galt für Mütter, Brüder und Schwestern. Elternschaft hatte also nichts mit Blutsverwandtschaft zu tun, sondern mit symbolischen, imaginären Beziehungen. Kinder begriffen sich auch dann als Brüder und Schwestern, wenn sie nicht dieselbe Mutter hatten, denn die

Verwandtschaftsbezeichnungen stammten aus Gruppenehen, wobei die Kinder in individuellen Ehen geboren wurden.

Eine bestimmte Anzahl von Männern übte eheliche Rechte über eine gewisse Anzahl von Frauen aus und das Inzestverbot bezog sich auf Sex innerhalb der Gruppe. Freud untersuchte einige Rituale der Distanzierung von Sohn und Mutter, Bruder und Schwester, Cousin und Cousine, deren Ziel es war, die Sexualität aus der Gruppe zu verbannen. Darüber hinaus überprüfte er Distanzierungsrituale von Schwiegermüttern und Schwiegersöhnen. Für ihn war dies bekanntlich ein biographisch behaftetes Thema – erinnern wir uns an seine Schwärmerei für die Mutter seiner Jugendliebe Gisela.

Freud schloss aus seinen Untersuchungen, dass die Inzestangst bei den Wilden Gemeinsamkeiten mit den Neurosen aufweise. Dem Psychoanalytiker hätte nicht viel zu der These gefehlt, nur Wilde, Kinder, Neurotiker und Geisteskranke hielten sich an das Inzestverbot innerhalb der Familie, während geistig gesunde Erwachsene, eventuell mit Wohnsitz in Wien, dieses ohne größere Schwierigkeiten übertreten könnten.

Nach der Analyse des Totemismus beschäftigte sich Freud mit den Zusammenhängen zwischen Tabu und Verbot. *Totem und Tabu* nahm in Freuds Denken den Platz ein, den die *Genealogie der Moral* bei Nietzsche hatte: Freud entdeckte hier den Schlüssel zur Entstehung der Zivilisation, der Kultur, Moral, Sitten, Religion, Kunst, Philosophie und allen anderen denkbaren kulturellen Ausformungen. Eine Art ontologisches Sesam-öffne-dich. »Grundlage des Tabu ist ein verbotenes Tun, zu dem eine starke Neigung im Unbewußten besteht.« (*Totem und Tabu,* Bd. IX, S. 42) Ein Mysterium! Ein verbotenes Tun? Welches? Eine starke Neigung zum Verbotenen? Und all dies im unergründlichen Unbewussten? Freud machte die Sache spannend: Jedes Tabu entspringt einem wichtigen Verbot, das in den Tiefen der Psyche verborgen ist.

Freud war ein begeisterter Leser, und besonders mochte er ethnologische Untersuchungen. Er fasste also die bislang existierenden Thesen über das Tabu zusammen und kam zu dem Schluss, dass weder die nominalistischen noch die soziologischen oder psychologischen Ansätze hier ausreichten. Nur die Psychoanalyse könne das Thema zur Gänze ergründen. Niemand vor ihm, so glaubte er, konnte Phänomene wie Totem, Tabu, Animismus, Verbot, Magie, Elternschaft, Endo- und Exogamie, Inzest- oder Mordverbot so gut verstehen, und zwar einfach deshalb, weil niemand vor ihm den Stein der Weisen entdeckt hatte – den *Ödipuskomplex*.

Wie konnte er sich dessen so sicher sein? Ganz einfach, er berief sich auf den – mehr Freuds blühender Fantasie denn seinem Genie als Forscher entsprungenen – »wissenschaftlichen Mythos« über den Vatermord in der Urhorde. Freuds mythologischer Text liest sich so: »Ein gewalttätiger, eifersüchtiger Vater, der alle Weibchen für sich behält und die heranwachsenden Söhne vertreibt« (ebd., S. 171) – derlei hatte natürlich niemand beobachten können, aber Freud präsentierte es als Faktum, ohne Beweise anzuführen. Weiter heißt es: »Eines Tages taten sich die ausgetriebenen Brüder zusammen, erschlugen und verzehrten den Vater und machten so der Vaterhorde ein Ende.« (ebd.) Auch dies ist nicht zu beweisen, doch es konnte gar nicht anders sein, denn Freud hatte es so geschrieben. Und es ging weiter: »Daß sie den Getöteten auch verzehrten, ist für den kannibalen Wilden selbstverständlich. Der gewalttätige Urvater war gewiß das beneidete und gefürchtete Vorbild eines jeden aus der Brüderschar gewesen. Nun setzten sie im Akte des Verzehrens die Identifizierung mit ihm durch, eigneten sich ein jeder ein Stück seiner Stärke an. Die Totemmahlzeit, vielleicht das erste Fest der Menschheit, wäre die Wiederholung und die Gedenkfeier dieser denkwürdigen, verbrecherischen Tat, mit welcher so vieles seinen Anfang nahm, die sozialen Organisationen, die sittlichen Einschränkungen und die Religion.« (ebd., S. 171 f) So wurde aus dem Mythos Wissenschaft: Freud verwandelte Hypothesen Stück für Stück in Gewissheiten, bewegte sich vom Wunsch zur Realität und übersetzte Fantasien in historische Fakten. Was *nur eine Geschichte* war, wurde durch Freuds Zauberkünste zu *einer wahren Geschichte.*

Muss man die von Freud aus der reinen Lektüre abgeleiteten Thesen über die australische Urhorde mit dem Vater als einzigem Besitzer der Frauen und den frustrierten, vatermordenden, kannibalistischen Söhnen nicht eher im Zusammenhang mit der Biographie des Autors sehen? Die Urhorde wäre dann Freuds komplizierte Familie, die drei Generationen unter einem Dach vereinte. Der Stammesvater, der als Einziger über die Frauen verfügte, fände sich in Jakob Freud als Herrscher und Besitzer von neun Kindern aus zwei Ehen sowie weiterer Frauen wieder. Später kam noch die junge dritte Frau und die mit ihr gegründete neue Familie hinzu. Den frustrierten Söhnen entspräche vor allem Sigismund selbst. Mord und Verzehr des Vaters spiegeln sich im Bedürfnis des Kindes, alles zu vernichten, was ihm die ausschließliche Liebe der Mutter streitig machen könnte.

Das angeblich historische Szenario erweist sich in Wahrheit als hysterisches Szenario. Der Möchtegern-Ethnologe transformierte seine persönliche Geschichte, seine Erlebnisse, seine Fantasien und kindlichen Begierden in einen autobiographischen Mythos, den er in eine wissenschaftliche Wahrheit verwandeln musste. Daraus kann gut und gerne ein »wissenschaftlicher Mythos« entstehen, eine hybride Konstruktion, die – so fantastisch sie auch sein mag – ein Mythos bleibt und nichts anderes, jedenfalls keine universelle Wahrheit.

Was geschah laut Freud nach dem rituellen Vatermord? Was ereignete sich nach dem kannibalischen Festmahl? Was taten die Stammesbrüder, nachdem der Körper des Vaters verdaut war? Auf die Darmentleerung nach dem Verzehr des Vaters ging Freud nicht ein, obwohl er sonst auf seine »Drekkologie« (*Briefe an Wilhelm Fließ,* S. 316) ganz versessen war, wie beispielsweise ein Brief an Fließ vom 29. Dezember 1897 zeigt. So ist die Rede nicht von Fäkalien, sondern von »zärtlichen Regungen« (*Totem und*

Tabu, Bd. IX, S. 173). Nachdem sie den Vater ermordet und sich an ihm satt gegessen hatten und ihnen vielleicht das Blut an den Bärten klebte, bekamen sie Freud zufolge Gewissensbisse! Wie ist diese plötzliche Verwandlung der kannibalischen Krieger in zerknirschte Söhne zu erklären? Durch »Ambivalenz«, so Freud. *Ambivalenz.* Sie waren zwar böse, aber sie wurden gut. Und warum? Natürlich wegen der *Ambivalenz.*

Abwesend war der Vater viel präsenter; als Toter lebte er ewig. Er wurde verzehrt und war von nun an überall und nirgends. Erst hassten ihn seine Söhne; dann liebten ihn seine Mörder. Freud sprach in diesem Zusammenhang von »Reue« und »Schuldbewußtsein« (ebd., S. 173). Wie meinte er das? Erst fehlte die Moral, und kaum war das Verbrechen begangen, sollte sie plötzlich allgegenwärtig sein? Für Freud bedeutete der Vatermord eine Befreiung, er nahm eine Last von den Söhnen. Denn der Vater hatte Frustration bei seinen Söhnen ausgelöst und damit eine Verdrängung, welche die Mordgelüste nährte.

War der Vater verzehrt und der Grund für die Verdrängung verschwunden, regierte die Frustration nicht länger. Die Aussicht auf Fortpflanzung mit den nun frei gewordenen Frauen veränderte die Verbrecher. Ohne Angst vor Gewalt und Strafe konnten sie sich mit den Frauen des Stammes – auch den Müttern – vereinigen, und damit niemand ihnen antun konnte, was sie selbst getan hatten, verboten sie die eigenen Taten. Freud präzisierte hier nicht näher, doch seine Logik ist erkennbar: Die Mörder wollten nicht selbst getötet werden und verboten deshalb den Mord. Die so entstehende Moral basierte also auf einem Verbrechen. Es war schon immer Freuds Anliegen gewesen, den Vater loszuwerden. Um mit dieser Obsession leben zu können, erklärte er sie zum historischen, allgemein menschlichen Phänomen.

Auch die Religion gründet laut Freud im Vatermord: Aus dem Verbot des Mordes, der Geburt der Moral und der Wiederkehr des Vaters in Form von Gesetzen entstand eine geniale Maschine für das Recycling des Vaters – die Religion. Für Freud war

»Gott im Grunde nichts anderes [...] als ein erhöhter Vater.« (ebd., S. 177) Der Jude Freud lobte das Christentum, das sich zum Mechanismus des Vatermords bekenne. In der Kreuzigung des Sohnes und dem Verzehr seines Fleischs und Bluts in der Eucharistie zeige sich das Bewusstsein, dass jeder Moral ein Opfer zugrunde liege.

Dass sich dieses prähistorische Muster noch Tausende Jahre später in der Religion wiederfindet, interpretiert Freud als Beweis für den Ödipuskomplex, der alle Zeiten und Kulturen überdauere und phylogenetisch auf jede einzelne Psyche übertragen werde. Der Gedanke vom Vatermord als Grundlage des Gesetzes und mithin des Friedens beruhigte jedenfalls einen gewissen Sigmund Freud. Doch musste er dafür seine persönliche Fantasie auf die gesamte Menschheit in Vergangenheit, Gegenwart und Zukunft ausdehnen? Zweifel sind berechtigt.

IX.
Die ewige Wiederkehr des Vatermords

»Ich habe die Verliebtheit in die Mutter und die Eifersucht gegen den Vater auch bei mir gefunden und halte sie jetzt für ein allgemeines Ereignis früher Kindheit.«

Sigmund Freud, Brief an Wilhelm Fließ, 15. Oktober 1897 (*Briefe an Wilhelm Fließ*, S. 293)

Freud war sein Leben lang von dem Wunsch getrieben, den Vater zu töten, wann immer sich ihm die Gelegenheit dazu böte. Ob in *Das Unbehagen in der Kultur, Die Zukunft einer Illusion, Der Mann Moses und die monotheistische Religion* oder in *Thomas Woodrow Wilson* – Freud kämpfte sich mit den Vaterfiguren ab, allen voran Gott, und ließ auch den armen US-Präsidenten nicht ungeschoren davonkommen. Schon auf den ersten Seiten der Psychographie über Wilson spürt man seinen Hass auf den Mann, der nichts verbrochen hatte, außer den eigenen Vater zu lieben! Freud hatte selbst dann keine Angst, verbissen zu wirken, als er Shakespeare die Autorschaft an dessen Werken absprach.

In *Die Zukunft einer Illusion* lieferte Freud eine Dekonstruktion von Glauben und Religion. Intellektuell sah er sich damit auf einer Ebene mit Feuerbach, dem Idol seiner Jugend. Man findet hier auch tatsächlich die feuerbachschen Thesen wieder, doch bei ihm geht es weniger um Kryptomnesie als um die reine Wiedergabe einer zutreffenden Analyse: Die Menschen erschaffen ihre Götter, weil sie zu schwach für das Leben und die Endlichkeit sind, weil sie dem Tod nicht ins Auge blicken, ihn nicht einmal denken können. Der Tod ist das große Schreckgespenst, gegen den sich die Menschen zu schützen versuchen, indem sie ihn verleugnen. Sie erfinden ein unendliches, ewiges Jenseits, um im endlichen, sterblichen Diesseits leben zu können.

Dem fügte Freud hinzu, das Leben sei nur schwer zu ertragen, weil die Gesellschaft den Verzicht auf die Triebe und Begierden verlange. Sie konstituiere sich aus und bestehe dank der Unterdrückung dieser verdrängten Energien und führe so zur Genealogie der Neurosen. Das Leben füge den Menschen permanent narzisstische Kränkungen zu, etwa das Altern, Leiden und Sterben oder das Ertragen der Entropie bei sich und denen, die man liebt. Ausgehend von diesen natürlichen Kräften erfänden die Menschen Götter nach dem eigenen Vorbild, denen sie ihr Leid anvertrauten. So erklärten sich Animismus, Totemismus oder Polytheismus. Der Mensch verleihe seinen Gottheiten einen väterlichen Charakter.

Freud zufolge erfüllen die Götter drei Funktionen: Sie nehmen der Natur ihren Schrecken, versöhnen die Menschen mit ihrem grausamen Schicksal und entschädigen den Einzelnen für die durch Gesellschaft und Kultur zugefügten Leiden. Im Zuge des wissenschaftlichen Fortschritts habe man jedoch entdeckt, dass die Furcht vor der Natur unbegründet sei. Man habe sich von metaphysischen Ansätzen abgewandt, weil es für jedes bislang unerklärliche Phänomen eine physikalische und rationale Erklärung gegeben habe. So seien die »religiösen Märchen« (*Die Zukunft einer Illusion,* Bd. XIV, S. 351) nach und nach von der Vernunft zurückgedrängt worden. Freud hielt sich zugute, mit der rationalen Psychoanalyse einen Beitrag zu dieser Entwicklung geleistet zu haben.

Die Religion bot für ihn die »Erfüllungen der ältesten, stärksten, dringendsten Wünsche der Menschheit« (ebd., S. 352), und zwar in der Figur des Vaters, der Schutz versprach und Ängste nahm. »Antworten auf Rätselfragen der menschlichen Wißbegierde, wie nach der Entstehung der Welt und der Beziehung zwischen Körperlichem und Seelischem, werden unter den Voraussetzungen dieses Systems entwickelt; es bedeutet eine großartige Erleichterung für die Einzelpsyche, wenn die nie ganz überwundenen Konflikte der Kinderzeit aus dem Vaterkomplex ihr abgenommen und einer von allen angenommenen Lösung zugeführt werden.« (ebd., S. 352 f) In Gott kann jeder seine Beziehung zum Vater reaktivieren. Für Freud war der Atheismus deshalb eine existentielle – und somit auch theoretische – Notwendigkeit.

Dort, wo Freud am stärksten gegen die Religion wetterte, betonte er auch, dass ihre Aufrechterhaltung eine größere Gefahr für die Kultur darstelle als ihre Abschaffung. Zwar wusste er, dass gerade die Künste und die Literatur der Religion durch das Phänomen der Sublimierung viel zu verdanken haben, hält sie doch unsere potentiell schädlichen Triebe im Zaum. Er wusste aber auch, dass für diesen Verdrängungsprozess ein hoher Preis bezahlt werden muss, nämlich der zahlreicher individueller und kollektiver Geisteskrankheiten. Aus diesem Grund hielt Freud die Religion für gescheitert: Sie hatte sich als unfähig erwiesen, die Menschen glücklich zu machen und ihnen Trost und Frieden zu bringen. Sie hatte die Menschen nicht mit dem Leben versöhnt, sondern sie dazu gebracht, sich erst recht von ihm abzuwenden. Freud glaubte nicht, dass die Religion zu mehr Moral bei den Menschen führen oder Grausamkeit, Übel und Kriege verhindern könnte. Und so war es aus seiner Sicht auch nicht nötig, sie weiterhin zu verteidigen. Die Religion hatte nach und nach ohnehin an Bedeutung verloren und spielte im Alltag vieler Menschen eine immer geringere Rolle. Kaum jemand glaubte noch an ihre Versprechungen. Zudem machte der Fortschritt in den Naturwissenschaften die religiösen Erklärungsansätze obsolet.

Die Elite glaubte nicht mehr an die Märchen, doch die Masse der Ungebildeten und Unterdrückten hielt weiter an den schönen Illusionen fest. Was also war zu tun? Freud kannte die Antwort: Eines Tages würde die Masse erfahren, dass die Elite nicht mehr an Gott glaubte, wobei das Risiko bestünde, dass die religiöse Legitimation der Moral verschwände und das Tötungsverbot nicht mehr auf der wirkungsvollen Angst vor göttlicher Strafe, sondern nur noch auf der relativen Angst vor menschlichen Konsequenzen ruhen würde. Daraus ergäben sich zwei Möglichkeiten: Entweder die Politik verbiete der Masse die Religionskritik, oder Kultur und Religion müssten in ein neues Verhältnis zueinander gebracht werden.

Die zweite Möglichkeit setzte für Freud einen Bruch mit der *theologischen Genealogie* von Recht, Gesetz, Moral, Kultur und Gesellschaft voraus, der mittels einer *psychoanalytischen Genealogie* zu erreichen sei. Man müsse zunächst aufhören zu glauben, Gott entscheide über Gut und Böse oder verlange uns ein bestimmtes Verhalten ab, das er belohne oder bestrafe. Dann müsse man den in *Totem und Tabu* entwickelten Thesen über die Macht des Stammesvaters, den Vatermord und die Gewissensbisse der Söhne Glauben schenken, die zur Konstruktion eines Gesetzes zur Manifestation der Macht des toten Vaters führten. Dann wäre das Verbot von Mord und Inzest nicht aus religiösen, irrationalen und neurotischen, sondern aus psychoanalytischen und mithin wissenschaftlich-rationalen Motiven heraus zu begründen.

In der sogenannten normalen Entwicklung eines Kindes ist die Neurose laut Freud notwendig, weil sie ihm ein Schema liefert, mit dem es die Entwicklung der Gesellschaft – die selbst ein neurotisches Stadium durchläuft – besser verstehen kann. Freud hielt die Religion für eine »allgemein menschliche Zwangsneurose« (ebd., S. 367) und wollte mit dieser »halluzinatorischen Verworrenheit« (ebd.) aufräumen. So erklärte er Gott für tot.

Wir erinnern uns, dass Freud das Bild Gottes als »eines großartig erhöhten Vaters« (*Das Unbehagen in der Kultur,* Bd. XIV, S. 431) gezeichnet hatte, und begreifen vor diesem Hintergrund, weshalb er in die philosophischen Fußstapfen Feuerbachs und mehr noch Nietzsches trat, des Autors der berühmten Wendung »Gott ist tot« und des *Antichrist,* in dem dieser den Bruch mit der kranken und neurotischen jüdisch-christlichen Gesellschaft propagierte. *Die Zukunft einer Illusion, Das Unbehagen in der*

Kultur und *Der Mann Moses und die monotheistische Religion* sind letztlich Instrumente für den Vatermord.

Die Argumentation in *Das Unbehangen in der Kultur* (1930) ähnelt jener in *Die Zukunft einer Illusion* (1927). Beide Werke leiten die Entstehung der Gesellschaft aus der Triebverdrängung her, also aus der genealogischen Frustration individueller und sozialer Pathologien. Gott und die Religion werden als zweitrangige Ausprägungen infantiler Logik dargestellt. Und Freud führt seine Theorie des Vatermords weiter aus: Von Natur aus seien wir alle Hedonisten, ständig auf der Suche nach Triebbefriedigung und dem damit einhergehenden Spannungsabbau und Lustgefühl. Die Kultur zwinge uns zur Verdrängung der Lust zugunsten der Wirklichkeit, die sich wiederum selbst aus verdrängten, sublimierten und für den Erhalt der Gesellschaft umgeleiteten Kräften konstituiere.

Welche Logik bringt uns laut Freud dazu, auf die Befriedigung unserer Triebe zu verzichten, und zwar zugunsten einer Konstruktion, die unsere Frustration festschreibt? In wessen Namen werden wir zu unseren eigenen Peinigern? Im Namen des Über-Ich, jener für die zweite Topik grundlegenden Instanz, die in *Das Ich und das Es* aus dem Jahr 1923 eingeführt wurde, einem Zensor, Richter oder dem Gesetz vergleichbar und eine Folge des Ödipuskomplexes ist. Das Über-Ich entsteht, wenn sich der Ödipuskomplex zurückbildet: Sobald das Kind begriffen hat, dass der Wunsch nach Vereinigung mit dem gegengeschlechtlichen Elternteil und nach Beseitigung des gleichgeschlechtlichen Elternteils vergeblich ist; sobald es versteht, dass es seine Libido auf andere Objekte richten muss, verzichtet es auf seine Begierden, und dieser Verzicht drückt sich in einer Verinnerlichung des Verbotenen aus.

Als die Söhne den Vater töteten, hassten sie ihn, doch der Mord löste Reue und Schuldbewusstsein aus. Freud sagte uns nicht, woher diese Ambivalenz rührte, sondern stellte sie einfach als Tatsache dar. Die frustrierten Söhne der Urhorde töteten und aßen also den Vater und entdeckten dann, dass der verhasste zugleich der geliebte Vater war: »[N]achdem der Haß durch die Aggression befriedigt war, kam in der Reue über die Tat die Liebe zum Vorschein, richtete durch Identifizierung mit dem Vater das Über-Ich auf, gab ihm die Macht des Vaters wie zur Bestrafung für die gegen ihn verübte Tat der Aggression, schuf die Einschränkungen, die eine Wiederholung der Tat verhüten sollten.« *(Das Unbehagen in der Kultur,* Bd. XIV, S. 492) Das Über-Ich verkörpert demnach den Schatten des Vaters, es speist sich aus dem urzeitlichen Mord und der Erinnerung an diese Tat. So führt der Ödipuskomplex laut Freud zur Genealogie der Moral.

Jeder trage also ein Über-Ich in sich, das in enger Beziehung zum persönlichen Erleben des Ödipuskomplexes stehe. Betrachten wir das Beispiel eines Kindes mit einem schwachen, nachsichtigen Vater: Das Über-Ich würde sich nach Freud sehr streng entwickeln, weil der Vater nicht als Gegenpol fungieren und das Kind die Aggression nur gegen sich selbst richten kann. Bei einem vernachlässigten, lieblos erzogenen Kind dagegen würde die Grenze zwischen Ich und Über-Ich so stark aufgeweicht, dass die Aggression sich schließlich nach außen richten müsste. Im ersten Fall spräche man von Masochismus, im zweiten von Sadismus.

Freud behauptete: »[D]er Vater der Vorzeit war gewiß [*sic*] fürchterlich und ihm durfte [*sic*] man das äußerste Maß von Aggression zumuten.« (ebd., S. 491) Wie konnte er sich da so sicher sein? Welche Beweise hatte er? Freud sagte dazu: dass »die Verhinderung der erotischen Befriedigung ein Stück Aggressionsneigung gegen die Person hervorruft, welche die Befriedigung stört« (ebd., S. 498). Je größer also die Frustration, umso stärker das Bedürfnis, den Vater zu töten. Der Vater verkörpere demnach eine besonders große Frustration. So war sich Freud *gewiss,* dass der Vater aller Väter, der erste Vater, auch der schlimmste Vater gewesen sein müsse, habe er doch eine derartige Frustration bei seinen Söhnen hervorgerufen, dass sie ihn töteten. Allein durch sein Vatersein ist der Vater dieser Logik zufolge schuld am eigenen Tod.

Am Ende seiner Analyse fragte sich Freud angesichts der Existenz neurotischer Individuen, ob es auch neurotische Gesellschaften gebe. Da er aber über keine geeignete Methode verfügte, um Pathologien zweifelsfrei festzustellen, blieb er die Antwort schuldig. Eine individuelle Neurose kann von einem Psychoanalytiker diagnostiziert und behandelt werden, doch wie sollte eine Kollektivdiagnose aussehen? Oder gar eine Massentherapie? Freud schloss mit dem Hinweis, hier bedürfte es einer eigenen Lehre.

Am Ende des Buchs zeigte er sich erneut pessimistisch. Mit dem technischen Fortschritt verfügten die Menschen nun über die Mittel zur Selbstzerstörung. (Und damals gab es noch keine Atombombe!) So lebten die Menschen in Angst und Sorge. Eros und Thanatos stünden einander in einem Kampf der Titanen gegenüber. Der Vatermord habe zwar das Über-Ich geschaffen, aber die instinktive Gewalt bedrohe – mit Unterstützung der modernen Technologie – unseren Planeten. Freud schrieb dies 1929; der Erste Weltkrieg lag noch nicht lange zurück. In seinen letzten Lebensjahren schienen der aufkommende Nationalsozialismus und die Aussicht auf einen Zweiten Weltkrieg seine These von der Entfesselung des Es ohne Kontrolle durch das Über-Ich zu bestätigen.

Das dritte Werk Freuds, das sich mit dem Vatermord befasst, ist *Der Mann Moses und die monotheistische Religion.* Es erschien 1939, in Freuds Todesjahr. 1912 hatte er in *Totem und Tabu* den Zusammenhang zwischen dem sexuellen Monopol des Vaters auf die Frauen des Stammes, der Frustration der Söhne, dem Vatermord und -verzehr, der Reue und der Konstruktion des Verbots sowie der Entstehung der Gesellschaft erläutert. 1927 dekonstruierte er in *Die Zukunft einer Illusion* die Religion und präsentierte sie als Zwangsneurose, in deren Epizentrum Gott als Übervater und Ausgangspunkt der Moral stehe – ein Mythos, den es durch Freuds »wissenschaftlichen Mythos« vom Ödipuskomplex zu ersetzen gelte. 1930 trat in *Das Unbehagen in der Kultur* das Über-Ich auf den Plan und bezeugte, wie wir innerlich vom Vatermord und von den daraus resultierenden Verboten wie

Gesetzen, Moral und Tugenden bestimmt seien. *Der Mann Moses und die monotheistische Religion* von 1939 schließlich war ganz und gar vom Thema Vatermord besetzt. Freud entwickelte hier eine These, der man Antisemitismus unterstellen könnte, wäre sie von einem *Goi,* nämlich: *Moses sei nicht Jude, sondern Ägypter gewesen.* Das war Mord am Vater der Juden, am Vater des eigenen Vaters Jakob, am Vater seines Volkes. Weiter konnte er kaum gehen.

Im Dezember 1930 schrieb Freud im Vorwort zur hebräischen Ausgabe von *Totem und Tabu,* er sei einer, »der die heilige Sprache nicht versteht, der väterlichen Religion – wie jeder anderen – völlig entfremdet ist, an nationalistischen Idealen nicht teilnehmen kann und doch die Zugehörigkeit zu seinem Volk nie verleugnet hat, seine Eigenart als jüdisch empfindet und sie nicht anders wünscht.« (Vorrede zur hebräischen Ausgabe von *Totem und Tabu,* Bd. XIV, S. 569) Er fuhr fort, in der dritten Person von sich zu sprechen: »Fragte man ihn: Was ist an dir noch jüdisch, wenn du alle diese Gemeinsamkeiten mit deinen Volksgenossen aufgegeben hast?, so würde er antworten: Noch sehr viel, wahrscheinlich die Hauptsache. Aber dieses Wesentliche könnte er gegenwärtig nicht in klare Worte fassen. Es wird sicherlich später einmal wissenschaftlicher Einsicht zugänglich sein.« (ebd.) Welche Schlüsse können wir aus diesen kurzen Passagen ziehen? Freud behauptete, Hebräisch nicht lesen zu können, obwohl er es auf dem Gymnasium von einem Lehrer gelernt hatte, der ihn so nachhaltig beeindruckt hatte, dass er sogar eine seiner Töchter nach einer Nichte des Lehrers Sophie nannte. Er bekannte, mit der *väterlichen* Religion gänzlich gebrochen zu haben. Tatsächlich praktizierte er zu Hause keine religiösen Rituale, hatte dies auch seiner frommen Frau verboten, die nach seinem Tod die religiöse Praxis wiederaufnahm; er bekundete offen seinen Atheismus und bekannte, nicht das Nationalstreben der Zionisten zu teilen. Doch er fühlte sich ganz und gar jüdisch und wünschte sich keine andere Identität.

Das Erstaunlichste an diesem seltsamen Glaubensbekenntnis ist, dass er – kaum hatte er alle äußeren Zeichen der Zugehörigkeit hinter sich gelassen – das Judentum als seinen tiefsten Kern für sich beanspruchte und dann mysteriös auf die Zukunft und auf den wissenschaftlichen Fortschritt verwies, der das für ihn unlösbare Problem beheben sollte. Welche Wissenschaft könnte beweisen, dass das Jüdischsein sich im Inneren befindet und möglicherweise erkennbar ist? Eine Art Genetik? Ging es um ein Juden-Gen? Ich glaube kaum, dass Freud einem derartigen Gedanken zugestimmt hätte. Oder meinte er eine Wissenschaft nach seinem Modell, einen neuen »wissenschaftlichen Mythos«, der die Existenz einer Art jüdischen Urhorde beweist? Es bleibt offen, was er meinte.

Mangels plausibler Hypothesen erlaube ich mir, selbst eine zu formulieren: Versteht man die Psychoanalyse als Privatwissenschaft, die einzig im Hinblick auf Freud verlässliche Erkenntnisse liefert, so kann man den Ödipuskomplex, der das Schicksal der Urhorde bestimmt und eine Art Matrix bildet, als persönliche, autobiographische Beschreibung seines jüdischen Vaters und seiner jüdischen Mutter sehen und damit nachweisen, dass das Judentum einen zentralen Platz in der von ihm selbst geschaffenen Lehre einnimmt.

Die letzten, schwermütigen und mysteriösen Sätze des kurzen, scheinbar harmlosen Vorworts deuten darauf hin. Denn Freud sagt, er habe die Frage des Ursprungs von Religion und Moral nie aus jüdischer Sicht betrachtet, weil er der Überzeugung gewesen sei, »daß die voraussetzungslose Wissenschaft dem Geist des neuen Judentums nicht fremd bleiben kann.« (ebd.) Die Psychoanalyse als Verkörperung des *Geistes des neuen Judentums?* Leider entwickelte Freud diesen Gedanken auch in seinen übrigen Texten nicht weiter.

Müssen wir *Der Mann Moses und die monotheistische Religion* demnach lesen als Versuch, die Wesensmerkmale eines solchen neuen Judentums zu bestimmen? Eines atheistischen, unreligiösen metapsychologischen Judentums, das auf einem »wissenschaftlichen Mythos« oder einem »historischen Roman« beruht, als den Freud dieses Buch selbst bezeichnete? Geht es um eine neue Religion ohne Gott, ohne Transzendenz, die ganz in der metaphorischen Immanenz der psychischen Vorgänge existiert, von symbolischer Hermeneutik geprägt ist und ihre Gewissheiten im unsichtbaren Unbewussten findet; deren Anhänger in Träumen lesen wie früher im Talmud? Ein Gott, der vor dem Wort flieht, ein Gott der negativen Theologie, der gerade in der Abwesenheit die stärkste Präsenz hat? Warum eigentlich nicht.

Wie Hannibal und Ödipus spielte auch Moses in Freuds Selbstbeschreibung eine wichtige Rolle. 1914 veröffentlichte er *Der Moses des Michelangelo,* um das Rätsel zu lösen, das ihm diese Skulptur im Jahr 1901 aufgegeben hatte. Am 6. September 1901 schrieb er aus dem Urlaub mit Minna eine Postkarte an Martha: »Heute Nachmittag einige Eindrücke, an denen man Jahre lang zehren wird.« (*Unser Herz zeigt nach dem Süden. Reisebriefe 1895–1923,* S. 142) Dann schilderte er, wie er das Pantheon und die Basilika San Pietro in Vincoli besichtigte. Dort habe er »den Moses von Michelangelo gesehen (plötzlich durch Mißverständnis).« (ebd.) *Durch Missverständnis!*

Bei jedem Aufenthalt in Rom besuchte Freud täglich diese Statue. Er betrachtete, belagerte, vermaß und zeichnete sie. Für den kurzen Text von etwa dreißig Seiten benötigte er ein ganzes Jahr – und dreizehn Jahre Vorbereitungszeit! Wofür stand diese Statue? Wieso hat Moses die Finger im Bart, und wieso sind nur einige Finger sichtbar? Welcher Moment in Moses' Leben ist in der Körperhaltung eingefangen? Ist es der Moment, in dem er die Gesetzestafeln für sein Volk zerbrechen wollte, das ein Idol umtanzte? Oder der Moment, in dem er sich schon weise dagegen entschieden und seinen Trieb unterdrückt hatte? Freud kam zu dem Schluss, Michelangelo habe Moses in dem Augenblick gebannt, als er bereits darauf verzichtet hatte, sein Volk zu bestrafen, und die Gesetzestafeln herunterfielen und fast zu Bruch gingen.

Die Statue machte Freud sprachlos; wie angewurzelt stand er vor ihr. In einem Brief an Edoardo Weiss vom 12. April 1933 schrieb er, er habe zu ihr eine Beziehung wie zu einem »Kind der Liebe« (*Briefe 1873–1939,* S. 431). Bemerkenswert ist, dass er *Der Moses des Michelangelo* anonym veröffentlichte und vorgab, sich mit der Analyse einen Spaß gemacht zu haben! Freud gestand also seinen peinlichen Dilettantismus ein und zweifelte an den Ergebnissen seiner Untersuchung, deren Veröffentlichung er nur auf Drängen von Freunden zugestimmt habe.

Freuds zahlreiche Absicherungen, seine demonstrative Bescheidenheit, seine Selbstzweifel und der Rückzug in die Anonymität sahen ihm gar nicht ähnlich. Außerdem griff er zu einem Trick: Er schrieb eine Notiz, mit der er sich hinter der Redaktion der Zeitschrift versteckte. Sie habe den Text aufgenommen, weil dessen Verfasser »analytischen Kreisen nahesteht« und dessen »Denkweise immerhin eine gewisse Ähnlichkeit mit der Methodik der Psychoanalyse« (Freud: *Der Moses des Michelangelo,* in Gay: *Der Moses des Michelangelo,* S. 57) zeige. Warum diese Geheimniskrämerei?

Freud begeisterte sich für das, was der Künstler ästhetisch aus der legendären historischen Figur gemacht hatte. Der mit den Augen des Künstlers – und nicht des Historikers – betrachtete Moses verkörperte für ihn »Übermenschliches« (*Der Moses des Michelangelo,* Bd. X, S. 198). Der Ausdruck ist wichtig. Was faszinierte den Psychoanalytiker? Es waren die Muskelkraft, die aus dem Marmor sprach, das imposante Format, das Potential titanischer Wut, der meisterliche Ausdruck der Affekte und die psychische Leistung, nämlich »das Niederringen der eigenen Leidenschaft zugunsten und im Auftrage einer Bestimmung, der man sich geweiht hat.« (ebd.) Was hatte es mit der *Leidenschaft* und dem *Niederringen* auf sich? Und welche *Bestimmung* war gemeint? Ging es hier um Moses oder um Freud selbst? Um das Niederringen der inzestuösen Leidenschaft zugunsten der Bestimmung, also der Erfindung der Psychoanalyse?

Beschäftigen wir uns zunächst mit dem *Übermenschlichen*, das Freud zur Beschreibung der Mosesstatue verwendete. Man bedenke, dass er sich für das Verfassen der wenigen Seiten sehr viel Zeit genommen und jedes Wort sorgsam gewählt hatte. Erinnern wir uns an *Massenpsychologie und Ich-Analyse*, wo Freud den Stammesvater mit Nietzsches berühmter Figur in Beziehung setzte. Über den Vater schrieb er dort: »Zu Eingang der Menschheitsgeschichte war er der Übermensch, den Nietzsche erst von der Zukunft erwartete.« (*Die Masse und die Urhorde*, Bd. XIII, S. 138) Sehen wir einmal über die unglaubliche Fehllektüre Nietzsches hinweg, die sich in diesem Satz zeigt, und nehmen wir stattdessen zur Kenntnis, dass für Freud Vater und Übermensch in einer Beziehung zueinander stehen und auch mit Moses verbunden sind. *Könnte Moses also eine Darstellung des Vaters sein?*

Das würde rechtfertigen, dass der dem Vater unterworfene Sohn, der Angst vor der Kastration und der väterlichen Strafe hat und besorgt ist, ihn durch das lange Umschleichen und Betrachten erzürnt zu haben, dreizehn Jahre voller Zweifel vergehen ließ, bevor er den Text veröffentlichte, noch dazu anonym; dann das theatralisch inszenierte Verschwinden des Entdeckers der Psychoanalyse im löchrigen, mottenzerfressenen Kostüm eines Unbekannten aus analytischen Kreisen – so lässt sich ein Vatermord natürlich gut vertagen! 1914 hatte sich Freud schon dreizehn Jahre mit dem Thema beschäftigt, doch erst in seinem Todesjahr 1939 wagte er, wozu er früher nicht in der Lage gewesen wäre: *Er zerbrach die Mosesstatue.* Von der 1901 an seine Frau verschickten Postkarte bis zur Veröffentlichung von *Der Mann Moses und die monotheistische Religion* 1939 verbrachte Freud fast vier Jahrzehnte im bedrohlichen Schatten der Mosesfigur.

Auch die Entstehungsgeschichte von *Der Mann Moses und die monotheistische Religion* ist, man ahnt es, nicht ganz einfach. Genau wie der Aufbau des Buchs, der von der Schwierigkeit zeugt, etwas zu schaffen, wenn man zugleich etwas zerstören will. Freud gibt im Text zu, nicht alle Spuren von dessen Entstehung verwischt zu haben. Zudem entstand das Buch zunächst im Wiener und dann im Londoner Büro. Offensichtlich ist, dass der Text eine Reaktion auf die Machtergreifung Hitlers 1933 darstellt: Freud fragte sich, wieso die Juden einen solchen Hass auf sich ziehen. Er hatte das Manuskript zwischendurch zur Seite gelegt, dann erneut daran gearbeitet, wieder pausiert und war einfach nicht damit zufrieden. Er zweifelte an den dort formulierten Thesen und an seiner Fähigkeit, diese oder andere Untersuchungen erfolgreich durchzuführen. Er hielt sich gar für unfähig, neue Ideen zu entwickeln, verschob die Veröffentlichung und überlegte, das Buch gar nicht herauszubringen, weil er massive Angriffe fürchtete und wusste, dass er sie aus Mangel an Beweisen nicht würde abwehren können. Seine Ankunft in London 1937 fiel mit dem Entschluss zusammen, das Buch doch noch zu beenden und zu veröffentlichen. Er stellte es als eine Art Fortsetzung von *Totem und Tabu* vor; es erschien 1939 kurz vor seinem Tod.

Mehrfach sprach Freud in Briefen von dem Buch als »historischem Roman« (Brief an Lou Andreas-Salomé, 6. Januar 1835, Freud/Salomé, *Briefwechsel,* S. 222), eine Formulierung, die als Pendant zum »wissenschaftlichen Mythos« in *Totem und Tabu* zu verstehen ist. Denn was ist ein historischer Roman anderes als ein neues Oxymoron? Der Roman setzt Vorstellungskraft und Fiktion voraus, und Freud beherrschte beides mühelos. Er schrieb sogar am 21. Februar 1937 an Arnold Zweig, er wolle »über Moses phantasieren« (Freud/Zweig, *Briefwechsel,* S. 133). Doch die Geschichtsschreibung bedarf des genauen Gegenteils, nämlich der Recherche, dem Auffinden von Beweisen für die vorgebrachten Thesen und der Suche nach Belegen in Archiven – die Vorstellungskraft hat hier nichts verloren. Ein »historischer Roman« ist also ein hybrides Konstrukt, in dem die Geschichte keine Existenzberechtigung mehr hat, sobald die Fantasie regiert.

Was für das Oxymoron »wissenschaftlicher Mythos« in Bezug auf die Urhorde galt, trifft auch auf den »historischen Roman« über den Ägypter Moses zu, der das jüdische Volk erfand und den Freud für die Inkarnation der Vaterfigur hielt. So ist verständlich, dass Freud zögerte und zweifelte, bevor er quasi die Hand gegen den Vater erhob und dann kurz vor dem eigenen Tod noch einmal alle Verbote überschritt – auch das der jüdischen Gemeinschaft, die in Europa dem Naziterror ausgesetzt war und den Text so auffasste, wie er gemeint war: als üblen Angriff. Paul-Laurent Assoun analysiert in seinem monumentalen Lexikon der psychoanalytischen Werke die Rezeption des Textes: »Von allen Werken Freuds wurde dieses am heftigsten kritisiert, wie die anonymen ›Briefe an den Herausgeber‹ zeigen, die aus Palästina, Kanada, den Vereinigten Staaten oder Südafrika stammen und zum Teil schon vor der Veröffentlichung verfasst wurden. Dem ungläubigen Juden Freud wurde vorgeworfen, die Zurückweisung grundlegender Wahrheiten der jüdischen Religion zu rechtfertigen und ›Goebbels und anderen wilden Tieren‹ eine weitere Waffe an die Hand zu geben. Freud musste sich in einem Brief als ›alter Irrer‹ beschimpfen lassen, der ›besser beraten gewesen wäre, wenn er das Zeitliche gesegnet hätte, ohne sich zu blamieren‹; außerdem wünschte man ihm, er möge seine letzten Tage in den Konzentrationslagern der ›deutschen Gangster‹ zubringen.« Freud wusste, dass er sich mit der Veröffentlichung des Buchs solchen Angriffen aussetzte. Wieso schnitt er dann noch selbst die Ruten zu, mit denen man ihn schlagen konnte?

Sein Text formulierte eine klare Frage: Worauf geht der jüdische Charakter ursprünglich zurück? Er hätte eine Antwort darauf im Reich der Ideen suchen können, doch Freud erforschte lieber das direkte Umfeld, nämlich seine Eltern. Seine Theorie des Judentums konnte die eigenen Eltern nicht aussparen, denn sein extremer Antiklerikalismus und Atheismus speisten sich aus den Erfahrungen, die er in seiner eigenen Familie gemacht hatte, die er als beispielhaft für den jüdischen Charakter nahm.

Glaubt man den übereinstimmenden Aussagen der Mitglieder seiner Familie, war Amalia die archetypische jüdische Mutter – sei es ein Klischee oder historisch belegbare Wahrheit. Sie sei originell, kapriziös und energiegeladen gewesen, habe einen eisernen Willen gehabt und sei in kleinen wie großen Dingen zu allem bereit gewesen, um ihre Ziele zu erreichen. Noch als Neunzigjährige sei sie kokett gewesen. Man hielt sie für egozentrisch, humorvoll und selbstironisch. Freuds Vater war nicht praktizierender Jude. Wir erinnern uns, dass er seinem ältesten Sohn eine Bibel schenkte, die er selbst von seinem Vater bekommen hatte. Er erklärte sie zum »Buch der Bücher«, das den Ausgangspunkt allen Wissens bilde.

Doch nach allem, was wir wissen, war das Judentum beim Vater stärker ausgeprägt als bei der Mutter. Die hebräische Bibel war für Freud möglicherweise eine ödipale Herausforderung: Der Vater hielt das Judentum für die Quelle der Wahrheit. Es stand für das Gesetz des Vaters, das in der identitätsstiftenden Sprache des jüdischen Volkes verfasst war. Freuds Großvater und Urgroßvater waren Rabbiner; unter seinen Vorfahren fand sich sogar einer der größten Talmudgelehrten Galiziens. Das Judentum war für Freud also nicht nur Theorie, sondern auch eine konkrete Familienangelegenheit – insbesondere der Familie väterlicherseits.

Welches Ziel verfolgte Freud mit seinem Moses-Buch? »Einem Volkstum den Mann abzusprechen, den es als den größten unter seinen Söhnen rühmt« (*Der Mann Moses und die monotheistische Religion,* Bd. XVI, S. 103). Besser kann man es nicht ausdrücken. Das Buch trat also an, den Vater der Juden zu töten und damit den Inbegriff aller Vatermorde zu begehen. In der denkbar schlimmsten historischen Situation, als die nationalsozialistische Feuersbrunst in Europa tobte, griff Freud die Religion seines Vaters und dessen Vorfahren, seiner Mutter, seiner Frau und seiner Kinder an; jene Religion, der nach der Machtergreifung der Nazis im Januar 1933 so viel Unrecht angetan wurde – von dem

Judenhass, der seit dem 19. Jahrhundert um sich gegriffen hatte, ganz zu schweigen.

Die Nazis errichteten Konzentrationslager, machten die Juden erst zu Bürgern zweiter Klasse und später zu Untermenschen, quälten und verfolgten sie erbarmungslos. Diese Gräuel waren natürlich auch Freud bekannt, der sich stets auf sein Jüdischsein berief, aber nie etwas gegen Hitler, den Nationalsozialismus oder die antisemitische Barbarei schrieb, während er doch ohne zu zögern lange Traktate gegen Kommunismus, Marxismus, Bolschewismus und die marxistisch-leninistische Sowjetunion verfasste. Freud verübte sein Attentat auf Moses also in einem extrem antisemitischen Kontext.

Welcher Argumentation folgt er in diesem Buch, das, wäre es von jemand anderem geschrieben, durchaus als antisemitisches Werk durchgehen könnte? Erstens: Entgegen dem Mythos sei Moses nicht Jude, sondern Ägypter gewesen, was an der Etymologie seines Familiennamens abzulesen sei. Zweitens: Die Beschneidung sei viel älter als das Judentum, denn schon die Pharaonen hätten sie praktiziert. Drittens: Die jüdische Religion sei nicht jüdisch, weil sie sich direkt aus dem ägyptischen Monotheismus des Pharaos Echnaton entwickelt habe. Viertens: Die jüdische Gesellschaft sei der ägyptischen unterlegen. Und schließlich fünftens: Das Judentum sei die Religion des Vaters.

Ein Jahr nach Hitlers Machtergreifung und mitten im Naziterror schrieb Freud: »Man darf von einem Charakterzug der Juden ausgehen, der ihr Verhältnis zu den anderen beherrscht. Es ist kein Zweifel daran, sie haben eine besonders hohe Meinung von sich, halten sich für vornehmer, höher stehend, den anderen überlegen« (ebd., S. 212). Und er nannte auch den Grund dafür: »Es war der eine Mann Moses, der die Juden geschaffen hat.« (ebd., S. 213) Und zwar indem er den Juden erklärte, sie seien von Gott selbst auserwählt worden. Daraus hätten sie eine Stärke und ein Selbstvertrauen abgeleitet, das bei anderen Völkern, namentlich den Christen, Ressentiments ausgelöst und letztlich zum Antisemitismus geführt habe. Hier finden wir also auch Freuds These vom Lieblingssohn wieder!

In Freuds Argumentation ist eine Kausalität zwischen den Worten des Vaters, der den Lieblingssohn erwählt, und dem Hass der abseits stehenden Söhne auf den Auserwählten erkennbar. So erscheint der Antisemitismus in einer eigentümlichen Umkehrung als ein von dem Juden Moses selbst geschaffenes Phänomen. Dass ein derartiger Gedanke aus Freuds Feder stammen könnte, ist kaum vorstellbar. Und doch ist es so.

Freud griff hier erneut auf seine Theorie der Urhorde, des Vatermords, des Kannibalismus und der Entstehung der Gesetze zurück. Die von den Juden praktizierte Beschneidung werde von den Christen oder Nichtjuden als Kastrationsdrohung wahrgenommen und erinnere diese an die Verdrängung des »wissenschaftlichen Mythos« am Ursprung der Menschheitsgeschichte. Zwar sei die Angst vor der Entmannung verdrängt, doch über die phylogenetische Vererbung sei sie nach wie vor in der Psyche verankert. Diese archaische Angst bilde die Matrize für den Antisemitismus. Wenn Freud recht hat, führt dieses seltsame Buch eine neue Variante des viel zitierten »jüdischen Selbsthasses« vor, den Theodor Lessing bekannt machte.

Weshalb ermordete Freud einerseits den Vater in Gestalt Moses' und hob andererseits die Ägypter so heraus? Die Juden waren für ihn nur ein ägyptisches Volk im Exil; die jüdische Geschichte war ein Anhängsel der ägyptischen, die jüdische Gesellschaft ein Abklatsch der ägyptischen und die jüdische Religion im Grunde die Religion eines monotheistischen Pharaos. Und Moses, der erste Jude, der Begründer des jüdischen Volkes? Er war für Freud nur ein stotternder Ägypter. Und die Beschneidung sei schon an ägyptischen Mumien nachgewiesen worden.

Die besondere Vorliebe des Erfinders der Psychoanalyse für ägyptische Antiquitäten ist weithin bekannt. Charcot, den Freud zeitweilig wie einen Gott verehrte, hatte eine Antiquitätensammlung in seinem Büro. Zu besonderen Anlässen schenkten ihm Freunde und auch einige Patienten neue Stücke. Er kaufte zudem regelmäßig neue Objekte, die er weniger nach ästhetischen als nach symbolischen Kriterien auswählte. Manchmal platzierte er eine Neuerwerbung während der Mahlzeiten auf der Tischdecke, als handelte es sich um einen Ehrengast.

Ägypten war für Freud ein anti-jüdisch-christlicher Archetyp, eine Art Gegen-Rom. Denn in der neutestamentarischen christlichen Tradition war der Inzest formal verboten. Die Mutter ist Jungfrau, der Vater schwängert sie ohne Geschlechtsakt, der Sohn wird durch den Heiligen Geist empfangen, das Sperma durch eine Taube ersetzt; der Körper des Sohnes ist unsinnlich und unmännlich, er isst und trinkt nicht – außer symbolisch –, er hat keinen Geschlechtsverkehr und ersteht drei Tage nach seinem Tod wieder auf. Eine derartige Religion des Sohnes missfiel natürlich einem Freud, der letztlich sein eigener Vater sein wollte.

Ägypten stand dagegen für einen geografischen und geistigen Raum, in dem der Inzest praktiziert werden konnte. In *Der Mann Moses und die monotheistische Religion* behandelte Freud genau dieses Thema: »Was angeblich unsere heiligsten Gefühle beleidigt, war in den Herrscherfamilien der alten Ägypter und anderer frühen Völker allgemeine Sitte, man möchte sagen geheiligter Brauch.« (Bd. XVI, S. 228) Schöne Zeiten für die Libido! Weiter erklärte er, dass »ja auch die Welt der griechischen und der germanischen Sage keinen Anstoß an solchen inzestuösen Beziehungen nahm.« (ebd., S. 229) Freuds Antikensammlung bezeugt, wie sehr er sich nach diesem goldenen Zeitalter gesehnt haben muss.

Erinnern wir uns auch an die Kreislaufbeschwerden, die Freud an seinem fünfzigstem Geburtstag ereilten, als ihm die Medaille mit der Sphinx auf der einen und seinem Porträt auf der anderen Seite geschenkt wurde. Das Fabeltier stammte eigentlich aus Ägypten und gelangte dann über Assyrien in Ödipus' Griechenland. Freuds Antikensammlung enthielt auch assyrische Stücke.

Nach der griechischen Mythologie schickte Hera, die Göttin

der Heirat, die Sphinx als Strafe zu Laios, der nebenbei bemerkt Ödipus' Vater war. Grund für die Strafe war, dass Ödipus' Vater dem jungen Chrysippos Gewalt angetan und dabei die Päderastie erfunden hatte. Dieses Detail ist wichtig, wenn man Freuds Theorie der Verführung verstehen will. Laios weigerte sich jedenfalls, mit seiner Ehefrau ein Kind zu zeugen. Für Freud war dies ein ideales Schema, glaubte er doch lange Zeit, Väter – auch seiner – missbrauchten ihre Kinder. Der besondere Reiz dieser Fantasie bestand darin, dass sein Vater sich seiner Mutter verweigerte, die er selbst als Kind begehrt hatte.

Gleich zu Anfang seines Moses-Buchs bekannte Freud Farbe. Dass die Juden ihm vorwarfen, er tue ihnen unrecht (und zwar in einer Zeit, in der sie systematisch ermordet wurden), hielt er für trivial; er wandte sich lieber direkt seiner Mission zu: »Einem Volkstum den Mann abzusprechen, den es als den größten unter seinen Söhnen rühmt, ist nichts, was man gern oder leichthin unternehmen wird, zumal wenn man selbst diesem Volke angehört. Aber man wird sich durch kein Beispiel bewegen lassen, die Wahrheit zugunsten vermeintlicher nationaler Interessen zurückzusetzen.« (ebd., S. 103) So lauten die ersten Zeilen dieses Texts, der durchaus als autobiographisches Pamphlet durchgehen könnte.

Freud machte sich den Moses-Mythos zu eigen und projizierte seine Fantasien auf ihn. Der Mythos, den Freud dekonstruierte, lässt sich ungefähr so beschreiben: Moses wurde in eine hochgestellte Familie hineingeboren und ausgesetzt. Seine Geburt stand unter schlechten Vorzeichen wie Enthaltsamkeit, Unfruchtbarkeit und Verboten. Während der Schwangerschaft kündeten Träume und Orakel von einem Unglück, welches das Kind mit sich bringen würde. So entschied der Vater, es auszusetzen und zu töten. Doch das Kind wurde von armen Leuten gefunden und großgezogen. Als Erwachsener fand Moses seine Eltern wieder und rächte sich am Vater. Danach gelangte er zu Ruhm und Ehren. Freud verglich die beiden Helden Ödipus und Moses und schrieb mit entwaffnender Ehrlichkeit: »Ein Held ist, wer sich mutig gegen seinen Vater erhoben und ihn am Ende siegreich überwunden hat.« (ebd., S. 108)

Gemäß der Logik seines »wissenschaftlichen Mythos« vertrat Freud die These von »Erinnerungsspuren« (ebd., S. 206), die von Generation zu Generation übermittelt würden. Der symbolische Gebrauch der Sprache, der Vatermord und der Ödipuskomplex bildeten das Material dessen, was bedeutsam oder häufig gewesen sei und sich deshalb über die Jahrtausende tief in die Psyche jedes Einzelnen gegraben habe. Dieses Argument umgeht Physiologie und Anatomie; es betrifft nur das Unbewusste. Waren das die Prolegomena zum »neuen Judentum«, das Freud angekündigt hatte? Möglich wäre es.

Der Verfechter des »wissenschaftlichen Mythos« und Spezialist des »historischen Romans« konnte deshalb mit aller Selbstverständlichkeit verkünden: »[D]ie Menschen haben es – in jener besonderen Weise – immer gewußt, daß sie einmal einen Urvater besessen [*sic*] und erschlagen haben.« (ebd., S. 208) Dass es für diese Behauptung keinerlei Beweise gibt, schien ihn nicht zu stören. Er hatte sie mit den Worten eingeleitet, er hege »keine Bedenken [das Folgende] auszusprechen« (ebd.). Wie sonst auch zögerte Freud hier nicht, etwas *auszusprechen* – wie Moses, der die Gesetzestafeln verlesen hatte. Das ist ein allenfalls philosophisches Vorgehen; wissenschaftlich ist es nicht.

Der Vatermord, so sagt uns der Psychoanalytiker, werde auf phylogenetisch-psychischem, jedoch keinesfalls physiologischem Weg tradiert. Indem sie Christus töteten, ermordeten sie ihren Anführer und wiederholten den Gestus der Urhorde. Die Juden weigerten sich, eine Religion – nämlich das Christentum – anzunehmen, die den Vatermord akzeptierte. Als Vatermord beweist der Mord an Gott die herausgehobene Stellung des Christentums, das so dem »wissenschaftlichen Mythos« vom Vatermord folgt.

Es kommt noch besser: Weil die katholische Eucharistie das

kannibalische Festmahl der Urhorde wiederholt, beweise sie, wie großartig die Idee des heiligen Paulus – eines Juden – war, eine Religion auf dem Gottesmord, nämlich der Kreuzigung Jesu, zu konstruieren. Ein Teil der Juden folgte dieser Interpretation und verstand das Christentum als Vollendung des Judentums.

Hingegen weigerten sich andere Juden, Paulus' Vorgaben zu folgen. »Sie sind durch diese Scheidung noch schärfer von den anderen abgesondert als vorher.« (ebd., S. 245) Dies schrieb Freud wohlgemerkt zu einer Zeit, in der die Juden unter dem Naziterror litten. Indem sie sich dem Christentum verweigerten, hätten die Juden sich selbst ins Abseits manövriert. Wir alle wissen um die düsteren Konsequenzen dieser Ablehnung des angeblich christlichen Kerns ihrer Religion.

Entsetzt müssen wir feststellen, dass Freuds Besessenheit vom Thema Vatermord ihn zu sehr eigenwilligen, nicht nachvollziehbaren, *sogar antisemitischen* Äußerungen trieb. Sie erschließen sich nur im Kontext der Libidoregulierung und sind äußere Zeichen des inneren psychischen Ringens mit der Neigung zum Inzest. Weil er die psychoanalytische Theoriebildung dem autobiographischen Imperativ unterwarf, bewegte sich Freud wie ein Blinder – und darin glich er Ödipus.

X.
Antigone als Jungfrau und Märtyrerin

»Anna ist prächtig, gut und geistig selbständig, aber sie hat kein Sexualleben.«

Sigmund Freud, Brief an Lou Andreas-Salomé, 11. Dezember 1927 (Freud/Salomé, *Briefwechsel,* S. 188)

Der Inzest war also Freuds größte Fantasie. Angeblich erinnerte er sich erst drei Jahrzehnte später, dass er als kleiner Junge die eigene Mutter im Schlafwagen begehrt hatte. Als Jugendlicher begehrte er die Mutter seiner ersten Liebe; seine Schwägerin war zugleich seine Geliebte und lebte vierzig Jahre lang mit ihm und seiner Ehefrau unter einem Dach. Eine seiner Töchter war Gegenstand erotischer Träume, doch vor allem ging es um Anna, mit der er am weitesten gegangen war. In *Die endliche und die unendliche Analyse* nannte Freud drei unmögliche Ziele: herrschen, analysieren und lehren. Wenigstens bezüglich der beiden letzten wusste er, wovon er sprach, denn Freuds Beziehung zu Anna war der Höhepunkt der ödipalen Verlorenheit.

Anna war nicht geplant – hätten ihre Eltern ein sicheres Verhütungsmittel gehabt, wäre sie nie gezeugt worden. So endeten mit ihr die sexuellen Begegnungen zwischen Sigmund und Martha. Die Herkunft ihres Namens bleibt im Dunkeln. Kämpft man sich durch die von den offiziellen Biographen erzeugten Rauchschwaden, bieten sich einige Hypothesen an, denn wie wir gesehen haben, trug Anna den gleichen Namen wie das Pseudonym von Anna O. Vor allem aber war es auch der Name von Freuds Schwester, dem Kind, das sein Vater mit seiner Mutter gezeugt hatte. Als Vater einer Tochter wiederholte er nun die Konstellation, die sein Vater mit Amalia gehabt hatte. Drückte sich hier der Wunsch aus, an die Stelle des Vaters zu treten und mit der Mutter zu schlafen? Jedenfalls konnte man dem kleinen Mädchen, das kein Wunschkind und zugleich ein Nachzügler war, das im Zeichen der Anonymität oder der Hysterie – wenn nicht gar der Inzestfantasie – geboren wurde, ohne Mühe eine düstere Zukunft vorhersagen.

Im Lichte der Tragödie *König Ödipus* betrachtet – die für Freud eine Art Lebensschema bildete –, erfüllte Anna die Prophezeiung, die der Sohn von Laios und Iokaste verkündete, nachdem er mit seiner Mutter geschlafen und seinen Vater getötet hatte: »Doch wenn ihr nun zum Gipfel kommt der Hochzeit,/ Wer wird es sein? wer wirft hinweg die Kinder,/ Nimmt an den Schimpf und so, wie meinen Eltern/ Und euch sie kommen, die Beleidigungen?« Und weiter: »So seid ihr beschimpft./ Und so, wer mag euch freien? keiner wird's,/ Ihr Kinder, sondern sicher ist es, dürre/ Vergehen müsset ihr und ohne Hochzeit.« (Sophokles, *König Ödipus,* V. Akt) Anna gehorchte: Als sie ins heiratsfähige Alter kam, machte ihr kein Mann den Hof, sie heiratete nicht und starb – sehr wahrscheinlich als Jungfrau – ohne Nachwuchs. Von Beruf war sie *Kinderpsychoanalytikerin.*

Als Anna dreizehn oder vierzehn Jahre alt war, begann Freud, sie zu den Sitzungen der Psychoanalytischen Vereinigung mitzunehmen. Angesichts der Protokolle der Sitzungen, an denen Anna teilgenommen haben könnte, kann man nur staunen, dass ein Vater seine Tochter möglicherweise derartigen Themen ausgesetzt hat. Es ging um anale Sexualität, Inzest, hysterische Verwirrung, Libidoprobleme, sexuelle Perversionen, schädliche Auswirkungen des Onanierens und Masochismus bei Kindern. Einiges davon mochte sie begriffen haben, anderes entzog sich wohl dem Verständnis des vorpubertären oder gerade pubertierenden Mädchens. Man muss sich fragen, was in Freud vorging, als er seine jüngste Tochter zu Sitzungen erwachsener Fachleute über die dunklen Bereiche der Sexualität mitnahm.

Ist es verwunderlich, dass das Mädchen an Anorexie litt? Hier muss man kein Fachmann oder gar Kinderpsychoanalytiker sein. Ihr Vater fand sie zu mager und viel zu streng mit sich selbst. Er beschloss, sie solle mit ihrer Tante Minna acht Monate – fast eine Schwangerschaft lang – in Italien verbringen, um gesund zu werden und zuzunehmen. Doch dann verlobte sich ihre Schwester Sophie, und die Reise musste *deshalb* ausfallen. Der wahre Grund bleibt unklar. Und ein weiteres Rätsel wird ungelöst bleiben, zumindest bis eines Tages ein in amerikanischen Archiven lagernder Briefwechsel eingesehen werden kann: Anna durfte nicht an der Verlobungsfeier teilnehmen. Ihr Vater schrieb ihr am 13. Dezember 1912: »Die Zeremonie kann ganz gut ohne Dich vor sich gehen, eigentlich auch ohne Gäste, Gesellschaft usw., woran Dir eigentlich nichts liegt.« (Freud/Anna Freud, *Briefwechsel*, S. 93)

Wir haben keinen Brief, der uns Freuds tatsächliches Motiv verraten könnte. Aber es gibt eine Spur in seinem Brief an Ferenczi vom 20. Juli 1912. Demnach hing das Ereignis mit einem Thema zusammen, an dem Freud gerade arbeitete und bei dem es um die drei Töchter von König Lear ging. Doch was hat Shakespeares Stück mit Freuds familiären Verwicklungen zu tun? König Lear wollte sein Königreich gerecht unter seinen drei Töchtern Goneril, Regan und Cordelia aufteilen. Auch Freud hatte drei Töchter: Mathilde, Sophie und Anna. Zur Teilung des Reiches veranstaltet Lear eine Zeremonie, bei der er jede Tochter bat, ihm ihre Liebe zu bekunden. Die beiden Älteren schmeicheln ihm nach Kräften, doch die Jüngste hält sich zurück, obwohl sie ihren Vater herzlich liebt. Der enttäuschte Lear enterbt sie und verjagt sie vom Hof. Nach einiger Zeit bemerkt er die List seiner älteren Töchter. Verrückt vor Schmerz verlässt er den Königshof und findet nach langem Irrweg zu Cordelia.

Auch der zweite Handlungsstrang des Stücks könnte Freud gefallen haben: Der Graf von Gloucester hat zwei Söhne. Einer ist unehelich und redet seinem Vater ein, der Halbbruder plane ein Komplott gegen ihn. Mit dieser Lüge will er sich das Erbe sichern, auf das er als Bastard keinen Anspruch hat. Gloucester gerät in Gefangenschaft und verliert dort sein Augenlicht – muss man eigens erwähnen, dass der blinde Gloucester an Ödipus erinnert? Schließlich siegt der eheliche Sohn im Duell. Nach vielen Missverständnissen und Verwicklungen kann König Lear den Tod seiner Tochter Cordelia nicht mehr verhindern. Der Vorhang fällt, als der verzweifelte Vater die tote Tochter in den Armen hält.

Wir wissen nicht, ob es in Freuds Familie Entsprechungen zum verräterischen Verhalten der Töchter dem Vater gegenüber, der Rolle der Schwiegersöhne, den metaphorischen Vergiftungen und symbolischen Selbstmorden gab. Doch um 1912 ereigneten sich in Freuds Familie eine Reihe von Psychodramen, die mit einer Tragödie im Allgemeinen und mit Shakespeares Version im Besonderen vergleichbar sind. Obwohl wir keine sicheren Anhaltspunkte für die Rollenverteilung haben, können wir ohne großes Risiko Anna mit Cordelia, der prüden, zur Schmeichelei unfähigen Tochter vergleichen, die erst ins Exil geschickt wurde (die dubiosen acht Monate in Italien?) dann doch das Königreich des Vaters erbte – und schlussendlich mit einer Art symbolischem Tod dafür bezahlte.

Wie immer münzte Freud auch dieses biographische Fragment in eine Theorie um. 1913 veröffentlichte er *Das Motiv der Kästchenwahl,* in dem es unter anderem um die drei Töchter von König Lear geht. Freud spricht dort über Cordelia, die mehr und mehr als Anna erscheint, und bezeichnet sie als Todesgöttin! Die drei Schwestern verkörpern demnach die drei Nornen, Parzen oder Moiren und Anna/Cordelia ist jene, die das Lebensband zerschneidet.

Doch wie konnte Freud damit leben, dass Anna den Tod verkörperte? Indem er einen psychoanalytischen Haken schlug, der uns einiges über die Kunst des Sophismus und die Rhetorik des Zauberers Sigmund Freud lehrt: Er stellte als unumstößliche Gewissheit hin, »daß es Motive im Seelenleben gibt, welche die Ersetzung durch das Gegenteil als sogenannte Reaktionsbildung herbeiführen« (*Das Motiv der Kästchenwahl*, Bd. X, S. 33). Der Tod war in diesem Fall also – die Liebe!

Freud mochte durchaus recht haben, wenn er einige Zeilen später verkündete: »Es ist kein stärkerer Triumph der Wunscherfüllung denkbar.« (ebd., S. 35) Im alltäglichen Sprachgebrauch würde man das als *Verwechslung von Wunsch und Wirklichkeit* bezeichnen und tatsächlich ist dies ein besonders gutes Beispiel für die »Wunscherfüllung«: Freud setzte Lears drei Töchter mit den eigenen gleich, insbesondere Cordelia mit Anna. Er suchte in Mythen, Märchen und Literatur nach Belegen für seine These und identifizierte schließlich seine Tochter mit dem Tod. Dass er diese Gleichsetzung im selben Atemzug ablehnte, ist nicht in wissenschaftlicher, aber in biographischer Hinsicht verständlich. So verkündete er, unter gewissen Umständen sei der Tod eben nicht der Tod, viel besser: er sei die Liebe.

Schließlich legte Freud seine Deutung vor, die Imaginäres über Reales und eine eigenwillige Interpretation über die einfache Wahrheit stellte. König Lear sei gar nicht König Lear, sondern ein alter, sterbender Mann. Seine drei Töchter seien nicht seine drei Töchter, sondern drei verschiedene Arten des Frauseins. Auch hielte der Vater nicht die tote Tochter im Arm, denn: »Wenn man die Situation umkehrt [*sic*], wird sie uns verständlich und vertraut.« (ebd., S. 36) Und zwar aufgrund weiterer psychoanalytischer Entdeckungen wie »Wunschverwandlung« (ebd., S. 37) oder »regressive Bearbeitung« (ebd.), also neuen Varianten der »Reaktionsbildung« und der »Wunschumkehrung«.

Wenn die drei Königstöchter nicht die waren, die sie zu sein schienen, wer waren sie dann? Freud übte sich in symbolischem Denken – das kein wirkliches Denken ist – und schrieb, sie verkörperten die »drei für den Mann unvermeidlichen Beziehungen zum Weibe [...]: Die Gebärerin, die Genossin und die Verderberin.« (ebd.) War das die psychoanalytische Version der Heiligen und der Hure? Freud führte aus: »Oder die drei Formen, zu denen sich ihm das Bild der Mutter im Laufe des Lebens wandelt: Die Mutter selbst, die Geliebte, die er nach deren Ebenbild gewählt, und zuletzt die Mutter Erde, die ihn wieder aufnimmt. Der alte Mann aber hascht vergebens nach der Liebe des Weibes, wie er sie zuerst von der Mutter empfangen; nur die dritte der Schicksalsfrauen, die schweigsame Todesgöttin, wird ihn in ihre Arme nehmen.« (ebd.)

Als Freud bereits vom Krebs gezeichnet war und den Tod vor Augen hatte, erinnerte er seinen Arzt an dessen Versprechen, ihm zum gegebenen Zeitpunkt eine tödliche Injektion zu verabreichen, und sagte ihm, er solle zuvor Anna fragen, ob der rechte Moment gekommen sei. Für ihren eigenen Vater war Anna/Cordelia also die dritte Erscheinungsform der Mutter. Amalia, Martha und Anna vereinten sich in ein und derselben Tragödie, die sehr zur Freude des Vaters von dessen jüngster Tochter symbolisiert wurde.

Ungeachtet der von Freud selbst in *Ratschläge für den Arzt bei der psychoanalytischen Behandlung* vorgegebenen Deontologie, derzufolge der Analytiker niemals Familienmitglieder oder andere ihm nahe stehende Personen behandeln sollte, unterzog er seine Tochter zwischen 1918 und 1922 sowie erneut von 1924 bis 1929 einer Psychoanalyse. Die Therapie erstreckte sich also über neun Jahre, und das bei fünf bis sechs Sitzungen pro Woche! Traurig stimmt in diesem Zusammenhang eine Äußerung von Frau Freud, die Henri F. Ellenberger in *Die Entdeckung des Unbewußten* wiedergibt, nämlich dass die Psychoanalyse an der Tür zum Kinderzimmer halt mache. Doch unter ihrem Dach geschah so vieles, das für sie unvorstellbar war.

Tatsächlich ist nicht sicher, ob Freuds Ehefrau darüber Bescheid wusste, dass ihre Tochter Anna fast zehn Jahre auf der Couch ihres Vaters von ihren sexuellen Fantasien, existentiellen Ängsten, Libidoproblemen, Sorgen, von ihrem Intimleben, ihrer fehlenden Sexualität, ihren Kindheitserinnerungen an Vater, Mutter und Geschwister, ihrem Wunsch nach Vereinigung mit dem

Vater und der Vertreibung der Mutter oder ihre durch Medikamente beeinflussten Monatsblutungen sprach.

Martha Freud war unsichtbar und unterwürfig, diskret und still; sie war ganz ihrem Mann zu Diensten und hielt doch nicht viel von der Psychoanalyse im Allgemeinen und der Arbeit ihres Mannes im Besonderen. Der französische Psychoanalytiker René Laforgue hatte die Familie Freud in den zwanziger Jahren mehrfach besucht und berichtet, Frau Freud habe die Theorien ihres Mannes als eine Form der Pornographie bezeichnet. Die Wahrheit darüber, in welchem Maß diese Pornographie ihren Mann und ihre Tochter miteinander verband, wollte sie sicher nicht kennen.

Dank einiger historischer Arbeiten wissen wir heute um so manches, das in Freuds Behandlungszimmer gesprochen wurde. 1919 veröffentlichte Freud einen Text, der explizit seine Tochter Anna betraf: *Ein Kind wird geschlagen*. Der Untertitel lautete: *Beitrag zur Kenntnis der Entstehung sexueller Perversionen*. Anna bestätigte auf ihre Weise das dort Berichtete, indem sie einen Text mit dem Titel *Schlagephantasie und Tagtraum* verfasste, der als Kontrapunkt zum Beitrag ihres Vaters gelesen werden muss. Der Artikel war als Vortrag vor der Psychoanalytischen Vereinigung am 31. Mai 1922 entstanden und wurde später zu jener theoretischen Übung, die einem Ritterschlag innerhalb der psychoanalytischen Bewegung gleichkam.

Über Anna Freuds psychischen Zustand erfahren wir in *Ein Kind wird geschlagen* Erstaunliches. Freud schreibt hier über das Schlagen eines Kindes, das tatsächliche oder eingebildete Geschlagenwerden; darüber, Zeuge zu werden wenn ein Kind geschlagen wird, wer es schlägt und so fort. Es ist denkbar, dass diese Variationen auf ein und dasselbe Thema von Anna stammen. Freud beantwortete keine dieser Fragen. Schlimmer noch, er schrieb: »Aber gegenwärtig ist die theoretische Erkenntnis noch ungleich wichtiger für jeden von uns als der therapeutische Erfolg« (*Ein Kind wird geschlagen*, Bd. XII, S. 202). Mit anderen

Worten: Es kommt nicht auf die Heilung an, sondern auf den wissenschaftlichen Fortschritt. Die Grausamkeit dieser Aussage ist umso erstaunlicher, als es um die eigene Tochter ging.

Worin bestand Annas Problem? Sie stellte sich vor, wie ihr Vater sie schlug, konstruierte ihre Sexualität um diesen sadomasochistischen Wunsch herum und masturbierte zwanghaft. Diese Tatsache bildet das Epizentrum eines Texts, der so viele unangenehme Überlegungen enthält, dass der Blick auf seinen eigentlichen Gehalt verstellt wird. Auf der Couch des Vaters liegend, erzählte Anna, dass sie heftig masturbiere und sich dabei vorstelle, er schlage sie. Als Ursprung dieser Fantasien identifizierte Freud – wie immer – den Ödipuskomplex!

Für Freud kam es nicht infrage, in historischen, biographischen oder der Vernunft folgenden psychologischen Kategorien zu denken. Seine These über den prähistorischen Vatermord und das kannibalische Festmahl enthob ihn der Pflicht, nach der eigenen Verantwortung für das zu fragen, was er selbst als die *sexuellen Perversionen* seiner Tochter bezeichnete. Die mythische Phylogenese kam ihm in diesem Zusammenhang gerade recht, denn sie befreite ihn von der realen analytischen Ontogenese! Umso mehr, als Freud erklärtermaßen nicht die Heilung der leidenden Tochter in den Vordergrund stellte und ihr ein Sexualleben jenseits der Onanie ermöglichen wollte, sondern sich primär um den Fortschritt der Wissenschaft – *seiner* Wissenschaft – sorgte.

Dabei hätte etwas Selbstkritik genügt, um den eigenen Anteil an den Fantasien seiner Tochter zu erkennen. Freud verhielt sich ihr gegenüber eifersüchtig, besitzergreifend und tyrannisch. Als sie mit neunzehn Jahren zu Ernest Jones nach London gehen wollte, verstärkte Freud sein kastratives Verhalten. Er informierte Jones, dass es mit Anna nur eine gleichberechtigte, rein freundschaftliche Beziehung geben könne. Obwohl Anna selbst in diesem Zusammenhang weder Gefühle noch Sexuelles thematisiert hatte, warnte Freud, sie müsse noch mehr Lebenserfahrung sammeln, bevor sie eine ernsthafte Beziehung erwägen könne. Eine solche sei frühestens in fünf Jahren möglich – also wenn sie vierundzwanzig wäre! In den Briefen an Jones, die der Reise vorausgingen, nannte Freud Anna sein »einziges Mädchen«. Nebenbei bemerkt waren seine Töchter Mathilde und Sophie 1914 siebenundzwanzig und einundzwanzig Jahre alt.

Anna gegenüber wurde Freud sehr deutlich: Jones sei mit fünfunddreißig Jahren fast doppelt so alt wie sie selbst und brauche eine Frau, die sich mit dem Leben besser auskenne. Und am 16. Juli 1914 schrieb er an Anna, als Sohn armer Eltern habe Jones sich »herausarbeiten müssen [...] und versäumt, den Takt und die feinen Rücksichten zu erlernen.« (Freud/Anna Freud, *Briefwechsel,* S. 125) An Jones wiederum schrieb er über Anna am 22. Juli 1914: »She does not claim to be treated as a woman, being still far away from sexual longings and rather refusing man.« [Sie verlangt nicht, als Frau behandelt zu werden, denn sexuelle Begierden sind ihr noch fremd, und Männer lehnt sie eher ab.] (*Complete Correspondence of Freud/Jones,* S. 294) Worauf Jones am 27. Juli 1914 mit einer Lobrede auf Anna reagierte und prophetisch äußerte, Anna werde »surely be a remarkable woman later on, provided that her sexual repression does not injure her.« [später bestimmt eine bemerkenswerte Frau, vorausgesetzt ihre sexuelle Zurückhaltung schadet ihr nicht.] (ebd., S. 295)

Anna strickte zu jener Zeit zwanghaft und wollte Lehrerin werden. Noch vor dem Beginn ihrer Analyse hatte sie im Herbst 1915 eine Fantasie, die sie ihrem Vater später anvertraute: Sie habe kürzlich einen Traum gehabt, in dem Freud ein König und sie eine Prinzessin gewesen sei, die durch allerlei politisches Ränkespiel auseinandergetrieben werden sollten. Das sei unangenehm, gar niederschmetternd gewesen. Damals war sie zwanzig und ihr Vater fast sechzig Jahre alt.

1916, als sie mit den Debatten der Wiener Psychoanalytischen Vereinigung bereits vertraut war, hörte sie auch die Vorlesungen ihres Vaters an der Universität, die später unter dem Titel *Vor-*

lesungen zur Einführung in die Psychoanalyse erscheinen sollten. Regelmäßig führte sie mit Freud Experimente zur Telepathie durch: Abwechselnd versuchten sie, die intimsten Gedanken des jeweils anderen zu lesen – der denkbar äußerste Grad der Vereinigung zweier Menschen. Nachdem sie die Vorlesungen ihres Vaters gehört hatte, gab sie das Berufsziel Lehrerin auf und beschloss, Psychoanalytikerin zu werden. Mit dreiundzwanzig Jahren begann sie eine Analyse.

Als Freud entschied, seine Tochter interessiere sich nicht für Männer, und als er ihr offiziell verbot, ein eigenständiges Sexualleben zu führen, trieb der Autor von *Die »kulturelle« Sexualmoral und die moderne Nervosität* sie in die Arme von Frauen. Das war ein probates Mittel, um sie für sich zu behalten, zu verhindern, dass sie von einem anderen Mann beschmutzt würde, und sie zur unsterblichen Todesgöttin zu machen, die sich ganz dem Leben ihres Vaters widmete.

Freud wünschte sich die Freundschaft Annas mit Lou Andreas-Salomé. Am 3. Juli 1922 schrieb er der Freundin Nietschzes, Anna habe bislang mit ihren Freundinnen nicht viel Glück gehabt. Er wünsche sich manchmal, sie mit einem guten Mann verbunden zu sehen, und manchmal habe er Angst, sie zu verlieren. Drei Jahre später, am 10. Mai 1925, wurde er Lou gegenüber nochmals sehr deutlich. Er befürchtete, Anna könnte unter der Verdrängung ihrer Sexualität leiden. Es gelinge ihm nicht, sie von sich zu befreien, und er bekomme dabei auch keine Hilfe. Doch wer außer ihm hätte das gekonnt? Annas Mutter? Freud und Anna hielten sie stets auf Distanz. Ihre Brüder und Schwestern? Unmöglich. Ihre Tante? Sicher nicht. Da blieb niemand übrig.

Als 1923 bei Freud Gaumenkrebs diagnostiziert wurde, zog er die Zügel noch einmal an. Anna erfuhr es als Erste, nutzte das Wissen, um die Mutter weiter ins Abseits zu drängen, und wurde eine Art Krankenschwester des Vaters. Übrigens ließ sich Freud im gleichen Jahr mit siebenundsechzig die Samenleiter durchtrennen, und zwar mit der Begründung, dieser Eingriff verjünge den Patienten und erhöhe die nachlassende sexuelle Leistungsfähigkeit. Die Anhänger der hagiographischen Version, derzufolge Freud der Sexualität entsagen wollte, um sich ganz auf die Psychoanalyse zu konzentrieren, müssen ihre Geschichte wohl überarbeiten. Wer dagegen eher an Freuds sexuelle Beziehung zu Tante Minna und eine Italienreise zum Zwecke der Abtreibung glaubt, versteht seine Entscheidung nur allzu gut. Scheinheilig behaupten die Hagiographen noch, der Eingriff habe ein Rezidiv von Freuds Gaumenkrebs verhindern sollen!

Doch er musste sehr lange mit dem Krebs kämpfen, hatte um die dreißig Operationen durchzustehen und trug schmerzende Prothesen, die Anna ihm in bis zu halbstündigen Prozeduren einsetzte. In seinem Testament verlangte Freud von seinen Söhnen, zugunsten der Mutter und der Schwester auf ihr Erbteil zu verzichten. Für Anna sollte das Geld als Mitgift dienen für den Fall, dass sie heiratete, oder aber ganz zu ihrer freien Verfügung stehen. Sie war mittlerweile lesbisch – wenn nicht körperlich, so doch im Herzen. Ihre Auserwählte war die Amerikanerin Dorothy Burlingham, die 1925 nach Wien gekommen war. Sie war mit einem manisch-depressiven Mann verheiratet, der zuerst von Reik und später natürlich von Freud analysiert worden war. Gemeinsam mit der Mutter von vier Kindern kaufte Anna ein Haus. In den folgenden zwölf Jahren analysierte Freud nicht nur seine Tochter, sondern auch deren Lebensgefährtin!

Dorothy ließ auch ihre Kinder von ihm analysieren und wurde später selbst Kinderpsychoanalytikerin. Freud riet ihr zur Scheidung. Sie setzte den Rat in die Tat um, woraufhin ihr Mann sich aus dem Fenster stürzte. Später, 1970, beging auch einer ihrer Söhne Selbstmord. Er war Alkoholiker und nahm eine Überdosis an Schlafmitteln – und zwar im Bett von Anna Freud, seiner Psychoanalytikerin und der möglichen Geliebten seiner Mutter. Dorothy schenkte Freud einstweilen einen Chow-Chow, und er schrieb im Dezember 1927 an Lou Andreas-Salomé: »Anna ist prächtig, gut und geistig selbständig, aber sie hat kein Sexualleben.« (Freud/Salomé, *Briefwechsel,* S. 188) Im selben Brief fragte er, was sie wohl ohne Vater machen werde.

In einem Brief an Ferenczi vom 12. Oktober 1928 verglich Freud Anna mit Antigone (*Briefe 1873–1939*, S. 397). Er wiederholte den Vergleich gegenüber Arnold Zweig am 2. Mai 1935 (ebd., S. 439). Man muss wohl nicht eigens erwähnen, dass Antigone dem Inzest zwischen Ödipus und Iokaste entsprang – mit anderen Worten: zwischen Freud und Amalia. Währenddessen wurde Freuds Krebsleiden unerträglich. Es roch so schlimm, dass selbst die Hunde sich von ihrem Herrn fernhielten. Als Freud den Tod nahen spürte, gestand er seinem Arzt, das Schicksal habe es gut mit ihm gemeint, indem es ihm die Anwesenheit einer solchen Frau zubillige – er sprach natürlich von Anna.

Freud hatte lange zuvor beschlossen, sein Leben zu gegebenem Zeitpunkt selbst zu beenden. Er war erschöpft, völlig am Ende, hatte die Krankheit lange geduldig ertragen und bat seinen Arzt nun, Anna Bescheid zu sagen. Am 21. September 1939 erhielt er die erste Spritze, am nächsten Tag die zweite. Am 23. September 1939 um drei Uhr morgens starb er. Drei Tage später wurde er eingeäschert; Stefan Zweig hielt die Totenrede. Die Asche ruht auf dem Friedhof Golders Green in London. 1971 kehrte Anna, die ihr Leben lang in London als Psychoanalytikerin gearbeitet hatte, nach Wien zurück. Dort erhielt auch sie eine Medaille, auf der »Anna-Antigone« zu lesen war. In dem Haus, in dem sie auch sterben sollte, sah man sie eingehüllt in die Loden ihres Vaters. Sie starb am 9. Oktober 1982 – es heißt, sie habe niemals eine sexuelle Beziehung zu einem Mann gehabt.

Zu dieser Tragödie gibt es ein kleines Postskriptum: Im August 1956 hielt ein Rolls-Royce vor Anna Freuds Haus. Der Chauffeur öffnete die Tür, und eine Frau stieg aus. Die blonden Haare versteckte sie unter einem Filzhut, die blauen Augen hinter einer Sonnenbrille: Marylin Monroe stattete Sigmund Freuds Tochter einen Besuch ab. Sie drehte gerade einen Film in London und war erneut auf dem Weg in eine Depression. Bei Windsor hatte sie eine luxuriöse Villa gemietet, von der aus sie stundenlang mit ihrer Psychoanalytikerin Marianne Kris telefonierte. Der Star aus *Blondinen bevorzugt* war bereits ein Jahr lang bei ihr in Behandlung. Doch ihre amerikanische Therapeutin konnte die Probleme von den USA aus nicht lösen und riet Marilyn, ihre Freundin Anna aufzusuchen. Eine Woche lang war die Schauspielerin wie vom Erdboden verschluckt. In dieser Zeit lag sie auf Annas Couch.

Einmal brachte Anna sie in den Kindergarten ihrer Klinik, wo Marylin sich entspannte. Bei diesem Besuch gestand sie Anna, 1947 die *Traumdeutung* gelesen zu haben und dass sie besonders der »Verlegenheitstraum der Nacktheit« (*Traummaterial und Traumquellen,* Bd. II/III, S. 247) interessiert habe. Hier analysierte Freud den Fall einer teilweise oder ganz nackten Person, der es nicht gelang, sich den Blicken der anderen zu entziehen. Daraus leitete er einen exhibitionistischen Charakter des Träumenden ab. Bei Marylin wurde die gleiche Neigung behandelt, liebte sie es doch, sich in der Öffentlichkeit auszuziehen.

Bei der Therapie von Marilyn Monroe setzte Anna die gleiche Methode ein wie in ihrer Arbeit mit Kindern. Sie nahm am einen Tischende Platz und ihre Patientin am entgegengesetzten. Dann reichte sie ihr Glasmurmeln und stellte, je nachdem, was die Patientin damit machte, eine Diagnose. Marylin warf eine Murmel nach der anderen. Auf diese Weise verkündete das freudsche Orakel den Wunsch nach einem Sexualkontakt. Die väterliche Methode hatte also Früchte getragen: Für Anna war die Murmel keine Murmel und das Werfen der einen kein Werfen der einen. Alles wurde symbolisch interpretiert und löste sich schließlich in einer Diagnose. Das banale Spiel war Anlass für die Verkündung des Gurus.

In den Archiven des Anna-Freud-Zentrums findet sich in der Akte über Marylin Monroe folgende Expertise: »Emotionale Instabilität, übertriebene Impulsivität, konstantes Bedürfnis nach Bestätigung von außen, erträgt die Einsamkeit nicht, Tendenz zur Depression bei Zurückweisung, paranoid mit schizophrenen Schüben.« Die Schauspielerin nahm schließlich die Dreharbeiten wieder auf und schickte Sigmund Freuds Tochter später aus den USA ein großzügiges Honorar.

John Huston wollte später einen Film über Freud mit dem Titel *Freud. Geheime Leidenschaft* drehen. Der Wiener Doktor hätte darin eine hysterische Patientin behandeln sollen; Marylin Monroe war für die Rolle vorgesehen. Der Regisseur überredete einen gewissen Jean-Paul Sartre, das Drehbuch zu schreiben. Sartre verfasste zwei Versionen mit insgesamt fünfhundert Seiten. Nachdem Huston das Manuskript erhalten hatte, das so dick wie sein Oberschenkel war, schätzte er die Länge des Films auf sieben Stunden. Doch die Männer konnten sich nicht einigen; der Film wurde nie gedreht.

Marylin Monroe, die ja schon bei Marianne Kris in Behandlung war, als sie eine Analyse bei Anna Freud machte, absolvierte bei der amerikanischen Therapeutin siebenundvierzig Sitzungen in drei Monaten. Später kam sie in eine psychiatrische Klinik, unterzog sich dann erneut einer Psychotherapie, diesmal bei Ralph Greenson, der in den dreißiger Jahren in Wien ausgebildet und von Freud zu Hause empfangen worden war. Er machte mit Marylin eine Analyse von Januar 1960 bis zu ihrem Todestag am 4. August 1962. Als er ihr riet, ein Haus zu kaufen, kaufte sie in Mexiko Möbel, die sich später in seiner Wohnung wiederfanden. Marylin gab ihm, worauf sie mit Hustons Film verzichten musste.

Einige Stunden vor ihrem Selbstmord hatte Greenson lange mit ihr telefoniert. Er war der Letzte, der sie lebend gesehen hatte, und er fand ihre Leiche, weshalb er eine Zeit lang in dem Verdacht stand, sie getötet zu haben. Später wurde seine Unschuld bewiesen. Marylin hatte sich mit sechsunddreißig Jahren durch Schlafmittel das Leben genommen. Zwar hat ihr Psychoanalytiker sie nicht getötet, aber weder er noch seine Wissenschaft konnten ihren Selbstmord verhindern. In ihrem Testament vermachte sie ihrer Analytikerin Marianne Kris ein Viertel ihres Vermögens und ihrer Autorenrechte und Kris wiederum vererbte diese riesige Summe der Anna-Freud-Stiftung. So strömen Monat für Monat Tantiemen der legendären Marilyn Monroe in die Kassen der Anna-Freud-Stiftung in London.

Teil 3

METHODOLOGIE

Ein Schloss in Spanien

I.
Freuds Wundertüte

»Den materiellen Anforderungen trug ich Rechnung, indem ich das Studium der Nervenkrankheiten begann.«

Sigmund Freud, »*Selbstdarstellung*« (Bd. XIV, S. 36)

Es konnte gezeigt werden, dass Freuds Biographie seine Theoriebildung bestimmte. Anders als uns die Legende Glauben machen will, ist sein Gesamtwerk kein Kontinuum, kein durch Selbstanalyse entstandenes, homogenes und von Widersprüchen, Sinneswandel oder Reueanflügen freies Korpus. Freuds Denken war vielmehr den Alltagsnöten, den Gesetzmäßigkeiten der eigenen Geschichte und den Zeitläuften unterworfen. Es war kein wissenschaftliches Kontinuum, sondern stand in direktem Zusammenhang mit den Lebenserfahrungen des Autors.

Zwischen 1886 und 1939 veröffentlichte Freud über 6000 Seiten Text, die Briefwechsel nicht eingerechnet. Zunächst schrieb er viele Zusammenfassungen, Vorreden und Nachworte, Beiträge zu Konferenzen oder Notizen. Oft waren es kleinere Texte, kurze Analysen oder Artikelsammlungen, manchmal auch Vorlesungsreihen wie die *Vorlesungen zur Einführung in die Psychoanalyse* oder die *Neuen Vorlesungen zur Einführung in die Psychoanalyse*. Später kamen Nekrologe hinzu. Das Ganze wirkt wie ein großes Mosaik aus heterogenen Fragmenten. So haben zum Beispiel die gemeinsam mit Breuer verfassten *Studien über Hysterie* von 1895 nicht viel mit *Abriß der Psychoanalyse* zu tun, das Freud 1938 im Alter von zweiundachtzig Jahren im Londoner Exil schrieb.

Freuds bruchstückhaft wirkendes Denken unterlag immer wieder großen Veränderungen. Meine sorgsam erhobenen Stichproben legen den Verdacht nahe, dass sich bei ihm zu jeder Aussage auch das Gegenteil findet. Beispielsweise rühmte er zunächst die Hypnose und kritisierte sie später scharf. Noch bedeutsamer ist ein anderer Widerspruch: Der Verfechter der reinen psychoanalytischen Lehre referierte in *Das Unbewußte* oder in *La technique psychanalytique* – einer von den französischen Herausgebern äußerst zweckmäßig zusammengestellten Auswahl freudscher Texte – ausgiebig über den rein sprachlichen Charakter seiner Therapiemethode, während er als alter Mann in seinem geistigen Testament, *Abriß der Psychoanalyse,* die These vertrat, die Chemie werde die Psychoanalyse eines Tages überflüssig machen (Bd. XVII, S. 108). Was hielt er nun für richtig – die ahistorische, rein geistige Lehre oder einen fortschrittsgläubigen Pragmatismus? Stand er zu seinem frühen Plädoyer für das Wort und gegen die Medikation? Oder zu dem späteren Glauben an die Überlegenheit der Medikamente? Zu Couch oder Neuroleptika? Mit Freuds Texten lassen sich beide Thesen belegen.

Die aufmerksame Lektüre des Gesamtwerks fördert viele solcher Widersprüche zutage. Lassen wir deshalb die Konfrontation von Biographie und Werk hinter uns und vergleichen nun die Texte untereinander. Erwartungsgemäß werden wir keinen Ariadnefaden finden, den sich ein Genie von Anfang an zurechtgelegt hat, sondern labyrinthische Irrungen und Wirrungen, wenn nicht gar grobe Fehler. Das achtzehn Bände umfassende Gesamtwerk erinnert in konzeptioneller Hinsicht weniger an Schönbrunn als an den eigentümlichen Palast des Briefträgers Cheval in Hauterives mit seiner wilden Mischung architektonischer Stile.

Ein Beispiel: Freud schrieb in »*Selbstdarstellung*«, er wolle »von der Behandlung Nervenkranker leben« (Bd. XIV, S. 39). Im gleichen Text bestätigte er: »Den materiellen Anforderungen trug ich Rechnung, indem ich das Studium der Nervenkrankheiten begann.« (ebd., S. 36) Wegen seiner Theorien über die männliche Hysterie und seine amateurhafte Anwendung der Hypnose habe er sich nicht mehr an der Erforschung der Hirnanatomie beteiligen dürfen. Nun musste er eine Lösung finden. Er verzichtete also auf Forschung, Physiologie und Anatomie und erfand eine Therapieform, die ohne klassische Medizin auskam. Er wollte finden, ohne zu suchen, und sei es im eigenen Gehirn. Vom Kokain und der Couch gelangte er über Handauflegen, Elektrotherapie, Magnetismus und Hypnose zur kathartischen Methode und dem freien Assoziieren. So erinnert die Entwicklung seines Denkens an Dädalus im Labyrinth, der verzweifelt versucht, dem Minotaurus der Armut und Anonymität zu entkommen.

Folgen wir Freud durch sein therapeutisches Labyrinth. Schon 1884 wollte er reich und berühmt werden. Martha gegenüber sprach er am 7. Januar 1885 von seinem »Jagen nach Geld, Stellung und Namen« (*Briefe 1873–1939,* S. 137). Unter diesem Stern war er geboren worden, und seine Mutter hatte ihm eine große Zukunft vorausgesagt. Eine Seherin hatte Gleiches prophezeit, genau wie ein Gelegenheitsdichter in einem Café am Prater. In seinen Briefen an Fließ sprach er ständig davon. Als zukünftiger Kollege von Kopernikus und Darwin war er nun Martha Bernays begegnet und strebte bürgerliche Anerkennung, eine glückliche Ehe und kinderreiche Familie an, in der sich seine Frau entfalten und ein Leben genießen konnte, zu dem er ihr gesamtes Geschlecht bestimmt glaubte.

Die Medizin langweilte ihn. Durch bloße Forschung konnte er nicht schnell genug nationalen oder gar weltweiten Ruhm erlangen. Denn dazu hätte er eine Entdeckung machen müssen, die diesen Namen verdiente. Auch eine akademische Karriere hatte ihre Tücken: Für das lange Warten auf einen Lehrstuhl hatte Freud einfach nicht die nötige Geduld, zumal es eines Genies nicht würdig war. Die Laborarbeit ließ nicht auf eine Karriere hoffen, da zunächst die Älteren an der Reihe waren. Freud verdiente kein eigenes Geld, häufte Schulden an und war auf Gönner wie Breuer angewiesen, den er gerade wegen dessen Großzügigkeit zum potentiellen Feind erklärte.

Freud wollte also schnell seinen Platz im Wiener Bürgertum finden, eine geniale Entdeckung machen, Geld verdienen und heiraten. So glaubte der junge Arzt, im Kokain die Lösung seiner Probleme gefunden zu haben. Bekanntlich las er sehr viel und verschwieg das meiste von dem, was er bei anderen gelesen hatte. In einer Zeitschrift entdeckte er einen Artikel eines Militärarztes über eine neue Substanz, von der man damals so gut wie gar nichts wusste. Man verabreichte sie Soldaten und beobachtete eine körperliche und geistige Leistungssteigerung bei ihnen. Freud schrieb am 21. April 1884 an seine Verlobte: »Mehr als einen solchen glücklichen Wurf brauchen wir nicht, um an unsere Hauseinrichtung denken zu dürfen.« (*Brautbriefe,* S. 82) In einer anderen Zeitschrift las er, die Substanz könne Morphium ersetzen. Eine von der Armee genutzte Droge, die sogar eine andere Droge ersetzen konnte, schien ihm äußerst vielversprechend.

Freud besorgte sich also das berühmte Pulver, probierte es aus und nahm es bald regelmäßig. Das war im Jahr 1884, doch noch zehn Jahre später, am 12. Juni 1895, gestand er Fließ: »Ich brauche viel Kokain.« (*Briefe an Wilhelm Fließ,* S. 134) Er war also mindestens zehn Jahre lang kokainsüchtig. Er verschrieb die Substanz auch seiner Verlobten und erklärte ihr von Paris aus, sie steigere das sexuelle Empfinden, was er ihr beim nächsten Zusammentreffen beweisen wolle. Freud nahm auch Kokain, um sich für die mondänen Abendveranstaltungen bei Charcot zu wappnen, wo ganz Paris ein und aus ging. Wahrscheinlich blieb der Kokainkonsum nicht ohne Folgen für Arbeit und Leben. Darauf deuten viele von Freuds Verhaltensweisen hin: die ein oder andere theoretische Aussage, mancher Begeisterungssturm für etwas, dem wenig später ein Widerruf folgte, Stimmungsschwankungen, die berühmte, von Ernest Jones höchstselbst diagnostizierte »sehr starke Psychoneurose«, Leiden wie Herzrhythmusstörungen, fehlende Libido, Paranoia all jenen gegenüber, die seinen Theorien nicht anhingen, Panikattacken, Probleme mit der Nasenscheidewand und ständige Erkältungen.

Ich stelle deshalb die These auf, dass die wechselnden Phasen von Euphorie und Depression sich auch auf sein Denken auswirkten und wahrscheinlich schon beim Verfassen von *Entwurf einer Psychologie* eine Rolle spielten. Dazu schrieb Freud am 20. Oktober 1895 an Fließ: »In einer fleißigen Nacht der verflossenen Woche, bei jenem Grad von Schmerzbelastung, der für meine Hirntätigkeit das Optimum herstellt, haben sich plötzlich die Schranken gehoben, die Hüllen gesenkt, und man konnte durchschauen vom Neurosendetail bis zu den Bedingungen des Bewußtseins. Es schien alles ineinanderzugreifen, das Räderwerk paßte zusammen, man bekam den Eindruck, das Ding sei jetzt wirklich eine Maschine und werde nächstens auch von selber gehen.« (ebd., S. 149) Und am 29. November 1895: »Den Geisteszustand, in dem ich die Psychologie ausgebrütet, verstehe ich nicht mehr; kann nicht begreifen, daß ich sie Dir anhängen konnte.« (ebd., S. 158) Im Oktober war der Entwurf noch genial, vier Wochen später allenfalls gut genug für den Papierkorb. Im Juni desselben Jahres hatte er Fließ seine Kokainsucht gestanden.

Bei seinen Experimenten fand Freud heraus, dass das Kokain eine wahre Euphorie in ihm auslöste. Die Melancholie verschwand, die körperliche und geistige Leistungsfähigkeit vervielfachte sich, die Neurasthenie und die depressiven Stimmungen verflogen. Wie gewöhnlich schloss er vom eigenen Fall auf die Allgemeinheit und schrieb dem Kokain von nun an die Fähigkeit zu, Neurosen und kritische psychische Zustände zu heilen, und zwar ohne abhängig zu machen – obwohl Kollegen mit besserer Beobachtungsgabe bereits auf die Suchtgefahr aufmerksam gemacht hatten. Er schien den Stein der Weisen gefunden zu haben, die Lösung aller psychiatrischen Probleme. In einem Brief an Martha spekulierte er, mit dieser Entdeckung werde er sein Glück machen.

Beinahe ohne Hinweis auf die zugrunde liegenden Artikel gab Freud als die eigene Theorie aus, das Kokain könne das Problem der Abhängigkeit von Morphium lösen. Im Frühling 1884 experimentierte er an seinem Freund Fleischl-Marxow, der damals schon morphinabhängig war. Fleischl-Marxow versuchte, mit dem Morphium die Schmerzen am Stumpf eines amputierten Daumens, der ihm nach einem Laborunfall hatte abgenommen werden müssen, zu lindern. Der ungeduldige junge Arzt namens Freud wurde bei der Gesellschaft für Psychiatrie vorstellig und behauptete voreilig, binnen zwanzig Tagen hervorragende Ergebnisse erzielt zu haben.

1885 schilderte Freud eine *erste Version* der Geschichte in dem Artikel *Über die Allgemeinwirkung des Cocains.* Dort war zu lesen, er könne »unbedenklich dazu raten, [...] Cocain in subkutanen Injektionen [...] zu geben« (*Über die Allgemeinwirkung des Cocains,* S. 106). Dann behauptete er, diese Methode angewandt und den Zustand des Patienten deutlich verbessert zu haben. Dessen Morphinsucht sei völlig verschwunden. Selbstsicher tat er kund, man werde mit Kokain künftig Depression, Melancholie, Hysterie und Hypochondrie bekämpfen können.

Fünfzehn Jahre später veröffentlichte er in der *Traumdeutung* eine *zweite Version* der damaligen Ereignisse, denn inzwischen war Fleischl-Marxow an der von Freud verschriebenen subkutanen Injektion von Kokain gestorben. Freud behauptete, er habe die Injektion explizit verboten und klar und deutlich die bloße Einnahme verschrieben. Er berichtete von einem »unglücklichen Freund, der sich mit Kokain vergiftet hat. Ich hatte ihm das Mittel nur zur internen Anwendung während der Morphiumentziehung geraten; er machte sich aber unverzüglich Kokaininjektionen.« (*Die Methode der Traumdeutung,* Bd. II/III, S. 120) Wenig später kam er nochmals auf die Angelegenheit zurück: »Ich hatte Injektionen mit dem Mittel, wie gesagt, gar nicht beabsichtigt.« (ebd., S. 122) Stellt man beide Versionen der Geschichte gegenüber, lässt sich daraus Einiges über Freuds Glaubwürdigkeit ablesen.

Denn als er bei der Gesellschaft für Psychiatrie vorstellig wurde und auch später, als er den Artikel verfasste, wusste Freud sehr wohl um den Zustand des Freundes. Er besuchte ihn nämlich im Krankenhaus und konnte sich dort selbst davon überzeugen, dass das Kokain keinesfalls das Morphium ersetzte, die Beschwerden des Patienten nicht linderte und diesen sogar von einer zweiten Substanz abhängig machte! Regelmäßig litt der Freund an Zuckungen, Schlaflosigkeit, Niedergeschlagenheit, Delirien, Halluzinationen, verwirrten Zuständen, Verstörung und Selbstmordgedanken. All dies konnte Freud im Krankenzimmer seines Freundes selbst beobachten. Das beweisen Briefe an seine Frau, in denen er regelmäßig und detailliert über den Niedergang des Kranken berichtete. Am 12. Mai 1884 schrieb er ihr, Fleischl ginge es nicht gut und er sehe keinerlei Erfolg. Weitere derartige Aussagen gegenüber der Familie und in verschiedenen Briefen – die natürlich der kritischen Forschung nicht zur Verfügung stehen – belegen Freuds Scheitern und Einsicht in die Erfolglosigkeit seines Therapieversuchs. Doch er musste das Fiasko unbedingt in einen Erfolg ummünzen. Das lag an dem Entwurf, dem *projet originaire* (um es mit Sartres existentialistischem Vokabular zu sagen), mit allen Mitteln ein berühmter Mann zu werden.

Drei Jahre später wurde der Betrug entdeckt, und Freud vernichtete die Beweise. Der Artikel *Über die Allgemeinwirkung des Cocains* verschwand aus seiner offiziellen Bibliographie, die er zum Beispiel bei Bewerbungen um Professorenstellen an Universitäten schickte. Die Hagiographen – die sich vielleicht nicht merken konnten, was sie in der *Psychopathologie des Alltagslebens* gelesen hatten – erklärten dieses Verschwinden mit einem Trick, den Freuds Unbewusstes ihm gespielt habe! Es ist doch bemerkenswert, dass Paul-Laurent Assouns 2009 erschienenes, 1500 Seiten umfassendes *Dictionnaire des oeuvres psychanalytiques* keinen Hinweis auf diesen von Freud verfassten Text enthält. Genauso bemerkenswert ist, dass die französische Gesamtausgabe in einundzwanzig Bänden praktischerweise mit Texten aus dem Jahr 1886 beginnt! Und die deutsche mit dem Jahr 1892.

Ein besonders bemühter Psychoanalytiker eilte dem Meister

sogar mit der Erklärung zu Hilfe, Freuds Tilgen des Texts aus seiner Bibliographie sei ein unbewusster Gefallen dem toten Freund gegenüber, denn Freud habe weniger die Injektionen als vielmehr einen Phallusersatz verschwinden lassen wollen. Indem er *Über die Allgemeinwirkung des Cocains* in der Bibliographie »vergaß«, habe er den Freund nicht – um es höflich auszudrücken – *sodomisieren* wollen. In gewisser Weise hat er das letztlich doch getan.

Nach dem Scheitern der Kokaintherapie eröffnete Freud 1886 seine Praxis. Dort behandelte er seine Patienten bis 1890 mit der Elektrotherapie, deren Techniken wie die Galvanisierungstherapie, Franklinisierung oder Elektroschocks schon damals seit hundert Jahren zu therapeutischen Zwecken angewandt wurden. In einem Brief an Fließ vom 24. November 1887 berichtete Freud, er nutze die »galvanische Behandlung« (*Briefe an Wilhelm Fließ*, S. 4), die damals in Mode war; er strebte einen Posten an der Universität an und wollte über das Thema publizieren. Das zur Therapie nötige Material war teuer, doch ein Kollege hatte versprochen, es ihm zukommen zu lassen.

In seinem Beitrag *Zur Geschichte der psychoanalytischen Bewegung* äußerte sich Freud über diese Zeit, doch er hatte wohl Angst, sich lächerlich zu machen, und stellte seine aus wissenschaftlicher Sicht wenig überzeugende Arbeit als »physikalisch[e] Therapie« dar (Bd. X, S. 46). Das klang schon viel besser. Um diese Episode mit seiner persönlichen Legendenbildung in Einklang zu bringen, fügte Freud hinzu, er habe sehr schnell bemerkt, »daß die Erfolge der elektrischen Behandlung bei nervösen Störungen Suggestionserfolge seien« (ebd.). Eine interessante nachträgliche Deutung.

Freud behauptete also, er sei von der »Elektrotherapie« als Beispiel für Suggestivwirkung zur Hypnose gelangt, die 1896 in die Psychoanalyse gemündet habe. Doch wie kann das sein, wenn er noch 1910 so wenig an die Wirksamkeit der eigenen revolutionären Methode glaubte, dass er laut einem Brief an Ludwig Binswanger vom 9. April 1910 die Onaniesucht eines Patienten lieber mit einer »Sondenkur (oder Psychrophor)« behandeln wollte (Freud/Binswanger, *Briefwechsel,* S. 38)? Er bekundete seinen Glauben an diese extravagante Methode wohlgemerkt im selben Jahr, in dem die fünf Vorlesungen *Über Psychoanalyse* erschienen.

Mit derlei *verrückten Therapiemethoden* versuchte man damals tatsächlich, *krankhafte Verrücktheit* zu behandeln. Vielleicht erscheinen späteren Generationen die heutigen Therapien für Geisteskrankheiten einst genauso bizarr, wie sich uns heute die früheren Behandlungsformen darstellen. Aus jetziger Sicht ist es jedenfalls erstaunlich, was ein Patient Freuds um 1910 über sich ergehen lassen musste. Zweifel an der Seriosität der Psychoanalyse stellen sich ein, denn Freud schrieb 1904 *Die Freudsche psychoanalytische Methode,* 1905 *Über Psychotherapie,* 1910 *Die zukünftigen Chancen der psychoanalytischen Therapie* und im selben Jahr *Über »wilde« Psychoanalyse,* doch Binswangers Patient mit den Initialen J. v. T. verordnete er eine Sondenbehandlung, im Zuge derer ein Katheter mit kaltem Wasser in die Harnröhre eingeführt wurde. Der Erfinder der um 1910 theoretisch vollendeten Psychoanalyse unterzog also im selben Jahr einen an »apathische[r] Depression« (Brief an Ludwig Binswanger, 9. April 1910; Freud/Binswanger, *Briefwechsel,* S. 38) leidenden Patienten einer derartigen Behandlung, obwohl dessen gravierendste Krankheitserscheinung häufiges Masturbieren war!

Glaubt man dem goldenen Mythos der Psychoanalyse, so folgte auf die Elektrotherapie die Hypnose. Demnach hätte Freud bei der galvanischen Behandlung die heilende Kraft der Suggestion erkannt und sei damit zielsicher seiner großen Entdeckung näher gekommen. Die Hypnose wäre also Teil der angeblich mit wissenschaftlichen Methoden entwickelten neuen Disziplin. Mit der Hypnose waren bekanntlich die Namen Jean-Martin Charcot und Josef Breuer untrennbar verbunden.

Immer wieder gab es in der Geschichte der Medizin Krankheiten, die eine Zeit lang gehäuft auftraten und dann wieder verschwanden. Manche wurden natürlich durch Medikamente ausgelöscht, doch die Hysterie beispielsweise ist aus der zeitgenössischen Medizin wieder verschwunden, ohne dass ein Heilmittel oder eine wirksame Prophylaxe gefunden wurde. Das 19. Jahrhundert war das Zeitalter der Hysterie und der Hysterikerinnen. Zwar ist die Terminologie in den allgemeinen Sprachgebrauch übergegangen, doch heute verwendet niemand mehr den Begriff Hysterie, um – wie damals üblich – Frauen zu beschreiben, die durch eine beunruhigend aufreizende Weiblichkeit oder durch eine andersartige Komik auffallen.

Das Verschwinden des Wortes in diesem Zusammenhang erklären Medizinhistoriker mit dem Aufkommen geeigneterer Definitionen. Vielen Frauen, die damals als Hysterikerinnen in der Salpêtrière vorgeführt wurden, ließen sich heute dank ausgefeilter Untersuchungsmethoden und präziser Diagnostik eindeutige und klar erkennbare Krankheiten zuordnen, beispielsweise neuronale Epilepsien, Mikroläsionen im Gehirn, Schädigungen des Nervengewebes und Ähnliches. Eine solche wissenschaftliche Diagnose würde die magischen Interpretationen von einst natürlich ihrer Gültigkeit berauben.

Das große Theater der Hysterie brauchte vor allem Zuschauer. Davon zeugten die zahlreichen Fotografen, die Charcots öffentliche Séancen für die Ewigkeit festhalten und die zuckenden, epileptischen Körper der Hysterikerinnen einfangen sollten. Der Maler André Brouillet hielt die Szenen in dem bereits erwähnten Bild fest, dessen Titel die spätere Berühmtheit vorwegnahm: *Une leçon clinique à la Salpêtrière* (1887) und das zur Ikone dieses historischen Augenblicks in der Geschichte der Psychiatrie wurde.

Zwischen dem 13. Oktober 1885 und dem 28. Februar 1886 gehörte auch Freud zum faszinierten Publikum des hysterischen Theaters, in dem Professor Charcot über dreißig Jahre lang – von

1862 bis 1893 – Hof hielt. Wie ein Halbgott entschied er mit kleinen Gesten über das Schicksal der Patienten, die Zuschauer hingen an seinen Lippen und folgten jeder Bewegung. Am 29. Juni 1912 zeigte sich Binswanger Freud gegenüber frappiert von dessen »enorme[m] Wille[n] zur Macht, konkreter zur Beherrschung der Menschen« (Freud/Binswanger, *Briefwechsel,* S. 102). Weiter analysierte er: »[D]aß Sie zuerst Jus studieren wollten und die Minister eine große Rolle spielen, gehört wohl dazu. Sie sind ein geborener Herrscher, und daß Sie diesen Herrschtrieb auf die psychische Beherrschung des Menschen hinübergeleitet haben, war eine besonders gelungene Sublimierung. Es ist nicht richtig [Fußnote: ›Vielleicht hatte Binswanger diktiert: Ist es nicht richtig …?‹], daß bei Ihrem ganzen wissenschaftlichen Werke jener Trieb zur Beherrschung der Menschheit mitgewirkt hat. Wie sehr dieser Trieb mit Ihrem Vaterkomplex zusammenhängt, ist ja wiederum aus der Traumdeutung leicht ersichtlich.« (ebd.)

Die Lösung lag also in der Hypnose. Freud sah sich schon als eine Art Wiener Charcot und dem ersehnten Ruhm ganz nahe. Zurück in Österreich schlug er dem Herrscher der Salpêtrière deshalb vor, dessen Werk zu übersetzen. Bei der Übersetzung verfasste er Fußnoten zu Charcots Text, ohne den Autor davon in Kenntnis zu setzen. Als das Buch erschien, gratulierte ihm Charcot brieflich zu den gelungenen Anmerkungen. Ungeachtet dessen tat Freud im Zuge seiner persönlichen Legendenbildung aber so, als habe Charcot ihm die Anmerkungen übel genommen. Er wollte sich eben nicht als braven, gelehrigen Schüler des Meisters, sondern als autonomen, kritischen Geist gewürdigt wissen.

Ende 1887 führte Freud in seiner Praxis die Hypnose ein, *obwohl er weiterhin Elektrotherapien vornahm.* Am 28. Dezember 1887 schrieb er an Fließ: »Ich selbst habe mich in den letzten Wochen auf die Hypnose geworfen und allerlei kleine, aber merkwürdige Erfolge erzielt.« (*Briefe an Wilhelm Fließ,* S. 5) Gern wüsste man mehr über diese kleinen Erfolge. Während er den Brief schrieb, lag nach eigenem Bekunden eine hypnotisierte

Patientin auf seiner Couch. Auf diese Praxis werde ich später noch einmal zurückkommen. Es ist bekannt, dass Freud während der teuren Therapiesitzungen manchmal einschlief. Doch da bei diesen Sitzungen der psychoanalytischen Lehre zufolge nur das Unbewusste von Therapeut und Patient miteinander in Verbindung stehen, konnte man ihm deshalb keine Vorhaltungen machen.

Am 4. Februar 1888 schrieb Freud an Fließ, der Name Charcot führe ihm viele Patienten zu (*Briefe an Wilhelm Fließ,* S. 6), von denen sich einige jedoch als widerspenstig erwiesen; sie ließen sich einfach nicht hypnotisieren. Und ein Hypnotiseur, dessen zahlende Klienten ungeachtet aller Bemühungen nicht bewusstlos werden, gibt sich doch irgendwie der Lächerlichkeit preis. So verwarf Freud die Methode. Wie dem Fuchs in der Fabel waren auch ihm die Trauben viel zu sauer, schrieb er doch in *Über Psychoanalyse,* er verzichte auf die Hypnose, weil sie ein »sozusagen mystisches Hilfsmittel« (Bd. VIII, S. 19) sei. So war die Wissenschaftlerehre gerettet!

Freud hatte also mit Kokain, später mit Elektrotherapie und zeitgleich mit Heilbädern behandelt. Letztere wendete er aber nicht lange an, weil sich das finanziell nicht lohnte: Die »Versendung in die Wasserheilanstalt nach einmaliger Konsultation war keine zureichende Erwerbsquelle« (*»Selbstdarstellung«,* Bd. XIV, S. 40), schrieb er trocken. Zwischen 1887 und 1892 praktizierte er die Hypnose und arbeitete noch bis 1910 (!) mit dem Psychrophor. Dann wechselte er zum Handauflegen, eine Technik, die er sich bei Bernheim abgeschaut hatte.

Der französische Hypnotiseur Hippolyte Bernheim betrieb eine Praxis in Nancy. Während Charcot lehrte, die Hypnose funktioniere nur bei Hysterikern – worin ihm die Zukunft recht geben sollte –, führte Bernheim alles auf die Suggestion zurück, weshalb jeder erfolgreich hypnotisiert werden könne. Weil Freud ein schlechter Hypnotiseur war, interessierte er sich natürlich für diese These und stattete Bernheim 1889 einen Besuch ab. Nach Charcots Buch übersetzte er nun das Hauptwerk von dessen Rivalen Bernheim: *Über die Suggestion und ihre Anwendung in der Therapie*. So hatte er gleich mehrere Eisen im Feuer.

In *Studien über Hysterie* berichtete Freud vom Handauflegen. Zur Behandlung einer Hysterikerin schlug er eine *Gebärmuttermassage* vor. Er selbst begnügte sich jedoch mit der Theorie, lud einen Kollegen ein, der die Handgriffe durchführte, und schrieb dann triumphierend, die Patientin sei von »einem unserer angesehensten Gynäkologen, behandelt worden, der ihr den Uterus durch Massage aufrichtete, so daß sie mehrere Monate frei von Beschwerden blieb.« (*Studien über Hysterie,* Bd. I, S. 131) 1893 behandelte Freud die Symptome der Hysterie also mit Gebärmuttermassagen. Erinnern wir uns daran, dass alle guten Nachschlagewerke als Entstehungsjahr der Psychoanalyse 1896 angeben, doch Freud erwähnte bereits im Abschnitt über die Hysteriepatientin von 1893, sie habe »auf dem Diwan« gelegen (ebd., S. 134). Einigen wir uns also darauf, dass zwar das Wort »Psychoanalyse« von 1896 stammt, das Verfahren aber schon älter ist.

Sehen wir uns den Fall von Miss Lucy R. genauer an. Freud erläuterte, er überwinde den Widerstand der Patienten auf dem Diwan, indem er seinen Finger an die Augen des Kranken heranführe und verkünde, er werde gleich einschlafen. Der Patient schlafe dann aber nicht ein. Er, Freud, nutze diesen Körperkontakt mit dem einzigen Ziel, die Patienten »zum Mitteilen zu nötigen« (ebd., S. 168).

Wollte er eine unwillige Patientin dazu bringen, Details über ihr Krankheitsbild zu verraten, ging er so vor: »Ich legte der Kranken die Hand auf die Stirne oder nahm ihren Kopf zwischen meine beiden Hände und sagte: ›Es wird Ihnen jetzt einfallen unter dem Drucke meiner Hand. Im Augenblicke, da ich mit dem Drucke aufhöre, werden Sie etwas vor sich sehen oder wird Ihnen etwas als Einfall durch den Kopf gehen und das greifen Sie auf.‹«

(ebd.) Glaubt man Freud, so hatte er natürlich großen Erfolg mit dieser Methode.

1909 erklärte Freud in *Über Psychoanalyse* nochmals sein Vorgehen, wie er es bereits in *Studien über Hysterie* getan hatte, besonders im Kapitel »Zur Psychotherapie der Hysterie« (ebd., S. 252–312). Er bat den Patienten, sich auf die Couch zu legen und sich zu entspannen, und kündigte an, sobald der Druck der Hände nachlasse, werde eine Erinnerung in ihm aufsteigen. Durch das Emporkommen der verdrängten Erinnerung werde das Krankheitssymptom des Patienten verschwinden, und auf diese Weise könne er systematisch geheilt werden.

So bestand also gar keine Notwendigkeit, den Patienten zu hypnotisieren, zumal Freud dies ohnehin nicht beherrschte. Die neue Technik kombinierte das Handauflegen und die Hypnose. So konnte der Analytiker sein Gesicht wahren, war doch das Misslingen der Hypnose nun nicht mehr der Inkompetenz des Therapeuten, sondern dem Widerstand des Patienten anzulasten. Dass Freuds Patienten nicht einschliefen, war allein ihre Schuld.

Nach der langen Reise durch das Labyrinth der Therapien können wir nun die Dimensionen von Freuds Irrfahrt ermessen, die von seinem achtundzwanzigsten bis zu seinem vierundfünfzigsten Lebensjahr dauerte. Während dieses Vierteljahrhunderts behandelte er unaufhörlich Patienten in seiner Praxis.

Mit echtem Erstaunen lesen wir deshalb einen ganz bestimmten Satz aus dem Beitrag *Zur Geschichte der psychoanalytischen Bewegung* (1914). Hier zeigt sich ein bescheidener Freud, der von Selbstzweifeln zwischen 1902 – dem Beginn der Mittwochstreffen der Psychologischen Vereinigung – und 1907 – dem Jahr, in dem er sich seiner Theorie sicher war – berichtete. »Ich selbst wagte es nicht, eine noch unfertige Technik und eine im steten Fluß begriffene Theorie mit jener Autorität vorzutragen, die den anderen wahrscheinlich manche Irrwege und endliche Entgleisungen erspart hätte.« (*Zur Geschichte der psychoanalytischen*

Bewegung, Bd. X, S. 64) Und doch äußerte er weder in seinen Texten über Kokain, Hysterie oder Psychoanalyse noch in den Briefen aus dieser Zeit Zweifel an der eigenen Methode – als hätte er nie selbstsicher behauptet, den Stein der Weisen gefunden zu haben! Zwei Jahrzehnte lang schwieg er über den »unfertigen« Charakter seiner »im Fluß begriffenen« Theorie und – weit schlimmer – seiner Therapieform.

Wo versteckt sich der wahre Freud? Ist es der Kokainverfechter, der die Substanz 1885 zum Wunderstoff erklärte? Oder der Anhänger der Elektrotherapie aus den Jahren 1886 und 1887? Oder der Vorkämpfer für Heilbäder und Hydrotherapie, der er zur gleichen Zeit war? Hoffentlich ist es nicht der Hypnotiseur von 1888, zu dem man ja den Handaufleger rechnen müsste. Und was ist mit der Harnröhrensonde aus dem Jahr 1910?

Beim Verfassen der persönlichen Legende mithilfe autobiographischer Texte wie *Zur Geschichte der psychoanalytischen Bewegung* (1914) oder *»Selbstdarstellung«* (1925) brachte Freud dieses Chaos in eine lineare Reihenfolge und präsentierte jeden wissenschaftlichen Irrweg als Vorstufe der Psychoanalyse, die so als perfekte Ikone erschien. Seine Version der Geschichte lautete so: Nach der experimentellen Phase mit dem Kokain lehrte die Elektrotherapie ihn, dass die therapeutische Wirkung auf der *Suggestion* beruhe. Den Psychrophor erwähnte er nicht einmal; im gesamten Werk kommt das Wort kein einziges Mal vor. Zum Glück findet es sich in den Briefen, weshalb die Tempelhüter diese natürlich geheim oder unzugänglich halten wollen. Auch über die Thermalbehandlungen schwieg Freud, obwohl er sie selbst lange Zeit gemeinsam mit seiner Schwägerin praktiziert hatte. Das Handauflegen sollte von seiner Unfähigkeit, Hypnose richtig anzuwenden, ablenken, doch Freud behauptete, so den Widerstand des Patienten entdeckt zu haben, der zu einem der wichtigsten Konzepte der Psychoanalyse werden sollte.

Wer heute mit Kokain, Harnröhrensonden, Hypnose und dergleichen behandeln will, findet in Freuds Texten der Jahre 1884 bis 1910 – man kann nicht oft genug darauf hinweisen, dass diese Zeitspanne ein Vierteljahrhundert umfasst – genügend Belegstellen zur Rechtfertigung dieser Praktiken. Mit der Psychoanalyse haben sie gemeinsam, dass sie ausschließlich durch den Placeboeffekt wirken.

Zur Wundertüte freudscher Therapiemethoden gehört auch ein Text, der nicht in der Werkausgabe enthalten ist, sondern lediglich im Nachtragsband. Es handelt sich um ein an Fließ gesandtes, nicht zur Veröffentlichung bestimmtes Manuskript: *Entwurf einer Psychologie*, datiert von 1895 und Teil von Freuds Irrungen und Wirrungen zwischen 1892 und 1910. Wir haben bereits gesehen, dass Freuds zunächst euphorische und später ablehnende Haltung diesem Text gegenüber wahrscheinlich mit dem Kokainkonsum in Zusammenhang stand.

Doch es lohnt sich, diese Seiten genauer zu betrachten. Der erfolgshungrige Neurologe, der sein Geld mit der Behandlung von Geisteskrankheiten verdienen wollte; der Opportunist, der so berühmt werden wollte wie Charcot; der von den Institutionen verlachte Theoretiker der sexuellen Ätiologie der Geisteskrankheiten und der männlichen Hysterie ließ auch hier wieder seine beliebte Methode durchblicken, die eigene intellektuelle Biographie zu schönen.

Mit seinem Manuskript *Entwurf einer Psychologie* wollte Freud eine wissenschaftliche Psychologie skizzieren, also das Gegenteil einer literarischen Psychologie, die doch sein Werk, sein Denken und seine Vorgehensweise bestimmte. Der Text illustriert Freuds Ambivalenz (auf die ich im Kapitel »Wie man dem eigenen Körper den Rücken kehrt« noch eingehen werde) und sein langes Schwanken zwischen der *Verleugnung des Körpers*, dem Vergessen des Körpers oder gar der – schließlich obsiegenden – Verachtung des Körpers und der – letztlich verdrängten – *Sorge um den Körper.*

Denn das, was Freud in diesem Text von 1895 entwirft, und

der Gedanke aus *Die endliche und die unendliche Analyse* (1937), die Chemie werde die Psychoanalyse einst überflüssig machen, weisen eine große Ähnlichkeit auf. Beide überspannen das Gesamtwerk wie eine Brücke und zeigen, dass es tatsächlich einen wissenschaftlichen Freud gab, der nicht über atopische Topiken, Metaphern und Metonymien nachdachte, sondern über physische Energien, die Wirkungsweise der Nervenkräfte, neuronale Prozesse und Biologie.Obschon im gleichen Jahr verfasst wie *Studien über Hysterie,* ist dieser Text von 1895 weit von jenem Freud entfernt, der Handauflegen als Heilmethode für Nervenkrankheiten propagierte. In dem lange Zeit nicht zugänglichen Text geht es darum, die Verdrängung mithilfe neuronaler Vorgänge zu erklären. Natürlich wurde auch hier Freuds Neigung zur bloßen Behauptung ohne Beweise und Laborexperimente deutlich. So erklärte er einfach, es gebe drei Typen von Neuronen, markiert durch die drei griechischen Buchstaben *Phi, Psi* und *My,* nämlich jene Neuronen, die Reize empfangen, solche, die Reize übermitteln, und schließlich diejenigen, welche die Reize an das Bewusstsein weiterleiten. Diese zwar gleich strukturierten, aber doch unterschiedlichen Neuronen stünden miteinander in Beziehung, übermittelten quantitative und qualitative Informationen, regulierten Energieflüsse, wirkten beim Auf- und Abbau psychischer Spannung mit und hatten noch vielfältige andere Aufgaben. Hier scheinen die Thesen vom Vatermord und vom Ödipuskomplex in weiter Ferne, und wir entdecken stattdessen einen Freud, der begeistert eine physikalische wissenschaftliche Hypothese erprobte, auch wenn sie ihm kurze Zeit später völlig uninteressant schien und er sich über seinen vormaligen Enthusiasmus wunderte. Diese Begeisterung für die Wissenschaft sollte ihn zeitlebens begleiten, ungeachtet seiner metapsychologischen Analysen.

Natürlich wäre Freuds Text *Entwurf einer Psychologie* beispielsweise einem Epistemologen wie Gaston Bachelard gerade recht gekommen, illustriert er doch auf das Anschaulichste die Grenzen jeder wissenschaftlichen Erkenntnis: Freud sprach von einer Energiemenge »Q«, von psychischer Energie (Aufregung, Substituierung, Umwandlung, Entladung), welche über psychische Zustände Auskunft geben könne; er benutzte scheinbar wissenschaftliche Parameter und Formulierungen (so die drei mit griechischen Buchstaben bezeichnete Neuronen, freie und gebundene Zustände, primäre und sekundäre Prozesse, die Neigung des Nervensystems zum Kompromiss, die biologischen Regeln der Aufmerksamkeit und der Unterscheidung etc.). Trotz oder gerade wegen seines wissenschaftlichen Vokabulars bewegte er sich womöglich auf vorwissenschaftlichem, gar literarischem Terrain. Doch dieses Moment von Wissenschaftlichkeit in Freuds Denken ist gerade das Symptom seiner Ambivalenz: Freud der Philosoph hatte sich zwar für die Philosophie begeistert, war dann aber von ihr enttäuscht worden und traute ihr darüber hinaus nicht zu, ihm schnell zu Geld und Ansehen zu verhelfen, seine mit Besessenheit verfolgten Ziele. Er las Schopenhauer und Nietzsche, verdrängte aber, was er hier erfuhr. Er lehnte jedes philosophische Universalmodell ab und nahm für sich das wissenschaftlich-experimentelle Vorgehen in Anspruch, entwickelte jedoch selbst eine universelle Weltsicht. Er sah sich auf einer Ebene mit Kopernikus und Darwin, aber keineswegs mit den Autoren von *Die Welt als Wille und Vorstellung* oder *Also sprach Zarathustra*, obwohl er eher wie die Philosophen dachte als wie ein Astronom oder Naturforscher. Dieser Freud offenbarte in dem skizzenhaften Text und unter dem Einfluss von Kokain einen verdrängten Wunsch: nämlich die Welt aus ihren materiellen Gegebenheiten heraus zu verstehen.

Und doch verdrängte er seine gesamte Karriere hindurch diesen Wunsch zugunsten einer anderen Welt, in der Träume, Wünsche und Fantasien regierten. Vielleicht überwand er mithilfe des Kokains für einen Moment seine Zurückhaltung. Das Manuskript ohne Titel, das er an den Freund schickte und das erst nach langer Zeit im Briefwechsel entdeckt wurde, hat eine wahre Odyssee hinter sich: Fließ' Witwe hatte es nach dem Tod ihres Mannes einem Buchhändler verkauft. Später hatte es ihre Freundin Marie Bonaparte wiedererlangt, die Freud gebeten hatte, es verschwinden zu lassen – er selbst hatte Fließ' Briefe ja zerstört. Bonaparte kaufte es dennoch, deponierte es nach dem Einzug der Nazis in Wien bei der Rothschild-Bank, von wo aus es vor den Nazis in Sicherheit gebracht wurde und nach Dänemark gelangte. In einem wasserdichten Umschlag reiste es über den Ärmelkanal. 1950 erschien der Text schließlich in London unter dem Titel *Entwurf einer Psychologie* und sechs Jahre später in Paris. Er ist im gleichen Tenor gehalten, von dem auch *Jenseits des Lustprinzips* geprägt ist – ein Text, in dem der Körper wieder eine Rolle spielt, wenngleich er in einem Meer aus Konzeptionalisierungen zu ertrinken droht. Und doch herrscht auf diesem Meer klarere Sicht als in vielen anderen Schriften Freuds, durch die der Nebel wabert.

II.
Auf der Jagd nach den perversen Vätern

»Leider ist mein eigener Vater
einer von den Perversen gewesen.«

Sigmund Freud, Brief an Wilhelm Fließ, 8. Februar 1897
(*Briefe an Wilhelm Fließ*, S. 245)

Freud hatte sich also im Dickicht der Therapien verirrt – aber auch im Gewirr der sexuellen Ätiologie der Neurosen. In der Verführungstheorie zeigt er sich überzeugt davon, dass Väter ihre Kinder missbrauchen und so die allen Neurosen zugrunde liegenden Traumata auslösen. Später machte er einen Rückzieher, was sich als nicht ganz leicht erwies, da er seinen Fehler nicht eingestehen wollte. Allein in dieser einen Frage ging Freud also sehr lange fehl und schadete dabei vielen Familien und ohnehin schon fragilen Persönlichkeiten.

Weil er selbst inzestuöse Neigungen hatte, vermutete er den Inzest überall. So entwickelte er die Theorie vom traumatischen Ursprung der Psychopathologien im Missbrauch der Kinder durch ihre Erzeuger. Der Drang, den Vater zum Monster zu erklären und diese private These auf alle Patienten anzuwenden, führte Freud auf den gefährlichen Weg der Verallgemeinerung. Mit der sogenannten Verführungstheorie scheiterte er – nicht zum ersten Mal – auf dem Gebiet der Psychotherapie.

Freud behauptete also, am Beginn jeder Pathologie stehe der sexuelle Missbrauch des kleinen Kindes durch den Vater. Beweise hatte er keine. Er stellte die Behauptung als Tatsache dar, als Wort aus dem Evangelium. Freuds Vorgehen war ganz und gar unwissenschaftlich. Forscher stellen eine These auf und versuchen, sie mittels zahlreicher Experimente zu beweisen. Er dagegen glaubte an etwas und erklärte es umgehend zu einer Wahrheit, die er durch alle Mitmenschen bestätigt sah. So hielt er es mit allen seinen Vermutungen.

Die Entstehungsgeschichte der furchterregenden Verführungstheorie findet sich in einem Brief an Fließ vom 8. Februar 1897, dessen Thema die sexuelle Ätiologie der Neurosen ist. Sechzehn Wochen zuvor, am 23. Oktober 1896, war Freuds Vater gestorben, und Freud hätte sich nun, da sein Erzeuger seiner Beziehung zur Mutter endlich nicht mehr im Weg stand, entspannen können, doch die Sache ließ ihn nicht los. Er musste auch noch den Kadaver schänden und den verwesenden Körper des Vaters blindwütig zerstören.

In besagtem Brief ist zu lesen: »Leider ist mein eigener Vater einer von den Perversen gewesen und hat die Hysterie meines Bruders (dessen Zustände sämtlich Identifizierung sind) und einiger jüngerer Schwestern verschuldet. Die Häufigkeit dieses Verhältnisses macht mich oft bedenklich.« (*Briefe an Wilhelm Fließ*, S. 245) Die Bösartigkeit dieser Verunglimpfung ist erschreckend. Ohne jeden Beweis erklärte Freud den Vater zum Vergewaltiger eines seiner Söhne und mehrerer seiner Töchter. Seltsam, dass die Mutter angesichts der vielen Opfer von Jakob Freuds perverser Sexualität nichts bemerkt oder geschwiegen haben soll. Freud äußert sich zwar nicht dazu, doch auch seiner Mutter käme in diesem Prozess gegen den Vater als dem einen Angeklagten eine gewisse Verantwortung zu.

Der Fantasie aus dem Brief fügte Freud noch einen Traum über seine Tochter Mathilde hinzu. Eine Fantasievorstellung und ein Traum sind wahrlich magere Beweise für eine derartig schwerwiegende Theorie, die alle Väter zu Inzesttätern an ihren Kindern erklärte! In dem berüchtigten Traum, von dem Freud Fließ am 31. Mai 1897 erzählte, sprach er von »überzärtlichen Gefühlen« (ebd., S. 266) seiner Tochter gegenüber. Er zeigte sich angesichts des Traums jedoch nicht im Mindesten beunruhigt, sondern sah ihn als Beweis für seine These, die Väter missbrauchten ihre Kinder.

Fassen wir zusammen: Freud gestand also einen *Wunsch* ein, denn es handelte sich hier ja nicht um ein mit wissenschaftlichen Methoden erzieltes, reproduzierbares Ergebnis. Ungeachtet der epistemologischen Bedeutungslosigkeit eines solchen Wunsches behauptete Freud, keine Zweifel mehr an seiner These zu haben, und wunderte sich keinen Augenblick darüber, wie schnell er sich selbst überzeugt hatte. Denn einen Wunsch zu haben hieß in seinem Fall auch, dass er wünschte, recht zu haben.

In *Zur Ätiologie der Hysterie* (1896) theoretisierte Freud ausführlich über den sexuellen Missbrauch von Kindern durch deren Väter. Er betonte, dass es sich nicht um eine Hypothese, sondern um aus der Arbeit an achtzehn Fällen, aus klinischen Untersuchungen und Patientenbeobachtungen gewonnene Erkenntnisse handele. »Ich stelle also die Behauptung [*sic*] auf, zugrunde jedes Falles von Hysterie befinden sich – durch die analytische Arbeit reproduzierbar, trotz des Dezennien umfassenden Zeitintervalls – ein oder mehrere Erlebnisse von vorzeitiger sexueller Erfahrung, die der frühesten Jugend angehören. Ich halte dies für eine wichtige Enthüllung, für die Auffindung eines *caput Nili* der Neuropathologie« (Bd. I, S. 439). Bemerkenswert ist, dass er »die Behauptung« aufstellte, obwohl es doch genügt hätte zu sagen, er sei zu einem Schluss gekommen. Doch der Weg dorthin ist natürlich ein anderer … Wer war es noch, der sagte, solche Fehlleistungen ließen tief in das Unbewusste dessen blicken, dem sie unterlaufen?

Solange Freud dieser Theorie anhing, behandelte er auch seine Patienten danach. 1897 versuchte er also, die Probleme seiner Patienten mithilfe der Fantasie des inzestuösen Vaters zu lösen! Er war immer noch besessen von dem Wunsch nach Anerkennung, Ruhm und Geld. An Fließ schrieb er, seine Entdeckung werde ihm ewigen Ruhm einbringen. Da er schon zehn Jahre darauf wartete, berühmt zu werden, konnte er seine Freude kaum verhehlen.

Die aufmerksame Lektüre der Briefe an Fließ zeigt, dass die achtzehn Fälle, auf die Freud sich berief, nur in seiner Fantasie existierten. Denn am 4. April 1897, zwei Monate, nachdem er seine Thesen *Zur Ätiologie der Hysterie* bei der Neurologischen Gesellschaft in Wien vorgestellt hatte, beklagte er Fließ gegenüber, keinen einzigen neuen Fall zu haben. Und schlimmer noch: Er habe keine einzige laufende Kur beenden können. Wie also wäre es ihm möglich gewesen, zugleich achtzehn Patienten zu behandeln, die noch dazu alle dasselbe Krankheitsbild – nämlich das der Hysterie – aufwiesen? Einen Monat später berichtete er erneut, er habe keine einzige Behandlung erfolgreich zu Ende führen können. Briefe vom Januar 1897 und März 1898 bestätigen seine Situation. Freud hatte also bezüglich der achtzehn Fälle gelogen: Es hat sie nie gegeben; sie waren Erfindungen zur Unterstützung einer Theorie, die allein Freuds persönlicher Psychopathologie entsprungen war.

Am 3. Januar 1897 erzählte Freud Fließ die Geschichte einer Patientin: Es sei eine Frau bei ihm vorstellig geworden, die Sprachschwierigkeiten, ein Ekzem um den Mund herum und Läsionen an den Lippen aufgewiesen habe. Nachts habe sich ihr Mund mit Speichel gefüllt. Freud diagnostizierte, ihr Vater habe sie als Zwölfjährige zu einer Fellatio gezwungen, und diese verdrängte Kindheitserinnerung wirke in ihrer Psyche nach. So seien die Symptome zu erklären. »Habemus papam!« (*Briefe an Wilhelm Fließ*, S. 233), schrieb Freud selbstzufrieden. Hatte er Beweise? Natürlich nicht. Die Dinge hatten so zu sein, wie er sie haben wollte.

Freud teilte der Patientin seine Interpretation gleich mit. Zunächst glaubte ihm die junge Frau, doch dann – man beachte die Formulierung – »beging sie die Torheit, den Alten selbst zur Rede zu stellen« (ebd.). Welch Dummheit, die Fantasievorstellungen eines Therapeuten mit der Realität abgleichen zu wollen, die im Fall besagter Patientin ja deren eigenen Vater betraf! Der Vater stritt die unglaubliche Anschuldigung ab, und Freud analysierte prompt: Er streitet es ab? Also stimmt es! Und als die Patientin ihrerseits seine These zurückwies, deutete er auch dies als durch die Verdrängung erklärlichen Beweis für die Wahrheit seiner Behauptung.

Für ihn gab es nur zwei Möglichkeiten: Entweder die Patienten pflichteten ihm bei und bestätigten die Wahrheit, oder sie bestritten Freuds Thesen und bestätigten sie damit nur umso deutlicher, ließ sich doch an der fehlenden Einsicht die Macht der Verdrängung ablesen. In beiden Fällen triumphierte Freud. Angesichts des leugnenden Vaters und der uneinsichtigen Tochter schrieb er im selben Brief an Fließ: »Ich habe ihr das Wegschicken angedroht und mich dabei überzeugt, daß sie ein gutes Stück Sicherheit, das sie nicht anerkennen will, bereits gewonnen hat.« (ebd.) Ob die Münze Kopf oder Zahl zeigte – Freud gewann immer.

Am 17. Dezember 1896 berichtete er Fließ von einem weiteren Fall: Ein Patient habe Angst, sich zu rasieren, und könne außerdem kein Bier trinken. Freud zufolge war das ganz normal, denn das Kind sei Zeuge einer Szene geworden, in der sich das Kindermädchen mit nacktem Hintern – »podice nudo« schrieb Freud und wich, wie schon beim inzestuösen *pater* oder der nackten *matrem,* ins Lateinische aus – in eine mit etwas Bier gefüllte Rasierschüssel gesetzt habe, »um sich dann lecken zu lassen« (*Briefe an Wilhelm Fließ,* S. 230). Dieses Szenario war natürlich sehr wahrscheinlich und ganz bestimmt der Grund für die beschriebene Symptomatik!

Im selben Monat behandelte er eine Frau, die an Kopfschmerzen litt. Wichtig dabei war: Auch ihr Bruder hatte Kopfschmerzen und berichtete, mit zwölf Jahren habe er die Füße seiner Schwestern geleckt, wenn diese sich auszogen. Migräne beim Bruder, Migräne bei der Schwester – doch woher kam die Übertragung der Pathologie? Freuds Erklärung: »Dazu war ihr im Unbewußten die Erinnerung an eine Szene gekommen, in der sie (mit vier Jahren) zusieht, wie Papa mitten im sexuellen Taumel einer Amme die Füße leckt. Somit hatte sie erraten [*sic*], daß die Liebhaberei des Sohnes vom Vater stammte. Daß dieser also [*sic*] auch dessen Verführer gewesen war. Nun durfte sie sich mit ihm identifizieren, seinen Kopfschmerz übernehmen.« (*Briefe an Wilhelm Fließ*, S. 224) *Quod erat demonstrandum.*

Freud schickte also Patienten mit ganz verschiedenen Symptomen (Ekzem, Kopfschmerz, Hemmungen, Phobien) mit ein und demselben Befund nach Hause, nämlich dass sie als Kinder von ihren Vätern sexuell missbraucht worden seien, was natürlich ganz reale Auswirkungen hatte: Die Kinder konfrontierten ihre Eltern mit dem ärztlichen Befund, und die beschuldigten Väter sahen ihre moralische Integrität infrage gestellt.

Zweifelsohne veränderten diese gefährlichen Fantasien aus Dr. Freuds Gruselkabinett die Beziehungen der Kinder zu ihren Vätern. Es ist schwer vorstellbar, dass man sich einen soliden Kundenstamm aufbauen kann, wenn man jedes Krankheitsbild auf die Vergewaltigung durch den Vater zurückführt. In Wien jedenfalls hätte man sich mit derartigen Geschichten als Therapeut nicht lange halten können. Und so wurde Freuds Hang zum Vatermord schon bald Grenzen gesetzt.

Er nahm also bald Abstand von seiner Theorie, wie er zuvor schon die Behandlungen mit Kokain, Elektrotherapie, Heilbädern, Hypnose, Handauflegen und später mit Harnröhrensonden aufgegeben hatte. Anstatt auf Patienten verzichtete er lieber auf seine Theorie der Verführung.

Natürlich erzählte er Fließ davon. Am 21. September 1897 schrieb er: »Und nun will ich Dir sofort das große Geheimnis anvertrauen, das mir in den letzten Monaten langsam gedämmert hat. Ich glaube an meine Neurotica nicht mehr.« (*Briefe an Wilhelm Fließ*, S. 283) Wie immer in schwierigen Situationen verwendete er den lateinischen Begriff. Erst hatte er sich von dieser Theorie ewigen Ruhm versprochen, und nun vollführte er einfach eine Kehrtwende – ein für Freud ganz typisches Manöver.

Als ersten Grund nannte Freud, mit dieser Methode könne er nie eine Therapie zu einem guten Ende bringen. Den Briefen an Fließ zufolge stützte sich seine Theorie auf nur drei Patienten: die Frau mit dem Mundekzem und der Fellatio, dem Bärtigen mit dem im Bier sitzenden Kindermädchen und der Migränepatientin, der die Zehen geleckt wurden. Und selbst diese Patienten konnte er mit seiner angeblich revolutionären Methode nicht heilen. Achtzehn Fälle? Über diese Fantasiezahl, die Wissenschaftlichkeit suggerieren soll, kann man nur milde lächeln.

Erinnern wir uns, dass Freud in *Zur Ätiologie der Hysterie* geschrieben hatte, dass »[...] die Auszeichnung des sexuellen Moments in der Ätiologie der Hysterie bei mir mindestens keiner vorgefaßten Meinung entstammt. [...] Erst die mühseligsten Detailuntersuchungen haben mich, und zwar langsam genug, zu der Meinung bekehrt, die ich heute vertrete. Wenn Sie meine Behauptung, die Ätiologie auch der Hysterie läge im Sexualleben, der strengsten Prüfung unterziehen, so erweist sie sich als vertretbar durch die Angabe, daß ich in etwa achtzehn Fällen von Hysterie diesen Zusammenhang für jedes einzelne Symptom erkennen und, wo es die Verhältnisse gestatteten, durch den therapeutischen Erfolg bekräftigen konnte.« (*Zur Ätiologie der Hysterie,* Bd. I, S. 435) Das trug er auch am 21. April 1896 auf der Konferenz des Vereins für Psychiatrie und Neurologie in Wien vor. Er gab selbst zu, dass die versammelten Fachleute äußerst skeptisch auf seine Theorie reagiert hatten. In diesem Zusammenhang amüsiert auch folgendes Geständnis: »Vielleicht ist es übrigens eine Folge meiner Beschäftigung mit der Psychoanalyse, daß ich kaum mehr lügen kann.« (*Zur Psychopathologie des Alltagslebens,* Bd. IV, S. 247) Interessant ist hier vor allem das *kaum.*

Als zweiten Grund nannte Freud »das Davonlaufen der eine Zeitlang am besten gepackten Leute« (*Briefe an Wilhelm Fließ,* S. 283). Es ist schon ziemlich naiv, auf treue Patienten zu hoffen, wenn man ihnen gleichzeitig sagt, ihre Probleme erklärten sich aus der Vergewaltigung durch den eigenen Vater in der Kindheit!

Wie reagierte Freud nun auf diese Zweifel? Er müsse sie »als Ergebnis ehrlicher und kräftiger intellektueller Arbeit anerkennen und stolz darauf sein, daß ich nach solcher Vertiefung solcher Kritik noch fähig bin.« (ebd., S. 284) Und weiter: »Merkwürdig ist auch, daß jedes Gefühl von Beschämung ausgeblieben ist, zu dem doch ein Anlaß sein könnte.« (ebd.) Aber: »vor Dir und bei mir habe ich eigentlich mehr das Gefühl eines Sieges als einer Niederlage (was doch nicht recht ist).« (ebd., S. 285) Und dann: »Ich könnte mich ja sehr unzufrieden fühlen. Die Erwartung des ewigen Nachruhms war so schön und des sicheren Reichtums, die volle Unabhängigkeit, das Reisen, die Hebung der Kinder über die schweren Sorgen, die mich um meine Jugend gebracht haben. Das hing alles daran, ob die Hysterie aufgeht oder nicht.« (ebd.) Und schließlich: »Schade, daß man vom Traumdeuten z.B. nicht leben kann.« (ebd. S. 286)

Im Angesicht der falschen Theorie, mit der Freud seinen Patienten und deren Vätern Schaden zugefügt hatte, sprach er doch tatsächlich von der intellektuellen Redlichkeit seiner Arbeit, zeigte sich stolz, zur Selbstkritik fähig zu sein (!), schämte sich nicht, obwohl er nach eigenem Bekunden hätte Scham empfinden müssen, und sah sich gar (erneut!) als Sieger. Er verlor kein Wort über die geschädigten Patienten oder die Kollateralschäden in deren Familien; er zeigte keine Reue. Außer sich selbst gegenüber – denn nun würde er nicht reich und berühmt werden und nicht das bürgerliche Leben führen können, das er anstrebte. Er wünschte sich, eine Beschäftigung zu finden, in der Fehler sich nicht, wie im Fall der Theorie der Verführung, in Form finanzieller Einbußen auswirken. Bald schon sollte ihm die Psychoanalyse diesen Wunsch erfüllen.

Es fiel Freud nicht leicht, seine Theorie der Verführung aufzugeben. Schon in seinem Brief an Fließ führte er als dritten Grund für seine Kehrtwende an, dass er der Theorie nach alle Väter zu Perversen erklären müsste, auch den eigenen. Das war natürlich nicht so einfach! In einem Brief vom 3. Oktober 1897 sprach er seinen Vater schließlich von dieser Schuld frei: »Ich kann nur andeuten, daß der Alte bei mir keine aktive Rolle spielt« (*Briefe an Wilhelm Fließ*, S. 288). Doch nun musste er die Gründe für das Scheitern seiner Theorie benennen. In einem Brief vom 21. September 1897 blitzte so etwas wie Erkenntnis auf, nämlich »die sichere Einsicht, daß es im Unbewußten ein Realitätszeichen nicht gibt, so daß man die Wahrheit und die mit Affekt besetzte Fiktion nicht unterscheiden kann.« (*Briefe an Wilhelm Fließ*, S. 288) *Die mit Affekt besetzte Fiktion:* Hier handelt es sich wahrlich um eine glänzende Formulierung inmitten des Wörtersumpfs, als den man diesen Brief bezeichnen muss. Doch wie immer, wenn Freud der Wahrheit nahekam, kehrte er ihr sogleich wieder den Rücken und wandte sich seinen Fantasiegebilden zu.

Auf seiner Reise in die Dunkelheit zeigte er auch diesmal ein hohes Maß an Unaufrichtigkeit. Stolz behauptete er, sich mit seiner Theorie der Verführung nicht getäuscht zu haben. Das Trauma sei einfach derart tief im Unbewussten verankert, dass es nie an die Oberfläche gelangen könne. Dass die Patienten das sexuelle Trauma aus der Kindheit nicht anerkennen wollten, bedeute deshalb keineswegs, dass es nicht stattgefunden habe. Das verdrängte Trauma könne gar nicht ins Bewusstsein treten. Folglich habe Freud recht und der Patient unrecht. Dass der Patient das Trauma leugnet, beweise also gerade Freuds Theorie.

Später kam Freud in *»Selbstdarstellung«* auf die Theorie der Verführung zurück und geißelte sich zunächst selbstkritisch wegen »eines Irrtums [...], dem ich eine Weile verfallen war und der bald für meine ganze Arbeit verhängnisvoll geworden wäre.« (Bd. XIV, S. 59) Jemand hatte sich also geirrt, doch wer? Nicht Sigmund Freud, sondern dessen Patienten natürlich, denn Kranke erzählen so manches, und Freuds einziger Fehler hatte darin bestanden, ihnen zu glauben! Es scheint demnach, als ob es nicht Freud gewesen war, der die unselige Theorie der Verführung entwickelte und sein Vatermordfantasien auf die Patienten projizierte; er wurde vielmehr von seinen Patienten getäuscht – so lautete von nun an sein selbst erfundenes Märchen.

»Wenn jemand über meine Leichtgläubigkeit mißtrauisch den Kopf schütteln wollte, so kann ich ihm nicht ganz unrecht geben, will aber vorbringen, daß es die Zeit war, wo ich meiner Kritik absichtlich Zwang antat, um unparteiisch und aufnahmefähig für die vielen Neuheiten zu bleiben, die mir täglich entgegentraten. [...] Als ich mich gefaßt hatte, zog ich aus meiner Erfahrung die richtigen Schlüsse, daß die neurotischen Symptome nicht direkt an wirkliche Erlebnisse anknüpfen, sondern an Wunschphantasien, und daß für die Neurose die psychische Realität mehr bedeute als die materielle.« (ebd., S. 59 f) Freud glaubte wohl, sich nie besser ausgedrückt zu haben!

Und in der Tat charakterisieren *Wunschfantasien* einen Neurotiker. Doch wer hatte diese Fantasien? Freud schrieb sie, ohne zu zögern, den Kranken zu. Denn er selbst gestand seine Fehler ja ein: Er hatte gesündigt, weil er zu unparteiisch war (!); er schreckte aus intellektueller Redlichkeit vor dem Nachdenken zurück (!); er zeigte sich aus wissenschaftlicher Neugier für alles aufnahmefähig (!) und glaubte, was man ihm sagte, ohne zu bedenken, dass die Patienten ihre Wünsche für Wirklichkeit hielten. Doch er, der Psychoanalytiker und Entdecker des Unbewussten, wusste natürlich nichts von diesen Mechanismen. Hatte er sich schuldig gemacht? Ja, aber nur einer zu großen Ehrlichkeit, einer zu starken Fixierung auf sein wissenschaftliches Ziel und einer zu großen Integrität und Objektivität. Letztlich war er einfach zu heldenhaft gewesen.

Freud schrieb, die Entdeckung des Ödipuskomplexes werde in Verbindung mit der Theorie der Verführung beweisen, dass er letztlich doch recht habe. Wie immer war sein Fehler angeblich doch keiner, sondern ein Schritt auf dem Weg zur universellen Wahrheit: der Psychoanalyse. In Freuds gesamtem Werk findet man keine Irrtümer, keine Widersprüche, keine Sinneswandel, keine Fehler, kein Zögern, sondern eine langsame, aber stetige Bewegung hin zur Wahrheit. Kokainspritzen, Stromstöße, Bäderkuren, Hypnosen, Harnröhrensonden, Handauflegen, das Ausstrecken auf der Couch und die Rede gegen die Väter widersprechen einander nicht im Geringsten, sondern zeigen alle in dieselbe Richtung. Und das ist so, weil Freud es behauptet.

III.
Der Konquistador tappt im Dunkeln

»Ich protestiere aber gegen das Mißverständnis, als wollte ich sagen, die Welt sei so kompliziert, daß jede Behauptung, die man aufstellt, irgendwo ein Stück der Wahrheit treffen muß. Nein, unser Denken hat sich die Freiheit bewahrt, Abhängigkeiten und Zusammenhänge aufzufinden [*sic*], denen nichts in der Wirklichkeit entspricht, und schätzt diese Gabe offenbar sehr hoch, da es innerhalb wie außerhalb der Wissenschaft so reichlichen Gebrauch von ihr macht.«

Sigmund Freud, *Der Mann Moses und die monotheistische Religion* (1964, S. 139f, Fußnote)

Besonders deutlich wurde Freuds Ambivalenz immer dann, wenn er verschiedene Hypothesen selbstsicher vortrug und ohne jeden Beweis als Tatsachen hinstellte. Die Behauptung war Freuds typischer Ausdrucksmodus. Er machte aus dem Nichts heraus eine Aussage und verwandelte sie dann unmerklich in eine Gewissheit, und zwar einzig und allein durch die eigenen Behauptungen.

In *Die Traumdeutung* schrieb er, »daß wir ja genötigt sind, ins Dunkle hinaus zu bauen.« (*Psychologie der Traumvorgänge*, Bd. II/III, S. 555) Er fuhr fort, seine Theorie der Traumdeutung könne deshalb sogar falsch sein. Doch das hielt ihn keineswegs davon ab, eine unglaubliche Liste von Traumsymbolen zu erstellen, an der er keine Sekunde zweifelte. Jeder Schlüssel wurde zum Phallus, jedes Schloss zur Vagina. Ohne ersichtlichen Grund setzte er die Krawatte mit dem Penis, die Glatze mit der Kastration oder den Traum vom Fliegen mit einer Erektion gleich. Ein ganzes Kapitel widmete er der Bedeutung unbewusster Wünsche.

Auch in den *Drei Abhandlungen zur Sexualtheorie* von 1905

stellte er eine Hypothese auf, der er jedoch selbst »mangelhafte Klarheit« (Bd. V, S. 79) attestierte. Er äußerte Skepsis bezüglich seiner »Einsichten in die Vorgänge der kindlichen Latenz- oder Aufschubsperiode« (ebd.) und gab zu, nicht viel über die Wechselbeziehung zwischen der oralen erogenen Zone und der Lust am Essen zu wissen, genauso wenig wie über den Zusammenhang von erogener Zone und intellektueller Lust. Auch wisse er nichts über den Übergang von kindlicher Lust zur Auswahl des Sexualobjekts beim Erwachsenen, also darüber, weshalb sich ein bestimmter Fetisch herausbilde. Unklar seien ihm auch Wesen und Ursprung von sexueller Erregung, Lust und Unlust. Zudem könne er die Libido des Ich nicht von anderen im Ich aktiven Kräften unterscheiden: »Eine Fortführung der Libidotheorie ist deshalb vorläufig nur auf dem Wege der Spekulation möglich.« (ebd., S. 119 f) Gleichermaßen konnte er die Beziehung zwischen genitaler Sexualität und anderen Formen der Sexualität nicht erhellen und gestand die »Lückenhaftigkeit unserer Einsichten in das infantile Sexualleben« (ebd., S. 136). Dennoch legte er eine komplette Theorie der Entwicklungsstadien vor, nicht ohne auf die »psychologische Vorläufigkeit« (ebd., S. 144) seiner Hypothesen zur Festigung des Sexuallebens hinzuweisen. Am Ende des Buchs beklagte er den »unbefriedigende[n] Schluß, der sich aus diesen Untersuchungen über die Störungen des Sexuallebens ergibt« (ebd., S. 145) – es mangelte ihm nämlich an biologischer Fachkenntnis!

Die gleiche Skepsis prägt auch *Die »kulturelle« Sexualmoral und die moderne Nervosität* von 1908, und zwar in der Frage nach der Entstehung der Homosexualität: Wieso wird der gleichgeschlechtliche Körper zum Sexualobjekt? Damals hatte Freud noch keine Antwort formuliert. Später gelangte er in *Zur Einführung des Narzißmus* (1914), *Über die weibliche Sexualität* (1931) und in *Einige psychische Folgen des anatomischen Geschlechtsunterschieds* (1925) zu präziseren Ansichten darüber und versuchte definitive Antworten zu benennen.

Auch *Totem und Tabu* illustriert die latente Skepsis in Freuds Theoriebildung. Dort wie auch in *Massenpsychologie und Ich-Analyse* (Bd. XIII, S. 71–163) stellte er mangels empirischer Beobachtungen bloße Hypothesen auf. Natürlich konnte Freud nicht bis in die Vor- und Frühgeschichte zurückgehen, um seinen »wissenschaftlichen Mythos« über Urhorde, Vatermord und -verzehr und die Entstehung der Moral zu überprüfen, und es war ihm auch unmöglich, nach Australien zu den Aborigines zu reisen, die er als exemplarisch für die frühgeschichtliche Lebensweise betrachtete. Deshalb stellte er über die Urhorde nach eigenem Bekunden »eine Hypothese, die phantastisch erscheinen mag« (*Totem und Tabu,* Bd. IX, Seite 171) auf. Der gesamte Text ist von derartigen methodologischen Vorbehalten durchzogen.

Schlägt man die *Metapsychologische Ergänzung zur Traumlehre* (1915) auf, findet man folgende Einsicht: »Der unsicher tastende Charakter dieser metapsychologischen Erörterungen soll natürlich in keiner Weise verschleiert oder beschönigt werden. Erst weitere Vertiefung kann zu einem gewissen Grade von Wahrscheinlichkeit führen.« (Bd. X, S. 425) Es handelt sich dabei zwar nur um eine kleine Fußnote, doch man könnte es nicht besser ausdrücken: Wissenschaft entsteht im Dunkeln, und das Licht lässt auf sich warten, auch wenn es – hier war Freud zuversichtlich – durch fleißige Arbeit erreicht werden kann.

Auch in *Trauer und Melancholie* aus dem Jahr 1917 tappte Freud im Dunkeln und gab das offen zu: »So werden wir den Anspruch auf allgemeine Gültigkeit unserer Ergebnisse von vornherein fallen lassen« (Bd. X, S. 428). Er wartete also auf Resultate, die eine echte Schlussfolgerung zuließen. Das hielt ihn allerdings nicht davon ab, eifrig allerlei Thesen aufzustellen. Der Zweifel war bei ihm kein strukturelles, sondern ein konjunkturelles Phänomen.

In *Jenseits des Lustprinzips* schrieb Freud, er sei von den eigenen Thesen insbesondere in diesem Werk nicht überzeugt; sie seien vor allem dann problematisch, wenn man versuche, sie mit dem Gesamtwerk in Einklang zu bringen. Über seine neuen Hypothesen sagte er, er verlange auch von anderen nicht, daran zu glauben, ja er wisse selbst nicht, inwieweit er daran glaube. Und weiter: »Nur solche Gläubige, die von der Wissenschaft einen Ersatz für den aufgegebenen Katechismus fordern, werden dem Forscher die Fortbildung oder selbst die Umbildung seiner Ansichten verübeln.« (*Jenseits des Lustprinzips*, Bd. XIII, S. 69). Er hoffte also auf zukünftige Entdeckungen.

Man muss sich klarmachen, dass es für Freud nur zwei Möglichkeiten gab: Widersprüchlichkeit oder Katechismus. Und weil sich niemand gern als frommer Nachbeter sieht, musste er wohl oder übel die Widersprüche akzeptieren, die letztlich nur ein – weniger gut ausgearbeiteter – Katechismus waren. Währenddessen wartete er auf die Lösungen, zu denen er sicherlich bald gelangen würde, widmete er doch all seine Zeit und Genialität der Suche nach ihnen.

In *»Selbstdarstellung«* präsentiert er einen interessanten Vorschlag, wie sich seine wechselnden Ansichten unter ein und derselben epistemologischen Formel subsumieren ließen: Die Einheit der Vielheit ergebe sich aus dem *metaphorischen Charakter* seiner Texte. Zum Beispiel benutzte er Raummetaphern, um die Funktionsweise der Psyche zu beschreiben. Doch Metaphern seien eben nicht mit der Realität zu verwechseln. Änderten sie sich, so bliebe die Realität doch dieselbe. Freud hätte nicht deutlicher eingestehen können, dass die Psychoanalyse letztlich eine *literarische Psychologie* ist – genau so wie Marcel Proust sie in *Auf der Suche nach der verlorenen Zeit* darstellt.

Freuds Metaphern für die Modalitäten der Psyche stammen also nicht aus dem zerebralen, somatischen oder anatomischen Bereich: »Solche und ähnliche Vorstellungen gehören zu einem spekulativen [*sic*] Überbau der Psychoanalyse, von dem jedes Stück ohne Schaden und Bedauern geopfert oder ausgetauscht werden kann, sobald eine Unzulänglichkeit erwiesen ist.« (*»Selbstdarstellung«*, Bd. XIV, S. 58) Was auch immer er sich dabei gedacht haben mochte, mit der Erwähnung dieses *spekulativen Überbaus* verortete Freud sich in dem ehrenhaften Gebiet der Philosophie, Seite an Seite mit Kollegen wie Schopenhauer oder Nietzsche!

In *Die Frage der Laienanalyse* betonte Freud den dynamischen und plastischen Charakter der Psychoanalyse. Als Wissenschaft sei sie noch im Entstehen begriffen. Es sei nicht sicher, dass sie einer Überprüfung in ihrer gegenwärtigen Form standhielte. Freud selbst erklärte die Psychoanalyse zu einer *dialektischen Allegorie,* einer durch neue Ergebnisse wandelbaren Metapher. Als unvollendete, sich in steter Bewegung befindliche Lehre kann sie natürlich auch nie ganz erfasst werden. So sicherte sich die Theorie ihre eigene Unbegreifbarkeit – ein nützliches Instrument in jeder Auseinandersetzung.

Betrachten wir ein weiteres Beispiel: In *Das Unbehagen in der Kultur* behandelt Freud ausgiebig verschiedene Thesen, etwa über die Entwicklung des aufrechten Gangs und die daraus resultierende Befreiung der Hände, die gleichzeitige Entwicklung des Gehirns, die Entstehung des Neokortex; den Übergang von olfaktorischer zu visueller Stimulierung; die Isolation der Frauen während der Menstruation; die Entwicklung der Familie auf der Grundlage dieser Veränderungen und die Entstehung der Kultur und der Zivilisation. Aus dieser langen Reise in die Geschichte leitete er die Moral her und schrieb dann: »Dies ist nur eine theoretische Spekulation« (*Das Unbehagen in der Kultur,* Bd. XIV, S. 459). Und: »Immerhin sind dies derzeit nur ungesicherte, von der Wissenschaft nicht erhärtete Möglichkeiten.« (ebd., S. 466) Und auch über die Verdrängung der Triebe als Ursache für die Entstehung des Schuldgefühls äußerte er sich in diese Richtung.

Es gibt noch ein weiteres Beispiel: In *Abriß der Psychoanalyse* heißt es: »Die Psychoanalyse macht eine Grundvoraussetzung, deren Diskussion philosophischem Denken vorbehalten bleibt, deren Rechtfertigung in ihren Resultaten liegt.« (Bd. XVII, S. 67)

Demnach seien die »Provinzen« (ebd.) der »Topiken« (*Unbewusstes, Vorbewusstes, Bewusstes* sowie *Es, Ich und Über-Ich*) reine Postulate. Weiter schrieb er: »Nach unserer Voraussetzung hat das Ich die Aufgabe, den Ansprüchen seiner drei Abhängigkeiten von der Realität, dem Es und dem Über-Ich zu genügen und dabei doch seine Organisation aufrecht zu halten, seine Selbständigkeit zu behaupten.« (ebd., S. 99)

Ich folge also Freuds Einladung und wage es, diese Behauptung philosophisch zu diskutieren. Vorerst und ohne Hintergrundinformationen zu Freuds Behauptung kann man sagen, dass sie das Gegenteil eines methodisch korrekt erzielten Ergebnisses verkörpert. Wir können sagen, dass hier nichts bewiesen, widerlegt oder in Erfahrung gebracht wurde, da nicht wissenschaftlich-experimentell vorgegangen wurde. Also können wir genauso gut das eine wie das andere behaupten, von einem Hirngespinst ausgehen oder nicht.

Diese explizite Skepsis und Widersprüchlichkeit spiegelt sich in Freuds Werken aus mehr als fünfzig Jahren. In seinem langen Leben hat Freud oft seine Meinung geändert, einmal formulierte Ansichten modifiziert und ist auf manche vormals geäußerte Behauptung später wieder zurückgekommen. Da gab es den Freud, der mit Fließ befreundet war und an dessen biologische Perioden, die Gleichsetzung von Nase und Sexualorgan und Zahlenspiele glaubte, und dann war da jener Freud, der schließlich alle Briefe, die dies bezeugten, verbrannte. Gemeinsam mit seiner Tochter machte er Experimente zur Gedankenübertragung und erklärte den Okkultismus in Briefen mehrfach zu einem interessanten Gegenstand für die Psychoanalyse – wie auch in *Psychoanalyse und Telepathie* (Bd. XVII, S. 25) –, behauptete aber später, gar nicht daran zu glauben – *Traum und Telepathie* (Bd. XIII, S. 165). Er geißelte die Sexualmoral, weil sie die Triebe unterdrücke und für die meisten Neurosen verantwortlich sei, weil sie zu hohe Ansprüche stelle und daraus nur Negatives entstehen könne, doch zugleich verteufelte er Homosexualität und Selbstbefriedigung als Perversionen – man lese dazu die betrüblichen Passagen in *Die Sexualität in der Ätiologie der Neurosen.* Als Autor der *Traumdeutung* entwarf er eine erste Topik und zwanzig Jahre später in *Jenseits des Lustprinzips* eine – ganz andere – zweite. Er ließ sich die Sitzungen von den Patienten bezahlen und verteidigte dies theoretisch als Teil einer erfolgreichen Psychoanalyse – etwa in *Über Psychotherapie* (Bd. V, S. 19) –, doch er sorgte sich in seltenen Momenten auch um die Armen – etwa in *Zur Einleitung der Behandlung* (Bd. VIII, S. 466) – und meint in *Wege der psychoanalytischen Therapie:* »Diese Behandlungen werden unentgeltliche sein« (Bd. XII, S. 193) und müssten in den Ambulanzen durchgeführt werden. Dieser Wunsch wurde natürlich nie Realität. Freud sah die Religion als Ursache der Neurosen, etwa in *Das Unbehagen in der Kultur* oder *Die Zukunft einer Illusion,* und brachte doch den Niedergang der Religionen und die Zunahme der Neurosen in einen Zusammenhang (*Die »kulturelle« Sexualmoral und die moderne Nervosität*). Als Autor von *Das Unbehagen in der Kultur* zeigte er sich pessimistisch und ohne Hoffnung auf Veränderung in der Welt oder Fortschritt, doch in *Über die allgemeinste Erniedrigung des Liebeslebens* (Bd. VIII, S. 78–91) sprach er optimistisch von neuen gesellschaftlichen Entwicklungsmöglichkeiten.

Und wir erinnern uns auch an den Freud, der von der Theorie der Verführung überzeugt war, sie in den *Studien über Hysterie* vertrat und später nicht mehr daran glaubte. An einen Freud, der über die Möglichkeit einer wissenschaftlichen Psychologie nachgedacht hatte und später doch auf ein radikal psychisches Unbewusstes setzte. An jenen Freud, der keinen Zweifel an der Kraft des Kokains hatte (*Über die Allgemeinwirkung des Cocains*) wie auch an Elektrotherapie, Heilbäder, Hypnose mit und ohne Handauflegen und an Psychrophor und der all dies später zu bloßem Beiwerk erklärte. An einen Freud, der in *La technique psychanalytique* die Redekur vehement verteidigte und schließlich doch erklärte, die Chemie werde die Psychoanalyse eines Tages überflüssig machen (*Die endliche und die unendliche Analyse*). Oder gar an den Freud, der in *Ratschläge für den Arzt bei der psychoanalytischen Behandlung* (1912) die Analyse von Verwandten untersagte, sechs Jahre später aber seine Tochter und noch später deren Geliebte sowie die Kinder dieser Geliebten analysierte. Wo also war der wahre Freud? Der gute Freud? Und welcher Freud hatte recht?

Freud wusste natürlich um diese geistigen Kehrtwenden und Hakenschläge. Um deren Spuren zu verwischen, nahm er sie einfach in seine Theoriebildung auf. So bekannte er etwa in *Vorlesungen zur Einführung in die Psychoanalyse,* »daß ich im Laufe meiner Arbeiten meine Ansichten über einige wichtige Punkte modifiziert, geändert, durch neue ersetzt habe, wovon ich natürlich jedesmal öffentlich Mitteilung machte.« (Bd. XI, S. 251 f) Und später: »[I]ch lasse mich nicht abhalten, an all meinen Lehren zu modeln und zurechtzurücken, wie es meine fortschreitende Erfahrung erfordert.« (ebd., S. 252) Und doch resümierte er: »An den grundlegenden Einsichten habe ich bisher nichts zu ändern gefunden und hoffe, es wird auch weiterhin so bleiben.« (ebd.) Fassen wir zusammen: Freud gab zu, er habe *modifiziert, geändert, ersetzt, gemodelt* und *zurechtgerückt,* grundsätzlich habe sich jedoch nichts geändert.

Nach den öffentlichen Mitteilungen, die Freud *natürlich* jedes Mal gemacht haben wollte, sucht man vergeblich. Er behauptete mal dies und mal jenes, oft Widersprüchliches, doch er kam nie in Form einer eindeutigen Kritik auf ein Thema zurück. Die Kokain-Episode zeigt deutlich, dass Freud weder Berichtigungen veröffentlichte noch je sein Bedauern ausdrückte oder Fehler zugab. Er zog es vor, die Spuren dessen zu verwischen, was er einmal vertreten hatte, anstatt Irrtümer einzugestehen. So hielt er es auch mit dem Tod seines morphinsüchtigen Freundes und seinen widersprüchlichen Theorien über den Einsatz von Kokain.

Die im Werk aufscheinenden Zweifel und Widersprüche haben ihren dialektischen Widerpart in der Figur des Konquistadoren, die Freud für sich reklamierte und die ihm dazu diente, man ahnt es schon, die durch seine Methoden verursachten Fehler und Widersprüche für null und nichtig zu erklären. Freuds Theoriebildung glich einem Trödelladen, und doch wollte er den Eindruck ideologischer Kontinuität erwecken. Doch um diesen Taschenspielertrick hinzubekommen, musste er mit den Waffen des Konquistadoren kämpfen, von dem jeder weiß, dass er sich um Ethik wenig kümmerte.

Wie sah Freud als Konquistador aus? Machen wir zunächst einen kurzen Umweg über *Der Mann Moses und die monotheistische Religion,* einen Text, in dem Freud das Oxymoron eines »historischen Romans« vollbringt. In diesem Buch geht es um historisches Erbe, phylogenetische Übertragung und Übertragung von Lebewesen zu Lebewesen seit den Anfängen des Vatermords und des kannibalischen Festmahls. In diesem Zusammenhang heißt es: »Zugegeben, daß wir für die Erinnerungsspuren in der archaischen Erbschaft derzeit keinen stärkeren Beweis haben als jene Resteerscheinungen der analytischen Arbeit, die eine Ableitung aus der Phylogenese erfordern, so erscheint uns dieser Beweis [*sic*] doch stark genug, um einen solchen Sachverhalt zu postulieren [*sic*]. Wenn es anders ist, kommen wir weder in der Analyse noch in der Massenpsychologie auf dem eingeschlagenen Weg einen Schritt weiter. Es ist eine unvermeidliche Kühnheit.« (*Der Mann Moses und die monotheistische Religion,* Bd. XVI, S. 206)

Diese Sätze beschreiben klar und deutlich, worin Freuds Methode bestand: Durch die Analyse wurden Beweise geschaffen, die zwar nicht überzeugend genug sind, um als Beweise durchzugehen, aber doch für das Postulat ausreichen, sie bewiesen etwas! Hier hätte Freud sich entscheiden müssen: Entweder ein Beweis beweist etwas, dann muss man nichts postulieren, oder man postuliert, und die Beweise haben nichts bewiesen. Doch etwas zu beweisen und dann ein Postulat auf diese Beweise zu stützen ist aus epistemologischer Sicht eine äußerst seltsame Methode, und die Auflösung eines solchen Widerspruchs erfordert ein gehöriges Maß an *Kühnheit.*

Mit diesem einfachen Wort lässt sich die gesamte freudsche Epistemologie zusammenfassen. Kühnheit, anders ausgedrückt: eine gewisse Art von Dreistigkeit, eine Begierde, der Wunsch, etwas zu sagen, zu tun oder zu denken. Seit dem Mittelalter schwingt in dem Wort auch eine gewisse Arroganz mit. In einer Fußnote – dem strategischen Ort eines jeden Werks – beanspruchte Freud »die Freiheit [...], Abhängigkeiten und Zusammenhänge aufzufinden [*sic*], denen nichts in der Wirklichkeit entspricht, und [unser Denken] schätzt diese Gabe offenbar sehr hoch, da es innerhalb wie außerhalb der Wissenschaft so reichlichen Gebrauch von ihr macht.« (*Der Mann Moses und die monotheistische Religion* (1964), S. 139 f) Nach allem, was wir bisher in Erfahrung bringen konnten, hatten wir das schon geahnt.

Die erste Eigenschaft eines Konquistadoren ist also die Kühnheit. Anders gesagt: Es geht ihm nicht um Wahrheit, Tugend, Vernunft oder Wissenschaftlichkeit. Am 5. Dezember 1895 schrieb Freud an Fließ, er hoffe, dieser werde sich »seinerzeit nicht abhalten lassen, auch Vermutungen öffentlich Ausdruck zu geben« (*Briefe an Wilhelm Fließ,* S. 161). Deutlicher noch das folgende Plädoyer *pro domo:* »Man kann Leute nicht entbehren, die den Mut haben, Neues zu denken, ehe sie es aufzeigen können.« (ebd.) Dieser Satz birgt den ganzen Freud: Man braucht keine Beweise, um Behauptungen aufzustellen, und wer so handelt, ist weder selbstgefällig noch arrogant, prätentiös, hochmütig oder sorglos, sondern – das muss man sich auf der Zunge zergehen lassen – *mutig.*

Ein Freud, der in seinem Werk tausendfach den Anspruch auf Wissenschaftlichkeit bekundete, konnte vor diesem Hintergrund problemlos vom »wissenschaftlichen Mythos« oder vom »historischen Roman« sprechen. Was in seinen Texten als *Hypothese, Postulat, Voraussetzung, Tasten, Spekulation* oder *Möglichkeit* erschien, wurde wie von Zauberhand – nämlich einfach weil Freud es so wollte – zur grundlegenden Wahrheit der Psychoanalyse.

IV.
Das Unbewusste als performative Fiktion

»Das Unbewußte ist metapsychisch,
wir setzen es einfach real!«

Sigmund Freud bei einem Besuch Ludwig Binswangers in Wien
vom 15. bis 26 Januar 1910, wiedergegeben von Binswanger
(Freud/Binswanger, *Briefwechsel,*
Anhang: *Bericht über die gegenseitigen Besuche,* S. 261)

In *»Selbstdarstellung«* erzählt Freud, er habe vor der Gesellschaft der Ärzte in Wien einen Vortrag über seinen Aufenthalt bei Charcot in Paris gehalten, der gar nicht gut aufgenommen worden sei. An diesem 15. Oktober 1886 hatte er über Hysterie bei Männern gesprochen. Doch aus Sicht der traditionellen Mediziner, die sich auf die Etymologie des Begriffs »Hysterie« stützten (welche sich direkt auf den Uterus zurückführen lässt), betraf diese Krankheit nur Frauen. Das Oxymoron *männliche Hysterie* erschien ihnen deshalb schlicht als eine falsche Klassifizierung.

So verlangten sie von Freud, ihnen vor Ort ein Fallbeispiel vorzustellen. Er machte sich also in Wien auf die Suche nach geeigneten Probanden und besuchte verschiedene Einrichtungen. Deren Chefärzte verwehrten ihm jedoch den Zugang zu den Patienten. Schließlich entdeckte Freud außerhalb der Krankenhäuser einen Fall, den er der Gesellschaft der Ärzte präsentierte. Man reagierte höflich, mehr aber auch nicht.

Freud stellte die Sache so dar, als habe er die Gesellschaft der Ärzte nach diesem Vorfall einfach nicht mehr aufgesucht. Doch Ernest Jones selbst zeigte, dass dies nicht stimmte und dass Freud die Versammlungen weiterhin besuchte. Freud wollte mit seiner Version der Geschichte betonen, dass der revolutionäre Charakter dieser Theorie, die er als seine eigene darstellte, nicht anerkannt worden sei. Angesichts der ewiggestrigen Ärzte, die nicht mit seinem neuartigen Denken zurecht gekommen seien, habe er auf eine Karriere in deren Institution verzichtet. Doch Jones berichtete, es habe unter den Ärzten durchaus einige gegeben, die Freuds als subversiv und originell dargestellter Theorie zugestimmt hätten.

Im Zuge seiner Legendenbildung ließ Freud auf diese Episode einen einzigartigen Satz folgen: »Als mir bald darauf das hirnanatomische Laboratorium versperrt wurde und ich durch Semester kein Lokal hatte, in dem ich meine Vorlesung abhalten konnte, zog ich mich aus dem akademischen und Vereinsleben zurück.« (*»Selbstdarstellung«,* Bd. XIV, S. 39) Wahrscheinlich wollte die Ärztevereinigung Freud nach seinem Vortrag loswerden. Freud war seiner Zeit eben einfach voraus. So lautet zumindest die selbst fabrizierte Legende.

Doch wie wir gesehen haben, wurde sein Vortrag nicht einhellig abgelehnt. Es gab sogar einen Neurologen, der ihm zustimmte und berichtete, er habe zwanzig Jahre zuvor selbst einen Fall männlicher Hysterie untersucht. Ein weiterer meinte, er könne in Freuds Darstellung nichts Neuartiges entdecken; ein dritter und vierter plädierten für eine neuronale traumatische Ätiologie. Von offener Feindseligkeit oder gar einhelliger Ablehnung gegenüber dem jungen Freud war also nichts zu spüren. Nur hatte er, mit revolutionären Gedanken im Gepäck aus Paris heimkehrend, die Überzeugungen der alten Mediziner auch nicht in ihren Grundfesten erschüttert. Deshalb ergingen sie sich nicht in Elogen und enthusiastischem Applaus. Freud hatte wohl die Erwartung gehabt, wie ein Messias empfangen zu werden.

Sein Märchen über die alten Rückwärtsgewandten, die von den neuartigen Theorien des jungen Arztes nichts wissen wollten, obschon dieser ihnen die Wahrheit auf dem Silbertablett präsentierte, scheint also nicht zu stimmen. Prosaischer und zutreffender als die Legende ist, dass Freud beleidigt war, weil er nicht unmittelbar nach dem Vortrag in die Gesellschaft aufgenommen wurde. Deshalb stellte er sich als Opfer des Systems dar, als genialen Außenseiter, der ohne Labor zurechtkommen musste. Und dennoch wollte er »von der Behandlung Nervenkranker leben« (ebd.).

Weil ihm die Gesellschaft der Ärzte in Wien dabei nicht behilflich war, gab er vor, sich von ihr abgewandt zu haben, ging tatsächlich aber noch mehrmals dorthin. Das Labor hatte er übrigens selbst verlassen, niemand hatte ihn hinausgeworfen, denn wäre das so gewesen, hätte er – wie man ihn kannte – sofort erzählt, wer ihn wann und wie vor die Tür gesetzt hätte. Er hätte den Namen des Schuldigen in seiner persönlichen Legende unsterblich und die Person damit auf alle Zeiten unmöglich gemacht.

Freud hasste diese Leute einfach, weil sie sein Genie nicht in angemessener Weise würdigten. Direkt im Anschluss an dieses Ereignis eröffnete er am Ostersonntag 1886 seine Praxis. Es war zugleich der Tag des Pessachfests, der an den von Moses geführten Auszug der Juden aus Ägypten erinnert, an die Zehn Gebote und die Reise ins Gelobte Land. Damit bekannte Freud Farbe: Die Gesellschaft der Ärzte wollte seine Karriere nicht voranbringen? Kein Problem, er war mindestens so wütend wie Moses und eröffnete seine Praxis nun im Zeichen des Religionsgründers. Man versteht nun noch besser, dass Michelangelos *Moses* ihn so lange beschäftigt hat.

Freud behauptete in *»Selbstdarstellung«*, dass er mit der Gesellschaft der Ärzte nichts mehr zu tun haben wollte und sich 1886 zurückgezogen habe (Bd. XIV, S. 39). Doch am 21. April 1896, zehn Jahre später, hielt er dort erneut einen Vortrag. Er hoffte entgegen seiner Behauptung wohl immer noch auf die Unterstützung der Organisation, die ihn anscheinend doch nicht hatte loswerden wollen: Denn weshalb sollte man ihm einerseits den Zugang zum Labor verwehren und ihn andererseits einen Vortrag halten lassen?

Unser angeblich ausgegrenzter Wissenschaftler trug den gelehrten Kollegen also die Thesen aus *Die Sexualität in der Ätiologie der Neurosen* vor. Zum illustren Publikum aus Ärzten, Neurologen und Sexologen gehörte auch Richard von Krafft-Ebing, der berühmte Autor von *Psychopathia sexualis,* der Freud so stark inspiriert hatte. An Fließ schrieb Freud am 4. Januar 1898, er habe mit seinen Ausführungen den Bürgerlichen schockieren wollen. Sein Aufsatz sei impertinent und darauf ausgelegt, einen Skandal zu produzieren, was ihm nun auch gelingen werde.

Worum geht es in diesem angeblich so brandheißen Text? Man kann darin von Neurasthenie, verschiedenen Neurosen und anderen psychopathologischen Erscheinungsformen lesen, deren Gründe allesamt in einer dysfunktionalen Sexualität lägen. Die Beschäftigung mit diesen »Sexualitätskrüppeln« (*Die Sexualität in der Ätiologie der Neurosen,* Bd. I, S. 504) ermöglichte Freud die Fortführung seines lebenslangen Feldzugs gegen die Selbstbefriedigung – eine Praxis, mit der er sich gut auszukennen schien: »Die Hauptleistung, die uns zugunsten der Neurastheniker möglich ist, fällt in die Prophylaxis. Wenn die Masturbation die Ursache der Neurasthenie in der Jugend ist und späterhin durch die von ihr geschaffene Verminderung der Potenz auch zu ätiologischer Bedeutung für die Angstneurose gelangt, so ist die Verhütung der Masturbation bei beiden Geschlechtern eine Aufgabe, die mehr Beachtung verdient, als sie bis jetzt gefunden hat.« (ebd., S. 508) Freud lieferte also eine genaue Anleitung, um Neurosen abzuwenden: Man müsse einfach das Onanieren verhindern, und zwar, indem man offen über Sexualität spricht und das Problem öffentlich thematisiert – ein Vorhaben, das Freud zufolge noch hundert Jahre in Anspruch nehmen würde.

Unterdessen strebte der Seelendoktor nach Ansehen, Geld und sozialem Status, um in das gehobene Wiener Bürgertum aufzusteigen. Ursprünglich wollte er der Prophezeiung seiner Mutter nachkommen und reich und berühmt werden. Zwar hatte er länger studiert als andere, aber er hatte schließlich den Abschluss in Medizin erlangt. Die Karriere als Dozent verlief nicht zu seiner

Zufriedenheit, denn seine Kollegen mussten nicht so lange auf Beförderungen und die damit verbundenen Annehmlichkeiten warten wie er. Seine freiwillige Stilisierung zum Einzelkämpfer dürfte beim Wiener Bürgertum auf wenig Begeisterung gestoßen sein. Wer keinen Gemeinschaftssinn zeigt, macht sich der Eigenbrötlerei verdächtig. Doch auf Freud traf weder das eine noch das andere zu.

Im März 1897 stimmte das Habilitationskomitee endlich zu. Doch das Ministerium folgte der Entscheidung nicht, und Freud war empört, noch immer nicht außerordentlicher Professor geworden zu sein. Im Jahr 1900 wurde er bei einem hohen Beamten vorstellig, der ihm riet, seine Beziehungen spielen zu lassen. Freud nahm den Rat an. Seine ehemalige Patientin Elise Gomperz setzte sich erfolglos für ihn ein. Er wandte sich an eine andere Kundin, die Baronin Ferstel, die sich persönlich dem Minister gegenüber für den »Arzt, der sie gesund gemacht«, aussprach, wie er am 11. März 1902 an Fließ schrieb (*Briefe an Wilhelm Fließ,* S. 502). Natürlich musste Freud dafür auch etwas tun und einem Museum, das der Minister plante, ein Bild schenken. Die Sache wurde umgehend in die Wege geleitet und Freud in kürzester Zeit zum Professor befördert. Er konnte vor Freude kaum an sich halten und erzählte dem Freund in Berlin, wie viel Befriedigung ihm dies verschaffe.

Die Ernennung war noch nicht offiziell, als er am 11. März 1902 an Fließ schrieb: »Es regnet auch jetzt schon Glückwünsche und Blumenspenden, als sei die Rolle der Sexualität plötzlich von Sr. Majestät amtlich anerkannt, die Bedeutung des Traumes vom Ministerrat bestätigt und die Notwendigkeit einer psychoanalytischen Therapie der Hysterie mit 2/3 Majorität im Parlament durchgedrungen.« (ebd., S. 503) Das war natürlich scherzhaft gemeint, doch der Autor von *Der Witz und seine Beziehung zum Unbewussten* wusste mehr als jeder andere um das Verhältnis von Scherz und lange unterdrückten Wünschen.

Freud war ganz begeistert von seinem neuen Status und bedauerte Fließ gegenüber, dass er nicht früher entschieden hatte, »mit der strengen Tugend zu brechen und zweckmäßige Schritte zu tun, wie andere Menschenkinder auch.« (ebd., S. 501) Er tat, als sei er dazu bislang einfach nur zu dumm gewesen. Wie wir gesehen haben, hatte sich Freud bisher stets äußerst tugendhaft verhalten und erlebte nun erstmals das Unglück der Tugendhaftigkeit und das Glück der Intrige! Mit gespielter Naivität erklärte der Mann von sechsundvierzig Jahren gegenüber Fließ: »Ich habe gelernt, daß diese alte Welt von der Autorität regiert wird wie die neue vom Dollar. Ich habe meine erste Verbeugung vor der Autorität gemacht, darf also hoffen, belohnt zu werden. Wenn die Wirkung auf die ferneren Kreise so groß ist wie die auf die näheren, so dürfte ich mit Recht hoffen.« (ebd., S. 503) Zur Erinnerung, in der *Traumdeutung* schrieb Freud: »Ich bin, soviel ich weiß, nicht ehrgeizig« (*Die Traumentstellung,* Bd. II/III, S. 142).

Freud war gekränkt, weil er nicht von den Funktionären unterstützt worden war, die er doch auf seiner Seite wissen wollte; es war ihm peinlich, dass er so lange auf seine Ernennung hatte warten müssen, und er war empört, dass die Gesellschaft der Ärzte sich so unkooperativ gezeigt hatte. Er kehrte der Medizin, Anatomie, Physiologie und Neurologie, den Arzneimitteln, dem Gehirn, dem Nervensystem und dem Labor also den Rücken, doch wie üblich tat er dies, weil ihm der Zugang verwehrt worden war und nicht aus einer erkenntnistheoretischen Motivation heraus. Mit goldener Feder schrieb er seine eigene Legende und verwandelte sein Scheitern in ein Erfolgserlebnis. So entstand die Ansichtskarte vom einsamen Helden, der von der Wissenschaft verkannt wurde. Doch dahinter verbarg sich ein Wiener Aufsteiger, der sich schämte, nicht in die gute Wiener Gesellschaft aufgenommen zu werden. Gegen die um wissenschaftliche Fakten und klare Beweise bemühten Institutionen führte Freud eine außergewöhnliche Waffe ins Feld: ein unsichtbares und allmächtiges psychisches Unbewusstes. Kopernikus und Darwin verschwanden am Horizont, als diese Mischung aus Kolumbus und Mesmer auf den Plan trat.

Freud konnte also *nicht somatisch arbeiten,* weil er dann immer wieder mit Weggefährten zu tun haben würde, die seine Leistungen nicht würdigten, und so entschloss er sich, *auf dem Feld des Psychischen tätig zu sein.* Hierzu brauchte er keine Geduld, keine wissenschaftliche Arbeitsgruppe, musste kein Schattendasein jenseits von Geld und Ruhm führen. Die Kühnheit, die er für sich in Anspruch nahm, würde ihm schnell weltweite Anerkennung, Berühmtheit und finanzielle Gratifikation zutragen.

So landeten die Arbeiten zur Sexualität der Aale und der Sektion von Kinderhirnen auf dem Speicher. Von nun an beschäftigte sich Freud mit dem Unsichtbaren, Ungreifbaren, Immateriellen, Unkörperlichen und nicht Wahrnehmbaren, nämlich mit dem Spirituellen. Entgegen einer hartnäckigen Legende, die Freud als materialistischen Denker darstellt (wo wären dann die einzelnen Atome des psychischen Unbewussten verortet?), rechnete der Philosoph und Autor von *Das Ich und das Es* sich zu den Idealisten, den Platonikern und Kantianern. Kants *Transzendentale Ästhetik* und *Kritik der reinen Vernunft* interessierten Freud, der Binswanger dazu befragte, als dieser vom 15. bis 26. Januar 1910 zum zweiten Mal in der Berggasse zu Besuch war.

Binswanger berichtete in seinem Tagebuch: »Ich hatte in dem betreffenden Gespräch angeknüpft an einen Ausspruch von ihm in der Mittwochssitzung ›Das Unbewußte ist metapsychisch, wir setzen es einfach real!‹ Dieser Satz sagt ja schon, daß Freud sich in dieser Frage bescheidet. Er sagt, wir gehen so vor, als ob das Unbewußte etwas Reales wäre, wie das Bewußte. Über die Natur des Unbewußten sagt Freud als echter Naturforscher [*sic*] nichts aus, eben weil wir nichts Sicheres davon wissen, vielmehr es nur aus dem Bewußten erschließen. Er meint, wie Kant hinter der Erscheinung das Ding an sich postulierte, so habe er hinter dem Bewußten, das unserer Erfahrung zugänglich ist, das Unbewußte postuliert, das aber nie Objekt direkter Erfahrung sein könne.« (Freud/Binswanger, *Briefwechsel,* Anhang: *Bericht über die gegenseitigen Besuche,* S. 261) Und er urteilte: »Der Vergleich mit Kant scheint mir in den Einzelheiten nicht ganz zu stimmen.« (ebd.) Während eines dritten Besuchs in Wien am 17. und 18. Mai 1913 kam Freud auf das Thema zurück: »Freud fragte mich, ob nicht Kants ›Ding an sich‹ dasselbe sei wie das, was er (Freud) unter dem ›Unbewußten‹ verstehe. Ich habe dies lachend verneint und angedeutet, daß die Dinge auf ganz verschiedenen Ebenen liegen.« (ebd., S. 267)

Binswanger amüsierte sich zu Recht, insofern er Kant kantianisch las, doch Freud konnte Kant ausschließlich freudianisch lesen, so wie die Philosophen eben dazu neigen, ihre persönlichen Belange auf das Konzept des *Dinges an sich* zu übertragen, wie beispielsweise Nietzsche, der dieses *Ding* als durch den christlichen Spiritualismus verstärkten Avatar der platonischen Ideenwelt begriff, während Schopenhauer es zuvor als einen anderen Ausdruck seines Lebenswillens interpretiert hatte.

In der Tat zeigt die Lektüre von *Die Welt als Wille und Vorstellung,* dass der Wille und das Noumenon exakt das Gleiche bedeuten. Schopenhauer definierte den Willen klar und deutlich als »das eigentliche *Ding an sich«* (*Die Welt als Wille und Vorstellung,* Zweites Buch, § 29). Sein gesamtes Werk stützt sich auf diese Gleichsetzung: Die Welt als Wille entspricht Kants Ding an sich, das definitiv nicht erkennbare Noumenon der Welt als Vorstellung, die von den Sinnen und der Vernunft nie ganz erkannt werden kann, aber doch Gegenstand der Erkenntnis ist.

Dieser Dualismus bedeckt bei Schopenhauer auch den platonischen Ideenhimmel mit seinen der Erkenntnis nicht zugänglichen, durch die Vernunft höchstens erahnbaren Ideen sowie die materielle Welt, die an der Ideenwelt Anteil hat. Aus dem berühmten platonischen Höhlengleichnis wissen wir, dass der Philosoph alles ablegen muss, was der Vernunft im Wege steht, also seine ganz banale Materialität, und das Göttliche in sich, nämlich seine Seele, kultivieren muss, die aus der gleichen Substanz besteht wie die Ideen. Nur durch diese ontologische Homologie kann er mit den Ideen in Kontakt treten.

In *Kritik der reinen Vernunft* definiert Kant das Noumenon als ein Ding, »welches gar nicht als Gegenstand des Sinnes, sondern als ein Ding an sich selbst, (lediglich durch einen reinen Verstand) gedacht werden soll« (Transzendentale Analytik, II. Buch, III. Hauptstück, B 310). Diese Begriffsbestimmung setzt den Möglichkeiten der vernünftigen Erkenntnis und der Kühnheit einer zu kritischen Vernunft Grenzen: »Der Begriff eines Noumenon ist also bloß ein *Grenzbegriff*, um die Anmaßung der Sinnlichkeit einzuschränken« (ebd.). In gewisser Weise ist das Noumenon die Polizei der kritischen Vernunft, da es deren Tun in den von Kant gesteckten Grenzen hält. Für den preußischen Lutheraner Kant musste die kritische Vernunft zwar frei sein, aber sie musste die Freiheit, die Unsterblichkeit der Seele und Gott aussparen, die nämlich Postulate der reinen Vernunft sind und ohne die eine christliche Welt unmöglich ist. Das Noumenon ist also ein antimaterialistisches Kriegsgerät.

Aus diesen guten intellektuellen Gründen gehört Freud, welcher der Welt der Erscheinungen und Labore den Rücken gekehrt hatte, zu einer philosophischen Tradition, obwohl er die Philosophie doch angeblich verabscheute. Er spielte nicht ohne Grund auf das Noumenon in Kants Vernunftkritik an, denn dies war das beste Argument im Kampf gegen Empirismus, Sensualismus, Materialismus und Pragmatismus, die jede ordentliche wissenschaftliche Reflexion leiten. So liest man ohne Erstaunen in Nietzsches *Götzendämmerung* unter der Rubrik »Streifzüge eines Unzeitgemässen«, er »trage es den Deutschen nach, sich über *Kant* und seine ›Philosophie der Hinterthüren‹, wie ich sie nenne, vergriffen zu haben – das war *nicht* der Typus der intellektuellen Rechtschaffenheit.« (§ 16)

Der Bezug auf Kants Noumenon verbietet jede wissenschaftliche Arbeitsweise, denn wir bewegen uns damit auf dem Gebiet der theologischen Epistemologie – man möge mir dieses fürchterliche Oxymoron verzeihen. Freud konnte so den »wissenschaftlichen Mythos« und den »historischen Roman« vertreten oder Ferenczi brieflich mit der »Aufeinanderfolge von kühn spielender Phantasie und rücksichtsloser Realkritik« (Freud/Ferenczi, *Briefwechsel,* Bd. II/1, S. 116) unterhalten. Doch obwohl er sich solcher ätherischer Formulierungen bediente, regte er sich über Krafft-Ebing auf, der sein Exposé zur sexuellen Ätiologie der Neurosen als wissenschaftliches Feenmärchen bezeichnete.

Indem Freud das Noumenon zur Definition des Unbewussten nutzte, offenbarte er, worum es ihm ging: Es handelte sich dabei um einen Baustein innerhalb der psychoanalytischen Konstruktion, der wissenschaftlich nicht erfasst werden konnte. Die Wissenschaft setzt eine experimentelle Methodik voraus, die auf Beobachtung, mithin unter Einsatz der fünf Sinne, des Körpers, des Gehirns und der Intelligenz basiert. Wissenschaftlichkeit bedeutet: betrachten, beobachten, Experimente wiederholen, erneut betrachten und beobachten, deduzieren; Hypothesen erproben; eine Vorgehensweise zu deren Überprüfung festlegen; lange, geduldige Untersuchungen im Labor oder in der Klinik durchführen; mit einer Arbeitsgruppe zusammenarbeiten und Ergebnisse vergleichen. Das Register des Noumenons begnügt sich dagegen mit performativen Äußerungen, die der Linguist J.L. Austin als Äußerungen definiert, mit denen man zugleich Handlungen vollzieht. Anders gesagt: Indem Freud vom Unbewussten sprach, erschuf er es. Die magische Schöpfung einer Welt durch bloße Äußerungen beschreibt exakt Freuds Methode: *Er sagt etwas, und das Gesagte existiert.*

Auf den 6000 Seiten von Freuds Gesamtwerk sucht man vergeblich nach einer klaren und präzisen Definition des Unbewussten. Freud erinnert hier an die Anhänger einer negativen Theologie, für die das Sprechen über Gott dessen Schwächung gleichkommt, und zwar aus dem einfachen Grund, dass die Benennung einer Eigenschaft den Ausschluss der entgegengesetzten Eigenschaft bedeutet und man sich keinen Gott vorstellen kann, dem auch nur eine einzige Eigenschaft fehlt. So verbietet sich jede Beweisführung. Nach diesem Prinzip verhinderte Freud von vornherein, aus methodologischer Sicht hinterfragt zu werden.

In *»Selbstdarstellung«*, dem Meisterwerk autobiographischer Legendenbildung, greift Freud allen potentiellen Einwänden vor: »Ich habe wiederholt die geringschätzige Äußerung gehört, man könne nichts von einer Wissenschaft halten, deren oberste Begriffe so unscharf wären wie die der Libido und des Triebes in der Psychoanalyse. Aber diesem Vorwurf liegt eine völlige Verkennung des Sachverhalts zugrunde. Klare Grundbegriffe und scharf umrissene Definitionen sind nur in den Geisteswissenschaften möglich, soweit diese ein Tatsachengebiet in den Rahmen einer intellektuellen Systembildung fassen wollen. In den Naturwissenschaften, zu denen die Psychologie gehört, ist solche Klarheit der Oberbegriffe überflüssig [*sic*], ja unmöglich.« (Bd. XIV, S. 84) Es folgen Überlegungen zur Unfähigkeit der Zoologie und der Botanik, Tier und Pflanze von Anfang an richtig zu definieren, sowie über die Tatsache, dass die Biologie im Jahr 1925 keine überzeugende Definition von Leben und die Physik lange keine exakten Beschreibungen von Materie, Kraft oder Gravitation habe liefern können. Die ehrenhaftesten Wissenschaften hätten sich einst im selben Embryonalstadium befunden wie die Psychoanalyse. Freuds performative Äußerungen entbanden ihn also von der riskanten Pflicht, Unbewusstes, Libido und Trieb klar definieren zu müssen.

Wie kann man aber die Grundlagen der Psychoanalyse begreifen, wenn Definitionen weder möglich noch denkbar sind? Schlagen wir das berühmte *Vokabular der Psychoanalyse* von Laplanche und Pontalis auf. Dort wird das Unbewusste als die große Entdeckung Freuds bezeichnet. Es bildet also das Zentrum der Psychoanalyse. Und doch kann man es nicht benennen, präzisieren oder klar definieren. In der *Traumdeutung* wird diese Unmöglichkeit sogar Teil der Theoriebildung, denn dort heißt es, das Unbewusste sei das Verdrängte und selbiges per definitionem unsichtbar.

Obwohl das Unbewusste nicht definierbar ist, versuchte Freud, sich dazu zu äußern. Dabei sparte er nicht an Schemata mit Zahlen, Pfeilen, Bewegungsindikatoren und Parametern aus der Algebra (»Pc«, »Ics«, »S«, »S'«, »M«). Sie sollten den Anspruch auf Wissenschaftlichkeit unterstützen und die Funktionsweise des psychischen Apparates kennzeichnen, in dessen Schatten das Unbewusste agiert. Wie in einem Marionettentheater hält es alle Fäden in der Hand, doch wie die Puppen genau aussehen, wird nicht erklärt. Freud schrieb dazu in der *Traumdeutung:* »Es wäre natürlich müßig, die psychische Bedeutung eines solchen Systems in Worten angeben zu wollen.« (*Psychologie der Traumvorgänge*, Bd. II/III, S. 544) Und weil die Worte müßig wären, gab es eben keine Beweise. Der Leser sollte *den Worten Glauben schenken.*

Nach der schematisch-algebraischen Darstellung bediente sich Freud zur Beschreibung der Funktionsweise des psychischen Apparates einer Metapher aus der Fotografie – mit der Begründung, er wolle »der Versuchung sorgfältig aus dem Wege gehen, die psychische Lokalität etwa anatomisch zu bestimmen.« (ebd., S. 541) So wählte er einen Vergleich: »Die psychische Lokalität entspricht dann einem Orte innerhalb eines Apparats, an dem eine der Vorstufen des Bildes zustande kommt. Beim Mikroskop und Fernrohr sind dies bekanntlich zum Teil ideelle Örtlichkeiten, Gegenden, in denen kein greifbarer Bestandteil des Apparats gelegen ist.« (ebd.)

Wir haben es also mit einem nicht klar begrenzten Raum zu tun, einem atopischen Ort, an den wir ohne Beweise glauben sollen. Müssen wir uns damit zufrieden geben? Nein. Denn im Gesamtwerk gibt es einige Hinweise auf die mögliche Gestalt dieses Phänomens. Sie sind verstreut und fragmentarisch, aber zusammengesetzt liefern sie wenigstens ein impressionistisches, wenn nicht gar pointillistisches Bild des Unbewussten. Wir erfahren dadurch nicht, *was es ist*, aber doch, *was es beinhaltet.* Selbst wenn der Inhalt nicht zur Definition des Beinhaltenden beitragen kann, könnten wir auf diese Weise vielleicht etwas mehr über das Unaussprechliche erfahren als durch irgendwelche Schemata mit unbekannnten Parametern. Vielleicht sollten wir auch Fotoapparate oder Teleskope aufschrauben und darin nach einer unsichtbaren schwarzen Kammer suchen.

Den *Vorlesungen zur Einführung in die Psychoanalyse* zufolge gibt es einen phylogenetischen Bodensatz, der über alle Zeiten weitergegeben wird und bis zu den Anfängen der Menschheit zurückreicht. Das primitive Unbewusste war in der Psyche von Freuds Zeitgenossen also immer noch aktiv. Was haben unsere Ahnen uns hinterlassen? Den Ödipuskomplex natürlich. Doch diese »Gedächtnisspuren« über Vatermord, Kannibalismus, Kastrationsangst und so weiter darf man sich – anders als gewöhnliche Erinnerungen – nicht wie Bilder oder gar einen Film vorstellen. Es sind Erinnerungen ohne Bilder oder Formen, eher gewisse Kräfte, die aber nicht messbar sind; Affekte, die im Triebleben agieren.

Zeitgemäßes über Krieg und Tod lehrt uns – natürlich weiterhin in rein performativer Weise –, dass das Unbewusste nichts vom Tod wisse: »[W]ie verhält sich unser Unbewußtes zum Problem des Todes? Die Antwort muß [*sic*] lauten: fast genau so wie der Urmensch. In dieser wie in vielen anderen Hinsichten lebt der Mensch der Vorzeit ungeändert in unserem Unbewußten fort. Also unser Unbewußtes glaubt nicht an den eigenen Tod, es gebärdet sich wie unsterblich.« (Bd. X, S. 350)

Und doch sagt Freud schon auf der nächsten Seite, immer noch performativ: »[U]nser Unbewußtes mordet selbst für Kleinigkeiten« (ebd., S. 351), wünsche es doch den Tod aller, die sich ihm in den Weg stellen. Es kann also den Tod wollen und ihn doch nicht kennen, es kann etwas ihm völlig Unbekanntes anstreben – wahrscheinlich dank der wunderbaren Tatsache, dass ihm Widersprüche gleichermaßen unbekannt sind.

Das trifft sich gut, denn Freud sagte über das Unbewusste auch: »Gegensätze fallen in ihm zusammen« (ebd., S. 350). Man kann über das Unbewusste also nichts aussagen und doch alles sagen, auch Widersprüchliches, hat es doch einen außergewöhnlichen epistemologischen Status. Gewöhnlich wird die Vernunft durch die Logik bestimmt, beispielsweise durch das Prinzip der Widerspruchsfreiheit, doch das Unbewusste – das Freud zufolge selbst auf sehr strukturierte Weise agiert – muss sich um derlei Trivialitäten nicht kümmern.

In *Jenseits des Lustprinzips* erörtert Freud, inwiefern das Unbewusste bewusst werden wolle – auch dies eine jener typisch performativen Äußerungen, zu denen Freud stets neigte. Im »Ics« herrsche das Lustprinzip: Das Unbewusste wolle frei agieren, sich unbegrenzt ausbreiten, seine hedonistischen Kräfte zur Entfaltung bringen. Entsprechend versuche es auch, jede Enttäuschung zu vermeiden. Doch es unterliege dem Realitätsprinzip, das es zur Verdrängung zwinge. Nicht die Triebe würden unterdrückt, sondern das Streben des Unbewussten. *Das Ich und das Es* beschreibt, erneut einer performativen Strategie folgend: »Das Verdrängte ist uns das Vorbild des Unbewußten.« (Bd. XIII, S. 241) Und mit derselben erkenntnistheoretischen Kühnheit wird ergänzt: »Wir sehen [...], daß wir zweierlei Unbewußtes haben, das latente, doch bewußtseinsfähige, und das Verdrängte, an sich und ohne weiteres nicht bewußtseinsfähige.« (ebd.) Das latente Unbewusste nennt Freud Vorbewusstes; das eigentliche Unbewusste wird auf das Verdrängte eingegrenzt.

Ein weiteres rhetorisches Kunststück garantiert, dass das mysteriöse Unbewusste nicht in sich zusammenfällt: Wenn es letztlich doch zugänglich ist, verliert es eben den Status des Unbewussten und tritt in eine neue Kategorie über, die Freud als »Pcs« markiert. Der sophistische Trick besteht darin, zu sagen, man könne das Unbegreifliche auf mindestens zwei Arten doch begreifen, nämlich entweder dynamisch oder deskriptiv. Der von Freud hier eingeführte Aspekt der Dynamik schließt praktischerweise das

Verschwinden dessen mit ein, was unauffindbar bleiben muss, obwohl ihm weiterhin eine Allmacht zugeschrieben wird.

In *Abriß der Psychoanalyse* rekapituliert Freud, dass anstelle der ersten, aus der *Traumdeutung* (1900) stammenden Topik von »Ics«, »Pcs« und »Cs« eine zweite trat, die 1923 in *Das Ich und das Es* vorgestellt wurde. Sie bot neue Perspektiven auf das altbekannte Unsichtbare, das nur durch Schattenwürfe, Metaphern oder Allegorien Erahnbare. *Abriß der Psychoanalyse,* Freuds unvollendetes theoretisches Testament, das ein halbes Jahrhundert Arbeit bilanziert, enthält einige überraschende Überlegungen, die Freud zuvor nur selten geäußert hatte. So sei die zweite Topik mit *Es, Ich* und *Über-Ich* metaphorisch zu verstehen und biete neue Möglichkeiten für die Psychologie: »Dieses allgemeine Schema eines psychischen Apparates wird man auch für die höheren, dem Menschen seelisch ähnlichen Tiere gelten lassen.« (*Abriß der Psychoanalyse,* Bd. XVII, S. 69)

Schon in *Das Unbewußte* hatte Freud geschrieben: »Wenn es beim Menschen ererbte psychische Bildungen, etwa dem Instinkt der Tiere Analoges gibt, so macht dies den Kern des *Ubw* [Unbewussten] aus.« (Bd. X, S. 294) Wir können daraus schließen, dass der *Homo sapiens* des Telefonzeitalters mit dem Höhlenmenschen und bestimmten höheren Säugetieren einen unzugänglichen, allmächtigen inneren Bereich gemeinsam hat, der sich Unbewusstes nennt.

Das Unbewusste hat ein gutes Gedächtnis und vergisst nichts. Auch ein dreißig Jahre zurückliegendes Ereignis bleibt abgespeichert, zum Beispiel eine Kränkung. Freud dachte dabei an seine eigene Kindheit, an den von einem Antisemiten beleidigten Vater, der ihn an anderer Stelle wegen seines Gebrauchs des Nachttopfs erniedrigt hatte. All dies war in der unsterblichen Erinnerung eingebrannt, und seine Auswirkungen konnten sich noch Jahrzehnte später zeigen. Freud wollte, dachte, benannte und schuf ein Unbewusstes ohne Vergangenheit und Vergessen: Alles ist ewig, unabänderlich und unverändert präsent.

Wir wissen zwar immer noch nicht, was das Unbewusste *ist,* aber wir haben nun eine Ahnung davon, was es *enthält.* Darüber hinaus erklärte uns Freud das, was er unter *Dynamik* des Unbewussten verstand. In der ersten Topik gibt es drei Hauptakteure: »Ics«, »Pcs« und »Cs«. Im »Ics« befinden sich die Triebe, die von Natur aus nach oben Richtung »Cs« streben, und zwar gemäß dem performativen Wunsch, das »Ics« solle zum »Cs« werden. Das Streben des Unbewussten zum Bewussten kann drei verschiedene Formen annehmen: *Erstens* kann es einfach zur *Befriedigung* kommen, wenn die unbewussten Begierden kein Risiko darstellen und von der Zensur, welche »Pcs« und »Cs« trennt, zum »Cs« durchgelassen wurden, das nun über die Verwirklichung des Wunsches entscheidet. Sobald der Wunsch ins Bewusstsein getreten ist, kann er leicht verwirklicht werden, und die Spannung schwindet.

Die beiden anderen Formen betreffen Begierden, die sozial nicht akzeptabel sind. Sie dürfen nicht zum »Cs« vordringen, weil die Zensur gemäß Moral, Gesetz, Verboten und Sitten agiert. So entsteht die *zweite* Form, die *Sublimierung,* nämlich die Verwandlung eines sozial inakzeptablen Wunsches in einen sozial akzeptablen Wunsch: Ein erotischer Wunsch, der nicht zum »Cs« vordringen kann, könnte sich beispielsweise in einem künstlerischen oder philosophischen Werk ausdrücken. Freuds Texte über den *Moses* von Michelangelo, da Vincis *Die Jungfrau und Kind mit der Heiligen Anna* oder Jensens *Gradiva* sind als detaillierte psychoanalytische Darstellungen einer solchen Sublimierung gedacht.

Die *dritte* Form ist die *Verdrängung.* In diesem Fall arbeitet die Zensur radikal und lässt sich nicht durch Sublimierung täuschen (welche man mit der erfolgreichen Verführung der Zensur durch den Wunsch vergleichen könnte). Der Wunsch wird auf das »Ics« zurückgeworfen, aus dem er kam, und legt dort den Grundstein für jede psychische Krankheit.

Die Psychoanalyse behauptet von sich, diese Verdrängung benennen und durch die analytische Arbeit zu Bewusstsein bringen zu können, wodurch der Patient geheilt werde. Spreche der Patient das Verdrängte aus und decke der Analytiker die Gründe für die Verdrängung auf – meistens ein altes Kindheitstrauma –, verschwinde das Symptom, so Freud.

Doch wie erlangt man Zugang zu diesem unsichtbaren, allmächtigen Unbewussten? Führen Geheimgänge in die Festung hinein? Wir wissen nicht, *was es ist,* wissen nur wenig darüber, *was es enthält,* kennen in groben Zügen seine *Dynamik* und können uns nun damit beschäftigen, *wie man hineinkommt* – nämlich durch Träume, Albträume, einen Lapsus, Fehlleistungen, Witze, Ironie oder das Vergessen von Eigennamen, Ortsnamen, Dingen, Eindrücken oder Vorhaben, aber auch durch Missgeschicke, Rechenfehler, Schusseligkeiten und alles andere, was Freud zur Psychopathologie des Alltagslebens zählt.

Wir haben es also mit einem seltsamen Paradoxon zu tun, das sich beschreiben lässt, wenn man ein vertrautes Bild umkehrt. Das Unbewusste erscheint als Kreis, dessen Mittelpunkt überall ist und dessen Umfang nirgends; es wirkt wie ein von einem idealistischen Philosophen erdachtes Noumenon; es ist nicht mit Worten zu beschreiben, lediglich die Verwendung von Allegorien, Raum-Metaphern und algorithmischen Bildern deutet darauf hin, dass man sich seinem Schatten vielleicht nähern könnte; es schwebt im Ideenhimmel wie ein Ding an sich, unsichtbar und doch allmächtig; es ist unaussprechlich und strebt nach allem, was existiert; es wirkt wie eine unbesiegbare düstere Festung voller Geheimnisse. Und doch genügt ein schief angenähter Knopf, ein verlorener Ehering, ein zerbrochener Gegenstand, ein verlorener Hausschlüssel, eine falsche Adresse auf dem Briefumschlag, falsch abgezähltes Wechselgeld, ein mit Toastbrot gemachtes Fleischklößchen, ein Schlüsselbund, an dem man herumfingert, ein Kalauer, ein verpasster Zug, eine zufällig ausgewählte Zahl, ein Traum über Harnfluss und zahllose andere kleine Dinge, um die Festung zu bezwingen und sich ihre Geheimnisse zu erschließen. Wir haben es mit einem furchterregenden, unsichtbaren Ding an sich zu tun. Der Gott namens Unbewusstes versteckt sich im Noumenon, aber der Teufel lauert im phänomenologischen Detail. Die Psychoanalyse macht sich unter der schwarzen Sonne dieses Gottes zum Weggefährten des Teufels.

V.
Wie man dem eigenen Körper den Rücken kehrt

»Unsere psychische Topik hat vorerst [*sic*] nichts mit der Anatomie zu tun.«

Sigmund Freud, *Das Unbewußte* (Bd. X, S. 273)

Freuds Verleugnung des Körperlichen war nicht ohne die Rückkehr des Verdrängten zu machen – um es mit seinen Worten auszudrücken. Denn die Abwendung vom Körper bedeutete die Hinwendung zu einem Noumenon des psychischen Unbewussten, das von der kritischen Vernunft abgeschnitten war. Doch Freud konnte den Körper, das Fleisch, das Materielle unserer Existenz nicht einfach mit einem Federstrich negieren. Mochte er noch so viele Hypothesen aufstellen, sprachliche Sicherheitsnetze konstruieren, mochte er in Theorie und Praxis noch so viele Fehlentscheidungen begehen, sich noch so vieler Metaphern, Bilder und Fiktionen bedienen oder mit kantianischen Konzepten um sich werfen – im tiefsten Innern wusste er stets, dass es am Ende der Körper ist, der spricht, und nicht die Sprache. Denn sprechende Sprache ist eine Tautologie.

Als Freud in *Das Ich und das Es* die zweite Topik entwickelte, sprach er vom »Keimplasma« und ließ auf diese Weise etwas von dem durchblicken, was er verdrängte. Die Topiken dienten ihm als Raummetaphern, mit denen er das unbeschreibliche Unbewusste in Worte zu fassen versuchte. Immer wenn eine bestimmte Stilfigur besonders aussagekräftig schien, wechselte er sie absichtlich – er nahm seine Metaphern wohl nicht besonders wichtig. Greifen wir dieses dialektische Prinzip auf und perspektivieren damit eine Zeit *nach Freud*, in der bewahrt und zugleich überwunden wurde, was die Psychoanalyse in der ersten Hälfte des 20. Jahrhunderts ausmachte.

Ein Gedanke aus der *Traumdeutung* lautet: »Selbst wo das Psychische sich bei der Erforschung als der primäre Anlaß eines Phänomens erkennen läßt, wird ein tieferes Eindringen die Fortsetzung des Weges bis zur organischen Begründung des Seelischen einmal zu finden wissen. Wo aber das Psychische für unsere derzeitige Erkenntnis die Endstation bedeuten müßte, da braucht es darum nicht geleugnet zu werden.« (*Die wissenschaftliche Literatur der Traumprobleme,* Bd. II/III, S. 45) Mit anderen Worten: Freud beanspruchte hier für seine Lehre eine *punktuelle* Wahrheit und wartete unterdessen – im Futur, nicht im Konditional – auf die »organische Begründung des Seelischen«.

Das performativ erschaffene psychische Unbewusste ist möglicherweise nur ein *provisorischer* Begriff, der durch zukünftige Entdeckungen bald überholt sein könnte. Freud erwartete diese Entdeckung nicht etwa auf dem Gebiet seiner eigenen Entwicklung, der Psychoanalyse, sondern im Bereich des Somatischen. Ist das Unbewusste nur eine *temporäre* Hypothese in Erwartung einer wirklich wissenschaftlichen Entdeckung? Achtunddreißig Jahre später bekräftigte er diese in der *Traumdeutung* (1900) entwickelte These in *Abriß der Psychoanalyse,* wo er kundtat, die Chemie könne die Psychoanalyse eines Tages überflüssig machen. Eine »organische Begründung« des psychischen Apparats, dessen Krankheiten man mit »chemischen Substanzen« heilen kann? Mit dieser Dialektik erlangt Freuds Arbeit historischen Rang.

Tragen wir noch einmal jene Äußerungen zusammen, in denen Freud das Unbewusste nicht als unbegründeten Grund – wie einen aristotelischen Gott – oder unbewegten Beweger begreift, sondern als in Bewegung begriffenes Phänomen. Doch von wem oder wovon wird es bewegt? Von dem berühmten »Keimplasma«, das überall in Freuds Werk auftaucht. Freud hatte den Begriff bei dem Biologen August Weismann (1834–1914) entliehen, dem wir auch die Ansicht verdanken, erworbene Charakterzüge seien nicht erblich. Weismann ging davon aus, dass sich mehrzellige Organismen aus Keimzellen zusammensetzen, welche die Erbinformation enthalten, sowie aus somatischen Zellen, welche für die Körperfunktionen zuständig sind. Erstere werden weder von erworbenen körperlichen Fähigkeiten noch von Erlerntem beeinflusst. Sie können das Erlernte also nicht auf nachfolgende Generationen übertragen.

Diese These findet sich auch bei Freud, etwa in *Triebe und Triebschicksale,* wo es heißt, das Individuum sei »ein zeitweiliger und vergänglicher Anhang an das quasi unsterbliche Keimplasma [...], welches ihm von der Generation anvertraut wurde.« (Bd. X, S. 218) Das Individuum existiert also doppelt: als endliches Wesen und als Glied in einer langen Kette. Schoppenhauer würde es so ausdrücken: Es existiert als Vorstellung und als Wunsch; man könnte auch sagen, es existiere als eigenes Individuum im gängigen Sinn und als Teil der Menschheit. Im ersten Fall ist es sterblich, im zweiten auf gewisse Weise unsterblich.

Freud unterschied die »Ichtriebe« und die »Sexualtriebe«. Die einen sichern unsere individuelle Existenz, die anderen den Fortbestand der Spezies. Es gibt bei Freud also ein *unsterbliches Keimplasma,* das ungefähr Schopenhauers *Willen* oder Nietzsches *Willen zur Macht* entspricht, wenn nicht gar Eduard von Hartmanns *Unbewusstem,* und das jeder von uns während seines kurzen Lebens in sich trägt. Und es gibt ein *sterbliches Keimplasma,* das in dem Moment vergeht, in dem auch wir abtreten. Anders ausgedrückt – und zwar mit Kants von Schopenhauer korrigiertem und von Freud interpretiertem (!) Vokabular: Es gibt ein noumenales und ein phänomenales Keimplasma oder, um es platonisch zu formulieren, ein intelligibles und ein intellektuelles Keimplasma.

Als überzeugter Idealist ging Freud davon aus, dass wir zum einen aus einem *sterblichen Soma* bestehen, das auf den Körper, die geschlechtliche und vererbbare Substanz begrenzt ist, und zum anderen aus einem *unsterblichen Keimplasma,* das der Arterhaltung dient. In *Das Ich und das Es* schrieb er: »Die Abstoßung der Sexualstoffe im Sexualakt entspricht gewissermaßen der Trennung von Soma und Keimplasma.« (Bd. XIII, S. 276) Das hätte man wahrscheinlich so nicht vermutet, aber hier steht es ... Auf diese Weise erklärte sich für Freud auch die Analogie zwischen dem Tod und dem »kleinen Tod« und anderen gängigen Metaphern für die Ejakulation.

Freuds Lehre ist also ein durch prononcierten Panpsychismus geprägter Vitalismus, denn Freud machte sich rein gar nichts aus Körper, Fleisch, Nerven oder Neuronen, sondern richtete seine gesamte Aufmerksamkeit auf die Libido und die Triebe; er errichtete sein gesamtes Theoriegebäude auf dem Unbewussten, und nur durch die genaue Lektüre einiger im Gesamtwerk versteckter Sätze erkennt man die zugrunde liegende klassische vitalistische Lehre. Zwar stehen bei Freud das Unbewusste, die Libido, die Triebe und andere metaphorisch umschriebene psychische Kräfte am Ursprung von allem, doch am Ursprung dieses Ursprungs befindet sich – das Somatische! Die letzten Zeilen von *Die endliche und die unendliche Analyse* verkünden: »[F]ür das Psychische spielt das Biologische wirklich die Rolle des unterliegenden gewachsenen Felsens.« (Bd. XVI, S. 99)

In Freuds gesamtem Werk stößt man immer wieder auf diese Anerkennung der Entstehung des Psychischen aus dem Somatischen. Gehen wir auf die Suche: 1905 behandelte Freud in *Drei Abhandlungen zur Sexualtheorie* die Entstehung der sexuellen Identität und verwies in diesem Zusammenhang auf bestimmte Verbindungen »im Organismus« (Bd. V, S. 109). Hier war plötzlich keine Rede mehr von Algorithmen, algebraischen Unbekannten oder literarischen, fotografischen und optischen Metaphern. Er gab zu, den Ursprung der sexuellen Erregung nicht genau zu kennen, erwähnte aber das Wirken »besonderer, dem Sexualstoffwechsel entstammender Stoffe« (ebd., S. 117) und sprach von einer Art sexueller Chemie.

1913 schrieb er in *Das Interesse an der Psychoanalyse:* »Doch wäre es ein arger Irrtum, wollte man annehmen, daß die Analyse eine rein psychologische Auffassung der Seelenstörungen anstrebt oder befürwortet. Sie kann nicht verkennen, daß die andere Hälfte der psychiatrischen Arbeit den Einfluß organischer Faktoren (mechanischer, toxischer, infektiöser) auf den seelischen Apparat zum Inhalt hat.« (Bd. VIII, S. 401 f) Freud stellte »ein unzweifelhaft organisches Moment« (ebd., S. 402) fest und entwickelte seine Theorie dennoch ohne Berücksichtigung der Biologie, um die eigene Urteilsbildung nicht zu beeinflussen. Schließlich bekannte er dann doch: »Nach vollzogener psychoanalytischer Arbeit müssen wir aber den Anschluß an die Biologie finden« (ebd., S. 410). Wenn das keine klaren Leitsätze sind!

Es wäre schön gewesen, wenn Freud ihnen auch bei seinen berühmten Fallanalysen gefolgt wäre. Doch leider setzte er dort auf die reine Redekur und folgte einer rein symbolisch-fantastischen Ätiologie. Emma Ecksteins Fall, auf den ich noch zurückkommen werde, scheint exemplarisch für diese Abwendung vom Körperlichen und die äußerst eigenwillige, wenn nicht gar sture Polarisierung, die nur rein psychische Mechanismen in Betracht zog. Freud entwickelte eine genaue und richtige *Theorie*, setzte sie aber in der *Praxis* nicht um.

Im folgenden Jahr konnte man in *Zur Einführung des Narzißmus* lesen, »daß all unsere psychologischen Vorläufigkeiten [*sic*] einmal auf den Boden organischer Träger gestellt werden sollen.« (Bd. X, S. 144) Zudem gestand Freud ein, »daß die Annahme gesonderter Ich- und Sexualtriebe, also die Libidotheorie, zum wenigsten auf psychologischem Grunde ruht, wesentlich biologisch gestützt ist.« (ebd.) Er konstruierte seine Thesen also stets im Rahmen einer Dialektik und glaubte an eine Bewegung der Theoriebildung hin zu Physiologie, Anatomie und des somatischen anstelle des psychischen Körpers.

1915 berief er sich in *Das Unbewußte* auf die Biologie, um seine Triebtheorie zu untermauern. Wie wir gesehen haben, ermöglichte ihm die Plasmatheorie, die Triebe in einen Zusammenhang mit Fortbestand und Reproduktion der Spezies zu stellen. Er beschäftigte sich mit den »Beziehungen des seelischen Apparates zur Anatomie« (Bd. X, S. 273), denn: »Es ist ein unerschütterliches Resultat der Forschung, daß die seelische Tätigkeit an die Funktion des Gehirns gebunden ist wie an kein anderes Organ.« (ebd.) Die Verortung der psychischen Aktivität im Gehirn geschah nicht aus strukturellen, sondern aus konjunkturellen Gründen. Folgt man diesem Text von Freud, wäre eines Tages eine konkrete Verortung denkbar, die schon bald eine Visualisierung des Unbewussten durch bildgebende Verfahren ermöglichen könnte. Dennoch entschied Freud: »Unsere psychische Topik hat vorerst [*sic*] nichts mit der Anatomie zu tun« (ebd.) – *vorerst* und nicht *endgültig!* Das ist so zu verstehen, dass die psychische Topik zwar metaphorisch ist, eines Tages aber durchaus anatomisch werden könnte.

Jenseits des Lustprinzips (1920) behandelt die Frage des Todestriebs in biologischer Hinsicht. In diesem hochphilosophischen psychoanalytischen Text sah Freud Protozoen, Pantoffeltierchen, Aufgusstierchen und andere Einzeller als von einer Art Nirwanaprinzip beseelte Wesen, die zeigten, dass das Leben letztlich in den Zustand vor dem Leben zurückstrebe, nämlich ins Nichts. Für diese neue Theorie machte der psychoanalytische Philosoph – oder philosophierende Psychoanalytiker – »Anleihen bei der biologischen Wissenschaft« (Bd. XIII, S. 65). Denn: »[W]ir haben die überraschendsten Aufklärungen von ihr zu erwarten und können nicht erraten, welche Antworten sie auf die von uns an sie gestellten Fragen einige Jahrzehnte später geben würde.« (ebd.) Nämlich: »Vielleicht gerade solche, durch die unser ganzer künstlicher Bau von Hypothesen umgeblasen wird.« (ebd.) Die Psychoanalyse barg also gegenwärtige Wahrheiten, doch nach Freuds eigener Aussage würde sie in der Zukunft vielleicht von der Biologie abgelöst.

Drei Jahre später schrieb Freud in *Das Ich und das Es*, das Ich sei »vor allem ein körperliches« (Bd. XIII, S. 253), und fuhr fort: »Auf Grund theoretischer, durch die Biologie gestützter Überlegungen supponierten wir einen Todestrieb, dem die Aufgabe gestellt ist, das organische Lebende in den leblosen Zustand zurückzuführen, während das Eros das Ziel verfolgt, das Leben durch immer weitergreifende Zusammenfassung der in Partikel zersprengten lebenden Substanzen zu komplizieren, natürlich es dabei zu erhalten.« (ebd., S. 268 f)

Freud war nie so sehr Vitalist wie auf diesen Seiten, wo er »jedem Stück lebender Substanz« (ebd., S. 269) einen Lebens- und Todestrieb attestierte. Weiter überlegte er, ob »eine Substanz die Hauptvertretung des Eros übernehmen könnte.« (ebd.) Er schrieb dem Lebens- und Todestrieb eine Körperlichkeit zu. Damit waren sie nicht mehr metaphorisch, fiktiv, allegorisch oder mathematisch, sondern substanziell, konkret und materiell.

1926 erschien *Die Frage der Laienanalyse,* die in ähnlichem Tenor fortfuhr und die Triebe im körperlichen Ich verortete, als physiologische Bedürfnisse, die befriedigt werden wollten. Denn Freuds Vitalismus war hedonistisch: Die Triebe strebten nach Befriedigung; Frustration, Verdrängung oder Stagnation sollten zugunsten des Lustprinzips vermieden werden. Die Triebe neigen von Natur aus dazu, Begierden nachzugeben und so Spannung abzubauen. Bei diesem Prozess entsteht Lust. Umgekehrt baut sich laut Freud durch eine nicht erfüllte Begierde Spannung auf. Und erneut legte er diesen Mechanismen eine biologische Basis zugrunde.

Schließlich lokalisierte er 1938 in seinem letzten Buch, *Abriß der Psychoanalyse,* die Psyche im Gehirn und im Nervensystem: »Von dem, was wir unsere Psyche (Seelenleben) nennen, ist uns zweierlei bekannt, erstens das körperliche Organ und Schauplatz desselben, das Gehirn (Nervensystem), andererseits unsere Bewusstseinsakte, die unmittelbar gegeben sind und uns durch keinerlei Beschreibung näher gebracht werden können.« (Bd. XVII, S. 67) So beginnt das Buch, das wegen Freuds Tod unvollendet blieb.

Zwischen 1900 und 1938 hinterließ Freud also einige Spuren, anhand derer sich sein – über die Jahre unveränderter – Vitalismus rekonstruieren lässt. Der Widerspruch zwischen seiner Theorie, das Unbewusste sei bestimmend für den Menschen, obwohl unsichtbar, und der These, letztlich basiere die Psyche unleugbar auf der Biologie, brachte Freud in eine unbequeme Lage. Diese Ambivalenz durchzieht sein gesamtes Werk, doch sie tritt nur punktuell und vorübergehend zutage, während die Theorien über eine vom Körper, dem Keimplasma, den Neuronen oder dem Gehirn losgelöste immaterielle Psyche fast den gesamten Raum einnimmt. Wie ist es zu erklären, dass Freud das Somatische als grundlegend betrachtete und sich doch ganz auf das Psychische konzentrierte?

Freud war kein guter Diagnostiker. Eine Anekdote in *»Selbstdarstellung«* erzählt, wie er als junger Arzt über die organischen Erkrankungen des Nervensystems forschte und präzise bestimmte Gebiete im Gehirn lokalisieren konnte. Er berichtete, dadurch zu einigem Ansehen unter Kollegen gelangt zu sein. Es hätten sogar amerikanische Mediziner bei ihm studiert, die er auf Englisch unterrichtet hätte. Doch eines Tages stellte er eine falsche Diagnose und hielt eine Neurose für eine Meningitis.

Doch Freud flankierte derlei Eingeständnisse immer mit relativierenden Informationen: »Zu meiner Entschuldigung sei bemerkt, es war die Zeit, da auch größere Autoritäten in Wien die Neurasthenie als Hirntumor zu diagnostizieren pflegten.« (*»Selbstdarstellung«*, Bd. XIV, S. 37) Nach der Falschdiagnose wandten sich einige von ihm ab. War dieses Ereignis etwa der Auslöser für seine Entscheidung, die Neurosen bei Charcot genauer zu studieren? Immerhin reiste er kurz nach der Falschdiagnose nach Paris. Lag in diesem persönlichen Scheitern der Grund für seine Abkehr vom Somatischen und für die Hinwendung zum rein Psychischen?

Dass Freud nicht alle psychischen Vorgänge verstand, bedeutete nicht, dass er sich in den körperlichen besser auskannte. Tatsächlich war ihm klar, dass ihm einige schwerwiegende medizinische Fehler unterlaufen waren: die Begeisterung für das Kokain und der darauffolgende Tod seines Freundes; seine Versuche mit der Elektrotherapie, sein Liebäugeln mit der Hypnose, für die er keine Begabung hatte, und seine grauenvolle Therapie mit der Harnröhrensonde. Hinzu kamen traumatische Erfahrungen wie der Fall Emma Eckstein oder ein Ereignis, das ich den *Fall Mathilde* nennen möchte.

Freud beschrieb es in der *Traumdeutung* als »trauriges ärztliches Erlebnis« (*Die Methode der Traumdeutung*, Bd. II/III, S. 116). Er hatte sich bei der Medikation geirrt, und die junge Frau war deshalb verstorben. Zu seiner Verteidigung brachte Freud vor, er habe die Substanz regelmäßig verschrieben und deren giftige Wirkung sei damals nicht bekannt gewesen. Er leugnete also seinen Fehler, zeigte keinerlei Reue oder Mitleid und unterstellte statt der körperlichen eine magische, rein psychische Todesursache.

Er schrieb dazu: »Die Kranke, welche der Intoxikation erlag, führte denselben Namen wir meine älteste Tochter. Ich hatte bis jetzt niemals daran gedacht; jetzt kommt es mir beinahe wie eine Schicksalsvergeltung vor. Als sollte sich die Ersetzung der Personen in anderem Sinne fortsetzen; diese Mathilde für jene Mathilde; Aug' um Aug', Zahn um Zahn. Es ist, als ob ich alle Gelegenheiten hervorsuchte, aus denen ich mir den Vorwurf mangelnder ärztlicher Gewissenhaftigkeit machen kann.« (ebd.) Er verdrängte also seinen Fehler, der zum Tod der Patientin geführt hatte, und zwar nicht, weil der Irrtum von seiner Unfähigkeit zeugte, sondern weil die Tote den Namen seiner Tochter trug.

Ähnlich ging er mit dem Tod seines Freundes Ernst Fleischl-Marxow im Jahr 1895 um, den er mit Kokaininjektionen von einer Morphiumsucht hatte heilen wollen. Auch hier zeigte er keinerlei Reue und kein Mitleid, obgleich er die alleinige Schuld trug und dies auch wusste, denn er zerstörte soweit möglich die – bereits publizierten – Beweise dafür. Und er erfand eine neue

Version dieser unglücklichen Geschichte. Kurz bevor er sich mit Mathildes Fall beschäftigte, erzählte er von Fleischl-Marxow: »Ein teurer, 1895 schon verstorbener Freund hatte durch den Mißbrauch dieses Mittels seinen Untergang beschleunigt.« (ebd.) Mit dem »Mittel« war das Kokain gemeint. Im Jahr 1900 hatte Freud durch bloße Inkompetenz schon mindestens zwei Tote auf dem Gewissen.

In einer Anmerkung zu *Psychopathologie des Alltagslebens* berichtete er von einer ähnlichen Geschichte. Auch hier begegnen uns wieder die Ablehnung des Körperlichen und die Konzentration auf das Seelische. Freud erzählte von einer Vergesslichkeit, die ihm unterlaufen war. Als er seine Buchhaltung durchsah, konnte er die neben einem Zahlungseingang vermerkten Initialen niemandem zuordnen. Doch die Unterlagen bestätigten, dass er diese Person in einem Sanatorium über mehrere Wochen hinweg behandelt hatte. Zunächst konnte er sich beim besten Willen nicht erinnern. Doch dann fiel ihm ein Mädchen von vierzehn Jahren ein.

»Das Kind erkrankte an unzweideutiger Hysterie, die sich auch unter meinen Händen rasch und gründlich besserte. Nach dieser Besserung wurde mir das Kind von den Eltern entzogen; es klagte noch über abdominale Schmerzen, denen die Hauptrolle im Symptombild der Hysterie zugefallen war. Zwei Monate später war es an Sarkom der Unterleibsdrüsen gestorben. Die Hysterie, zu der das Kind nebstbei prädisponiert [*sic*] war, hatte die Tumorbildung zur provozierenden Ursache genommen und ich hatte, von den lärmenden, aber harmlosen Erscheinungen der Hysterie gefesselt, vielleicht die ersten Anzeichen der schleichenden und unheilvollen Erkrankung übersehen.« (*Zur Psychopathologie des Alltagslebens,* Bd. IV, S. 162)

Selbst angesichts des toten Mädchens zweifelte Freud keine Sekunde an seiner exzellenten Diagnose, die einmal mehr Hysterie lautete. Außerdem erklärte er das Mädchen für prädisponiert, diese Erkrankung zu bekommen – wer sollte dem widersprechen?

Er zweifelte auch nicht an seiner Therapie: Er hatte sie behandelt, es war ihr deutlich besser gegangen, und sie hatte die Klinik verlassen. Freuds Darstellung lässt durchscheinen, dass die Sache nicht so tragisch zu Ende gegangen wäre, wenn die Eltern ihm das Kind nicht entzogen hätten, doch zugleich gibt er zu, die körperliche Erkrankung nicht entdeckt zu haben. Immerhin war er ausgebildeter Arzt mit Krankenhauserfahrung, war es gewöhnt, Entscheidungen zu treffen und notfalls auch Eltern zu widersprechen, die ihr Kind vorzeitig aus dem Sanatorium holen.

Freud wollte sein Gesicht wahren. Zwar hatte er den Tumor übersehen, und natürlich war dies ein schwerer Fehler, doch immerhin war er der Grund für die Hysterie gewesen – worauf Freud allerdings nicht weiter einging. Packten ihn Zweifel, als er zugab, wegen einer vielleicht gar nicht existierenden Erkrankung eine ganz reale und tödliche übersehen zu haben? Keineswegs. Ein junges Mädchen war gestorben, aber Freud trug dafür keine Verantwortung, denn schließlich hatte er sich um ihre Hysterie gekümmert – und mochte es diese auch nur in seinem Wunschdenken geben.

Das war also Freuds dritter Todesfall. Auch ein Leser, der mit den Feinheiten der Psychoanalyse nicht vertraut ist, wird vor diesem Hintergrund die Mechanismen des *Vergessens* leicht verstehen und braucht die entsprechenden Kapitel der *Psychopathologie des Alltagslebens* nicht mehr zu konsultieren. Es leuchtet ein, dass die Menschen sich lieber nicht an das erinnern wollen, was ihr schönes Selbstbild gefährdet.

Freuds Umgang mit der Ichspaltung, der Verleugnung und der Ablehnung des Körpers auf der einen und seine zwanghafte Fixierung auf das Psychische auf der anderen Seite erschließen sich vor allem anhand des Falls Emma Eckstein, der einem Paradebeispiel gleichkommt. Die Briefe an Fließ erlauben uns, den Fall im Detail zu verfolgen, und es wird deutlich, weshalb Freuds Familie, besonders seine Tochter, der Öffentlichkeit diese Briefe vorenthalten wollte. Denn sie offenbaren äußerst unehrenhafte Charakterzüge des großen Sigmund Freud, nämlich dessen sture Unaufrichtigkeit angesichts eigener Fehler und das Bestreben, lieber alle Spuren zu verwischen, als einen Irrtum einzugestehen.

Im Januar 1895 war Emma Eckstein dreißig Jahre alt. Seit zwei oder drei Jahren war sie bereits wegen Beschwerden, die auf eine Hysterie hindeuteten, mit Symptomen wie Gastritis und Regelschmerzen, die sie schon seit der Jugend plagten, bei Freud in Behandlung. Er verwarf jede somatische Ursache, unternahm keine medizinische Untersuchung und führte die Beschwerden stattdessen auf die sexuelle Ätiologie zurück, genauer auf sein besonderes Steckenpferd, die verdrängte Masturbation. Das Onanieren sowie dessen Verdrängung waren für Freud Ausgangspunkte für Neurosen, wovon die Fälle des Patienten mit dem Psychrophor und eben der Emma Eckstein zeugten. Dieser Logik entkam niemand: Masturbieren oder nicht masturbieren waren zwei Ausprägungen ein und derselben Erkrankung!

Freud beschrieb immerhin, wie er zu dieser Theorie kam. Sie war erneut performativ und schuf die Wahrheit, indem sie diese verkündete. Freud erklärte es zur allseits bekannten Tatsache, dass jeder, der unter gastrischen Beschwerden litt, Selbstbefriedigung praktizierte. Wie wir bereits gesehen haben, beschäftigten Fließ und er sich in den Briefen mit einigen bizarren Zusammenhängen, wozu auch die Theorie einer Beziehung zwischen Nase und Genitalien gehörte.

1893 schickte Freud Fließ ein Manuskript über die »vielfachen Beziehungen, die zwischen Nase und Geschlechtsorgan bestehen« (*Briefe an Wilhelm Fließ,* S. 38)! Und wieder behandelte er das Thema in performativer Art und Weise. Am 8. Oktober regte er seinen Freund an, dessen Überlegungen separat unter dem Titel *Die Nase und die weibliche Sexualität* zu veröffentlichen, und prompt brachte Fließ 1897 das Buch *Die Beziehungen zwischen Nase und weiblichen Geschlechtsorganen* heraus. In den darauffolgenden Briefen nannte Freud den Text *Nase und Sex*. Vergessen wir nicht, dass er seinen Freund als »Kepler der Biologie« (30. Juli 1898, *Briefe an Wilhelm Fließ*, S. 350) zu bezeichnen pflegte.

Aus diesen Überlegungen jedenfalls entstand Freuds Idee, man müsse Emma Ecksteins Nase operieren, um ihre Hysterie zu besiegen. Fließ reiste also von Berlin nach Wien und nahm Ende Februar 1895 den chirurgischen Eingriff vor, genauer eine Abtragung von Nasenknorpel auf der linken Seite. Dann fuhr er zurück nach Hause und ließ die Patientin in Freuds Obhut. Zwei Wochen später schrieb Freud ihm, Emma Eckstein leide an einem Gesichtsödem, Nasenbluten, Gerinnseln, übel riechender eitriger Sekretion, Schmerzen und einer Infektion. Sie hatte also schwere körperliche Beschwerden.

Wir kennen Fließ' Antwort nicht, weil Freud sorgsam alle Briefe seines ehemaligen Freundes vernichtet hat. Freud ergriff Vorsichtsmaßnahmen; er schrieb einen Bericht zum Nachteil seines Freundes und hoffte, dieser möge sich bald von der folgenden Nachricht erholen: Ungeachtet der Drainage und der Wundsäuberung bestanden die Symptome zunächst fort, bis ein Assistent beim Reinigen der Wunde »ein gut 1/2 Meter langes Stück Gaze« entdeckte (8. März 1895, ebd., S. 117), das der Chirurg und sein Kollege in der Nasenhöhle vergessen hatten! Die Patientin hatte bei dieser Entdeckung viel Blut verloren, sodass ihr Puls stark abfiel. Freud trank unterdessen im Nebenzimmer etwas Wasser und fühlte sich nach eigenem Bekunden *erbärmlich*, doch man ahnt, dass diese Empfindung nur von kurzer Dauer war und er sich eines Tages rächen würde. Er trank einen Cognac und ging in das Behandlungszimmer zurück. Emma Eckstein erkannte seine Bestürzung und resümierte ironisch: »Das ist das starke Geschlecht.« (ebd.)

Ein paar Tage später wurde die Wunde erneut gereinigt und behandelt. Freud bedauerte, Fließ zur Reise nach Wien, zur Operation und zur Überlassung der Patientin überredet zu haben. Er nahm die Schuld auf sich, schien seinem Freund jede Peinlichkeit ersparen zu wollen und fügte hinzu, so etwas könne schließlich jedem passieren. Über das Opfer verlor er kein Wort. In einem Brief vom 23. März 1895 kam er noch einmal auf die Angelegenheit zurück, nachdem eine erneue Operation nötig geworden war. »Es war nichts und wurde nichts getan« (ebd., S. 122), schrieb er lakonisch und fügte hinzu: »[E]s bleibt ihr jede Entstellung erspart.« (ebd.) Emmas Nichte jedoch, eine Kinderärztin, konnte das nicht bestätigen und berichtete von Emmas Entstellung und ihrer eingesunkenen Gesichtshälfte.

In einem Brief vom 28. März 1895 ging Freud erneut zum Angriff über. Er war beschämt darüber, sich *erbärmlich* gefühlt zu haben, ärgerte sich, dass Emma ihn als inadäquaten Vertreter des starken Geschlechts hingestellt hatte, und reagierte aggressiv: »Natürlich beginnt sie mit der Neubildung von Hysterien aus diesen Zeiten, die dann von mir zersetzt werden.« (ebd., S. 123) Er vermied jedes Wort über Emmas verletzten Körper, ihr entstelltes Gesicht und die gescheiterte Operation, indem er auf die These von der Hysterie zurückgriff.

Ein Jahr später war Freud immer noch beleidigt und wurde noch deutlicher. Am 26. April 1896 schrieb er an Fließ: »Ich werde Dir nachweisen können, daß Du recht hast, daß ihre Blutungen hysterische waren, aus Sehnsucht erfolgt sind und wahrscheinlich zu Sexualterminen. (Das Frauenzimmer hat mir aus Widerstand die Daten noch nicht besorgt.)« (ebd., S. 193) Klar und deutlich zeigt sich hier, welchen Mechanismen Freuds Verhalten folgte: Die Operation war gescheitert, das Stück Gaze vergessen, die Wunde infiziert, vereitert und blutig, doch all dies war bedeutungslos. Die wahre Ursache des Problems lag in Emmas sexuellem Verlangen nach Sigmund – und in nichts anderem. Es handelte sich um einen einfachen Fall von verdrängter sexueller Anziehung.

Am 4. Mai 1896 legte Freud nach und verkündete, »daß sie aus Sehnsucht geblutet hat.« (ebd., S. 195) Erschwerend kam hinzu, dass Emma Eckstein bereits unter normalen Umständen stark blutete. Als sie sich im Kindesalter geschnitten habe, sei die Blutung sehr stark gewesen. Die Kopfschmerzen während ihrer ersten Regelblutung seien als Folge der Suggestion zu betrachten. Freuds weitere Äußerungen wären lächerlich, wenn sie nicht so erbärmlich wären. Demnach begrüßte Emma »die heftigen Periodenblutungen mit Freude als Beweis für die Echtheit ihres Krankseins, der ihr auch gelten gelassen wurde.« (ebd.)

Emmas Wunsch, zu bluten, entsprach dieser Logik zufolge ihrer Begierde für den unwiderstehlichen Doktor Freud. Und deshalb war nach der Entdeckung des Gazestücks bei Freuds Rückkehr in das Zimmer ihr Blutdruck gefallen. Nicht etwa wegen des Blutverlusts, sondern weil sie »einen alten Wunsch nach Liebe in Kranksein verwirklicht« sah und sich, kurz vor der Bewusstlosigkeit, »so glücklich wie nie« (ebd., S. 196) gefühlt hatte! Der Gedanke, dass ein Blutdruckabfall zur Bewusstlosigkeit führen könnte, war Freud offensichtlich nicht gekommen. Er hielt an seiner Fantasievorstellung fest und brachte jede Erkrankung mit der sexuellen Ätiologie in Verbindung.

Emma Eckstein verließ das Krankenhaus noch am selben Abend und ging in ein Erholungsheim. Sie schlief schlecht, vielleicht aus Angst oder Stress. Denken wir nicht darüber nach, denn Freud hatte einen klinisch viel überzeugenderen Grund identifiziert. Demnach entstammte die nächtliche Unruhe »der unbewußten Sehnsuchtsabsicht, mich hinzulocken, und als ich nachts nicht kam, erneuerte sie die Blutungen, als unfehlbares Mittel, meine Zärtlichkeit wieder zu wecken.« (ebd.) Sie blutete dreimal spontan über vier Tage hinweg, sodass Freud zu dem Schluss kam, dies müsse »eine Bedeutung haben« (ebd.).

Zehn Jahre später, als Vierzigjährige, litt Emma Eckstein immer noch. Ihr Gesicht war dauerhaft entstellt, doch Freud diagnostizierte einen Rückfall in die Hysterie und riet ihr, die Psychoanalyse wieder aufzunehmen. Sie lehnte ab und wandte sich an eine junge Ärztin, die ihr einen großen Abdominalabszess entfernte.

Einige Jahre später erhielt Emma endlich eine seriöse Diagnose: Man erkannte ein Myom und entnahm ihr die Gebärmutter. Myome sind gutartige Tumoren des Muskelgewebes, die wahrscheinlich die Ursache für Emmas Blutungen seit der Jugendzeit gewesen waren.

Entstellt und bettlägerig starb Emma Eckstein 1924 an einem Hirnschlag. 1937 behauptete Freud, sie sei erfolgreich psychoanalytisch behandelt worden, und ihr Rückfall in die Hysterie sei durch die Entfernung der Gebärmutter ausgelöst worden. In *Die endliche und die unendliche Analyse* fällte Freud dann ein endgültiges Urteil über die Tote: Sie sei »auch bis zu ihrem Lebensende nicht mehr normal« geworden (Bd. XVI, S. 66). Nebenbei bemerkt hatte sie sich inzwischen zur Psychoanalytikerin ausbilden lassen, was Freuds unglaubliches Talent beweist. Und noch ein letztes Detail: In der fast 1600 Seiten umfassenden Freud-Biographie von Ernest Jones fällt der Name Emma Eckstein kein einziges Mal.

Einer von Freuds berühmtesten Patienten, der Wolfsmann, brachte ihm eines Tages einen Satz aus Nietzsches *Jenseits von Gut und Böse* nahe: »›Das habe ich gethan‹ sagt mein Gedächtnis. Das kann ich nicht gethan haben – sagt mein Stolz und bleibt unerbittlich. Endlich – giebt das Gedächtnis nach.« (*Viertes Hauptstück, Sprüche und Zwischenspiele,* Nr. 68) Diese Worte liefern die Erklärung für alle diagnostischen Fehler Freuds. Selbst wenn ihm seine Erinnerung vielleicht sagte, dass er schwere Fehler hinsichtlich Diagnose, Prognose und Therapie begangen hatte, so ließ doch sein Stolz ihn immer in dem Glauben, etwas Derartiges sei unmöglich. In Freuds Denken wurde aus Nietzsches Idee die *Ichspaltung* und die *Verleugnung*. In *Die Ichspaltung im Abwehrvorgang* von 1938 legte Freud dar, dass es bei einem Konflikt zwischen Trieb und Realität zu einer Verleugnung der Realität käme, sofern die Gefahr nicht erkannt und vom Gefühl der Angst begleitet werde. Die Betreffenden verleugneten die Realität, um dieser Angst und der schmerzlichen Erinnerung zu entgehen.

Und was war schon geschehen? Ein junger Arzt namens Sigmund Freud hatte eine Meningitis mit einer Neurose verwechselt? Damals passierte das doch den Kollegen genauso! Ein Freund war an Kokaininjektionen gestorben? Freud hatte ihm doch die orale Einnahme und nicht etwa Injektionen verordnet – der schriftliche Beweis des Gegenteils wurde verleugnet. Ein junges Mädchen, das Freud zur Hysterikerin erklärte, starb an einem unentdeckten Tumor? Das lag an der Dreistigkeit der Eltern, und hysterisch war das Mädchen sehr wohl gewesen, hervorgerufen von dem letztlich tödlichen Krebs. Eine Frau namens Mathilde starb an einer falschen Medikation, die ihr Freud verordnet hatte? Aber damals wusste doch niemand um die Gefährlichkeit der Substanz. Eine Patientin, bei der Freud Hysterie diagnostiziert hatte, musste schrecklich leiden? Sie war eben unbewusst in ihn verliebt und zeigte Symptome einer Übertragung. Und als man in ihrer Nase einen halben Meter Gaze fand, den Fließ dort vergessen hatte? Blieb die Diagnose unverändert.

Freud negierte also den Körper in all seiner Komplexität. Er wusste zwar, wie wichtig das Körperliche ist, und bekannte, dass alles in der Physiologie, nämlich dem Keimplasma, seinen Ursprung habe. Er sprach sogar vom Nervensystem, verortete die Aktivitäten der Psyche im Gehirn und benutzte zur Beschreibung des psychischen Apparats nur deshalb Metaphern, weil er über die biologischen Mechanismen, wie er selbst zugab, kaum etwas wusste.

Freud wusste um die Bedeutung des Körpers und versuchte doch, ihn zu umgehen. Er agierte performativ und kümmerte sich nicht um die Wirklichkeit. Es ging ihm nicht um eine materielle Wahrheit, sondern um die Überlegenheit seiner universellen Konzepte, die einer Sublimierung entsprangen, mit der er sich nur allzu gut hätte auskennen müssen. Wie durch Zauberhand verschwand der Körper aus Freuds Denken. Er war zu komplex, zu präsent, zu schwer, zu beunruhigend, zu uninteressant für einen Konquistadoren auf der Suche nach der Neuen Welt. Natürlich hat die Psyche biologische Grundlagen, das betonte Freud immer wieder. Doch was nützte diese traurige Wahrheit, die keine Aussichten auf Ruhm und Eroberungen bot? Die Fiktion eröffnete ganz andere Möglichkeiten. Freud kehrte also der mühsamen Laborarbeit den Rücken und konzentrierte sich ganz auf seinen Diwan, der ihm Ruhm und Ehre bringen sollte.

Teil 4

THAUMATURGIE

Die wundersame Couch

I.
Sigmund im Wunderland

»Die entscheidenden Regeln der Logik
haben im Unbewußten keine Geltung, man kann
sagen, es ist das Reich der Unlogik.«

Sigmund Freud, *Abriß der Psychoanalyse*
(Bd. XVII, S. 91)

Freud verleugnete alles Körperliche, verweigerte sich der Realität und schuf sich seine eigene Welt, die er mit besonderen Vollmachten ausstattete. Der Psychoanalytiker widmete sich, alles Greifbare ablehnend, mit Leib und Seele den Fiktionen, Ideen und Noumena und zeigte dabei großes philosophisches Talent. Er verfasste ein Monumentalwerk, das sich mit den Veröffentlichungen Kants, Hegels, des großen deutschen Idealisten Schelling und der Romantiker vom Schlage eines Novalis messen kann.

Wie ein Kind, das in seiner eigenen Welt lebt, erfand Freud eine magische Sphäre voller Fiktionen, die viel angenehmer waren als die beunruhigende Wirklichkeit der Erwachsenenwelt. Wie Lewis Carrolls Alice trat er auf die andere Seite des Spiegels und amüsierte sich mit seinen Fantasiefiguren namens Libido, Trieb, Unbewusstes, Ödipus, Urhorde, Vatermord, Verdrängung, Sublimierung, Moses, Neurose oder Psychopathologie – um nur die größten Stars in diesem philosophischen Zauberzirkus zu nennen.

Freud hatte eine magische Beziehung zur Wirklichkeit: In seiner Welt gab es keinen Krebs, keine Gazestreifen, keine Morphinabhängigen, keine Tumore der Gebärmutter oder falsche Medikationen. Stattdessen begegneten ihm hier monströse Väter, begehrenswerte Mütter, Inzestwünsche, Mordgelüste, Masturbationsdrang, verrückte Gebärmütter, kopulierende Eltern, onanierende Säuglinge, kannibalische Festmahle, verschlüsselte Träume, geprügelte Kinder und ein Sammelsurium sexueller Themen, das bei ihm, der sich Behauptungen über die eigene *Pansexualität* verbat, großes Entsetzen hervorrief.

Diese Zauberwelt wäre bedeutungslos geblieben, hätte Freud sich nicht in den Kopf gesetzt, ihre Gesetzmäßigkeiten auf die gesamte Menschheit zu übertragen und jeden zu geißeln, der ihr die Wirklichkeit vorzog. Es spielt im Grunde genommen keine Rolle, ob sich jemand eine eigene Welt erschafft und sich lieber dort als in der Realität aufhält, in der er sich als Außenseiter fühlt. Künstler – wie Freud einer war – halten ihre Wünsche oft sogar für die Realität, und niemand nähme es etwa einem Musiker übel, wenn er die Welt nur auf seine Weise hörte und nicht so wie alle anderen; niemand kritisierte einen Maler, der nur mit seinen Augen sieht und nicht mit den Augen der anderen.

Doch Freud gab sich mit seiner Fantasiewelt nicht zufrieden. Er brachte viele andere dorthin und wollte schließlich die ganze Menschheit hinüberführen. Jeden, der sein Theater nicht gegen die Wirklichkeit eintauschen wollte, bezichtigte er der Neurose, Krankheit, Verdrängung oder anderer schwerer psychischer Probleme. Für den Übertritt ins Wunderland erfand er sogar ein eigenes Dispositiv: die Couch. Das durch Freud zum Konzept gewordene Möbelstück wird auch heute noch von Psychoanalytikern als Zugang zur Zauberwelt benutzt, in der die freudschen Kreaturen warten.

Doch selbst das wäre kein Problem, wenn es dabei um eine Reise ginge, wie man sie durch ein Bild, eine Oper, einen Roman, ein Gedicht, einen Film, eine Fotografie oder einen Stich unternimmt. Doch Freud behauptete, wer sich mit ihm auf die Reise mache, werde von Neurosen, Psychosen, Nervenkrankheiten, Hysterie, Angst, Phobien und anderen seelischen Erkrankungen geheilt. Ein solches Therapieversprechen setzt den Glauben voraus, dass der Übertritt in die andere Welt Gesundheit, Seelenfrieden und das Ende aller psychischen Krankheiten ermöglicht.

Freud bot in seiner Wiener Praxis gewissermaßen an, den Realitätsverlust durch eben diesen Realitätsverlust zu heilen. Es ging um eine Flucht in die fiktive Welt, die dem Jenseits ähnelte, das in der Religion die tatsächliche Welt erträglicher machen soll. Für jemanden, der gesehen hatte, wie die eigenen Eltern Geschlechtsverkehr haben, wie der eigene Vater verzehrt wird, wie ein Säugling sich den Zeigefinger in den Anus steckt oder ein Vater die Kinderfrau penetriert, konnte natürlich alles nur besser werden. Können wir Freud jetzt noch als Aufklärer bezeichnen? Wohl kaum.

Freuds Zauberwelt unterscheidet sich grundlegend von einem Universum, in dem die voltairesche Vernunft regiert. Nicht jeder, der gern ein Nietzsche wäre, ist auch einer. Die Legende will Freud in der Tradition der großen Aufklärer sehen, denen die Menschheit die Befreiung von Mythen und Märchen zu verdanken hat. Dabei berief sich Freud wiederholt auf Volksweisheiten, Mythen und Okkultismus, worüber sein Text *Psychoanalyse und Telepathie* höchst instruktiv Auskunft gibt. Freud wollte natürlich nicht Farbe bekennen und drückte sich vorsichtig aus, doch in der scheinbar neutralen und objektiven Analyse erwähnte er wie nebenbei gewisse Überschneidungen zwischen Psychoanalyse und Okkultismus: Beide würden von den Institutionen verachtet, stünden in dem schlechten Ruf, das Mystische zu pflegen, würden von der offiziellen Wissenschaft nicht für voll genommen und beschäftigten sich mit den »dunkeln aber unzerstörbaren Ahnungen des Volkes« (Bd. XVII, S. 28). So kam der Wiener Philosoph zu dem Schluss: »Eine Allianz und Arbeitsgemeinschaft zwischen Analytikern und Okkultisten erschiene ebenso naheliegend wie aussichtsvoll.« (ebd.) Damit war er doch mindestens so aufklärerisch wie Voltaire!

Natürlich kam dieses kleine Meisterwerk sophistischer Rhetorik letztlich zu dem Ergebnis, eine gemeinsame Entwicklung beider Bereiche sei doch nicht praktikabel. Der Briefwechsel bestätigt diese Haltung: Freud wusste, das ein klares Bekenntnis zu den Gemeinsamkeiten mit den Okkultisten aus strategischen Gründen unklug war und die Psychoanalyse ein für allemal diskreditiert hätte. In seinen veröffentlichten Schriften distanzierte er sich deshalb stets von ihnen oder gab sich neutral. Dennoch sprach er zuweilen von »telepathischen Vorkommnisse[n] [*sic*]« (*Traum und Telepathie,* Bd. XIII, S. 165) und thematisierte »die unbestrittene Begünstigung der Telepathie durch den Schlafzustand« (ebd., S. 190). Wer sich distanzieren oder neutral bleiben möchte, sollte sich vielleicht etwas vorsichtiger ausdrücken.

An Eduardo Weiss schrieb Freud am 24. April 1932 zum gleichen Thema: »Mein Standpunkt ist nicht der der hochmütigen Abweisung a limine. [...] Ich bin allerdings bereit zu glauben, daß hinter allen sogenannten okkulten Phänomenen doch etwas Neues und sehr Wichtiges steckt. Die Tatsache der Gedankenübertragung, d.h. der Fortpflanzung psychischer Vorgänge durch den freien Raum auf andere Individuen. Dafür anerkenne ich Beweise aus Beobachtungen im Tageslicht und gedenke mich auch noch öffentlich darüber zu äußern. Für Ihre Rolle als Pionier der Analyse in Italien wäre es natürlich ungünstig, wenn man Sie gleichzeitig als Parteigänger des Okkultismus nennen würde.« (Freud/Weiss, *Briefe zur psychoanalytischen Praxis,* S. 80)

Den Okkultismus beschäftigt demnach die gleiche Frage wie die Psychoanalyse, nämlich die Übertragung von Gedanken und anderen Vorgängen im Raum. Freud stützte seine These auf Experimente, die er, wie bereits erwähnt, mit seiner Tochter Anna durchgeführt hatte. Karl Abraham berichtete er am 9. Juli 1925 von deren »telepathische[m] Feingefühl« (Freud/Abraham, *Briefe,* S. 360). Hätte er sich aber zum Okkultismus bekannt, wäre das einem Mord an der Psychoanalyse gleichgekommen.

Andere Briefe unterstreichen Freuds jesuitische Taktik: Okkultismus ja, Okkultisten nein, denn über dieses Thema könnten Psychoanalytiker viel besser sprechen, und zwar wegen ihrer Wissenschaftlichkeit! Der Grundtenor blieb der gleiche: »Die Zurückhaltung eines Psychoanalytikers von öffentlicher Beteiligung an okkulten Studien ist eine rein praktische Vorsichtsmaßregel von zeitlicher Begrenztheit [*sic*], kein Ausdruck einer prinzipiellen Stellungnahme. Verächtliche Ablehnung dieser Studien ohne Erfahrung, hieße wirklich das klägliche Beispiel unserer Gegner nachahmen.« (Freud/Weiss, *Briefe zur psychoanalytischen Praxis,* S. 81)

Der ehrliche Ton aus den Briefen kontrastiert mit den äußerst diplomatischen Formulierungen in jenen Texten, die sich speziell mit diesen Fragen beschäftigen – nämlich *Psychoanalyse und Telepathie* (1921) sowie *Traum und Telepathie* (1922). Als gewiefter Taktiker wusste Freud um die Notwendigkeit, sich zu distanzieren, wollte er – nicht nur unter Wiener Intellektuellen – weiterhin salonfähig bleiben. Offiziell argumentierte er deshalb, die Psychoanalyse sei eine Wissenschaft.

In *Psychopathologie des Alltagslebens* fragte Freud nach der Bedeutung okkulter Ereignisse. Was verbarg sich hinter Gedankenübertragung, Telepathie und anderen Formen »übersinnlicher Kräfte« (Bd. IV, S. 289)? Waren sie reine Fantasieprodukte? Freuds Antwort lautete: »Ich bin nun weit davon entfernt, diese Phänomene überall so kurzerhand aburteilen zu wollen, über welche so viele eingehende Beobachtungen selbst intellektuell hervorragender Männer vorliegen« (ebd.). Nun können wir unsere Vorurteile über Bord werfen, denn die okkulten Ereignisse wurden hiermit bestätigt; es handelte sich keineswegs um pure Fantasieprodukte. *Die okkulte Wirklichkeit* war also Freuds *wissenschaftlicher* Gegenstand.

Was hier fehlte, waren natürlich entsprechende Studien und Analysen – durchaus keine vorurteilsbehafteten Schmähschriften, sondern objektive Einschätzungen. Freud hinterfragte okkulte Vorkommnisse nicht, sondern versuchte sie zu verstehen, und so war seine Welt durchaus mit der der Okkultisten kompatibel. Lesen wir weiter: »Wenn noch andere, wie z.B. die von den Spiritisten behaupteten Phänomene, erweisbar werden sollten, so werden wir eben die von der neuen Erfahrung geforderten Modifikationen unserer ›Gesetze‹ vornehmen, ohne an dem Zusammenhang der Dinge in der Welt irre zu werden.« (ebd., S. 290) Freud sprach hier tatsächlich von Spiritismus, also der Beschwörung von Geistern.

Freud klammerte den Spiritismus also nicht aus seiner Zauberwelt aus. Wäre er mit ihm verfahren wie mit der monotheistischen Religion, so hätte das ganz anders geklungen. Der sogenannte Aufklärer ließ kein gutes Haar an der Religion im Allgemeinen sowie dem Juden- und Christentum im Besonderen, doch bei Themen wie Telepathie, Gedankenübertragung oder Spiritismus war von solch kritischer Vernunft nichts zu bemerken.

Zum Thema Gedankenübertragung hatte Freud eine klare Meinung, die er Fließ am 8. Mai 1901 kundtat: »Ich bleibe dem Gedankenlesen treu und zweifle [*sic*] weiterhin am ›Zauber‹« (*Briefe an Wilhelm Fließ,* S. 484). Doch *zweifeln* ist nicht gleichbedeutend mit völliger Ablehnung: In *Das Unbehagen in der Kultur* und *Die Zukunft einer Illusion* zweifelte Freud nicht an der Religion, sondern lehnte als bekennender Atheist jeden Glauben an ein Jenseits ab.

Und Freud versuchte seinen Glauben an den Okkultismus wissenschaftlich zu untermauern. Er behauptete, Gedanken würden in Form materieller Wellen übertragen. Das ist zunächst nicht zu widerlegen, doch über deren Eigenschaften oder die Frage, wie ein Gedanke sich wellenartig im Raum von einem Sender zu einem Empfänger bewegen, unbeschadet dort ankommen und verstanden werden kann, äußerte er sich nicht.

Freuds Argumentation wirkt zunächst in jeder Hinsicht wissenschaftlich; auf den zweiten Blick zeigt sich aber, dass sie rein performativ ist. Er präzisierte, zur Telepathie bedürfe es der Empathie, des Wunsches zur Kommunikation mit dem Gegenüber. Darüber hinaus müsse der Gegenstand der Telepathie ein unschönes Ereignis wie ein Unfall, ein Trauerfall oder ein Trauma sein. Weshalb das so war, verschwieg er. Es war eben so.

In seinem Leben hatte Freud mehrere okkulte Erlebnisse, und zwar neben Gedankenübertragung und Telepathie auch diese: Er hörte seinen Namen, ohne dass ein Sprecher anwesend war; er träumte vom Tod seines Sohnes an der Front; er schrieb jemandem einen Brief und glaubte dabei, unter dem Einfluss einer telepathischen Kraft aus Ungarn zu stehen – in Gestalt von Ferenczi, der übrigens selbst behauptete, telepathisch kommunizieren zu können, und zwar mit Übersee. Freud befragte regelmäßig Freunde und Bekannte, was sie zu diesem oder jenem Zeitpunkt gedacht oder getan hätten, zu dem er jeweils eigentümliche Vorkommnisse bemerkt haben wollte.

Als er zum Beispiel versehentlich seinen Verlobungsring zerbrach, verfiel der zukünftige Autor von *Psychopathologie des Alltagslebens* regelrecht in Panik. Er, der glaubte, alles und jedes bedeute etwas und verweise auf die Zauberwelt der Psyche, der noch dem kleinsten Detail universelle Bedeutung zuschrieb, der hinter einer zerbrochenen Vase oder einer falsch geknöpften Jacke ganze Lebensgeschichten vermutete und ein kurzes Zögern beim Sprechen als Hinweis auf einen allen anderen unbekannten Zusammenhang deutete, durchlitt in solchen Momenten die gleichen Ängste wie seine Patienten.

Am 26. August 1882 fragte er Martha in einem Brief, ob sie genau in dem Moment, in dem der Ring zerbrochen war, weniger Liebe für ihn empfunden oder sich gelangweilt habe oder ob sie ihm gar untreu gewesen sei! Anscheinend hatte er keine Bedenken, sich lächerlich zu machen, als er fortfuhr: Er selbst habe keinerlei Ängste gehegt angesichts des zerbrochenen Rings, habe zu keinem Zeitpunkt an der Verlobung gezweifelt oder Sorge gehabt, dass er – welch absurde Idee! – seinen Platz in ihrem Herzen verloren habe. Doch weshalb hatte er ihr zuvor all diese Fragen gestellt? Martha jedenfalls antwortete, sie habe in jenem Augenblick Kuchen gegessen. Freuds Unbewusstes musste sich also nicht weiter beunruhigen!

Für jene, die es noch nicht verstanden haben sollten, sagen wir es in aller Deutlichkeit: Freud war abergläubisch, was sich mit Wissenschaftlichkeit und Rationalität schlecht verträgt. Wie so häufig finden sich zahlreiche Beweise dafür in den Briefen an Fließ. Zum Beispiel diese Episode: Im Harz gab es einen Brauch, mit dem Unglück abgewendet werden sollte. Dazu malte man mit Kreide drei Kreuze über die Tür. Freud kannte die Gegend, weil er dort regelmäßig Urlaub machte und sich mit dem sogenannten Geheimkomitee – seinen engsten Anhängern – traf.

Die drei Kreuze tauchen in einigen Briefen an Fließ auf. Zum Beispiel im Zusammenhang mit dem Thema Frauen (5. November 1899, *Briefe an Wilhelm Fließ*, S. 420), mit den in der *Psychopathologie des Alltagslebens* aufgezählten Verboten (8. Mai 1901, ebd., S. 485) – wobei unklar bleibt, auf welche davon sich die Kreuze beziehen – oder mit einem Traum, dessen Inhalt unbekannt bleibt (26. April 1904, ebd., S 505). Außerhalb der privaten Korrespondenz finden sich die Zeichen beispielsweise in einem Brief an C. G. Jung, und auch in *Die Traumdeutung* kommt Freud an einer Stelle darauf zu sprechen, an der er den Namen seiner an Diphterie erkrankten Tochter Mathilde nicht schreiben wollte in dem Glauben, das könne ihr Unglück bringen!

Sein Aberglaube zeigt sich auch in seiner Begeisterung für die Numerologie. Fließ war ein überzeugter Anhänger der seltsamen Zyklentheorie, nach der jedes Ereignis einer in den Zahlen verborgenen Logik folge. Auch Freud beschäftigte sich mit der Numerologie, wovon lange Listen mit Berechnungen zeugen – so auch im Brief an Fließ vom 1. März 1896, jenem Jahr, in dem *Zur Ätiologie der Hysterie* erschien. Freud berichtete dort über die ersten Kontraktionen seiner Frau Martha, die mit Anna schwanger war: »Am 3. Dezember war die Geburt. Am 29. Februar trat die Periode wieder ein. Martha ist seit ihrer Pubertät immer regelmäßig gewesen. Ihre Periode beträgt etwas über 29 Tage, sagen wir 29 1/2. Nun sind vom 3. Dezember – 29. Februar 88 = 3 x 29 1/3.

28
31
29
———
88 : 3 = 29 1/3 Tage
– 28

Vom 10. Juli–3. Dezember sind: 5 x 29 1/5

21
31
30
31
30
3
———
146 : 5 = 29 1/5
– 46
– 1

Für eine Periode von etwas über 29 Tagen ist also die Geburt gerade rechtzeitig erfolgt und die ersten Kindsbewegungen zum fünften Menstruationstermin.« (*Briefe an Wilhelm Fließ*, S. 185 f).

Und es ist noch weitaus mehr Neurotisches bei Freud zu finden, das sogar ohne Unterstützung durch Fließ' pseudowissenschaftliche Theorien auskam. Beispielsweise machte Freud sich Sorgen wegen seiner Telefonnummer. Die Telekommunikationsverwaltung in Wien hatte ihm die Nummer »A 1817 O« zugeteilt, von der er fasziniert war, weil sie mit »18« und »17« jene beiden Zahlen enthielt, zu denen er ein besonderes Verhältnis hatte, und weil diese Zahlen von »A« und »O«, nämlich Alpha und Omega, umrahmt waren. Doch zuvor hatte er die Nummer »1 43 62« gehabt, die er als Vorzeichen des nahen Todes interpretiert hatte. *Denn* er war »43« Jahre alt, und *weil* die *Traumdeutung* gerade erschienen war – daher die »1« – *werde* er mit »62« Jahren sterben.

In Panik und Todesangst schrieb er Fließ, er werde mit »51« Jahren sterben. Von der »62« war plötzlich keine Rede mehr. Mit vollem Ernst schrieb er am 22. Juni 1893 an Fließ, er habe die wissenschaftlich nicht begründbare Gewissheit, noch einige Jahre leiden und dann mit vierzig oder fünfzig Jahren an plötzlichem Herzversagen sterben zu müssen.

Rufen wir uns vor diesem Hintergrund in Erinnerung, dass Freud *erstens* zu diesem Zeitpunkt, nämlich im Juni 1892, bereits seit zehn Jahren in der Berggasse 19 Patienten gegen Honorar behandelte; und dass er *zweitens* nicht mit 51 Jahren an einem Herzinfarkt starb, sondern mit 83 Jahren nach langem Krebsleiden.

Den blinden Fleck im Auge des anderen sah Freud immer sofort, doch dass ihn selbst ein blinder Fleck an klarer Sicht hinderte, erkannte er nicht. In *Psychopathologie des Alltagslebens* erklärte er, eine scheinbar zufällig ausgewählte Zahl werde stets vom Unterbewusstsein diktiert. In seiner Zauberwelt gab es keine Zufälle.

Freud wollte seine These mit dem Hinweis auf einen Brief stützen, in dem er über die Müdigkeit berichtete, die ihn bei der leidigen Korrektur des Manuskripts der *Traumdeutung* befiel. Selbst wenn »2467« (*Psychopathologie des Alltagslebens,* Bd. IV, S. 270) Fehler stehen blieben, hätte er nicht mehr die Energie, den Text erneut zu lesen. Wieso gerade »2467«? Die Antwort auf diese Frage gab er selbst, und sie zeugt von jenem *magischen Denken,* das sein gesamtes Werk durchzieht. Zunächst hatte Freud in der Zeitung gelesen, dass ein General, den er während seines Militärdiensts kennengelernt hatte, in den Ruhestand gegangen war. Freud resümierte, die Begegnung habe 1882 stattgefunden, der General sei 1899 in den Ruhestand gegangen und habe also noch 17 Jahre lang gearbeitet.

Dann berichtete er seiner Frau von der Sache, die fragte, ob nicht auch ihr Mann bald in den Ruhestand gehen sollte. Freuds zweites Resümee lautete deshalb, seine Frau glaube wohl, er sei reif für den Ruhestand. Er rechnete nach. Führen wir uns die Fantasierechnung aus der hochseriösen *Psychopathologie des Alltagslebens* zu Gemüte: »Meine Großjährigkeit, meinen 24. Geburtstag also, habe ich im Militärarrest gefeiert (weil ich mich eigenmächtig absentiert hatte). Das war also 1880; es sind 19 Jahre her. Da hast Du nun die Zahl 24 in 2467! Nimm nun meine Alterszahl 43 und gib 24 Jahre hinzu, so bekommst Du 67! [*Sic*, er setzte tatsächlich ein Ausrufezeichen.]« (ebd., S. 271) Er konfrontierte seine erstaunte Frau also mit dem Plan, mit dem Ruhestand noch vierundzwanzig Jahre warten zu wollen, und war hoch erfreut über die Aussicht, noch fast ein Vierteljahrhundert Zeit für die Vollendung seines Lebenswerks zu haben!

Freuds ausgeprägter Aberglaube und seine Faszination für das Okkulte beweisen, dass er tatsächlich im Wunderland lebte. Die Legende von Freud als Denker in der Tradition des *Siècle des lumières* bekommt Risse. Die Ansichtskarte, auf der Freud als großer Aufklärer des 20. Jahrhunderts zu sehen ist, vergilbt und wellt sich, und die Fiktion von Freud als Erbe der großen europäischen Philosophen des 17. Jahrhunderts verblasst.

II.
Im Königreich der magischen Kausalitäten

Was ist das Wesen der Magie?
»[D]as Mißverständnis, welches sie psychologische Gesetze an die Stelle natürlicher setzen heißt.«

Sigmund Freud, *Totem und Tabu* (Bd. IX, S. 103)

Freud hatte Marcel Mauss' 1902/03 entstandenen Text *Entwurf einer allgemeinen Theorie der Magie* gelesen, denn er erwähnte ihn in einer Fußnote in *Totem und Tabu* (Bd. IX, S. 97). Was er davon hielt, wissen wir nicht. Wir haben gesehen, dass Freud *Zweifel* an der Magie hegte, was bedeutet, dass er sie nicht voll und ganz ablehnte. Denn wenn er eine echte Gegenposition ausdrücken wollte, schlich er für gewöhnlich nicht lange um den heißen Brei herum und bezeichnete etwa die Religion als Zwangsneurose, Moses als Ägypter oder das Christentum als Unterdrücker der Sexualmoral. Weshalb fiel seine Kritik an Magie und Okkultismus nicht ebenso deutlich aus?

Totem und Tabu enthält ein Kapitel über Magie, das keineswegs abschätzig formuliert ist. Freud unterscheidet darin zwischen Zauberei und Magie: Das eine sei die Kunst, Geister zu beeinflussen, das andere eine animistische Technik, mit der die Naturvorgänge dem Willen des Menschen unterworfen und die Menschen vor Schaden und Feinden geschützt werden sollten.

Dann wendet er sich den magischen Prozeduren zu, etwa Regen machen, Fruchtbarkeit oder Jagderfolg erzielen, Feinde schädigen oder sich die Eigenschaften eines Toten aneignen. Freud zog dazu Untersuchungen von Anthropologen und Ethnologen zurate und lieferte eine Definition, die besonderes interessant ist, wenn man wie ich Psychoanalyse und magisches Denken in einen Zusammenhang bringen möchte. Was also ist nach Freud das Wesen der Magie? »[D]as Mißverständnis, welches sie psychologische Gesetze an die Stelle natürlicher setzen heißt.« (ebd., S. 103) Wir lesen richtig: Die mangelnde Kenntnis der Wirklichkeit und der Naturgesetze führt zur Entstehung von *psychologischen Gesetzen* als Erklärung für scheinbar Unerklärliches.

Tatsächlich betonte Freud während seines langen Denkerlebens immer wieder, dass die Menschen an der Schwelle vom 19. zum 20. Jahrhundert nicht über zureichende wissenschaftliche Antworten auf die Fragen nach der Entstehung psychischer Krankheiten, Neurosen oder nach der allgemeinen Funktionsweise des Seelenlebens verfügten. Er selbst gestand ein, sich der Psyche zugewandt zu haben, weil der Körper sich der Erkenntnis entziehe. Er zog das metaphorische Unbewusste dem anatomischen Keimplasma vor und die magische Metapher dem wissenschaftlichen Rätsel.

Man könnte Freuds Definition also auf ihn selbst anwenden und die These aufstellen, dass die Psychoanalyse nach dem gleichen Prinzip funktioniert wie das primitive Denken. In anderen Worten: Sie ist ein Urdenken, das eine temporäre magische Kausalität unterstellt, die beizeiten – nämlich in der Zukunft – einer wissenschaftlichen Kausalität weichen muss. Freuds psychologische Gesetze wären dann nur ein vorläufiger Ersatz für kommende wissenschaftliche Gesetze. Diese These wird durch viele Aussagen Freuds gestützt, besonders durch jene über die Bedeutung von Biologie und Chemie für die Psyche. Vorläufig jedenfalls stellte Freud sein Theoriegebäude in die Tradition des *magischen Denkens* – und das meine ich nicht polemisch; vielmehr möchte ich den Begriff im Sinne von Marcel Mauss oder Claude Lévi-Strauss verstanden wissen.

Ein weiteres Zitat von Freud über die Magie lässt sich wunderbar auf die Psychoanalyse übertragen: »Da aber Ähnlichkeit und Kontiguität die beiden wesentlichen Prinzipien der Assoziationsvorgänge sind, stellt sich als Erklärung für all die Tollheit der magischen Vorschriften wirklich die Herrschaft der Ideenassoziation heraus.« (ebd., S. 102 f) Perfekt illustriert wird diese These in *Die Traumdeutung*, vor allem auf den vielen Seiten über die symbolische Bedeutung des Traummaterials.

Das Prinzip der Ähnlichkeit könnte viele magische Prozeduren erklären. Beispielsweise imitierten die Urmenschen mit Musikinstrumenten oder Gesängen das Geräusch eines Regenschauers, um Regen herbeizurufen; sie spielten die sexuelle Vereinigung mit der Erde nach oder tanzten in Tierfelle gekleidet, um Erfolg bei der Jagd zu haben. Der Urmensch tat *als ob* und erhielt *tatsächlich*, was er wollte: Es regnete, es gab gute Ernten und viel zu essen.

Wie interpretierte Freud einen Traum? Er tat *als ob* und fand *tatsächlich* einen Sinn. Etwa im Fall einer »jungen, infolge von Versuchungsangst agoraphobischen Frau« (*Die Traumarbeit*, Bd. II/III, S. 365). Die Patientin berichtete von ihrem Traum, in dem sie »einen Strohhut von eigentümlicher Form [trägt], dessen Mittelstück nach oben aufgebogen ist, dessen Seitenteile nach abwärts hängen (Beschreibung hier stockend), und zwar so, daß der eine tiefer steht als der andere.« (ebd.) Zufrieden ging sie an einer Gruppe junger Offiziere vorbei, in dem festen Glauben, diese könnten ihr nichts tun.

Freud interpretierte diesen Traum. Er tat, *als ob* der Hut kein Hut wäre, und sah dank des magischen Denkens *tatsächlich* »ein männliches Genitale mit seinem emporgerichteten Mittelstück und den beiden herabhängenden Seitenteilen.« (ebd.) Er fragte die Dame, ob ihr Ehemann gut bestückt sei, und sie bejahte dies. Ein anatomisches Detail schien Freuds Deutung zu bestätigen: Der eine Hoden des Ehemannes saß tiefer als der andere – genau wie die Seitenteile des Hutes! War das nicht erstaunlich? Natürlich musste eine Dame mit einem derart großen Hut die Offiziere nicht fürchten, deren Kopfbedeckungen im Vergleich wahrscheinlich winzig gewesen waren.

Ein weiteres Beispiel für eine solche Analogiebildung (als wesentliches Charakteristikum des magischen Denkens) ist die Gleichsetzung von Zigarre und Phallus. Der Teufel steckt bekanntlich im Detail, und so verbirgt sich der ganze Freud in seinem Verhältnis zur Zigarre. Mit vierundzwanzig Jahren begann Freud mit dem Rauchen. Zunächst rauchte er Zigaretten, später ging er zur Zigarre über, die er sein Leben lang genoss. Er starb nach fünfzehnjährigem, unbeschreiblichem Leiden und über dreißig Operationen an Gaumenkrebs, der in eindeutigem Zusammenhang mit seinem Zigarrenkonsum stand. An Jones schrieb er am 25. April 1923: »Smoking is accused as the etiology of this tissue-rebellion.« [Dem Rauchen wird vorgeworfen, diese Rebellion des Gewebes hervorzurufen.] (*Complete Correspondence of Freud/Jones*, S. 521) Freud rauchte ungefähr zwanzig Zigarren am Tag. Wie wir wissen, litt er an diversen körperlichen Beschwerden, darunter Herzrhythmusstörungen und ein Nasenkatarrh, und berichtete Fließ immer wieder über Eitermengen, Farben, Geruch und die Maße seiner Nasenabsonderungen. Er ließ eben nichts aus.

Der Freund riet ihm, mit dem Rauchen aufzuhören. Freud versuchte es und berichtete Fließ davon. Erst rauchte er gar nicht mehr, dann eine oder zwei Zigarren pro Tag, dann eine pro Woche, und schließlich fiel er in seine alten Gewohnheiten zurück. Freuds Hausangestellte Paula Fichtl musste täglich das berühmte Päckchen mit zwanzig Stück kaufen.

Freud erzählte Fließ, der Verzicht auf die Zigarren habe beim ihm zu einer Verschlimmerung der Symptome geführt. Er leide nun drei- oder viermal täglich an Herzbeschwerden, Spannungsgefühlen, Herzschmerzen, Lähmungen des linken Arms, Kurzatmigkeit und Depressionen.

Bewusst wählte er für diese Phase den bedeutungsschwangeren Begriff »Abstinenz« und schrieb am 19. April 1894 an Fließ, er habe »tatsächlich von damals an (es sind heute drei Wochen) nichts Warmes mehr zwischen den Lippen gehabt« (*Briefe an Wilhelm Fließ*, S. 61). Seine seltsame Theorie über das Rauchen aus einem Brief vom 22. Dezember 1897 wundert uns kaum mehr: »Es ist mir die Einsicht aufgegangen, daß die Masturbation die einzige große Gewohnheit, die ›Ursucht‹ ist, als deren Ersatz und Ablösung erst die anderen Süchte nach Alkohol, Morphin, Tabak etc. ins Leben treten.« (ebd., S. 312 f) Außerdem wird die Zigarette oder Zigarre in der *Traumdeutung* symbolisch mit dem Phallus gleichgesetzt.

Da haben wir den gesamten Freud: eine Psychoneurose mit Zigarrenabhängigkeit, seltsame symbolische Gleichsetzungen wie Zigarre gleich Phallus und rauchen gleich masturbieren, die Tyrannei des Trieblebens, die Verleugnung des Todes in Zusammenhang mit der Weigerung, das Rauchen aufzugeben, die »toxikomanische« Neigung (ein Ausdruck von Jones) und zwölf Jahre Kokainsucht. Vor allem frappiert jedoch Freuds seltsamer Glaube, er selbst sei von einer Theorie ausgenommen, die für die gesamte Menschheit Gültigkeit haben sollte.

Als ein befreundeter Psychoanalytiker ihn nämlich auf die tiefere Bedeutung seiner Leidenschaft für Zigarren ansprach, sagte er, manchmal sei eine Zigarre einfach nur eine Zigarre. Freuds gelehrter Theorie zufolge saugt jeder Raucher auf diesem Planeten gemäß der Substitutionslogik der Onanie am Busen seiner Mutter – außer er selbst, der einfach nur rauchte.

Totem und Tabu legt explizit eine weitere Entsprechung zwischen Freuds Untersuchungen zur Magie und der psychoanalytischen Theorie offen: »[D]as Denken ist bei den Primitiven noch in hohem Maße sexualisiert, daher rührt der Glaube an die Allmacht der Gedanken, die unerschütterliche Zuversicht auf die Möglichkeit der Weltbeherrschung.« (*Totem und Tabu,* Bd. IX, S. 110) Hinzufügen ließe sich: »Zusammenfassend können wir nun sagen: das Prinzip, welches die Magie, die Technik der animistischen Denkweise, regiert, ist das der ›Allmacht der Gedanken‹«. (ebd., S. 106) Ist das eine Art Selbstporträt der Psychoanalyse als magisches Denken?

War das magische Denken ein Ersatz für das fehlende wissenschaftliche Denken? Finden sich »die unerschütterliche Zuversicht auf die Möglichkeit der Weltbeherrschung«, das »sexualisiert[e]« Denken und der »Glaube an die Allmacht der Gedanken« der Primitiven nicht auch überall in Freuds Werk? Immerhin lautet der Untertitel von *Totem und Tabu:* »Einige Übereinstimmungen im Seelenleben der Wilden und der Neurotiker«. Natürlich weiß jeder, dass Freud kein Wilder in dem dort verhandelten Sinne war.

Freud behandelte seine Patienten also nach dem Prinzip magischer Kausalität. Auf der einen Seite standen die Symptome, Schmerzen, Leiden, Psychoneurosen, Geisteskrankheiten, und die Unfähigkeit der Seelenärzte – auch Freuds, wie immer er sich selbst einschätzen mochte –, diese zu behandeln und zu heilen. Auf der anderen Seite postulierte das magische Denken die sexuelle Ätiologie der Neurosen, die Verführungstheorie und den Ursprung jeder Geisteskrankheit in einem durch die Libido ausgelösten Trauma. Zwischen diesen beiden Polen schuf Freud durch sein Prinzip der magischen Kausalität eine Verbindung, obwohl beide in Wirklichkeit kein Verhältnis von Ursache und Wirkung hatten.

Am Fall Emma Eckstein konnten wir bereits beobachten, wie diese Logik funktionierte. Auf der einen Seite standen Emmas Blutungen, Regelschmerzen und Migräneanfälle; auf der anderen – so Freuds Interpretation – der hysterische Wunsch einer in ihren Arzt verliebten Patientin. Zwischen beiden vermittelte der Therapeut, der *so tat,* als habe die Frau einen Onaniewunsch verdrängt, und der schließlich eine Übertragung diagnostizierte, die *tatsächlich* die Hysterie begründen und die von Freud verschriebenen Behandlungsmethoden legitimieren sollte.

Dann kam eine junge Ärztin zu einer wissenschaftlicheren Diagnose, entdeckte einen Tumor in der Gebärmutter und entfernte diese. Und dennoch hielt Freud an seiner These fest. Er negierte die körperlichen Beschwerden zwar nicht – wie hätte das auch gehen sollen? –, aber er bezeichnete sie als nachrangig. An erster Stelle stehe weiterhin die Hysterie, die er nur deshalb nicht erfolgreich behandeln konnte, weil der chirurgische Eingriff sie wiedererweckt habe. Dazu fällt einem wirklich nichts mehr ein!

Ein anderes Ereignis belegt die Fortdauer des magischen Denkens in Freuds Theorie und leider auch in der Therapie: Katharina war die Tochter eines Wirtes, bei dem Freud 1893 Urlaub machte. Als sie vom Beruf des Gastes erfuhr, erzählte sie ihm, sie leide an brennenden Augen, Kopfschmerzen, Ohrensausen, Kreislaufproblemen, Druck auf der Brust, Atemnot, ständiger Angina und Halluzinationen. Sie hatte also massive klinische Beschwerden.

Als Freud sie befragte, befand sich seine Verführungstheorie in ihrer Hochphase. Katharina bekannte, ihren Vater mit dem Dienstmädchen im Bett überrascht zu haben – und dieser hatte, wir ahnen es schon, seiner Tochter sexuelle Avancen gemacht, doch diese hatte abgelehnt. Freud untersuchte das Mädchen nicht, hörte ihm nicht die Lungen ab, schickte es auch nicht in die Klinik, sondern diagnostizierte nach dem Prinzip magischer Kausalität eine Hysterie. Heute würde ein Arzt angesichts der klinischen Beschwerden und nach dem Prinzip wissenschaftlicher Logik wahrscheinlich eine Epilepsie des Schläfenlappens feststellen.

Ähnlich verhielt es sich im Fall Mary R., die an Geruchshalluzinationen litt. Ständig roch sie verbrannten Pudding. Aus dieser Einzelinformation leitete Freud die Diagnose Hysterie her. Mary R. war jedoch wegen einer chronischen Naseninfektion und Karies des Siebbeins (zwischen Nase und Schädel) operiert worden und hatte durch den Eingriff den Geruchssinn verloren; die Symptome waren danach aufgetreten – eine Information, die in diesem Zusammenhang durchaus bedeutsam scheint.

Doch Freud wollte davon nichts wissen und kannte die Antwort auf alle Fragen: Hysterie. Er stellte also folgende Theorie auf: Mary R. hatte ihrem Arbeitgeber die Liebe gestanden und war abgewiesen worden. Diese Zurückweisung erklärte laut Freud die Geruchshalluzinationen. Eine wissenschaftliche Begründung lieferte er natürlich nicht; die Behauptung war wie immer rein performativ. Ein heutiger Arzt würde wahrscheinlich eine Parosmie diagnostizieren, die durch eine Beschädigung des Riechnervs während der Operation entstanden war.

In *Nachträge zur Traumdeutung* von 1911 verteidigte Freud seine Traumsymbolik, die ihm viele Gegner eingebracht hatte, mit der Behauptung, dass »niemand, der psychoanalytisch arbeitet, auf die Annahme einer solchen Symbolik verzichten« könne (Nachtragsband, S. 604). Das symbolische Denken ist letztlich nur ein anderer Begriff für das magische Denken. In Form einer Umdeutung schiebt es sich zwischen die Realität und deren Beurteilung: Was existiert, ist *mehr* als es scheint, *anders* als es scheint. Das Imaginäre wird so mit allen Eigenschaften des Realen ausgestattet und als Wirklichkeit ausgegeben.

Im folgenden Beispiel ist ein Hut kein Hut, sondern symbolisiert etwas anderes, nämlich den Penis des Ehemannes der Träumenden. Wie gelangte Freud zu diesem Schluss? Seine Hypothese Hut gleich Penis sah er durch eine Assoziation in der Assoziation bestätigt. Der Hut hing nämlich zu beiden Seiten des Gesichts hinunter, und Freud setzte die Seitenteile des Huts mit den Hoden des Ehemannes gleich. Je mehr das Symbol symbolisierte, umso deutlicher sah Freud sich bestätigt. Im symbolischen Denken ist das Reale falsch und das Virtuelle wahr. Materielle Immanenz ist eine Fiktion, denn nur das Symbol ist real.

Man kann sich kaum ein deutlicher platonisch akzentuiertes Denken, eine stärkere Missachtung der materiellen Welt oder einen größeren Kult um die Welt der Ideen vorstellen. Freud wollte das Unbewusste unbedingt als Noumenon konzipieren und seine Disziplin in die große Tradition des Idealismus stellen. So entstand die Psychoanalyse in Platons Höhle, beschäftigte sich nur mit den Ideen und kehrte der Wahrheit der Gegenstände den Rücken. Sie existierte in einer Gegenwelt, einer Antiwelt, einer verkehrten Welt, in einem absurden Theater, in dem Hüte sich als Penisse, Schlösser als Vaginen, Dosen als Gebärmütter, Geld als Fäkalien, herausgefallene Zähne als Onaniebedürfnis und Haarausfall als Kastration entpuppten.

Dabei sind de Gleichsetzungen willkürlich: Fisch, Schlange, Krawatte, Spargel, Baumstumpf, Kerze, Regenschirm, Luftschiff und Nase gleich Penis; Dose, Kiste, Koffer, Schrank gleich weibliches Geschlechtsteil; Zigarre gleich Phallus. Es handelt sich um rein formale Analogien. Weshalb sollte ein gedeckter Tisch für Weiblichkeit stehen, wenn nicht durch die biographisch und phallokratisch markierte Verschiebung, im Zuge derer Freud die Frau und Mutter (welche den gedeckten Tisch und die Mahlzeiten sicherstellt) mit dem Weiblichen assoziiert, dessen Schicksal es eben sei, sich um derlei Dinge zu kümmern? Und wie ist es zu erklären, dass Diebe in einem Traum, die in ein Haus einbrechen, mit Eltern gleichgesetzt werden, die ihr Kind aufs Töpfchen setzen – wenn nicht durch rein performative Kapriolen?

Derlei Analogiedenken bewegt sich am Nullpunkt der Reflexion. Freuds *Traumdeutung* gelang in der Auseinandersetzung mit der Traumsymbolik seit Artemidors gleichnamigem Werk aus dem 2. Jahrhundert nicht die geringste Weiterentwicklung. Freud ging nach demselben Prinzip vor wie schon die antiken Traumdeuter, nämlich dem der willkürlichen Gleichsetzung. Nach Lust und Laune stellte der jeweilige Interpret eine Äquivalenzbeziehung zwischen zwei Dingen her, wobei Freud zu sexuellen Deutungen neigte. Bei ihm stand jedes Bruchstück der Wirklichkeit für etwas Sexuelles. Seine Traumuntersuchungen und -kommentare, die sich als *Interpretationen* gerieren, boten deshalb keinen Zugang zu universellen Wahrheiten, sondern einzig zur subjektiven Gedankenwelt des Exegeten. In den Traumanalysen deckte Freud stets nur die eigene Wahrheit auf. So wurde der Traum zum Königsweg ins Unterbewusstsein des Traumdeuters.

Der Beweis: Versuchen mehrere Psychoanalytiker, denselben Traum zu deuten, so gelangen sie nie zu einer objektiven, immer gleichen Version, sondern können je nur ihre eigenen Fantasien und Projektionen liefern. Ein Untersuchungsgegenstand produziert also viele heterogene, ganz persönliche Diagnosen, von Freuds Ödipuskomplex über Adlers Minderwertigkeit von Organen bis zu Lacans Objekt klein a und anderen performativen topischen Konstruktionen, aus denen sich die Geschichte der Psychoanalyse zusammensetzt.

Und nur wenn es *eine einzige Interpretation* einer *bestimmten psychischen Gegebenheit* gäbe und alle Psychoanalytiker ohne Absprache zu ein und derselben Deutung gelangten, könnte man von einer Wahrheit, von Wissenschaft sprechen und versuchen, die Psychoanalyse auf eine Stufe mit den Leistungen Kopernikus' oder Darwins zu stellen. Doch die Traumdeutung lehrt uns mehr über den Deutenden als über den Traum. Alle Astrophysiker sind sich einig, dass die Erde rund ist und sich auf einer elliptischen Bahn um sich selbst und um die Sonne dreht. Alle Wissenschaftler stimmen darin überein, dass der Mensch ein Produkt der Evolution ist und sich aus dem Affen entwickelt hat. Doch alle Psychoanalytiker deuten eine psychische Gegebenheit auf ganz unterschiedliche Weise, weshalb wir die Psychoanalyse als Perspektivismus (nach der Art Nietzsches) und nicht als wissenschaftliche Lehre begreifen sollten.

Der Glaube an die Macht des symbolischen Denkens geht auf eine Voraussetzung zurück, die Freud in *Abriß der Psychoanalyse* beschrieb: »Die entscheidenden Regeln der Logik haben im Unbewußten keine Geltung, man kann sagen, es ist das Reich der Unlogik.« (Bd. XVII, S. 91) Wer rechnet schon mit einem derartigen Eingeständnis? Hier formulierte Freud selbst das Prinzip der magischen Kausalität. Und in diesem Reich der Unlogik erfand er eine Sprache, eine Welt, ein ganzes Universum; eine Utopie, eine mentale Atopie, in der er so ernsthaft lebte wie ein Kind, das seine Wünsche für die Wirklichkeit hält. Kinder statten sich mit Fantasiewaffen aus, um nicht existierende Feinde zu bekämpfen; Freud schneiderte sich das Kostüm eines Konquistadoren, um sich auf die Suche nach dubiosen neuen Welten zu machen. Im Reich der Unlogik ist der Psychoanalytiker König.

Nach dem gleichen Prinzip behauptete Freud, das Unbewusste sei ein Rätsel, das es zu lösen gelte. In einem Brief an Fließ vom 6. Dezember 1897 wurde das Unbewusste deshalb plötzlich vom unzugänglichen Bereich zu einem Zeichen, genauer zu einer Inschrift umgedeutet, wie eine alte Sprache, deren Stein von Rosette man finden muss, damit man sie so lesen kann wie Griechisch, Latein oder die Hieroglyphen. Aufgabe des Psychoanalytikers ist also das Dechiffrieren und Übersetzen des Unbewussten.

Doch wie soll das mit einer Sprache funktionieren, die von der Unlogik bestimmt wird? Und kann eine unlogische Sprache überhaupt mehr sein als ein Zungenreden, eine erfundene Sprache zum rein individuellen Gebrauch, also eine Sprache, die jede Kommunikation unmöglich macht – letztlich ein Oxymoron? Angesichts des Zungenredens gibt es zwei mögliche Reaktionen: Man kann lachen und rufen, der König sei nackt. Oder man verfällt in Psittazismus und wiederholt das Gesagte wie ein Papagei, aber mit großer Ernsthaftigkeit und in dem Glauben an den Sinn dieser sinnlosen Sprache, weil eine Handvoll Schüler auch fest daran glaubt. Man kann das Zungenreden also entmystifizieren oder sich niederknien, um zu beten.

Das symbolische Denken gleicht dem sektiererischen Denken der Psittazisten. Es funktioniert über das Erlernen der Pseudosprache, die Überprüfung der Kenntnisse durch den Meister, die Unterwerfung der Schüler, die Enträtselung des Mysteriums durch ein neues Rätsel mit Zustimmung der Sekte, wiederholte Rituale der verbalen Beschwörung unter Verwendung der Reliquien dieser Miniaturreligion, nämlich die ungefähr zwanzig Theoriebausteine, an denen man die freudsche, jungsche oder lacansche Denkweise erkennt. In Freuds Welt sprach man Freuds Sprache. Seine Schüler erlernten sie diensteifrig und wuchsen langsam zu jener Sekte heran, die eines Tages zur Keimzelle einer Religion werden sollte.

Freuds Traumtheorie verzichtet auf rationales Denken und setzt voll und ganz auf die symbolische Denkweise. Mit Artemidors *Traumdeutung* hat Freuds gleichnamiges Werk mehr als nur den Titel gemeinsam und will sich doch davon abheben, will eine revolutionäre Arbeit sein. Freud sieht im Traum nicht den Ausblick auf das, *was sein wird,* sondern die nächtliche Lösung eines am Tag aufgetretenen Problems, als den symbolischen Ausdruck dessen, *was nicht sein konnte* – natürlich aufgrund einer sexuell motivierten Verdrängung.

Die Traumdeutung ist zwar ein dickes Buch, aber erstaunlich inhaltsleer, denn sie lässt sich in wenigen Sätzen zusammenfassen, und Freuds Thesen verdanken sich in weiten Teilen der zeitgenössischen wissenschaftlichen Literatur. Die beachtliche Bibliographie soll wohl zeigen, wie sehr sich die Welt bisher getäuscht hatte, und ältere Untersuchungen zum Thema, die ähnliche Gedanken enthalten, werden natürlich mit keinem Wort erwähnt.

Doch die Idee, den Traum von der Vorsehung abzukoppeln, war nicht neu, genauso wenig wie die Konzeption des Traums als nächtliche Lösung eines am Tag bestehenden Problems; beides wurde schon lange von verschiedenen Wissenschaftlern vertreten. Wer nicht in die Bibliothek gehen und die Regale durchstöbern will, kann einfach bei Nietzsche nachlesen, der in *Zarathustra* schrieb: »Dein Leben selber deutet uns diesen Traum, oh Zarathustra!« (II. Buch, »Der Wahrsager«) Und es gibt weitere philosophische Texte zum selben Thema.

Der umfangreiche Band bietet eine Fülle an Traumanalysen – knapp fünfzig Träume von Freud selbst und ungefähr zweihundert weitere Träume werden zum Teil äußerst detailliert besprochen. Daneben und neben dem kritischen Kommentar zur Bibliographie bleibt wenig Platz für Freuds Lehre, die immer wieder zwischen die Deutungen geschoben wird. Die Thesen ließen sich auf nur einer Seite, gar in einem einzigen Zitat zusammenfassen: *Der Traum ist die Erfüllung eines unbewussten, verdrängten*

Wunsches. Anders gesagt: Im Traum wird verwirklicht, was am Tag verboten ist. So einfach ist das.

Und doch sind die Zusammenhänge nicht so unkompliziert, wie sie scheinen. Denn der Wunsch, mit der eigenen Mutter zu schlafen – um eine wiederkehrende Fantasie Freuds zu bemühen –, zeigt sich im Traum nicht in dieser Deutlichkeit! Freud führt nirgendwo eine Erklärung dafür an, wieso das Unbewusste, das weder Zeit noch Tod, Moral, Widersprüche oder Logik kennt, für derart komplizierte Verhältnisse sorgt. Warum? Weshalb geht das Unbewusste nicht ehrlich, klar und direkt vor? Freud wollte mit seiner Erzeugerin ins Bett – wieso träumte er nicht in klaren Bildern von diesem verdrängten Wunsch, wieso sah er nicht, wie er mit ihr schlief? Ist das Unbewusste etwa prüde und zieht sich deshalb auf jenen komplexen Mechanismus zurück, den Freud entdeckt haben wollte?

Welches Motiv könnte das Unbewusste haben, etwas derart zu verschleiern und zu verändern, dass ein inzestwilliger Sohn von Luftschiffen träumt, die Erektionen bedeuten, von Harnfluss, der Kraft symbolisiert, von einem kleinen Haus zwischen zwei großen, das den Weg zur sexuellen Erfüllung verheißt? Wieso musste er von einem ihm bereits bekannten Ort träumen, der das Sexualorgan der Mutter symbolisierte (gemäß dem performativen Gesetz, dass jeder sich an die Vagina erinnert, durch die er zur Welt kam)? Weshalb all diese grundlosen Komplikationen? Für eine psychische Instanz, die sich weder um Geschichte noch um Moral kümmert, schlägt das Unbewusste erstaunlich viele Haken.

Freud präsentierte seine Traumtheorie als gleichrangig mit den Errungenschaften von Kopernikus und Darwin. Die ehernen Gesetze dieser Theorie lauten:

Erstens: Der Traum hat einen *latenten* und einen *manifesten Inhalt.* Die Wirklichkeit ist also nicht wirklich, denn wirklich ist nur das, was erst entschlüsselt werden muss. Die Wirklichkeit im Traum ist nicht von Bedeutung, denn die Fiktion ist die Wirklichkeit. Die Verleugnung der Realität ist die Basis dieses magischen Mechanismus. Es handelt sich um »zwei verschiedene Sprachen« (*Die Traumarbeit,* Bd. II/III, S. 238), und nur Freud spricht die richtige. Der latente Trauminhalt ist in *Bildern,* der manifeste in *Zeichen* verfasst.

Zweitens: Die Traumarbeit besteht aus drei Schritten, nämlich Verdichtung, Verschiebung und Darstellung. Bei der *Verdichtung* werden die verschiedenen Materialien eines Traums auf einige wenige reduziert. Die *Verschiebung* entspricht einer Übersetzung, einem Perspektivenwechsel, der sehr praktisch ist, denn so muss das, was in einem Traum vorkommt, nichts mit dessen Deutung zu tun haben – schließlich hat es eine Verschiebung gegeben. Über deren Entstehungsgründe erfahren wir nichts; Freud behauptet einfach performativ, es gäbe sie. Bei der *Darstellung* fügt das Unbewusste räumlich und zeitlich Getrenntes zusammen und schafft eine neue Raum-Zeit-Ordnung, die nicht der Logik gehorcht, der sie zuvor untergeordnet waren.

Die Darstellungsarbeit eignet sich übrigens hervorragend zur Beschwörung und Legitimierung der Zeichen. Freud zufolge sind Träume meist sexueller Natur, denn in unserer Gesellschaft würden die Triebe am stärksten unterdrückt. Sodann gelangt er zum Kern seiner Theorie: »Wenn ich gegen Patienten die Häufigkeit des Ödipustraumes, mit der eigenen Mutter geschlechtlich zu verkehren, betone, so bekomme ich zur Antwort: Ich kann mich an einen solchen Traum nicht erinnern. Gleich darauf steigt aber die Erinnerung an einen anderen, unkenntlichen und indifferenten Traum auf, der sich bei dem Betreffenden häufig wiederholt hat, und die Analyse zeigt, daß dies ein Traum des gleichen Inhalts, nämlich wiederum ein Ödipustraum ist. Ich kann versichern, daß die verkappten Träume vom Sexualverkehre mit der Mutter um ein Vielfaches häufiger sind als die aufrichtigen.« (ebd., S. 403)

Freud behauptete also, ein harmloser Traum, in dem weder Vater noch Mutter vorkommen, sei ödipal. Dem erstaunten Patienten erklärte er, dass der Beweis für den ödipalen Charakter gerade darin liege, dass der Traum scheinbar nicht ödipal sei und einen anderen Traum verbarg, der noch stärker verdrängt sei und deshalb ödipal sein müsse. Der klinische Befund rechtfertigte also die Interpretation des Analytikers, die eine bloße Projektion war: Die meisten Träume seien ödipal, auch und besonders jene, die Freuds Theorie widersprächen.

An diesem Beispiel können wir in flagranti beobachten, wie Freud die Wirklichkeit verschwinden ließ. Und aus dem Hütchenspiel des exzellenten Sophisten wurde eine Theorie, die heute in der ganzen Welt gelehrt wird. Dank der Jonglierkunststücke mit latentem und manifestem Inhalt, mit Verdichtung, Verschiebung und Darstellung konnte er den Traum eines Sohnes, der mit seiner Mutter schlafen wollte und träumte, er stünde am Bug eines Schiffes und uriniere über die Reling, freue sich an der Gischt und sehe Delphine mit dem Gesicht seines Vorgesetzten vorbeischwimmen, *unbestreitbar* als Ausdruck eines ödipalen Wunsches deuten – natürlich keineswegs jenes des Interpreten.

Freud benutzte zum Tausch der rationalen gegen die magische Kausalität noch einen weiteren Sophismus, nämlich jenen vom *reinen Inhalt des Einfalls.* Er findet sich in einem kleinen Text, der für die rationale Rechtfertigung des Irrationalen und der Legitimierung der magischen Kausalität von zentraler Bedeutung ist. Lacan hatte sich nicht getäuscht, als er sich sehr geschickt der These aus dem kurzen Artikel bediente.

Die wenigen Seiten mit dem Titel *Die Verneinung* erschienen 1925 in einer Zeitschrift, doch Paul-Laurent Assoun hat diesen Text, wie es scheint, in seinem *Dictionnaire des œuvres psychanalytiques* vergessen. Dabei sind diese Passagen freudsches Gold wert! Sie besagen im Wesentlichen, dass für einen Analytiker gelte: *Nein* gleich *Ja.* Das öffnet, man ahnt es schon, auch jene wenigen Türen ins Reich der magischen Kausalität, die bislang noch verschlossen waren. Und so funktioniert der Sesam-öffne-dich der Psychoanalytiker folgendermaßen: »Die Art, wie unsere Patienten ihre Einfälle während der analytischen Arbeit vorbringen, gibt uns Anlaß zu einigen interessanten Beobachtungen. [...] ›Sie fragen, wer diese Person im Traum sein kann. Die Mutter ist es nicht.‹ Wir berichtigen: Also [*sic*] ist es die Mutter. Wir nehmen uns die Freiheit [*sic*], bei der Deutung von der Verneinung abzusehen [*sic*] und den reinen Inhalt des Einfalls herauszugreifen.« (*Die Verneinung*, Bd. XIV, S. 11)

Deutlicher kann man nicht sagen, dass ungeachtet der Äußerungen des Patienten das Wort des Analytikers Gesetz ist. Wenn das logische Denken im Unbewussten nicht funktioniert (siehe *Abriß der Psychoanalyse*, Bd. XVII, S. 91), dann funktioniert es auch nicht im Gehirn des Psychoanalytikers. So wird der Siegeszug der Unlogik innerhalb der Psychoanalyse noch besser verständlich: Der Analytiker greift während der Analyse nicht auf die Vernunft, Intelligenz oder das Bewusstsein zurück, sondern auf das eigene Unbewusste – so steht es klar und deutlich in *Ratschläge für den Arzt bei der psychoanalytischen Behandlung* (Bd. VIII, S. 381 f). Im nächsten Kapitel werde ich darauf zurückkommen.

Verneinen heiße, die Verdrängung zu bestätigen, und weil das Verdrängte nach Freuds Definition dem Bewusstsein des Patienten unzugänglich bleibt, kann nur der Psychoanalytiker als Herrscher über diesen Bereich die Gleichung aufstellen, welche den Widerspruch auflöst: *Nein* gleich *Ja*. So kann die Deutung genau das besagen, was der Interpret dank seiner epistemologischen Außenseiterposition will – selbst wenn und sogar *vor allem* wenn der Patient diese Deutung ablehnt.

Im Fall der Verführungstheorie sah Freud in der Leugnung des sexuellen Missbrauchs den Beweis für die Wahrheit des Verleugneten. Seine Schüler konnten von ihm das diktatorische Prinzip lernen: *Der Analytiker hat recht, weil er Analytiker ist.* Entsprechend täuscht sich der Patient, weil er der Patient ist. Dieser kategorische Imperativ hinter der Couch organisierte, legitimierte und rechtfertigte die Rollenverteilung zwischen dem beherrschenden Analytiker und dem unterwürfigen Patienten; er ist die Eintrittskarte ins Wunderland der magischen Kausalitäten.

Worauf läuft eine Sophistik hinaus, die das rationale Denken – den Grundstein der Philosophie von Demokrit über die Aufklärung bis Nietzsche – ad acta legt, sich Okkultismus, Telepathie, Gedankenübertragung und Spiritismus zuwendet, in die Zauberwelt der magischen Kausalitäten und des Noumenon eintritt, zugleich allem Gegenständlichen den Rücken kehrt und konzeptionelle Spielereien mit den reinen Ideen durchführt? Auf bedauernswerte Schlussfolgerungen.

Das folgende herausragende Beispiel für Freuds magisches Denken wird man zweimal lesen – so ging es mir auch, als ich diese erbärmliche Analyse entdeckte. In *Zur Einleitung der Behandlung* aus dem Jahr 1913 schrieb Freud: »Ein geistreicher junger Philosoph, mit exquisiten ästhetischen Einstellungen, beeilt sich, den Hosenstreif zurechtzuzupfen, ehe er sich zur ersten Behandlung niederlegt; er erweist sich als dereinstiger Koprophile von höchstem Raffinement, *wie es* für den späteren Ästheten *zu erwarten stand* [die Hervorhebung ist von mir, da Freuds Argument dermaßen ins Auge springt].« (Bd. VIII, S. 472)

Übergehen wir Freuds Seitenhieb auf die Philosophie, der ihm mit dem Verweis auf einen Zusammenhang mit dem Dandytum gelingt, und versuchen wir zu verstehen, wie er die Geste des *Zurechtzupfens des Hosenstreifs* mit der nicht besonders netten Diagnose der *Koprophilie von höchstem Raffinement* in Verbindung bringt. Das ist magische Kausalität in ihrer ganzen Großartigkeit! Denn das Zurechtzupfen von Hosenfalten ist aus wissenschaftlicher Sicht nicht gleichbedeutend mit dem Eingeständnis besonderer Vorlieben für Fäkalien.

Was im Gewand der wissenschaftlichen Entdeckung daherkam und Freud ewigen Ruhm sichern sollte, war letztlich nichts anderes als eine bloße Behauptung. Wir befinden uns hier immer noch auf dem Gebiet des rein Performativen. Freud behauptete, für seine *Wissenschaft* der Träume über tausend Träume analysiert zu haben – so drückte er sich aus und auch heute noch wird seine Traumdeutung als Wissenschaft bezeichnet. Doch ist das die passende Beschreibung für Freuds Ausführungen, die viele als bloße Nachahmung der *Traumdeutung* von Artemidor empfinden?

Wie bei anderen Themen konnte Freud die Wissenschaft auch hier nicht voranbringen. Seine performativen Aussagen gründeten in Suggestionen, Projektionen und der eigenen Erwartungshaltung. Durch die Projektion der eigenen Fantasien fand Freud, was er finden wollte. Die Psychoanalyse funktionierte wie eine Entwicklerlösung seines Selbstporträts. Zum Beweis lese man diese Analyse aus der *Traumdeutung:* Ein vierzehnjähriger Junge litt an zwanghaften Ticks, hysterischem Erbrechen, Kopfschmerzen »etc.« [*sic*] Freud bat ihn, die Augen zu schließen und ihm seine Gedanken mitzuteilen. Der Junge erzählte, wie er mit seinem Onkel Dame spielte und die möglichen Züge und verbotenen Kombinationen kommentierte. Auf dem Spielbrett befanden sich ein Dolch, eine Sichel und eine Sense. Dann folgte das Bild eines Bauern, der sein Feld mähte. So weit der *manifeste Inhalt* dieses Wachtraums.

Freud kommentierte: Der Patient habe eine schwierige Kindheit gehabt. Der Vater sei streng, die Mutter zärtlich gewesen, beide hätten sich nicht gut verstanden. Es sei zur Scheidung gekommen, der Vater habe wieder geheiratet, und nachdem er die neue Mutter kennengelernt hatte, seien bei dem Jungen die Symptome aufgetreten. »Eine Reminiszenz aus der Mythologie hat das Material gegeben.« (*Zur Psychologie der Traumvorgänge,* Bd. II/III, S. 624) Und so sah der latente Trauminhalt laut Freud aus: »Die Sichel ist die, mit der Zeus den Vater entmannte, die Sense und das Bild des Bauern schildern den Kronos, den gewalttätigen Alten, der seine Kinder frißt, und an dem Zeus so unkindlich Rache nimmt. Die Heirat des Vaters war eine Gelegenheit, ihm die Vorwürfe und Drohungen zurückzugeben, die das Kind früher einmal von ihm gehört hatte, weil es mit den Genitalien spielte (das Brettspiel; die verbotenen Züge; der Dolch, mit dem man umbringen kann). Hier sind es lang verdrängte Erinnerungen und deren unbewußt gebliebene Abkömmlinge, die auf dem ihnen eröffneten Umwege sich als scheinbar sinnlose Bilder ins Bewußtsein schleichen.« (ebd.)

Ein Junge von vierzehn Jahren kann wohl kaum etwas derart Präzises träumen, das die genaue Kenntnis der Werke Homers und Hesiods voraussetzt. Zwar glaubte Freud an eine psychische Phylogenese, welche die mythologischen Geschichten vererben könnte. Doch fänden sie sich in der Psyche derart detailliert wieder? Uranus, Gaia, Kronos, die von der Mutter gefertigte Sichel und die Komplizenschaft von Mutter und Sohn hinsichtlich der Kastration des Vaters, die abgeschnittenen und ins Meer geworfenen Hoden – all dies und die übrigen mythologischen Details sollten sich also in der Psyche finden lassen und vom Unbewussten jederzeit abgerufen werden können? Und dies nur, falls der Wachtraum des Jungen sich tatsächlich auf die Sichel zur Kastration bezog – denn es ist schwer vorstellbar, dass ein Junge in diesem Alter mythologische Referenzen wie diese liefert, deren Themen doch eher zu Freuds persönlichen Obsessionen passen.

Freud hatte recht: Das symbolische Denken ist nicht logisch. Es ist fantastisch, magisch, analogisch, projektiv, okkult und gehorcht anderen Gesetzen als der Vernunft. Es folgt einer unvernünftigen, unlogischen Ordnung und besteht aus Wortspielen, Homophonien, semantischen Verschiebungen, bestimmten, von den Bewohnern der letztlich kindlichen Fantasiewelt sanktionierten Begriffen. In seinem *Demokrit*-Text schrieb Nietzsche, der wahre Materialist lehre seine Schüler, sich mit der gegebenen Welt zu bescheiden. Vor diesem Hintergrund war Freud unbestreitbar der größte antimaterialistische Philosoph des 20. Jahrhunderts.

III.
Der Diwan – Ein fliegender Teppich aus Lachgas

»Von dem Erwerb hängt meine Stimmung auch
sehr ab. Geld ist Lachgas für mich.«

Sigmund Freud, Brief an Wilhelm Fließ, 21. September 1899
(*Briefe an Wilhelm Fließ*, S. 411)

Freud hatte eine Welt erschaffen, und wie alle Romanschriftsteller oder Dichter erfand er deren Regeln und gab ihr eine literarische Formel. Doch darüber hinaus leitete er eine Therapieform aus ihr ab, weshalb man die Psychoanalyse ein Zwitterwesen nennen muss: Als *die* Psychoanalyse ist sie eine von Freud erfundene Lehre, aber man kann sich auch *einer* Psychoanalyse unterziehen, was etwas völlig anderes ist. Natürlich entstand die zweite Form aus der ersten.

In *Über Psychoanalyse* sprach Freud von einer »neuen Untersuchungs- und Heilmethode« (Bd. VIII, S. 3). Die Psychoanalyse sei ein neues Untersuchungsinstrument, eine Psychoanalyse eine Heilmethode, denn – das sagte Freud ganz deutlich – als Therapie könne sie das Leiden heilen (ebd., S. 38). Die Theorie des Seelenlebens, der Ätiologie der Neurosen, der Träume und der Psychopathologie des Alltagslebens lief letztlich auf eine Praxis hinaus, von der Freud behauptet, sie sei das Allheilmittel zur Wiedererlangung der geistigen Gesundheit. Wie wir sehen konnten, hielt die Legende der historischen Überprüfung kaum stand. Doch mehr dazu im nächsten Kapitel.

Freud wollte die Psychoanalyse als eine Wissenschaft unter anderen verstanden wissen. Doch zwischen den Zeilen zeigt sich immer wieder, dass er weniger von wissenschaftlicher Strenge als vielmehr von Mythen, Legenden und Folklore fasziniert war. In *Die Frage der Laienanalyse* stellte er seine Lehre in eine unwissenschaftliche, gar antiwissenschaftliche Tradition. Er kam auf die Geschichte von Kronos zurück, der seine Kinder verschlang, und ermittelte mithilfe der Psychoanalyse die Kastration als Ursache. Freud suchte das Licht im Dunkel der Mythen. So erklärt sich der erstaunliche Satz: »Auch hier wird Ihnen die Mythologie Mut machen, der Psychoanalyse zu glauben [*sic*]« (Bd. XIV, S. 240).

Was bedeutet es, *der Psychoanalyse zu glauben,* wenn ein und derselbe Begriff zwei Bedeutungen hat? Soll man an die Psychoanalyse als Theorie zur Erklärung der Welt glauben? Oder an die Psychoanalyse als Therapie? Soll man an beides glauben, weil es das eine nicht ohne das andere gibt? Soll man glauben, dass Freud in seinen Büchern stets die Wahrheit sagte, worüber auch immer er sprach? Dass er jeden Fall erfolgreich behandelt und geheilt hat, von dem er es behauptet? Dass seine Lehre eine Wissenschaft ist? Und was meinte er überhaupt mit *glauben?* Spricht man etwa im Zusammenhang mit dem von Kopernikus entdeckten Heliozentrismus genauso von Glauben wie angesichts der biblischen Genesis? Glaubt man an Darwins Evolutionstheorie? Man glaubt an religiöse Dogmen, an den Katechismus – aber kann man an die Psychoanalyse glauben? Das ist eine seltsame Formulierung für einen Mann, der sich bei jeder Gelegenheit als Wissenschaftler bezeichnete. Betrachten wir also, was es bedeutet, an die Psychoanalyse als Therapie zu glauben.

Die Couch war für Freud, was die Tonne für Diogenes war: eine Abkürzung, um mit minimalem Aufwand das Maximale auszudrücken – ein Bild, ein Wort, eine Formel, ein Gegenstand. In den Augen der Öffentlichkeit, die vielleicht gar nichts über Freud und seine Lehre weiß, reduziert sich die Psychoanalyse auf dieses besondere Möbelstück. Es ist ein Bett und doch kein Bett, ein Stuhl, der zu einem Bett wird, ein Boudoirmöbel mit Lehne, hinter dem ein Mann stand, der nur zuhörte, nichts oder wenig sagte, das Gespräch nach einer Stunde mit einem Blick auf die Pendeluhr beendete, Bargeld einsteckte und auf den nächsten Patienten wartete.

Auf dieser Couch vollzog sich der Übergang vom magischen Denken des Psychoanalytikers zur therapeutischen Praxis. Sie war wie ein fliegender Teppich, der von den performativen Konzepten zur Heilung führte, von den Wörtern zu den Leiden, vom Papier zum Körper, von den Büchern zur Seele, zum Fleisch. Der Patient streckte sich aus, wurde im fruchtwassergleichen Wortstrom zum Uterus seiner Seele getragen und ging gereinigt aus ihm hervor. Freud schrieb, Freud sagte, Freud dachte, Freud glaubte es – also war es die Wahrheit.

Was geschah auf der Couch? Was wurde zwischen dem Analytiker und dem Analysierten ausgetauscht? Wörter. In *Die Frage der Laienanalyse* bestätigte Freud: »Es geht nichts anderes zwischen ihnen vor, als daß sie miteinander reden.« (Bd. XIV, S. 213) Und genau das ist eine Psychoanalyse: Ein Patient spricht mit jemandem, der schweigt – und damit, so sagt er, behandelt. Der Patient wurde also nicht klinisch untersucht, weder Blutdruck noch Temperatur wurden gemessen, es gab kein Rezept und keine Medikamente, es gab nichts als das Dispositiv, das mit Worten heilen sollte.

Der Patient lag also auf einer Couch mit Kissen, denn er sollte es gemütlich haben – nicht wie im Bett, aber doch komfortabel und entspannt, mit leicht erhöhtem Rücken, um die Muskeln nicht anzuspannen. Jede akustische, optische oder sonstige Ablenkung musste vermieden werden. Am Fußende der Couch lag eine Decke, mit der er sich die Füße zudecken konnte. Auch der Analytiker machte es sich bequem. Von der ersten Sitzung an motivierte er den Patienten zum freien Sprechen ohne Zwänge und ohne Sorge um den Zusammenhang. Er sollte unkontrolliert und unzensiert genau das ausdrücken, was ihm gerade durch den Kopf ging. Mit dem Beginn der Analyse musste der Patient außerdem aufhören, Medikamente zu nehmen. Und selbstverständlich hatte während der Sitzungen niemand sonst Zutritt zum Behandlungszimmer. Von dieser Regel gab es keine Ausnahme.

Freuds Methode ist das Ergebnis einer langen Entwicklung, die von Breuer und Charcot beeinflusst wurde. Die Couch gab es schon ab 1893, als Freud mit Breuer zusammenarbeitete. In *Zur Einleitung der Behandlung* beschrieb Freud das »Zeremoniell [*sic*] der Situation, in welcher die Kur ausgeführt wird.« (Bd. VIII, S. 467) Nämlich: »Ich halte an dem Rate fest, den Kranken auf einem Ruhebett lagern zu lassen, während man hinter ihm, von ihm ungesehen, Platz nimmt. Diese Veranstaltung hat einen historischen Sinn, sie ist der Rest der hypnotischen Behandlung, aus welcher sich die Psychoanalyse entwickelt hat.« (ebd.) Freud erklärte dieses Arrangement damit, dass er nicht täglich mindestens acht Stunden lang angestarrt werden wollte und dass der Patient seine Mimik so nicht sehen könne. Dies war wichtig – so die offizielle Version –, damit dessen Unbewusstes nicht durch an der Mimik ablesbaren Reaktionen des Analytikers beeinflusst würde. Die inoffizielle und weit trivialere Begründung lieferte Freud in einem Brief an Fließ vom 15. März 1898: »[I]ch schlafe bei den Nachmittagsanalysen« (*Briefe an Wilhelm Fließ,* S. 331). Das konnten auch seine Patienten bezeugen; Helen Deutsch zum Beispiel, die später selbst Psychoanalytikerin wurde und berichtete, Freud sei während der Behandlung mindestens zweimal eingeschlafen.

Ist es schlimm, wenn der Analytiker einschläft, obwohl er für das Zuhören bezahlt wird? Freud hielt dies nicht für ein Problem. Wie für jede grundlegende Schwäche seiner Theorie fand er auch hier eine Rechtfertigung. Der Analytiker könne schlafen, da er »sich seines Unbewußten in solcher Weise als Instrument bei der Analyse« bediene (*Ratschläge für den Arzt bei der psychoanalytischen Behandlung,* Bd. VIII, S. 382) – und eben nicht seines Bewusstseins. Freud erklärte nicht, wie das Unbewusste funktioniert, während der Analytiker schläft. Wie immer haben wir es hier mit dem Prinzip der magischen Kausalität zu tun. Während der Analyse kommuniziert ein Unbewusstes mit dem anderen – nach undurchschaubaren Gesetzen.

Und Freud entwickelte noch eine andere Theorie zur Rechtfertigung seiner Schläfchen hinter der Couch: Der Analytiker müsse sich gar nicht hellwach auf alles konzentrieren, was der Patient sagt, er müsse nicht darauf achten, bloß kein Detail zu verpassen. Auch Notizen seien unnötig, denn das Kratzen des Stifts auf dem Papier könne den Patienten stören und dessen Aussagen verfälschen, weil dieser glaube, es würden wichtige Informationen notiert. Vielmehr müsse der Analytiker eine »gleichschwebende Aufmerksamkeit« (ebd., S. 377) an den Tag legen und sich auf nichts Besonderes konzentrieren. Diese *gleichschwebende Aufmerksamkeit* sei nötig, da ein Tag voller Analysen – acht Stunden, wenn man Freud Glauben schenkt – eine konstante Aufmerksamkeit ohnehin unmöglich mache.

Der Analytiker konzentriert sich also auf nichts Spezielles im Wortfluss seines Patienten, und zwar aus dem guten Grund, dass er nicht weiß, was wichtig sein könnte. Er lässt sich überraschen. Freundlichkeit ist strikt verboten, denn der Meister ist nicht da, um jemandem zu gefallen. Mit jedem neuen Patienten lässt er sein »unbewusste[s] Gedächtnis« arbeiten (ebd., S. 387) und kann, wenn nötig, abends das eine oder andere notieren, was ihm wichtig erscheint.

Was geschah in den ersten Augenblicken einer Analyse in Freuds Praxis? Was sagte der Analytiker in der ersten Sitzung? Er schlug eine versuchsweise Behandlung von ein bis zwei Monaten Dauer vor, um beurteilen zu können, ob eine vollendete Analyse möglich und sinnvoll sei. Dann einigte er sich mit dem Patienten auf einen Tag und eine Uhrzeit, die von nun an stets eingehalten werden mussten. Jede vereinbarte Sitzung, zu der ein Patient nicht erschien, musste bezahlt werden. In schweren Fällen gab es eine Sitzung täglich, außer sonntags und an Feiertagen. Weniger problematische Fälle behandelte Freud seltener, zum Beispiel dreimal pro Woche. Und bei Gustav Mahler genügten dem Meister einige Stunden während eines gemeinsamen Spaziergangs.

Freud betonte, der Patient könne die Analyse jederzeit und ohne Begründung von sich aus beenden. Dieser Fall war natürlich von der Beendigung der Therapie durch den Analytiker zu unterscheiden. Laut *Die Freudsche psychoanalytische Methode* dauerten die Behandlungen meist »ein halbes Jahr bis drei Jahre« (Bd. V, S. 10). Auch der Analytiker konnte die Therapie nach Belieben abbrechen. Der berühmte Wolfsmann wurde allerdings über ein Vierteljahrhundert lang analysiert.

Wer kam für eine Analyse bei Freud infrage? Bestimmten Personen riet er davon ab, nämlich Verwirrten, Melancholisch-Depressiven, nicht ausgebildeten Charakteren, Menschen mit schwacher Konstitution, solchen ohne Sinn für Moral oder mit geringer Intelligenz, über Fünfzigjährigen (ein Mindestalter gab es jedoch nicht), Menschen, die von Dritten zur Analyse überredet worden waren, und magersüchtigen Hysterikerinnen. In *Das Interesse an der Psychoanalyse* betonte Freud: »Bei den schweren Formen der eigentlichen Geistesstörungen leistet die Psychoanalyse therapeutisch nichts.« (Bd. VIII, S. 390) Man sieht, dass Freud sehr vorsichtig war und viele Menschen ausschloss, was zu dem nicht ganz falschen Bonmot führte, die Psychoanalyse heile nur die Gesunden.

Bestätigt wird es durch ein Zitat aus *Über Psychotherapie:* »Erfreulich ist es, daß man gerade den wertvollsten und sonst höchstentwickelten Personen auf solche Weise am ehesten Hilfe bringen kann.« (Bd. V, S. 22) Bescheidener als sonst fuhr Freud fort: »Wo aber mit der analytischen Psychotherapie nur wenig auszurichten war, da, darf man getrost behaupten, hätte irgendwelche andere Behandlung sicherlich [*sic*] gar nichts zustande gebracht [*sic*].« (ebd.) Freuds Psychoanalyse heile demnach nicht jeden, doch wen sie nicht heile, dem könnten auch andere nicht helfen; darüber hinaus sei sie erfolgreicher als andere Methoden.

Doch es gab noch eine weitere Gruppe von Menschen, die ungeeignet für eine Analyse war: die Armen. In diesem Punkt war Freud wahrhaft zynisch. Eine solche Behandlung wäre viel zu teuer – wie wir noch sehen werden, gewährte er niemandem Nachlass, denn wer große Summen zahlte, der zeigte vollen Einsatz und sicherte so den Behandlungserfolg! Einfache Arbeiter oder Arbeitslose konnten sich das natürlich nicht leisten. Zumal Freud der Theorie anhing, die Armen seien zum Arbeiten gezwungen und hätten deshalb weniger Zeit, Neurosen zu entwickeln!

Noch zynischer war Freuds Überlegung, »daß der Arme, der einmal eine Neurose zustande gebracht hat, sich dieselbe nur sehr schwer entreißen läßt. Sie leistet ihm zu gute Dienste im Kampfe um die Selbstbehauptung; der sekundäre Krankheitsgewinn, den sie ihm bringt, ist allzu bedeutend. Das Erbarmen, das die Menschen seiner materiellen Not versagt haben, beansprucht er jetzt unter dem Titel seiner Neurose und kann sich von der Forderung, seine Armut durch Arbeit zu bekämpfen, selbst freisprechen.« (*Zur Einleitung der Behandlung,* Bd. VIII, S. 466) Zuvor hatte Freud bekannt: »Man kann der asketischen Verdammung des Geldes ganz ferne stehen und darf es doch bedauern« (ebd.).

Da er die Armen und Kranken ausschloss und die Gebildeten, Gutsituierten, also das reiche Wiener Großbürgertum bevorzugte, stellte sich bei der Therapie natürlich leichter ein Erfolg ein. Worin dieser bestand, erklärte Freud in den *Vorlesungen zur Einführung in die Psychoanalyse:* Der Patient müsse Vertrauen haben sowie geduldig, fügsam und beständig sein. Er müsse sich dem Analytiker ganz anvertrauen und an ein gutes Ende der Behandlung glauben. Man könnte das auch so formulieren: Damit der Patient geheilt wird, muss er daran glauben, dass der Therapeut ihn heilen wird.

In *Die zukünftigen Chancen der psychoanalytischen Therapie* konnte Freud »die Vermehrung unserer therapeutischer Chancen […] ermessen, wenn sich das allgemeine Vertrauen uns zuwendet« (Bd. VIII, S. 110). Der Therapeut muss Autorität ausstrahlen, genau wie ein Zauberer, Hexer oder Schamane. Freud war der Meinung, seine ersten Patienten hätten sehr wahrscheinlich angesichts seiner bescheidenen Praxis und fehlender akademischer Titel geglaubt, er könne kein guter Arzt sein, denn wäre er einer gewesen, hätte er Geld verdient und wäre besser situiert gewesen.

Was machte Freud zufolge einen guten Analytiker aus? Misserfolge der Psychoanalyse waren schließlich nicht dieser selbst anzulasten, sondern dem Patienten, der nicht ausreichend an sie glaubte. In *Die Frage der Laienanalyse* heißt es klar und deutlich: »Der Neurotiker macht sich an die Arbeit, weil er dem Analytiker Glauben [*sic*] schenkt« (Bd. XIV, S. 256). Dennoch spielten die »persönlichen Eigenheiten« (ebd., S. 249) des Therapeuten eine wichtige Rolle, benötigte er doch eine »gewisse Feinhörigkeit« (ebd.), die er nur durch die analytische Praxis erlangen könne.

Freud war zwei Jahre lang ausgebildet worden und hatte die psychoanalytische Technik erlernt, nicht aber durch ein theoretisches Studium, sondern indem er selbst von einem Psychoanalytiker analysiert worden war. Man konnte also Analytiker werden, indem man in gewisser Weise die Position des Sohns eines symbolischen Vaters einnimmt. Später kamen bei Freud dann allerdings die Frauen hinzu, erst Lou Andreas-Salomé, dann Marie Bonaparte und einige andere. Die Verbindung zu einem solchen symbolischen Vater war die einzige Vaterschaft, die der vom Vatermord besessene Freud akzeptierte. Die Analytiker reproduzierten sich also durch Kooptation. Wer sich auf die Couch begeben hatte, kannte sein Unbewusstes in- und auswendig und lief nicht mehr Gefahr, den eigenen Fall auf die Patienten zu projizieren. Ein Psychoanalytiker, der über den eigenen Ödipuskomplex, eventuelle Kindheitstraumata, die Stadien seiner sexuellen Entwicklung und die Details seines Seelenlebens Bescheid wusste, war davor gefeit, die eigenen Neurosen auf den Patienten zu übertragen.

Die Analytiker wurden also von Analytikern analysiert, die

selbst analysiert worden waren. Innerhalb dieser inzestuösen Reproduktionskette blieb man unter sich, man war eine Familie – so sind auch die Psychodramen zu erklären, die sich schon bald um die rebellischen Kinder Jung und Ferenczi abspielten. Nach dem Prinzip der mythischen Genealogie war Freud der Familiengründer; er war Adam, der Vater aller Kinder und ein Doppelgänger des Vaters der Urhorde. Ein Vater, zu dem man alle fünf Jahre zurückkehrte, um sich erneut analysieren zu lassen.

Der Analytiker hielt sich getreulich an Freuds Lehre und Methode, welche die Objektivität der Analyse garantieren sollte. Doch die ewige Wiederholung und Ritualisierung dessen, was Freud als eine Art heilige *Zeremonie* bezeichnete, führte auch zu so etwas wie Erstarrung. Der Mann, der eines Tages das Wort ergreifen und das Ende der Therapie verkünden sollte, sprach während der Analyse so wenig wie möglich. Er mischte sich kaum oder wenig ein. Er stellte keine Fragen. Er versuchte nicht, dem Patienten etwas zu entlocken. Ratschläge erteilte er nur in Ausnahmefällen. Und doch verhielt sich Freud in dieser Frage, wie so häufig, nicht besonders freudianisch und gab seinen Patienten regelmäßig Ratschläge für den Alltag mit auf den Weg.

Woher wissen wir, dass sein Schweigen angebracht war oder er seine wenigen Worte im richtigen Moment aussprach? Dies sei eine »Sache eines Takts« (ebd., S. 250), der damit erneut an das Tierische im Therapeuten appellierte. Denn bereits die *Feinhörigkeit* gehörte zu den Talenten, die Freud in *Das Unbehagen in der Kultur* den ersten Menschen zuschrieb. All diese Eigenschaften versammelte er unter dem vagen, rein subjektiven und völlig unwissenschaftlichen Oberbegriff der »›persönlichen Gleichung‹« (ebd.).

Deshalb hatte dieser Mann, der sein Leben damit verbracht hatte, die Psychoanalyse zur Wissenschaft zu machen – und zwar zu einer Natur- und nicht etwa einer Geisteswissenschaft –, der den Universitäten Ignoranz vorwarf und gegen die Skeptiker polemisierte, auch keine Angst, sich selbst zu widersprechen, wenn er die Psychoanalyse zu einer »Deutungskunst« (ebd., S. 260) erklärte.

Er bewegte sich damit weit weg von jeder wissenschaftlichen Methodik, Objektivität oder universellen, überprüfbaren Gesetzmäßigkeit etwa eines Archimedes oder Euklid. Freud definierte die Psychoanalyse als eine Kunst. Geben wir ihm recht. Doch ein Künstler arbeitet nicht nach den strengen Gesetzen der Epistemologie, sondern bewegt sich im Reich der *Poesis,* also der subjektiven Produktion von Dichtung.

Da der Erfolg dieser analytischen Wissenschaft zum großen Teil vom Charakter und Temperament des Analytikers abhängt, plädierte der Wissenschaftler folgerichtig für deren Unwissenschaftlichkeit. In Kopernikus' Astronomie oder Darwins Evolutionstheorie herrschte weder Bedarf an der berühmten »›persönlichen Gleichung‹« (ebd., S. 250), auf welcher der Erfolg der Psychoanalyse ruht, noch war Platz dafür. Kopernikus' poetische Begabung oder Darwins dichterisches Genie einzubeziehen, um deren Thesen als wissenschaftliche Wahrheit zu erkennen, entbehrte jeder Grundlage.

Freud stellte sich eine nahe liegende Frage: Wie kann man garantieren, dass der Analytiker kein Scharlatan ist? 1924 war er mit diesem Problem konfrontiert worden. Ein Kollege hatte den Psychoanalytiker Theodor Reik als Scharlatan bezeichnet und dieser war dafür angeklagt worden. In *Die Frage der Laienanalyse* beschäftigte Freud sich mit diesem Fall. Der Psychoanalytiker Wilhelm Stekel hatte Reik vorgeworfen, als Analytiker zu praktizieren, ohne Mediziner zu sein – in diesem Sinne ist hier der Begriff Laie zu verstehen. Die Affäre schaffte es auf die Titelseiten der Wiener Zeitungen. Freud schickte der *Neuen Freien Presse* einen Artikel mit der Überschrift *Dr. Reik und die Kurpfuschereifrage* (1926) und verteidigte darin die Ausübung der Psychoanalyse durch Nichtmediziner – schließlich praktizierte auch seine Tochter Anna, eine Lehrerin.

Für Freud war die Analyse nichts anderes als ein Gespräch

zwischen Patient und Analytiker. Der Psychoanalytiker plädierte für die Macht der Worte, deren Fähigkeit, zu zerstören oder aufzubauen, aber auch deren therapeutische Kraft. Darüber hinaus beharrte er darauf, dass Worte verzaubern könnten, und verteidigte auch die *Zauberei* selbst: »Wir wollen übrigens das Wort nicht verachten.« (*Die Frage der Laienanalyse,* Bd. XIV, S. 214) Und weiter: »Aber das Wort war doch ursprünglich ein Zauber, ein magischer Akt, und es hat noch viel von seiner alten Kraft bewahrt.« (ebd.) Deshalb gleiche der verbale Austausch auf der Couch einem Akt der Zauberei. Der Psychoanalytiker wisse um die Zauberkraft seiner Worte, und er wisse um seine zentrale Rolle bei dieser *Zauberei.* Der Begründer der Psychoanalyse bestritt also weder diesen Mechanismus, noch lehnte er ihn ab. Ich gehe davon aus, dass Einigkeit darüber besteht, dass die Zauberei normalerweise nicht zum Arsenal eines Wissenschaftlers gehört!

Und was ist überhaupt ein Scharlatan? Für Freud war es jemand, »der Kranke behandelt, ohne sich durch den Besitz eines staatlichen Diploms als Arzt ausweisen zu können.« (ebd., S. 262) Als Zyniker und jesuitischer Sophist schloss Freud, dass nach dieser Definition »die Ärzte zu den Kurpfuschern in der Analyse ein überwiegendes Kontingent darstellen.« (ebd.) Das war eine interessante Umkehrung: Bei der Behandlung der Geisteskrankheiten seien Ärzte meist Kurpfuscher, während eine Lehrerin die Disziplin revolutionieren könne.

Wer entschied eigentlich darüber, ob jemand ein Scharlatan war oder nicht? Natürlich Freud selbst, denn er bestimmte, wer Analytiker werden konnte und wer nicht. *Theoretisch* musste nach Freuds Lehre jeder Analytiker selbst analysiert worden sein, doch *praktisch* entschied Freud zum Beispiel, dass Persönlichkeiten wie Karl Abraham, Arzt und Begründer der Berliner Psychoanalytischen Gesellschaft und Präsident der Internationalen Psychoanalytischen Vereinigung, oder Otto Rank es nicht nötig hatten, sich auf die Couch zu begeben. Sie durften auch so

Patienten behandeln und wurden dennoch nicht als Scharlatane gebrandmarkt.

Der Psychoanalytiker Otto Rank zeigte Verhaltensauffälligkeiten und litt an einer Kontaktphobie, die ihn zwang, unablässig Handschuhe zu tragen. Doch das spielte keine Rolle: Er war ein getreuer Schüler, hatte seinem Lehrer Freud sogar sein Werk *Das Trauma der Geburt und seine Bedeutung für die Psychoanalyse* gewidmet, war Sekretär der Psychoanalytischen Vereinigung und gehörte dem Geheimkomitee an – also war Rank, *analysiert oder nicht analysiert,* kein Scharlatan. Als er jedoch später von Freuds Lehre abwich, änderte sich das. Freud unterzog ihn einer schlampigen Analyse, stellte mentale Probleme fest und schloss den ehemaligen Schützling von der psychoanalytischen Praxis aus.

Der Staat hatte sich aus den Interna der Psychoanalytiker herauszuhalten. Die Psychoanalytische Vereinigung unterstand nicht dem Gesetz. Bewertungen des Nutzens der Psychoanalyse von außerhalb waren null und nichtig; Statistiken über deren Wirksamkeit undenkbar (siehe *Vorlesungen zur Einführung in die Psychoanalyse,* Bd. XI, S. 480). Die öffentliche Gesundheit, das allgemeine Interesse an der Medizin oder Bedenken seitens der Institutionen zählten nicht. Die Scharlatanerie sah sich weder an das bürgerliche Gesetz noch an das Strafgesetz gebunden; die Analytiker waren keinem Gericht verpflichtet, das sich in ihre Angelegenheiten mischte. Übrigens nahm Freud auch den Okkultismus von derlei Einmischungen aus (*Die Frage der Laienanalyse,* Bd. XIV, S. 271). Und daran hat sich bis heute nichts geändert: Die Psychoanalytische Vereinigung verweigert sich jeder Evaluation, die von einem Außenstehenden vorgenommen wird, und lässt sich also nur von Menschen bewerten, die Richter und Angeklagte zugleich sind.

Freud legitimierte die Selbstlegitimation und machte damit aus seiner Lehre einen geschlossenen Teufelskreis. Wer kein Psychoanalytiker mit dem Ritterschlag des Meisters war, hatte kein Recht, ein Urteil über die Psychoanalyse abzugeben. Der Meister selbst war der höchste Richter, ein Diktator, dessen Wort Gesetz war. So konnte er verlangen, ein Psychoanalytiker müsse analysiert worden sein, um praktizieren zu dürfen, und zugleich besonders beflissene Schüler davon ausnehmen. Er konnte den Analytikern untersagen, Familienmitglieder oder ihm nahestehende Personen zu behandeln, und zugleich die eigene Tochter, deren Geliebte und die Töchter der Geliebten analysieren. Er konnte dekretieren, dass es bei der Analyse ein »Zeremoniell«, ein Ritual geben müsse (der Patient müsse sich auf die Couch legen, zur immer gleichen Stunde, und über einen gewissen Zeitraum hinweg erscheinen und möglichst von der Außenwelt isoliert sein, um nicht von ihr beeinflusst zu werden), und zugleich seinen berühmten Patienten Gustav Mahler ein paar Stunden lang während eines Spaziergangs im Park analysieren. Das Wort des Meisters war Gesetz.

Was geschah bei einer Analyse? Der Patient wurde gewarnt, dass sie keine erfreuliche Angelegenheit war. In *Wege der psychoanalytischen Therapie* heißt es sogar, die Analyse müsse »in der Entbehrung« (Bd. XII, S. 189) stattfinden. Das Leiden durfte nicht zu schnell verschwinden. Freud hasste die Amerikaner und kritisierte ihre Art der Psychoanalyse in vielerlei Hinsicht, insbesondere jedoch das Bestreben, schnell zu heilen. Mehrfach schrieb der Wiener Analytiker, es ginge ihm nicht primär um die Genesung des Kranken, sondern um die eigenen Forschungen und die Weiterentwicklung seiner Lehre.

Ein Beispiel gibt das folgende Zitat aus den *Vorlesungen zur Einführung in die Psychoanalyse:* »Wir haben das Recht, ja die Pflicht, die Forschung ohne Rücksicht auf einen unmittelbaren Nutzeffekt zu betreiben. Am Ende – wir wissen nicht, wo und wann – wird sich jedes Stückchen Wissen in Können umsetzen, auch in therapeutisches Können. Zeigte sich die Psychoanalyse bei allen anderen Formen nervöser und psychischer Erkrankung ebenso erfolglos wie bei den Wahnideen, so bliebe sie doch als unersetzliches Mittel der wissenschaftlichen Forschung voll gerechtfertigt.« (Bd. XI, S. 262 f)

Wie gewöhnlich konstruierte Freud hier eine Theorie, die seine *willkürlichen Behauptungen, Intuitionen* und *Wünsche* stützen sollte – um mit Nietzsche zu sprechen, für den ein Philosoph nichts anderes tat, als den eigenen, womöglich trivialen persönlichen Problemen eine universelle Form zu verleihen. In diesem Fall war das die Notwendigkeit einer langen Analyse, bei der der Patient in der Unzufriedenheit gehalten und nicht zu schnell geheilt werden sollte. Das theoretische, ehrenwerte Argument dazu lautete, ein zu schnelles Ergebnis gleiche einem scheinbaren Sieg, hinter dem sich ein möglicher schneller Rückfall verbergen könnte. Eine tief gehende Behandlung dauere eben eine ganze Zeit.

Weil der Krankheit des Patienten eine Enttäuschung zugrunde liege, müsse der Analytiker die Bedingungen nachbilden, unter denen sich das Trauma ereignet habe. So werde der Patient in die damalige Situation versetzt und erfahre etwas über den Ursprung seiner Erkrankung. Bei dem Austausch von Worten während der Kur solle der Patient Neues über sich erfahren und in den Tiefen seines Unbewussten nach dem Verdrängten suchen, das die Symptome hervorrufe. Denn Freuds Lehre zufolge führt das Bewusstmachen der Verdrängung zur Heilung. Ein zu schneller Erfolg könne die Symptome aufheben, ohne dass deren Ursache erfasst worden sei und man liefe Gefahr, dass die Neurose später wieder auftrete. Freud war eben ein sorgfältiger Mensch.

Man könnte aber auch annehmen, dass diese honorige und aus deontologischer Sicht verführerische Theorie trivialere Gründe hat – vor allem finanzielle. Denn mit dieser Grundidee band der Psychoanalytiker seine Kunden lange an sich und sicherte so sein Einkommen. Auf diese Weise kamen finanzielle Sicherheit und Lehre wunderbar zusammen. Je länger die Patienten behandelt wurden, umso erfolgreicher war natürlich die Therapie, aber umso besser war es auch für die Finanzen von Freud und seiner Familie.

Das Geld hatte in Freuds Theorie seinen eigenen Platz: Der

Patient musste regelmäßig in bar zahlen, und zwar eine Summe, die er auch wirklich spürte, denn es handelte sich auch um eine symbolische Summe. In *Zur Einleitung der Behandlung* meißelte Freud diesen Aspekt in Stein: »Der Analytiker stellt nicht in Abrede, daß Geld in erster Linie als Mittel zur Selbsterhaltung und Machtgewinn zu betrachten ist, aber er behauptet, daß mächtige sexuelle Faktoren an der Schätzung des Geldes mitbeteiligt sind. Er kann sich dann darauf berufen, daß Geldangelegenheiten von den Kulturmenschen in ganz ähnlicher Weise behandelt werden wie sexuelle Dinge, mit derselben Zwiespältigkeit, Prüderie, Heuchelei.« (Bd. VIII, S. 464)

Freud behandelte die Frage nach dem Geld ohne falsche Scheu. Er verlangte die Bezahlung zu festen, nahe beieinanderliegenden Terminen, beispielsweise monatlich, und bemühte er sich erst gar nicht darum, als Philanthrop zu erscheinen: »Man erhöht, wie bekannt, die Schätzung der Behandlung beim Patienten nicht, wenn man sie sehr wohlfeil gibt.« (ebd.) Er hatte wirklich nichts zu verschenken.

Weiter klagte er: »Der Analytiker wird für seinen Anspruch auf Bezahlung noch geltend machen, daß er bei schwerer Arbeit nie so viel erwerben kann wie andere medizinische Spezialisten. [...] Aus denselben Gründen wird er es auch ablehnen dürfen, ohne Honorar zu behandeln, und auch zugunsten der Kollegen oder ihrer Angehörigen keine Ausnahme machen. Die letzte Forderung scheint gegen die ärztliche Kollegialität zu verstoßen; man halte sich aber vor, daß eine Gratisbehandlung für den Psychoanalytiker weit mehr bedeutet als für jeden anderen, nämlich die Entziehung eines ansehnlichen Bruchteiles seiner für den Erwerb verfügbaren Arbeitszeit (eines Achtels, Siebentels u. dgl.) auf die Dauer von vielen Monaten. Eine gleichzeitige zweite Gratisbehandlung raubt ihm bereits ein Viertel oder Drittel seiner Erwerbsfähigkeit, was der Wirkung eines schweren traumatischen Unfalls gleichzusetzen wäre.« (ebd., S. 465) Freuds Lehre besagt, dass eine Gratisbehandlung den Widerstand des Patienten erhöht und die Heilung verzögert oder verhindert. In anderen Worten: Wer zahlt, wird gesund. Und noch besser: Wer viel zahlt, wird schneller gesund.

Dies war auch der Grund, weshalb Freud keine armen Leute behandeln wollte. Einmal mehr benutzte er seine Theorie zur Rechtfertigung persönlicher Ansichten und Überzeugungen. In diesem speziellen Fall lautet die Formel zur Rechtfertigung der persönlichen Vorteilnahme *Krankheitsgewinn.* Denn manche Patienten könnten durch die Analyse nicht geheilt werden, was nicht am Psychoanalytiker oder der Psychoanalyse liege, sondern an ihnen selbst. Manche Patienten blieben krank, weil es ihnen mehr nütze, krank zu sein und zu leiden, als wieder gesund zu werden.

In *Wege der psychoanalytischen Therapie* lernen wir über Freuds Berufsstand: »Außerdem sind wir durch die Bedingungen unserer Existenz auf die wohlhabenden Oberschichten der Gesellschaft eingeschränkt« (Bd. XII, S. 192) – er konnte sich also gar nicht um alle Welt kümmern. Vielmehr solle sich der Staat der trinkenden Männer, frustrierten Frauen oder neurotischen Kinder annehmen. Doch: »Wir werden wahrscheinlich die Erfahrung machen, daß der Arme noch weniger zum Verzicht auf seine Neurose bereit ist als der Reiche, weil das schwere Leben, das auf ihn wartet, ihn nicht lockt, und das Kranksein ihm einen Anspruch auf mehr soziale Hilfe bedeutet.« (ebd., S. 193)

Freud machte aus seiner Position keinen Hehl: Er akzeptierte die Möglichkeit einer Zwei-Klassen-Medizin, nämlich eine für das eigene, zahlungskräftige Klientel und eine »Psychotherapie fürs Volk« (ebd., S. 193 f) für die Empfänger staatlicher Hilfe, für die er einen menschenverachtenden Plan entwickelte: Man könnte ihnen etwas Geld und »hypnotische Beeinflussung« (ebd., S. 193) zukommen lassen. Welch grandioses politisches Programm: wenig Geld und viel Hypnose! Hier sind wir wirklich ganz weit entfernt von Freuds Praxis in einer schönen Gegend Wiens und von den exorbitanten Honoraren, die er einstrich. Freud als liberaler Bürger, der zeitlebens ein Herz für die Linke hatte? Auch diese Ansichtskarte können wir getrost zerreißen.

Wie wir gesehen haben, ging Freud mit dem Thema Geld ausgesprochen scheinheilig um. Fragen wir doch einmal ganz direkt: *Wie viel kostete eine Psychoanalyse in seiner Praxis?* Er selbst befasste sich, wie es aussieht, nicht mit derlei Trivialitäten. Man kann in seinem Werk noch so viel über seine Theorien zum Thema Geld oder Gold lesen und findet doch nichts, was diese Frage beantworten würde. Jung erzählte, eine Sitzung in der Berggasse 19 sei sehr teuer gewesen. Gewiss, aber wie teuer war sie genau?

Bei der Vorbereitung dieses Buchs habe ich fast 10 000 Seiten gelesen und kaum etwas zu diesem Thema gefunden. Entweder wird es verschämt umgangen, oder – was genauso wirkungsvoll und noch scheinheiliger ist – es werden Beträge in Dollar oder österreichischen Schilling genannt, und zwar in vor dem Krieg gültigen Währungen oder in später ungültig gewordenen Nachkriegswährungen, sodass der Leser nur scheinbar informiert wird und in Wahrheit doch nichts weiß. So erfahren wir aus Peter Gays knapp tausendseitiger Biographie nur, dass Freud mit seiner Arbeit seinen Lebensunterhalt gut bestreiten konnte und erst 20 und später 25 Dollar pro Sitzung verdiente; außerdem benötigte er stets Devisen. Doch was heißt *gut bestreiten?*

An anderer Stelle erläutert das an Details reiche, dicke Buch, der Krieg habe ihn 40 000 Kronen gekostet; er habe zwischen 1914 und 1918 über 100 000 Kronen angespart und habe ein Devisenkonto in Den Haag gehabt. 1925 habe er 25 Dollar für eine Sitzung verlangt und bei seinem Aufbruch ins Exil habe er seinen Schwestern 60 000 Schillinge hinterlassen. Arm war er also nicht. Natürlich rechnet Gay die Beträge nicht in zeitgenössische Währung um, sodass man nur vage erfährt, dass Freud ein gutes Auskommen hatte.

Ich habe deshalb mithilfe eines befreundeten Buchhalters selbst recherchiert, um alles in aktuelle Euro-Beträge umrechnen zu können. Meine Nachforschungen ergaben, dass Freud im Jahr 1925 ungefähr 415 Euro pro Sitzung verlangte (auch für jene Sitzungen, während derer er schlief). Vor dem Ersten Weltkrieg hatte er ungefähr 8 Millionen Euro angespart und durch den Krieg muss er etwa 3 250 000 Euro verloren haben. Seinen Schwestern, die nach der Deportation umkamen, hatte er 350 000 Euro hinterlassen. So hat man schon etwas mehr Klarheit.

In *Zur Einleitung der Behandlung* erklärte Freud, er habe seinen Sitz hinter die Couch gestellt, um den Blick der Patienten – also der Klienten – nicht ertragen zu müssen: »Ich vertrage es nicht, acht Stunden täglich (oder länger) von anderen angestarrt zu werden.« (Bd. VIII, S. 467) Daraus können wir schließen, dass Freud an einem Tag mindestens acht Patienten hatte. 1921 sprach er von zehn. Eine konservative Hochrechnung ergibt einen Betrag von 3300 Euro, der allabendlich in Freuds Kasse klingelte. 1913 schlug Freud seinen Patienten in *Zur Einleitung der Behandlung* »täglich« (ebd., S. 459) eine Sitzung vor, und drei pro Woche für weniger schwere Fälle. So ergibt sich jede Woche eine Summe von 80 000 Euro. Multiplizieren wir das mit zwölf Monaten können wir davon ausgehen, dass ihm seine Couch jährlich 875 000 Euro einbrachte.

Vor diesem Hintergrund ist verständlich, dass in Freuds Theorie eine Gratisbehandlung als für den optimalen Verlauf der Kur gefährlich gedeutet wurde, dass eine Therapie wegen des *Krankheitsgewinns* nicht im Interesse der Armen war, dass Sitzungen in kurzem Abstand und über einen langen Zeitraum hinweg stattfinden mussten und dass die Neigung der Amerikaner zu schneller Heilung Probleme verursachen konnte … nämlich Probleme mit Freuds eigener Theorie!

Gleichermaßen wird nun verständlich, wieso nur der Psychoanalytiker den optimalen Zeitpunkt für das Ende der Behandlung bestimmen konnte. Und welcher Zeitpunkt war geeignet? In *Die endliche und die unendliche Analyse* befand Freud feinfühlig, dies bliebe »dem Takt überlassen« (Bd. XVI, S. 62). 1937 fügte er hinzu, eine Analyse sei nie zu Ende! Natürlich sollte die Analyse auf das Verschwinden der Symptome zielen, doch triebbedingte Wünsche ließen sich nie ganz unterdrücken. Letztlich sei eine Psychoanalyse nicht zum Abschluss zu bringen: »Es ist wahrscheinlich zur Vermeidung von Mißverständnis nicht unnötig, näher auszuführen, was mit der Wortfügung: dauernde Erledigung eines Triebanspruchs gemeint ist. Gewiß nicht, daß man ihn zum Verschwinden bringt, so daß er nie wieder etwas von sich hören läßt. Das ist im allgemeinen unmöglich, wäre auch gar nicht wünschenswert [*sic*].« (ebd., S. 68 f). Und warum nicht?

Weil der Meister sagt, er müsse mit dem Leiden leben, müsse der Patient dies lernen. Der negative Trieb würde »ganz in die Harmonie des Ichs aufgenommen« (ebd., S. 69). In anderen Worten: Es gilt, das Leid zu ertragen und damit zu leben. Hier erschließt sich die Verwandtschaft von Psychoanalyse und Autosuggestion.

Freud hatte vorgesorgt: Damit die Analyse funktionierte, hieß es, zu schwere oder unpassende Krankheiten zu meiden. Er suchte sich geeignete, vorzugsweise gebildete und wohlhabende Patienten, schloss die Armen prinzipiell aus, wählte Klienten, die den Erfolg der Therapie nicht durch eine übermäßige Liebe zu ihrem Leiden gefährdeten, und machte deutlich, dass eine Analyse von Natur aus ohne Abschluss blieb und der Patient sich letztlich mit seinen Beschwerden abfinden müsse. Waren derlei Umwege wirklich nötig, um zu einem solch armseligen Schluss zu kommen?

IV.
Auf dem Papier werden viele geheilt

»Es ist unbestreitbar, daß die Analytiker in ihrer eigenen Persönlichkeit nicht durchwegs das Maß von psychischer Normalität erreicht haben, zu dem sie ihre Patienten erziehen wollen.«

Sigmund Freud, *Die endliche und die unendliche Analyse* (Bd. XVI, S. 93)

»Vielleicht ist es übrigens eine Folge meiner Beschäftigung mit der Psychoanalyse, daß ich kaum [*sic*] mehr lügen kann.«

Sigmund Freud, *Zur Psychopathologie des Alltagslebens* (Bd. IV, S. 247)

»Die Mohren stammen aus einem alten, bei uns verbreiteten Scherz, der die psychoanalytische Kur eine ›Mohrenwäsche‹ heißt. Nicht ganz mit Unrecht, wenn wir uns einmal über das in der inneren Medizin anerkannte Niveau erheben. Ich tröste mich oft mit der Idee, wenn wir therapeutisch so wenig leisten, so erfahren wir wenigstens, warum nicht mehr geleistet werden kann.«

Sigmund Freud, Brief an Ludwig Binswanger, 28. Mai 1911 (Freud/Binswanger, *Briefwechsel*, S. 81)

Am Ende seiner Analysen behauptete Freud stets, sie seien erfolgreich gewesen. Über Anna O. schrieb er 1892 in *Studien über Hysterie:* »Die wunderbare Tatsache [*sic*], daß vom Beginne bis zum Abschlusse der Erkrankung alle aus dem zweiten Zustande stammenden Reize und ihre Folgen durch das Aussprechen in der Hypnose dauernd beseitigt werden, habe ich bereits geschildert« (Freud/Breuer, *Studien über Hysterie,* S. 40). Und wenige Zeilen später freute er sich klar und deutlich über »die schließliche Abheilung der Hysterie« (ebd.). Über den Fall Dora urteilte er, die Patientin habe ihre Probleme in den Griff bekommen und ihre Freude am »Leben wiedergewonnen« (*Bruchstück einer Hysterie-Analyse,* Bd. V, S. 286). Der Kleine Hans sei einer »zur Heilung führenden Analyse« (*Analyse der Phobie eines fünfjährigen Knaben,* Bd. VII, S. 377) unterzogen worden. Auch der Rattenmann sei geheilt, denn Freud erläuterte 1909, was »bei weiterem Bestande der Krankheit« (*Bemerkungen über einen Fall von Zwangsneurose,* Bd. VII, S. 463) geschehen wäre. Und auch am Geschick des Wolfsmannes ließen die letzten Zeilen von *Aus der Geschichte einer infantilen Neurose* keinen Zweifel. Er habe ihn kurz vor dem Ausbruch des Ersten Weltkriegs geheilt, wobei »ein noch nicht überwundenes Stück der Übertragung« (Bd. XII, S. 157) übrig geblieben sei – jedoch nicht, weil die Kur wirkungslos war, denn diese habe ja geheilt, was sie geheilt habe (!), sondern weil sie eben nicht alles geheilt habe! Bis auf dieses kleine Detail sei der Patient also gesund, was Freud mit dem Wort »Herstellung« (ebd.) beschrieb.

Und doch sagte Sergej Pankejeff 1974 in *Gespräche mit dem Wolfsmann* der Journalistin, die die Unterhaltung mit ihm führte, unverblümt: »Wissen Sie, mir geht es so schlecht, ich habe in der letzten Zeit immer solche schrecklichen Depressionen« (Obholzer, *Gespräche mit dem Wolfsmann,* S. 37). Freuds berühmtester Fall war zu diesem Zeitpunkt siebenundachtzig Jahre alt und angeblich seit sechzig Jahren geheilt. Doch das galt nur auf dem Papier. Tatsächlich unterzog er sich jeden Dienstagnachmittag einer Therapie (ebd., S. 38), obwohl er gar nicht mehr an deren Wirksamkeit glaubte.

Freud stellte die angeblich positiven Ergebnisse seiner Therapien mit großer Dreistigkeit heraus, insbesondere in den Beschreibungen der fünf berühmten Fälle von Dora (*Bruchstück einer Hysterie-Analyse*), dem Kleinen Hans (*Analyse der Phobie eines fünfjährigen Knaben),* dem Rattenmann (*Bemerkungen über einen Fall von Zwangsneurose),* dem Präsidenten Schreber (*Psychoanalytische Bemerkungen über einen autobiographisch beschriebenen Fall von Paranoia*) und dem Wolfsmann (*Aus der Geschichte einer infantilen Neurose*), die man als seine Bibel betrachten kann und deren Inhalt von angesehenen Zeitschriften, Universitäten, Institutionen, Fachkongressen und interdisziplinären Veranstaltungen perpetuiert wurde. Ein Vierteljahrhundert lang verbreitete die Presse den Mythos, *die Psychoanalyse könne heilen.*

Freud hatte darauf hingewiesen, dass seine Methode nicht bei jedem anwendbar sei und dass eine Analyse ohne Abschluss bleiben oder scheitern könne (aufgrund von Widerständen, des Krankheitsgewinns oder Übertragungsresten); doch er berichtete nie von einem konkreten Fehlschlag – obwohl er damit vielleicht sogar an Glaubwürdigkeit gewonnen hätte. Wenn der Misserfolg auf dem Papier möglich war, weshalb erschien er nie in einer Fallstudie oder wurde wenigstens am Rande klinischer Beobachtungen erwähnt? Wieso gibt es zur Illustration der freudschen These keine Übersicht der gescheiterten Fälle, die ihn in einem anderen Licht zeigen könnten?

Dem Mangel an Beweisen für die Grenzen der Psychoanalyse, die explizit in *Das Interesse an der Psychoanalyse* benannt wurden (Bd. VIII, S. 390), entspricht die ausschließliche Darstellung der angeblich erfolgreich behandelten Fälle. Einige wenige Historiker konnten sich durch die Nebelschwaden kämpfen, zum Beispiel der bedeutende Psychoanalytiker Henri Ellenberger, der nachweisen konnte, dass der Fall Anna O., der seit 1892 als Erfolg auf ganzer Linie dargestellt wurde, in Wahrheit ein umfassendes Scheitern dokumentierte.

Andere historische Untersuchungen belegen dies auch für sämtliche weiteren Fälle, die Freud als Erfolgsgeschichten hingestellt hatte. Die Tempelhüter behaupteten, seine Theorien seien wahr, da sie von der Praxis bestätigt würden, doch Freuds wissenschaftliche Berechtigung kam nie über das rein Performative hinaus. Die Fallstudien suggerieren Erfolge in den Bereichen der *Hysterie*, der *Phobie*, der *Zwangsneurose*, der *Paranoia* und der *kindlichen Neurose*. Freud schien auf allen Gebieten der zeitgenössischen Psychopathologie zu glänzen!

In den *Vorlesungen zur Einführung in die Psychoanalyse* ließ Freud uns wissen, dass es ihm nicht auf die Heilung ankam, sondern auf die Weiterentwicklung seiner Lehre; für einen Konquistadoren ist Kühnheit eben die höchste Tugend. Und Freuds Bekenntnis kam zur rechten Zeit, denn Heilerfolge ließen auf sich warten, was heute durch fundierte historische Untersuchungen nachgewiesen ist.

Der Doktor aus Wien mochte seine Patienten nicht. Das wird selten gesagt und macht in der Tat keinen guten Eindruck. Und doch berichtete Ludwig Binswanger in seinen *Erinnerungen an Sigmund Freud* von einem Besuch Freuds in Kreuzlingen vom 25. bis 28. Mai: »Einmal frug ich ihn, wie er zu seinen Patienten stünde. Antwort: ›Den Hals umdrehen könnte ich ihnen allen.‹« (S. 56) Später bestätigte Sandor Ferenczi in *Ohne Sympathie keine Heilung. Das klinische Tagebuch von 1932* Freuds Hass auf die Patienten und zitierte ihn mit den Worten: »›Gesindel‹, ›Nur gut zum Geldverdienen und Studium.‹« (12. Juni 1932, S. 171)

Das Eingeständnis der Wirkungslosigkeit psychoanalytischer Therapien findet sich auch in einem Brief Freuds an Binswanger vom 28. Mai 1911, in dem er eine seltsame Metapher benutzt: »Die Mohren stammen aus einem alten, bei uns verbreiteten Scherz, der die psychoanalytische Kur eine ›Mohrenwäsche‹ heißt. Nicht ganz mit Unrecht, wenn wir uns einmal über das in der inneren Medizin anerkannte Niveau erheben. Ich tröste mich oft mit der Idee, wenn wir therapeutisch so wenig leisten, so erfahren wir wenigstens, warum nicht mehr geleistet werden kann.« (Freud/Binswanger, *Briefwechsel*, S. 81) Muss man dem noch etwas hinzufügen?

Klinik, Ergebnisse, Heilung – letztlich war das alles nichts gegen Freuds Vision, der er seine gesamte Zeit widmete. Als Ästhet, der ein schönes Kunstwerk schaffen wollte, kümmerte er sich nicht um Wahrheit, Gesundheit, Genauigkeit oder Heilung. Er baute sein riesiges, imposantes, majestätisches, beeindruckendes Wolkenkuckucksheim und machte sich keine Sorgen darum, dass es nur aus Papier bestand und genauso wahr oder falsch war wie ein Roman oder eine Oper.

In *Studien über Hysterie* gestand Freud: »[E]s berührt mich selbst noch eigentümlich, daß die Krankengeschichten, die ich schreibe, wie Novellen zu lesen sind, und daß sie sozusagen des ernsten Gepräges der Wissenschaftlichkeit entbehren [*sic*].« (Bd. I, S. 227) So viel Genialität ist doch verblüffend! Fallgeschichten, die wie Novellen erzählt sind – Freud genoss es sichtlich, sich im Bereich der Literatur wiederzufinden und nicht auf dem ernsten Terrain der Wissenschaft. Wider Willen gab Freud damit zu, dass er nie auf den Medizin-, sondern stets nur auf den Literaturnobelpreis hatte hoffen können.

Um sich nach den täglichen Sitzungen zu entspannen, las Freud regelmäßig Kriminalromane. Und tatsächlich ähneln seine großen Fälle (Dora, Hans, der Wolfsmann oder der Rattenmann) diesem psychologisch ambitionierten Genre, in dem die Protagonisten ein Rätsel lösen müssen. Ödipus war wachsam ... Die Leiche war im Schrank, und nun galt es, den Schuldigen zu finden. Anders gesagt, der Kommissar stößt auf Indizien (die Symptome) und muss nun den Schuldigen fassen, er muss eine Fellatio am Vater, Geschlechtsverkehr mit der Mutter oder der Eltern untereinander nachweisen.

Freuds Fallgeschichten lesen sich deshalb wie kleine Romane, weil es kleine Romane sind; genauer gesagt: Novellen. Wie die Historiker schon seit fünfzig Jahren zeigen, sammelte Freud Materialien aus verschiedenen klinischen Fällen und ließ sie in ein und derselben Figur zusammenfließen, aus der er einen Protagonisten oder Charakter im La Bruyèreschen Sinne formte. Dora ist *die* Hysterikerin, Hans *der* Phobiker, Schreber *der* Paranoide, der Wolfsmann *der* Neurotiker. Jeder steht für ein Porträt in der Galerie psychopathologischer Prototypen. Freud schuf eine fiktionale Nosologie, mit der die Disziplin begründet und ihre theoretische und praktische Wirksamkeit nachgewiesen werden sollte.

Wie ein italienischer Renaissancemaler, der verschiedene Zeiten und Welten in ein und demselben Bild versammelte und zu einem Ganzen zusammenfügte, veränderte auch Freud die zeitliche Reihenfolge bei seinen Untersuchungen, um seinen Thesen mehr Glaubwürdigkeit zu verleihen, die ja stets mit den eigenen Obsessionen in Zusammenhang standen. So tauchte das, was sich historisch betrachtet *zuvor* ereignet hatte und deshalb eine *Ursache* hätte sein müssen, erst *danach* in der Erzählung auf und wurde auf diese Weise zur *Wirkung*. Auch hier bediente sich Freud der magischen Kausalität, was natürlich der Erzählung zugute kam, aber dem wissenschaftlichen Vorgehen diametral entgegengesetzt war, welches er doch stets beanspruchte (obwohl er sich zugleich freute, dessen Regeln zu brechen)! Die literarische Wahrheit speiste sich gerade aus dieser Zerstörung der historischen Wahrheit und dem unbestreitbaren Erzähltalent des Psychoanalytikers.

Und doch war Freuds Material historisch, es ging um echte Menschen, authentisches Leid und schwere Krankheiten. Unter dem Deckmantel des Respekts gegenüber dem Patienten gab Freud seinen Fällen falsche Namen – doch vielleicht wollte er damit auch verhindern, dass die Patienten sich zu ihren Fallgeschichten äußerten und Widersprüche darin aufdeckten. Oder er wollte mit den fiktionalen Protagonisten Figuren schaffen, die sich zur Gründung, Legitimation und Fortschreibung der Psychoanalyse eigneten. Was die zwangsweise für diese Aufgabe rekrutierten Patienten darüber dachten, war ihm einerlei.

Die verletzten Seelen, aus denen kanonische Figuren der Psychoanalyse wurden, fühlten sich instrumentalisiert, denn hinter jedem angeblich erfolgreich behandelten Fall stand eine Lüge.

Freud hatte diese Patienten nicht erfolgreich behandelt, besser gesagt: Er hatte seine fiktiven Charaktere auf dem Papier geheilt, aber nicht die Menschen hinter dem Pseudonym.

Freud hatte Anna O. geheilt, nicht aber Bertha Pappenheim; Dora, aber nicht Ida Bauer, den Kleinen Hans, aber nicht Herbert Graf, den Rattenmann, aber nicht Ernst Lanzer, den Wolfsmann, aber nicht Sergej Pankejeff – er heilte nur auf dem Papier, wenn er still am Schreibtisch saß; er heilte für die Biographen, die in Wahrheit Hagiographen sind; er heilte für die Legende und die Enzyklopädien, die Nachschlagewerke und für seine Schüler, doch er heilte nicht die Körper, denen er ein weiteres Mal den Rücken kehrte. Freuds Heilungen sind rein noumenal, intellektuell und theoretisch, und die Wirklichkeit zeigt, dass all jene irren, die an Freuds magische Kräfte glauben. Deshalb lohnt sich die nähere Beschäftigung mit der Geschichte dieser papiernen Heilerfolge.

Ich habe mich bereits mit dem Fall Anna O. beschäftigt und gezeigt, inwiefern er die Urfiktion ist, aus der sich Freuds Heilige Schrift entfalten sollte, der die fünf genannten Untersuchungen als Evangelium hinzuzufügen sind. Diese Prototypen funktionieren wie eine Art Handbuch der analytischen Therapie. Im Vorwort zum ersten Fall – Dora – erwähnte Freud, es gefiele den Patienten womöglich nicht, wenn ihre Probleme öffentlich diskutiert würden, doch dies sei nicht von Bedeutung, denn es ginge um die Wissenschaft, die so Hilfe für künftige Patienten entwickeln könne. Auf diese Weise machte er aus seiner Verletzung der ärztlichen Schweigepflicht die heldenhafte, mutige Tat eines Einzelkämpfers im Dienste der Wissenschaft.

In *Bruchstück einer Hysterie-Analyse* bediente er sich dieser Argumentation, um die Offenlegung des Intimlebens von Ida Bauer alias Dora zu rechtfertigen: »Die öffentliche Meinung dessen, was man über die Verursachung und das Gefüge der Hysterie zu wissen glaubt, wird zur Pflicht, die Unterlassung zur schimpflichen

Feigheit, wenn man nur die direkte persönliche Schädigung des einen Kranken vermeiden kann.« (Bd. V, S. 164) Bei Freud wurde aus der Verletzung des ärztlichen Schweigegelübdes eine Pflicht und aus dessen Einhaltung ein feiges Verhalten.

Eine Fußnote in *Zur Geschichte der psychoanalytischen Bewegung* beschäftigt sich mit den Vorbehalten eines Patienten, der nicht wollte, dass seine Geschichte an die Öffentlichkeit gelangte: »[I]ch bediene mich seiner Mitteilung, ohne seine Zustimmung einzuholen, weil ich nicht zugeben kann [*sic*], daß eine psychoanalytische Technik den Schutz der Diskretion beanspruchen sollte.« (Bd. X, S. 110) Immerhin sagte Freud es ganz unverblümt: Die Indiskretion ist eine wissenschaftliche Tugend, die Diskretion eine Willensschwäche.

So wird verständlich, wie Freud diesen seltsamen Satz über Dora in *Zur Psychopathologie des Alltagslebens* schreiben konnte. Zunächst zählte er sie zu den »armen« Leuten, die »nicht einmal ihren Namen [...] beibehalten« könnten (Bd. IV, S. 269), und fuhr fort: »Als ich dann am nächsten Tag nach einem Namen für eine Person suchte, die ihren eigenen nicht beibehalten durfte, fiel mir kein anderer als ›Dora‹ ein.« (ebd.) So hieß eine Hausangestellte seiner Schwester. Auf diese Weise machte Freud seine Patienten metaphorisch zu Hausangestellten – eine Verwandlung, die für sich spricht.

Freud sorgte sich nicht um die Intimsphäre der Patienten, die ihre Therapie teuer bezahlt, ihm beispielsweise Details aus ihrem Sexualleben anvertraut hatten und natürlich davon ausgingen, dass ihre Geheimnisse nicht in die Öffentlichkeit getragen würden, wodurch auch ihre Eltern, Freunde oder Kinder davon erfahren würden. Doch derlei triviale und vulgäre Überlegungen kümmerten Freud nicht: Gegen die Psychoanalyse als Wissenschaft war jeder Widerstand zwecklos, ging es doch um das Wohl zukünftiger Patienten. Zum Wohl der Menschheit konnte man getrost ein paar Unschuldige opfern. Die Argumentation erinnert an die Ideologien des 20. Jahrhunderts.

Doch Freud war vorsichtig: Er veröffentlichte die Analysen zeitlich versetzt in anerkannten Fachblättern, anonymisierte die Patienten, die er zuvor angeblich geheilt hatte. »Ich kann es natürlich nicht verhindern, daß die Patientin selbst eine peinliche Empfindung verspüre, wenn ihr die eigene Krankengeschichte durch einen Zufall in die Hände gespielt wird. Sie erfährt aber nichts aus ihr, was sie nicht schon weiß, und mag sich die Frage vorlegen, wer anders daraus erfahren kann, daß es sich um ihre Person handelt.« (*Bruchstück einer Hysterie-Analyse,* Bd. V, S. 165) Der Binswanger gegenüber eingestandene Drang Freuds, seinen Patienten den Hals umzudrehen, konnte, wie man hier sieht, auch *sublimierte* Formen annehmen.

Kritische Historiker und autorisierte Biographen bestätigen gleichermaßen, dass Freud die Anonymität der Patienten in seinen Briefen, auf Kongressen oder bei Sitzungen der Wiener Psychoanalytischen Gesellschaft nicht respektierte. Er kolportierte die vertraulichen Geschichten seiner Schützlinge gerade so, wie er es für richtig hielt, und verschwieg auch Details aus dem Sexualleben nicht. Jones und Ferenczi berichtete er, was deren Geliebte ihm auf der Couch gestanden hatten. Unter dem Vorwand des wissenschaftlichen Fortschritts erzählten sich die Analytiker gegenseitig die Privatangelegenheiten ihrer Patienten. Wenn Freud einen Freund zum Feind machte, etwa weil dieser ihn nicht uneingeschränkt als Lehrer anerkannte, dann bediente er sich umstandslos der in der Analyse erfahrenen Geheimnisse. Mehr als ein in Ungnade gefallener Freund wurde so behandelt.

Beschäftigen wir uns genauer mit den fünf Fallstudien, die für Freuds Lehre konstitutiv sind. Im Jahr 1900 wurde Freud die achtzehnjährige Dora vorgestellt, und zwar gegen ihren Willen: Ihr Vater, der bei dem damals als Neurologe praktizierenden Freud wegen einer Syphilis in Behandlung war, zwang sie zu der Therapie. Der an Tuberkulose leidende Geschäftsmann hatte eine Affäre mit der Gattin seines Freundes, welcher wiederum der Tochter nachstellte. Bereits mit vierzehn Jahren hatte Dora die Annäherungsversuche des Freundes ihres Vaters abgewiesen.

Sie hatte ihn geohrfeigt, woraufhin dieser die Tatsachen verdrehte und behauptete, in Wahrheit habe das Mädchen ihm Avancen gemacht, was angesichts der freizügigen Literatur, die sie lese, kein Wunder sei. Der alte Lüstling erklärte das junge Mädchen, das sich ihm verweigerte, einfach zu einer sexbesessenen Frau, der er zum Opfer gefallen sei. Als Dora in Freuds Praxis vorgestellt wurde, litt sie an Husten, Stimmverlust, Depressionen und Reizbarkeit, wurde von Selbstmordgedanken und regelmäßigen Migräneattacken geplagt.

Hier hätte man weder Ödipus noch die Urhorde heranziehen oder das Mädchen auf die Couch legen und psychoanalytisch behandeln müssen. Es war absolut nachvollziehbar, dass die Vierzehnjährige den Vierundvierzigjährigen zurückwies – sie fand ihn schlicht abstoßend. Entsetzt musste sie daraufhin erleben, wie sich der Täter als Opfer gerierte und seine widerspenstige Beute zur Sexbesessenen erklärte. Es war deshalb aus Sicht eines normalen Menschen keineswegs anormal, dass Dora sich in ihrer Haut nicht wohl fühlte und körperliche Symptome zeigte.

Doch Freud sah das anders: Ein junges Mädchen, das die Avancen eines Mannes zurückwies, der ihr Vater hätte sein können, war – eine Hysterikerin! Und ihre Fallgeschichte wurde zum Inbegriff dieses Krankheitsbildes. Freuds Interpretation lautete: Der Mann habe sich ihr genähert, *folglich* hatte er eine Erektion, *folglich* hatte er sich an ihr gerieben, *folglich* hatte sie das Glied durch die Kleidung gespürt, *folglich* … war sie erregt. Es kam Freud überhaupt nicht in den Sinn, dass die Konsequenz hätte lauten können: *Folglich* ekelte sie sich.

Das eine erklärt das andere: Eine Jugendliche, die sich einem alten Mann verweigert, ist eine Hysterikerin! In Freuds sophistischer Dialektik galt das *Nein* des jungen Mädchens als *Ja*. Diese Umwertung der Werte kennen wir schon aus den Ausführungen in *Die Verneinung*. Der Theorie zufolge drückt Protest eine Begierde aus, und Verweigerung bedeutet eigentlich Zustimmung, sodass in diesem Fall aus der Zurückweisung der schmierigen Avancen eines doppelt so alten Mannes die Freude über dessen Lustbekundungen wurde.

In ähnlicher Art und Weise erklärte Freud, warum es Dora den Hals zuschnürte: Sie habe natürlich an eine Fellatio gedacht. Und spielte sie nicht während der Behandlung zwanghaft mit dem Verschluss ihres Portemonnaies? Damit verrate sie nicht nur ihr tiefes Unglücklichsein und ihre Angst, sondern offenbare auch ihr exzessives Masturbieren. Ihre Atembeschwerden hätten nichts mit ihrer Angst zu tun, sondern seien eine Wiederholung des Hechelns ihrer Eltern beim Geschlechtsakt, bei dem sie sie einmal überrascht habe.

Und weiter ging es in Freuds wissenschaftlichem Roman mit einem Traum: Dora hatte von einem Schmuckkästchen geträumt, das sie vor einem Brand retten wollte. Hier sah Freud Verdichtung, Verschiebung und Darstellung am Werk. Mit derlei Sophistereien wollte er beweisen, dass das junge Mädchen unbewusst mit dem Freund des Vaters schlafen wollte – also letztlich mit dem Vater selbst. Noch mithilfe der elementarsten, von Freud selbst gebrauchten Symbolik könnte man hier einwenden, dass die Rettung des (sexuellen) Schmuckkästchens vor dem (libidinösen) Brand eines fast Fünfzigjährigen wohl eher bedeutet, dass Dora ihm entkommen als dass sie sich ihm hingeben wollte.

Glaubt man Freud, so fand Dora nach der Therapie ihren Frieden. Sie heiratete, löste sich von ihrem Vater und führte ein ganz normales Leben. So behauptete Freud es wenigstens im letzten Satz dieser umfangreichen Fallstudie. Doch nichts davon traf zu. Eineinhalb Jahre nach Freuds beschämender Diagnose, die den Lüstling freisprach und sie selbst zur Schuldigen machte, kehrte Dora mit einem Nervenleiden des Gesichts zu Freud zurück, das dieser als späte Reue über die Ohrfeige interpretierte, die sie dem alten Lustmolch gegeben hatte! Die Reue deutete Freud als nachträglichen Beweis, dass sie tatsächlich mit dem Freund des Vaters hatte schlafen wollen. So hatte er Dora zurecht als Hysterikerin kategorisiert, obwohl diese natürlich alles abstritt.

Er fügte hinzu, er sei damals gerade zum Professor ernannt worden, und diese über die Presse verbreitete Tatsache könne Dora nicht entgangen sein. Indem sie mit ihrem Nervenleiden in seine Praxis kam, habe sie ihre Aggressionen gegen den Freund des Vaters auf ihn, auf Freud selbst, übertragen! Niemand schien zu merken, dass der kaum kaschierte und in der Presse veröffentlichte Fall Dora sich wie ein Rachefeldzug Freuds liest, der gekränkt darüber war, dass die junge Frau seinen mindestens zweifelhaften Deutungen widersprochen und die Kur am 31. Dezember 1900 selbst beendet hatte. Zwei Redaktionen lehnten die Veröffentlichung der Fallstudie ab, weil sie die ärztliche Schweigepflicht verletze. Die Geschichte erschien schließlich in leicht veränderter Form, aber so, dass die Identität der Patientin immer noch erkennbar war.

Jahre später hatte Dora ein Gallenleiden, hinkte und hatte Schwindelanfälle. Hinzu kamen Verdauungsbeschwerden, die sie lange vernachlässigt hatte und die sich schließlich als ein zu spät erkannter Darmkrebs herausstellten. Sie starb 1945. Als Freud ihre Geschichte für die Veröffentlichung niederschrieb, freute er sich in einem Brief an Fließ vom 25. Januar 1901: »Es ist immerhin das Subtilste, was ich bis jetzt geschrieben, und wird noch abschreckender als gewöhnlich wirken.« (*Briefe an Wilhelm Fließ*, S. 476) Und so war es tatsächlich.

Die zweite berühmte Fallstudie betraf den Kleinen Hans. Der Sohn eines Musikwissenschaftlers und einer Schauspielerin wurde nach Freuds Prinzipien erzogen, und Freud zählte die Eltern in *Analyse der Phobie eines fünfjährigen Knaben* zu seinen »nächsten Anhängern« (Bd. VII, S. 244). Der Sohn erlebte also keine Frustrationen, die Traumata hätten auslösen können, keine unterdrückte Sexualität, keine Kastrationsdrohungen, keine Schuldzuschreibungen gegenüber dem sexuellen Körper und lief so auch nicht Gefahr, eine Neurose zu entwickeln. Der Vater war begeisterter Anhänger der Psychoanalyse und nahm regelmäßig an den Mittwochssitzungen teil. Er notierte die Träume seines Sohnes, achtete auf alles, was dieser sagte, und füllte viele Hefte mit Beobachtungen über ihn.

Obwohl die Eltern aufgeklärt waren, benutzten sie gewisse Umschreibungen. So entdeckte die Mutter, dass ihr Sohn onanierte, und drohte ihm, der Doktor werde kommen und ihm seinen »Wiwimacher« (ebd., S. 245) abschneiden. Als die Schwester geboren wurde, erklärten die Eltern, der Storch habe sie gebracht. Die Anwendung der freudschen Lehre innerhalb der Familie hatte also Grenzen, womit die Hagiographen erklären, dass selbst ein nach Freuds Prinzipien erzogener Fünfjähriger eine Neurose ausbilden konnte.

Der Kleine Hans entwickelte die Phobie, von einem Pferd gebissen zu werden. Er hatte auch Angst vor den Stürzen der Pferde, wie sie sich auf den gepflasterten Wiener Straßen häufiger ereigneten. Man stelle sich aus der Perspektive eines kleinen Kindes vor, wie ein Pferdewagen mit Karacho über die Pflastersteine rutscht. So mied der Junge alle Orte, an denen Pferde zu vermuten waren. Im Zoo zeigte er sich von den großen Geschlechtsteilen der Elefanten und Giraffen fasziniert. Um erst gar keinen Vergleich zwischen den Tieren und dem Vater aufkommen zu lassen, erklärten die Eltern ihm, die Größe des Penis stünde im Verhältnis zur Körpergröße der Tiere.

Freud diagnostizierte, der Schnurrbart von Hans' Vater sei dem Maulkorb eines Pferdes vergleichbar. Denn sein magisches Denken besagte ja, dass ein Ding nie das war, was es zu sein schien, sondern immer etwas anderes. So war das Pferd eben kein Pferd, sondern … der Vater! Der Beweis war der Schnurrbart, der eben keiner war, sondern … ein Pferdemaulkorb.

Aufgrund des Ödipuskomplexes wolle der Kleine Hans sich mit seiner Mutter – die Freud sehr hübsch fand – sexuell vereinigen, was wegen des Vaters aber nicht möglich sei. In diesem Zusammenhang sei auch die Kastrationsdrohung zu sehen. Die Angst vor dem Pferdebiss sei also die Angst vor der Kastration. Und auch die Sorge, ein Pferd könne stürzen, passe zu dieser Analyse.

Jahre später bestritt der mittlerweile erwachsene Hans Freuds Interpretation. Zu diesem Zeitpunkt waren seine Eltern geschieden und er selbst Operndirektor und Regisseur. Er erklärte, die wahre Geschichte habe nichts mit Freuds sexuellen Fantasien zu tun: Am 7. Januar 1908 sei bei einem Spaziergang ein Pferd unmittelbar zu seinen Füßen gestürzt, eine für ihn traumatische Szene.

Eine Tonne Muskelmasse stürzte auf das Pflaster, das Pferdegeschirr rasselte, die Hufe schlugen auf die Steine, das Tier versuchte sich wieder hochzukämpfen; möglicherweise waren auch Räder gebrochen und Transportgut hinuntergefallen. Man kann sich durchaus vorstellen, dass ein solcher Unfall für ein gerade einen Meter großes Kind sehr beängstigend ist und Angst vor Pferden auslösen kann, und muss die Kastrationsangst gar nicht bemühen. Selbstverständlich hatte das Kind ein paar Monate später keine Angst mehr, doch Freud interpretierte diese natürliche psychische Weiterentwicklung als therapeutischen Erfolg.

Im Frühling 1922 war Herbert Graf alias der Kleine Hans neunzehn Jahre alt und erzählte Freud bei einem Besuch, er erinnere sich an nichts. Freuds Logik lautete: Erinnerte man sich an eine Sache nicht, so war sie wahr, denn aufgrund des Mechanismus der Verdrängung ist die nicht erinnerte Sache umso zutreffender. Hans/Herbert wusste nicht mehr, was die Analyse ergeben hatte? Das war der Beweis für ihre Richtigkeit. Den Unfall mit dem Pferd in Wien, der sich tatsächlich ereignet hatte, kommentierte Freud gar nicht erst, denn die Wirklichkeit war für ihn immer nur eine Fiktion und seine Fiktionen die Wirklichkeit.

Nach einem Fall von *Hysterie* und einem von *Phobie* beschäftigte sich die dritte kanonische Fallstudie mit der *Zwangsneuro-*

se des Rattenmannes. Am Anfang von *Bemerkungen über einen Fall von Zwangsneurose* betont Freud, nicht die ganze Wahrheit sagen zu können, und zwar wegen der »indiskrete[n] Neugierde« (Bd. VII, S. 382) der Wiener. Sollten seine Aussagen also nicht immer wahrheitsgemäß sein, so liege das nur an der Redlichkeit des Verfassers, der die Anonymität seines Patienten schützen wolle! Freuds Verdrehungen der Wirklichkeit entsprangen also einer ethischen Sorge.

Und Freud fuhr fort: Könne er das Geheimnis der Zwangsneurose nicht vollständig lüften, so liege das nicht an seiner mangelnden Intelligenz, sondern am Widerstand des Patienten! Am Ende der Fallanalyse kam er jedoch wie immer zu dem Schluss, den Rattenmann erfolgreich behandelt und geheilt zu haben. Obwohl die Details der Theorie ihm nicht ganz klar waren und er nicht genau wusste, was er behandelte, wollte er also vollständige therapeutische Ergebnisse erzielt haben.

Doch die von Freud vernichteten Notizen beweisen, dass die Analyse nicht »etwa ein Jahr« (ebd., S. 381), sondern *drei Monate und zwanzig Tage* dauerte. Schon die Analyse des Kleinen Hans basierte auf von dessen Vater erstellten Aufzeichnungen, und Freud hatte den Jungen nur kurz im März 1908 getroffen. Dora hatte er nur *elf Wochen* lang behandelt, zwischen Oktober und dem 31. Dezember 1900. Und nun hatte also auch der Rattenmann weniger Zeit auf der Couch verbracht, als Freud behauptete. Es gab nur sieben Sitzungen! Vom Senatspräsidenten Schreber ganz zu schweigen, den Freud *nie* persönlich traf und nur auf dem Papier analysierte.

Am 26. und 27. April 1908 sollte Freud einen Vortrag auf dem 1. Internationalen Kongress der Psychoanalytiker in Salzburg halten. Doch am 19. April hatte er immer noch nichts Konkretes vorbereitet, wie ein Brief an Jung vom selben Tag bezeugt: »So wird es wahrscheinlich ein Gemenge von einzelnen Beobachtungen und allgemeinen Mitteilungen im Anschluß an einen Fall von Zwangsneurose werden.« (Freud/Jung, *Briefwechsel,* S. 156) Ungefähr vierzig Kollegen aus sechs Ländern warteten mit Spannung auf den Beitrag des Gründervaters, und der beschloss eine Woche vorher, den Fall des Rattenmanns vorzustellen. Die Legende besagt, Freud hätte seine Zuhörer fünf Stunden lang in Atem gehalten.

Der Rattenmann alias Ernst Lanzer war ein brillanter Jurist von neunundzwanzig Jahren. Er war intelligent, kultiviert und brachte Freud übrigens die berühmte Wendung aus *Jenseits von Gut und Böse* über den Rückzug der Erinnerung durch den Stolz nahe. Freud benutzte dieses Nietzsche-Zitat mehrfach. Lanzer schilderte seine Symptome: Er wollte sich und anderen Leid zufügen, hatte plötzliche Mordgelüste oder wollte sich die Kehle mit einem Rasiermesser durchschneiden, doch er hatte auch Angst, den Vater oder die Geliebte zu verlieren. Es folgte eine unglaubliche Aneinanderreihung äußerst wirrer Geschichten. Dann erzählte er, als Kind habe ihn sein Vater auf den Hintern geschlagen, möglicherweise als Strafe für eine sexuell konnotierte Missetat.

Lanzer erzählte, er habe sein erstes sexuelles Erlebnis mit einer Dame mit dem Namen Robert gehabt. Doch Robert ist ein männlicher Name. Außerdem berichtete er, von einer Foltermethode in einer Kaserne gehört zu haben. Dabei befestigte der Folterer einen Topf mit Ratten am Hinterteil des Opfers, sodass die Tiere in dessen Rektum eindringen konnten.

Auf diesem Detail errichtete Freud seine Theorie: Die Ratte war keine Ratte, sondern etwas anderes. Wir müssen gar nicht lange überlegen: Ratte gleich Penis. Über etliche – natürlich performative – symbolische Umwege erklärte Freud die Ratte schließlich zum Analogon des Vaters. Die Foltergeschichte offenbarte damit die Fantasie dessen, der sie erzählte. Freuds Schlussfolgerung lautete, der Rattenmann wolle Analverkehr mit dem eigenen Vater.

Einige Wochen nach dem Ende der Behandlung, die Freud als »die völlige Herstellung der Persönlichkeit und die Aufhebung ihrer Hemmungen« (Freud/Jung, *Briefwechsel*, S. 381) bezeichnete, schrieb er an C.G. Jung, der Rattenmann habe seine Probleme keineswegs besiegt. Doch der Kongress war vorbei, die Heilung war verkündet, und alles Übrige kümmerte ihn nicht, denn schließlich diente alles doch dem Fortschritt der Wissenschaft, Freuds wichtigstem Anliegen. Der Rattenmann starb Anfang des Ersten Weltkriegs. Durch Freud wurde er unsterblich. Der musste nicht mehr fürchten, dass ein Wesen aus Fleisch und Blut seine Thesen anfechten würde.

Bei dem vierten berühmten Fall handelte es sich um den Senatspräsidenten Schreber (1842–1911). Dieser Fall zeigt besonders deutlich, dass Freud sich bei seinen Patienten weder um den Körper noch um ihre konkrete Situation kümmerte, denn er traf Schreber nie persönlich. Die Analyse basierte ausschließlich auf der Lektüre von dessen Text *Denkwürdigkeiten eines Nervenkranken,* der 1903 erschienen war. Ein besseres Beispiel für Freuds These, der Patient selbst sei nicht so wichtig, weil nur die Wissenschaft zähle, lässt sich kaum finden. Was interessierte Freud der Mann und dessen geistige Gesundheit? Ihm ging es darum, den Katalog der Geisteskrankheiten um das Beispiel der Paranoia zu erweitern.

Schreber war Senatspräsident, ein renommierter Jurist, der nach einer Wahlniederlage dem Wahnsinn verfallen war. Er verbrachte mehrere Wochen in einer psychiatrischen Klinik und nahm seine Tätigkeit zunächst wieder auf, erlitt dann jedoch einen Rückfall und wurde neun Jahre lang in der geschlossenen Psychiatrie eingesperrt. Danach brachte er *Denkwürdigkeiten eines Nervenkranken* heraus, in dem er eine seltsame Theorie über das Universum aufstellte. Er habe den Auftrag bekommen, sein Geschlecht zu wechseln, und könne der Welt damit ihr verlorenes Glück zurückgeben.

1911 veröffentlichte Freud seine Studie über den Senatspräsidenten unter dem Titel *Psychoanalytische Bemerkungen über einen autobiographisch beschriebenen Fall von Paranoia,* im gleichen Jahr, in dem der Patient unfreiwillig starb. Gleich zu Beginn schrieb Freud: »Es ist möglich, daß Dr. Schreber heute noch lebt und sich von seinem 1903 vertretenen Wahnsystem so weit zurückgezogen hat, daß er diese Bemerkungen über sein Buch peinlich empfindet.« (Bd. VIII, S. 241) Letztlich war Freud das natürlich gleichgültig.

Als Freud diese Zeilen schrieb, war Schreber gerade verstorben. Er starb im April 1911, und Freuds Text erschien im Sommer 1911, ohne dass dieser um die Meinung der Hauptperson nachgesucht hätte. Auf dem Internationalen psychoanalytischen Kongress in Weimar wurde der Text am 22. September desselben Jahres vorgetragen. Als Rechtfertigung zitierte Freud aus Schrebers Buch, in dem es hieß, die *Memoiren* sollten veröffentlicht werden, obwohl sie Informationen über bestimmte identifizierbare Personen enthielten, und zwar im Interesse der Wissenschaft – in anderen Worten, im Interesse der eigenen Wahnvorstellungen. Doch Freud stützte sich auf die Argumentation eines Geisteskranken, um das eigene unsensible Handeln zu legitimieren. Wenn ein eingesperrter Verrückter keine Skrupel hat, weshalb sollte er selbst welche haben?

Der Senatspräsident litt an Angstzuständen, hatte Furcht vor Folter und wurde von Halluzinationen geplagt. Freud konzentrierte sich auf den Text des Paranoikers, weil ihn die Paranoia in höchstem Maße interessierte. Während er sich mit dem Thema beschäftigte, gab es Differenzen mit Adler und später auch mit Jung. Dass Freud sich gerade in dem Moment mit der Paranoia beschäftigte, als er fürchtete, einige seiner Schüler hätten etwas gegen ihn und folgten seiner Lehre nicht treu genug, entbehrt nicht einer gewissen Ironie.

Wir verstehen nun, weshalb Freud Schreber ausschließlich auf Basis der *Memoiren* als Paradebeispiel für den homosexuellen Paranoiker hinstellen wollte. Das Buch des Anstaltsinsassen erschien ihm als die Suche eines Sohnes nach der Liebe des Vaters. Es folgten die üblichen Betrachtungen über die Sonne als Symbol für den Vater, den Zusammenhang von Onanie und Kastrationsangst, die Ambivalenz gegenüber dem Vater. Das verdrängte

Verbot einer inzestuösen Beziehung zum Vater führte laut Freud zu der Krankheit, die Schreber letztlich in die Irrenanstalt brachte. *Quod erad demonstrandum!*

Eine Untersuchung, die sich weniger auf die literarischen Ergüsse eines Paranoiakranken und mehr auf dessen Lebensgeschichte konzentriert hätte, wäre möglicherweise in der Lage gewesen, eine Verbindung zwischen Schrebers seltsamen Fantasiemaschinen und den echten Maschinen seines Vaters herzustellen. Denn Schrebers Vater hatte sich als Orthopäde und Begründer der Heilgymnastik einen Platz in den Geschichtsbüchern erobert, besonders als Autor des zeitgenössischen Bestsellers *Die ärztliche Zimmergymnastik*. Schreber baute orthopädische Geräte, vor allem korsettartige Konstruktionen, mit denen der Körper gerade gehalten werden sollte. Diese Apparate waren zum Teil aus Stahl und schnitten den zurechtgerückten Probanden ins Fleisch. Der Vater erprobte die Gerätschaften an den eigenen Kindern. Man kann sich leicht vorstellen, dass ein in der Kindheit derart traumatisierter Mensch als Erwachsener Symptome wie jene des Senatspräsidenten Schreber entwickeln konnte. Dazu muss man kein verdrängtes homosexuelles Begehren für den eigenen Vater bemühen! Freuds papiernes Schema sparte die Lebenswirklichkeit eines leidenden Menschen gänzlich aus. Doch es ging ihm ja um den wissenschaftlichen Fortschritt seiner Disziplin.

Der fünfte und vielleicht berühmteste Fall Freuds in dieser Reihe ist der Wolfsmann. Sergej Pankejeff kam 1910 mit dreiundzwanzig Jahren in Freuds Praxis. Der junge russische Aristokrat führte ein Luxusleben mit vielen Hausangestellten. Er hatte schon einige renommierte Analytiker konsultiert, denn er litt an Phobien vor Tieren, Zwangsvorstellungen, Angstattacken und hatte zweifelhafte erotische Vorlieben. Seine Schwester habe ihn mit drei Jahren in die Sexualität eingeführt. Er habe vor ihren Augen masturbiert und das Kindermädchen habe gedroht, ihm den Penis abzuschneiden. Voller Angst sei er in die sadistisch-anale Phase zurückgeflüchtet. So sei es auch zu Episoden gekommen, bei denen er Schmetterlingen die Flügel ausrupfte oder Schläge von seinem Vater haben wollte. Alle Frauen, in die er sich verliebte, seien von niedriger sozialer Stellung. Sehe er eine von ihnen auf allen Vieren das Haus säubern, errege ihn das sofort.

Auf Freuds Couch berichtete er von einem neunzehn Jahre zurückliegenden Traum, in dem er vier Jahre alt war und im Bett lag, als das Fenster sich öffnete und er im Geäst des Baumes vor seinem Fenster sechs oder sieben (*Aus der Geschichte einer infantilen Neurose,* Bd. XII, S. 54) weiße Wölfe sitzen sah, die Füchsen oder Schäferhunden ähnelten. Es war Winter, das Kind hatte Angst, gefressen zu werden, und erwachte schreiend. Der Wolfsmann war Hobbymaler und zeichnete, was er in diesem Traum gesehen hatte. Auf der Zeichnung sieht man allerdings nur fünf Wölfe, was amüsant ist, wenn man weiß, welche Bedeutung Freud den Zahlen in Pankejeffs Traum zuschrieb.

Die Analyse dauerte vier Jahre, von Februar 1910 bis Juli 1914. Gegenüber der Journalistin Karin Obholzer sagte Pankejeff, er sei täglich außer sonntags zu je einstündigen Sitzungen in die Berggasse 19 gegangen. Rechnet man die damaligen Dollar in heutige Euro um, kostete die gesamte Psychoanalyse den Wolfsmann etwa 500 000 Euro.

Freud lebte in einem gehobenen Stadtviertel in einer Wohnung mit siebzehn Zimmern. Er hatte drei Hausangestellte, von denen eine, Paula Fichtl, auch im Haus schlief, und zwar auf einer Klappbank im Flur. »Professor Freud«, wie auf dem Schild an der Tür zu lesen war, hatte sechs Kinder. Zusammen mit Tante Minna musste er jeden Tag zwölf Personen ernähren. 1974 sagte Pankejeff: »Na ja, der Nachteil der Psychoanalyse ist sicherlich, dass sie nur für reiche Leute in Frage kommt. So eine Behandlung kann sich ja kaum jemand leisten« (Obholzer, *Gespräche mit dem Wolfsmann,* S. 49 f). Das hatte Freud 1905 in *Über Psychotherapie* prinzipiell bestätigt (Bd. V, S. 19).

Doch was war das Ergebnis dieser berühmten Analyse? Gemäß seiner Traumtheorie und der Logik von Verdichtung, Verschiebung und Darstellung nahm Freud mit den Gegenständen eine Reihe von Gleichsetzungen vor. Die Analyse umfasst ungefähr hundert Seiten und wimmelt von seltsamen Äquivalenzbeziehungen. Der Wolf ist ein Schaf, weil er weiß ist; die Bewegungslosigkeit der Wölfe entspricht der Bewegung der Eltern; Aktivität ist Passivität; angesehen werden bedeutet ansehen; der Baum ist ein Weihnachtsbaum; die Wölfe sind Geschenke; die weißen Wölfe sind die weiße Unterwäsche der Eltern; der Wolf steht für einen Lateinlehrer namens Wolf; die dichten Ruten der Wölfe bedeuten das Fehlen von Schwänzen; das offene Fenster entspricht einer sexuellen Erwartung; die winterliche Szenerie ist eine sommerliche; weiß steht für den Tod; die in Stücke geschnittenen Raupen entsprechen zerstückelten Kindern; ein Vater, der seiner Tochter Geld gibt, ist jemand, der mit seiner Tochter symbolisch ein Kind zeugt; fünf Wölfe deuten auf fünf Uhr früh hin; der Flügelschlag eines Schmetterlings entspricht den Beinbewegungen einer Frau während des Sexualakts; die Flügelspitzen sind Symbole der Genitalien; der Flügel des Schmetterlings hat die Form einer Birne und deutet somit auf den Namen des Hausmädchens hin; auf die Dielen urinieren heißt einen Verführungsversuch unternehmen; die Angst vor Schmetterlingen ist Kastrationsangst; Durchfall symbolisiert Kastration; die Angst, von Wölfen gefressen zu werden, ist die Angst »vom Vater koitiert zu werden« (*Aus der Geschichte einer infantilen Neurose*, Bd. XII, S. 141).

Nach diesen eigenwilligen Gleichsetzungen erläuterte Freud den Traum: Als Pankejeff anderthalb Jahre alt war (ebd., S. 63), habe er im Sommer um fünf Uhr nachmittags im Zimmer der Eltern geschlafen. »Als er erwachte, wurde er Zeuge eines dreimal wiederholten coitus a tergo, konnte das Genitale der Mutter wie das Glied des Vaters sehen und verstand den Vorgang wie dessen Bedeutung.« (ebd., S. 64) Freud unterstellte also, dass ein Kind mit anderthalb Jahren bis drei zählen, den sexuellen Akt verstehen und sich über zwanzig Jahre später daran erinnern kann. Das wird jeden Verfechter der Vernunft erstaunen. Doch Freud wollte die Deutung genauer erklären und hoffte einstweilen auf den »vorläufigen Glauben an die Realität dieser Szene« (ebd., S. 65) seitens der geneigten Leserschaft!

Der Beweis allerdings war recht weit hergeholt. Sergej Pankejeff hatte das angebliche Erlebnis mit anderthalb Jahren gehabt. »Die Szenen von Beobachtung des elterlichen Sexualverkehrs, von Verführung in der Kindheit und von Kastrationsandrohung sind unzweifelhafter, ererbter Besitz, phylogenetische Erbschaft, aber sie können ebensowohl Erwerb persönlichen Erlebens sein.« (ebd., S. 131) Die Sache ist also ganz einfach: Ob Pankejeff seine Eltern nun beobachtet hat oder nicht, spielt keine Rolle, denn gesehen hat er sie so oder so: Im ersten Fall hat sein *ontogenetisches Auge* die konkrete Szene wahrgenommen, im zweiten Fall das *phylogenetische Auge* seines Unbewussten. Er hat die Szene also auf jeden Fall gesehen.

Wie kann man eine derartige Erkrankung – ich spreche von der des Patienten – behandeln? Freuds Antwort: »Nur wenn er sich dem Weib substituieren, die Mutter ersetzen darf, um sich vom Vater befriedigen zu lassen und ihm ein Kind zu gebären, dann ist seine Krankheit von ihm gewichen.« (ebd., S 134) Diese Bedingungen waren verständlicherweise nur schwer zu vereinen und die Aussichten des Patienten auf Heilung schienen begrenzt, zumindest wenn man Freud glaubt. Und so wurde der Wolfsmann tatsächlich nie geheilt.

Und doch spricht Freud am Ende der Analyse von einer gesundheitlichen »Herstellung« (ebd., S. 157). Was hatte es damit auf sich? Lassen wir Pankejeff selbst zu Wort kommen. Über Freuds Interpretation seines Traums sagte er, sie sei »doch irgendwie an den Haaren herbeigezogen« (Obholzer, *Gespräche mit dem Wolfsmann*, S. 51). Er habe nämlich nie im Zimmer der Eltern, sondern immer im Zimmer des Hausmädchens geschlafen. Sein Leben lang hatte er Depressionen, rauchte noch mit siebenundachtzig Jahren dreißig Zigaretten täglich und kam zu dem Schluss: »Ich habe da ein gewisses Darmleiden, das ich – leider! – durch die Psychoanalyse bekommen habe.« (ebd., S. 65) Von ihm erfahren wir auch, dass Freud, der jede medizinische Behandlung ablehnte und nur an die Psychoanalyse glaubte, dennoch Medikamente verschrieb (ebd.). Über seine wiederkehrenden Krisen sagte Pankejeff: »Wenn ich geheilt gewesen wäre, hätte so was nicht kommen dürfen.« (ebd., S. 72). An Freuds Versprechen auf Heilung glaubte er nicht mehr: »[I]ch habe schon so viele Analysen gemacht. [...] Ich hab gar keine Lust mehr.« (ebd, S. 119) Er bekannte, mit siebenundachtzig Jahren immer noch in Behandlung zu sein. Der von Freud *geheilte* Pankejeff konsultierte bis zu seinem Tod 1979 noch zehn weitere Psychoanalytiker und gab zu, es sei ihm nach den Analysen schlechter gegangen als zuvor.

Nach Freuds Überzeugung zählte die Heilung nichts im Vergleich zum Fortschritt der Theorie. Doch führte diese Fallgeschichte wirklich zu einer theoretischen Weiterentwicklung? Der Konquistador hatte seinen Weg gemacht, doch hatte er tatsächlich Neuland erobert und sich auf einer Stufe mit Kopernikus und Darwin platzieren können? Zweifel sind angebracht. Heute wissen wir, dass Freud nur auf dem Papier Heilerfolge erzielte. Er steht damit in der Tradition der Schamanen, Zauberer, Hexer, Magnetiseure, Wünschelrutengänger und anderer postmoderner Fakire. Zu einem bestimmten Zeitpunkt in der Geschichte beschloss einer von ihnen, sich Psychoanalytiker zu nennen.

V.
Freud ist nicht der Erfinder der Psychoanalyse

»Lassen Sie mich also fürs erste daran mahnen,
daß die Psychotherapie kein modernes Heilverfahren
ist. Im Gegenteil, sie ist die älteste Therapie,
deren sich die Medizin bedient hat.«

Sigmund Freud, *Über Psychotherapie* (Bd. V, S. 14)

Freud ist nicht der Erfinder der Psychoanalyse: Er erfand weder den Begriff – obwohl das überall behauptet wird – noch die Sache selbst, die es schon seit der Antike gibt und die Freud in neuem Gewand überlebte. Beginnen wir mit der Sache. Ich hänge der Vorstellung an, die prähistorische Medizin bestand in einem Schamanismus, der mit Formeln, Gesten oder Gesängen die Geisterwelt beschwor, wenn Heilung gewünscht war. Wir können davon ausgehen, dass auch Tränke, Salben oder Aufgüsse bei der Behandlung von Krankheiten zum Einsatz kamen und dass all das sicherlich angenehm für die Kranken war.

Die Zauberei der von Freud für ihr medizinisches Wissen sehr geschätzten Ägypter arbeitete mit Suggestionen, Mythologie, Aufzählungen, esoterischen Formeln, Heilmitteln, Amuletten, Riten und einem Arsenal an heilenden Wörtern, unterstützt von bestimmten Substanzen mit konkreter pharmakologischer Wirkung. Diese vorwissenschaftliche ägyptische Medizin war in vielen Fällen erfolgreich, vom Alten Reich bis in die Zeit der Kopten. Archäologische Funde wie zum Beispiel in Stein gemeißelte Dankesbezeugungen belegen ihre Wirksamkeit.

Es ist bekannt, dass die *griechische Medizin* während des Hellenismus in besonderer Beziehung zum Theater im Allgemeinen und zur Tragödie im Besonderen stand. Erkrankungen der Seele wurden damals im Theater behandelt, wo die bezahlten Therapeuten mit Suggestionen, ritualisierten Inszenierungen, Gesängen, Tänzen auf Tierhäuten, Waschungen, Worten, Beschwörungen, der Anrufung magischer Kräfte, dem Verbringen der Nächte im Heiligtum und Handauflegen arbeiteten und – natürlich – heilten, wovon bei Ausgrabungen gefundene Votivbilder zeugen. Doch von Diogenes ist der perfide Ausspruch überliefert, es gäbe viel mehr dieser Votivbilder, wenn die Patienten sie anlässlich gescheiterter Behandlungen gestiftet hätten.

Die Geschichtsschreibung – und allen voran Freud – verschwieg tunlichst Antiphon von Athen, der allem Anschein nach der Erfinder der Psychoanalyse in ihrer heutigen Bedeutung war! Über die Person selbst wissen wir fast nichts, außer dass er von der herrschenden Historiographie in die überaus praktische Schublade der Sophisten eingeordnet wird und dass er seine Ratschläge als Analytiker im 5. Jahrhundert vor Christus auf der Agora von Korinth erteilte. Er lehrte, dass die Seele den Körper regiere, ohne jedoch zu behaupten, dass beide Instanzen voll und ganz voneinander getrennt seien; er verdiente sein Geld mit der Deutung von Träumen mithilfe der ihnen innewohnenden Zusammenhänge in Bezug auf aktuelle Situationen und verfasste ein nicht erhaltenes Buch mit dem Titel *Die Kunst, kummerfrei zu leben.*

Durch den Pseudo-Plutarch ist überliefert, dass Antiphon auch eine Form von *Logotherapie* entwickelte. Demnach hatte er in der Nähe der Agora eine Art Praxis, in der er seelische Beschwerden durch Gespräche behandelte, nach den Ursachen des Leids fragte und die Kranken tröstete. Der gleiche Autor berichtet, dass Antiphon seine Theorien auch auf Konferenzen vortrug. Gorgias, ein anderer Sophist, lehrte, dass man mit Worten behandeln und heilen könne – und genauso streng und einfach definiert Freud seine Disziplin in *Die Frage der Laienanalyse* (Bd. XIV, S. 213 f).

Auch das Christentum dachte so. Die *christliche Medizin* der Austreibung ging von denselben Annahmen aus, nämlich dass man das Böse durch heilende Worte, vorgeschriebene Gesten, therapeutische Rituale und bestimmte Zeremonien austreiben könne, die ein im Exorzismus bewanderter Priester nach genauen Vorgaben durchführte. Noch heute hat jedes Bistum einen derart ausgebildeten Priester.

Die sogenannte traditionelle Medizin reicht von den Anfängen der Menschheit bis ins postindustrielle 21. Jahrhundert. Sie zeugt von dem seit jeher weitverbreiteten Glauben an Therapeuten, Zauberer, Hypnotiseure oder Hexer. Das magische Denken nimmt stets die Form – und nur die Form – der zeitgenössischen Wissenschaft an und gründet doch immer im Irrationalen, das sich wünscht, der Schamane möge die Übel einer Kraft hinwegnehmen, welche die Grenzen der Wissenschaft sprengt.

Eine dieser parawissenschaftlichen Erscheinungsformen war die Hypnose, genau wie der Mesmerismus oder Breuers – und später Freuds – Couch. Ist es nicht erstaunlich, dass die Psychoanalyse aus eben diesem magischen Denken des 19. Jahrhunderts hervorging, in dem auch die von Samuel Hahnemann erfundene Pseudowissenschaft namens Homöopathie populär wurde? Obwohl oder gerade weil die homöopathischen Medikamente nicht einmal Spuren chemischer Substanzen enthielten, behauptete die Homöopathie, diese vielfach verdünnten Flüssigkeiten könnten heilen. Wir haben es wieder einmal mit dem Placeboeffekt zu tun.

Ich mag die Gemälde von Hieronymus Bosch, die sich jeder Analyse verweigern. Sie zeigen seltsame Paradiese und mysteriöse Höllen, die wahrscheinlich mit einer obskuren, bis heute unbekannten millennaristischen Sekte in Zusammenhang stehen. Aus diesem Grund entzeiht sich der Großteil dieser Bilder bis heute einer Interpretation. Aber zwei von Boschs meisterlichen Ölgemälden vom Ende des 15. und Anfang des 16. Jahrhunderts bringen schon damals die Psychoanalyse zum Ausdruck, wie sie sich später zeigen sollte: *Das Steinschneiden* (um 1494) und *Der Gaukler* (um 1502).

Das Thema des ersten Bildes ist nicht besonders originell – man findet es in einigen zeitgenössischen Werken – und geht auf den damaligen Glauben zurück, das Verrücktsein werde durch einen Fremdkörper im Gehirn ausgelöst, den man nur entfernen müsse, um wieder gesund zu werden. Boschs Gemälde zeigt einen Mann mit allen Attributen eines Chirurgen, der über den Schädel des Patienten gebeugt ist und sich anschickt, den Stein – als der der Fremdkörper zumeist gesehen wurde – herauszuschneiden. Zeugen sind ein Mönch und eine Nonne, die ein Buch auf dem Kopf trägt! Man kann erahnen, dass der Chirurg, ausgestattet mit einem Narrentrichter auf dem Kopf, einen Stein aus der Tasche ziehen und ihn dem armen Patienten zeigen wird. Der Dummkopf wird sich durch die blutige Kompresse, die Operation und den Anblick des Steins geheilt fühlen – und den Scharlatan selbstverständlich bezahlen. Bosch malte hier nichts anderes als den Placeboeffekt.

Wahrscheinlich ist es der gleiche Stein, den wir auf dem zweiten Bild zwischen Daumen und Zeigefinger des Gauklers sehen, der dem Publikum ein dem Hütchenspiel vergleichbares Glücksspiel präsentiert. Die Becher auf dem Tisch bezeugen, dass er den Stein durch geschickte Handgriffe und begleitet von hypnotischem Gerede gleich verschwinden und wieder auftauchen lassen wird, und zwar wann und wo er will. Zuvor hat er Geld von den Zuschauern eingesammelt, denn so verdient er seinen Lebensunterhalt. Nebenbei bemerkt werden die Betrogenen zweimal bestohlen: einmal vom Gaukler, der die Wettbeträge einstreicht, und ein zweites Mal vom Taschendieb, dem sogenannten Beutelschneider, der wahrscheinlich ein Komplize des Gauklers ist und vom hypnotisierten Zustand der Schaulustigen profitiert.

Der Placeboeffekt bildet die Grundlage aller vorwissenschaftlichen Medizin. Er ist gewissermaßen das einzig Wissenschaftliche an dieser Medizin und *ergibt sich aus deren Inszenierung*, aus Verbalsuggestion, Beschwörung, Zauberei, der heilenden Kraft der Worte, Gesten oder Riten. Zweifelsohne glaubt der

Chirurg mit dem Trichter auf dem Kopf – Bosch machte aus seiner Meinung keinen Hehl – an die Kraft seiner Handlung, die mit den äußeren Zeichen der Wissenschaftlichkeit ausstaffiert ist. Der Scharlatan bedient sich wissenschaftlicher Techniken, Worte und Instrumente (hier das Metallteil, das einem echten chirurgischen Werkzeug nachempfunden ist). Als guter Hochstapler hat er wahrscheinlich erzählt, dass er heilen könne und das Nötige tun werde, und wird dann wohl die Heilung verkünden. Der begeisterte Patient wird sich für geheilt halten. Bedeutet dies, dass der Scharlatan oder der Gaukler tatsächlich über besondere Fähigkeiten verfügen? Sicher nicht. Der Glaube des Patienten genügt. Solcherlei Medizin basiert auf der psychosomatischen Selbstmedikation und ist außerordentlich erfolgreich.

Um die Logik des magischen Denken hinter den auf dem Wort basierenden Therapien zu verstehen, bietet sich ein Umweg über Marcel Mauss an. Freud kannte dessen Analysen, und tatsächlich ähneln viele für die Psychoanalyse konstitutiven Theorieelemente den Bausteinen des magischen Denkens des französischen Anthropologen. In *Totem und Tabu* zitierte Freud die *Theorie der Magie*. Was erfahren wir in Mauss' Text? Dass der Zauberer jemand sei, der magische Handlungen vollführe. Aber was ist eine magische Handlung? Was von Dritten als solche erkannt werde. Und weiter? Dass der Zauberer formalisiert vorgehe. Um es mit dem Vokabular des Linguisten Austin auszudrücken: Er agiert performativ. Er schafft, indem er ausspricht, er lässt aus Worten eine Welt entstehen und kreiert, was er bezeichnet. »[D]as Wort war doch ursprünglich ein Zauber, ein magischer Akt, und es hat noch viel von seiner alten Kraft bewahrt.« (*Die Frage der Laienanalyse*, Bd. XIV, S. 214) Und inszeniert nicht der Psychoanalytiker sein Schweigen als eine Art schmückenden Rahmen seiner Worte, die umso heilsamer sind, je seltener er sie gebraucht?

Wie aber wird man Zauberer? Nach Mauss durch eine Offenbarung, Weihe oder Tradition. Bei Freud finden wir die *Offenbarung* des Ödipuskomplexes und seiner urgeschichtlichen Entstehung, zu der er im Rahmen einer Selbstanalyse gelangte. Die *Weihe* ließ Freud durch ihn ausgebildeten Kollegen zuteil werden, ganz nach der Logik der Kooptation des Schülers durch den Lehrer. Und die *Tradition* erfüllte sich, als Vater Sigmund seine Tochter Anna ausbildete, die wiederum ihre Geliebte Dorothy einwies, welche ihrerseits Schüler ausbildete, und so weiter.

Zu den Ritualen des Zauberers gehören die feste wöchentliche Uhrzeit, die Couch, das Schweigen des Analytikers und das ungebremste Sprechen des Patienten sowie die Synthese durch den Psychoanalytiker, nachdem dieser den richtigen Zeitpunkt zum Abschluss der Zauberveranstaltung bestimmt hat. Mauss zufolge sind für das Gelingen der Zauberei »bestimmte geistige Einstellungen erforderlich, man muß den Glauben haben« (Mauss, *Entwurf einer allgemeinen Theorie der Magie,* S. 82). In *Die Frage der Laienanalyse* betonte auch Freud, es sei wichtig, dass der Patient »dem Analytiker Glauben schenk[e]« (Bd. XIV, S. 256).

Die magische Kausalität markiert das Register des Primitiven, Unwissenschaftlichen. In *Entwurf einer allgemeinen Theorie der Magie* ist zu lesen: »Fügen wir hinzu, daß die Magie die Aufgabe der Wissenschaft erfüllt und Platzhalter der entstehenden Wissenschaften ist.« (S. 97) Und weiter: »[D]ie Magier [sind] schließlich dazu gekommen, die Kräfte von Worten oder Symbolen auf eine mechanische Weise vorzustellen.« (ebd., S. 110) Tatsächlich war Freud ein Meister der magischen Kausalität und der Herstellung von Symbolbeziehungen. Wie wir gesehen haben, ist *Die Traumdeutung* ein Panoptikum von Dingen, die nicht sie *selbst,* sondern *andere* Dinge sind, ganz wie es Freud beliebte.

Mauss schrieb: »Wie die Religion ist die Magie ein Block, entweder man glaubt an sie oder nicht.« (Mauss, *Entwurf einer allgemeinen Theorie der Magie,* S. 124) Genau aus diesem Grund gestand Freud kein einziges Mal ein therapeutisches Scheitern ein, und war es noch so augenfällig. Den gescheiterten Fall der Anna O., den er als Erfolgsgeschichte darstellte, benutzte er sogar als Gründungsmythos der Psychoanalyse. Da dieser Fall nachweislich Fiktion ist, kann die gesamte freudsche Lehre als Fiktion betrachtet werden – was die Hagiographen natürlich zu verbergen trachten.

Wer den Psychoanalytiker Freud aufsuchte, betrat das Haus eines Zauberers: Er glaubte an ihn, weil dieser überall öffentlich, in Artikeln, in der Presse und in Büchern behauptete, seine Behandlung führe stets zum Erfolg. Freud genoss Vertrauen, da auch seine Schüler die Geschichten der angeblichen Erfolge verbreiteten, und man zweifelte ihn nicht an, weil er in seinen Büchern darlegte, wie er die hysterische Anna O., den phobischen Kleinen Hans, den zwangsneurotischen Rattenmann oder die kindliche Neurose des Wolfsmannes geheilt habe.

Funktionierte die Psychoanalyse nicht, so funktionierte sie doch, denn laut Mauss hat »[d]ie Magie [...] eine solche Autorität, daß eine widersprechende Erfahrung den Glauben im Prinzip nicht erschüttern kann.« (ebd., S. 125) Bleibt die Analyse wirkungslos, wird sie als Prinzip nicht hinterfragt; *die Psychoanalyse heilt,* und scheint es, als habe sie nicht geheilt, dann weil der Patient selbst es nicht wollte und unterbewusst das Bedürfnis hatte, den »Krankheitsgewinn« zu genießen, oder weil er »Widerstand« leistete, weil ihm Nahestehende den reibungslosen Ablauf der Therapie verhinderten. Jeder Misserfolg beweist in Wahrheit den Erfolg der Psychoanalyse, denn sie erklärt das Scheitern nach ihren eigenen Prinzipien, die sie auf alles außer auf sich selbst anwendet.

Mauss zufolge gründet das Scheitern der Zauberei immer in einem Gegenzauber, der die Zauberei noch bestätigt. Bedient sich die Psychoanalyse nicht des gleichen Prinzips? Die Magie ist »jeder Kontrolle entzogen. Selbst Tatsachen, die gegen sie sprechen, schlagen zu ihren Gunsten aus, da man sie immer für die Wirkung eines Gegenzaubers hält, auf Fehler bei der Durchführung des Rituals oder allgemein darauf zurückführt, daß die notwendigen Bedingungen der Praktiken nicht realisiert wurden.«(ebd.)

Freud behauptete beispielsweise, den Wolfsmann geheilt zu haben. Als sein Patient diese Ansicht nicht teilte, ließ Freud ihn wissen, er sei definitiv geheilt, habe aber eine neue Krankheit entwickelt, die Freud als »Resterscheinung« bezeichnete. Der Fehler liege also nicht bei der Psychoanalyse, sondern beim Patienten, der nicht genug in die analytische Arbeit investiert habe. Schuld habe weder die Zauberei noch der Zauberer, sondern der Patient.

Laut Mauss weiß der Zauberer genau, dass er die während eines Rituals scheinbar plötzlich aufgetauchten Steinchen in Wahrheit aus der eigenen Tasche gezogen hat. Dennoch lasse sich der Zauberer von Kollegen behandeln, wenn er selbst krank sei. Und zwar, weil zur Zauberei auch »›blaue[r] Dunst‹« (ebd., S. 128) gehöre. Nur so ist es zu erklären, dass selbst die vom Duo Freud und Fließ entstellte Emma Eckstein schließlich selbst Psychoanalytikerin wurde.

Der Zauberer täuscht sich selbst, ähnlich einem Schauspieler, der den Don Juan auf der Bühne spielt und deshalb glaubt, er sei auch im Leben einer. Der Zauberer simuliert, und genau deshalb nimmt man seine Dienste in Anspruch. Mauss begründet das so: »[D]ie Simulation des Magiers ist nur durch die Leichtgläubigkeit des Publikums möglich.« (ebd., S. 129) Und weshalb glaubt ihm die Öffentlichkeit? Weil schwache Menschen die falsche Antwort auf die richtige Frage bevorzugen, weil die Lüge eine unangenehme Wahrheit verbirgt, weil die Fiktion tröstlicher ist als beunruhigende Tatsachen und weil dem Ängstlichen alles recht ist, was ihm die Angst nimmt – und sei es das Wort eines Zauberers.

Freud stellte die Psychoanalyse also in die lange Tradition magischer Therapien und ritueller Heilbehandlungen. Er stammte in direkter Linie von den Schamanen der Vorzeit ab. Seine Thaumaturgie war *im Kern* so alt wie die Welt und nur *der Form nach* neu; sie bediente sich zeitgenössischer szientifischer Codices, psychiatrischer Fachbegriffe, anatomischer oder physiologischer Erkenntnisse, biographischer Ereignisse sowie des historischen und biographischen Kontexts. Freuds Psychoanalyse war ein Wiener

Schamanentum, das sich in der Epoche von Kaiserin Sisi und Ludwig II. von Bayern entfaltete.

Freud hat also die Psychoanalyse als *Sache* nicht erfunden, aber er ist auch nicht der Erfinder des *Begriffs*. Und dieser Aspekt ist wenig bekannt. Viele Wörterbücher und Lexika verzeichnen ihn als Erfinder des Wortes wie der Sache, als basiere die Arbeit des Wiener Arztes nicht auf der Arbeit anderer, die er sich zunutze machte, bevor ihm sein philosophischer Staatsstreich gelang und man seinen Namen für immer mit der Lehre verband, die er als einsames Genie erfunden haben wollte.

Tatsächlich benutzte Freud zunächst den Begriff *Psycho-Analyse,* und zwar erstmals in *L'Hérédité et l'Étiologie des Névroses,* einem auf Französisch verfassten Artikel für die *Revue neurologique* vom 30. März 1896. Damals nannte Freud Breuer als Urheber des Begriffs *Psycho-Analyse* (Bd. I, S. 416). Es handele sich dabei um eine neue Methode der psychologischen Analyse, die wirksamer als etwa Janets Vorgehensweise zum Unbewussten des Patienten vordringe.

Auch 1910 schrieb Freud die Psychoanalyse noch Breuer zu. »Wenn es ein Verdienst ist, die Psychoanalyse ins Leben gerufen zu haben, so ist es nicht mein Verdienst. Ich bin an den ersten Anfängen derselben nicht beteiligt gewesen. Ich war Student und mit der Ablegung meiner letzten Prüfungen beschäftigt, als ein anderer Wiener Arzt, Dr. Josef Breuer, dieses Verfahren zuerst an einem hysterisch erkrankten Mädchen anwendete« (*Über Psychoanalyse,* Bd. VIII, S. 3). Noch im Alter von vierundfünfzig Jahren bekannte Freud also öffentlich, nicht der Erfinder der Psychoanalyse zu sein. »Je dois mes résultats à l'emploi d'une nouvelle méthode de psycho-analyse au procédé explorateur de J. Breuer« [Meine Ergebnisse verdanke ich einer neuen Methode der Psycho-Analyse nach dem Verfahren des J. Breuer] (*L'Hérédité et l'Étiologie des Névroses,* Bd. I, S. 416).

Damals galt die Psychoanalyse gemeinhin als Breuers Erfindung; auch Freud sah das so. 1910 veröffentlichte Ludwig Frank das Buch *Die Psychoanalyse* und kritisierte Freud darin für dessen Interpretation der wahren – nämlich Breuerschen – Psychoanalyse. Schon damals warf der Schweizer Psychiater Freud Pansexualismus vor. In der Geschichte der Disziplin sollte dies zu einem wiederkehrenden Kritikpunkt werden. Freud mochte Franks Buch natürlich überhaupt nicht.

Manche Kollegen, die Psychanalyse anstatt *Psycho-Analyse* schrieben, beispielsweise Ludwig Frank, Dumeng Bezzola oder Auguste Forel, machten sich über Freuds grobe Wortschöpfung lustig und wiesen darauf hin, dass die Regeln der Wortneubildung auf der Basis griechischer Wörter nicht *Psycho-Analyse,* sondern nur *Psychanalyse* erlaubten. 1919 bemerkte Auguste Forel in *Der Hypnotismus,* ein Schweizer Arzt und Hypnotiseur, er schreibe den Begriff wie Bezzola, Frank und Bleuler, aber nicht wie Freud, und zwar mit Rücksicht auf die Ableitungsregeln. Wie Bezzola richtig bemerke, schreibe man auch *Psychiatrie* und nicht *Psychoiatrie.* Zuvor war Freud bereits über das Wort Narzissmus gestolpert (*Psychoanalytische Bemerkungen über einen autobiographisch beschriebenen Fall von Paranoia,* Bd. VIII, S. 297).

Im Zuge seines Erfolges entwickelte sich Freud zunehmend zum Alleinherrscher über die psychoanalytische Bewegung in Europa, obwohl er eigentlich nur einer der Beteiligten war. Um an die Macht zu gelangen, errichtete er eine wahre Kriegsmaschinerie. Sie bestand aus Netzwerken, treuen Mitarbeitern, unterwürfigen Schülern, wohlgesonnenen Herausgebern, orthodoxen Veröffentlichungen und später auch Säuberungsmaßnahmen: Jeder, der sich für eine Formen- und Methodenvielfalt innerhalb der Psychoanalyse einsetzte, wurde unschädlich gemacht. Man denke an die bekannten Fälle Jung und Adler. So brachte Freud die Psychoanalyse zunächst europaweit und später international auf Linie.

Dann beschloss er, seine Allmacht auf den Begriff und die Sache auszudehnen. Hatte er noch 1910 Breuer als den Erfinder der Psychoanalyse benannt, stellte er dies 1914 in *Zur Geschichte der psychoanalytischen Bewegung* richtig. An diesem unter dem Einfluss der Erlebnisse mit Adler und Jung entstandenen Text hatte er lange gefeilt, denn er wollte damit die USA erobern. Breuer gegenüber fühlte er sich nicht mehr verpflichtet, und so machte er sich zum alleinigen Erfinder der Psychoanalyse: »Denn die Psychoanalyse ist meine Schöpfung, ich war durch zehn Jahre der einzige, der sich mit ihr beschäftigte, und alles Mißvergnügen, welches die neue Erscheinung bei den Zeitgenossen hervorrief, hat sich als Kritik auf mein Haupt entladen. Ich finde mich berechtigt, den Standpunkt zu vertreten, daß auch heute noch, wo ich längst nicht mehr der einzige Psychoanalytiker bin, keiner besser als ich wissen kann, was die Psychoanalyse ist, wodurch sie sich von anderen Weisen, das Seelenleben zu erforschen, unterscheidet, und was mit ihrem Namen belegt werden soll oder besser anders zu benennen ist.« (Bd. X, S. 44)

Freud ernannte sich damit selbst zum Erfinder, Schöpfer, Herrscher, Entdecker, Autor und Eigentümer der Psychoanalyse. Doch was wurde aus Breuer, dem 1910 noch das alleinige Verdienst um die Disziplin zuerkannt worden war? (*Über Psychoanalyse,* Bd. VIII, S. 3) Er wurde zu einem Vorläufer, den man getrost vernachlässigen konnte (*Zur Geschichte der psychoanalytischen Bewegung,* Bd. X, S. 45) und der die große Entdeckung knapp verpasst habe, weil ihm der Mut fehlte, die bedeutende Rolle der Sexualität innerhalb der Ätiologie der Neurosen anzuerkennen. Freud selbst habe diesen Mut, die Kühnheit und die geistige Kraft gehabt, und nun gebühre ihm allein der Titel des Erfinders der Psychoanalyse.

Sein Text *Zur Geschichte der psychoanalytischen Bewegung* funktionierte wie ein Staatsstreich: Freud erklärte die Psychoanalyse zur eigenen und genialen Erfindung. Er dekretierte, eine Selbstanalyse, wie er sie durchgeführt habe, genüge, um Analytiker zu werden; außerdem müsse man die Theorie der Übertragung und des Widerstands anerkennen – was Breuer als Gründungsvater definitiv ausschloss. Wer die Psychoanalyse ablehne, sei entweder krank und benötige eine Kur auf der Couch, oder er sei Antisemit. Das letzte Argument sollte Freud noch häufig heranziehen.

Dann legte er seine Strategie zur Eroberung der Welt dar. Bereits seit 1902 hatte er Freunde rekrutiert, welche die Psychoanalyse erlernen und verbreiten sollten. Mit der Gründung der Psychologischen Mittwochsgesellschaft vergrößerte er den Kreis seiner Anhänger. 1907 kam Jung hinzu, der das Epizentrum von Wien nach Zürich verschob; außerdem zählten sich Künstler und Ärzte zu Freuds Anhängern. Freud berichtete, durch Jung habe sich die Disziplin auch für Nichtjuden geöffnet, was glücklicherweise verhindert habe, dass die Psychoanalyse als »jüdische Wissenschaft« wahrgenommen werde. Er gründete die Internationale Psychoanalytische Vereinigung, eine Zeitschrift und rief einen Kongress ins Leben. Keine andere Form der Analyse verfügte über ein derartiges Arsenal an Mitteln. So zog Freud allein in den Krieg – und gewann.

Seither gibt es eine kanonische Definition der Psychoanalyse, die Freud 1922 in dem für Max Marcuses *Handwörterbuch der Sexualwissenschaft* verfassten Beitrag *»Psychoanalyse« und »Libidotheorie«* aufstellte: »PSYCHOANALYSE ist der Name 1) eines Verfahrens zur Untersuchung seelischer Vorgänge, welche sonst kaum zugänglich sind; 2) einer Behandlungsmethode neurotischer Störungen, die sich auf diese Untersuchung gründet; 3) einer Reihe von psychologischen, auf solchem Wege gewonnenen Einsichten, die allmählich zu einer neuen wissenschaftlichen Disziplin zusammenwachsen.« (Bd. XIII, S. 211) Wer Freuds Theorie nicht folgte und den Ödipuskomplex abstritt, konnte kein Psychoanalytiker sein, und so wurden Jung, Adler und alle anderen, die sich nicht strikt an die Lehre des Meisters hielten, geschasst.

Freud hat die Psychoanalyse nicht erfunden, doch er hat sie in den beeindruckendsten ideologischen Hinterhalt des 20. Jahrhunderts gelockt. Sie wurde zur von Freud persönlich erfundenen Wissenschaft. Wann immer von der Psychoanalyse die Rede ist, spricht man von Freuds literarischer Psychologie. Niemandem kommt in den Sinn, dass es auch eine *nicht freudsche Psychoanalyse* geben könnte, in anderen Worten: *eine Psychoanalyse vor Freud,* vertreten zum Beispiel durch Breuer oder den zu Unrecht in Vergessenheit geratenen Pierre Janet, Doktor der Philosophie, Professor am Collège de France und Arzt, und *eine Psychoanalyse nach Freud,* zu der natürlich Jung und Adler zählen, aber auch marxistisch geprägte Freudianer wie Wilhelm Reich und Herbert Marcuse, wenn nicht gar Erich Fromm oder die Daseinsanalyse Ludwig Binswangers, die von einem gewissen Jean-Paul Sartre aufgegriffen wurde.

VI.
Die sophistische Blockade

»Es ist nun einmal so, daß die Wahrheit
nicht tolerant sein kann.«

Sigmund Freud, *Neue Folge der Vorlesungen zur Einführung in die Psychoanalyse* (Bd. XV, S. 173)

Was, wenn man Freuds Fiktionen keinen Glauben schenkt? Wenn man kein Anhänger seiner literarischen Psychologie ist? Wenn man an der universellen Gültigkeit des Ödipuskomplexes zweifelt? Wenn man die These ablehnt, jeder Junge begehre seine Mutter sexuell und wolle seinen Vater deshalb symbolisch töten? Wenn man die Vorstellung ablehnt, wir alle hätten dem Geschlechtsakt unserer Eltern beigewohnt, entweder tatsächlich oder aber das Erlebnis sei in Form von Spuren in unserem Unbewussten eingebrannt? Wenn man inzestuöse Neigungen für Einzelphänomene hält, von denen nicht die gesamte Menschheit betroffen ist? Wenn man den Mythos für das Gegenteil von Wissenschaft hält und einen wissenschaftlichen Mythos deshalb für Unfug? Wenn man nicht dem Gedanken anhängt, alle Väter wollten ihre Kinder sexuell missbrauchen? Wenn man die These vom Verzehr des getöteten Vaters durch die Urhorde als geistige Verirrung betrachtet? Wenn man der Überzeugung ist, dass der konkrete Körper bei der Behandlung von Krankheiten wichtiger sein sollte als die These von einem Unbewussten mit dem Charakter des Noumenon, das zudem alle Eigenschaften eines monotheistischen Gottes aufweist? Wenn man die dialektische Kausalität der magischen vorzieht? Wenn man sich mit seinen gesundheitlichen Problemen eher an einen Arzt wendet als an einen Schamanen oder Hexer? Wenn man die Couch für ein modernes Accessoire im alten Theater der Heilkünstler hält? Wenn man befürchtet, dass der Psychoanalytiker sich mehr um sich selbst und seine Disziplin kümmert als um die Heilung seiner Patienten? Wenn man glaubt, dass ein Konquistador in einer anderen Welt lebt als ein Wissenschaftler? Und wenn man die Psychoanalyse für eine hervorragende Therapie hält, und zwar für ihren Erfinder – und nur für ihn? Dann ist man sehr krank und muss sich dringend auf die Couch begeben.

Freud tat alles, um Zweifel an seiner Theorie zu verhindern, *indem seine Lehre sich doktrinär mit dem Widerstand gegen sie auseinandersetzte.* So gab es keinen Ausweg aus Freuds allumfassendem und mithin totalitärem Denken. Aus ideologischer Sicht war die psychoanalytische Kaste hermetisch nach außen abgeriegelt. Sie hatte ein Tribunal, vor dem die Gegner verurteilt wurden; das Plädoyer war in der Lehre selbst enthalten; alle Argumente wurden zehnfach vorgetragen und das Schlussplädoyer des Staatsanwalts für das Unbewusste gehörte zum Kern des freudschen Werks.

Freud konstruierte seine Legende also zum einen unter Zuhilfenahme eines *persönlichen Plädoyers* und indem er ein bestimmtes Bild von sich schuf. Den Grundstein dazu bildeten *»Selbstdarstellung«* und *Zur Geschichte der psychoanalytischen Bewegung,* die der eifrige Schüler Ernest Jones mit einer *biographischen Matrize* fortschrieb. Sein papiernes Denkmal erzählt das Märchen genauso, wie es vom Meister in dessen autobiographischen Texten niedergeschrieben worden war. Zum anderen gehörte zur Legendenbildung der Aufbau eines *Systems der ideologischen Herrschaft* über Wien, Österreich, Europa, Amerika und die ganze Welt mithilfe von Kongressen, Verlagshäusern, Zeitschriften, Schülern, geheimen und öffentlichen Organisationen. Die Fäden hielt dabei der Meister selbst in der Hand, der Vater, Gott und Stammesfürst zugleich war. Und seine stärkste Waffe war die sophistische Blockade: Die geringste Kritik an der Psychoanalyse aktivierte *eine Argumentationskette, die Freuds Revolutionstribunal für sich nutzte.*

Sehen wir uns das Schema eines typischen Plädoyers gegen einen Historiker, der seine Arbeit macht und Wahrheit und Fakten der Legende vorzieht, genauer an. Der Konquistador verfügt ein Jahrhundert nach seiner Reise ins Wunderland des Unbewussten über eine hoch motivierte Armee, die bereit ist, das Königreich der magischen Kausalitäten mit viel Säbelrasseln und einer abgekarteten Dialektik zu verteidigen.

Statten wir dem Arsenal rhetorischer Waffen einen Besuch ab. *Erstens:* Jeder Einwand von einem nicht analysierten Individuum ist null und nichtig. *Zweitens:* Jede Ablehnung der Analyse weist die betreffende Person als Neurotiker aus, weshalb ihre Äußerungen bedeutungslos sind. *Drittens:* Jede Kritik an der Psychoanalyse ist eine Kritik an Freud, der Jude war, womit sie stets im Verdacht des Antisemitismus steht. *Viertens:* Jede Kritik von Dritten, die nicht dem Duo Analytiker/Analysierter angehören, ist unbegründet. *Fünftens:* Das Scheitern einer Psychoanalyse ist stets dem Patienten anzulasten, niemals aber dem Analytiker. *Sechstens:* Wenn alles zur Rechtfertigung der Disziplin getan wurde, muss man der Tatsache ins Auge schauen, dass der Psychoanalytiker bisweilen noch nicht Psychoanalytiker genug ist. Sehen wir uns die einzelnen Aspekte genauer an:

Erster Sophismus: Jeder Einwand von einem nicht analysierten Individuum ist null und nichtig. Wer sich über die Psychoanalyse, die Werke, die Lehre, Freuds zentrale Thesen und deren Gültigkeit oder die klinischen Ergebnisse äußern will, muss selbst analysiert worden sein. So steht es in einem früheren Vorwort zu *Abriß der Psychoanalyse*. Demnach sei, wer die Funktionsweise der Psychoanalyse nicht am eigenen Leib erfahren habe, zu keinerlei Urteil befugt. Unabhängigkeit ist also nur jenen vorbehalten, die von Freuds System abhängig sind.

Diese ideologische Barrikade funktioniert so, als würde ein Christ jedem die Kritik am Christentum untersagen, der nicht mit dem Katechismus vertraut ist, nicht getauft ist und nicht die

Kommunion empfängt. Oder als würden die Atheisten nur jene Kritiker zulassen, die im Priesterseminar waren, einen Doktor in Theologie abgelegt und ihren weltlichen Gütern entsagt haben, die keusch und fromm sind. Der kategorische Imperativ jeder in sich geschlossenen – man könnte auch sagen: tyrannischen, diktatorischen oder totalitären – Gesellschaft lautet, dass Indoktrination die Voraussetzung jeder Kritik ist.

Die Geschichte der Psychoanalyse zeigt, dass Freud Analysierten und Analytikern das Recht auf Kritik zwar schriftlich zugestand, sie aber dann doch nicht zuließ. Die Ausgrenzungen, Verbote und Zurückweisungen, denen von Freud als Abweichler eingestufte Psychoanalytiker ausgesetzt waren, sind Legion: In einem Brief an Ludwig Binswanger vom 17. Dezember 1915 sagte Freud, er habe »alle unverläßlichen Bestandteile abgestoßen.« (Freud/Binswanger, *Briefwechsel,* S. 152) Einen beachtlichen Teil seines Lebens widmete Freud der Unterwerfung seiner Schüler; er begünstigte die Eifrigsten und vernichtete – auf manchmal brutale Weise – alte Freunde, die wegen mangelnden Diensteifers zu Feinden geworden waren.

Zweiter Sophismus: Jede Ablehnung der Analyse weist die betreffende Person als Neurotiker aus, weshalb ihre Äußerungen bedeutungslos sind. Für den Wiener Doktor war die Ablehnung der Psychoanalyse gleichbedeutend mit der Ablehnung seiner selbst und schadete der wissenschaftlichen Wahrheitsfindung der Disziplin. Wer nicht wissen will, was auf der Couch entdeckt werden könnte, beweist, dass es etwas zu entdecken und mithin guten Grund gäbe, sich in Freuds Praxis zu begeben. Der Widerstand spricht also für eine Verdrängung, welche wiederum Anzeichen der Neurose ist.

Lesen wir Freuds Argumentation in *Zur Geschichte der psychoanalytischen Bewegung:* »Wenn es richtig war, daß die von mir aufgedeckten Zusammenhänge dem Bewußtsein der Kranken durch innere affektive Widerstände ferngehalten werden, so mußten sich diese Widerstände auch bei den Gesunden einstellen, sobald man ihnen das Verdrängte durch Mitteilung von außen zuführte. Daß diese letzteren die affektiv gebotene Ablehnung durch intellektuelle Begründung zu motivieren verstanden, war nicht verwunderlich. Es ereignete sich bei den Kranken ebenso häufig, und die ins Feld geführten Argumente [...] waren die nämlichen und nicht gerade scharfsinnig.« (Bd. X, S. 62) In anderen Worten: Auch die Argumente der Gesunden sind Argumente von Kranken.

Niemand möchte etwas über sein kindliches Sexualleben, seine inzestuösen Beziehungen zur Mutter oder sein Bedürfnis, den Vater zu töten, wissen. Keiner will erfahren, dass sein Unbewusstes phylogenetisch Szenen der kopulierenden Eltern, des die eigenen Kinder missbrauchenden Erzeugers oder des Vatermords enthält. Niemand will hören, dass er in frühester Kindheit masturbiert habe und es danach zu einer »Auflehnung gegen die verbietende Person, also [*sic*] die Mutter« (*Über die weibliche Sexualität,* Bd. XIV, S. 525) gekommen sei. Das Unbewusste weiß diese Dinge, aber das Bewusstsein verdrängt das verborgene Wissen (wie kann man übrigens etwas verdrängen, das man nicht weiß?). Wer die Psychoanalyse ablehnt, weigert sich, sein Ich kennenzulernen.

Ohnehin gibt es laut Freud keinen wirklichen Unterschied zwischen dem Kranken und dem Gesunden. Er sagte dies in *Protokolle der Wiener Psychoanalytischen Vereinigung* (Bd. II, S. 506), in *Der Mann Moses und die monotheistische Religion* (Bd. XVI, S. 233), in *Drei Abhandlungen zur Sexualtheorie* (Bd. V, S. 132), in *Zur Psychopathologie des Alltagslebens* (Bd. IV, S. 309) und in *Abriß der Psychoanalyse* (Bd. XVII, S. 125). Immer wieder betonte Freud, »daß es nur quantitative und nicht qualitative Unterschiede zwischen den Normalen und den Neurotischen gebe.« (*Protokolle der Wiener Psychoanalytischen Vereinigung,* Bd. IV, S. 35)

Die gefährliche nihilistische Revolution, mit der Freud und die Seinen den Unterschied zwischen dem Normalen und dem Pathologischen aufheben wollten, differenzierte nicht mehr zwischen normal und anormal, geistiger Krankheit und Gesundheit, sondern zwischen den Patienten und Analytikern – also auch Freud selbst – auf der einen und den anderen – also den Gegnern – auf der anderen Seite. So können beispielsweise Gilles de Rais oder de Sade zu positiven Figuren werden, während sich deren Opfer besser in die nächstgelegene psychoanalytische Praxis begeben sollten.

Dritter Sophismus: Jede Kritik an der Psychoanalyse ist eine Kritik an Freud, der Jude war, womit sie stets im Verdacht des Antisemitismus steht. Sein ganzes Leben lang betonte Freud, wie sehr die Psychoanalyse in Verbindung mit seiner Biographie stand; sie sei sein »Lebensinhalt« (*Nachschrift 1935 zur »Selbstdarstellung«*, Bd. XVI, S. 31) geworden. Freud gab zu, es könne der Eindruck entstanden sein, er habe sich vom Judentum entfernt, weil er dessen Traditionen und Rituale nicht befolgte. Und doch sei er im tiefsten Innern jüdisch. In der Vorrede zur hebräischen Ausgabe von *Totem und Tabu* verschrieb er seine Arbeit dem »Geist des neuen Judentums« (Bd. X, S. 569) und kam selbst immer wieder darauf zurück, wenn er Kritiker kritisierte (*Zur Geschichte der psychoanalytischen Bewegung,* Bd. X, S. 79 f). Jede Opposition sah sich dem Verdacht des bewussten – oder natürlich unbewussten – Antisemitismus ausgesetzt.

Als Freuds akademische Karriere sich nicht zu seiner Zufriedenheit entwickelte, gab er dem Antisemitismus die Schuld daran. Aus dem gleichen Grund sei es der Psychoanalyse angeblich zunächst nicht gelungen, sich durchzusetzen. Auch als ihn sein Grad an Berühmtheit nicht zufriedenstellte, suchte er den Grund im Antisemitismus. Und er schadete Pierre Janet, von dessen Arbeit er immerhin profitiert hatte, indem er ihn damit in Verbindung brachte. Auf dem internationalen Medizinkongress 1913 in London kritisierte Janet Freuds Pansexualismus und erklärte ihn damit, dass in Wien eine ganz eigene Atmosphäre herrsche, in der

der Sexualität zu große Bedeutung beigemessen werde. Das Argument ist tatsächlich etwas bescheiden, aber Janet sprach nirgends von den Juden und gab keinerlei Anlass zu der Annahme, seine Kritik sei antisemitisch motiviert. Freud mochte es nicht, wenn man ihn nicht mochte, und kommentierte Janets Vortrag in *Zur Geschichte der psychoanalytischen Bewegung* folgendermaßen: »Das Aperçu lautet, die Psychoanalyse, respektive die Behauptung, die Neurosen führen sich auf Störungen des Sexuallebens zurück, könne nur in einer Stadt wie Wien entstanden sein, in einer Atmosphäre von Sinnlichkeit und Unsittlichkeit, wie sie anderen Städten fremd sei, und stelle einfach das Abbild, sozusagen die theoretische Projektion dieser besonderen Wiener Verhältnisse dar.« (Bd. X, S. 80)

Freud hielt das für Unsinn, und man könnte ihm recht geben. Doch er fuhr fort: Die Theorie sei so unsinnig, dass sie wohl einen anderen Hintergrund habe. Freud sagte nichts Genaues, das aber auf sehr vielsagende Weise. Diese Stilfigur heißt *Andeutung* und ist ein tödliches Gift.

Direkter ging Freud das Thema in *Die Widerstände gegen die Psychoanalyse* an: »Endlich darf der Autor in aller Zurückhaltung die Frage aufwerfen, ob nicht seine eigene Persönlichkeit als Jude, der sein Judentum nie verbergen wollte, an der Antipathie der Umwelt gegen die Psychoanalyse Anteil gehabt hat. Ein Argument dieser Art ist nur selten laut geäußert worden, wir sind leider so argwöhnisch geworden, daß wir nicht umhin können, zu vermuten, der Umstand sei nicht ganz ohne Wirkung geblieben. Es ist vielleicht auch kein bloßer Zufall, daß der erste Vertreter der Psychoanalyse ein Jude war. Um sich zu ihr zu bekennen, brauchte es ein ziemliches Maß von Bereitwilligkeit, das Schicksal der Vereinsamung in der Opposition auf sich zu nehmen, ein Schicksal, das dem Juden vertrauter ist als einem anderen.« (Bd. XIV, S. 110) Die Vereinsamung ist bislang nicht bewiesen.

Die Lektüre von *Chronologie de la psychanalyse du temps de Freud* relativiert Freuds Paranoia. Sein Leben lang behauptete er, man habe ihn nicht geschätzt, sein Talent nicht erkannt, seine Arbeit nicht gewürdigt. Doch dieser auf reine Faktendarstellung beschränkte Text belegt, dass Freuds Arbeiten weltweit rezipiert wurden. 1899 wurden sie an der Medizinischen Fakultät von Salvador de Bahia besprochen, also noch vor dem Erscheinen der *Traumdeutung*. Im selben Jahr beschäftigte man sich an der Clark University in den USA mit den *Studien über Hysterie;* im Jahr 1900 erschien in Lyon eine Doktorarbeit, die sich auf ihn stützte; 1902 sprach Henri Bergson auf einer Konferenz über Freud; 1903 erwähnte der damals berühmteste japanische Schriftsteller Mori Ogai Freuds Sexualtheorie in einem medizinischen Artikel; im folgenden Jahr kommentierte ein Kriminalpsychiater sein Werk; *Über den Traum* wurde ins Russische übersetzt; 1905 schrieb eine indische Zeitschrift über die Psychoanalyse; ebenso in Norwegen; in den Niederlanden eröffnete August Stärke eine analytische Praxis und veröffentlichte zum Thema; 1909 traf Freud auf der Überfahrt in die USA – übrigens zur Entgegennahme seiner Ehrendoktorwürde – einen Schiffsangestellten, der in die *Psychopathologie des Alltagslebens* versunken war; 1910 wurde die Psychoanalyse in Kuba bekannt. Nach und nach fand die neue Lehre auf dem ganzen Planeten Verbreitung.

Vierter Sophismus: Jede Kritik von Dritten, die nicht dem Duo Analytiker/Analysierter angehören, ist unbegründet. Freud untersagte es Dritten, nicht am Dialog zwischen Therapeut und Patient Beteiligten, sich direkt oder indirekt in die Therapie einzumischen. Dazu bediente er sich in den *Vorlesungen zur Einführung in die Psychoanalyse* der Metapher des Chirurgen: Dem käme es auch nicht in den Sinn, während der Operation auf den Rat von Familienmitgliedern oder Freunden zu hören. Gleiches gelte für die psychoanalytische Praxis: »Bei den psychoanalytischen Behandlungen ist die Dazwischenkunft der Angehörigen geradezu eine Gefahr« (*Vorlesungen zur Einführung in die Psychoanalyse,*

Bd. XI, S. 478). Manchen von ihnen sei zudem daran gelegen, dass der Patient nicht gesund werde.

Diese Regel weitete Freud auf alles aus, was das Verhältnis zwischen Patient und Analytiker betraf. Niemand sollte sich zwischen beide stellen, denn ihre Beziehung ginge nur sie etwas an. Dabei gelangt jede Kur irgendwann zum Thema Eltern, Geschwister, Freunde, Kollegen, Geliebte oder andere Personen des täglichen Lebens. Doch keiner von ihnen darf an den geheimen Gesprächen der beiden Personen teilhaben, die an der Übertragung und Gegenübertragung arbeiten, also an der zunächst positiven und später negativen – weil reaktiven – affektiven Fixierung.

Die Übertragung funktioniert nur, wenn die Analyse gut verläuft, denn der Patient berichtet dem Analytiker von den Gefühlen, die er in frühester Kindheit seinen Eltern gegenüber hatte. Wo zeigt sich deutlicher, dass die Kur den Patienten infantilisiert? Er erlebt zum zweiten Mal die Wahl des Liebesobjekts. Der Analytiker weiß natürlich, dass die Liebe sich nicht auf ihn persönlich, sondern auf die Eltern bezieht. Nach dem Verschwinden der Übertragung kommt es zu aggressiven Gefühlen, die sich gleichfalls nicht auf ihn beziehen. Mit viel Ruhe kann er die Patienten durch die Gefühlsturbulenzen begleiten. Es ist deshalb undenkbar, dass ein Dritter in dieser intimen Beziehung Platz findet.

Fünfter Sophismus: Das Scheitern einer Psychoanalyse ist stets dem Patienten anzulasten, niemals aber dem Analytiker. Zugehörige Sophismen sind der Krankheitsgewinn, das Scheitern am Erfolg oder die Neurose, die eine weitere Neurose verbirgt.

Erster Untersophismus: Angesichts des Falles Dora kam Freud der Gedanke, das Unbewusste wolle die Krankheit zuweilen aufrechterhalten, weil der mit ihr verbundene Gewinn wichtiger sein und die Vorteile der Heilung überwiegen könne. Denn sie bringe Aufmerksamkeit, Liebe und Zärtlichkeit anderer ein, die sonst möglicherweise fehlten. Und sie bewahre zuweilen vor schlimmeren Übeln. Ein Kriegsneurotiker müsse nicht mehr an die Front, ein anderer entgehe den Härten des Berufslebens (*Bruchstück einer Hysterie-Analyse,* Bd. V, S. 204).

Freud gab ein Beispiel, das zeigte, wie hoch er die Arbeiterklasse schätzte: Er stellte den Fall eines kranken Dachdeckers vor, der vom Dach gestürzt war und sein Leben nun als Bettler fristete. Wie würde er reagieren, wenn man ihm Heilung in Aussicht stellte? Wahrscheinlich ungehalten, denn er lebe ja inzwischen von seiner Krankheit: »Nimmt man ihm die, so macht man ihn vielleicht ganz hilflos; er hat sein Handwerk unterdessen vergessen, seine Arbeitsgewohnheiten verloren, hat sich an den Müßiggang vielleicht auch ans Trinken gewöhnt.« (ebd., S. 203) Rein zufällig hatte Freud bereits im *Beginn einer Analyse* das Beispiel des Arbeiters zur Erläuterung des Krankheitsgewinns verwendet.

Durch die Krankheit erhalte das Kind die Aufmerksamkeit seiner Eltern, und die vernachlässigte Ehefrau wecke wieder das Interesse ihres Mannes. Die Psyche strebe deshalb nach der Aufrechterhaltung der Krankheitsursache. In diesem Fall könne auch der talentierteste Analytiker nichts bewirken! Das Scheitern der Therapie liegt also nicht an dessen Unfähigkeit, sondern an dieser wunderbaren Entdeckung namens Krankheitsgewinn, deren Zweck es ist, das Ego des Analytikers zu entlasten.

Zweiter Untersophismus: Gegen eventuelle Kritik grenzt sich die Disziplin mit einem weiteren Dispositiv ab. Es nennt sich *Scheitern am Erfolg* und illustriert bestens die freudsche Sophistik. Wir begegnen diesem Konzept in *Die endliche und die unendliche Analyse.*

Dort wird von einer nahezu erfolgreichen Analyse berichtet (wobei wir nicht erfahren, woran dieser Erfolg erkennbar ist), die gerade deshalb scheitert, weil der Patient kurz vor dem Therapieerfolg steht. Der Fall wird zwar nicht benannt, aber wer mit Freuds Gesamtwerk vertraut ist, erkennt in der Beschreibung des jungen reichen Mannes in Begleitung seines Personals den Wolfsmann. Erinnern wir uns an die Details dieser von Freud als erfolgreich bezeichneten Analyse und vergessen wir dabei nicht, dass Sergej Pankejeff diesen angeblichen Erfolg zeitlebens bestritt.

Zu einem bestimmten Zeitpunkt während der Analyse weigerte sich der Patient, weiterhin mit Freud zusammenzuarbeiten. Das Scheitern war also nicht Freuds, sondern Pankejeffs Schuld. In seinen Interviews mit Karin Obholzer berichtete Pankejeff von einer Metapher Freuds: »Der Freud hat gesagt, wenn man die Psychoanalyse hinter sich gebracht hat, dann kann man gesund werden. Aber man muß auch gesund werden wollen. Das ist so wie eine Fahrkarte, die man kauft. Die Fahrkarte gibt die Möglichkeit zu fahren. Aber ich muss nicht fahren. Es hängt von mir ab, wie ich mich entscheide.« (Obholzer, *Gespräche mit dem Wolfsmann,* S. 61)

Der Erfolg einer Psychoanalyse kommt dem Therapeuten zu; der Misserfolg dagegen liegt an der mangelnden Bereitschaft des Patienten. Sollen wir daraus schließen, dass *Wollen gleich Können* ist? Wir haben es anscheinend mit der Wiener Version der Autosuggestion zu tun und brauchen Freuds schweres Gerät gar nicht. Wenn man um Freuds Angst vor Eisenbahnen weiß, erstaunt es nicht, dass er eine Fahrkarte ausstellt, ohne sich darum zu kümmern, wofür man sie benutzt.

Mit Beginn der Therapie hatte der Wolfsmann zunächst die Lust am Leben und seine Autonomie wiederentdeckt und begegnete seiner Familie mit großer Härte. Freud hatte eine Kindheitsneurose bei ihm ans Licht befördert, die ihm sehr zupass kam: »[U]nd es war deutlich zu erkennen, daß der Patient seinen derzeitigen Zustand als recht behaglich empfand und keinen Schritt tun wollte, der ihn dem Ende der Behandlung näher brächte. Es war ein Fall von Selbsthemmung der Kur; sie war in Gefahr, grade an ihrem – teilweisen – Erfolg zu scheitern.« (*Die endliche und die unendliche Analyse,* Bd. XVI, S. 60 f) Dann bewies Freud ungeahnten Mut: »In dieser Lage griff ich zu dem heroischen [*sic*] Mittel der Terminsetzung.« (ebd., S. 61) Und wie durch Zauberhand wurde der Patient geheilt – behauptete jedenfalls Freud.

In *Das Ich und das Es* erläuterte Freud, dass sich hinter einer negativen Reaktion auf die Therapie unbewusste Schuldgefühle, Masochismus, der Widerstand des Über-Ichs und der Todestrieb verbergen. Der Patient bereite sich auf die Heilung vor, und eben *weil* der Erfolg der Therapie unmittelbar bevorstehe, führe sie letztlich doch nicht ans Ziel. Freud musste das Fiasko in einen Erfolg umdeuten, weil die Psychoanalyse das Scheitern nicht kennt. Wer glaubte, eine Therapie sei misslungen, irre: Es handele sich in Wahrheit um einen Misserfolg, der den Erfolg beweise. Was kann man solchen Sophistereien schon entgegenhalten?

Dritter Untersophismus: Hinter einer Neurose kann sich eine weitere verbergen. Freud erfand dieses neue rhetorische Kunststück, weil es vorkam, dass geheilte Patienten nach einer Weile mit neuen Symptomen wieder bei ihm auftauchten. Auch hier kam das Eingeständnis des Scheiterns nicht infrage. Der Psychoanalytiker habe das richtig behandelt, was er behandelt habe, aber er könne nicht für etwas verantwortlich gemacht werden, was er nicht behandelt habe. Als sei eine Neurose ein Ganzes und man könne einen Teil davon behandeln, ohne dass der Rest dadurch berührt werde.

Als Emma Eckstein, in deren Nase Fließ nach der Operation Gaze vergessen hatte, mit neuerlichen Symptomen bei Freud erschien, konnte dieser sein Scheitern natürlich nicht zugeben. Vielmehr sei die Patientin wegen einer zweiten Neurose gekommen, die Freud zuvor nicht habe behandeln können, weil sie noch gar nicht existiert habe. Die Operation habe die neuen Beschwerden ausgelöst. Sie litt an Blutungen, welche Freud mit ihrer hysterischen Disposition erklärte, doch für das Auftauchen der neuen Neurose konnte der Analytiker nicht verantwortlich gemacht werden. Obwohl Freuds Diagnosefehler desaströse Konsequenzen für die Patientin hatte, stilisierte er sich triumphierend zu einem Analytiker, der gleich zwei Neurosen nacheinander geheilt hatte

Dieser Taschenspielertrick ließ Freud in *Die endliche und die unendliche Analyse* schreiben, man müsse das zukünftige Schicksal einer Heilung voraussehen. Die seltsame Formulierung legt nahe, eine Heilung müsse nicht endgültig sein und wäre dann eine *Nichtheilung,* denn das Wesen einer Heilung ist, dass sie endgültig ist – sonst spricht man von einem Rückfall. Entweder jemand ist geheilt und muss nicht weiter behandelt werden, oder jemand muss weiter behandelt werden und ist folglich nicht geheilt. Doch auch hier konnte Freud nicht zugeben, dass die Psychoanalyse kein Allheilmittel ist. Sie heile, und alle nach der Heilung auftretenden Beschwerden hätten nichts mit dem zu tun, was behandelt wurde, denn das sei ja geheilt.

Sechster Sophismus: Ist eine Psychoanalyse ineffizient, so löst man das Problem nicht, indem man sich von ihr abkehrt, sondern durch eine nochmalige Hinwendung zur Psychoanalyse. Und wenn schließlich jede Kritik unmöglich gemacht wurde, kann die Gemeinschaft der Analytiker als letztes Mittel den Therapeuten selbst hinterfragen. Doch auch hier gilt: Korpsgeist verpflichtet.

Denn es gibt keine schlechte Psychoanalyse. Es gibt nur Analytiker, die noch nicht Analytiker genug sind, noch nicht genug Erfahrung haben. Im Marxismus-Leninismus erklärte man die Arbeitslager mit dem unzureichenden Marxismus-Leninismus. Nach dem gleichen Prinzip lässt eine misslungene Therapie nicht den Schluss zu, sie sei schlecht, sondern beweist lediglich, dass sie noch nicht stark genug ist. Verfehlt die Psychoanalyse ihr Ziel, muss man ihr zugestehen, es mit noch mehr Psychoanalyse zu erreichen.

Mit solchen Argumenten ist man immer auf der Siegerseite. Freud, die Psychoanalyse und die Psychoanalytiker sind unangreifbar, weil Freuds Lehre ihnen einen Platz außerhalb aller Regeln zugewiesen hat. Er empfand jedes Infragestellen seiner Theorien als persönlichen Angriff, und wie könnte es auch anders sein – hatte er doch stets deutlich gemacht, wie sehr sein Leben mit der Psychoanalyse verwoben war, wie sehr er sich mit ihr identifizierte. Sie war sein Kind, seine Kreatur. Der Wiener Doktor, der vorgab, von seiner »sehr schweren Psychoneurose« geheilt zu sein, verschmolz letztlich mit seiner Schöpfung. Und seine Schüler verneigen sich seit nunmehr hundert Jahren vor einem Totem, das zum Tabu wurde. Doch es ist nicht die Aufgabe eines Philosophen, vor einem Totem niederzuknien.

Teil 5

IDEOLOGIE

Die konservative Revolution

I.
Das Schlimmste ist uns stets gewiss

»[E]s sind nicht alle Menschen liebenswert.«

Sigmund Freud, *Das Unbehagen in der Kultur* (Bd. XIV, S. 461)

Die sophistische Blockade zeigt, dass die Psychoanalyse ein in sich geschlossenes System ist, das Diskussionen, Kritik oder Kommentare nicht akzeptiert und jeden Gegner umgehend zum kranken, neurotischen Feind erklärt, der auf der Couch behandelt werden müsse. Sie funktioniert eben nicht nach dem liberalen Prinzip der Aufklärung, das seine Gegner nicht kriminalisiert, pathologisiert und verachtet.

Im 18. Jahrhundert lag die Aggression nicht aufseiten der Philosophen der Aufklärung, sondern bei den Antiphilosophen, die sich gegen die Enzyklopädisten stellten, diese persönlich angingen, ihre Aussagen verdrehten, sie schlecht machten und verleumdeten. Man erinnere sich an die sogenannte *Cacouacs*-Affäre – von griechisch *kakos* (böse) –, bei der es um ein anonym veröffentlichtes und gegen die Enzyklopädisten gerichtetes Pamphlet ging. Die polemischen Angriffe der Antiphilosophen gegen die Denker der Aufklärung erinnern an den Umgang Freuds und seiner Anhänger mit potentiellen Gegnern.

Charakteristisch für die Gegenaufklärung war deren radikaler Pessimismus. Ihre Vertreter hielten an der christlichen Ursünde fest, an einem seit dem Biss in den verbotenen Apfel vererbten Bösen, und sie hassten alle Philosophen, die im Gefolge Rousseaus an das Gute im Menschen glaubten, die wie Condorcet auf den

Fortschritt der Menschheit und auf eine positive Teleologie der Geschichte vertrauten und die wie die Enzyklopädisten gegen den Aberglauben den Gebrauch der Vernunft ins Feld führten.

Wir haben gesehen, dass Freud nichts von den Philosophen und der Philosophie hielt. Er glaubte nicht an das angeborene Gute im Menschen, wie *Warum Krieg?* klar und deutlich zeigt – darauf werde ich noch zurückkommen. Auch an den Fortschritt oder die Vervollkommnung der menschlichen Natur glaubte Freud nicht, genauso wenig wie an die Geschichte. Der Rationalität kehrte er zugunsten der magischen Kausalität den Rücken und vertrat entgegen jeder biologischen Vernunft die Theorie der phylogenetischen Vererbung. Der Ödipuskomplex wird in Freuds Lehre in ähnlicher Weise vererbt wie die Ursünde im christlichen Denken. Freuds Glauben an Numerologie, Okkultismus, Gedankenübertragung und Telepathie war mit der Philosophie der Aufklärung unvereinbar.

Eine weithin anerkannte Ansichtskarte zeigt Freud als den *Erben der Philosophie der Aufklärung im 20. Jahrhundert.* Begleitet wird sie oft von der Behauptung, er sei ein *aufgeklärter liberaler Jude* gewesen und habe *das Liebesleben von allerlei Zwängen befreit.* Die folgenden Kapitel werden zur Erosion dieser verbreiteten Klischees beitragen. Sie zeigen Freuds Faszination für Dollfuß' Austrofaschismus und für Mussolini. Sie erzählen von der vom Meister gebilligten Zusammenarbeit einiger seiner Anhänger mit dem Göring-Institut, das die Anwendung der Psychoanalyse im Dritten Reich reglementierte, *ohne sie jedoch zu verbieten;* von der Kriminalisierung der Masturbation, von der ontologischen Homophobie, Misogynie und Phallokratie und von der deutlichen Ablehnung der sexuellen Befreiung.

Die Psychoanalyse wird charakterisiert durch ihre ablehnende Haltung gegenüber der Geschichte, der Realität und der materiellen Kausalität und durch ihre Konzentration auf Fantasmen, Symbole, magisches Denken, Fantasien, Mythologie und metapsychologische Fabeln. Und genau diese wundersame Epistemologie erklärt die enormen ideologischen Irrwege, die Sigmund Freud, die freudsche Lehre und die Psychoanalyse in die Tradition der Gegenaufklärung stellen. Im besten Fall ist sie also eine konservative, im schlimmsten eine reaktionäre Strömung.

Allein die Freudomarxisten integrierten die Geschichte in ihre Theoriebildung (wobei sie sich von der genuin freudschen Lehre abwandten) und nutzten die Psychoanalyse zur Kritik am Kapitalismus, den vor allem Wilhelm Reich, später auch Herbert Marcuse und Erich Fromm für die modernen Neurosen verantwortlich machten. Auf den vielen tausend Seiten von Freuds Gesamtwerk sucht man eine ehrliche Kritik am Kapitalismus genauso vergeblich wie eine Kritik am Faschismus oder dem Nationalsozialismus. Stattdessen begegnen uns dort mehrere Angriffe auf den Sozialismus, Kommunismus und Bolschewismus. Zwischen Mussolinis Regierungsantritt 1922 und seinem Tod 1939 veröffentlichte Freud über tausend Seiten, die keine einzige kritische Analyse des europäischen Faschismus enthalten. Auch den Namen Hitler sucht man in den zwischen der Machtergreifung 1933 und Freuds Tod 1939 entstandenen Texten vergeblich.

Freud war explizit gegen den Einsatz der Psychoanalyse für die sexuelle Befreiung. Freuds Ansichten zur sexuellen Befreiung waren komplexer, als es auf den ersten Blick scheinen mag. Um sie zu verstehen, muss man sich mehrere seiner Thesen genauer ansehen. *Erstens:* Freud behauptete, jede Gesellschaft konstituiere sich durch die Unterdrückung der sexuellen Triebe. *Zweitens:* Er beklagte, diese Unterdrückung sei der Hauptentstehungsgrund der Neurosen. *Drittens:* Er äußerte den Wunsch, dies möge sich ändern. *Viertens:* Er wusste um die Vergeblichkeit seines Wunsches, denn sein essentialistisches, ahistorisches Weltbild schloss jede Möglichkeit zur Veränderung aus und unterstellte, dass die Menschen für alle Ewigkeit bleiben, was sie sind. In der Zusammenschau ergeben diese Thesen eine pessimistische Philosophie, die immer vom Schlimmsten ausgeht.

Als Kenner der *Genealogie der Moral* wusste Freud, dass die Libido und die sexuellen Triebe dionysische Kräfte sind, die das apollinische Gesellschaftsgebäude zum Einsturz bringen können. Für ihn bildete gerade die Umleitung der Triebkräfte die Basis der sozialen Ordnung; das Zurückstellen der eigenen Bedürfnisse stärke die Gruppe.

Doch die Libido sei hedonistisch; die Triebe wollten sich ausbreiten und körperlich ausdrücken, während die Gesellschaft die Menschen in ein asketisches Lebensideal zwänge. In *Das Unbehagen in der Kultur* stellt Freud fest: Die Menschen »streben nach dem Glück, sie wollen glücklich werden und so bleiben.« (Bd. XIV, S. 433) Tieren und Menschen sei gemeinsam, nach dem Angenehmen zu streben und das Unangenehme zu vermeiden. »Es ist, wie man merkt, einfach das Programm des Lustprinzips, das den Lebenszweck setzt.« (ebd., S. 434) Es ging Freud hier um eine von der Moral unabhängige Kraft, die nicht unmoralisch, aber amoralisch war. Sie kümmerte sich nicht um Sünde und Tugend, um Gut und Böse. *Sie existierte einfach.*

Das Lustprinzip könne aber nicht Gesetz sein, weil es vom Realitätsprinzip daran gehindert werde. Dieses setze sich strukturell der uneingeschränkten Herrschaft der Lust entgegen, denn diese könne nur von kurzer Dauer sein. Halte sie an, so werde sie unerträglich. Das Wesen der Lust sei also ihre Vergänglichkeit. An ihre Stelle träten andere Kräfte. So finde die Lust nie ein Ende und setze sich ewig fort.

Freud zufolge genießt man zwar den lustvollen Zustand, aber mehr noch den Kontrast zwischen Lust und Unlust. Unser Lusterleben ist durch die Physiologie begrenzt; ein stundenlanger Orgasmus würde uns völlig erschöpfen. Das Leid dagegen kann man öfter und länger ertragen. Es kommt von überall her, vor allem aber entstammt es drei Quellen: dem sterblichen Körper selbst, der Umwelt, die reich an Gefahren ist, und unseren Beziehungen zu anderen Menschen, einem Biotop des Negativen.

Die meisten Menschen sind klug und verlangen nicht zu viel. Jeder weiß, dass Glück schwer zu bekommen und zudem vergänglich ist. Sind Kinder noch vom Lustprinzip geprägt, weil sie nichts von der Wirklichkeit wissen, regiert bei Erwachsenen bereits das Realitätsprinzip, das Verzicht, Opfer und andere Frustrationen mit sich bringt. Erwachsene suchen nicht mehr nach schneller Lustbefriedigung, sondern ziehen ihren Lustgewinn überwiegend daraus, so wenig wie möglich unter der Wirklichkeit zu leiden. So herrscht ein negativer Hedonismus, und Epikurs Ataraxie tritt in den Dienst der freudschen Leidenschaften.

Freud entwickelte eine Art »Technik der Lebenskunst« (ebd., S. 440) in Katalogform. Er benannte Strategien, mit denen man nicht (allzu) unglücklich und sogar (ein bisschen) glücklich sein konnte. Doch sein Pessimismus wirkte sich auch hier aus. Auf jede Technik folgten Bedenken und Einschränkungen. Letztlich schien es keinen Ausweg zu geben, denn er sah überall das Nirwanaprinzip am Werk, welches das Leben in den Zustand vor dem Leben zurückstreben ließ – nämlich ins Nichts.

Beschäftigen wir uns genauer mit diesem Katalog dessen, was man tun kann, um so wenig Unglück wie möglich zu erleben, während man auf den Tod wartet. Man könne versuchen, alle Bedürfnisse zügellos zu befriedigen. Das sei das verlockendste, *aber* auch gefährlichste Mittel, denn der Preis solcher Maßlosigkeit sei hoch. Eine andere Möglichkeit bestünde darin, sich von der Welt und den Menschen zurückzuziehen; was praktisch sei, wenn man schnell Ruhe finden wolle, was *aber* nicht zum Lebensziel tauge. Man könne auch versuchen, alle glücklich zu machen, *aber* dieses Ideal sei unerreichbar. Man könne auf halluzinogene Substanzen zurückgreifen, wie es in allen Völkern der Welt praktiziert werde, zerstöre *aber* damit seinen Körper, dämpfe die Empfindungen und verliere viel Energie, die man für interessantere Aufgaben verwenden könne. Man könne versuchen, seine Begierden auszulöschen, *aber* das käme einem langsamen Tod gleich. Man könne versuchen, sein Triebleben dem Realitätsprinzip zu beugen, *aber* damit nehme man sich jede Möglichkeit des Lusterlebens, denn es bringe mehr Lust, einem wilden Trieb nachzugeben als einem domestizierten. Eine andere Option sei, die Libido durch psychische und intellektuelle Anstrengung auf andere Objekte zu richten, wie im Fall der Sublimierung, *aber* diese Fähigkeit hätten nur Künstler und Forscher; zudem sei diese Methode – hier sprach Freud aus Erfahrung – nicht gänzlich befriedigend. Man könne sich den Illusionen hingeben und als Ästhet in der Scheinwelt der Kunst leben, *aber* dies gelinge auf Dauer nicht. Alternativ könne man sich in die Arbeit versenken, wo Bestandteile der Libido wie Narzissmus, Aggressivität oder Erotik ebenfalls eine Rolle spielten, *aber* nur wenige Menschen hätten einen Beruf, in dem sie ganz und gar aufgingen; die meisten arbeiteten aus Notwendigkeit. Oder man flüchte sich in das Liebesleben und greife auf die Lusterlebnisse der Kindheit zurück, *aber* Lieben bedeute Leiden, Verzicht und sich einem anderen anvertrauen, der uns das Leben zur Hölle machen, uns verlassen, krank und alt werden oder sterben könne, wodurch unser Leid sich noch verstärke. Man könne versuchen, die Welt zu verändern und eine weniger repressive Gesellschaft zu begründen, *aber* man liefe dabei Gefahr, völlig realitätsfremd zu werden.

Freud glaubte, Utopien gesellschaftlicher Veränderung im Sinne von Hedonismus oder sexueller Befreiung seien zum Scheitern verurteilt. Er überlegte, wie es wäre, wenn »eine größere Anzahl von Menschen gemeinsam den Versuch unternimmt, sich Glücksversicherungen und Leidensschutz durch wahnhafte Umbildung der Wirklichkeit zu schaffen. Als solchen Massenwahn müssen wir auch die Religionen der Menschheit kennzeichnen. Den Wahn erkennt natürlich niemals, wer ihn selbst noch teilt.« (ebd.) Eine deutlichere Warnung an alle *Wahnsinnigen,* welche die Welt verändern wollen, kann man kaum aussprechen. Die Lösung liege nicht in der Veränderung der Welt, sondern in deren Akzeptanz. Wir werden darauf zurückkommen, wenn wir uns mit Freuds Ansichten über den Chef und die Masse auseinandersetzen.

Auf genuines Glück gibt es demnach keine Aussicht; individuelles wie kollektives Glück sind Definitionsfragen. Liebesbeziehungen oder enge Familienbande stehen im Verdacht, von der wahren Welt abzulenken; sie erhöhen die Chance auf Enttäuschung.

Doch auch wer seine Liebe auf die gesamte Menschheit ausdehnt, bleibt laut Freud chancenlos. Denn wer alle liebt, liebt niemanden besonders, und außerdem gilt – hier stoßen wir zum Kern des freudschen Denkens vor –: »[E]s sind nicht alle Menschen liebenswert.« (ebd., S. 461) Das ist der kategorische Imperativ einer pessimistischen politischen Denkweise und war von Macchiavelli über Joseph de Maistre bis Emile Cioran stets die Grundlage reaktionärer Theorien.

Gibt es eine Lösung? »Das Glück, in jenem ermäßigten Sinn, in dem es als möglich erkannt wird, ist ein Problem der individuellen Libidoökonomie. Es gibt hier keinen Rat, der für alle taugt; ein jeder muß selbst versuchen, auf welche besondere Fasson er selig werden kann.« (ebd., S. 442) Es ist sich also jeder selbst der Nächste in dieser brutalen, barbarischen, vom Todestrieb bestimmten Welt. *Das Unbehagen in der Kultur* entwirft eine düstere Welt, in der das Gesetz des Stärkeren gilt und jeder irgendwie versuchen muss, seine Triebe zu befriedigen.

Ein Narzisst, der sich selbst genügt, wird eine Lösung finden, genau wie ein hyperaktiver Mensch sich in Tätigkeiten oder ein Erotomane in ein aktives Sexualleben stürzen kann. Aber Kranke, Neurotiker, Menschen mit psychischen Beschwerden werden es nicht schaffen, sie bleiben unbefriedigt und unzufrieden. Doch sie sind ohnehin nicht zum Glück bestimmt, sondern zu »Ersatzbefriedigungen« (ebd., S. 443), etwa der Flucht in die Krankheit oder die Religion. Ansonsten bleibt ihnen nur ein noch gefährlicherer Ausweg: *die Psychose.*

In Freuds düsterem Weltbild gibt es kein Glück, sondern nur kurzlebige, letztlich enttäuschende hedonistische Triebbefriedigungen. Alle Wege zum Glück enden in der Desillusionierung; das größte Glück besteht im geringsten Leid; gemeinschaftliche

Lösungen sind zum Scheitern verurteilt; Liebe und Familie machen alles nur noch schlimmer, und die Politik kann überhaupt nichts zum Glück der Menschheit beitragen.

Was also kann man tun? Den ewigen Kampf der Welt gegen den Tod nicht ignorieren. Doch das Nichts gewinnt immer, denn es befindet sich im Innern dessen, woraus wir sind. In jeder Sekunde unseres Lebens bewegen wir uns auf das Nichts zu. Mit diesem Wissen müssen wir unser Leben bestreiten, irgendwie zurechtkommen, uns mit dem Schlimmsten arrangieren. Finden wir etwas, das uns egoistische Befriedigung verschafft, so ist es gut. Wenn nicht, bekommen wir Neurosen oder, noch schlimmer, Psychosen, verlieren also mitten in der Welt die Welt aus den Augen. Freud ließ keinen Zweifel daran: Das Schlimmste ist uns stets gewiss.

II.
Die heimliche sexuelle Befreiung

»Es ist nicht die Rede davon, daß der Rat, sich sexuell auszuleben, in der analytischen Therapie eine Rolle spielen könnte.«

Sigmund Freud, *Vorlesungen zur Einführung in die Psychoanalyse* (Bd. XI, S. 449)

Im Fazit von *Die endliche und die unendliche Analyse* beschäftigte Freud sich mit der sexuellen Aufklärung von Kindern. Das entsprach nicht dem Zeitgeist. Die Eltern des Kleinen Hans waren Pioniere auf diesem Gebiet, bevor ihr Nachwuchs zu einer berühmten Fallgeschichte wurde. Zeigte Freud sich bei diesem Thema etwas weniger pessimistisch? Keineswegs. Zwar ging er weder so weit zu behaupten, Kinder könnten durch das Thematisieren der Masturbation Schaden nehmen, noch erklärte er diese Sorge für überflüssig. Doch er behauptete, Kinder könnten mit diesem Wissen nichts anfangen, weil diese primitiven Dinge so tief in ihnen verwurzelt seien, dass erworbene Informationen nicht zu ihnen vordringen könnten.

»Man überzeugt sich, daß sie nicht einmal so rasch bereit sind, ihnen jene, man möchte sagen: naturwüchsigen, Sexualtheorien zum Opfer zu bringen, die sie im Einklang mit und in Abhängigkeit von ihrer unvollkommenen Libidoorganisation gebildet haben, von der Rolle des Storchs, von der Natur des sexuellen Verkehrs, von der Art, wie die Kinder zustande kommen. Noch lange Zeit, nachdem sie die sexuelle Aufklärung empfangen haben, benehmen sie sich wie die Primitiven, denen man das Christentum aufgedrängt hat und die im Geheimen fortfahren, ihre alten Götzen zu verehren.« (Bd. XVI, S. 79) In anderen Worten: Weder Geschichte noch Pädagogik, Bildung oder Kultur spielen hierbei eine Rolle, denn das Triebgeschehen entzieht sich dem menschlichen Zugriff. Freud essentialisierte und enthistorisierte also die Sexualität. Sie ist, was sie schon immer war, und sie wird stets nur sein, was sie ist. Sie verändern zu wollen ist nach Freud eine reine Wunschvorstellung.

Sein tragischer Pessimismus führte ihn zu der Behauptung, die Tyrannei der Triebe sei total und unausweichlich. Das Lustprinzip steuert jedes Lebewesen, welches danach strebt, die Wünsche des Unbewussten zu verwirklichen. Doch das Realitätsprinzip begrenzt das Lustprinzip und verhindert, dass es alles andere dominiert. Für Freud entsprangen Kultur und Gesellschaft aus eben jener ständigen Spannung zwischen Lust und Wirklichkeit. Eine völlige Befreiung schien ihm deshalb undenkbar. Sie würde zu absolutem Chaos führen, zum Gesetz des Dschungels. Die Stärksten und Gewieftesten würden die Schwachen und Einsamen regieren.

Freuds klassische Opposition von *Lustprinzip* und *Realitätsprinzip* erinnert an Nietzsches Paarung *dionysisch/apollinisch*. Auf der einen Seite stehen bei Nietzsche Trunkenheit, Tanz, Poesie, Musik, Mythos, die mystischen Kräfte, der subjektive Künstler; auf der anderen Seite Bildhauerei, Ordnung, Form, Architektur, Nüchternheit, Ruhe, Weisheit, Maß, Syllogismen, Dialektik, Wissenschaft, Dialog. Archilochos gegen Homer. Triumphiert ein einzelnes Prinzip, kommt es zur Katastrophe. Es bedarf einer subtilen Dialektik zwischen beiden Instanzen. Eine dionysische Welt wäre genauso verrückt wie eine apollinische, und eine Welt, in der das Lustprinzip regiert, wäre unerträglich, genau wie eine solche, die nur vom Realitätsprinzip bestimmt wird. So warnte Freud: »Es ist nicht die Rede davon, daß der Rat, sich sexuell auszuleben, in der analytischen Therapie eine Rolle spielen könnte.« (*Vorlesungen zur Einführung in die Psychoanalyse*, Bd. XI, S. 449) Denn die Probleme würden nicht durch die Unterdrückung des Sexuellen, sondern durch die intrinsische Funktionsweise des Unbewussten verursacht. Wie befreit die Sexualität auch wäre, die Schwierigkeiten bestünden weiterhin, denn die Triebe führten ganz selbstverständlich zur Verdrängung. Gelänge es, die Unterdrückung der Sexualität zu beseitigen, bedürfe es eines Substituts in Gestalt neuer Symptome. Das Problem an der sexuellen Repression war für Freud also nicht die *Repression,* sondern die *Sexualität.*

Freud vertrat die Ansicht, zur Stimulierung der Sexualität bedürfe es eines Hindernisses und der Opposition. In *Beiträge zur Psychologie des Liebeslebens* heißt es: »Es ist leicht festzustellen, daß der psychische Wert des Liebesbedürfnisses sofort sinkt, sobald ihm die Befriedigung bequem gemacht wird. Es bedarf eines Hindernisses, um die Libido in die Höhe zu treiben, und wo die natürlichen Widerstände gegen die Befriedigung nicht ausreichen, haben die Menschen zu allen Zeiten konventionelle eingeschaltet, um die Liebe genießen zu können. Dies gilt für Individuen wie für Völker. In Zeiten, in denen die Liebesbefriedigung keine Schwierigkeiten fand, wie etwa während des Niederganges der antiken Kultur, wurde die Liebe wertlos, das Leben leer, und es bedurfte starker Reaktionsbildungen, um die unentbehrlichen Affektwerte wieder herzustellen. In diesem Zusammenhange kann man behaupten, daß die asketische Strömung des Christentums für die Liebe psychische Wertungen geschaffen hat, die ihr das heidnische Altertum nie verleihen konnte. Zur höchsten Bedeutung gelangte sie bei den asketischen Mönchen, deren Leben fast allein von dem Kampfe gegen die libidinöse Versuchung ausgefüllt war.« (Bd. VIII, S. 88) Sind das die Worte eines Befreiers der Sexualität?

Freud war zwar der Meinung, der Schraubstock der Sittlichkeit solle ein bisschen gelockert werden, aber ihn gänzlich abzuschaffen kam nicht infrage! Auf dem Gebiet der Sexualität war Freud kein Revolutionär, sondern nur ein äußerst vorsichtiger Reformer. In diesem Sinne muss man seine Äußerungen verstehen, zum

Beispiel einen Brief an Fließ vom 7. März 1896, in dem er den Freund aufforderte, so schnell wie möglich ein sicheres Verhütungsmittel zu entwickeln, das den *coitus interruptus* unnötig mache, stünde dieser doch am Anfang zahlreicher Neurosen. Eine solche Entdeckung schien ihm als »[s]elbstverständliche Methode zur Reform der Gesellschaft an Nerven und Gliedern durch Sterilisation des sexuellen Verkehrs.« (*Briefe an Wilhelm Fließ*, S. 187) Derselbe Freud sagte im Privaten, er wünsche sich Akademien, auf denen man Sexualität erlernen könnte.

Zweimal wich er nach Analysen, in denen er die Notwendigkeit der sexuellen Repression bestätigt hatte, leicht von dieser Haltung ab und machte gewisse Zugeständnisse. So schrieb er in *Vorlesungen zur Einführung in die Psychoanalyse:* »Wir sind zwar keine Reformer, sondern bloß Beobachter, aber wir können nicht umhin, mit kritischen Augen zu beobachten, und haben es unmöglich gefunden, für die konventionelle Sexualmoral Partei zu nehmen, die Art wie die Gesellschaft die Probleme des Sexuallebens praktisch zu ordnen versucht« (Bd. XI, S. 450). Freud wollte seinen Patienten in der Analyse dennoch nicht zu einem freieren Sexualleben raten.

Wer analysiert wurde, sei »gegen die Gefahr der Unsittlichkeit dauernd geschützt, mag sein Maßstab der Sittlichkeit auch von dem in der Gesellschaft gebräuchlichen irgendwie abweichen.« (ebd., S. 451) Auf der Couch scheint sich die Sexualität zu entmaterialisieren: Dank der analytischen Alchimie, die das Unbewusste in Bewusstes verwandelt und so die Verdrängung und die mit ihr verbundenen Symptome aufhebt, wird sie zu etwas rein Symbolischem. Anders gesagt: Die politische und gesellschaftliche Befreiung der Sexualität verliert ihre Notwendigkeit, weil die Psychoanalyse die Sexualität einer reinigenden Behandlung unterzieht.

In den Vorlesungen hatte Freud also die sexuelle Befreiung abgelehnt, aber die individuelle Befreiung durch die Therapie versprochen. In ähnlicher Weise kritisierte er in *Beiträge zur Psycho-*

logie des Liebeslebens die herrschende Sexualmoral und schloss: »Aber ich bin selbst gern bereit zuzugeben, […] daß vielleicht andere Entwicklungseinrichtungen der Menschheit das Ergebnis der hier isoliert behandelten zu korrigieren vermögen.« (Bd. VIII, S. 91) Welche das sind, werden wir nie erfahren.

Im März 1908 erschien *Die »kulturelle« Sexualmoral und die moderne Nervosität*. Hier kritisierte Freud die herrschende Sexualmoral, welche die Sexualität streng auf ein monogames Eheleben begrenze. Dies zwinge die Menschen, einander zu belügen und zu betrügen. Freud wusste, wovon er sprach. Die Unterdrückung der Sexualität führe zu sexuellen Störungen, Perversionen oder Homosexualität. Wem die Fähigkeit zur Sublimierung fehle, der entwickle eine Neurose.

Die Ehe vernichte das Begehren. Kommt ein Kind, so richte sich die Libido des Paares ganz auf den Nachwuchs aus. Begierde und Lust verschwänden, es herrsche Frustration. Das Ideal sei eine gänzlich befreite Sexualität, aber das lasse die Gesellschaft nicht zu. Also gingen die Männer in Bordelle, während die Frauen frigide oder neurotisch würden, sobald die Kinder aus dem Haus seien. Übrig bleibt nur eine harmlose Palliativmedizin namens Masturbation, die Freud seltsamerweise als eine der Hauptursachen psychischer Probleme brandmarkte.

Freud nutzte diese bedauernswerten Umstände, um Werbung für seine Lehre zu machen. 1925 lehnte er in *Die Widerstände gegen die Psychoanalyse* eine generell befreite Sexualität zwar immer noch ab, aber er pries die Psychoanalyse, die vorschlage, »mit der Strenge der Triebverdrängung nachzulassen und dafür der Wahrhaftigkeit mehr Raum zu geben. Gewisse Triebregungen, in deren Unterdrückung die Gesellschaft zu weit gegangen ist, sollen zu einem größeren Maß von Befriedigung zugelassen werden, bei anderen soll die unzweckmäßige Methode der Unterdrückung auf dem Wege der Verdrängung durch ein besseres und gesicherteres Verfahren ersetzt werden.« (Bd. XIV, S. 107) Wenn es darum ging, wie die Strenge der Triebverdrängung gelockert werden könnte, durfte man allerdings nicht mit konkreten Ratschlägen von Freud rechnen. Und auch darüber, wo die Gesellschaft zu weit gegangen war, oder über Details dieses besseren Verfahrens ließ er sich nicht weiter aus.

Es ist wichtig zu verstehen, dass Freuds Lösungsangebot nicht im allgemeinen Sinne politisch, sondern individuell gedacht war. Freud dachte an die Couch, genauer: an *seine* Couch. Es ging nicht um die Gesellschaft als Ganzes, sondern um den Einzelnen, der lernen sollte, mit seinem subjektiven Triebhaushalt zurechtzukommen. Freuds Lösung war nicht *antipolitisch,* aber *unpolitisch;* sie war individualistisch, egoistisch und ganz auf die jeweilige Person abgestimmt. Die Couch existierte nur aus einem einzigen Grund: weil die Gesellschaft die Menschen zur Verdrängung zwang, und Freud sah sich nicht in der Rolle des Angreifers, der dieses System als Ganzes gefährden wollte. Das versuchte zwar später der Freudomarxismus, aber Freud selbst hätte diese Weiterführung seiner Idee nicht unterstützt.

In ausreichender Entfernung von Klöstern und Bordellen dachte Freud über die bestmögliche Form des Sexuallebens nach. Das Ergebnis war keine reine Theorie oder politische Doktrin, sondern eine nominalistische Position. Freud meinte, dass jeder eine auf ihn zugeschnittene Lösung für das eigene Sexualleben finden sollte, und zwar unabhängig vom Rest der Welt oder der sexuellen Misere des Planeten. Weil die sexuelle Befreiung eine Sackgasse war, erschien die Couch als perfekte Lösung. Erneut weitete Freud die persönliche Erfahrung auf die allgemeine Theoriebildung aus.

Freuds Sexualleben mit seiner Frau Martha, mit der er sechs Kinder hatte, war den Briefen an Fließ zufolge von wechselnder Intensität. Es gab Zeiten, in denen er anscheinend nicht mit seiner Frau, wohl aber mit seiner Schwägerin schlief – und zwar mit Marthas schweigender Zustimmung. Der Legende zufolge hatte Freud ab dem siebenunddreißigsten Lebensjahr gar kein

Sexualleben mehr. Mit dieser Darstellung sollte die These unterstützt werden, dass die Erfindung der Disziplin der Psychoanalyse durch Sublimierung möglich geworden war, und damit zugleich Freuds Lehre legitimiert und Ehebruch und Inzest kaschiert werden.

So wurde die Couch zu einem Instrument zur Regulierung der sexuellen Intersubjektivität. Dabei sollte sie nicht zu viel und nicht zu wenig leisten, sollte weder Mönche noch Freigeister hervorbringen. Aus dem tragischen Pessimismus ergab sich auch auf dem Gebiet der Sexualität und der Politik eine konservative Position. Keineswegs sollte die Psychoanalyse im Dienst der sexuellen Liberalisierung stehen, denn zu viel Freiheit an einer Stelle zöge Zwang an anderer Stelle nach sich. Schließlich war das Verbot die Existenzgrundlage der Gesellschaft. Der konservative Freud sah sich als Garanten dieses Verbots, und die Psychoanalyse sollte es sichern.

Im Gegenzug durfte sie durchaus zur Schadensbegrenzung beitragen – mehr aber auch nicht. *Die »kulturelle« Sexualmoral und die moderne Nervosität* war eine Waffe gegen die jüdisch-christliche Sexualität mit unzweifelhaft nietzscheanischer Akzentuierung. Der Text wetterte gegen die sexuelle Repression als hauptsächlichem Entstehungsgrund der Neurosen, verurteilte die Scheinheiligkeit, kritisierte die eheliche Monogamie und machte das christliche asketische Ideal für Geisteskrankheiten, Masturbation, Perversionen und Angst verantwortlich. Und er machte den Elefanten zur Mücke: »Das Heilmittel gegen die aus der Ehe entspringende Nervosität wäre vielmehr die eheliche Untreue« (Bd. VII, S. 158). Der Ausweg lag also nicht in der sexuellen Befreiung, sondern jeder musste sich seinen eigenen Notausgang suchen, an dessen Ende die letzte Rettung wartete: die Couch.

III.
Die Masturbation – Eine Kinderkrankheit der freudschen Lehre

»Symbolisch verstanden, bedeutet Onans Akt,
daß er seinen Samen der Mutter (Mutter Erde) gab.
Seine Sünde besteht also im Inzest.«

Sigmund Freud in *Protokolle der Wiener Psychoanalytischen Vereinigung* (Bd. III, S. 329)

Erstaunlicherweise findet sich bei Freud eine Kritik an der Onanie. Erstaunlich deshalb, weil sein klarer Blick auf die sexuelle Repression vermuten ließe, dass er die einsamen Freuden als geeigneten und harmlosen Ausweg aus der Tyrannei des Körpers betrachtete. Schließlich schadet diese Form des Lustgewinns niemandem; wie also könnte man sie so hart kritisieren oder verurteilen, als sei man ein strenger christlicher Beichtvater?

Die *Protokolle der Wiener Psychoanalytischen Vereinigung* zeigen, wie gestrig die Doktoren sich in dieser Frage verhielten. Das berüchtigte Handbuch des Dr. Samuel Tissot (1728–1797), der den Onanisten die schlimmsten Krankheiten voraussagte, fand in den meisten der dort versammelten Analytiker würdige Erben. Mit seinem europaweiten Bestseller *Die Onanie, oder Abhandlung über die Krankheiten, die von der Selbstbefriedigung herrühren* wollte Tissot die gängige und banale Praxis verhindern, indem er sie als extrem gesundheitsschädlich darstellte. Freud wandelte auf Tissots Spuren und verpasste die Chance, ein sexueller Aufklärer zu werden.

Die Psychoanalytische Vereinigung widmete der Onanie zwischen dem 25. Mai 1910 und dem 24. April 1912 elf Sitzungen. Sie alle zeigen, dass die Mitglieder von der Schädlichkeit dieser Praxis überzeugt waren – die sie ganz gewiss selbst praktizierten! Die erste Zusammenkunft war eine »Diskussion über die Schädlichkeit der Masturbation« (*Protokolle der Wiener Psychoanalytischen Vereinigung,* Bd. II, S. 502). Bereits mit dem Titel war alles gesagt. Freud behauptete bei dieser Gelegenheit: »Die Neurasthenie läßt sich jedesmal auf einen Zustand des Nervensystems zurückführen, wie er durch exzessive Masturbation erworben wird« (*Die Sexualität in der Ätiologie der Neurosen,* Bd. I, S. 497). Welche Frequenz als exzessiv zu betrachten ist, verriet er allerdings nicht.

Mithilfe der Sophistik verurteilten die Psychoanalytiker nicht die Masturbation als solche, sondern die begleitenden Fantasien! Wie ein Priester im Beichtstuhl suchte man das Übel nicht in der Tat selbst, sondern in den schlechten Gedanken. Zwar hatte man keinen Beweis, aber die Logik des Performativen erlaubte auch hier wieder die Umwandlung subjektiver Überzeugungen in objektive Wahrheiten. So brachten die Mitglieder der Vereinigung die Onanie mit Inzestfantasien, Homosexualität und Perversionen in Verbindung!

Freuds sophistische, performative Logik führte auch hier zu einer altbekannten Argumentation, der zufolge die Fantasien mit einer Wirklichkeit korrespondierten, und wenn der Onanist sich daran nicht erinnere, beweise dies nicht, dass die Fantasien nie Realität waren, sondern nur, dass er diese Realität verdränge. Das Masturbieren verweise also – selbst wenn die betreffende Person dies abstreite – auf die Fantasie der sexuellen Vereinigung mit der Mutter und die Kopulation mit einer gleichgeschlechtlichen Person, und zwar im Rahmen einer Abkehr von der laut Freud normalen, also heterosexuellen genitalen Sexualität.

Von der Onanie riet er aus verschiedenen Gründen ab. Zum einen war sie für ihn eine *antisoziale Handlung,* mit der das Individuum sich gegen die Gesellschaft stellte – demonstrierte es doch, dass es ihrer gar nicht bedurfte. Sie war eine *zu einfache Handlung,* mit der sich ein Mensch daran gewöhnte, sich für den Lustgewinn nicht anzustrengen. Sie war *realitätsfremd,* weil das

Subjekt die Realität von sich wegschob und sich mit Fantasien zufriedengab. Sie war eine *hedonistische Handlung,* welche die Akzeptanz der notwendigen gesellschaftlichen Zwänge erschwerte. Sie war *regressiv,* weil sie auf die sexuelle Phase der Kindheit verwies, in der die Psychoneurosen entstehen; und sie war, wenn sie von Frauen ausgeführt wurde, *widernatürlich,* weil sie männlich konnotiert war.

Diese Kritikpunkte wurden in keiner Weise ausgeführt; sie blieben bloße Behauptungen. Inwiefern schadet die Onanie der Gesellschaft? Weshalb hat in der Sexualität das Komplexe Vorrang vor dem Einfachen? Ist sie umso besser, je schwieriger sie ist? Wieso sollte die sogenannte klassische Sexualität mit einer Penetration der Frau durch den Mann weniger fantasiebehaftet sein als die Masturbation? Und selbst wenn die Psychoanalytiker recht hätten: Wieso sollte man die deprimierende Wirklichkeit einer schönen Fantasie vorziehen? Und wieso ist die Lust überhaupt verboten? Wieso ist eine hedonistische Sexualität kritikwürdig? Und weshalb verbietet man die regressive Lust? Wenn der Onanist daran Freude hat und ihm in diesem Moment keine nicht regressive Lust möglich ist, weshalb sollte er dann auf diese einfachen Freuden verzichten? Und wie konnte Freud, der sich mit Fließ über die Bisexualität austauschte und zum Beweis der sexuellen Ambivalenz jedes Menschen die Rede des Aristophanes aus Platons *Gastmahl* zitierte, den Frauen diese angeblich männliche Freude versagen? Und woher wusste er überhaupt so genau, was männliche Lust von weiblicher unterschied? Die Argumente der Kollegen wirkten eher schlicht. Antisozial, zu einfach, wirklichkeitsfern, hedonistisch, regressiv und widernatürlich? Na und? Weshalb sollte sexuelle Lust sozial, kompliziert, realistisch, traurig, erwachsen und natürlich sein – zumal für keinen dieser Faktoren präzise Definitionen vorgelegt wurden?

Immerhin gestand Freud der Onanie – die er für sich persönlich nicht zu verdammen schien – einige positive Effekte zu. Sie lindere nämlich sexuelle Abstinenz, die sich andernfalls schädlich auswirken könne. (Doch damit standen sich schädliche Masturbation und schädliche Abstinenz gegenüber.) Die Onanie mindere die sexuelle Leistungsfähigkeit, was in einer Gesellschaft, in der man die Triebe unterdrücken und sich mit Monogamie zufriedengeben müsse, von Vorteil sei. Sie erlaube jungen Männern zudem, sich anderen Dingen zu widmen, und verhindere die Ansteckung mit Syphilis. Ungeachtet dieser widerwillig eingestandenen Vorteile galt Freud die Masturbation als Sexualkrankheit, weil die Norm – die kein Mitglied der Vereinigung infrage stellte – eine genitale, eheliche, monogame Heterosexualität vorschrieb.

Bei der Zusammenkunft am 22. November 1911 griff man das Thema wieder auf. Freud untersuchte das Verhältnis des Onanisten zu dessen inzestuösen Fantasien. Die Unmöglichkeit der sexuellen Beziehung zur Mutter erkläre die schweren Depressionen, an welchen Onans Gefolgsleute litten! Freud porträtierte den Onanisten als ängstlichen, misstrauischen Einzelgänger, der in seiner Jugend ein »krankhaftes Streben nach Wahrhaftigkeit« (*Protokolle der Wiener Psychoanalytischen Vereinigung,* Bd. III, S. 307) an den Tag gelegt habe, sich nach echter Freundschaft sehne, unspontan sei, sich beobachtet fühle, manchmal keine Kontrolle über seine Hände habe, sich leidenschaftlich gern für etwas aufopfere und entweder egoistisch oder überaus altruistisch sei.

Manchmal habe ein Onanist sehr positive Eigenschaften: die Neigung zu Tugendhaftigkeit oder moralischer Perfektion sowie zur »Sauberkeit im Reden« (ebd., S. 307 f), eine Abneigung gegen Zynismus, das Festhalten an Terminen, Angst vor Kraftlosigkeit, starke Konzentration auf die Familiengründung; manche Mädchen hätten den Eindruck, ihre Jungfräulichkeit verloren zu haben und nie mehr Kinder bekommen zu können. Und als letzte Pointe behauptete Freud: »Jeder Masturbant stellt eigentlich zwei Personen dar, die erste Pflegerin (Mutter) und sich selbst« (ebd., S. 308).

Man widmete der Frage noch eine weitere Sitzung. Hier konnte Freud auf die biblische Geschichte von Onan eingehen und erläutern, inwiefern der Onanist eine inzestuöse Beziehung zur Mutter unterhält. »Symbolisch verstanden, bedeutet Onans Akt, daß er seinen Samen der Mutter (Mutter Erde) gab. Seine Sünde besteht also im Inzest.« (ebd., S. 329) Deshalb sei die Masturbation immer von Schuldgefühlen begleitet.

Freud kannte Onans wahre Geschichte genau und machte dies gleich am Anfang seines Vortrags deutlich. Dass Onan sein Sperma auf der Erde verteilte, bedeutete die Verweigerung des realen Inzests und nicht die Ausübung eines *symbolischen Inzests,* denn Gott hatte ihm aufgetragen, die Frau seines verstorbenen Bruders zu schwängern. Onan hatte sich geweigert, mit seiner Schwägerin zu verkehren (was Freud hätte hellhörig machen können), und hatte deshalb so gehandelt. Doch Freud ignorierte diese Lektion bewusst und interpretierte den Inzest gegenteilig als symbolischen Inzest, indem er die Erde mit der Mutter gleichsetzte.

Bei einer weiteren Sitzung kritisierte Freud den Gedanken, das Schuldgefühl sei religiös motiviert, »weil das Schuldbewußtsein historisch in Zeiten nachweisbar ist, wo von Religion noch keine Rede ist.« (ebd., Bd. IV, S. 57). Erinnern wir uns, dass das Schuldgefühl auf den »wissenschaftlichen Mythos« vom Vatermord und der Urhorde aus *Totem und Tabu* zurückgeht. Es steht also in enger Beziehung zur Inzestfantasie.

Anlässlich der vierten Diskussion über das Thema am 24. Januar 1912 stellte Freud eine These auf, die zeigte, dass er nie wirklich von der Verführungstheorie abgerückt war: Frauen, die regelmäßig masturbierten, reaktivierten die Fantasie vom Vater, der sie in der Kindheit verführt habe. So fielen sie in eine infantile Sexualität zurück. Auch während der fünften Onanie-Debatte beharrte Freud auf der Gefährlichkeit dieser Praxis. Es lohnt sich, das entsprechende Zitat zu lesen: »Für den Schaden der Onanie spreche die Beobachtung eines völlig objektiven Beurteilers, der die spätere Verdummung der arabischen Jünglinge auf ihre maßlose und durch nichts gehemmte Onanie zurückgeführt habe.« (ebd., S. 37f)

Bei der letzten Sitzung zu dieser Frage mit dem Titel »Epilog zur Onanie-Debatte« (ebd., S. 86) am 24. April 1912 fasste Freud zunächst die Inhalte der vergangenen Sitzungen zusammen und fügte dann hinzu, die Masturbation verursache auch organische Schäden – ohne diese weiter zu erläutern. Sie führe zudem zu Neurosen, denn sie stehe für einen Rückfall in die kindliche Sexualität und zwinge zur Fixierung auf dieselbe. Gehe man weit genug zurück, komme man zu Ödipuskomplex und Inzestfantasie. Die zweijährige Diskussion über das Thema hatte also keinerlei Fortschritt gebracht, zumindest nicht im Vergleich zu dem 1898 veröffentlichten Text *Die Sexualität in der Ätiologie der Neurosen.* Freud suchte keine neuen Antworten, weil er schon alle kannte, und die Sitzungen hatten nur dazu gedient, die Thesen aus seinem Artikel zu bestätigen.

Damals riet er zu einer »Abgewöhnung« (*Die Sexualität in der Ätiologie der Neurosen,* Bd. I, S. 505) der Onanie in Krankenhäusern unter regelmäßiger Kontrolle durch Ärzte. Freud wollte gar nicht wissen, weshalb jemand diese einsame Form der Sexualität pflegte. Er hatte sie für pathologisch erklärt, hatte ihre Rolle innerhalb der Entstehung der Neurosen festgestellt und sie aus dem unerfüllbaren Wunsch nach der Vereinigung mit der Mutter hergeleitet. Wie aber wollte der Mann, der sich als Erfinder der Psychoanalyse und erfolgreicher Therapeut ausgab, die armen, wegen einer Nichtigkeit für geisteskrank erklärten Menschen entwöhnen? Etwa durch Hypnose? Durch Breuers Methode oder durch Handauflegen? Oder sollten sie sich auf die Couch begeben?

Keineswegs. Freuds Behandlungsinstrument durften wir bereits kennenlernen: Es war der Psychrophor! In einem Brief an den Psychoanalytiker Binswanger, der Freuds Lehre mit Husserls Phänomenologie verbinden wollte, riet er einem Patienten zu dieser Methode. Wir erinnern uns, dass der Psychrophor eine Art

Katheter war, mit dem kaltes Wasser in die Harnröhre gespült wurde. In einem anderen Brief vom 21. April 1910 schrieb Freud: »Ich glaube nicht, daß ihm die Sondierung schaden kann, sie wird ihm vielmehr die Onanie ersetzen, von der Onanie abhalten« (Freud/Binswanger, *Briefwechsel,* S. 41). So viel zu einer revolutionären medizinischen Errungenschaft, die dazu diente, die Mittellosigkeit der Couch zu kaschieren.

IV.
Der verkümmerte Penis der Frauen

»[D]ie Anatomie ist das Schicksal.«

Sigmund Freud, *Beiträge zur Psychologie des Liebeslebens* (Bd. VIII, S. 90)

Sein Leben lang fühlte Freud sich von seiner Mutter sexuell angezogen. Das ging so weit, dass er diese Anziehung zur Grundlage einer allgemeinen Theorie über den Ödipuskomplex machte. Er heiratete ein junges Mädchen, deren Schwester er den Hof machte, und wurde zum Liebhaber seiner Schwägerin – wir erinnern uns, dass diese mit Familie Freud unter einem Dach lebte und ihr Zimmer nur durch das Schlafzimmer des Ehepaars betreten und verlassen konnte. Mit seiner jüngsten Tochter unterhielt er eine symbolisch inzestuöse Beziehung, indem er sie einer Psychoanalyse unterzog und ihr während seiner langen Krankheit die Rolle der Pflegerin zuwies, die er der eigenen Frau verweigerte. Er machte aus seiner Tochter eine Antigone. Er konnte durch die Analyse bis ins kleinste Detail verfolgen, wie Anna zunächst die Männer ablehnte und dann homosexuell wurde. Er analysierte auch die Geliebte seiner Tochter und deren Kinder. Zusammengefasst lässt sich sagen: Freuds reale Beziehungen zum weiblichen Geschlecht waren zumindest nicht geradlinig.

Auch seine Theorien leiden unter diesen Verzerrungen. Als Freud John Stuart Mills feministische Essays übersetzte, ließ er keine Gelegenheit aus, die fortschrittlichen Thesen des utilitaristischen Philosophen zu geißeln. Denn für ihn galt: »[D]ie Anatomie ist das Schicksal« (*Beiträge zur Psychologie des Liebeslebens,* Bd. VIII, S. 90), und die Frauen waren eben ihrer weiblichen Anatomie unterworfen. Wir schreiben das Jahr 1912 – Simone de Beauvoir war gerade vier Jahre alt.

Das Zitat stammt aus dem zweiten Text der *Beiträge zur Psychologie des Liebeslebens;* der erste war betitelt: *Über einen besonderen Typus der Objektwahl beim Manne* und 1910 erschienen. 1918 veröffentlichte Freud *Das Tabu der Virginität.* In der Zusammenschau ergibt sich eine misogyne, phallokratische und homophobe Theorie. Freud war tatsächlich der Meinung, Frauen sollten keinen Beruf ausüben und nicht finanziell unabhängig sein. Vielmehr sollten sie gute Ehefrauen und Mütter sein. Die weibliche Physiologie sei im Vergleich zum phallischen Modell nicht vollständig ausgebildet. Freud glaubte auch, die normale Disposition des Menschen sei die monogame, eheliche Heterosexualität und hielt Homosexualität für das Ergebnis einer unvollendeten Libidoentwicklung. Die Natur habe den Frauen Schönheit, Charme und Gutherzigkeit geschenkt, und damit hätten sie sich zufriedenzugeben – das schrieb er am 15. November 1883 an seine Verlobte.

In *Das Tabu der Virginität* verbreitete Freud den misogynen und phallokratischen Gemeinplatz, eine emanzipierte Frau sei den Männern gegenüber stets feindlich gesinnt. Eine nach Freiheit strebende Frau bedrohe die ranghöhere Stellung des Mannes. Weibliches Verlangen nach Autonomie setzte er mit einer Kastrationsdrohung gleich. Und den theoretischen Hintergrund lieferte er gleich dazu: Die Frauen wünschten sich einen Penis; ihre Animosität gegen die Männer erkläre sich aus dem Neid. Das erstrebenswerte Modell war also der mit einem Phallus ausgestattete Mann; für Freud war der Penis das Gesetz.

»Hinter diesem Penisneid kommt nun die feindselige Erbitterung des Weibes gegen den Mann zum Vorschein, die in den Beziehungen der Geschlechter niemals ganz zu verkennen ist, und von der in den Bestrebungen und literarischen Produktionen der ›Emanzipierten‹ die deutlichsten Anzeichen vorliegen.« (*Das Tabu der Virginität,* Bd. XII, S. 176) Nachdem Ferenczi die Entstehung dieser *Erbitterung* erarbeitet hatte, folgte ihm Freud auf dem Fuße und nahm an, die physische Unterlegenheit der Frau im Geschlechtsakt zu Beginn der Menschheitsgeschichte habe sie zwangsweise dem Mann unterworfen. Dies habe Spuren in ihrem Unbewussten hinterlassen; sie stehe dem Mann also aus phylogenetischen Gründen feindselig gegenüber.

Für einen Phallokraten ist der Phallus der wichtigste Begriff in seinem Weltbild. Insofern verdiente Freud den Titel auf jeden Fall. In *Die Frage der Laienanalyse* schrieb er: »[D]as Geschlechtsleben des erwachsenen Weibes ein *dark continent* für die Psychologie. Aber wir haben erkannt, daß das Mädchen den Mangel eines dem männlichen gleichwertigen Geschlechtsgliedes schwer empfindet, sich darum für minderwertig hält, und daß dieser ›Penisneid‹ einer ganzen Reihe charakteristisch weiblicher Reaktionen den Ursprung gibt.« (Bd. XIV, S. 241)

Der Penis als Richtmaß des Sexuallebens; das Fehlen des Penis als Leid der Frauen; die durch das Geschlechtsteil legitimierte Herrschaft der Männer; die Unterlegenheit der Frauen aufgrund des anatomischen Unterschiedes und der scheinbar dunkle Kontinent der weiblichen Psychologie als Folge dieses Mangels – es zeigt sich deutlich, dass ein Theoriegebäude, welches den Körper grundlegend ablehnt und ihn nun durch die Hintertür doch wieder hereinlässt, die Verdrängung zu Freuds Problem macht – und keineswegs zum Problem der Frauen.

Das Problem der Frauen besteht nach Freud darin, dass sie keine Männer sind! Dies bezeugen die Texte *Einige psychische Folgen des anatomischen Geschlechtsunterschieds* (1925) und *Über die weibliche Sexualität* (1931). Hier entdecken wir plötzlich einen Freud, der sich über die Anatomie und den realen Körper Gedanken machte. Er, der sein Leben lang eine Metapsychologie auf Allegorien, Metaphern und Konzepte gegründet hatte, blickte nun den Frauen zwischen die Beine und staunte, weil er dort nicht fand, was er bei sich selbst sah. Dass die Frau keinen Penis hat, hielt er für die Quelle all ihrer Geheimnisse und Leiden.

Der Text von 1925 beschäftigte sich mit dem Ödipuskomplex bei kleinen Mädchen. Freud hatte ihn für den IX. Kongress der Internationalen Psychoanalytischen Vereinigung in Bad Homburg geschrieben, den Vortrag jedoch aus gesundheitlichen Gründen nicht halten können. Deshalb hatte seine Tochter den Text vorgelesen. Für einen kleinen Jungen war die Situation bekanntlich einfach: Er will sich sexuell mit der Mutter vereinigen und den Vater, der ihm dies verbietet, symbolisch töten. Will sich laut Freud nun das kleine Mädchen umgekehrt mit dem Vater vereinigen und sich der Mutter entledigen? Jung beschrieb die Entwicklung junger Mädchen mit dem Elektrakomplex – was war davon zu halten?

Wer die folgenden Zeilen ließt, muss an Freuds Beziehung zu seiner Tochter Anna denken: »Jeder Analytiker hat die Frauen kennengelernt, die mit besonderer Intensität und Zähigkeit an ihrer Vaterbindung festhalten und an dem Wunsch, vom Vater ein Kind zu bekommen, in dem diese gipfelt. Man hat guten Grund [*sic*] anzunehmen, daß diese Wunschphantasie auch die Triebkraft ihrer infantilen Onanie war, und gewinnt leicht den Eindruck, hier vor einer elementaren, nicht weiter auflösbaren Tatsache des kindlichen Sexuallebens zu stehen.« (*Einige psychische Folgen des anatomischen Geschlechtsunterschieds,* Bd. XIV, S. 22 f) Vielleicht ist diese Theorie während der Sitzungen des Vaters mit seiner Tochter entstanden. Sie trifft zu – aber auf wen noch außer auf Freud und Anna?

Wie entsteht nun laut Freud der Penisneid? Das Mädchen »bemerkt den auffällig sichtbaren, groß angelegten Penis eines Bruders oder Gespielen, erkennt ihn sofort als überlegenes Gegenstück seines eigenen, kleinen und versteckten Organs und ist von da an dem Penisneid verfallen.« (ebd., S. 23) Die Entdeckung, dass ihm ein Penis fehlt, genügt dem Mädchen also, um Neid auf den fehlenden Penis zu entwickeln. Das *also* ist hier im freudschen Sinne zu verstehen.

Das Geschlechtsteil des kleinen Jungen konnte natürlich nur *auffällig* und *groß angelegt* sein, während er den Penisersatz des kleinen Mädchens, die Klitoris, als *klein und versteckt* beschrieb. In *Abriß der Psychoanalyse* setzte Freud diese Charakterisierung fort und stellte »den ausgebildeten Organen des einen Geschlechts« die »verkümmerten, oft nutzlos gewordenen Rudimente des anderen« (Bd. XVII, S. 115) gegenüber. Einige Seiten weiter sprach er vom »Genita[l]« des kleinen Mannes im Vergleich zum »verkümmerten Penis« (ebd., S. 120) des Mädchens.

Entdecke ein kleiner Junge die Klitoris des Mädchens, so zeige er sich unentschlossen und nicht übermäßig interessiert; er sehe gar nichts oder verleugne, was er sehe. Später begreife er unter dem Druck der Kastrationsdrohung, worum es gehe. Masturbiere er dann oder begehre die Mutter, so wisse er, was ihn erwarte, nämlich ein Mädchenkörper, ein Unterleib ohne Phallus, kastriertes Fleisch. In *Einige psychische Folgen des anatomischen Geschlechtsunterschieds* wird die Frau mit einem »verstümmelten Geschöpf« (Bd. XIV, S. 24) gleichgesetzt. So erscheint der weibliche Körper als *Strafe*. Für Freud war der Stammesvater der Übermensch, die Frau aber der Untermensch. Der Phallus war Herr über den fehlenden Penis.

Ohne sich um Beweise für seine Behauptungen zu bemühen, machte Freud weiter: Die Entdeckung des fehlenden Penis führe zum Wunsch nach dem fehlenden Penis. Er schrieb in diesem Zusammenhang von Narben, vom Gefühl der Unterlegenheit und der narzisstischen Kränkung. Das kleine Mädchen hoffe, das ihm eines Tages die Gnade zuteil werde, selbst einen Penis zu haben. Doch im Rahmen der Verleugnung könne es auch behaupten, einen zu besitzen, und sich folglich wie ein Mann benehmen. Die kritische Forschung konnte nachweisen, dass dieser Text mit dem Titel *Ein Kind wird geschlagen* stark von Freuds Analyse der eigenen Tochter beeinflusst ist.

Freud beschäftigte sich mit diesen Fragen also vor dem Hintergrund weiblicher Homosexualität. Die Erkenntnis, keinen Penis zu haben, ließe den jungen Mädchen drei Möglichkeiten: Sie könnten ihre Sexualität ablehnen, Ressentiments gegen die

Mutter und Liebe zum Vater entwickeln; sie könnten die Kastration verleugnen und sich dem weiblichen Schicksal entziehen, indem sie homosexuell würden; oder sie könnten den Vater als Objekt wählen und versuchen, ein Kind von ihm zu bekommen. Wie soll man hier nicht an Anna Freud denken, deren Schicksal Freuds Theorie für allgemeingültig erklärte?

Immer noch ohne Beweise behauptete Freud, mit dem Verzicht auf den Penis korrespondiere der Wunsch nach einem Kind. Man könnte nun meinen, die Frau suche den potentiellen Vater außerhalb der Familie, doch Freud hatte eine andere Theorie. Das Mädchen »gibt den Wunsch nach dem Penis auf, um den Wunsch nach einem Kinde an die Stelle zu setzen, und nimmt in dieser Absicht den Vater zum Liebesobjekt.« (*Einige psychische Folgen des anatomischen Geschlechtsunterschieds,* Bd. XIV, S. 27f) In dieser Konstellation entstünde Eifersucht auf die Mutter. Freud fiel also wieder auf die Füße: Der Ödipuskomplex funktionierte nun für Männer und für Frauen und führte in beiden Fällen zum Wunsch des Kindes nach Vereinigung mit dem gegengeschlechtlichen Elternteil und zum Gefühl der Rivalität gegenüber dem gleichgeschlechtlichen Elternteil.

Der Unterschied in der ödipalen Entwicklung offenbare ein besonderes Merkmal der Frauen: Sie seien dem Über-Ich weniger stark unterworfen. Deshalb gelte: »Charakterzüge, die die Kritik seit jeher dem Weibe vorgehalten hat, daß es weniger Rechtsgefühl zeigt als der Mann, weniger Neigung zur Unterwerfung unter die großen Notwendigkeiten des Lebens, sich öfter in seinen Entscheidungen von zärtlichen und feindseligen Gefühlen leiten läßt, fänden in der oben abgeleiteten Modifikation der Über-Ichbildung eine ausreichende Begründung.« (ebd., S. 29f) Ungeachtet ihrer Komplexität läuft Freuds Theorie letztlich doch auf zwei misogyne und phallokratische Gemeinplätze hinaus: Frauen haben keinen Gerechtigkeitssinn und sind von ihren Gefühlen und Leidenschaften bestimmt anstatt von Vernunft und Intelligenz. Der gern als fortschrittlich hingestellte Philosoph kam zu dem

Schluss, der »Widerspruch der Feministen, die uns eine völlige Gleichstellung und Gleichschätzung der Geschlechter aufdrängen wollen« (ebd., S. 30), sei völlig unangebracht.

In *Über die weibliche Sexualität* bestätigte Freud diese Thesen. Ausgehend von der Anatomie als Schicksal stellte er Überlegungen zur Bisexualität an. Die Vagina begriff er als genuin weibliches, die Klitoris als Residuum des männlichen Organs. Deshalb hätten die Frauen eine doppelte Sexualität. Um den Übergang zur weiblichen Sexualität zu meistern, müsse das Mädchen das Masturbieren – also die Beschäftigung mit dem männlichen Relikt – zugunsten der sogenannten normalen Sexualität mit vaginalem Lustempfinden aufgeben. In *Drei Abhandlungen zur Sexualtheorie* erläuterte Freud, dass ein gescheiterter Übergang von der klitoralen zur vaginalen Phase bei Frauen zu vielerlei Neurosen führe, insbesondere zur Hysterie.

Freud setzte also eine Art ontologische Beschneidung voraus. Denn wie sonst war diese Spaltung und moralische Verurteilung möglich, die aus dem klitoralen Lustempfinden einen verbotenen, weil männlich konnotierten Genuss machte? Wie sollte eine Frau die Klitoris von der sexuellen Lust ausnehmen und akzeptieren, dass nur die Vagina als erogene Zone der Erwachsenen erlaubt war? Freud hatte nun ein Argument gefunden, das besser geeignet war, die Frauen von der Masturbation abzuhalten, als der Psychrophor: Er erklärte die Masturbation zur regressiven, also schlechten Sexualität. Die gute Sexualität wiederum verlangte männliche Fähigkeiten, wie sie wohl nur die wenigsten aufzuweisen hatten.

Ungeachtet seiner Theorie, in der Bisexualität gebe es weder das rein Männliche noch das rein Weibliche, vertrat Freud altbekannte Gemeinplätze. In *Abriß der Psychoanalyse* reflektierte er beispielsweise kritisch die konventionelle Definition: »Wir heissen alles, was stark und aktiv ist, männlich, was schwach und passiv ist, weiblich.« (Bd. XVII, S. 115) Und doch verwendete er sie in einem Text, der seine Erkenntnisse zusammenfasste.

In *Der Mann Moses und die monotheistische Religion* behandelte Freud auch den Übergang vom Matriarchat zum Patriarchat und bezeichnete den Wandel als enormen Fortschritt in der Menschheitsentwicklung. Die Weitergabe der Macht von der Mutter zum Vater »bezeichnet überdies einen Sieg der Geistigkeit über die Sinnlichkeit, also einen Kulturfortschritt, denn die Mutterschaft ist durch das Zeugnis der Sinne erwiesen, während die Vaterschaft eine Annahme ist, auf einen Schluß und auf eine Voraussetzung aufgebaut. Die Parteinahme, die den Denkvorgang über die sinnliche Wahrnehmung erhebt, bewährt sich als ein folgenschwerer Schritt.« (Bd. XVI, S. 221 f) Freud hielt am Gegensatz zwischen der sinnlichen, unvernünftigen, von ihren Trieben und ihrer Gebärmutter gesteuerten Frau auf der einen und dem vernünftigen, denkenden Mann auf der anderen Seite fest.

Zu Freuds Phallokratie und Misogynie kam seine *ontologische Homophobie*. Ehrlicherweise muss man erwähnen, dass er 1897 die Petition des Sexualwissenschaftlers Magnus Hirschfeld für die Tilgung des Artikels über männliche Homosexualität aus dem Strafgesetzbuch unterzeichnet hatte. 1905 hatte er in *Drei Abhandlungen zur Sexualtheorie* bekannt, »[d]aß die invertierten nicht Degenerierte« seien (Bd. V, S. 37). Das war immerhin klar und deutlich. Und genau deshalb spreche ich von einer *ontologischen Homophobie,* nicht von einer politischen oder militanten. Worin liegt der Unterschied?

Politische Homophobie diskriminiert oder kriminalisiert Homosexualität; ontologische Homophobie beurteilt sie anhand einer Norm als anormal oder *pervers* – so Freuds Ausdrucksweise. Dabei war mit der Perversion keine moralische, sondern eine topische Verfehlung gemeint: Für Freud war Sexualität die genitale Vereinigung von Mann und Frau. Zitieren wir aus dem Kapitel »Abweichungen in Bezug auf das Sexualziel« in *Drei Abhandlungen zur Sexualtheorie:* »Als normales Sexualziel gilt die Vereinigung der Genitalien in dem als Begattung bezeichneten Akte, der zur Lösung der sexuellen Spannung und zum zeitweiligen Erlöschen des Sexualtriebes führt« (Bd. V, S. 48 f). Hände, Mund oder Anus gehörten für Freud nicht zu den Genitalien, welche nur Penis und Vagina umfassten.

In *Abriß der Psychoanalyse* bestätigte Freud die Thesen aus *Drei Abhandlungen zur Sexualtheorie* fast eins zu eins. Er beschrieb die sogenannte normale sexuelle Entwicklung mit einem Stufenmodell (orale, anale, sadistisch-anale und phallische Phase). Dann beschrieb er den von einer Latenzphase gefolgten Ödipuskomplex und schließlich die genitale Phase, in der sich die Libido des Individuums auf ein Sexualobjekt des anderen Geschlechts ausrichte. Gemessen an dieser Norm charakterisierte Freud die Homosexualität als »Entwicklungshemmung« (*Abriß der Psychoanalyse,* Bd. XVII, S. 78).

Homosexualität konnte laut Freud auch zeitweise und vorübergehend auftreten. Sie betraf dann nur einen bestimmten Moment in der sexuellen Entwicklung, beispielsweise wenn ein Individuum zeitweilig keinen Zugang zu Sexualpartnern des anderen Geschlechts hatte (etwa im Gefängnis, beim Militär oder in rein männlichen Gemeinschaften), und war dann entweder schambesetzt oder wurde mit Stolz praktiziert. Manchmal trat sie laut Freud auch zusammen mit der Heterosexualität auf. Doch Homosexualität konnte auch endgültig sein und in der Unfähigkeit resultieren, mit einem gegengeschlechtlichen Partner zu leben. Verallgemeinerungen hielt Freud für riskant.

Hinsichtlich der Entstehung von Homosexualität war er jedoch nicht so zögerlich. In *Zur Einführung des Narzißmus* erläuterte Freud, die erste sexuelle Befriedigung werde durch Autoerotik (Saugen, Masturbieren und andere mit dem Selbsterhaltungstrieb verbundene Techniken) erzielt. Später würden jene Personen zu Liebesobjekten, denen man die eigene Existenz verdankt, zunächst die Eltern – vor allem die Mutter –, dann auch die Amme.

Um zu erklären, dass manche Menschen diese Entwicklung nicht ganz durchliefen und die Objektwahl auf sich selbst richteten, sprach Freud von einer *Störung:* »Wir haben, besonders deutlich bei Personen, deren Libidoentwicklung eine Störung erfahren hat, wie bei Perversen und Homosexuellen, gefunden, daß sie ihr späteres Liebesobjekt nicht nach dem Vorbild der Mutter wählen, sondern nach dem ihrer eigenen Person. Sie suchen offenkundigerweise sich selbst als Liebesobjekt, zeigen den narzißtisch zu nennenden Typus der Objektwahl.« (Bd. X, S. 154) Demnach seien Homosexuelle unfähig, andere zu lieben, da sie nur sich selbst liebten. Die Libido kann sich also bei jedem Menschen auf zwei Arten entwickeln. Entweder sie richtet sich auf die mütterliche Ernährerin oder den väterlichen Beschützer, oder sie richtet sich auf einen selbst. Freud unterschied diese Formen als *Anlehnungstypus* und *narzisstischen Typus.*

1910 fügte Freud dem Kapitel »Die sexuellen Abirrungen« aus *Drei Abhandlungen zur Sexualtheorie* eine Anmerkung über den narzisstischen Ursprung der Homosexualität hinzu. Das Kind sei normalerweise auf die Eltern, besonders auf die nährende Mutter fixiert. Diese Fixierung müsse jedoch von neuen Sexualobjekten abgelöst werden. Der Homosexuelle durchlaufe diese Entwicklung nicht. Er liebe ein gleichgeschlechtliches Wesen, weil er es mit sich selbst identifiziere, mit dem einst geliebten, von der Mutter verhätschelten Kind. Deshalb wollten Homosexuelle »jugendliche und der eigenen Person ähnliche Männer aufsuchen, die sie so lieben wollen, wie die Mutter sie geliebt hat.« (Bd. V, S. 44)

Dass Freud eine Petition gegen die Stigmatisierung von Homosexuellen unterzeichnet hatte, hielt ihn nicht davon ab, zu schreiben: »Bei den Inversionstypen ist durchwegs das Vorherrschen archaischer Konstitutionen und primitiver psychischer Mechanismen zu bestätigen. Die Geltung der narzißtischen Objektwahl und die Festhaltung der erotischen Bedeutung der Analzone erscheinen als deren wesentlichste Charaktere.« (ebd., S. 45) Archaisch und primitiv sind hier als Indikatoren einer unvollendeten, von Freud aber als prototypisch konzipierten Entwicklung zu verstehen. Demnach ist die Frau ein unvollendeter

Mann und der Homosexuelle eine sexuell nicht vollständig entwickelte Person.

Freuds Denken unterwirft die Frauen, weil es ihnen Eigenschaften aberkennt, die im Allgemeinen und besonders bei Freud als männlich gelten. Freuds Welt der *Abirrungen* erstreckte sich vom fehlenden Penis der Frauen bis zur gestörten Entwicklung der Homosexuellen. Wer glaubt jetzt immer noch, Sigmund Freud sei ein Revolutionär auf dem Gebiet der Sitten gewesen?

V.
Freuds »respektvoller Gruß« an die Diktatoren

»War er Sozialdemokrat?« Reich: »Ich glaube nicht.«

Ein Journalist im Gespräch mit Wilhelm Reich über Freud
(Reich, *Reich speaks of Freud*)

Freuds *ontologischem Konservatismus* zufolge hat die sexuelle Verdrängung zwar Nachteile für das Individuum, weil sie Neurosen verursacht, aber die sexuelle Befreiung ist ebenso schädlich, führt sie doch zum Einsturz unseres Gesellschaftsgebäudes. Sein *sexueller Konservatismus* koppelte die Kritik an der herrschenden Sexualmoral an ein Loblied auf das Rette-sich-wer-kann, denn jeder sei sich selbst der Nächste und müsse notfalls auf die Psychoanalyse zurückgreifen, um mit seinem Triebleben zurechtzukommen. Sein *sittlicher Konservatismus* stigmatisierte Masturbation, erklärte die Frau zum Untermenschen und den Homosexuellen zum unvollendeten Wesen. So bewegte Freud sich am Gegenpol der philosophischen Aufklärung. Und auch seine politischen Ansichten offenbaren den radikalen Antiphilosophen.

Ein Mensch, der eine derart düstere Ontologie vertrat, stand auch in Fragen der Politik in wenig rosigem Licht. Sein tragischer Pessimismus verbot ihm jeden sozialen Optimismus. Wie also sah der politische Freud aus? Bisher hat diese Frage die Freud-Biographen wenig interessiert; mit der Behauptung, es gäbe ohnehin kaum etwas dazu zu sagen, ging man schnell darüber hinweg. Freuds politische Ansichtskarte zeigt deshalb meist dieses Bild: Der Wiener Erfinder der Psychoanalyse war *ein moderater und aufgeklärter liberaler Jude*. Doch die Wirklichkeit ist von dieser

Fiktion weit entfernt. Jude war Freud zwar, doch liberal, moderat und aufgeklärt war er keineswegs.

Freud schien von der Realität außerhalb seiner Praxis in der Berggasse 19 nie wirklich Notiz genommen zu haben. Es war, als lebte er in einer Welt aus Fabeln und Fiktionen, in einem Fantasiereich, in dem er sich zwischen assyrischen und griechisch-römischen Statuen bewegte. Mit den griechischen Sagen schien er vertrauter als mit den Lebensumständen der Zeitgenossen, die seine Praxis durch die gepolsterte Tür betraten.

Seine Beziehung zur Geschichte zeugt von einer totalen Verleugnung. Die Geschichte war ausschließlich seine Geschichte, also *die Geschichte der eigenen Person,* aber nie *die Geschichte seiner Zeit,* in der er – ob er wollte oder nicht – lebte und in der sein Werk entstand. Er weigerte sich, sein Denken in einen zeitgenössischen Kontext zu stellen, also anzuerkennen, dass Einflüsse aus seinem Umfeld, Begegnungen mit anderen und das, was er gelesen hatte, eine Rolle spielten; er wollte alle Spuren seiner intellektuellen Entwicklung verwischen; er wollte den Biographen ihre Arbeit so schwer wie möglich machen; er zeigte sich Briefpartnern gegenüber irritiert, die versuchten, einen bestimmten Gedanken in einen historischen Zusammenhang zu stellen (zum Beispiel den Todestrieb mit dem Kriegsdienst der Söhne oder dem Tod der Tochter); und er äußerte sich in seinem Werk nie zu politischen Ereignissen. Freud lebte in einer Welt der Ideen und hielt die Fäden der selbst gebastelten Marionetten in Händen. Seine einzige Sorge galt dem schönen intellektuellen Schauspiel, das er zum eigenen Vergnügen aufführte.

Und doch kann man an einigen wenigen Stellen in Freuds Werk die Schatten zeitgeschichtlicher Ereignisse entdecken: der Erste Weltkrieg in *Zeitgenössisches über Krieg und Tod* (1915); Gedanken zu Massenbewegungen in *Massenpsychologie und Ich-Analyse,* wo er auf den Sozialismus anspielte (Bd. XIII, S. 110); Kritik an der Oktoberrevolution und am Kommunismus in *Das Unbehagen in der Kultur* (1930). Doch in *keinem* seiner veröffentlichten Texte beschäftigte er sich mit Mussolinis Faschismus oder dem Nationalsozialismus.

Die einzige Geschichte, für die Freud sich zu interessieren schien, war seine eigene. In den autobiographischen Texten *Zur Geschichte der psychoanalytischen Bewegung* (1914) und *»Selbstdarstellung«* (1924) schrieb Freud meisterlich die eigene Geschichte und die seiner Disziplin nieder, von der er immer wieder sagte – man möge mir die Wiederholung verzeihen –, dass sie eins mit seinem Leben sei. Die eigene Geschichte kreuzte sich hier und dort mit jener der anderen, aber diese war eher Ausstattung in einem Raum, in dem Freud die wichtigste Person war.

Freuds politische Ansichten dürfen wir also nicht in seinen Artikeln oder Büchern suchen. Wir müssen uns anderen Quellen zuwenden. Die Briefwechsel zeigen, was wir schon aus dem Werk kennen: Freud blendete die Weltgeschichte weitgehend aus und konzentrierte sich auf die egoistische und narzisstische Geschichte der eigenen Disziplin und ihrer Anhänger: Kongressberichte, Schilderungen der Kollegenszene, Kommentare zu den laufenden Arbeiten, Privates über Todesfälle, Krankheiten, Geburten; Details über Anhänger und Abtrünnige, Neuigkeiten über die Kinder, Gedanken zum Fortschreiten der Disziplin in Europa und der Welt.

Erfolgreicher ist die Suche in den Erinnerungen anderer über Freud. Beispielsweise hatte Paula Fichtl, eine bescheidene Frau, die dreiundfünfzig Jahre lang Hausangestellte der Familie Freud war (zunächst beim Vater, dann bei der Tochter) und ihr auch nach Wien folgte, Interessantes zu berichten. In ihrem Buch *Alltag bei Familie Freud* ist zu lesen: »Die österreichische Regierung sei zwar ›ein mehr oder weniger faschistisches Regime‹, äußert Freud seinem Arzt Max Schur gegenüber, trotzdem, so erinnert sich der Freud-Sohn Martin Jahrzehnte später, ›hatte sie all unsere Sympathien‹. Das Gemetzel der Heimwehr unter den Arbeitern von Wien läßt Sigmund Freud kalt.« (S. 73)

Beschäftigen wir uns mit dem Kanzler Dollfuß, dem Begründer

des Austrofaschismus. Am 4. März 1933 brachte der nationalkonservative Christ die Einheitspartei an die Macht und schuf einen autoritären, katholischen und korporativen Staat. Er schaffte das Streik- und Versammlungsrecht sowie die Schwurgerichte ab. Am 30. Mai desselben Jahres verbot er die sozialdemokratische und am 20. Juni die nationalsozialistische Partei, und zwar nicht wegen ideologischer Differenzen, sondern weil Hitlerdeutschland Österreich annektieren wollte. Er schuf die Einheitspartei Vaterländische Front und regierte per Dekret. Am 3. April 1933 schrieb Freud an Max Eitington in Berlin: »Unsere politische Lage versteht hier niemand, man hält es nicht für wahrscheinlich, daß die Entwicklung ähnlich sein wird wie bei Ihnen, das Leben verläuft hier ungestört bis auf Umzüge, welche die Polizei beschäftigen.« (Freud/Eitingon, *Briefwechsel*, S. 851)

Am 12. Februar 1934 wurde ein Arbeiteraufstand in Wien von der Armee blutig niedergeschlagen; es gab zwischen 1500 und 2000 Tote sowie 5000 Verletzte. Freud zeigte sich von diesem Massaker *nicht berührt*. Bei dem sechunddreißigstündigen Kampf standen mit Maschinenpistolen bewaffnete Sozialdemokraten der Artillerie gegenüber. Eine Eisenbahnbrücke wurde gesprengt, um einen gepanzerten Zug aufzuhalten, mit dessen Hilfe der Aufstand niedergeschlagen werden sollte. Dollfuß' Soldaten setzten Giftgas und Kampfflugzeuge ein. Die Niederschlagung war grauenvoll; die anschließenden Sammelurteile lauteten fast immer auf Tod. Viele Arbeiter wurden erhängt. In einem Brief an Hilda Doolittle vom 5. März 1934 erzählte Freud, die Bolschewiken seien niedergeschlagen worden – obwohl es doch eigentlich die Sozialdemokraten waren – und dies störe ihn nicht, weil von dieser Seite des politischen Spektrums ohnehin nichts Gutes zu erwarten gewesen sei.

Was sagten die Biographen zu derart klaren Positionierungen? Den Namen Dollfuß sucht man in Jones' Monumentalwerk vergeblich. Peter Gay sprach gar von Freuds »Neutralität« (Gay, *Freud – Eine Biographie*, S. 668)! Die unlängst erschienene Biographie von Gérard Huber, *Si c'était Freud* erkennt immerhin an, dass »Freud vor dem spezifischen und autochthonen Faschismus des österreichischen Kanzlers den Rücken rund« (S. 768) machte. Auch in Paul Roazens Buch *Politik und Gesellschaft bei Sigmund Freud* wird – ungeachtet des Titels – der Name des faschistischen Diktators kein einziges Mal erwähnt.

Paula Fichtls Erinnerungen wären mit Vorsicht zu genießen, würden sie nicht von zwei Briefen gestützt, die Freud 1933 und 1934 verschickte. Sie belegen, dass die Polizeiaktionen auf den Wiener Straßen Freud gleichgültig waren, denn er schrieb, das Leben verliefe ruhig und ungestört, als sei die brutale Niederschlagung der Sozialdemokraten nicht so schlimm, verhinderte sie doch etwas noch Schlimmeres, nämlich ein bolschewistisches Regime. Und das, obwohl die Geschichte beweist, dass die Sozialdemokraten ein Bollwerk gegen den Marxismus-Leninismus gebildet hätten.

Zu Freuds kleinen, verstreuten Publikationen gehörten nicht nur die Briefe, sondern auch andere von ihm unterzeichnete kleine Texte. So auch eine hymnische Widmung an – Benito Mussolini! Hier sind die Fakten: Eduardo Weiss, ein Psychiater, der in Wien studiert hatte und in den 1920er Jahren der einzige Psychoanalytiker in Italien war, hatte dort eine psychoanalytische Gesellschaft und eine Zeitschrift gegründet. Er war also *der* italienische Psychoanalytiker seiner Zeit. 1933 gelang ihm die Analyse einer Patientin nicht, und er bat Freud, sie ihm vorstellen zu dürfen. Gemeinsam mit ihr und ihrem Vater kam er nach Wien.

Der Vater des jungen Mädchens war ein Freund Mussolinis. Er bat Freud um ein von ihm signiertes Buch als Geschenk für den Duce. Freud war zu diesem Zeitpunkt siebenundsiebzig Jahre alt und international bekannt. Er hätte Nein sagen können, *doch er sagte Ja*. Nun hatte er noch die Wahl zwischen dem Buch, das er als sein Meisterwerk betrachtete – *Die Traumdeutung* – und leichter zu lesenden Texten wie *Die Psychopathologie des Alltags-*

lebens oder *Der Witz und seine Beziehung zum Unbewussten; Das Ich und das Es* oder *Jenseits des Lustprinzips* wären wohl zu technisch gewesen. Freud wählte *Warum Krieg?* und schrieb eine Widmung hinein: »Für Benito Mussolini, mit dem respektvollen Gruß eines alten Mannes, der im Führer einen Helden der Kultur sieht. Wien, 26. April 1933.« *Dann unterschrieb er.*

Wer war Benito Mussolini im April 1933? Er unterstützte den faschistischen Kanzler Dollfuß. Als Diktator regierte er Italien seit elf Jahren mit eiserner Hand. Sein faschistisches Programm ähnelte demjenigen Dollfuß'. Er war mit einer Einheitspartei an der Regierung, unterdrückte die Opposition, machte Jagd auf die Linken, löste die anderen Parteien auf, pflegte einen extremen Nationalismus, verfolgte Gewerkschaftsmitglieder, kontrollierte die Straßen mit einer brutalen Miliz, ließ politische Gegner ermorden oder willkürlich einsperren, verbot Nichtfaschisten per Gesetz den Zugang zu wichtigen Posten, zensierte die Presse, hob das Recht auf Streik auf, agierte außenpolitisch als Imperialist, ließ schon die Kinder mit der faschistischen Ideologie indoktrinieren, betrieb aktive Geburtenförderung mit Strafabgaben für Unverheiratete und Geburtsprämien, verbot Abtreibung und Verhütung und kontrollierte die Radiosender. Das also war Benito Mussolini am Tag der unseligen Unterschrift.

Was genau schrieb Freud in der Widmung? Er schickte Mussolini einen *respektvollen Gruß*. Jeder weiß, dass der Gruß in einem faschistischen Regime einem Treueschwur gegenüber dem Diktator gleichkommt. Über den Respekt müssen wir gar nicht erst reden, er drückt Unterwürfigkeit aus. Die Widmung an den Duce machte aus dem Diktator außerdem einen *Helden der Kultur*. Vergeblich sucht man in Freuds Worten nach Ambivalenz. Es gibt keine. Am 26. April 1933 widmete der weltberühmte Psychoanalytiker Sigmund Freud in seiner Wiener Praxis in der Berggasse 19 im Alter von siebenundsiebzig Jahren und im vollen Besitz seiner geistigen Kräfte eines seiner Bücher dem faschistischen Diktator und lobte ihn als einen Mann der Kultur.

An der Sache ist kein Zweifel. Ernest Jones erwähnte die Episode, fälschte jedoch den Text der Widmung. Ich habe aus der Widmung zitiert, die im Nationalarchiv in Rom liegt. Jones entschied sich für die Formulierung: »Von einem alten Mann, der im Diktator den Kulturheros erkennt.« (Jones, *Sigmund Freud – Leben und Werk,* Bd. III, S. 216) Wieso ließ er den *respektvollen Gruß* verschwinden? Wenn es nichts zu verstecken gab, wieso versteckte er dann etwas? Und ausgerechnet die problematischste Formulierung? Oder gab es so viel zu verbergen, dass Eduardo Weiss Jones alles detailliert erzählte und ihn dann bat, es für sich zu behalten?

Die Hagiographie kann die Faktizität, die konkreten Worte dieser Widmung nicht ignorieren. Um ihren Helden zu entlasten würde es genügen, auf den verborgenen Sinn, die tiefere Bedeutung, den symbolischen Charakter, den latenten Inhalt hinzuweisen und aufzuzeigen, dass die Respekts- und Ehrenbezeugung für Mussolini gar keine Respekts- und Ehrenbezeugung für Mussolini ist, sondern etwas ganz anderes, das viel besser zur Legende und zur Ansichtskarte des fortschrittlich-liberalen Wiener Juden passt.

Also musste eine Rhetorik zur Erklärung der Widmung herhalten, die so jesuitisch wie möglich war. Das *erste Argument* lautete, als Antiquitätensammler habe Freud eine besondere Vorliebe für Rom gehabt und sehr viel über Archäologie gelesen. Auch Mussolini habe das römische Kaiserreich geliebt und sich daran orientiert. Der faschistische Gruß sei in diesem Zusammenhang zu sehen. Denn auch die Ausrichtung an Cäsars Autoritarismus und die kriegerische Expedition nach Afrika zeigten die Vorliebe der Faschisten für das antike Rom. Doch im Jahr 1933, als Hitler seit vier Monaten an der Macht war, bedeutet die Erklärung Mussolinis zum Helden der Kultur weniger dessen Gleichsetzung mit Julius Cäsar als vielmehr die Herabsetzung der gesamten römischen Antike.

Das *zweite Argument* der Hagiographen besagte, Freuds gesamtes Werk zeuge von einem tiefen Antifaschismus. Die Widmung könne also nicht tatsächlich das besagen, was sie buchstäblich vermittelt. Erneut gaben sie sich mit einer Ansichtskarte von Freud zufrieden, anstatt zu lesen, was dieser über das Verhältnis von Masse und Führer geschrieben hatte. Demnach müssen die Triebe der Masse durch einen Herrscher unterdrückt werden, der einen bestimmten Charakter haben und dem Stammesvater der Urhorde ähneln muss. So steht es in *Massenpsychologie und Ich-Analyse*, in *Totem und Tabu* oder in *Das Unbehagen in der Kultur.* Im folgenden Kapitel werde ich die unglücklichen Parallelen zwischen einigen Thesen Freuds und der faschistischen Politik behandeln.

Das *dritte Argument* behauptete, Freud habe das Buch *Warum Krieg?* mit einem ironischen Augenzwinkern ausgewählt. Die Legendenbildung präsentiert es als eine Art Handbuch des Pazifismus. Dergleichen kann man nur behaupten, solange man das Buch nicht gelesen hat! Denn es zeugt vom pessimistischen Cäsarismus seines Autors, der zwar gern ohne Krieg auskäme, doch um die Hoffnungslosigkeit dieses Wunsches wusste – zweifelte er doch in seinem gesamten Werk nie am immerwährenden Todestrieb, an der Aggressionslust, am Hass der Menschen aufeinander. Also blieb ihm nichts anderes übrig, als auf den *Helden der Kultur* zu vertrauen, der diese dunklen Kräfte in die richtigen Bahnen lenkte. Mit anderen Worten: Wir müssen uns damit abfinden, dass es immer wieder Kriege geben wird.

Warum Krieg? entstand im Auftrag des Völkerbundes, der sich einen Briefwechsel zwischen Einstein und Freud zu dieser Frage wünschte. Die Kritik übersieht häufig, dass der pazifistische Teil des Texts ausschließlich Einstein zu verdanken ist, der ein wahrer Pazifist war und sich aktiv für die Abrüstung einsetzte. Sein Gesprächspartner in dem Buch war Freud, dem diese nachgeordnete Rolle nicht besonders gefiel.

Am 8. September 1932 schrieb er an Eitington (übrigens mit einem großartigen Lapsus!), er habe »die langweilige und sterile sog. Diskussion mit [gestrichen Eitingon] Einstein (Sie finden hoffentlich nichts Herabsetzendes in dieser Ersetzung!)« beendet (Freud/Eitingon, *Briefwechsel,* S. 831). Den blinden Fleck im eigenen Auge hatte er immer noch nicht entdeckt und glaubte wohl, Eitington fühle sich durch die Verwechslung mit Einstein geschmeichelt – doch er schrieb dies bezogen auf einen Briefwechsel, den er wenige Zeilen zuvor als »Pensum« bezeichnet hatte.

In einem Brief an Jeanne Lampl-de Groot vom 10. Februar 1933 äußerte sich Freud zu Einsteins pazifistischen Ansichten aus dem Briefwechsel. Es habe sich um »Sottisen« gehandelt. In *Warum Krieg?* muss man also zwei Register sorgfältig unterscheiden. *Auf der einen Seite* Einsteins klar pazifistischen Text, der sich eine staatenübergreifende Friedensorganisation wünschte, der den Wohlstand der Waffenhändler und die Kriegspropaganda der Staaten beklagte, der zwar um die aggressiven Charakterzüge des Menschen wusste, aber die Diktatoren dafür scholt, eine »Massenpsychose« (Einstein/Freud, *Warum Krieg?* (1972), S. 19) auszulösen, und der die »Verfolgung von nationalen Minderheiten« (ebd., S. 21) kritisierte. In Freuds Worten waren das »Sottisen«.

Auf der anderen Seite stand Freud. Einstein stellte ihm klar und deutlich die Frage, ob es eine Möglichkeit gebe, die Menschen vom Krieg zu befreien. Die Antwort ließ lange auf sich warten; es folgten zunächst Überlegungen zu Gewalt, zu dem Recht des Stärkeren, zur Übertragung der Gewalt an eine höhere Autorität, also schlicht zu einem Gesellschaftsvertrag. Dann schrieb Freud, einige Kriege hätten »zur Umwandlung von Gewalt in Recht beigetragen, indem sie größere Einheiten herstellten, innerhalb deren nun die Möglichkeit der Gewaltanwendung aufgehört hatte und eine neue Rechtsordnung die Konflikte schlichtete.« (*Warum Krieg?*, Bd. XVI, S. 17) Das ist wahrlich keine pazifistische Position. Die Unterdrückung von Konflikten durch die Staatsgewalt ersetzt zwar den Krieg, verhindert ihn aber nicht. *Diese Zeilen hätten Mussolini bestimmt gefallen.*

Am Ende des Briefs bekam Einstein endlich seine Antwort: »Warum empören wir uns so sehr gegen den Krieg, Sie und ich und so viele andere, warum nehmen wir ihn nicht hin wie eine andere der vielen peinlichen Notlagen des Lebens? Er scheint doch naturgemäß, biologisch wohl begründet, praktisch kaum vermeidbar.« (ebd., S. 24) Und weiter: »Es ist fraglich, ob die Gemeinschaft nicht auch ein Recht auf das Leben des Einzelnen haben soll; man kann nicht alle Arten von Krieg in gleichem Maß verdammen; solange es Reiche und Nationen gibt, die zur rücksichtslosen Vernichtung anderer bereit sind, müssen diese anderen zum Krieg gerüstet sein.« (ebd., S. 25)

Vernunft und Pragmatismus zwingen uns also zu dem Schluss, Krieg sei eine notwendige Grausamkeit, biologisch begründet und quasi unvermeidbar. Die Gemeinschaft habe Rechte über ihre Mitglieder; nicht jeder Krieg sei als solcher schlecht, man müsse ihn akzeptieren. Die Abrüstung sei utopisch, man müsse bewaffnet sein, weil die anderen es auch sind, also immer. Natürlich müsse man den Frieden anstreben, aber wer sollte für eine friedlichere Kultur eintreten? Freuds Lösung hätte Mussolini gewiss nicht missfallen: Er glaubte wirklich, eine Elite müsse die Massen anführen. Die Lösung für das Kriegsproblem war laut Freud also ein aristokratischer Elitismus, der die Massen zum Triebverzicht bringen sollte.

Freuds politische Utopie erinnert bedauernswerterweise an die faschistische Programmatik, und man versteht nun, weshalb Freud Mussolini *Warum Krieg?* nicht als ironischer Diogenes widmete, der sich über den Diktator lustig machte, sondern als platonischer Philosoph, der den Herrscher beriet. Lesen wir weiter: »Hier wäre anzuknüpfen, man müsste mehr Sorge als bisher aufwenden, um eine Oberschicht selbständig denkender, der Einschüchterung unzugänglicher, nach Wahrheit ringender Menschen zu erziehen, denen die Lenkung der unselbständigen Massen zufallen würde. Daß die Übergriffe der Staatsgewalten und das Denkverbot der Kirche einer solchen Aufzucht nicht günstig sind, bedarf keines Beweises. Der ideale Zustand wäre natürlich eine Gemeinschaft von Menschen, die ihr Triebleben der Diktatur [*sic*] der Vernunft unterworfen haben. Nichts anderes könnte eine so vollkommene und widerstandsfähige Einigung der Menschen hervorrufen, selbst unter Verzicht auf die Gefühlsbindungen zwischen ihnen. Aber das ist höchstwahrscheinlich eine utopische Hoffnung. Die anderen Wege einer indirekten Verhinderung des Krieges sind gewiß eher gangbar, aber sie versprechen keinen raschen Erfolg. Ungern denkt man an Mühlen, die so langsam mahlen, daß man verhungern könnte, ehe man das Mehl bekommt.« (ebd., S. 24)

Was meinte Freud, als er die Kritik der Kirche an der Lehre von einer *Oberschicht* geißelte? Er sagte es nicht direkt, aber man kann sich vorstellen, dass er auf die Opposition der universalistischen, egalitären katholischen Kirche gegen Mussolinis Faschismus und die Ideologie des »Neuen Italiens« anspielte. Bekanntlich endete diese Auseinandersetzung am 11. Februar 1929 mit der Unterzeichnung der Lateranverträge.

Freuds Texte zeigen ihn *öffentlich* als antikommunistisch, antibolschewistisch, antisozialistisch und antisozialdemokratisch. Ausschließlich *privat* offenbarte er Sympathien für den Faschismus Dollfuß' und Mussolinis. Deshalb vertrat er Thesen, die antiegalitär und rassisch waren, ohne rassistisch zu sein. Wie soll man diesen Satz aus *Warum Krieg?* sonst verstehen: »[H]eute vermehren sich unkultivierte Rassen und zurückgebliebene Schichten der Bevölkerung stärker als hochkultivierte.« (ebd., S. 26) Derartige Niederträchtigkeiten findet man in Einsteins Texten nicht.

Warum Krieg? hätte Mussolini also tatsächlich gefallen können, mit oder ohne Widmung. Es ist kein pazifistisches Werk, wie uns die Vulgata glauben machen will, die Freud als liberalen, moderaten, aufgeklärten, sozial, ethisch und kulturell fortschrittlichen jüdischen Denker präsentiert. Was soll man mit so fürchterlichen Thesen wie diesen machen: Der Todestrieb, der am Ursprung aller Kriege steht, werde erst mit dem letzten Menschen verschwinden; der Krieg ist eine Notwendigkeit der Natur, mit der man sich abfinden müsse; manche Kriege schaffen Recht durch Gewalt, was eine gute Möglichkeit sei, sie mit der Gewalt des Rechts abzuschaffen (dieser Gedanke basiert augenscheinlich auf einem obszönen Paralogismus); ideal wäre eine Gesellschaft, in der eine Handvoll Menschen die Massen anführten, was auch dazu beitragen würde, die gegenwärtige Reproduktion der zurückgebliebenen »Rassen« zugunsten der hochkultivierten zu beenden.

Diese Seiten belasten Freud schwer, doch man versteht nun, warum er Einsteins Pazifismus als »Sottise« abtat. Und dass *Warum Krieg?* kein zufällig ausgewähltes Geschenk für den Helden der Kultur war. Die Widmung erscheint vor diesem Hintergrund nicht als Fehler oder Entgleisung, nicht als ironisches Augenzwinkern eines weisen alten Mannes gegenüber einem ungebildeten Tyrannen, sondern als echte Ehrerbietung eines Psychoanalytikers, die durch dessen Gesamtwerk nicht entkräftet wird. Im Gegenteil.

VI.
Der freudsche Übermensch und die Urhorde

»Alle Einzelnen sollen einander gleich sein, aber alle wollen sie von einem beherrscht werden. [...] [D]er Mensch ist ein Herdentier, dahin zu korrigieren, er sei vielmehr ein Hordentier, ein Einzelwesen einer von einem Oberhaupt angeführten Horde.«

Sigmund Freud, *Massenpsychologie und Ich-Analyse* (Bd. XIII, S. 135)

Die Hagiographen bezogen sich nur auf die von Freud selbst veröffentlichten Texte, und so traf es sie hart, als eine alte Hausangestellte Freuds dessen Sympathie für Dollfuß' austrofaschistisches Regime offenlegte. Die peinliche Widmung erklärten sie zur lächerlichen Anekdote und Freud zum sokratischen Weisen, der sich über den italienischen Diktator lustig machte. Private Briefe wollten sie nicht zur Kenntnis nehmen – mit der Schutzbehauptung, man wühle nicht im Müll –, selbst wenn diese bei angesehenen Verlagshäusern erschienen waren.

Spielen wir also mit und behandeln die Frage nach den Gemeinsamkeiten zwischen Freuds Lehre und dem Faschismus nur anhand von Artikeln und Büchern, die Freud zu Lebzeiten selbst veröffentlichte. Lassen wir seine Bemerkungen zum Tagesgeschehen, die beispielsweise von Hörern seiner Vorlesungen notiert wurden, außen vor. Betrachten wir nur das Werk.

Warum Krieg? beschäftigte sich mit dem Bolschewismus und kam in diesem Zusammenhang zu dem Schluss, »daß es keine Aussicht hat, die aggressiven Neigungen der Menschen abschaffen zu wollen. Es soll in glücklichen Gegenden der Erde, wo die

Natur alles, was der Mensch braucht, überreichlich zur Verfügung stellt, Völkerstämme geben, deren Leben in Sanftmut verläuft, bei denen Zwang und Aggression unbekannt sind. Ich kann es kaum glauben, möchte gern mehr über diese Glücklichen erfahren. Auch die Bolschewisten hoffen, daß sie die menschliche Aggression zum Verschwinden bringen können dadurch, daß sie die Befriedigung der materiellen Bedürfnisse verbürgen und sonst Gleichheit unter den Teilnehmern an der Gemeinschaft herstellen. Ich halte das für eine Illusion.« (Bd. XVI, S. 23) Freud zufolge stellten die Bolschewiki, während sie auf diesen glücklichen Moment warteten, die Einheit ihrer Gruppe durch den Hass auf alle anderen her. Glück, Überfluss, Reichtum, das Ende von Aggression und Gleichheit für alle durch die marxistische Revolution? Daran glaubte Freud genauso wenig wie Mussolini.

Auch in *Neue Folge der Vorlesungen zur Einführung in die Psychoanalyse* widmete sich Freud dem Bolschewismus. Er schloss sich dem marxistischen Determinismus an und behauptete, die ökonomische Infrastruktur könne für den ideologischen Überbau bestimmend sein. Wie Marx vertrat er die Überzeugung, dass Freiheit und Unabhängigkeit des Individuums starke metaphysische Fiktionen seien. Marx und Freud kämpften im gleichen ontologischen Lager; beide negierten die Autonomie. Für beide war der Mensch Wirkung und nicht Ursache – für Freud das Ergebnis seines Trieb- und Seelenlebens; für Marx das Ergebnis der Produktionsbedingungen. Weiter reichten die Gemeinsamkeiten allerdings nicht.

Die Wege trennten sich, als Freud klarmachte, dass die ökonomische Situation als Begründung für die Entfremdung nicht ausreiche. Ein zweiter Faktor seien die »Triebregungen« (*Neue Folge der Vorlesungen zur Einführung in die Psychoanalyse,* Bd. XV, S. 193) und eine unhintergehbare »Aggressionslust« (ebd., S. 194). Marx' historischer Optimismus setzte auf die Kollektivierung der Produktionsmittel und damit auf das Ende der Entfremdung; Freuds Pessimismus ließ keinen Raum für die Vorstellung von einem Ende des Todestriebs und der natürlichen Neigung der Menschen, einander zu bekämpfen. Der Bolschewismus beruhte auf einer zum Teil korrekten Gesellschaftsanalyse, gelangte aber zu falschen Schlüssen. Die Psychoanalyse ging von zutreffenderen Annahmen aus und gelangte zu unabänderlichen Gewissheiten.

Freud befand, in Gestalt des Bolschewismus sei der Marxismus zu einer Art Wissenschafts- und Technikreligion geworden, die keine Kritik zuließe: »Die Werke von Marx haben als Quelle einer Offenbarung die Stelle der Bibel und des Korans eingenommen, obwohl sie nicht freier von Widersprüchen und Dunkelheiten sein sollen als diese älteren heiligen Bücher.« (ebd., S. 195) Der Marxismus als Kritik an den Illusionen des Idealismus begriff sich als materialistisch, fiel jedoch selbst Illusionen zum Opfer – die größte davon war sicher der Glaube an eine glückliche, friedvolle Zukunft, in der die Menschen in Liebe und Brüderlichkeit miteinander leben.

Ontologisch betrachtet ist Marx' Optimismus der Gegenpol zu Freuds Pessimismus. Die gesamte aufklärerische Philosophie ist von der Vorstellung des menschlichen Fortschritts geprägt. Es gibt keine *pessimistische* Aufklärung. Freuds tragisches Denken wird so zur Gegenphilosophie, wobei der Begriff so zu verstehen ist, wie er im 18. Jahrhundert gebraucht wurde – nämlich als ein Denken, das auf dem ontologischen Sockel des grundlegend Bösen ruht, das von einer Art Ursünde ausgeht, von einer düsteren Vorgeschichte, aus der die phylogenetische Übertragung des Vatermordes herrührt.

Freud betonte die tiefe Kluft zwischen dem Glauben an eine friedliche Zukunft und der Gegenwart, die im Widerspruch zu diesem Optimismus stand. Die UdSSR war bis an die Zähne bewaffnet und aggressiv, sie erklärte jeden zum Feind, der ihre Ziele nicht teilte, sie schürte den Hass zwischen Reich und Arm. Der Bolschewismus funktioniere wie eine Religion, so Freud: Er fordere Opfer, Leid und Verzicht im Namen eines zukünftigen, weit entfernten Glücks. Heute Blut und Tränen, morgen Glück für alle.

Freuds Ablehnung des sowjetischen Totalitarismus könnte glauben machen, er habe den europäischen Faschismus genauso kritisch beurteilt. Wie wir noch sehen werden, war dem leider nicht so. Sein Text *Neue Folge der Vorlesungen zur Einführung in die Psychoanalyse* stammt von 1932 und wurde 1933 veröffentlicht. Im selben Jahr kam Hitler an die Macht. Freud zeigte sich hier als über Marxismus, Oktoberrevolution, Bolschewismus und sowjetischen Totalitarismus sehr gut informierten Autor. Bereits in *Das Unbehagen in der Kultur* hatte er sich in ähnlicher Form geäußert. Beide Texte widersprechen der These vom unpolitischen Freud.

In *Das Unbehagen in der Kultur* kritisierte Freud den Marxismus-Leninismus bezüglich seiner *optimistischen Teleologie,* aber auch bezüglich der *Theorie der sozialen Ungleichheit:* Freud glaubte nicht, dass die Ungleichheit zwischen den Menschen von einer schlechten Verteilung der politischen und wirtschaftlichen Macht herrührte. Für ihn war sie ganz natürlich und unabänderlich.

Die proletarische Revolution, die kollektive Aneignung der Produktionsmittel, die Umverteilung der Güter und die Organisation der Konsumgüter durch den Sowjet, also eine linke Politik, um es klar zu sagen, war in Freuds Augen eine Utopie. Die Diktatur des Proletariats konnte niemals zu sozialem Frieden und Harmonie führen.

Denn die Aggressivität der Menschen war für Freud nicht kulturellen – also veränderlichen – Ursprungs, sondern Auswirkung einer unveränderlichen Natur. Der Todestrieb hatte nichts mit den Produktionsbedingungen zu tun und konnte auch durch politische Maßnahmen nicht abgeschafft werden. Solange es Menschen gibt, würde es Kriege, Mord, Verbrechen, Gewalt, Aggressivität und Ausbeutung geben. Keine Revolution würde je die Ungleichheit abschaffen.

Beispielsweise sei keine Revolution vorstellbar, welche die sexuellen Ungleichheiten aufheben könnte. Was täten die Bolschewiki, wenn einmal alle Bürger ausgerottet sind und es an das ungleich schwerer zu lösende Problem der sexuellen Unterschiede geht? Was täten sie gegen die verschiedenen triebbestimmten Neigungen? Und wenn man dann glaubt, nun sei politisch und sozial alles geregelt, blieben immer noch die Triebe.

Immerhin ein Verdienst gestand Freud dem Bolschewismus zu: *Er habe große Männer hervorgebracht.* Nachdem er sich sehr kritisch zur Oktoberrevolution von 1917 geäußert hatte, schrieb Freud: »Es gibt auch Männer der Tat, unerschütterlich in ihren Überzeugungen, unzugänglich dem Zweifel, unempfindlich für die Leiden Anderer, wenn sie ihren Absichten im Wege sind. Solchen Männern verdanken wir es, daß der großartige Versuch einer solchen Neuordnung jetzt in Rußland wirklich durchgeführt wird. In einer Zeit, da große Nationen verkünden, sie erwarten ihr Heil nur vom Festhalten an der christlichen Frömmigkeit, wirkt die Umwälzung in Rußland – trotz aller unerfreulichen Einzelzüge – doch wie die Botschaft einer besseren Zukunft.« (ebd., S. 196) Da läuft es einem kalt den Rücken herunter.

Hier zeigte Freud sich politisch plötzlich ein wenig optimistisch: Die bolschewistische Revolution schaffe Männer der Tat, die ihre Überzeugungen durchsetzten und für eine bessere Zukunft stünden. Als Freud diese fünfunddreißigste Vorlesung der *Neuen Folge der Vorlesungen zur Einführung in die Psychoanalyse* veröffentlichte, regierte im Kreml ein gewisser Josef Stalin.

Wie bereits die Widmung für Mussolini zeigte, war Freuds Geschichtsbild von Burckhardt und Hegel geprägt. Für ihn stand auf der einen Seite die unkultivierte, triebgesteuerte Masse und auf der anderen Seite der große Mann, der diesen dunklen Kräften eine Richtung gab. Auch hier war Freud kein Aufklärer, der das Volk als Souverän einer Demokratie sehen wollte, sondern ein antiphilosophischer Denker, für den sich die Macht in einer Person konzentrieren musste – war es früher der König, so zu Freuds Zeiten eben der Diktator.

Dieses Bild von Freud passt auch zu seinen Ausführungen in

Massenpsychologie und Ich-Analyse von 1921. Im Kapitel *Die Masse und die Urhorde* griff Freud die zentralen Thesen über Urhorde und Vatermord aus *Totem und Tabu* wieder auf und nahm sie modellhaft für die Masse und den Führer. Freuds Massenpsychologie zufolge geht das Individuum in der Horde auf; die Gefühle und Gedanken aller richten sich gleichförmig aus; die unbewussten Kräfte regieren, und die Bedürfnisse drängen nach sofortiger Befriedigung.

Der Führer der Horde sei frei, er agiere vernünftig und unabhängig. Sein Wille sei nicht an den der anderen gebunden; sein Ich weitgehend unbeeinflusst von der Libido; »er liebte niemand außer sich, und die anderen nur, insoweit sie seinen Bedürfnissen dienten. Sein Ich gab nichts Überschüssiges an die Objekte ab.« (*Massenpsychologie und Ich-Analyse,* Bd. XIII, S. 138) Der Vater der Urhorde, der marxistisch-leninistische Revolutionär, aber auch Kanzler Dollfuß oder Mussolini und Stalin fielen aus Freuds Sicht in eine Kategorie – sie entsprachen Nietzsches Übermenschen!

Freud verkannte die ontologische Natur des nietzscheschen Übermenschen völlig und annektierte das Konzept für die eigenen Zwecke – ein Vorgehen, das durchaus dem faschistischen und autoritären Zeitgeist entsprach. Die Lektüre von *Also sprach Zarathustra* zeigt, dass sich der Übermensch der Tragik der Wirklichkeit bewusst ist, weil er das Prinzip der ewigen Wiederkehr des Gleichen begriffen hat. Er weiß, dass der freie Wille eine Illusion ist und dass es keine andere Lösung gibt, als die Tragik zu akzeptieren, zu lieben, um auf diesem Weg Freude empfinden zu können. Das ist *Nietzsches* Übermensch.

Freuds Stammesvater entspricht ziemlich genau dieser Figur: »Zu Eingang der Menschheitsgeschichte war er der Übermensch, den Nietzsche erst von der Zukunft erwartete. Noch heute bedürfen die Massenindividuen der Vorspiegelung, daß sie in gleicher und gerechter Weise vom Führer geliebt werden, aber der Führer selbst braucht niemand anderen zu lieben, er darf von Herrennatur sein, absolut narzißtisch, aber selbstsicher und selbständig.« (ebd., S. 138) Freuds Übermensch ist der Urvater, der Vater aller Väter, der nichts und niemanden liebt bis auf sich selbst. Er ist eifersüchtig, intolerant, im Besitz aller Frauen und verbietet seinen Söhnen den Zugang zu ihnen sowie jede Gefühlsbeziehung. Freuds Übermensch ist der Erfinder der Massenpsychologie. Auf weniger als einer Seite gelangt Freud vom *Stammesvater der Urhorde* über *Nietzsches Übermenschen* zu den *Königen* und *Führern*.

Der Anblick und die Macht des Führers hypnotisieren die Massen. Denn der Hypnotiseur erweckt im Einzelnen »ein Stück von dessen archaischer Erbschaft« (ebd., S. 142) und lässt die dunklen Kräfte wieder aufleben. »Der Führer der Masse ist noch immer der gefürchtete Urvater, die Masse will immer noch von unbeschränkter Gewalt beherrscht werden, sie ist im höchsten Grade autoritätssüchtig, hat nach Le Bons Ausdruck den Durst nach Unterwerfung. Der Urvater ist das Massenideal, das an Stelle des Ichideals das Ich beherrscht.« (ebd.)

Mit Verweis auf Ferenczis Analysen erklärte Freud, der Hypnotiseur versuche das Subjekt zum Einschlafen zu bringen. Damit setze er sich »an die Stelle der Eltern« (ebd., S. 141), wobei die Mutter zu Schmeicheleien und der Vater zu Drohungen greife. Die Hypnose verlange die völlige Abkehr von der Welt und die Konzentration auf die Person, die einschlafen will. Der Hypnotiseur blende die Wirklichkeit aus. Dieser Mechanismus wirke auch auf das Individuum in einer Masse, die ihrem Führer gegenübersteht: Es regrediere und werde zu einem gehorsamen Sohn.

Schlussendlich lassen sich Freuds politische Ansichten also folgendermaßen zusammenfassen: Die Welt teilt sich in Urhorde und Stammesvater, Masse und Führer, Menge und Übermensch. Übertragen auf den zeitgeschichtlichen Kontext finden wir Freuds Schema bei den Österreichern mit Dollfuß, den Italienern mit dem Duce sowie den Deutschen mit ihrem Führer.

Die Masse ist barbarisch, intolerant und brutal; sie achtet nur die Macht, will beherrscht werden, ist konservativ, enthemmt und widerspruchsfrei; sie kennt die Wahrheit nicht, ist leicht beeinflussbar und leichtgläubig; ihre Empfindungen sind schlicht; sie ist leicht zu erregen, kümmert sich nicht um Logik, benötigt immer wieder dieselben Erklärungen, hat nur vor Stärke Respekt, braucht einen starken Helden, unterliegt der magischen Kraft der Wörter, mit denen man aufhetzen oder befrieden kann; sie liebt Illusionen und unterwirft sich einer Persönlichkeit, deren schiere Größe jede Kritik im Keim erstickt.

Jenseits von Gut und Böse, weder lachend noch weinend und mit dem Wunsch, zu verstehen, stellte Freud sich im Gefolge Gustave Le Bons eine ahistorische Wirklichkeit vor, die zu Urzeiten schon genauso aussah wie zu der Zeit, als Freud seine Texte schrieb und seine Argumente entwickelte. Und sie würde auch in Zukunft und solange es Menschen gebe stets dieselbe sein. Denn Freud glaubte an die transzendentale Wahrheit seiner Behauptungen.

Diese ontologische und metaphysische Position machte eine optimistische politische Haltung unmöglich. Im 18. Jahrhundert gingen die Gegenphilosophen von einer Kollision von tragischem Pessimismus mit autoritärer Politik aus. Damals bedeutete das das Aufeinandertreffen von der Ursünde mit einer Monarchie von Gottes Gnaden; zu Freuds Zeit waren es der schicksalshafte Todestrieb und die Notwendigkeit eines charismatischen Führers, der ihn politisch zu kanalisieren in der Lage war.

Fassen wir zusammen: Die Massen brauchen einen Führer, der sie lenkt; der Todestrieb ist naturgegeben und unüberwindbar; die Gesellschaft soll sich nicht hedonistisch ausrichten, sondern möglichst gleichförmig organisieren; der Mensch ist von Natur aus böse und kann durch keine Revolution zum Guten geändert werden; das Ideal wäre, eine gebildete Elite an der Spitze der Massen zu haben; Krieg ist unvermeidlich; die ontologischen Fundamente und die optimistische Teleologie des Marxismus-Leninismus sind falsch; dennoch ist der Bolschewismus vielleicht in der Lage, große Männer hervorzubringen, brutale Übermenschen ohne Skrupel, mit denen man die Massen steuern kann.

Am 2. März 1937 schrieb Freud an Ernest Jones: »Unsere politische Situation scheint sich immer mehr zu trüben. Das Eindringen der Nazis ist wahrscheinlich nicht aufzuhalten, die Folgen auch für die Analyse sind unheilvoll [...]. Leider scheint unsere bisherige Schutzmacht – Mussolini – Deutschland jetzt freie Hand zu lassen.« (Freud/Jones, *Briefwechsel,* S. 102 f)

Wir müssen also davon ausgehen, dass Freud Mussolini 1937 noch immer als Beschützer betrachtete.

In der Zeit seit der Widmung hatte Mussolini mit chemischen Waffen Kriegsverbrechen in Äthiopien begangen, hatte Krankenhäuser bombardieren und Zivilisten massakrieren lassen und einen Vertrag mit Hitler zur Unterstützung Francos im Spanischen Bürgerkrieg geschlossen. Doch Freud verlor kein schlechtes Wort über ihn, und eine Faschismuskritik als Pendant zur Kritik am Marxismus-Leninismus sucht man bei ihm vergeblich.

Als Jude konnte Freud natürlich nicht mit dem Nationalsozialismus übereinstimmen. Mussolinis autoritärer Cäsarismus und Dollfuß' Austrofaschismus passten jedoch perfekt zu seiner These, der Mensch sei ein »Herdentier, dahin zu korrigieren, er sei vielmehr ein Hordentier, ein Einzelwesen einer von einem Oberhaupt angeführten Horde.« (*Massenpsychologie und Ich-Analyse,* Bd. XIII, S. 135) Um aus dem von den Nazis besetzten Österreich flüchten zu können, suchte Freud Hilfe bei Eduardo Weiss, dem Freund Mussolinis, der ihn um die Widmung gebeten hatte. Er brauchte ein vom Diktator autorisiertes Visum, doch der »Held der Kultur« ließ sich zu keiner Reaktion herab.

Und *erst in dieser Situation* schrieb er in *Der Mann Moses und die monotheistische Religion* Sätze wie diesen: »Mit ähnlicher Gewalttätigkeit [wie das sowjetische] wird das italienische Volk zu Ordnung und Pflichtgefühl erzogen.« (Bd. XVI, S. 157) Ein paar Zeilen weiter sagte derselbe Freud, dass »die Institution der katholischen Kirche der Ausbreitung jener kulturellen Gefahr eine kräftige Abwehr entgegensetzt. Sie, bisher die unerbittliche Feindin der Denkfreiheit und des Fortschritts zur Erkenntnis der Wahrheit!« (ebd.) In einem zweiten Vorwort, das im Juni 1938 in London entstand, kam Freud nochmals auf die Kirche als Institution des Widerstands zurück. Ernest Jones bezeichnete Freud in seiner Biographie einmal als schlechten Menschenkenner.

Vielleicht blieb Freud deshalb so lange im nazistischen Österreich. Obwohl viele jüdische Analytiker um das Risiko wussten und ins Exil gingen, glaubte Freud nicht, dass ihm etwas geschehen könnte – er meinte wahrscheinlich, er sei zu berühmt. Seine beiden Söhne verließen das Land. Am 10. Mai 1933 fand eine große Bücherverbrennung statt, bei der Werke von Linken, Marxisten und Juden vernichtet wurden. Unter den Büchern großer Geister der Literatur, der Philosophie, der Wissenschaft und der Psychoanalyse waren auch Texte von Einstein und Freud. Doch der Nazismus richtete sich gegen diese Menschen, *weil sie Juden waren,* nicht aber gegen die Relativitätstheorie oder Freuds Lehre.

Im Januar 1933 wollte Freuds treuer englischer Freund Ernest Jones, der von nichtjüdischen Analytikern gezwungen worden war, die Leitung des Berliner Psychoanalytischen Instituts (BPI) abzugeben, den nichtjüdischen Psychoanalytiker Felix Böhm an die Spitze der Einrichtung setzen, um »die Zusammenarbeit mit dem neuen Regime zu unterstützen«, so Élisabeth Roudinesco in *Retour sur la question juive* (S. 136). Jones, der auch Präsident der Britischen Psychoanalytischen Gesellschaft, Freud-Biograph, Gründer der Amerikanischen Psychoanalytischen Gesellschaft und Präsident der Internationalen Psychoanalytischen Vereinigung war, saß auf Anfrage der Berliner jener Sitzung der Deutschen Psychoanalytischen Gesellschaft vor, in deren Verlauf die Juden gezwungen wurden, zurückzutreten.

Freud hatte die Strategie einer Zusammenarbeit der Psychoanalyse mit dem nationalsozialistischen Regime unterbunden, wie die Korrespondenz mit Max Eitington, der selbst Jude war, bezeugt. Zunächst fragte Eitington am 19. März 1933 klar und deutlich, wie man sich in der Frage des Berliner Instituts verhalten solle. Freud antwortete zunächst, das Problem sei nicht aktuell, eine Lösung sei aber denkbar: Würde die Psychoanalyse verboten oder das Institut geschlossen, solle man zunächst stillhalten; falls das Institut erhalten bliebe aber die Juden ausgeschlossen würden, müsse man in Berlin bleiben und versuchen, weiter Einfluss zu nehmen, damit das Überleben des Instituts gesichert sei. Und falls das Institut bestehen bliebe, aber Eitington Berlin verlassen und seine Position an einen Gegner der freudschen Lehre abtreten müsse, solle die Internationale Psychoanalytische Vereinigung das Institut ausschließen. Freuds Brief vom 21. März 1933 gab vor: »Als Parole möchte ich ausgeben. Keine Provokationen, aber noch weniger Konzessionen.« (Freud/Eitingon, *Briefwechsel,* S. 848) Am 24. März antwortete Eitington, das Institut müsse in die Hände eines »Indifferenten« (ebd., S. 849) gelangen – die Formulierung sollte die Zensoren täuschen und bedeutete: ein *Nichtjude.* Er fügte hinzu, er wolle Berlin nicht verlassen. Doch Ende 1933 ging er nach Palästina und starb dort an seinem zweiundsechzigsten Geburtstag an einer Herzattacke.

Entgegen zahlreicher Behauptungen wurde die Psychoanalyse als solche nicht verfolgt. Auch die Analytiker wurden nicht als Analytiker verfolgt – sondern als Juden. Das Göring-Institut (das den Namen von Hermann Görings Cousin Matthias trug) ermöglichte den Fortbestand der Psychoanalyse zwischen 1936 und 1945. Geoffrey Cocks hat dies in *Psychotherapy in the Third Reich* ausführlich dokumentiert und festgestellt, dass »eine Nazi-Institution das Überleben der Psychoanalyse erleichterte« (S. 21). Matthias Görings Frau war in Therapie, und ihr Sohn machte eine Lehranalyse – ein weiterer, gleichsam anekdotischer Beweis dafür, dass die Psychoanalyse keine *grundsätzliche* Feindin des Nationalsozialismus war.

In einem Brief vom 17. April 1933 berichtete Freud Eitington von einer Begegnung mit Felix Böhm am selben Tag in Wien. In seiner Antwort vom 21. April erzählte Eitington detailliert von seinem Gespräch mit einem Vertreter der Nazis über das Verhältnis von Psychoanalyse und Nationalsozialismus. Es habe ergeben, dass die Psychoanalyse weiter existieren dürfe, was nicht bedeute, dass jüdische Psychoanalytiker nicht wegen ihres Jüdischseins verfolgt würden.

Sigmund Freud, Max Eitington und der Nazi-Abgesandte Felix Böhm organisierten bereits im Juli 1933 den Herauswurf Wilhelm Reichs, dessen kommunistische Position Anna Freud und ihren Vater stets schockiert hatte. Freud schrieb über die geplante Absetzung Reichs am 17. April 1933 an Eitington: »Ich wünsche es aus wissenschaftlichen Gründen, habe nichts dagegen, wenn es aus politischen geschieht, gönne ihm jede Märtyrerrolle.« (Freud/Eitingon, *Briefwechsel,* S. 854) Wie Freud gesagt hatte: Keine Provokationen oder Zugeständnisse gegenüber den Nazis. Und Provokationen gab es tatsächlich nicht.

Fazit
Die dialektische Illusion

Zum Ende dieser Analyse drängt sich eine Frage auf: Wenn Freud ein derartiger Märchenerzähler war, wie die voranstehenden Betrachtungen nahelegen; wenn er ein Philosoph war, der die Philosophie ablehnte, um sein eigenes philosophisches Denken besser entwickeln zu können; wenn er die Biographen schon früh hasste, weil er wusste, dass sie eines Tages aufdecken würden, was er und seine Freunde jenseits der Legende tatsächlich getrieben hatten; wenn er wirklich ein »Abenteurer« war, zu allem bereit, um zu seinem Recht – so empfand er es – auf Ruhm und Reichtum zu gelangen; wenn hinter seinem Anspruch auf Wissenschaftlichkeit nur eine subjektive, persönliche und autobiographische literarische Psychologie stand; wenn seine große Leidenschaft dem Inzest galt und er seine Fantasie auf das gesamte Universum ausdehnte, um sie besser ertragen zu können; wenn er die Beweise für sein Chaos in Theorie und Praxis vertuschte und seine Entdeckung als nur dem eigenen Genius entsprungene, lineare wissenschaftliche Weiterentwicklung darstellte; wenn seine autobiographischen Texte, vor allem *»Selbstdarstellung«* und *Zur Geschichte der psychoanalytischen Bewegung,* diese Legende verbreiteten; wenn die freudsche Klinik jahrelang ein Ort der Wunder war; wenn Freud wissentlich klinische Ergebnisse fälschte, um analytische Misserfolge zu verbergen; wenn die Behandlung auf der Couch nicht mehr als eine Placebowirkung hatte; wenn Freuds Epistemologie tatsächlich rein performativ war; wenn Freud den tradierten Leib-Seele-Dualismus der abendländischen Philosophie in Gestalt des Keimplasmas und des Unbewussten wiederaufbereitete (und zwar nur, um das Erste zugunsten des Zweiten zu vernachlässigen); wenn er, vor allem in seiner Symboltheorie, die magische Kausalität der Vernunft vorzog; wenn er sich mit einer zeitgenössischen Version von Hexerei, Magie, Heilkunst oder Exorzismus begnügte; wenn er der Aufklärung pessimistisch den Rücken kehrte und in die Fußstapfen der Gegenphilosophen trat; wenn er aus diesem Grund den autoritären Cäsarismus von Dollfuß oder Mussolini unterstützte; wenn sein Werk phallokratisch, misogyn und homophob ist, anstatt die sexuelle Befreiung zu fordern – wenn also all dies zutrifft, *wie ist dann der bereits ein Jahrhundert andauernde Erfolg Freuds, seiner Lehre und der Psychoanalyse zu erklären?*

Auf diese Frage gibt es nicht eine, sondern mehrere mögliche Antworten. Die Antworten, zu denen ich in der Lage bin, können das Thema nicht umfassend behandeln, denn dazu müsste ich einen zweiten Band zu diesem Buch schreiben.

Der erste Grund für den Erfolg ist, dass Freud der Erste war, der den Sex in das abendländische Denken integrierte. Das christliche Europa hatte ihn ein Jahrtausend lang verdrängt und Jesus engelsgleichen, Christi geschundenen und Marias Mutter- und Jungfrauenkörper (!) als Modelle benannt. So hatte es neurotische Körper produziert und förmlich dazu eingeladen, echte psychische Störungen zu entwickeln, die eine sexuelle Ätiologie der Neurosen rechtfertigten.

In diesem Zusammenhang ist Freuds revolutionärster Text ohne Zweifel *Drei Abhandlungen zur Sexualtheorie,* denn hier unterzog er die Sexualität einer philosophischen Analyse. Tatsächlich hatte die abendländische Philosophie den Sex bewusst ausgespart; allein die Geschichte dieser Verdrängung und bewussten Verleugnung bietet Stoff für ganze Nachschlagewerke. Der Sensualismus und der Materialismus der Antike mussten der platonischen Entmaterialisierung der Körper weichen; die Fleischeslust der Heiden wurde durch den christlichen Geist und den gequälten Körper Christi ersetzt; der Großteil der abendländischen Philosophie konzentrierte sich auf die intelligible Welt, die *res cogitans* und das Noumenon und wandte sich von der Gefühlswelt, der *res extensa* und der materiellen Welt ab. Das moderne phänomenologische, strukturalistische und neukantianische Denken folgte dieser Tradition. So blieb die Sexualität das große Unaussprechliche des christlichen Abendlandes – *obwohl sie ihm sogar seine Struktur gibt!*

Tauchte die Sexualität je in der Philosophiegeschichte auf, so wurde sie gefriergetrocknet, verändert, entstellt, theoretisiert und auf jede nur denkbare Weise vom Körper, vom Fleisch und vom Sex gelöst. Zu manchen Zeiten erschien sie als Rückkehr des Verdrängten und in radikaler Opposition zum christlichen Modell – so etwa bei de Sade oder Georges Bataille, zwei Neognostikern, die den Körper anders als die Christen nicht als sündig betrachteten. Zwischen Jacobus de Voragines *Legenda aurea,* de Sades *120 Tagen von Sodom* und Batailles *Madame Edwarda* besteht unbestreitbar eine Ähnlichkeit.

Freud stellte sich selbst in die Tradition Nietzsches, der in *Götzen-Dämmerung* schrieb: »Erst das Christentum, mit seinem Ressentiment *gegen* das Leben auf dem Grunde, hat aus der Geschlechtlichkeit etwas Unreines gemacht: es warf *Koth* auf den Anfang, auf die Voraussetzung unseres Lebens.« (*Was ich den Alten verdanke,* §4).

Freud versuchte sich dem Thema Sexualität zu nähern, ohne dabei zu moralisieren. Für ihn lag die Libido jenseits von Gut und Böse; es ging ihm nicht um ein moralisches Urteil. Er stand am Gegenpol von de Sade oder Bataille, da er den Sex nicht als Mittel zur Grenzüberschreitung begriff. Als Jude war er vor den katholischen Verirrungen des Marquis und seines Schülers gefeit.

Seine Schrift *Drei Abhandlungen zur Sexualtheorie* erschien 1905, wurde aber 1910, 1915, 1920 und 1925 überarbeitet. Sie besteht aus den Texten *Die sexuellen Abirrungen, Die infantile Sexualität* und *Die Umgestaltungen der Pubertät.* Es geht darin um masturbierende Kinder, um Kinder, die sexuelle Spielchen mit ihren Kameraden praktizieren, die sich am Defäkieren ergötzen;

um Säuglinge, die das Saugen an der Mutterbrust genießen; um Homosexuelle, um jugendliche Onanisten, um die in jedem Menschen angelegte Bisexualität; um Cunnilingus und Sodomie, um Fuß- und Haarfetischisten, um Zoophilie, Voyeurismus, Exhibitionismus, Sadismus und Masochismus und viele andere sexuelle Fantasien; um klitorale und vaginale Frauen. Freud fällte keine moralischen Urteile, sondern sezierte die Sexualität auf dem philosophischen Operationstisch. Man stelle sich die Wirkung eines solchen Buches auf die Intellektuellen um 1900 vor! In einer Gesellschaft, die den Sex neurotisch vertuschte, so offen darüber zu sprechen, garantierte Freud immense Aufmerksamkeit.

Der zweite Grund für den Erfolg: Freud begriff sehr schnell, dass er die Psychoanalyse generalstabsmäßig organisieren musste, und zwar nach dem Modell der katholischen, apostolischen Kirche. Geheimkomitees, Rundbriefe für treue Anhänger, Gruppen für Auserwählte, die Weihe durch den Gründervater, das nationale, europäische und internationale Netzwerk, die Gründung von Vereinigungen, Bildungsstätten, Zeitschriften und spezialisierten Verlagshäusern, Kongresse sowie die Veröffentlichung der *Protokolle der Wiener Psychoanalytischen Vereinigung* machten aus der Psychoanalyse *eine Disziplin, die offen nach universeller Geltung strebte und sich die dazu nötigen Mittel verschaffte* – und zwar jenseits jeder Moral.

Freud förderte die hierarchische und pyramidale Organisationsstruktur seiner Schüler. Das Geheimkomitee (dem Rank, Ferenczi, Jones, Abraham, Eitington und Freud selbst angehörten) wurde 1912 von Jones gegründet und 1923 aufgrund von Streitigkeiten zwischen den Mitgliedern aufgelöst. Jones kam Freud gegenüber am 7. August 1912 auf seine »idea of a united small body, designed, like the Paladins of Charlemagne, to guard the Kingdom and policy of their master« [Idee einer kleinen Körperschaft, ähnlich der Paladine von Karl dem Großen, zum Schutz des Königreichs und der Politik ihres Herrschers] (*Complete*

Correspondence of Freud/Jones, S. 149) zurück. Seit sie angefangen hatten, davon zu sprechen, war Freud der Idee mit großem Enthusiasmus begegnet und schrieb am 1. August 1912, dieser »secret council composed of the best and most trustworthy among our men« [geheime Zirkel bestehend aus den vertrauenswürdigsten unter unseren Männern] (ebd. S. 147) ermögliche ihm ein ruhigeres Leben und sogar einen entspannteren Blick auf den Tod. Die Idee zur Gründung des Komitees entstand in einer Diskussion zwischen Ferenczi und Jones, doch Freud machte sie sich in einem Brief vom 1. August 1912 zu eigen: »You say it was Ferenczi who expressed this idea, yet it may be mine own shaped in better times« [Sie sagen, es sei Ferenczis Idee gewesen, aber es könnte meine eigene sein – allerdings in besseren Zeiten formuliert] (*Complete Correspondence of Freud/Jones,* S. 147). Damals glaubte er, Jung organisiere gerade ein ähnliches Komitee.

Das Geheimkomitee gestattete treuen Freudianern, einen Siegelring mit einem wertvollen antiken Stein zu tragen. Die engsten, eifrigsten, engagiertesten Anhänger erhielten ihn vom Meister geschenkt, was einer Art Weihe gleichkam. Selbst Anna bekam im Mai 1920 von ihrem Vater den symbolischen Ehering. Lou Andreas-Salomé, Ernest Jones' Frau, Dorothy Burlingham, die geliebte von Anna, Marie Bonaparte gehörten zu den Frauen, die den Ring tragen durften. Freud zeichnete damit weniger die Apostel als vielmehr die Evangelisten aus.

Die anfänglich fünf Apostel agierten im Herzen der Psychologischen Mittwochsgesellschaft. Auf Initiative Stekels – von dem Freud später nach einem Streit nichts mehr wissen wollte – versammelte Freud vom Herbst 1902 an jeden Mittwochabend in seinem Haus eine kleine Gruppe von Ärzten, interessierten Laien und Psychoanalytikern (die zu den ersten ihrer Zunft gehörten). In seiner Autobiographie bekannte Stekel, er sei Freuds Apostel gewesen und dieser sein Christus. Die Gedanken seien wie Funken von einem zum anderen gesprungen, und er habe jede Mittwochssitzung wie eine Offenbarung erlebt.

Bei Zigaretten, Zigarren, Kaffee und Kuchen diskutierten die Apostel die Grundlagen der freudschen Lehre. 1906 zählte die Gruppe siebzehn Mitglieder. Otto Rank wurde ihr Sekretär, führte eine Anwesenheitsliste, verzeichnete die Beitragszahlungen und protokollierte die Diskussionen. Freud ergriff stets als Letzter das Wort und beendete die Sitzungen. Man sprach über klinische Fälle, Bücher und Forschungsprojekte, aber auch über Details aus dem Liebesleben; man gestand eigene Masturbationsvorlieben oder körperliche Folgen zeitweiliger sexueller Abstinenz. Auch der Vater des Kleinen Hans nahm an den Sitzungen teil.

Die Atmosphäre wurde bald aggressiv. Jeder wollte originell sein und einen bestimmten Gedanken zuerst gehabt haben, bevor er vielleicht kollektives Eigentum wurde. Anstatt mit Diplomatie und Zurückhaltung begegnete man einander feindselig. In den Debatten kam es zum Teil zu heftigen Konfrontationen. 1907 sagte Freud nach einer Sitzung (vom 6. März) zu Binswanger: »›So, haben Sie jetzt diese Bande gesehen?‹« (Freud/Binswanger, *Briefwechsel,* S. XXXIX)

Diese kleine Gruppierung bildete 1908 das Modell für die Wiener Psychoanalytische Vereinigung. Auch international diente sie als Prototyp. Anfangs musste jeder Anwesende mindestens einen Diskussionsbeitrag leisten; später wurden die Äußerungen freiwillig. Die Protokolle sind erhalten geblieben und wurden veröffentlicht. Die abendlichen Sitzungen fanden immer mittwochs statt, zunächst bei Freud und später am Ärztekolleg. Wie wir wissen, waren allein elf Abende dem Problem der Masturbation gewidmet.

Freud baute ein effizientes Kommunikationsnetzwerk auf. Zunächst in Form eines Rundbriefs; den ersten verschickte er am 7. Oktober 1920. Anfangs glich der Rundbrief die Abweichungen in der Korrespondenz der Mitglieder des Geheimkomitees aus und erschien einmal wöchentlich, später alle zehn oder vierzehn Tage. Er hielt alle Empfänger über wichtige Veränderungen in der Lehre oder über bestimmte Ereignisse auf dem Laufenden. Mit dem Ende des Geheimkomitees verschwand auch der Rundbrief. 1909 wurde das *Jahrbuch für psychoanalytische und psychopathologische Forschungen* ins Leben gerufen; Jung war Chefredakteur. Hier veröffentlichte Freud die Fallgeschichte des Kleinen Hans. 1912 gründeten Otto Rank und Hans Sachs die Zeitschrift *Imago*. Sie wollte die Psychoanalyse auf die Geisteswissenschaften anwenden und hatte binnen kürzester Zeit zweihundertdreißig Abonnenten. Im folgenden Jahr ermöglichte Rank die *Internationale Zeitschrift für Psychoanalyse*. 1919 kam es durch eine großzügige Spende von Anton von Freund – einem reichen Brauer, der sich dankbar zeigte, weil Freud ihn von seiner durch eine (letztlich tödliche) Krebserkrankung ausgelösten Neurose befreit hatte – endlich zur Gründung eines eigenen Verlags. Gründungsmitglied und Leiter des Internationalen Psychoanalytischen Verlags war erneut Otto Rank. Die Rundbriefe, die Zeitschriften und das Verlagshaus bildeten ein unabhängiges Mediennetzwerk der Psychoanalyse.

Hinzu kamen internationale Begegnungen auf Kongressen, die zugleich als Konzile fungierten, auf denen Freunde und Feinde identifiziert, die orthodoxe Lehre festgelegt und Abweichler enttarnt wurden. Außerdem kümmerte man sich dort um die generelle Ausrichtung der Disziplin: Am 26. April 1908 wurde in Salzburg die Entscheidung getroffen, das *Jahrbuch für psychoanalytische und psychopathologische Forschungen* zu gründen. Von den zweiundvierzig Anwesenden hielten neun Vorträge, darunter Freud, durch dessen *Bemerkungen über einen Fall von Zwangsneurose* der Rattenmann später berühmt werden sollte. Am 30. und 31. März 1910 kam es zur Konfrontation mit Adler und dessen Anhängern, die zugunsten Jungs und der Jungianer ausgeschlossen wurden. In Weimar feierten Freud und Jung am 21. und 22. September 1911 ihre geistigen Flitterwochen, doch schon im September 1913 kam es in München zum Bruch. In Budapest ging es 1918 um Kriegsneurosen und kostenlose psychoanalytische Behandlungen, doch man verfolgte das Thema nicht weiter. Beim Kongress in Den Haag vom 8. bis 11. September 1920 scharten sich Analytiker aus kurz zuvor noch verfeindeten Ländern um Freud und dessen Tochter. Bei der Zusammenkunft in Berlin vom 23. bis 27. September 1922 zweifelte eine Frau namens Karen Horney Freuds Theorie des Penisneids an. 1925 musste der Kongress ohne Freud stattfinden, weil dieser zu stark unter seiner Krebserkrankung litt. Er schickte stattdessen Tochter Anna nach Bad Homburg, die dort seinen misogynen Text vortrug. Außerdem sprach Max Eitington über die Aufnahmebedingungen an den psychoanalytischen Instituten, über didaktische Analyse und die Ausbildung der Analytiker. Auch 1929 in Oxford vertrat Anna ihren Vater, der ihr zuvor geraten hatte, Jones nicht so ernst zu nehmen, und sich glücklich darüber zeigte, dass Anna diesen nicht geheiratet hatte. 1932 kam es in Wiesbaden zum Bruch mit Ferenczi, den Freud auf dem Papier ermordete, indem er ihn für krank erklärte. In Paris trug Anna 1938 einen Auszug aus Freuds Moses-Analyse vor; 1939 starb der Gründervater.

Das Netzwerk funktionierte weltweit und war in sehr kurzer Zeit entstanden. Auf den Kongressen trafen sich jedes Mal knapp hundert Analytiker. Beim ersten Kongress 1910 in Nürnberg schlug Ferenczi die Gründung der Internationalen Psychoanalytischen Vereinigung (IPV) vor, deren erster Präsident Jung wurde. Hundert Jahre später, 2010, ist die IPV in achtunddreißig Ländern vertreten und hat 11 000 Mitglieder. Die Psychoanalyse ist heute Teil des kollektiven Bewusstseins. Wir erinnern uns, dass die Psychologische Mittwochsgesellschaft 1902 nur sechs Mitglieder hatte.

Der dritte Grund für den Erfolg ist die Ähnlichkeit der Psychoanalyse mit einer Religion. Die Psychoanalyse bietet eine umfassende Weltsicht, Antworten für jeden und mit dem Unbewussten ein Konzept, unter das man alles subsumieren kann, was auf dieser Erde war, ist und sein wird. Sie funktioniert wie eine Ersatzmetaphysik in einer Welt ohne Metaphysik. Der Erste Weltkrieg hatte alle ethischen, moralischen und religiösen Verbindlichkeiten aufgelöst, und nun bot die Psychoanalyse die Möglichkeit, *eine Religion in einer nachreligiösen Zeit* zu begründen. Je bekannter Freuds Werk wurde, umso mehr übernahm es die Funktion eines Katechismus, einer Vulgata, aus der das entstand, was Robert Castel so treffend den Psychoanalysmus nannte.

Die orthodoxen Gefolgsleute der Psychoanalyse konstruierten sie nach dem Muster der christlichen Religion, und so wurde auch Freuds Biographie – ähnlich der von Ernest Jones – der christlichen Legende über das Leben Jesu nachgebildet. Einige Beispiele: Jesus war schon bei der Geburt vom Heiligen Geist auserwählt worden. Freud wurde der Legende nach mit einer Glückshaube geboren, eine Wahrsagerin prophezeite ihm eine außergewöhnliche Zukunft, die von einem Dichter in einem Café im Prater bestätigt wurde. Die Berufung sei nach der Lektüre von Goethes *Die Natur* wie die Feuerzungen des Heiligen Geistes auf ihn herniedergekommen. Die Begegnung mit Charcot ist der Begegnung mit Johannes dem Täufer vergleichbar, und wie Jesus habe Freud zur rechten Zeit der Sexualität entsagt, um seine ganze Kraft der Schöpfung seines Werkes zu widmen. Askese wird als konstitutiv für das Genie dargestellt; ähnlich konstruiert sind auch der Rückzug in die Wüste und die Initiationsprüfung in Gestalt des Todes des Vaters, gefolgt von der Selbstanalyse, die von allen Hagiographen als außergewöhnliches, heroisches und einmaliges Ereignis und als Geburtsmoment der Psychoanalyse dargestellt wird. Der Verkündigung der frohen Botschaft im Evangelium entspricht das Heilsversprechen der Psychoanalyse. Die neue Wissenschaft beanspruchte außerdem für sich, die intellektuelle Verarbeitungsweise zu verändern und eine Art neuen Kalender einzuführen. Wir finden Wunderheilungen bei Jesus (die Blutflüssige, die Auferstehung des Lazarus, der Blinde und der Gelähmte) wie bei Freud (Anna O., Dora, der Kleine Hans, der Rattenmann und der Wolfsmann). Die Verkündigung in der Wüste erinnert an Freuds angebliche Verleumdung durch die Zeitgenossen; der Krebs und das Exil sind die moderne Passionsgeschichte und der Todestag die Geburt der Legende.

Wegen dieser Parallelen ist es im Interesse der Hagiographen, alles zu unterdrücken, was dieser Fabel widerspricht. Sie wollen die Kontrolle über alle Dokumente und Freud-Archive, um zu verhindern, dass ein anderes Bild von Freud entsteht – das Bild eines Mannes, der beruflich zögerlich agierte, es auf Geld, Erfolg und Ruhm abgesehen hatte; der Fehler machte und nach dem schnellen Glück in Wien strebte; der aus rein formalen Gründen eine Selbstanalyse durchführte; der seine Frau jahrzehntelang mit seiner Schwägerin betrog, viele Entdeckungen anderer zusammentrug und das entstandene Mosaik Psychoanalyse nannte; der mit nie erzielten Heilerfolgen prahlte und sein Herrschaftswissen an die eigene Tochter übertrug, die deshalb Jungfrau blieb. Sie wollten ein Bild verhindern, das diese und all die anderen Legenden offenbart, die Geschichte geschrieben haben.

Auch die Lehre selbst entgeht dem Vergleich mit dem Christentum nicht. Als *Parusie* versammelt sie die phylogenetischen *Sünden,* nämlich Vatermord, kannibalisches Festmahl und Ödipuskomplex. Die Wahrheit liegt in einem Konzept namens Unbewusstes, das eine unsichtbare metapsychologische, allmächtige, allgegenwärtige, allwissende, unsterbliche, ewige, überzeitliche Instanz ist und wie eine *Vorsehung* wirkt, die den freien Willen unmöglich macht. Mit dem Inzest existiert eine *verbotene Frucht* und mit dem Ritual auf der Couch eine *Soteriologie,* die *Erlösung* durch eine Redekur verspricht, welche in mehr als nur einer Hinsicht an die *Beichte* erinnert.

Die Logik der freudschen Lehre scheint der Kirche nachempfunden: Es gab einen Papst (Freud selbst), Bischöfe und Kardinäle (die Psychoanalytiker der ersten Stunde – Alfred Adler und Carl Gustav Jung, Sandor Ferenczi und Karl Abraham, Wilhelm Stekel und Otto Rank), Rituale (die Couch, die Sitzungen), Konzile (Kongresse, die Orthodoxie, die freudsche Lehre, die Häretiker, die adlersche und die jungsche Lehre); da waren Evangelisten und Apostel (Ernest Jones), Judasfiguren (Adler und Jung), Ordinationen (vom Ritterschlag durch den Siegelring bis zum lacanschen Aufnahmeverfahren der *passe*). Und die Parallelen finden kein Ende: Freud als monotheistischer Gott; sein Leben als das Leben von Gottes Sohn in Menschengestalt; seine Universalisierung nach Art einer Kirche.

Der vierte Erfolgsgrund liegt darin, dass Freuds Jahrhundert auch das Jahrhundert des Todestriebs war – vom Massaker des Ersten Weltkriegs über die Gräueltaten der totalitären Systeme der Nazis und Sowjets, Auschwitz und Hiroshima bis zum Genozid in Ruanda und all den anderen Kriegen war das 20. Jahrhundert hochgradig nihilistisch. Die nihilistische Ontologie der Psychoanalyse setzt das Normale und das Pathologische auf gefährliche Weise gleich. Sie negiert den qualitativen Unterschied zwischen dem gesunden Geist und der Geisteskrankheit und differenziert nur graduell, sodass Wahnsinn, Perversion, Neurosen, Psychosen, Paranoia und Schizophrenie zu einer neuen Norm werden, nämlich zur Norm einer verrückten Zeit, während man die unverschämt Gesunden stigmatisiert. Die *Überschneidungen von freudschem und zeitgenössischem Nihilismus* trugen zum Erfolg der Psychoanalyse bei.

Freud betonte immer wieder, das Normale und das Pathologische seien nicht grundverschieden, sondern nur unterschiedliche Abstufungen ein und derselben Seinsweise. Das bedeutet, dass es keine grundsätzliche Differenz zwischen dem Psychoanalytiker in seinem Sessel und dem Neurotiker auf der Couch gibt; nichts trennt den sadistischen Peiniger von seinem Opfer; nichts rechtfertigt die Differenzierung zwischen Diktatoren wie Dollfuß, Mussolini oder Hitler und deren bolschewistischen, jüdischen oder oppositionellen Opfern. Hitler und Etty Hillesum fielen Freud zufolge in ein und dieselbe Kategorie.

Wer Beweise dafür sucht, wird in den *Protokollen der Wiener Psychoanalytischen Vereinigung* fündig. Anlässlich der Sitzung vom 25. Mai 1910 notierte der Protokollant: »Prof. Freud wendet ein, daß die prinzipielle Unterscheidung zwischen Normalen und Neurotikern als etwas prinzipiell Anfechtbares erscheine« (Bd. II, S. 506). In Freuds letztem Buch von 1938, *Der Mann Moses und die monotheistische Revolution*, ist über die Phänomene des psychischen Lebens – die manche für »Normalität« und andere für »pathologisch« halten – zu lesen: »[D]ie Grenzen zwischen beiden sind nicht scharf gezogen, die Mechanismen sind im weiteren Ausmaß die nämlichen« (Bd. XVI, S. 233). Und schon 1901 hieß es in *Zur Psychopathologie des Alltagslebens:* »daß wir alle ein wenig nervös seien« (Bd. IV, S. 309). In *Drei Abhandlungen zur Sexualtheorie* sprach Freud 1905 von »den Psychoneurotikern, einer zahlreichen und den Gesunden nicht ferne stehenden Menschengruppe« (Bd. V, S. 132). 1912 bekundetet er in *Protokolle der Wiener Psychoanalytischen Vereinigung,* »daß es nur quantitative und nicht qualitative Unterschiede zwischen den Normalen und den Neurotischen gebe« (Bd. IV, S. 35), und 1937 stellte er in *Die endliche und die unendliche Analyse* fest, das normale Ich sei, »wie die Normalität überhaupt, eine Idealfiktion. [...] Jeder Normale ist eben nur durchschnittlich normal, sein Ich nähert sich dem des Psychotikers in dem oder jenem Stück, in größerem oder geringerem Ausmaß« (Bd. XVI, S. 80). In *Abriß der Psychoanalyse* schließlich bekundete Freud, »daß die Abgrenzung der psychischen Norm von der Abnormalität wissenschaftlich nicht durchführbar ist« (Bd. XVII, S. 125).

Wenn Freud recht hat, können wir vom *Fall Freud* sprechen, so wie er vom Fall des Wolfsmannes, des Rattenmannes oder der Anna O. sprach. Tatsächlich war Freud psychisch von Bertha Pappenheim, Sergej Pankejeff, Ernst Lanzer oder anderen berühmten Patienten nicht weit entfernt: Er neigte zum Inzest, dachte ständig daran, *seinen* Vater zu töten, wollte mit *seiner* Mutter schlafen, hatte sexuelle Träume von *seinen* Töchtern, pflegte eine innige und *seine* Tochter sexuell hemmende Beziehung zu Anna, beging mit *seiner* Schwägerin Ehebruch und beschäftigte sich theoretisch intensiv mit der Masturbation, die *seine* große Leidenschaft zu sein schien – in diesem Zusammenhang amüsiert Paula Fichtls Erinnerung, in den Taschen von Freuds Hosen seien immer Löcher gewesen.

Es ist verständlich, dass Freud aus Gründen des seelischen Überlebens eine große Nähe zu den psychisch gestörten Patienten zeigte. Doch jenseits davon zeugen seine zitierten Äußerungen von einem anhaltenden ontologischen Nihilismus. Wenn der Verrückte und der geistig Gesunde gleich sind und sich die Insassen psychiatrischer Anstalten kaum von den sie behandelnden Ärzten unterscheiden, dann ist alles gleich und es gibt keine Differenz mehr zwischen dem Opfer und seinem Peiniger.

In welchen Kategorien soll man dann beispielsweise die Endlösung beschreiben, sofern sie die Familie Freud betraf? Wie soll man *intellektuell* begreifen, was Freuds Schwester Adolfine, die in Theresienstadt verhungerte, Marie und Paula, die in Maly Trostinec umgebracht wurden, oder Rosa, die im Vernichtungslager Treblinka starb, *psychisch* vom Lagerkommandanten Rudolf Höß unterscheidet – *wenn es doch keine psychische Differenz gibt* und eventuelle Unterschiede so verschwindend gering sind, dass Freud diese minimale und doch entscheidende Kluft nie untersuchte?

Dieser auf die Psyche bezogene ontologische Nihilismus entsprach genau dem metaphysischen Nihilismus des 20. Jahrhunderts, der sich im Triumph des Todestriebs zeigte. Denn Freuds Theorie besagte auch, dass eine Person, bei welcher der Lebenstrieb vorherrschte, keineswegs einer Person gleichen könne, bei welcher der Todestrieb dominierte. Die Trennung von normal und pathologisch verlief entlang der Linie, die Nekrophile, Zoophile, Pädophile, Perverse und Sadisten, denen andere Menschen gleichgültig sind, von jenen unterscheidet, die sich um andere sorgen; und sie genügte, um Freuds Psychoanalyse aus dem Schatten der Dekadenz und des Fin-de-Siècle hervorzuholen, in dem sie wie ein Nachtschattengewächs gediehen war. Viele Intellektuelle des 20. Jahrhunderts ließen sich von ihrer pessimistischen Weltsicht verführen.

Zuerst verfiel die intellektuelle Elite Europas diesem speziellen Charme der Psychoanalyse. Paradoxerweise wurde Freud, der radikale Gegenphilosoph, pessimistische Denker und fatalistische Theoretiker des Trieblebens zum Avantgardisten, der den Dadaismus und André Bretons *Manifest* beeinflusste, zur Muse von Salvador Dalís kritischer Paranoia und André Gides Introspektion, der wiederum dann auch den Verlag Gallimard bekehrte. Der junge Breton war zwar enttäuscht, als er Freud 1921 in Wien besuchte und einen alten Provinzarzt mit vollem Wartezimmer vorfand, der Frankreich nicht mochte, weil er glaubte, von den Franzosen nicht genug gemocht zu werden. Doch Freud, der ein erklärter Gegner der Surrealisten war, wurde ungewollt zur Gallionsfigur des modernen Nihilismus nach dem Ersten Weltkrieg.

Die Geschichte der Entwicklung seiner Theorie zur Vulgata der Postmoderne muss noch geschrieben werden: Wie konnte die Wiener Disziplin nach den gescheiterten Hoffnungen vom Mai 1968 zur Ersatzideologie werden? Diese Frage bietet Stoff für ein sehr dickes Buch. Die Barrikaden waren als Zukunftsperspektive für Marx, Mao, Lenin und Trotzki gedacht gewesen. Wie jeder weiß, wurde daraus nichts. So wurde die Psychoanalyse in den siebziger Jahren zur Ersatzreligion vieler Linker und Kommunisten. Neuer Anführer war Jacques Lacan, ein Schmierenkomödiant, der seinerseits stark vom Surrealismus beeinflusst war! Der Erfolg der Psychoanalyse bestand nun in einer besonderen Form der Hypnose – anders gesagt: in einer Variation der altbekannten kollektiven Halluzination.

Die Psychoanalyse begleitete die Entpolitisierung und die Konzentration auf das Ego; sie wurde zur Göttin einer Zeit der Dekadenz. Die politische Revolution war nicht mehr unmittelbar aktuell, die marxistisch-leninistische oder maoistische Verheißung vom Paradies musste der Marktwirtschaft und dem Liberalismus weichen, welche ohne nennenswerte Opposition die ideologische Herrschaft übernahmen. Selbstbezogenheit wurde zum dominierenden Prinzip. So entstand das Monster namens liberaler Individualismus, der gleichbedeutend mit Egoismus oder gar Egomanie ist. Weil das postmoderne Subjekt die Welt nicht verändern konnte, richtete es sich möglichst komfortabel in ihr ein. Die Couch verhieß dem Patienten einen sicheren Platz in einer zunehmend haltlosen Welt.

Schließlich gibt es noch einen *fünften Grund* für den Erfolg der Psychoanalyse speziell nach 1968, nämlich *ihre freudomarxistisch akzentuierte Mediatisierung*. Freuds ontologischer Pessimismus und seine cäsaristischen politischen Positionen – namentlich die Widmung für Mussolini, die Unterstützung des Austrofaschismus, die vehemente Kritik am Bolschewismus, Marxismus und Kommunismus, das Schweigen zum Faschismus und den Nazis, die Theorie vom »Übermenschen« als Führer der Horde und die elitäre Utopie einer Aristokratie an der Spitze der Masse – verschwanden unter dem roten Deckmantel jener Psychoanalytiker, die sowohl Freud als auch die Revolution für sich beanspruchten.

Wilhelm Reich veröffentlichte 1927 eine erste Version von *Die Funktion des Orgasmus*. Darin variierte er Freuds sexuelle Ätiologie der Neurosen und erweiterte sie um eine historische Dimension. Freud dachte in der Kategorie des Noumenon, konzeptualisierte und jonglierte mit Allegorien und Metaphern, schrieb Mythologie und Symbolik mehr Geltung zu als Realität und Geschichte und dachte in einem tradiert idealistischen philosophischen Rahmen. Reich dagegen biologisierte und historisierte die Psychoanalyse und betrachtete das Unbewusste nie getrennt von den konkreten historischen Bedingungen.

Die Erstausgabe enthielt eine Widmung an Freud zu dessen Geburtstag. Reich eignete das Buch seinem Lehrer Professor Freud zu mit tiefem Respekt. Doch die folgenden, um Kapitel über den sozialen Ursprung der Verdrängung oder das Irrationale des Faschismus erweiterten Fassungen dürften Freud genauso wenig gefallen haben wie Reichs Konzeption des Orgasmus als eine Energieentladung, welche die Gesellschaft aus Angst vor Veränderung einzuhegen versuche. Glaubte Freud, die Unterdrückung der Triebe sei unvermeidbar und notwendig für die Gesellschaft, so schlug Reich einen anderen Weg ein, dessen Richtung die Titel seiner Bücher vorgeben: *Die sexuelle Revolution*, *Der sexuelle Kampf der Jugend* oder *Die Massenpsychologie des Faschismus*, eines seiner Hauptwerke, in dem er den Faschismus radikal kritisierte und zeigte, inwiefern auch Kirche und Familie das System stützten. Von Freuds freundschaftlicher Widmung an den Duce war Reich ganz weit entfernt.

Die erste Version von *Die Funktion des Orgasmus* mit dem Titel *Die Bedeutung der Geschlechtlichkeit* veröffentlichte Freud im eigenen Verlag, nachdem er Reich gebeten hatte, das Manuskript ein wenig zu kürzen. Doch Reichs Text *Der masochistische Charakter* von 1932 gefiel ihm überhaupt nicht. In einem Brief an Eitington vom 9. Januar 1932 bezeichnete er ihn als »bolschewistische Propaganda« (Freud/Eitingon, *Briefwechsel*, S. 778) und sprach in einem Brief an Ferenczi (24. Januar 1932) von »dem Unsinn [...] was man für Todestrieb halte, sei die Tätigkeit des kapitalistischen Systems.« (Freud/Ferenczi, *Briefwechsel*, Bd. III/2, S. 277) Freud konnte eine phänomenologische, in diesem Fall politische Herleitung seiner transzendentalen Konzepte nicht akzeptieren.

In einem Brief an Eitington vom 20. November 1932 bezeichnete er Reich als »a nuisance« [ein Ärgernis] (Freud/Eitingon, *Briefwechsel*, S. 839). Freuds Verlag lehnte die Veröffentlichung von Reichs *Charakteranalyse* ab. Als die psychoanalytischen Institutionen mit Freuds Zustimmung die Modalitäten der Fortführung der Psychoanalyse unter dem Naziregime verhandelten, wurde Reich schließlich aufgrund seines politischen Engagements als Linker ausgeschlossen! Anders als Freud, dessen zahlende Klientel sich aus dem Wiener Großbürgertum rekrutierte, war Reich in einer psychoanalytischen Klinik tätig und behandelte *gratis* Fabrikarbeiter, Hausangestellte, Arbeitslose oder Landarbeiter. Anna Freud beschwerte sich einmal, dass Reich in Wien vor Kommunisten einen Vortrag über Psychoanalyse gehalten hätte. An Eitington schrieb sie am 17. April 1933: »Papa würde sich sehr freuen, R[eich] aus der Vereinigung loszuwerden.« (ebd., S. 854) Im Juli desselben Jahres wurde Reich ausgeschlossen. Mit den Nazis konnte man zusammenarbeiten, aber nicht mit einem Kommunisten.

Reich forderte die sexuelle Revolution, pries den Orgasmus, verlangte sexuelle Aufklärung für alle, speziell für junge Menschen, kritisierte Faschismus und Kapitalismus als Systeme der Triebunterdrückung sowie die Familie als repressive und Neurosen produzierende Einheit; hielt nicht viel vom monogamen Patriarchat, attestierte der jüdisch-christlichen Sexualmoral, Ursprung aller Pathologien zu sein; kämpfte für eine Verbindung einer postfreudianischen Psychoanalyse mit einem postsowjetischen Marxismus; glaubte an die Möglichkeit, durch politisches Handeln Glück auf Erden zu erreichen, und wollte die Psychoanalyse zu hedonistischen, gemeinschaftlichen und freiheitlichen Zwecken nutzen. Wie hätten die Achtundsechziger diesen intellektuellen Sprengstoff unbeachtet lassen können?

Und im Nachkriegseuropa explodierte noch eine weitere freudomarxistische ideologische Bombe. Sie trug den Namen Herbert Marcuse. Mit dem in die USA ausgewanderten deutschen Philosophen erschien die Psychoanalyse zum zweiten Mal in dem Vierteljahrhundert nach Freuds Tod jenen, die sein Gesamtwerk nicht kannten, als eine befreiende, freiheitliche, hedonistische Disziplin, die Christentum sowie roten und braunen Totalitarismus gleichermaßen angriff und das Potential einer politischen Alternative hatte.

Marcuse machte keinen Hehl daraus, dass er seine freudomarxistische Position Wilhelm Reich verdankte. Im Nachwort von *Triebstruktur und Gesellschaft* erwähnte er Reichs Buch *Der Ein-*

bruch der Sexualmoral, das Freud und Marx eine äußerst unwahrscheinliche Verbindung eingehen lässt. Die Theorie einer von der Gesellschaft unterdrückten Libido kombinierte Reich mit dem Glauben an die Möglichkeit, diese Unterdrückung zu beenden, und zwar durch eine Gesellschaft, die sich nicht dem Realitäts-, sondern dem Lustprinzip beugte, um so ein neues Realitätsprinzip zu schaffen.

Triebstruktur und Gesellschaft erschien 1955 mit dem Untertitel *Ein philosophischer Beitrag zu Sigmund Freud.* Das Buch verstand sich nicht als Weiterentwicklung, sondern als Philosophie der Psychoanalyse. Marcuse kritisierte die industrielle Gesellschaft, plädierte für mehr Freiraum für die Triebbedürfnisse, wollte die sexuelle Unterdrückung abschaffen, die Libido vom Kapitalismus entkoppeln, das Individuum befreien, all seine Bedürfnisse befriedigen und Lust und Freude schaffen; er forderte das Ende der Konsumgesellschaft und der entfremdenden Lohnarbeit. In *Der eindimensionale Mensch* ging er 1964 noch weiter. In Frankreich erschien das Buch im Jahr 1968.

Freud hätte sich in diesem linken Nietzscheanismus nicht wiedererkannt, der sich auf ihn berief, um eine Welt abzuschaffen, deren Ende in Freuds Lehre gar nicht vorgesehen war. Wir erinnern uns, dass Freud radikal pessimistische Positionen vertrat und die Psychoanalyse als individuelle, wenn nicht gar individualistische Therapie konzipiert hatte, ohne die Geschichte zu berücksichtigen. Ihm ging es nicht darum, die Welt zu verändern. Die Couch war das Versprechen auf ein besseres Leben in einer unveränderlichen Welt.

Der Freudomarxismus zeichnete ein verführerisches Bild von Freud, machte aus dessen Lehre eine freiheitliche Theorie und hielt die Psychoanalyse für eine Revolution. Die Exkurse zu Reich und Marcuse illustrieren, wie dieses Zerrbild entstand. Doch das kurze und schwierige Verhältnis von Freud und Reich zeigt, wie weit der Freudomarxismus (den ich persönlich bevorzuge) von der genuin freudschen Theorie entfernt war. Sicher hätten auch

Marcuses Thesen den Wiener Doktor konsterniert. Dass Freuds Porträt im 20. Jahrhundert oft neben Bildern von Che Guevara, Marx und Mao hing, hat viel zum guten Ruf der Psychoanalyse beigetragen – glauben konnten daran jedoch nur jene, die Freud nicht gelesen hatten.

Die fünf Gründe, die einen Teil des Erfolgs der Psychoanalyse im vergangenen Jahrhundert erklären, sind also: *Der Sex,* nämlich der Einbruch der Sexualität in eine Welt, die tausend Jahre lang vom Ideal der Askese beherrscht wurde. *Der Feldzug,* also der unbedingte Wille, die Disziplin wie eine militante Organisation aufzubauen, um Europa und später die Welt kulturell zu beherrschen. *Die Religion,* genauer die Konstruktion von Freuds Disziplin nach dem Schema einer Religion mit dem Versprechen einer Soteriologie. *Der Kairos,* in anderen Worten der perfekte Zeitpunkt, zu dem Freuds Nihilismus mit dem des Fin-de-Siècle, wenn nicht des ganzen Jahrtausends zusammenfiel. Und *das Missverständnis* des Freudomarxismus, der – ohne genuin freudianisch oder marxistisch zu sein – Freud und der Psychoanalyse eine freiheitliche Aura verlieh, und zwar in einer Welt, die ihrer selbst müde geworden war.

Ironischerweise können wir uns zum Schluss dieses Buchs dreimal auf Freud selbst berufen. *Erstens:* In *Die Zukunft einer Illusion* beschrieb er den Unterschied zwischen Illusion und Fehler. Ein Fehler entsteht durch falsche Kausalität – wenn etwa ein Nervenleiden durch sexuelle Ausschweifungen erklärt werde. Die Illusion dagegen beziehe sich auf einen innigen Wunsch, wie im Fall des Kolumbus, der glaubte, Indien entdeckt zu haben, obwohl er in Amerika an Land gegangen war. Auch jene deutschen Nationalisten, die nur die Indoeuropäer für kulturfähig hielten, oder Alchimisten, die glaubten, Blei in Gold verwandeln zu können, seien Illusionen erlegen. Weil die Illusion in einem besonders starken Wunsch gründe, gleiche sie einer »psychiatrischen Wahnidee« (Bd. XIV, S. 353).

Als Nächstes beschäftigte Freud sich mit den Religionen: »Sie sind sämtlich Illusionen, unbeweisbar, niemand darf gezwungen werden, sie für wahr zu halten, an sie zu glauben. Einige von ihnen sind so unwahrscheinlich, so sehr im Widerspruch zu allem, was wir mühselig über die Realität der Welt erfahren haben, daß man sie – mit entsprechender Berücksichtigung der psychologischen Unterschiede – den Wahnideen vergleichen kann. Über den Realitätswert der meisten von ihnen kann man nicht urteilen. So wie sie unbeweisbar sind, sind sie auch unwiderlegbar.« (ebd., S. 354)

Um der Kritik und den Angriffen zuvorzukommen, denen ich unweigerlich eines Tages ausgesetzt sein werde – denn niemand zerstört eine Illusion, ohne die Wut und den Hass jener auf sich zu ziehen, die ihr anhängen –, will ich nicht versäumen, auch die folgenden Worte Freuds zu zitieren: »Wenn es sich um Fragen der Religion handelt, machen sich die Menschen aller möglichen Unaufrichtigkeiten und intellektuellen Unarten schuldig.« (ebd., S. 355) Lässt sich diese Äußerung nicht Punkt für Punkt auf die Psychoanalyse selbst beziehen?

Jeder, der sich die Mühe macht, Freuds Werk als das zu sehen was es ist, kann Freuds wahres Denken entlarven – er darf sich nur nicht mit der offiziell verbreiteten Vulgata und den Katechismen zufriedengeben und nicht der Illusion anheimfallen, die jedem gesunden Menschenverstand widerspricht. Als unreflektiertes Glaubenssystem, dem man mit Leib und Seele zu folgen hat, um das eigene Leben zu meistern, gehorcht die Psychoanalyse denselben Prinzipien wie eine Religion: Sie bringt Erleichterung, genau wie der Glaube an ein Jenseits, in dem all unsere Wünsche erfüllt werden und die Realität keine Gültigkeit mehr hat. Wenn das Quellwasser von Lourdes heilen kann, wieso sollten dann nicht auch Worte Heilung bringen, wenn sie im Beisein eines Schamanen gesprochen werden? Doch beweisen die vielen Zeugen, die das Wunder gesehen haben wollen, die Existenz Gottes oder die Wahrheit der kirchlichen Lehre? Ich bin so frei, diese Frage mit Nein zu beantworten.

Ich kann mich zum Schluss dieses Buches noch ein *zweites Mal* auf Freud berufen, indem ich einer Aussage zustimme, die er 1937 in *Die endliche und die unendliche Analyse* machte: »[I]st es möglich, einen Konflikt des Triebs mit dem Ich oder einen pathogenen Triebanspruch an das Ich durch analytische Therapie dauernd und endgültig zu erledigen? Es ist wahrscheinlich zur Vermeidung von Mißverständnis nicht unnötig, näher auszuführen, was mit der Wortfügung: dauernde Erledigung eines Triebanspruchs gemeint ist. Gewiß nicht, daß man ihn zum Verschwinden bringt, so daß er nie wieder etwas von sich hören läßt. Das ist im allgemeinen unmöglich, wäre auch gar nicht wünschenswert.« (Bd. XVI, S. 68 f) Ich möchte das kürzer und direkter formulieren. Frage: Kann die Psychoanalyse heilen? Antwort: Nein. Zusatz: Hält sie die Heilung etwa nicht einmal für wünschenswert? Womöglich wegen des Krankheitsgewinns? Antwort: Wahrscheinlich nicht.

Mit einem Zitat aus einem *dritten Text* von Freud möchte ich dieses Buch beschließen. Wir haben gesehen, dass man – Freuds eigener Analyse zufolge – die Psychoanalyse als Illusion begreifen kann, die aus einem jeder Realität und Erfahrung entgegengesetzten Wunschdenken entstanden ist. Mit einundachtzig Jahren und kurz vor seinem Tod im Exil musste Freud sich keine Sorgen mehr um Ruhm und Geld, den Nobelpreis, Medaillen und Auszeichnungen machen, und so kümmerte er sich nur noch um die Wahrheit und gab zu, dass die Psychoanalyse nicht heilen kann, weil ein Trieb niemals gänzlich verschwindet. Diese letzten Gedanken des alten Mannes im Angesicht des Todes müssen wir im Hinterkopf behalten, wenn wir uns nun am Schluss mit einer Überlegung aus *Abriß der Psychoanalyse* beschäftigen.

Freud zeigte hier die Grenzen seiner Therapiemethode auf, von der er wusste, dass sie nicht allmächtig war, dass sie scheitern konnte und gegen viele Widerstände ankämpfen musste: »[G]ewiss erreichen wir nicht immer zu siegen, aber wenigstens können wir meistens erkennen, warum wir nicht gesiegt haben. Wer unseren Ausführungen nur aus therapeutischem Interesse gefolgt ist, wird sich vielleicht nach diesem Eingeständnis geringschätzig abwenden. Aber uns beschäftigt die Therapie hier nur insoweit sie mit psychologischen Mitteln arbeitet, derzeit haben wir keine anderen. Die Zukunft mag uns lehren, mit besonderen chemischen Stoffen die Energiemengen und deren Verteilungen im seelischen Apparat direkt zu beeinflussen. Vielleicht ergeben sich noch ungeahnte andere Möglichkeiten der Therapie; vorläufig steht uns nichts besseres zu Gebote als die psychoanalytische Technik und darum sollte man sie trotz ihrer Beschränkungen nicht verachten.« (Bd. XVII, S. 108)

Das Gesamtwerk endet mit diesem dichten kurzen Text, der sich ganz trocken mit der Quintessenz der Disziplin auseinandersetzt – so wie sich ein Sterbender ohne Angst dem Grab nähert. Genau hier, an jenem Ort, wo der Tod Freud mitten im Satz unterbrach, müssen wir versuchen, sein Werk zu verstehen. Sollen wir es *verachten* – um seine Ausdrucksweise zu verwenden? Sicher nicht. Aber wir müssen es der Legende entreißen und es nach hundert Jahren endlich in einen historischen Kontext stellen. Bestimmt werden andere Untersuchungen folgen, die ihrerseits eines Tages überholt sein werden. *Darin besteht der Sinn dieser nietzscheanischen Psychobiographie über Sigmund Freud.*

Erinnern wir uns, was Nietzsche Lou Andreas-Salomé, der Freundin Freuds, in einem Brief erzählte: An der Universität Basel lehre er seine Studenten, dass die Beziehungen zwischen den philosophischen Systemen sich letztlich auf das persönliche Handeln ihrer Autoren zurückführen ließen. Sei ein System auch widerlegt, so sei doch die Person hinter diesem System unwiderlegbar, man könne sie nicht töten. Was gestern für Platon galt, gilt heute für Freud. Den Toten halten wir nicht die Treue, wenn wir an ihren Gräbern beten, sondern wenn wir das Leben leben, das sie möglich machen.

Argentan, zur Wintersonnenwende

Bibliographie

1

Chronologische Lektüren. Ich habe mit der Ausgabe der bei den Presses universitaires de France unter der wissenschaftlichen Leitung von Jean Laplanche erschienenen *Œuvres complètes* gearbeitet. Da ich wusste, dass ich keine Hagiographie schreiben wollte, bevorzugte ich diese Neuübersetzung, welche die Texte insofern angeglichen hat, als die Fachbegriffe nun stets auf die gleiche Weise übersetzt werden. Denn die Glaubensgemeinschaft der Psychoanalytiker und ihrer Anhänger versucht, dem Eindringen von außen mit allerlei sophistischer Logik entgegenzuwirken, unter anderem auch, indem sie unter dem Vorwand, diese oder jene französische Übersetzung eines freudschen Begriffes sei moderner oder präziser, bestimmte Aussagen verändert.

Beispielsweise war Anne Bermans 1962 in *La Technique psychanalytique* verwendete Übersetzung der »gleichschwebenden Aufmerksamkeit« mit »attention flottante« problematisch, weil Freuds Ausdruck beinhaltete, dass der Psychoanalytiker nur über sein Unbewusstes mit dem Unbewussten des Patienten in Kontakt steht und er deshalb während der Sitzung auch dösen oder sogar schlafen könnte, ohne dass die Qualität der Analyse davon beeinträchtigt würde. Man müsste den Terminus deshalb mit »attention égale« übersetzen, wodurch allerdings das Skandalöse an diesem Konzept nicht mehr erkennbar wäre. Ich selbst würde es mit *oreille distraite* übersetzen. In diesem Zusammenhang bemerkte Freud, die »gleichschwebende Aufmerksamkeit« sei unverzichtbar, denn »[m]an erspart sich auf diese Weise eine Anstrengung der Aufmerksamkeit, die man doch nicht durch viele Stunden täglich festhalten könnte« (*Ratschläge für den Arzt bei der psychoanalytischen Behandlung,* Bd. VIII, S. 377). Wer diese Winkelzüge nachvollziehen möchte, sollte Alain Abelhausers Artikel »Un chien de ma chienne« lesen, der in der dem Freud-Lager zuzurechnenden Zeitschrift *Ornicar?* erschienen ist.

Als armer Jugendlicher und kaum besser gestellter Student entdeckte ich Freud in den Taschenbuchausgaben verschiedener französischer Übersetzungen. Ich las *Trois essais sur la théorie de la sexualité* [*Drei Abhandlungen zur Sexualtheorie*] von Blanche Reverchon-Jouve, der Lebensgefährtin des Dichters, sowie *Introduction à la psychanalyse* [*Einführung in die Psychoanalyse*], *Totem et tabou* [*Totem und Tabu*], *Psychopathologie de la vie quotidienne* [*Psychopathologie des Alltagslebens*] und *Cinq leçons sur la psychanalyse* [*Über Psychologie*] von Dr. Simon Jankélévitch, dem Vater des berühmten Philosophen, außerdem *Ma vie et la psychanalyse, Essais de psychanalyse* und *Délire et rêves dans la »Gradiva« de Jensen* [*Der Wahn und die Träume in W. Jensens »Gradiva«*] von Marie Bonaparte, einer engen Freundin Freuds. Es schien mir damals, dass diese Übersetzungen den korrekten Zugang zu Freuds Werk nicht verhinderten.

Doch ich will mir nicht vorwerfen lassen, ich hätte die beste vorliegende Übersetzung nicht gelesen. Sie umfasst zwanzig Bände und einen Glossar- und Indexband. Das Gesamtwerk habe ich zwischen Juni und Dezember 2009 gelesen. Wichtige Texte, die in dieser Werkausgabe fehlen, sind *Sur la psychopathologie de la vie quotidienne* (Band V) [*Zur Psychopathologie des Alltagslebens*], *Le Trait d'esprit et sa relation avec l'inconscient* (Band VII) [*Der Witz und seine Beziehung zum Unbewussten*] und *L'Homme Moïse et la religion monotheiste* (Band XX) [*Der Mann Moses und die monotheistische Religion*]. Diese habe ich in den zur Verfügung stehenden Taschenbuchausgaben gelesen. Sie enthielten einige affektierte Übersetzungen, zum Beispiel »désirance« anstelle von »désir«. Und aus dem Titel *Le Mot d'esprit et ses rapports avec l'inconscient* von Marie Bonaparte wurde unter der Leitung von Jean Laplanche *Le Trait d'esprit et sa relation avec l'inconscient.* Jankélévitchs *Psychopathologie de la vie quotidienne* heißt in der neuen Übersetzung *Sur la psychopathologie de la vie quotidienne,* und man zitiert nicht mehr Anne Bermans *Moïse et le monotheisme,* sondern *L'Homme Moïse et la religion monotheiste.* Was natürlich alles ändert.

Wer Marie Bonapartes *Ma vie et la psychanalyse* [*Selbstdarstellung*] gelesen hat, weiß vielleicht nicht, dass er bereits das von Fernand Chambon übersetzte *Sigmund Freud présenté par lui-même* kennt. Und er hat darüber hinaus wahrscheinlich keine Ahnung, dass er auch die »*Autoprésentation*« (mit Anführungszeichen!) kennt, denn es handelt sich bei allen dreien um den gleichen Text, der zuerst 1925 als *La Médecine du présent en autoprésentation* erschien. Da kommen selbst gutgläubige Leser ins Grübeln. Der Text ist ein Monument der Selbstbeweihräucherung und sollte einmal mit den dazugehörigen Fußnoten herausgegeben werden, anhand derer sich Freuds selbst verfertigte Legendenbildung ablesen lässt, enthalten sie doch zahlreiche Unwahrheiten. Doch aus Sicht der dominierenden Hagiographie und unkritischen Freud-Literatur sind viele verschiedene Übersetzungen besser als eine wirklich kritische Ausgabe.

Ich habe auch bei PUF in der Reihe »Bibliothèque de Psychanalyse« erschienene Sammelbände benutzt. So umfasst der Band *La Technique psychanalytique* die Übersetzung folgender Freud-Texte von Anne Berman: *La Méthode psychanalytique de Freud* [*Die freudsche psychoanalytische Methode*], *De la psychothérapie* [*Über Psychotherapie*], *Perspectives d'avenir de la thérapeutique analytique* [*Die zukünftigen Chancen der psychoanalytischen Therapie*], *A propos de la psychanalyse dite »sauvage«,* [*Über »wilde« Psychoanalyse*], *Le Manièrement de l'interpretation du rêve en psychanalyse* [*Die Handhabung der Traumdeutung in der Psychoanalyse*], *La Dynamique de transfert* [*Zur Dynamik der Übertragung*], *Conseils aux médecins sur le traitement analyti-*

que [*Ratschläge für den Arzt bei der psychoanalytischen Behandlung*], *De la fausse reconnaissance (»déjà raconté«) au cours du traitement psychanalytique* [*Über Fausse Reconnaissance (»déjà raconté«) während der psychoanalytischen Arbeit*], *Le Début du traitement* [*Zur Einleitung der Behandlung*], *Remémoration, répétition et perturbation* [*Erinnern, Wiederholen und Durcharbeiten*], *Observations sur l'amour de transfert* [*Bemerkungen über die Übertragungsliebe*], *Les Voies nouvelles de la thérapeutique psychanalytique* [*Wege der psychoanalytischen Therapie*]. Diese kohärente Zusammenstellung löst tatsächlich ein, was der Titel verspricht. Freud hat sehr viele Artikel verfasst, und es gibt zahlreiche Bücher mit Artikelsammlungen. Wenn man das Gesamtwerk nicht in chronologischer Reihenfolge gelesen hat, sind sie eine gute Hilfe. Ich selbst habe alles in der richtigen Reihenfolge gelesen und begriffen, dass man ohne eine solche Lektüre Gefahr läuft, der von Freud und seinen Tempelhütern konstruierten Legende lange Zeit Glauben zu schenken.

Der wichtigste Artikel ist meiner Meinung nach *L'Analyse avec fin et l'analyse sans fin* [*Die endliche und die unendliche Analyse*], weil er das Fazit des Lebens wie des Werks ist und die Quintessenz aus über fünfzig Jahren analytischer Praxis darstellt. Übersetzt wurde er von J. Altounian, Al Bourguignon, P. Cotet und A. Rauzy und findet sich in Band II von *Résultats, idées, problèmes (1921–1938)* in der »Bibliothèque de psychanalyse«, erschienen bei PUF und in Band XX des Gesamtwerks.

Le Président Thomas Woodrow Wilson. Portrait psychologique [*Thomas Woodrow Wilson: Der 28. Präsident der Vereinigten Staaten von Amerika (1913–1921)*], geschrieben zusammen mit William C. Bullitt, habe ich in der Übersetzung von Marie Tadié gelesen, die bei 10/18 erschien.

2

Hagiographien anstelle von Biographien. Während meines Studiums galt Ernest Jones' *Sigmund Freud – Leben und Werk* (dtv, 1984, deutsch zuerst 1962) als grundlegend für das Verständnis der Geschichte der Psychoanalyse. Die drei Bände *Die Entwicklung der Persönlichkeit und die großen Entdeckungen (1856–1900), Jahre der Reife (1901–1919)* und *Die letzte Phase (1919–1939)* wurden zum Vorbild für die meisten nachfolgenden Biographien. Denn die wichtigsten Instrumente des Biographen sind leider allzu häufig eine Schere und eine Tube Klebstoff.

Jones' monumentale Biographie ist nichts anderes als eine Legende. Sie wimmelt von Lücken, Lügen, Erfindungen, Verzerrungen und Parteinahmen. Auch hier fehlt eine kritische Ausgabe. Wieso beispielsweise wird Emma Eckstein auf den ungefähr 1500 Seiten kein einziges Mal erwähnt, obwohl ihr Fall Fließ und Freud eine ganze Weile beschäftigte (wovon auch der Briefwechsel zeugt, der Jones bekannt war)? Das Massaker am Opfer der beiden Kollegen darf in einer guten Hagiographie natürlich nicht auftauchen.

Jones' dickes Buch ist ein Musterbeispiel der Gegen- oder Desinformation und der Prototyp der Legendenbildung. Es erzählt vom Leben und Tod eines Helden, der seine Existenz selbstlos der Suche nach einer neuen Welt widmete. Getrieben wurde er demnach von nichts als seinem Genie. Zugeeignet ist das Buch Freuds Tochter: »Anna Freud, der würdigen Tochter eines unsterblichen Mannes gewidmet.« Deutlicher kann man kaum ankündigen, dass der Text eher hagiographisch als historisch ist. Eine kritische Ausgabe dieses Buchs wäre eine epistemologisch interessante Aufgabe, die beleuchten könnte, wie man eine Mythologie entwirft und dabei die Wissenschaft als Geisel nimmt. In *Totem und Tabu* sprach Freud von einem »wissenschaftlichen Mythos« und in *Der Mann Moses und die monotheistische Religion* von einem »historischen Roman«. Mit seinem Monumentalwerk zeigte Jones sich als gelehriger Schüler.

Die in den USA entstandenen kritischen Arbeiten stellten die Legende schon in den siebziger Jahren infrage. Peter Gays Darstellung *Freud – Eine Biographie* (S. Fischer, 2000, deutsch zuerst 1989) beschäftigte sich – noch etwas schüchtern – mit gewissen Widersprüchen und Brüchen. Während Jones heikle Themen schweigend überging, bediente Gay sich einer feinen Dialektik, die nur bemerkt, wer sich mit Freud auskennt. Er arbeitete zwar nach Jones' Vorbild, aber er entstaubte den Mythos gehörig. Eine Revolution sind die 900 Seiten dennoch nicht. Das Vorwort zur französischen Ausgabe deutet die Position des Verlags an. Es stammt von Catherine David und trägt den Titel »Mit welchem Recht?« Dort erfahren wir gleich zu Beginn: »Freud erkannte seine Fehler, auch das gereichte ihm zum Ruhm.« Wer sich auskennt, merkt daran, dass die Statue einen Sockel aus Zement erhält und man nicht auf eine Demontage der Ikone hoffen darf. Wer nicht um das Ausmaß der Legendenbildung weiß, muss sich weiterhin gedulden, denn natürlich fehlt eine kritische Biographie immer noch. Auch Gérard Hubers 2009 veröffentlichte Biographie *Si c'était Freud. Biographie psychanalytique* (920 Seiten, erschienen bei Le Bord de l'eau) tritt in Jones' hagiographische Fußstapfen. Der erste Satz beginnt mit den Worten: »Beschreibt man den Stammbaum eines biblischen Patriarchen […]«.

3

Hass als Methode. In der Einleitung zu diesem Buch schildere ich, wie ich als Jugendlicher auf die Freud-Legende hereinfiel, die seriöse Pariser Verlagshäuser wie Gallimard oder Presses universitaires de France, aber auch Taschenbuchverlage, Lehrpläne für Philosophie und Universitäten verbreiteten. Ich muss leider sagen, dass mich die bibliographische Arbeit für dieses Buch ernüchtert hat.

2005 erschien *Livre noir de la psychanalyse,* dessen Untertitel verspricht: *Vivre, penser et aller mieux sans Freud* [*Wie man ohne Freud besser lebt und denkt*]. Das Presseecho war groß. Einige Rezensionen habe ich gelesen, und alle stellten das Buch als ein Pamphlet gegen Freud und die Psychoanalyse hin und als Plädoyer für die berühmte kognitive Verhaltenstherapie. Einige der Autoren wurden mit Antisemitismus in Verbindung gebracht. Der Text sei voller Hass gegenüber Freud und eine Ansammlung faktischer Fehler. Die Rezensionen machten mir nicht gerade Lust auf das Buch. Mein Masochismus ist nicht so ausgeprägt, dass ich überprüfen möchte, ob es zu Recht Prügel bezogen hat.

Das mit Abstand Schlimmste, was ich über *Livre noir de la psychanalyse* gelesen hatte, stammte von Élisabeth Roudinesco. Sie schrieb im *Express* vom 5.–14. September 2005: »Freud wird dort als Lügner, Fälscher, Plagiator, Vertuscher und Propagandist beschrieben und als Vater, der sich des Inzests schuldig gemacht hat.« Ein derartigen Angriffen ausgesetztes Buch wurde von vielen ungelesen verteufelt. Ich wurde einmal in einer Radiosendung gefragt, was ich von der Affäre um das Buch hielte, das Freud als Lügner, als sexbesessenen und geldgierigen Mann hinstellte. Ich wies die Anschuldigungen gegen Freud in einem Satz zurück. *Diesen Satz bereue ich heute,* denn die Vorwürfe sind berechtigt. Und ihre Autoren haben Beweise – im Gegensatz zu all jenen, welche die Anschuldigungen abstreiten.

Unter der Leitung von Jacques-Alain Miller veröffentlichten die Freudianer *Anti-livre noir de la psychanalyse*. Dieser Mediencoup illustriert ihr Vorgehen. Ein Buch, das im Februar 2006 auf einen Text vom September 2005 reagiert, müsste eigentlich zwischen diesen beiden Daten entstanden sein. Doch der Großteil der siebenundvierzig enthaltenen Beiträge wurde bereits bei einem Forum gegen die kognitive Verhaltenstherapie am 9. April 2005 vorgetragen, also fünf Monate vor dem Erscheinen von *Livre noir de la psychanalyse!* Die Freud-Anhänger und Veranstalter des Forums recycelten also ihre Vorwürfe gegen die Verhaltenstherapie und *nahmen dabei ein Buch zum Anlass, das sie damals noch gar nicht gelesen haben konnten!* Das *Livre noir* wird im *Anti-livre noir* auf 300 Seiten nur viermal zitiert – mit gutem Grund.

Die Psychoanalytiker waren beleidigt, weil das Institut national de la santé et de la recherche médicale im Februar 2004 einen Bericht veröffentlicht hatte, in dem sie in der Frage des Therapieerfolges den letzten Platz einnahmen, während die kognitive Verhaltenstherapie die Liste anführte. Nun sahen sie einen Anlass, die bei ihrem internen Kolloquium gehaltenen Vorträge zu veröffentlichen. Höflich ausgedrückt entspricht ihr *Anti-livre noir* den Grundregeln der Publizistik – doch wenn wir ehrlich sind, ist es bloße Propaganda.

Dabei praktizieren von den siebenundvierzig Autoren von *Livre noir* nur neun kognitive Verhaltenstherapie, darunter mein Freund Didier Pleux. Das Buch ist also nicht gerade ein Kriegsgerät zur Verteidigung der Verhaltenstherapie. Doch genau darauf wurde die Debatte fokussiert. So wurde eine viel wichtigere Diskussion vermieden, in der die Freudianer ihre Beweise dafür hätten liefern können, dass Freud eben *kein Lügner, Fälscher, Plagiator, Vertuscher, Propagandist* war und kein *Vater, der sich des Inzests schuldig gemacht hatte.* Was natürlich alles auf ihn zutraf.

Man könnte die einzelnen Lügen der Reihe nach ganz entspannt argumentativ auseinandernehmen, ohne Hass und ohne Verachtung. Doch das *Anti-livre noir* beschäftigt sich gar nicht mit diesen Themen – aus gutem Grund. Das *Livre noir* wollte eine vernünftige, sinnvolle Debatte; die Gegner haben beschlossen, dass sie nicht stattfinden soll.

Mit einer gewissen Erheiterung liest man das Buch von Élisabeth Roudinesco *Pourquoi tant de haine? Anatomie du »Livre noir de la psychanalyse«* [*Warum so viel Hass?*]. Der kurze Text erschien 2005 bei Navarin und amüsiert, weil er zeigt, wie die wunderbare Entdeckung der Psychoanalyse funktioniert – dass nämlich *wahr ist, was gesagt wird.* Tatsächlich findet sich, wie man in diesem Büchlein sieht, der Hass aufseiten von Freuds Verteidigern und nicht aufseiten jener, die historisch arbeiten.

Das Presseecho auf *Livre noir de la Psychanalyse* umfasst über 200 Seiten und ist eine Schande für die französische Presse, darunter für einige berühmte Intellektuelle dieses Landes, die sich einmal mehr blamieren. Doch daran sind sie ja gewöhnt. Hier finden wir Material für eine Analyse nach bourdieuscher Manier, die zeigen könnte, wie sich die angebliche *grande presse* zur Komplizin der Perpetuierung kollektiver Halluzinationen macht.

Besonders hervorheben möchte ich die intellektuelle Redlichkeit von Laurent Joffrin und des *Nouvel Observateur.* Sie haben das Buch und die polemische Debatte wirklich journalistisch untersucht und damit die Ehre des Berufsstandes gerettet, und zwar in der Ausgabe vom 15.–21. November 2005. Roudinesco reagierte auf Joffrins Text kritisch und forderte eine »grundlegende Kritik, wie sie dieses Buch verdient, das Gegenstand all dieser Polemik ist«. 2010 steht diese grundlegende Kritik immer noch aus. Ich stimme Roudinesco darin zu, dass man eines Tages mit den Beleidigungen und Verletzungen aufhören und sich dem Thema wie Erwachsene widmen sollte.

4

Die »post-freudianischen Aufklärer«. Ich las also den Sammelband *Psychothérapie. Trois approches évaluées* (Inserm, 2004), dessen Lektüre verdrießlich ist, weil der Stil an einen amtlichen Bericht erinnert. Das Buch beschäftigt sich mit Forschungsergebnissen aus den Bereichen Angststörungen, Stimmungsschwankungen oder Essstörungen (Anorexie und Bulimie), Persönlichkeitsstörungen, Alkoholabhängigkeit und Schizophrenie.

Gleichfalls aus dem Lager der Freudianer stammt die Gegenpublikation zu diesem Text von Jacques-Alain Miller und Jean-Claude Milner mit dem Titel *Voulez-vous être évalué?* Sie erschien bei Grasset in der Reihe »Figures«, die von Bernard-Henri Lévy geleitet wird. BHL machte, gemeinsam mit Philippe Sollers, aus seiner Unterstützung für die freudsche Sache keinen Hehl – hierzu lese man seinen Beitrag in *Ornicar?* (Nr. 51, Jahrgang XXXIX).

Ich möchte hier nicht detailliert auf *Livre noir de la psychanalyse* eingehen, aber doch eine kurze Bewertung abgeben. Die siebenundvierzig Beiträge bilden keine homogene Darstellung aller Themenbereiche. Ihr Niveau und ihr intellektueller Anspruch sind unterschiedlich. So geht es allen derart umfangreichen Sammelbänden. Doch Catherine Meyers Arbeit als Herausgeberin ist bedeutend und wird in der Geschichte der »post-freudianischen Aufklärer« – wie ich sie nennen möchte – von Bedeutung bleiben.

Nun will ich mich kurz mit den Arbeiten von Mikkel Borch-Jacobsen beschäftigen, dem ich mein Erweckungserlebnis hinsichtlich Freud verdanke. Zunächst durch *Anna O. zum Gedächtnis. Eine hundertjährige Irreführung* (Wilhelm Fink, 2002) und später durch das mit Sonu Shamdasani verfasste Buch *Le dossier Freud. Enquête sur l'histoire de la psychanalyse* (Les empêcheurs de penser en rond, 2006). Der erste Text behandelt die Entstehung dessen, was Borch-Jacobsen »die erste Lüge der Psychoanalyse« nennt, nämlich Fälschungen, Verzerrungen, Mystifizierungen, aber auch die unglaubliche Überheblichkeit, mit der man dabei vorging. Im zweiten Buch reicht die Palette der Kritik an Freud von der Fiktion der Selbstanalyse als Ursprung der Disziplin über die nur scheinbar geheilten Patienten, Jones' Hagiographie und die Psychoanalyse als »Privatwissenschaft« statt als universelles System bis zu dem Embargo der Archive, das die Historiker an ihrer Arbeit hindern soll. Was man in diesem Buch erfährt, ist niederschmetternd.

Inzwischen habe ich Borch-Jacobsen kennengelernt. Er hat mein Buch vor der Veröffentlichung aufmerksam gelesen und Fehler im Manuskript korrigiert. Ich bin außerdem Jacques-Alain Miller begegnet, und auch er erwies mir die Ehre, das Manuskript dieses Buchs zu lesen und mir wertvolle Anregungen zu geben. Beiden sei hier gedankt.

Jacques Van Rillaer gehört mit *Les Illusions de la Psychanalyse* (Pierre Mardaga Éditeur, 1980) zu den Autoritäten auf dem Gebiet, denn um Freud lesen zu können, lernte er Deutsch. Er ist Psychoanalytiker, hat sich einer Lehranalyse unterzogen, war zehn Jahre lang Mitglied der Belgischen Schule für Psychoanalyse und kam dann zu dem Schluss, das ganze Unterfangen sei eine Illusion. Das Werk beginnt freudig, doch wenn ihm die Munition ausgeht, offenbart sich – nicht ohne Humor und Ironie – die wahre Natur des freudschen Märchens.

Auch Richard Websters publikumswirksames Überblickswerk *Le Freud inconnu. L'invention de la psychanalyse* (Exergue, 1998) ist lesenswert.

Zwei dicke Bücher behandeln die Entwicklung der Kritik der Psychoanalyse: Henri F. Ellenbergers *Die Entdeckung des Unbewußten* (Huber, 1973) und Frank J. Sulloways *Freud. Biologe der Seele* (Hohenheim, 1985). Beide Autoren zeigen die Psychoanalyse als historisches Phänomen, das viele Anleihen bei anderen Theorien gemacht hat und dessen Stellung als revolutionäre Einzelleistung Freuds damit unterlaufen wird.

Ellenberger beginnt mit den prähistorischen Heilzeremonien und stellt Freud in eine Tradition, die ihm vorausging – der Magnetismus von Mesmer oder Puységur, Charcots Hypnose, die romantische Medizin, die psychologischen Analysen Pierre Janets – und sich mit Adler oder Jung auch nach ihm fortsetzte. Freud war also kein überhistorisches Genie, sondern ein bestimmtes Phänomen innerhalb der Geschichte der *Heiler.*

Sulloway zeigt, wie viel Freud der zeitgenössischen Wissenschaft verdankt und dass er längst kein Held war, sondern die wissenschaftliche Literatur intensiv las und sich aus ihr bediente. Diese Anleihen versah er mit neuen Namen, und die eigentlichen Entdecker verschwanden in der Versenkung. In einem Anhang zu Kapitel 13 formuliert Sulloway einen Katalog der wichtigsten freudschen Mythen – sechsundzwanzig an der Zahl –, die zeigen, wie die Legende konstruiert ist und wie man sie dekonstruieren kann. Beispiele sind der Heldenmythos, der Mythos der wundersamen Wirksamkeit der Psychoanalyse, der Mythos vom Bruch mit der Biologie, der Mythos der Selbstanalyse und vieles mehr.

5

Die Briefwechsel als Goldgrube. Es gibt unglaublich viel Literatur zur Psychoanalyse. Die Werke erklären, erzählen, theoretisieren, vereinfachen, verkomplizieren, kommentieren, analysieren, verkürzen, kondensieren, entwickeln oder verdunkeln Freuds Lehre. Gleiches galt einst für die Auslegung des Christentums oder vor nicht allzu langer Zeit der marxistischen Patristik. Die Psychoanalytiker, die ihre Gedanken in Buchform veröffentlichen, gleichen den Bischöfen, die im Mittelalter ihre Prosopopöien drucken ließen, oder den Mitgliedern des Politbüros, die ihre vor dem Obersten Sowjet gehaltenen Reden herausgaben.

Da lese man lieber Freuds Briefwechsel, denn jeder von ihnen ist eine wahre Goldgrube. Wer nur einen lesen möchte, sollte *Lettres à Wilhelm Fließ (1887–1904)* lesen, das 2006 auf Französisch in einer »vollständigen Ausgabe« herauskamen [Sigmund Freud, *Briefe an Wilhelm Fließ (1887–1904)*, hg. von Jeffrey Moussaieff Masson, dt. Fassung von Michael Schröter, S. Fischer, 1986]. Auf der Banderole, die zum Erscheinen um das Buch geschlungen war, stand zu lesen: »Ein anderer Freud?« In diesen Briefen entdecken wir, um Roudinescos schöne Litanei aufzugreifen, einen lügenden, fälschenden, plagiierenden, vertuschenden, propagandistischen und inzestuösen Freud, den Ernest Jones und Anna Freud uns so lange vorenthalten wollten, indem sie Teile der Korrespondenz unterschlugen.

Die unzensierte Ausgabe der Briefe zeigt einen Freud, der bezüglich der Affäre Emma Eckstein unredlich war, der nach Geld und Ruhm strebte, der sich die Zeit mit Unfug wie Numerologie, Telepathie, Okkultismus und Aberglauben vertrieb, der mit seiner Mutter schlafen wollte, seinem Freund begeistert von einem sexuellen Traum über eine seiner Töchter erzählte und Fließ' Theorie der Bisexualität übernahm. Über diesen Freud verlieren die Tempelwächter kein Wort. Einige Autoren von *Livre noir* erzählen von ihm, und keiner der Beiträger aus *Anti-livre noir* will ihn kennen. Vor diesem Hintergrund ist es verständlich, dass die Veröffentlichung der unzensierten Korrespondenz bei Anna Freud und Ernest Jones nachgerade Hysterie auslöste – Freud selbst war schon zuvor entsetzt gewesen, als er erfahren hatte, dass die Briefe, auf deren Vernichtung er es abgesehen hatte, in einem Antiquariat zum Verkauf standen. In Frankreich gab es lange Zeit eine geschönte Ausgabe mit wenigen ausgesuchten Briefstellen unter dem Titel *La Naissance de la Psychanalyse* [Sigmund Freud, *Aus den Anfängen der Psychoanalyse, Briefe an Wilhelm Fließ, Abhandlungen und Notizen aus den Jahren 1887–1902,* (S. Fischer) Imago Publishing, 1950].

Über Freuds Jugendjahre erfuhr ich viel aus Freuds *Lettres de jeunesse* in der Übersetzung von Cornélius Heim (Gallimard 1990) [Sigmund Freud, *Jugendbriefe an Eduard Silberstein, 1871–1881,* hg. von Walter Boehlich, S. Fischer 1989], besonders darüber, wie Freud sich in ein junges Mädchen verliebte, weil er eigentlich dessen Mutter begehrte (Brief vom 4. September 1872). Anekdotisches bietet auch *Lettres de famille de Sigmund Freud et des Freud de Manchester (1911–1938),* übersetzt von Claude Vincent (PUF, 1996).

Unter dem Titel *Nôtre cœur tend vers le Sud* erschien 2005 bei Fayard Freuds Reisekorrespondenz von 1895 bis 1923 [Sigmund Freud, *Unser Herz zeigt nach dem Süden, Reisebriefe 1895–1923,* hg. von Christfried Tögel unter Mitarb. von Michael Molna, Aufbau 2002]. Interessant sind die Postkarten, die Freud seiner Frau schickte, während er mit seiner Schwägerin Urlaub machte. Auf Seite 57 [dt. Ausgabe: S. 33] sind die Urlaubszeiten und Aufenthaltsorte samt Begleitung verzeichnet. Am häufigsten wurde Freud demnach von Minna begleitetet. Wundert das jemanden?

Der Briefwechsel Freuds mit Ludwig Binswanger erschien 1995 bei Calmann-Lévy unter dem Titel *Correspondance (1908–1938)* in der Übersetzung von Ruth Menahem und Marianne Strauss [Sigmund Freud/Ludwig Binswanger, *Briefwechsel 1908–1938*, hg. von Gerhard Fichtner, S. Fischer, 1992]. Hier erfahren wir, dass Freud trotz der immer wieder verkündeten Allmacht der Psychoanalyse am 9. April den Psychrophor verschrieb (eine Sonde, die in die Harnröhre eingeführt und mit eiskaltem Wasser durchspült wird), um die als Krankheit betrachtete Onanie zu behandeln! Die Grenzen der Heilkraft der Psychoanalyse belegt auch folgendes Zitat aus einem Brief vom 28. Mai 1911, in dem Freud von einem Scherz berichtet: »der die psychoanalytische Kur eine ›Mohrenwäsche‹ heißt« (ebd., S. 81), nicht ganz zu Unrecht, wie er hinzufügt. In diesem Buch wird auch deutlich, dass Freud das Unbewusste als ein kantsches Noumenon denken wollte – was Binswanger ablehnte.

Gelesen habe ich auch Lou Andreas-Salomés *Correspondance avec Sigmund Freud (1912–1936)* [Sigmund Freud/Lou Andreas-Salomé, *Briefwechsel,* hg. von Ernst Pfeiffer, S. Fischer, 1966] sowie *Journal d'une année (1912–1913),* übersetzt von Lily Jumel [Lou Andreas-Salomé, *In der Schule bei Freud. Tagebuch eines Jahres, 1912/1913,* Max Niehans Verlag, 1958]. Die Texte zeigen, dass selbst diese unabhängig lebende und frei denkende Frau unter Freuds Einfluss geriet und zu seiner Schülerin wurde. Freud vertraute ihr viel über Anna an.

Die Briefsammlung *Correspondance (1906–1914)* [Sigmund Freud/C. G. Jung, *Briefwechsel,* hg. von William McGuire u. Wolfgang Sauerländer, S. Fischer, 1974] mit Carl Gustav Jung ist interessant, weil sich an ihr ein Schema nachvollziehen lässt, das viele Beziehungen Freuds zu ihm nahe stehenden Analytikern prägte: Das Verhältnis beginnt mit einer Art Sublimierung und endet in einem düsteren Drama. Es reicht von »Geehrter Herr

Kollege«, wie Freud am 11. April 1906 an Jung schrieb (ebd., S. 3), über »Mein lieber Freund«, 21. Juni 1908 (ebd., S. 174), und »Lieber Freud und Erbe!«, 15. Oktober 1908, (ebd., S. 191) bis zu »Geehrter Herr Präsident«, 3. Januar 1913 (ebd., S. 598), das den Bruch ankündigte: »Ich schlage Ihnen also vor, daß wir unsere privaten Beziehungen überhaupt aufgeben.« (ebd., S. 599) Freud verströmte anfangs stets Liebenswürdigkeit und erklärte den einst geliebten Freund am Ende doch zum Geisteskranken.

Am 25. Juni 1931 schrieb Freud an Stefan Zweig, er habe bemerkt, dass Musiker ein seltsames Verhältnis zu ihren Fürzen hätten, welches man näher untersuchen müsse. Dieser Brief findet sich in *Correspondance,* übersetzt von Gisela Hauer und Didier Plassard (Rivages poche, 1991) [Stefan Zweig, *Briefwechsel mit Hermann Bahr, Sigmund Freud, Rainer Maria Rilke und Arthur Schnitzler,* hg. von Jeffrey B. Berlin, Hans-Ulrich Lindken und Donald A. Prater, S. Fischer, 1987]. Freud zeigte sich hier auch unzufrieden darüber, dass Zweig ihn in *La Guérison par l'esprit* (übersetzt von Alzir Hella und Juliette Pary, Livre de poche, 2003) [*Heilung durch den Geist,* S. Fischer, 1982] mit Mesmer und Mary Baker Eddy in Zusammenhang gebracht hatte. Doch davon sagte er dem Autor nichts. Er erwähnte es stattdessen in einem Brief an dessen Namensvetter Arnold Zweig, der dieses Missfallen bezeugte (10. September 1930), und zwar in *Correspondance S. Freud – A. Zweig (1927–1939),* übersetzt von Luc Weibel und Jean-Claude Gehring, Gallimard, 1973 [Sigmund Freud/Arnold Zweig, *Briefwechsel,* hg. von Ernst L. Freud, S. Fischer, 1968].

Zur Politik, speziell zum Verhältnis von Psychoanalyse und Nationalsozialismus, geben einige Briefe an Eitington Auskunft. Sie finden sich in *Correspondance (1906–1939)* in der Übersetzung von Olivier Mannoni (Hachette, 2009) [Sigmund Freud/Max Eitingon, *Briefwechsel, 1906–1939,* hg. von Michael Schröter, 2 Bde., edition diskord, 2004]. Für das Verständnis der Funktionsweise der Psychoanalyse als Institution sind sie unabdingbar.

Dollfuß, Mussolini, Göring und Freud. Über Freuds politische Ansichten schweigen sich selbst jene Bücher aus, die explizit diesem Thema gewidmet sind. Man findet dort nichts über sein Verhältnis zu Mussolini, die Zusammenarbeit mit Matthias Göring, dem Leiter des Göring-Instituts, mit dem Freud und Eitington sich auf einen *modus vivendi* einigten. Deshalb kann man guten Gewissens auf die Lektüre von Paul Roazens *Politik und Gesellschaft bei Sigmund Freud* (Suhrkamp, 1971) und Gérard Pommiers wortreichem *Freud apolitique?* (Champs-Flammarion) verzichten. Sehr empfehlenswert ist dagegen Geoffrey Cocks beachtliche Untersuchung *La Psychothérapie sous le IIIe Reich. L' Institut Göring,* übersetzt von Claude Rousseau-Davenet und Jean-Loup Roy, überarbeitet von Monica Romani (Les Belles Lettres). Über Psychotherapeuten, darunter Psychoanalytiker, ist dort zu lesen: »Selbst zu Zeiten der stärksten Verfolgung durch die Nazis konnten sie ihre Aktivitäten stets fortsetzen. Die ab 1933 herrschenden Bedingungen ermöglichten einigen Psychotherapeuten, einen institutionellen Status und eine Praxis zu erreichen, die sie zuvor nie erlangt hätten und die es seither in Deutschland nicht mehr gab.« (S. 16) Das Buch erschien in der Reihe »Confluents psychanalytiques«. Deren Leiter Alain de Mijolla hat damit einen wichtigen Beitrag zur Geschichte der Psychoanalyse geleistet.

Das Schweigen über Freuds Mussolini gewidmete Ausgabe von *Warum Krieg?* ist die in diesem Zusammenhang häufigste Strategie: Man vermeidet das Thema und damit auch die Probleme. Vielleicht schweigt sich aus dem gleichen Grund auch Paul-Laurent Assouns *Dictionnaire des œuvres psychanalytiques* (PUF, 2009) darüber aus. Auf den 1468 Seiten werden alle Bücher Freuds (und auch Werke Melanie Kleins, Lacans, Jones', Ranks etc.) nach dem gleichen Schema behandelt: Titel in der Originalsprache, Übersetzungen, verschiedene Ausgaben, Erscheinungsjahr und -ort, Einordnung in das Gesamtwerk, Erläuterung des

Titels, Entstehungsgeschichte des Texts, Kontext, Struktur, These, Argumentation, Konzepte, Beitrag zur klinischen Forschung, formale Charakteristika, Rezeption und Wirkung, zitierte und mit dem Text in Verbindung stehende Autoren. Sechs Seiten (S. 956–961) sind *Warum Krieg?* gewidmet, und der Abschnitt zur Rezeption und Wirkung lehrt uns beispielsweise, dass Denis de Rougement den Text ein Vierteljahrhundert später in *Réalités* (Nr. 147, Januar–April 1958) zusammengefasst hat. Doch wir erfahren nicht, dass Freud auf Bitten Eduardo Weiss', des Gründers der italienischen Gesellschaft für Psychoanalyse, eine lobende Widmung für den Duce in das Buch schrieb.

Das ist eine merkwürdige Aussparung, die sicher nicht am mangelnden Wissen des Autors liegt, denn in dessen früherem Werk *L'Entendement freudien. Logos et anankè,* das in der von dem Psychoanalytiker Jean-Bertrand Pontalis geleiteten Reihe »Connaissance de l'Inconscient« erschienen war (Gallimard, 1984), gab es ein Kapitel über diese Widmung mit dem Titel »Freud et Mussolini« (S. 253–256). Hier wurde Freud attestiert, dem Diktator eine Lektion in politischer Philosophie erteilt zu haben! Indem er einen »Helden der Kultur« aus ihm machte? Tatsächlich sprach Assoun ganz bedenkenlos von der »anarchistischen Färbung von Freuds politischer Position« (S. 244; er griff den Gedanken auf S. 260 erneut auf).

Besser, man liest *Alltag bei Familie Freud. Die Erinnerungen der Paula Fichtl,* die von Detlef Berthelsen zusammengetragen und 1987 veröffentlicht wurden (Hoffmann und Campe). Die Hagiographen können dieses Buch kaum gutheißen, denn es enthält die Erinnerungen einer Hausangestellten der Familie Freud, die fünfunddreißig Jahre lang im Dienst der Familie stand, zunächst in Wien und später in London. Jenen, die Fichtls Berichte für nicht weiter beachtenswert halten, sei gesagt, dass die französische Ausgabe in der Reihe »Bibliothèque de psychanalyse« erschien, und zwar unter der Leitung Jean Laplanches, der gemeinsam mit Jean-Bertrand Pontalis *Das Vokabular der Psycho-*

analyse veröffentlicht hat (Suhrkamp, 1973), das seit seinem Erscheinen 1967 in Frankreich als Standardwerk gilt. Eine Untergruppe innerhalb der Reihe heißt »Stratégies de la psychanalyse«. Und in Fichtls Buch erfährt man: »Die österreichische Regierung sei zwar ›ein mehr oder weniger faschistisches Regime‹, äußert Freud seinem Arzt Max Schur gegenüber, trotzdem, so erinnert sich der Freud-Sohn Martin Jahrzehnte später, ›hatte sie all unsere Sympathien‹. Das Gemetzel der Heimwehr unter den Arbeitern von Wien läßt Sigmund Freud kalt.« (S. 73) *Freud apolitique?*, fragte Gérard Pommier.

7

Parerga und Paralipomena. Zur Fortsetzung meiner kommentierten – wenn auch vielleicht etwas unordentlichen – Bibliographie möchte ich die folgenden vier Bände nennen: *Les Premiers Psychanalystes. Minutes de la Société psychanalytique de Vienne,* übersetzt von Nina Schwab-Bakman, Gallimard 1976. Die Protokollbände umfassen: Band I, 1906–1908; Band II 1908–1910; Band III 1910–1911; Band IV 1912–1918. [*Protokolle der Wiener Psychoanalytischen Vereinigung,* hg. von Herman Nunberg und Ernst Federn, S. Fischer, Band I (1976), Band II (1977), Band III (1979) und Band IV (1981)] Der Leser kann mit diesen Texten bei den abendlichen Diskussionen der Analytiker Mäuschen spielen. Besonders die Lektüre der schier unendlichen Debatte über die Onanie, die wie eine Lektion in Katechese wirkt, ist lohnend.

Paul-Laurent Assouns Arbeiten *Freud, la philosophie et les philosophes* und *Freud et Nietzsche* (beide bei PUF erschienen) sind auf die von Freud vorgegebene Richtung hin orientiert. Freuds Verdrängung der Philosophie macht Assoun nicht zum Thema. Beide Bücher begnügen sich mit Collagen der Aussagen des Meisters und deren akademischer Kommentierung. Eine Untersuchung, die wirklich nicht mehr unter Freuds Fuchtel steht – ein freies Buch von einem freien Menschen –, fehlt bislang.

Die Distanz zwischen Freuds Behauptung, Patienten mit der Psychoanalyse geheilt zu haben, und der Realität lässt sich im Fall von Sergej Pankejeff an Karin Obholzers Buch *Gespräche mit dem Wolfsmann. Eine Psychoanalyse und die Folgen* (Rowohlt, 1980) ermessen. Pankejeff bekennt darin, die Psychoanalyse habe ihm nicht geholfen, sondern sogar geschadet. Der angeblich von Freud geheilte Mann war noch mit neunzig Jahren in Psychotherapie. Zum gleichen Fall erschien auch Patrick Mahoneys *Les Hurlements de l'Homme aux loups*, übersetzt von Bertrand Vichyn (PUF, 1986).

Olivier Douvilles *Chronologie de la psychanalyse du temps de Freud (1856–1939)* (Dunod, 2009) will ihr Titelversprechen einlösen. Sie zeigt, dass die Legende von Freud als einsamem, verkanntem Genie keine Sekunde lang aufrechtzuerhalten ist. Schon nach kurzer Zeit wurden seine Theorien weltweit diskutiert. Douville beweist das durch ganz neutral vorgetragene Informationen. Er leistet mit dem Katalog trockener Fakten eine echte Entmythologisierung.

Eine politisch korrekte Biographie über Freuds Tochter hat Uwe Henrik Peters mit *Anna Freud* vorgelegt (Kindler, 1979). Im gleichen Geist entstanden die Biographie *Madame Freud* von Gérard Badou (Payot, 2006) und Gabrielle Rubins *Le roman familial de Freud* (Payot, 2002). Die Themen sind spannend, die beiden Bücher jedoch recht dürftig. Sie haben hagiographischen Charakter und setzen insofern Jones' Arbeit fort. Leider fehlen bislang wirklich historische Biographien über Freud, Anna, Martha und Minna, die keine Klischees reproduzieren. Doch weil viele Dokumente in den Archiven nach wie vor unter Verschluss gehalten werden, ist seriöse Forschung über diese Themen kaum möglich. Solange die Freudianer den Zugang zu den Archiven kontrollieren, darf man annehmen, dass sie etwas zu verbergen haben – etwas, das kritische Arbeiten zur Psychoanalyse rechtfertigen würde. Beispielsweise sind bestimmte Archive der Library of Congress in Washington bis 2103 unzugänglich. Dass man *historische Untersuchungen* über Freuds Legende unmöglich macht, muss einfach bedeuten, dass es etwas zu verbergen gibt!

8

Mit den Konservativen recht haben oder mit den Linken falsch liegen? Nachdem Albert Camus das Sowjetregime wahrheitsgemäß als kriminell bezeichnet hatte, musste er sich von Sartre anhören, die positive Aufnahme seines Buches seitens der Konservativen entwerte es – womit er zu verstehen gab, dass die Linken recht und die Konservativen unrecht hätten. Sartre konnte nicht verwinden, dass »die Kapitalisten und die Bourgeoisie« Camus' Analyse zustimmten. Simone de Beauvoir schrieb in *La Pensée de droite aujourd'hui:* »Die Wahrheit ist eins, Fehler sind vielfältig. Es ist kein Zufall, dass die Konservativen für den Pluralismus sind.« Das Zitat stammt aus *Faut-il brûler Sartre?* (Idees-Gallimard, S. 85). Camus gab Sartre zur Antwort: »Man urteilt über die Wahrheit eines Gedankens nicht danach, ob er rechts oder links steht, und noch weniger danach, was die Rechte oder die Linke daraus macht. Wenn ich die Wahrheit aufseiten der Konservativen sähe, stünde ich dort.«

Wir erliegen alle dem bedauerlichen Missverständnis, die Wahrheit gehöre einem bestimmten politischen Lager an, und die andere Seite irre sich folglich. Das muss ich deutlich machen, gerade weil ich links stehe. Wenn man ein politisches Lager bevorzugt, kann man kein freier Mensch sein – das verhindern beide Lager gleichermaßen. Doch wie dem auch sei – Camus hat uns den Weg gezeigt: »Wenn ich die Wahrheit aufseiten der Konservativen sähe, stünde ich dort.« Diesem wunderbaren Satz stimme ich zu.

Deshalb müssen wir uns mit der Kritik der Psychoanalyse

vonseiten der Konservativen auseinandersetzen. Angenommen, ein politisch konservativer Autor schreibt, Freud habe Dokumente vernichtet, die seinen Irrtum bei der Medikation des später verstorbenen Freundes Fleischl-Marxow beweisen. Müssen wir dann annehmen, dies sei falsch, *nur weil der Autor ein Konservativer ist?* Einige der bekennenden Tempelhüter unter den Historikern der Psychoanalyse würden diese Frage mit Ja beantworten, denn für sie ist ein konservativer Autor immer ein Lügner, und ein linker Autor sagt immer die Wahrheit. Man kann sich vorstellen, welche Auswirkungen derlei Unfug auf die Qualität der französischen intellektuellen Debatte hat! Und auf die Chancen für den geschichtswissenschaftlichen Fortschritt. Viele ehemalige Sympathisanten der KPF zur Zeit Stalins, des Marxismus-Leninismus, der Achtundsechziger oder der maoistischen Phase der École normale supérieure in den siebziger Jahren halten nach wie vor an der doktrinären Ideologie fest und sind unfähig, sich unbestreitbaren historischen Wahrheiten zu beugen, wenn sie von Konservativen vorgetragen werden.

Ich habe also kritische Bücher konservativer Autoren über die Psychoanalyse gelesen und beurteile sie nicht nach der Zugehörigkeit ihrer Verfasser zu einem politischen Lager, sondern nach ihrer Qualität. Gérard Zwangs *La Statue de Freud* (Robert Laffont, 1985) attestiere ich zweierlei: Zum einen die Fähigkeit, Freuds Denken auf mehreren hundert Seiten objektiv darzustellen, aber auch eine unfassbar militante Haltung, die den Gebrauch und das Zitieren dieses Werks unmöglich machen. Zum Beispiel beschreibt der Autor in einem Kapitel, in dem er Freuds Lehre als Ursprung des sittlichen Verfalls unserer Zivilisation charakterisiert, die Achtundsechziger, die Marcuse, »Van Eigem« (*sic*), Foucault »und die ganze Truppe dreckiger Alternativer« gelesen hatten und »das öffentliche Suhlen im Schlamm, die gemeinschaftliche Liebe oder Kacken im Wohnzimmer in den Rang revolutionärer und befreiender Handlungen erheben«. Zwang lässt einen von ihnen zu Wort kommen: »Zieh deine Unterhose aus,

Idiotin, wir werden dir zeigen, was die sexuelle Revolution ist, und halt bloß die Klappe, die dreckigen Töchter der Bourgeoisie sind alle Komplizinnen der Ausbeuter, du hast noch Glück, dass wir mit dir rummachen wollen.« Da kann der Autor – ein Sexualwissenschaftler (!), Kunstliebhaber und fanatischer Hörer barocker Musik – an einer anderen Stelle in seinem Buch gern eine psychologische Alternative zur Psychoanalyse vorstellen – man zweifelt dennoch an seiner Seriosität.

Angeprangert wurde Pierre Debray-Ritzen mit *La Scolastique freudienne* von 1972, erschienen bei Fayard. Das Vorwort von Arthur Koestler, dem Debray-Ritzen ein *Cahier de l'Herne* gewidmet hatte, kritisiert Freuds Theorien und vergleicht sie mit veraltetem mittelalterlichem Denken. Dem fügt der Mandarin der medizinischen Psychiatrie hinzu, dass die Psychoanalyse entgegen Freuds Behauptungen keineswegs wissenschaftlich sei. Er wolle sich jedoch nicht mehr mit ihr beschäftigen. 1991 brach er mit diesem Vorsatz und veröffentlichte bei Albin Michel *La Psychanalyse cette imposture*. Denn sechzehn Jahre nach *La Scolastique freudienne* verströmte Freuds Lehre noch immer ihre illusionäre Kraft. Bei seinen Auftritten in der Fernsehsendung »Apostrophes« wetterte der Fliege tragende Autor von *Lettre ouverte aux parents des petits écoliers* gegen die moderne Zeit und kritisierte die Psychoanalyse aus neuropsychologischer Sicht. Der Biograph Claude Bernards und Vertreter der Experimentalmethode kritisierte die Schuldzuweisungen, die Eltern magersüchtiger Kinder vonseiten der Psychoanalyse erdulden müssen. Er hielt Legasthenie für genetisch bedingt und attackierte Bruno Bettelheim. Seine Äußerungen stehen immer noch auf der Website des »Groupement de recherche et d'étude pour la civilisation européenne«. Gegen Ende seines Lebens moderierte der Onkel Régis Debrays, der wohl einfach nicht anders konnte, eine Literatursendung auf Radio Courtoisie, einem eindeutig rechtsaußen positionierten Sender. Wie soll man unter diesen Bedingungen guten kritischen Argumenten zustimmen?

René Pommier veröffentlichte 2008 *Sigmund est fou et Freud a tout faux* (Éditions de Fallois), nachdem er sich 1987 mit *Roland Barthes, ras le bol!* als Kämpfer gegen das Intellektuellenidol aus Saint-Germain-des-Prés hervorgetan hatte. Der ehemalige Student der École Normale, Professor an der Sorbonne und Rationalist macht von der ersten Seite an klar, dass er mit Debray-Ritzen befreundet, jedoch bezüglich der kindlichen Sexualität noch stärker gegen Freud gerichtet ist als der Kinderpsychiater. Sein *Remarques sur la théorie freudienne du rêve* – so der Untertitel seiner Kampfschrift gegen Freud – hat es jedoch wie so viele andere Pamphlete auch nicht geschafft, den Lack anzukratzen, der das Idol bis heute schützt.

Ich muss ein paar Worte sagen zu Jacques Bénesteaus *Mensonges freudiens* (Mardaga, 2002). Auf dieses Buch mit dem Untertitel *Histoire d'une désinformation séculaire* trifft nichts zu, was ich über die zuvor zitierten Autoren äußern musste. Es enthält keine Polemik in der Tradition der Konservativen vor dem Zweiten Weltkrieg, keine Ironie oder persönliche Beleidigungen, keine Schuldzuweisungen an die heutige Psychoanalyse in Zusammenhang mit der postmodernen Dekadenz, keine Parteinahme – und das, obwohl der Autor, ein klinischer Psychologe, in der Wissenschaft tätig ist. Das Buch fasst die kritischen Untersuchungen über Freud zusammen und wird entsprechend boykottiert. Entweder durch Totschweigen (in Frankreich fand es keinen Verlag) oder durch den Vorwurf des Antisemitismus. Bénesteau kritisiert, dass Freud den Antisemitismus instrumentalisierte, indem er ihn als Ausrede für fehlende Anerkennung und Erfolg benutzte. Er zeigt, dass im damaligen Wien viele Juden wichtige Posten in Justiz, Politik, Presse und Verlagswesen innehatten. Dafür wird er von Roudinesco als »versteckter Antisemit« gebrandmarkt. *Versteckt* heißt so viel wie *unsichtbar*, obwohl er doch eine ganz reale Person ist. Eine derartige Anschuldigung ist subtil und deutlich zugleich.

Dabei enthält dieses dicke Buch keine einzige antisemitische

Äußerung und keinen Hinweis auf die politische Haltung des Autors. Das Problem liegt an anderer Stelle: Das kurze Vorwort stammt von Jacques Corraze, der als »Ehrenprofessor« bezeichnet wird. Dieser Mann, Philosoph und Mediziner, unterrichtete einst auch Bénesteau. Und er sympathisiert mit dem Front National (FN), mit dem er einmal Sommerkurse anbot; zudem war er Ehrengast im Club de l'Horloge. Der Mann gehört zudem einer Gruppierung an, die für die Wiedereinführung der Todesstrafe eintritt, und zu einer Gesellschaft für Respekt gegenüber der französischen Identität. Als Bénesteau Roudinesco wegen des Antisemitismusvorwurfs vor Gericht wiedertraf, ließ er sich von Wallerand de Saint-Just verteidigen. Dieser ist Anwalt von Jean-Marie Le Pen und stand 2001 ganz oben auf der Liste des FN in Soissons. François Aubral, zusammen mit Xavier Delcourt Autor von *Contre la Nouvelle Philosophie,* setzte sich für Bénesteau ein, distanzierte sich jedoch von Corraze.

Es ist schwer, gute kritische Arbeit von politischer Verblendung zu trennen. Die hier besprochenen Bücher versinken in einem reaktionären, konservativen, manchmal rechtsextremen Kontext. Obwohl sie Freuds Legendenbildung zu Recht kritisieren, konnten sie sich in der Öffentlichkeit nicht durchsetzen. Jede Kritik an Freud und der Psychoanalyse läuft Gefahr, in diesem Kontext betrachtet zu werden, solange sich die »Rechten« die Debatte zu eigen machen.

9

Recht haben mit den Linken. Zum Glück gibt es auch Kritiker der Psychoanalyse, die sich jenseits solcher Verblendung bewegen und deren Texte den Leser nicht zwingen, sich zwischen der Richtigkeit einer kritischen Analyse und deren rechtskonservativer Vereinnahmung zu entscheiden. Solche Texte beweisen, dass die Kritik an der Psychoanalyse kein Vorrecht der Konservativen, der Reaktionäre oder der – bekennenden oder heimlichen – Rechtsextremen ist.

Das gilt zum Beispiel für die Vertreter des Freudomarxismus, die meine Sympathie genießen. Wilhelm Reich, dessen *Fonction de l'orgasme* (L'Arche) [*Die Funktion des Orgasmus,* S. Fischer, 1976] meine Jugend bereichert hat, wie auch *Psychologie de masse du fascisme* (Payot) [*Die Massenpsychologie des Faschismus,* S. Fischer, 1991] und *L'Irruption de la morale sexuelle* (Payot) [*Der Einbruch der sexuellen Zwangsmoral,* S. Fischer, 1986]. Gérard Guaschs Biographie *Wilhelm Reich. Biographie d'une passion* verschweigt das tragische Ende nicht: Reich wurde wahnsinnig. Die autobiographischen Texte Reichs, *Passion de jeunesse* (L'Arche) [*Leidenschaft der Jugend,* Kiepenheuer und Witsch, 1994] und *Reich parle de Freud* (Payot) zeigen, was Reich von Freud übernommen hat – die Psychoanalyse als Notwendigkeit –, worüber er hinausgeht – Freuds ahistorische Haltung – und was sein eigener Vorschlag ist – militantes politisches Handeln. Jean-Michel Palmier bietet mit *Wilhelm Reich* (10/18) eine gute Einführung.

1959 erstellte Erich Fromm in *La Mission de Sigmund Freud* (Éditions Complexe) [*Sigmund Freuds Sendung,* Ullstein, 1961] ein interessantes Inventar und verschwieg nicht, dass Freud sich gegenüber den autoritären Regimen wie ein Mitläufer verhielt. Ein Jahr vor der Machtergreifung durch Hitler habe Freud, verzweifelt angesichts der Unmöglichkeit einer Demokratie, die Diktatur einer Elite aus mutigen und opferbereiten Männern für die einzige Lösung gehalten (S. 93). *Grandeur et limites de la passion freudienne* (Robert Laffont) [*Sigmund Freuds Psychoanalyse – Größe und Grenzen,* München, 1986] zeigt die Probleme der Psychoanalyse auf, von ihrer realitätsfernen Epistemologie über die Konzeption von Unbewusstem, Ödipuskomplex, Übertragung, Narzissmus und Traumdeutung bis zu ihrer Verwandlung in eine »Adaptationstheorie«. Fromm verteidigte die »Biophilie« und griff die »Thanatophilie« an. Zum ersten dieser beiden

Hauptkonzepte lese man *Aimer la vie* (Epi) [*Über die Liebe zum Leben,* München, 1987], zum zweiten *La Passion de détruire. Anatomie de la destructivité humaine* (Robert Laffont) [*Anatomie der menschlichen Destruktivität,* Rowohlt, 1996].

Schließlich ist Herbert Marcuse zu nennen, dessen *Eros et civilisation* 1955 bei Minuit erschienen [*Triebstruktur und Gesellschaft,* Suhrkamp, 1965]. 1964 folgte *L'Homme unidimensionnel. Essai sur l'idéologie de la société industrielle avancée* (Minuit) [*Der eindimensionale Mensch. Studien zur Ideologie der fortgeschrittenen Industriegesellschaft,* Luchterhand, 1967] und 1969 *Vers la libération. Au-delà de l'homme unidimensionnel* (Minuit) [*Versuch über die Befreiung,* Suhrkamp, 1988]. Marcuse kritisierte den Kapitalismus und den Marxismus-Leninismus, die Konsumgesellschaft und die leninistische Bürokratie. Er strebte eine vom Lustprinzip geleitete Gesellschaft an. Marcuses bedeutende Schriften beeinflussten bestimmte französische Philosophen der sogenannten French Theory(!) stark, doch diese verschwiegen ihre Quellen und gaben sich mit dem typischen Anstrich der siebziger Jahre zufrieden. Eine gute Einführung ist Jean-Michel Palmiers *Sur Marcuse* (10/18). Ich werde Reich, Fromm und Marcuse einen Band meiner *Contre-histoire de la philosophie* widmen.

10

Philosophische Kritik. Kritische Auseinandersetzungen mit der freudschen Psychoanalyse liefern auch einige herausragende Philosophen. Jenseits jeder Polemik geht es ihnen um Untersuchungen im Geiste der Aufklärung des 18. Jahrhunderts als Kontrapunkt zu dieser neuen Form der Gegenphilosophie. An der Liste der Autoren (Alain, Jaspers, Politzer, Sartre, Popper, Wittgenstein, Deleuze und Guattari, Derrida) können die Kritiker der

Psychoanalyse-Kritik ablesen, dass man nicht zwingend konservativ, rechtsextrem, ein Anhänger Pétains oder Vichys, antisemitisch oder ein Freund der nazistischen Bücherverbrennungen sein muss, wenn man Freuds Legendenbildung zugunsten der kritischen Vernunft den Rücken kehrt.

In der großen Tradition des französischen Spiritualismus lehnt Alain in *Éléments de philosophie* das Unbewusste als autonome, Allmacht über das Bewusstsein ausübende Instanz ab und erklärt es zur »mythologischen Person« (Idées-Gallimard, S. 149, Abschnitt *Note sur l'inconscient*).

Karl Jaspers schrieb 1931 in *La Situation spirituelle de notre temps* [*Die geistige Situation der Zeit,* de Gruyter, 1999], dass Freuds Libidotheorie nicht ausreiche, um den gesamten Menschen zu beschreiben, der sich nicht auf Instinkte und Triebe reduzieren lasse. Der existentialistische Philosoph, Mediziner und Psychiater veröffentlichte *Psychopathologie générale* [*Allgemeine Psychopathologie,* Springer, 1973] in der »Bibliothèque des introuvables« (Alcan), ein Werk, das 1928 von einer Gruppe Studenten der École Normale übersetzt wurde – darunter ein gewisser Jean-Paul Sartre und dessen Freund Paul Nizan. Dieses Buch sollte später Gilles Deleuze beeinflussen.

Georges Politzer wurde 1942 mit neununddreißig Jahren von den Deutschen am Mont Valérien erschossen. Er war ein brillanter junger Philosoph, ein Genie, brutal ausgelöscht von der Barbarei der Nazis. Wir verdanken ihm *Critique des fondements de la psychologie* (PUF) von 1928 [*Kritik der Grundlagen der Psychologie,* Suhrkamp, 1978] – er war damals fünfundzwanzig Jahre alt –, wo er Freuds Konzeption des Unbewussten als Signatur des mythologischen und vorwissenschaftlichen Charakters ablehnte und stattdessen eine »konkrete Psychologie« vorschlug, die seither ungerechtfertigterweise in Vergessenheit geraten ist. Lesenswert ist auch *Écrits 2. Les fondements de la psychologie,* eine bei Éditions sociales unter der Leitung von Jacques Debouzy erschienene Textsammlung. Wir entdecken hier einen jungen Philosophen, der zunächst von Freud fasziniert war, weil dessen neue Disziplin die Bourgeoisie schockierte. Die Artikel sind vielversprechend und wirken zugleich wie ein halb fertiges, leer stehendes Haus.

Der Spezialist des Unvollendeten, Sartre, widmete ein Kapitel von *L'Être et le Néant. Essai d'ontologie phénoménologique* (Gallimard, 1943) [*Das Sein und das Nichts. Versuch einer phänomenologischen Ontologie*, Rowohlt, 1962] der »existentiellen Psychoanalyse«. Sartres Buch über Baudelaire [*Baudelaire*, Rowohlt, 1986], später *Saint Genet comédien et martyr* [*Saint Genet – Komödiant und Märtyrer*, Rowohlt, 1986] und die – wenngleich unvollendeten – 1500 Seiten von *L'idiot de la famille* [*Der Idiot der Familie*, Rowohlt, 1986] sind praktische Beispiele dieser Revolution innerhalb der Psychoanalyse, durch die Sartre sich in meinen Augen in der Philosophiegeschichte einen Namen gemacht hat. Im Denken des brillanten Absolventen der École Normale, der allerlei Substanzen einnahm, die ihm das Hirn vernebelten, und der auf geniale Weise alles, womit er in Berührung kam, in Text verwandelte, lauerte ein geniales Potential, das nie völlig ausgeschöpft wurde – nämlich eine Psychoanalyse ohne freudsches Unbewusstes, die dem Bewusstsein, dem *Für-sich-sein* in Sartres eigenen Worten, eine entscheidende Rolle in der Konstruktion des Selbst zuschreibt.

Karl Popper wurde mit *La société ouverte et ses ennemies* (Seuil, 1945) [*Die offene Gesellschaft und ihre Feinde*, Francke, 1957f] zum Begründer des Antitotalitarismus im 20. Jahrhundert. 1972 erschien *La Connaissance objective* [*Objektive Erkenntnis*, Hoffmann und Campe, 1973]. Darin betrachtet er die Psychoanalyse wie die Astrologie oder Metaphysik, also wie einen Weltentwurf, der auf nichtwissenschaftlichen – weil nicht falsifizierbaren – Annahmen beruht.

Ludwig Wittgenstein legte eine ganz eigene Lesart Freuds vor, die zeigt, dass dieser die Welt zwar entmythologisieren wollte, letztlich aber weitere Mythen generierte. Paradoxerweise kann man Freud und die Psychoanalyse deshalb als postmoderne Mythologien begreifen. Man lese dazu *Conversations sur Freud* sowie das darauffolgende *Conférence sur l'éthique* in *Leçons et conversations* (Idées-Gallimard) [*Vorlesungen und Gespräche über Ästhetik, Psychologie und Religion,* Vandenhoeck und Ruprecht, 1971]. Rush Rhees berichtet darin: »Er hielt den enormen Einfluss der Psychoanalyse in Amerika und Europa für gefährlich – ›und dennoch haben wir lange gebraucht, bis wir unsere Unterwürfigkeit ihr gegenüber verloren‹. Wer etwas über Freud lernen will, braucht eine kritische Haltung, und gerade von dieser bringt einen die Psychoanalyse normalerweise ab.« (S. 88)

Gilles Deleuze äußerte sich in seinem *Abécédaire* sehr derb gegen Wittgenstein und dessen Anhänger. Doch auch er kannte Jaspers', Sartres, Poppers, Politzers und Wittgensteins Texte zum Thema. Er hatte auch Reich und Marcuse gelesen und zitierte sie häufig in *Anti-Œdipe* (Minuit, 1972) [*Anti-Ödipus,* Suhrkamp, 1974], einem Text, dessen Genialität weniger in den dort vorgetragenen Gedanken liegt als darin, dass er dem Happening, der Performance und dem Fluxus verpflichtet ist, sowie in einer speziellen Sprache verfasst ist, die damals sehr in Mode war. Deleuzes und Guattaris Kritik an Freud und der Psychoanalyse betrifft die Begierde. Die Philosophie der Begierde von Deleuze und Guattari setzt auf positive Handlungen anstatt auf Kastration, Vater, Mutter und Phallus. In einem Gespräch über die Begierde sagte Deleuze: »Machen Sie keine Psychoanalyse, tun Sie lieber Dinge, die Ihnen angenehm sind.«

Zuletzt ist Jacques Derrida zu nennen. 2001 sagte er in einem Gespräch mit Roudinesco, der Galionsfigur der französischen Psychoanalyse, in *Woraus wird morgen gemacht sein? Ein Dialog* (Klett-Cotta, 2006, S. 285) in einem Kapitel, das paradoxerweise »Lob der Psychoanalyse« heißt: »Die große freudianische Begrifflichkeit ist sicherlich notwendig gewesen, dem stimme ich zu. Sie war notwendig, um in einem gegebenen Kontext der Geschichte der Wissenschaften mit der Psychologie zu brechen. Doch frage ich mich, ob dieser Begriffsapparat lange überleben wird. Ich täusche mich vielleicht, aber das Es, das Ich, das Über-Ich, das Idealich, das Ichideal, der Sekundärvorgang und der Primärvorgang der Verdrängung usw. – mit einem Wort, die großen freudianischen Maschinen (Begriff und Wort des Unbewußten darin inbegriffen) – sind in meinen Augen nur provisorische Waffen, ja zusammengebastelte rhetorische Werkzeuge gegen eine Philosophie des Bewußtseins, der transparenten und voll verantwortlichen Intentionalität. Ich glaube kaum an ihre Zukunft. Ich denke nicht, daß eine Metapsychologie der Überprüfung lange standhalten könnte. Man spricht davon schon fast gar nicht mehr.« Hiermit sei es beurkundet.

Für die deutsche Ausgabe zusätzlich verwendete Texte:

Apollodor, *Bibliotheke. Götter- und Heldensagen Griechisch/Deutsch*, hg. u. übers. v. Paul Dräger, Artemis & Winkler, 2005.

Binswanger, Ludwig, *Erinnerungen an Sigmund Freud*, Francke, 1956.

Briefwechsel Sigmund Freud – Ernest Jones, 1908–1939, Originallaut der in Deutsch verfassten Briefe Freuds, Transkription und editorische Bearbeitung v. Ingeborg Meyer-Palmedo, S. Fischer, 1993.

Einstein, Albert, Sigmund Freud, *Warum Krieg?* Mit einem Essay von Isaac Asimov, Diogenes, 1972.

Ferenczi, Sándor, *Ohne Sympathie keine Heilung. Das klinische Tagebuch von 1932*, hg. v. Judith Dupont, S. Fischer, 1988.

Freud, Sigmund, *Der Mann Moses und die monotheistische Religion*, Suhrkamp, 1964.

Freud, Sigmund, *Briefe 1873–1939*, ausgewählt und hg. v. Ernst und Lucie Freud, S. Fischer, 1968, 1980.

Freud, Sigmund, *Brautbriefe, Briefe an Martha Bernays aus den*

Jahren 1882–1886, hg. v. Ernst L. Freud, Fischer Taschenbuch, 1988.

Freud, Sigmund, *Jugendbriefe an Eduard Silberstein, 1871–1881*, hg. v. Walter Boehlich, S. Fischer, 1989.

Freud, Sigmund, »Der Moses des Michelangelo«, in: ders., *Der Moses des Michelangelo. Schriften über Kunst und Künstler*, hg. v. Peter Gay, S. Fischer, 1993.

Freud, Sigmund, »Über die Allgemeinwirkung des Cocains«, Vortrag, gehalten im psychiatrischen Verein am 5. März 1885 von Dr. Sigm. Freud, in: Sigmund Freud: *Schriften über Kokain*, hg. u. eingeleitet v. Albrecht Hirschmüller, Fischer Taschenbuch, 1996 (S. 101–107).

Freud, Sigmund, *Gesammelte Werke*, chronologisch geordnet, unter Mitwirkung von Marie Bonaparte, hg. v. Anna Freud, E. Bibring, W. Hoffer, E. Kris, O. Isakower, Fischer Taschenbuch Verlag, 1999 (Imago Publishing, 1950).

Freud, Sigmund, Karl Abraham, *Briefe 1907–1926*, hg. v. Hilda C. Abraham und Ernst L. Freud, S. Fischer, 1965.

Freud, Sigmund, Karl Abraham, *Briefe 1907–1926*, hg. v. Hilda C. Abraham und Ernst L. Freud, 2. korr. Auflage, S. Fischer, 1980.

Freud, Sigmund, Minna Bernays, *Briefwechsel, 1882–1938*, hg. v. Albrecht Hirschmüller, edition discord, 2005.

Freud, Sigmund, Joseph Breuer, *Studien über Hysterie*, S. Fischer, 1970.

Freud, Sigmund, William C. Bullitt, *Thomas Woodrow Wilson. Der 28. Präsident der Vereinigten Staaten von Amerika (1913–1921). Eine psychoanalytische Studie*, hg. v. Hans-Jürgen Wirth, Psychosozial-Verlag, 2007.

Freud, Sigmund, Sándor Ferenczi, *Briefwechsel*, Band I/1, 1908–1911 (1993), Band I/2, 1912–1914 (1993), Band II/1, 1914–1916 (1996), Band II/2, 1917–1919 (1996), Band III/1, 1920–1924 (2003), Band III/2, 1925–1933 (2005), hg. v. Ernst Falzeder und Eva Brabant unter Mitarbeit v. Patrizia

Giampieri-Deutsch unter der wissenschaftlichen Leitung v. André Haynal, Transkription Ingeborg Meyer-Palmedo, Böhlau.

Freud, Sigmund, Anna Freud, *Briefwechsel 1904–1938*, hg. v. Ingeborg Meyer-Palmedo, S. Fischer, 2006.

Freud, Sigmund, Edoardo Weiss, *Briefe zur psychoanalytischen Praxis*. Mit den Erinnerungen eines Pioniers der Psychoanalyse, S. Fischer, 1973.

Handwörterbuch der Gesamten Medizin, hg. v. Dr. Albert Villaret unter Mitwirkung von Dr. Sigmund Freud et al., 2 Bde, Verlag von Ferdinand Enke, 1888.

Laplanche, Jean, Jean-Bertrand Pontalis, *Das Vokabular der Psychoanalyse*, Suhrkamp 1973.

Mauss, Marcel, »Theorie der Magie. Soziale Morphologie«, in: ders., *Soziologie und Anthropologie*, Bd. I, Fischer Taschenbuch, 1989.

Sophokles, »Ödipus«, übers. v. Friedrich Hölderlin, in: ders., *Werke in zwei Bänden*, Harenberg, 1982, Bd. II, S. 327–368.

The Complete Correspondence of Sigmund Freud and Ernest Jones, 1908–1939, ed. by R. Andrew Paskauskas, The Belknap Press of Harvard University Press, 1993.

Anstelle eines Nachworts

»Patienten sind Gesindel.«

Sigmund Freud in Sandor Ferenczi,
Ohne Sympathie keine Heilung.
Das klinische Tagebuch von 1932 (S. 171)

Mein umfangreiches Buch *Le crépuscule d'une idole* (*Anti Freud*) war in Frankreich noch nicht erschienen, da sah es sich bereits Angriffen ausgesetzt, deren Argumente vor allem jene in den Schmutz zogen, die sich ihrer bedienten: Ich hätte Thesen der extremen Rechten reaktiviert, dem Faschismus schön getan, mich als Antisemit erwiesen – und das indem ich darauf hinwies, dass bei Freud Gefallen an Faschismus und Antisemitismus zu finden ist. Man rückte manchen meiner Charakterzüge in die Nähe zu Hitler; man gab vor, ich unterstütze Thesen, die ich jedoch nirgends vertrete; man prangerte Fehler an, die nicht zu finden sind; man griff mein Privatleben an, zog den Namen meines Vaters in den Schmutz, beleidigte meine Mutter, stigmatisierte meine Kindheit und zeigte Verachtung für meine provinzielle Herkunft. Man spekulierte über meine Sexualität, beleidigte und beschimpfte mich grob, setzte mich herab; man bedrohte mich und intervenierte sogar beim Conseil régional de Basse-Normandie – der die Université Populaire finanziert –, um dieser die Subventionen streichen zu lassen; und vieles mehr.

Wie soll eine echte Debatte mit all jenen möglich sein, die mich, meine Arbeit und mein Denken kriminalisieren, ohne sich um das zu kümmern, was ich tatsächlich geschrieben habe?

Will man sich über dieses umfangreiche Buch eine Meinung bilden, die ihren Namen verdient, so muss man mindestens fünfzehn Stunden Zeit in die Lektüre investieren. Denn was besagt schon ein Urteil über eine Arbeit, die man nicht gelesen hat? Doch nur, dass man sich vom Rauschen im Blätterwald stärker beeindrucken lässt als vom Text selbst und dass man von dunklen Leidenschaften anstatt von faszinierenden Gedanken getrieben ist.

Und schließlich muss, will man sich eine Meinung bilden, auch der große Erfolg dieses Buchs beim breiten Publikum berücksichtigt werden.

Mein Verlag Grasset ermöglichte mir, die im Buch vertretenen Thesen hier noch einmal in chronologischer Form zusammenzufassen. Wer möchte, kann damit schnell die Ergebnisse meiner Arbeit von den Auswürfen des französischen Medienzirkus' unterscheiden. So wird vielleicht eine echte Debatte möglich.

Jene Eliten, welche das Verschwinden der Diskussionskultur beklagen und diese zugleich verhindern, indem sie jeden in den Schmutz ziehen, der unabhängig denkt, verlören dann noch ein wenig mehr von ihrer ohnehin überstrapazierten Glaubwürdigkeit.

1. Mai 2010

Das achte Weltwunder

1856 (6. Mai): Sigismund Freud wurde in Freiberg (Mähren) als Sohn des zweiundvierzigjährigen Jakob Freud und der Amalia Freud geboren. Sein Vater war zwanzig Jahre älter als die Mutter; es war dessen dritte Ehe. Freuds Vater hatte bereits zwei Kinder; das ältere war selbst schon Vater eines Sohnes, der ein Jahr älter war als dessen Onkel Sigmund Freud. Beschneidung am 13. Mai.

In der *Traumdeutung* schrieb Freud, weil er mit vollem schwarzem Haar zur Welt gekommen sei, habe »eine alte Bäuerin der über den Erstgeborenen glücklichen Mutter prophezeit, daß sie der Welt einen großen Mann geschenkt habe.« (*Traummaterial und Traumquellen,* Bd. II/III, S. 198) Und einige Zeilen später heißt es: »Sollte meine Größensehnsucht aus dieser Quelle stammen?« (ebd.)

1857: Freud reagiert auf die Geburt seines Bruders Julius mit »bösen Wünschen« vom Tod desselben (Brief an Fließ, 3. Oktober 1897, *Briefe an Wilhelm Fließ,* S. 288).

1858 (15. April): Tod Julius'. Im selben Jahr wird Freuds Schwester Anna geboren. Amalia war bei der Beerdigung ihres zweiten Sohnes also schwanger.

Um 1867, 1868 saß Freud mit seinem Eltern in einem Café am Prater, als ihm ein Bänkelsänger voraussagte, er werde einmal ein berühmter Mann. In der *Traumdeutung* berichtet Freud, wie beeindruckt er von dieser »zweiten Prophezeiung« (*Traummaterial und Traumquellen,* Bd. II/III, S. 198) gewesen sei, welche die der alten Bäuerin bestätige.

Als Lieblingssohn der Mutter hatte Freud ein eigenes Zimmer in der Wohnung der Familie, die aus drei Räumen und einem Büro bestand. Seine Geschwister und die Eltern teilten sich die übrigen Zimmer. Die Mutter untersagte ihrer Tochter, Klavier zu üben, weil Freud sich durch den Lärm gestört fühlte.

Aus der Vorliebe der Mutter für den Sohn machte Freud 1917 eine allgemeingültige Theorie: »Wenn man der unbestrittene Liebling der Mutter gewesen ist, so behält man fürs Leben jenes Eroberergefühl, jene Zuversicht des Erfolges, welche nicht selten wirklich den Erfolg nach sich zieht.« (*Eine Kindheitserinnerung aus »Dichtung und Wahrheit«,* Bd. XII, S. 26)

1872 (4. September): In einem Brief an seinen Freund Silberstein gestand der sechzehnjährige Freud seine platonische Liebe zu einem dreizehnjährigen Mädchen. Er fügt hinzu, seine Liebe zur Mutter des Mädchens erkläre sich daraus, dass sie das gleiche Alter habe wie seine eigene Mutter.

Diese persönliche und subjektive Erfahrung machte er 1912 mit der Behauptung zur universellen Wahrheit, »daß die Schwiegermutter tatsächlich eine Inzestversuchung für den Schwiegersohn darstellt, sowie es andererseits nicht selten vorkommt, daß sich ein Mann manifesterweise zunächst in seine spätere Schwiegermutter verliebt, ehe seine Neigung auf deren Tochter übergeht.« (*Totem und Tabu,* Bd. IX, S. 23)

1873: Freud begann das Medizinstudium. Bis zum Diplom benötigte er acht Jahre, also drei mehr als üblich.

Er legte den Vornamen Sigismund ab und nannte sich fortan Sigmund.

Ein rüpelhafter Verlobter

1882 (April): Freud begegnete Martha Bernays, die seine Frau werden sollte. Verlobung am 27. Juni. Freud lebte damals von Geliehenem, hatte keine Arbeit und erst im Vorjahr sein Medizinstudium beendet. Er suchte verzweifelt nach einer Möglichkeit, Geld zu verdienen und sich und seiner Verlobten eine bürgerliche Existenz zu sichern.

Während Freud bei Charcot an der Salpêtrière studierte, schrieb er Martha über tausend Briefe. Am 2. August 1882 teilte er ihr mit, sie sei nicht schön im Sinne der Maler und Bildhauer. Bestehe sie darauf, dass er die Worte im eigentlichen Sinne verwende, so sehe er sich zu dem Geständnis gezwungen, dass sie keine Schönheit sei. In anderen Briefen erzählte er, dass sein Kokainkonsum hervorragende Ergebnisse erziele, unter anderem auch im sexuellen Bereich (2. Juni 1884), oder dass er, wenn er wolle, Charcots Tochter verführen könne, um seine Promotion voranzutreiben. All das hinderte ihn nicht daran, seiner Verlobten gegenüber krankhaft eifersüchtig zu sein und ihr jeden Kontakt zu Männern – einschließlich ihres Cousins – zu verbieten. Am 22. August 1883 gab er eine gewisse Neigung zur Tyrannei zu. Zur gleichen Zeit schrieb er an seine Schwägerin Minna »vertrauliche und herzliche Briefe« (Gay, *Freud. Eine Biographie*, S. 92), die sich andernorts als »einige leidenschaftliche Briefe« (ebd., S. 839) offenbaren.

Das erste Märchen

Offiziell beanspruchte das Tandem Breuer-Freud für sich, Anna O. geheilt zu haben. Tatsächlich musste sie bis 1887 immer wieder ins Krankenhaus. 1888 schrieb Freud in *Hysterie*, Anna O. sei geheilt, obgleich das nicht zutraf, wie er selbst in einem Brief vom 5. August 1883 an seine Verlobte zugab. Dort bekannte er, sie werde sich nie davon erholen und sei völlig zerstört. Zugleich behauptete er zeitlebens, sie sei erfolgreich behandelt worden, so 1916/17 in *Vorlesungen zur Einführung in die Psychoanalyse* (Bd. XI, S. 264), 1924 in *»Selbstdarstellung«* (Bd. XIV, S. 45), 1925/26 in *Psycho-Analysis* (Bd. XIV, S. 299) und 1932 in *Meine Berührung mit Josef Popper-Lynkeus* (Bd. XVI, S. 261).

Im gleichen Jahr, 1883, schrieb Freud seiner Verlobten auch, er wolle reich und berühmt werden.

Als jungem Arzt unterlief Freud in Gegenwart amerikanischer Kollegen eine Fehldiagnose: Er machte aus einer Neurose eine Meningitis (*»Selbstdarstellung«*, Bd. XIV, S. 36 f). In der *Traumdeutung* berichtet er von einem Irrtum bei einer Medikation, an dessen Folgen ein junges Mädchen gestorben war (*Die Methode der Traumdeutung*, Bd. II/III, S. 116). Und er gestand ein, bei einer Vierzehnjährigen einen Tumor fälschlich als Hysterie diagnostiziert zu haben (*Zur Psychopathologie des Alltagslebens*, Bd. IV, S. 162). Auch dieses Mädchen starb.

Der depressive Kokainabhängige

Freud hatte in bestimmten Zeitschriften gelesen, dass Kokain ein Allheilmittel sei. Er verschaffte sich die Substanz und begann, sie zu konsumieren. Zehn Jahre später, am 12. Juni 1895, schrieb er an Fließ: »Ich brauche viel Kokain.« (*Briefe an Wilhelm Fließ*, S. 134) Er machte sich damit Mut für die mondänen Soireen bei Charcot. An die daheim gebliebene Verlobte schrieb er, die Substanz sei auch auf sexuellem Gebiet euphorisierend. Er besuchte Bordelle. Sehr wahrscheinlich erklären sich seine Herzrhythmusstörungen, seine Probleme mit der Libido und der Nasenscheidewand, häufigen Katarrhe und die Zyklothymie aus dem Kokainkonsum. Ein Beispiel für seine Stimmungsschwankungen auf dem Gebiet der Theoriebildung liefert ein Brief an Fließ vom 20. Oktober 1895, in dem er sich für seinen Text *Entwurf einer wissenschaftlichen Psycho-*

logie aussprach (ebd., S. 149), nur um diesen vier Wochen später (29. November) zum Hirngespinst zu erklären (ebd., S.158).

Im Frühling 1884 experimentierte Freud mit Kokain – unter dem Vorwand, seinen Freund Fleischl-Marxow von einer Morphiumsucht heilen zu wollen, welcher dieser nach einer schmerzhaften Fingeroperation zum Opfer gefallen war. Das Morphium hatte ihm als Schmerzmittel gedient. 1885 riet Freud in *Über die Allgemeinwirkung des Cocains* zur »Injektion« desselben (S. 106); 1900 schrieb er in der *Traumdeutung* fälschlicherweise, er habe zur »internen Anwendung« geraten (*Die Methode der Traumdeutung*, Bd. II/III, S. 120). So wollte er nach dem Tod des Freundes seinen Fehler verschleiern. Doch schon als er *Über die Allgemeinwirkung des Cocains* schrieb, wusste er genau, dass sich der Zustand des Freundes verschlimmerte. Seiner Frau erzählte er in einem Brief vom 12. Mai 1884, Fleischl ginge es nicht gut und er sehe keinerlei Erfolg. Aus diesem Grund vernichtete er 1885 Notizen, Dokumente, Zeitschriften, Briefe und andere Unterlagen. Er wollte »seinen« künftigen Biographen die Sache nicht leicht machen. So verschwand *Über die Allgemeinwirkung des Cocains* aus seiner Biographie.

Als Freud in *»Selbstdarstellung«* (1924), jenem Werk, das zusammen mit dem Beitrag *Zur Geschichte der psychoanalytischen Bewegung* (1914) den Grundstein der selbstverfassten Legende legte, erneut auf diese Zeit zu sprechen kam, gab er seiner Verlobten die Schuld daran, nicht schon in jungen Jahren berühmt geworden zu sein. Tatsächlich hatte er Martha, die seit vier Jahren auf ihn wartete, besucht, und im Moment seiner Abwesenheit entdeckte sein Assistent im Labor, was er selbst nicht herausgefunden hatte, nämlich die anästhesierende Wirkung des Kokains. Freud gab sich großmütig; gegen seine Verlobte hege er wegen dieser »verpassten Gelegenheit« keinen Groll. In einer Version desselben Texts von 1935 ersetzte er die Formulierung durch »Störung«.

Ernest Jones attestierte Freud in seiner monumentalen Hagiographie *Sigmund Freud – Leben und Werk,* dieser habe zwischen 1890 und 1900 an einer »ausgesprochenen Psychoneurose« (Bd. I, S. 356) gelitten. Der Legende zufolge wurde er davon durch mutige Selbstanalyse geheilt – die in Wahrheit eine ganz banale Innenschau war, im Zuge derer er den unbekannten Kontinent namens Unbewusstes entdeckte.

Der Therapeut mit den vielen Gesichtern

1886 (13. September): Freud, der sich überall als Atheist ausgab, forderte einen Tag nach der standesamtlichen Hochzeit auch die kirchliche Trauung.

Seine Praxis eröffnete Freud am Tag des Auszugs der Juden aus Ägypten. Dem Anführer Moses als mythischer Figur widmete er ein Buch, in dem er darlegte, der Vater der Juden sei kein Jude gewesen.

(15. Oktober): Freud sprach vor illustrem Publikum und Mitgliedern der Gesellschaft der Ärzte in Wien über seine Theorie der männlichen Hysterie, erntete jedoch keine Begeisterung. Er reagierte verletzt und behauptete, er sei dort nicht gut aufgenommen, hinausgeworfen und seines Labors verwiesen worden. Ungeachtet dieser Episode aus *»Selbstdarstellung«* (Bd. XIV, S. 39) nahm er weiter an den Sitzungen der Gesellschaft teil – so auch am 21. April 1896. Er verzichtete erst auf die Treffen, als er merkte, dass sie ihm weder Erfolg noch Geld oder Ruhm einbrachten.

Von 1886 bis 1890 praktizierte Freud die Elektrotherapie. An Fließ schrieb er am 24. November 1887, er nutze die »galvanische Behandlung« (*Briefe an Wilhelm Fließ,* S. 4). Zuweilen verschrieb er auch Heilbäder, doch diese waren »keine zureichende Erwerbsquelle« (*»Selbstdarstellung«,* Bd. XIV, S. 40).

1887 (16. Oktober): Geburt von Freuds Tochter Mathilde. Er benannte sie nach Breuers Frau. Ende 1887, *während er noch die Elektrotherapie praktizierte,* begann Freud mit Hypnosen, von denen er sich ein gut besetztes Wartezimmer versprach.

Zwischen 1887 und 1904 wechselten Fließ und er im Durchschnitt alle zehn Tage einen Brief und sandten einander auch umfangreiche Manuskripte. Der Briefwechsel offenbart einen ängstlichen, erratischen, ehrgeizigen, raffgierigen, sturen, unbedarften, zyklothymischen, depressiven, ängstlichen, phobischen, kokainsüchtigen Freud. Später vernichtete er Fließ' Briefe. Als er entdeckte, dass die eigenen Briefe an Fließ bei einem Buchhändler zum Verkauf standen, wollte er auch diese vernichten. Nach einer wahren Odyssee wurden sie zunächst nur in bereinigter Form veröffentlicht. Die erste vollständige französische Ausgabe erschien 2006 (die deutsche 1986).

1888: Freud praktizierte Handauflegen und eine Art Gesichtsmassage (*Über Psychoanalyse,* Bd. VIII, S. 252–312).

1889 (7. Dezember): Geburt seines Sohnes Jean-Martin, dessen Vorname eine Hommage an Charcot war.

1891 (19. Februar): Geburt seines Sohnes Oliver, der nach dem Diktator und Königsmörder Cromwell benannt wurde.

Freud zog in die Berggasse 19.

1892 (6. April): Geburt des Sohnes Ernst, der seinen Namen zu Ehren von Freuds Physiologielehrer Brücke bekam.

1893 (12. April): Geburt der Tochter Sophie, benannt nach der Nichte von Freuds Hebräischlehrer am Gymnasium.

Freud gab an, ab 1893 zugunsten der Psychoanalyse auf die Sexualität verzichtet zu haben, denn diese »Wissenschaft« ergebe sich *gerade* aus der Sublimierung seiner Libido. Ein Brief an Fließ vom 17. Dezember 1896 beweist, dass Freud sexuelle Missgeschicke unterliefen – sein Verzicht auf die Sexualität fiel also nicht so umfassend aus, wie er glauben machen wollte.

Zu dieser Zeit wollte er auch mit Gebärmuttermassagen Behandlungs- und Heilerfolge erzielt haben. Und schon damals berichtete er von einer Patientin, die »auf dem Diwan« gelegen habe (*Studien über Hysterie,* Bd. I., S. 134).

1895 (3. Dezember): Geburt der ungewollten Tochter Anna. Sie trägt den Namen von Freuds Schwester.

Die Verleugnung des Körpers

Bei der Patientin Emma Eckstein, die an Nasenbluten litt, diagnostizierte Freud fälschlicherweise eine Hysterie sowie durch verdrängte Onanie verursachte Beschwerden. Gemeinsam mit Fließ operierte er die Patientin an der Nase. Die Folgen waren katastrophal: Ödeme, übler Geruch, ein deformiertes Gesicht, Blutungen und Infektionen. Ein Brief an Fließ vom 8. März 1895 legt offen, dass die beiden bei einer erneuten Operation »ein gut 1/2 Meter langes Stück Gaze« (*Briefe an Wilhelm Fließ,* S. 117) entdeckten, das sie in der Nasenhöhle vergessen hatten. Doch Freud verleugnete den Körper beharrlich und erklärte die Blutungen damit, dass die Patientin ihn sexuell begehre. Am 23. März schrieb er an Fließ: »[E]s bleibt ihr jede Entstellung erspart.« (ebd., S. 122) Doch die Nichte der Patientin, eine Kinderärztin, konnte das nicht bestätigen und berichtete von Emmas Entstellung und ihrer eingesunkenen Gesichtshälfte. Noch zehn Jahre später litt Emma an den Folgen der Operation. Sie ließ sich erneut ärztlich untersuchen, und man fand einen großen Abdominalabszess. Wegen eines von Freud übersehenen Myoms wurde Emma die Gebärmutter entfernt. In *Die endliche und die unendliche Analyse* schrieb Freud, Emma sei »auch bis zu ihrem Lebensende nicht mehr normal« geworden (Bd. XVI, S. 66). Nebenbei bemerkt hatte sie sich inzwischen zur Psychoanalytikerin ausbilden lassen.

1896 (1. Januar): Freud gestand Fließ, er habe zuerst Philosoph werden wollen.

(2. April): Er schrieb an Fließ: »Therapeut bin ich wider Willen geworden« (*Briefe an Wilhelm Fließ*, S.190).

(23. Oktober): Freuds Vater, den er Fließ gegenüber den »Alten« nennt, stirbt. In *Die Traumdeutung* bezeichnete Freud dies als »das bedeutsamste Ereignis, den einschneidendsten Verlust im Leben eines Mannes.« (*Vorwort zur zweiten Auflage,* Bd. II/III, S. X)

Die Leidenschaft für den Inzest

Ende 1896 zog Freuds Schwägerin Minna Bernays in die Berggasse 19. Von nun an lebte sie dreiundvierzig Jahre mit der Familie zusammen. In dem Haus mit siebzehn Zimmern bewohnte Minna ausgerechnet den Raum neben dem Schlafzimmer der Eheleute Freud und konnte ihn weder betreten noch verlassen, ohne durch jenes Schlafzimmer gehen zu müssen. C. G. Jung berichtete später, Freud sei in seine Schwägerin verliebt und deren »Beziehung tatsächlich sehr intim« gewesen (Gay, *Freud. Eine Biographie*, S. 837). Bei einer gemeinsamen Überfahrt nach Amerika im Jahr 1909 unterhielten sich Freud und Jung über Traumanalysen. Jung wollte wissen, wie Freud das wiederkehrende Dreieck aus ihm selbst, seiner Frau und seiner Schwägerin interpretiere. Freud antwortete Jung zufolge: »Ich könnte Ihnen mehr sagen, aber ich kann meine Autorität nicht riskieren.« (ebd.) Gay beschäftigt sich auch mit der Frage, ob Freud Minna zu einer Abtreibung nach Italien begleitet hat, kommt aber zu keinem klaren Schluss. Gestattete die Freud Collection in der Washingtoner Library of Congress Einblicke in Freuds Briefwechsel mit seiner Schwägerin, so ließe sich diese Frage definitiv beantworten.

Zwar verkündete Freud: »Das Heilmittel gegen die aus der Ehe entspringende Nervosität wäre vielmehr die eheliche Untreue« (*Die »kulturelle« Sexualmoral und die moderne Nervosität«*, Bd. VII, S. 158), doch er strebte nicht den Einsatz der Psychoanalyse für die sexuelle Befreiung an.

(3. Dezember): In *L'Hérédité et l'Étiologie des Névroses* wird erstmals der Begriff *Psycho-Analyse* auf Französisch verwendet.

Der performative Märchenerzähler

1897 (31. Mai): Freud träumte vom Inzest mit seiner Tochter Mathilde.

(8. Februar): In einem Brief an Fließ behauptete Freud sechzehn Wochen nach dem Tod seines Vaters, dieser habe einen seiner Söhne und einige seiner Töchter sexuell missbraucht. Er entwickelte die Verführungstheorie, der zufolge die Ätiologie sämtlicher Neurosen im sexuellen Missbrauch durch den Vater gründet. Dabei stützte er sich auf achtzehn Fälle, die es nie gegeben hat. Auch bei seinen Behandlungen folgte er dieser Theorie. Die zu Vergewaltigern ihrer Kinder erklärten Eltern reagierten empört. Freud erklärte Fließ in einem Brief vom 21. September, angesichts des sich leerenden Wartezimmers wende er sich von der Verführungstheorie ab. Doch zeitlebens leitete er die Neurosen aus in der Kindheit erlittenen sexuellen Traumata her.

(29. Dezember): Fließ gegenüber bezeichnet er seine Arbeit als »Drekkologie« (*Briefe an Wilhelm Fließ*, S. 316).

(3. Oktober): Freud schrieb an Fließ, dass seine »Libido gegen matrem [*sic*] erwacht ist, und zwar aus Anlaß der Reise mit ihr von Leipzig nach Wien, auf welcher ein gemeinsames Übernachten und Gelegenheit, sie nudam [*sic*] zu sehen, vorgefallen sein muß [*sic*].« (*Briefe an Wilhelm Fließ,* S. 288) Diese mögliche Version der Geschichte wurde dank Freuds performativer Methodik zur universellen Wahrheit: Was er erlebt hatte, mussten auch alle anderen erlebt haben, getreu dem Prinzip aus einem Brief an Fließ vom 15. Oktober 1897: »Ein einziger Gedanke von allgemeinem Wert ist mir aufgegangen.« (ebd., S. 293) Und tatsächlich wurde seine Hypothese zur Wahrheit, und zwar in jener Biographie, die zum Modell für alle späteren wurde. Jones zufolge »wollte es auf der Reise von Leipzig nach Wien der Zufall, daß Freud seine Mutter nackt sah.« (Jones, *Sigmund Freud – Leben und Werk,* Bd. I, S. 31) So wurde die These zur wissenschaftlichen Wahrheit und Freuds solipsistische Begierde zur universellen Wirklichkeit.

1898 (15. März): In einem Brief an Fließ schrieb Freud: »[I]ch schlafe bei den Nachmittagsanalysen« (*Briefe an Wilhelm Fließ,* S. 331). Diesen faktischen Betrug am Patienten münzte er 1912 in eine Theorie um, nach der ein Analytiker während der Sitzungen ruhig schlafen könne, herrsche doch das Prinzip der »gleichschwebende[n] Aufmerksamkeit« (*Ratschläge für den Arzt bei der psychoanalytischen Behandlung,* Bd. VIII, S. 377).

Wie schon 1900, 1902, 1903, 1904, 1905, 1907, 1908, 1913, 1919 … fuhr er mit seiner Schwägerin in den Urlaub. Freud und Minna residierten im Hotel Schweizerhaus. Auf den Namen »Dr. Sigmund Freud und Frau« reservierte er für drei Nächte ein Zimmer mit Doppelbett.

1900 (1. Januar): Freud schrieb Fließ, er habe Nietzsches Werke gekauft – allerdings nicht, um sie zu lesen.

(1. Februar): An Fließ: »Ich bin nämlich gar kein Mann der Wissenschaft, kein Beobachter, kein Experimentator, kein Denker. Ich bin nichts als ein Conquistadorentemperament, ein Abenteurer, wenn Du es übersetzt willst, mit der Neugierde, der Kühnheit und der Zähigkeit eines solchen. Solche Leute pflegt man nur zu schätzen, wenn sie Erfolg gehabt, wirklich etwas entdeckt haben, sonst aber sie beiseite zu werfen.« (*Briefe an Wilhelm Fließ,* S. 437)

(12. Juni): Freud fragte Fließ, ob wohl eines Tages eine Gedenktafel an dem Haus angebracht würde, in dem *Die Traumdeutung* entstanden war.

1902: Freud war beleidigt, nicht zum außerordentlichen Professor ernannt worden zu sein, und nützte deshalb seine Beziehungen: Eine Baronin, die bei ihm Patientin war, bot in seinem Namen dem Ministerium ein Gemälde für ein zukünftiges Museum für zeitgenössische Kunst an. Und schon bekam er die erhoffte Position.

Der Wiener Schamane

1910 (Brief vom 9. April an Ludwig Binswanger): Zwar schrieb Freud der Psychoanalyse zu, behandeln und heilen zu können (siehe *Die Freudsche psychoanalytische Methode,* 1904; *Über Psychotherapie,* 1905; *Die zukünftigen Chancen der psychoanalytischen Therapie,* 1910; *Über »wilde« Psychoanalyse,* 1910). *Dennoch* riet er in dem Brief zur Anwendung des »Psychrophor«, einer Sonde, mit der eiskaltes Wasser in die Harnröhre geleitet werden konnte, und zwar zur Behandlung (!) der Masturbation. Im selben Jahr, in dem er diese seltsame Methode verschrieb, veröffentlichte er auch *Über Psychoanalyse.*

(Oktober): Tod seiner Schwiegermutter. Um seine Frau Martha nicht zur Beerdigung begleiten zu müssen, schob er Termine mit Patienten vor.

1911 (28. Mai): In einem Brief an Binswanger gestand Freud die Grenzen der psychoanalytischen Therapie ein: »Die Mohren stammen aus einem alten, bei uns verbreiteten Scherz, der die psychoanalytische Kur eine ›Mohrenwäsche‹ heißt. Nicht ganz mit Unrecht, wenn wir uns einmal über das in der inneren Medizin anerkannte Niveau erheben. Ich tröste mich oft mit der Idee, wenn wir therapeutisch so wenig leisten, so erfahren wir wenigstens, warum nicht mehr geleistet werden kann.« (Freud/Binswanger, *Briefwechsel,* S. 81)

1912 (Mai): Binswanger berichtet in *Erinnerungen an Sigmund Freud,* ihn zu dieser Zeit nach seinem Verhältnis zu seinen Patienten gefragt zu haben. Zur Antwort habe er bekommen: »›Den Hals umdrehen könnte ich ihnen allen.‹« (S. 56)

1913: In *Das Interesse an der Psychoanalyse* rief Freud zur »Psychographie« auf (Bd. VIII, S. 407) – die natürlich auf alle anzuwenden sei außer auf ihn.

Die ontologische Homophobie

1914: In *Zur Einführung des Narzißmus* machte Freud den Homosexuellen zum Perversen, der wegen seiner unterbrochenen libidinalen Entwicklung außerhalb der heterosexuellen Norm stehe. Unfähig, ein Sexualobjekt des anderen Geschlechts zu erwählen, mache er sich selbst zum Gegenstand narzisstischer Liebe. Für Freud war ein Homosexueller unvollendet, archaisch, primitiv. Er begriff die Frau als unvollendeten Mann, der ein Penis fehle, und nach demselben Prinzip war der Homosexuelle für ihn ein evolutionär unvollständiges Wesen.

1917: Freud hoffte seit mehreren Jahren auf den Nobelpreis (und zwar nicht etwa für Literatur, sondern für Medizin) und wurde auch diesmal wieder nicht ausgewählt. Als Reaktion darauf schrieb er *Eine Schwierigkeit der Psychoanalyse* und erklärte sich auf dem Gebiet der Psychologie zum Revolutionär, wie es auch Kopernikus in der Astronomie oder Darwin in der Biologie gewesen seien. Seine Entdeckung sei gar noch wichtiger als deren Leistungen (Bd. XII, S. 8).

1918 (Sommer): In *Ratschläge für den Arzt bei der psychoanalytischen Behandlung* von 1912 untersagte Freud den Kollegen die Analyse von Verwandten oder Familienmitgliedern. Ungeachtet dessen begann er – ohne Wissen seiner Frau – mit der Analyse seiner Tochter Anna. Sie dauerte zunächst bis 1922 und wurde von 1924 bis 1929 fortgesetzt. Die Therapie währte also neun Jahre – bei fünf bis sechs Sitzungen pro Woche. In *Die Freudsche psychoanalytische Methode* setzte er die Dauer einer Analyse mit »ein halbes Jahr bis drei Jahre« an (Bd. V, S. 10).

Wieder vernichtete er Notizen, Briefwechsel, Manuskripte und weitere Unterlagen.

In *Aus der Geschichte einer infantilen Neurose* behauptete er, den Wolfsmann geheilt zu haben (Bd. XII, S. 157). Dieser aber hatte, als er mit neunzig Jahren starb, ein halbes Jahrhundert seines Lebens auf der Couch zugebracht.

In *Das Tabu der Virginität* entwarf Freud eine Theorie der Phallokratie und kritisierte die »Emanzipierten« (Bd. XII, S. 176).

Er veröffentlichte *Ein Kind wird geschlagen. Beitrag zur Kenntnis der Entstehung sexueller Perversionen.* Es ist die Analyse einer jungen Frau, die zugibt, die Schläge, die ihr der Vater anlässlich ihrer Onanie versetzt hatte, genossen zu haben. Zwar anonymisierte Freud die Frau, aber es handelte sich um seine Tochter Anna. Mit der Veröffentlichung von *Schlagephantasie und Tagtraum* im Jahr 1922 konnte diese sich Psychoanalytikerin nennen.

1920: Freuds Lieblingstochter Sophie starb an der Spanischen Grippe.

In dieser Zeit kostete eine Sitzung bei Freud 25 Dollar (etwa 415 Euro im Jahr 2010). An einem Tag begaben sich manchmal zwischen acht und zehn Patienten auf die Couch. Er verdiente also ungefähr 3600 Euro am Tag und 875 000 Euro im Jahr. Arme Menschen therapierte Freud nicht und behauptete, Menschen ohne Geld, Kultur und »Glauben« seien auf der Couch eben nicht behandelbar.

1921: In *Psychoanalyse und Telepathie* sprach Freud von Gemeinsamkeiten zwischen Okkultismus und Psychoanalyse; so auch 1922 in *Traum und Telepathie*. Freud war abergläubisch, hing der Zahlenmystik an, glaubte, man könne Unglück heraufbeschwören und übte 1925 mit seiner Tochter die Gedankenübertragung. Jones gestand er ein positives Verhältnis zur Telepathie, doch öffentlich wollte er sich dazu nicht bekennen.

1923: Bei Freud wurde Gaumenkrebs entdeckt. Er ließ sich von einem Hals-Nasen-Ohren-Arzt operieren, dessen Kompetenz er früher angezweifelt hatte. In der Nacht nach der Operation kam es zu Blutungen. Sein Überleben verdankte Freud dem Eingreifen eines kranken Nachbarn, der Hilfe holte. Freud musste sich bis zu seinem Tod über dreißig Operationen unterziehen.

Er ließ sich in diesem Jahr auch die Samenstränge durchtrennen – nach offizieller Version, um einem erneuten Auftreten der Krebserkrankung vorzubeugen. Ein solcher Eingriff galt aber auch als geeignet, schwindende sexuelle Leistungsfähigkeit wieder herzustellen. Dabei hatte Freud stets behauptet, der Sexualität mit siebenunddreißig Jahren zugunsten der Entwicklung der Psychoanalyse abgeschworen zu haben, die er folglich als gelungene Sublimierung darstellte.

1925: In *Die Frage der Laienanalyse* schrieb Freud: »[D]as Geschlechtsleben des erwachsenen Weibes [ist] ein *dark continent* für die Psychologie. Aber wir haben erkannt, daß das Mädchen den Mangel eines dem männlichen gleichwertigen Geschlechtsgliedes schwer empfindet, sich darum für minderwertig hält, und daß dieser ›Penisneid‹ einer ganzen Reihe charakteristisch weiblicher Reaktionen den Ursprung gibt« (Bd. XIV, S. 241). So habe die Frau »weniger Rechtsgefühl [...] als der Mann, weniger Neigung zur Unterwerfung unter die großen Notwendigkeiten des Lebens [und ließe sich] öfter in [ihren] Entscheidungen von zärtlichen und feindseligen Gefühlen leiten« (*Einige psychische Folgen des anatomischen Geschlechtsunterschieds,* Bd. XIV, S. 29 f). Siehe auch *Über weibliche Sexualität* (1931).

1926: Der wiederkehrende Hass des Philosophen Freud auf die Philosophie gipfelte in *Hemmung, Symptom und Angst* (Bd. XIV, S. 123).

1927: Ausführliche antimarxistische Überlegungen in *Die Zukunft einer Illusion.*

1928 (12. Oktober): In einem Brief an Ferenczi verglich Freud seine Tochter Anna mit Antigone. Es ist kaum vorstellbar, dass er nicht wusste, dass Antigone der inzestuösen Beziehung des Ödipus zu seiner Mutter entstammte. Er wiederholte den Vergleich am 12. Mai 1935 in einem Brief an Arnold Zweig.

1929: Neuerliche antimarxistische Äußerungen in *Das Unbehagen in der Kultur.*

1930: Tod von Freuds Mutter Amalia. Er nahm nicht am Begräbnis Teil und schickte stattdessen seine Tochter.

(25. Oktober): Freunde brachten an Freuds Haus eine Gedenktafel an.

1932: Der Psychoanalytiker Sandor Ferenczi zitiert in *Ohne Sympathie keine Heilung. Das klinische Tagebuch von 1932* einen Ausspruch Freuds aus dieser Zeit: Patienten seien »›Gesindel‹, ›Nur gut zum Geldverdienen und Studium.‹« (S. 171)

Ein Weggefährte der Faschisten

1933 (März): In einem Brief an Max Eitington äußerte Freud, man müsse mit dem nationalsozialistischen Regime kooperieren, um den Fortbestand der Psychoanalyse zu wahren. So arbeiteten die beiden mit Matthias Göring, dem Cousin des Reichsministers, zusammen. Matthias Görings Frau unterzog sich einer Lehranalyse. Im Juli desselben Jahres arrangierte Freud den Ausschluss Reichs, der als Kommunist bezichtigt wurde. Anna freute sich, dass die psychoanalytische Gemeinde von dem Linken befreit war.

Geoffrey Cocks stellte in *La Psychothérapie sous le IIIe Reich* fest, Freud und seine Mitstreiter hätten selbst zu den schlimmsten Zeiten der Verfolgung durch die Nazis ihre Aktivitäten fortsetzen können. Das Buch wurde 1987 für den Verlag Belles Lettres in der Reihe »Confluents psychanalytiques« übersetzt, die von dem Psychoanalytiker Alain de Mijolla geleitet wurde. Élisabeth Roudinesco schrieb zum selben Thema in *Retour sur la question juive,* Freuds Kompromiss mit dem Dritten Reich sei einer Politik der Kollaboration mit dem neuen Regime gleichgekommen (S. 136).

(26. April): *Der* zeitgenössische italienische Psychoanalytiker, Eduardo Weiss, begleitete Freud zu einer widerspenstigen Patientin. Auch der Vater der jungen Frau war anwesend und bat Freud um ein Buch mit Widmung, das er seinem Freund, dem Duce,

schenken wollte. Freud wählte *Warum Krieg?*, das den Krieg für unausweichlich erklärt und einen Führer zur Steuerung der Massen fordert. Die Widmung lautete: »Für Benito Mussolini, mit dem respektvollen Gruß eines alten Mannes, der im Führer einen Helden der Kultur sieht. Wien, 26. April 1933.« Dann unterschrieb Freud. Weiss erreichte bei Jones, dass dieses Ereignis in dessen Freud-Biographie unerwähnt blieb.

1934 (12. Februar): Freud erklärte, der Austrofaschismus sei ihm lieber als die vermeintliche Bedrohung durch die Sozialdemokraten. Zwischen 1500 und 2000 ihrer Anhänger starben während einer Demonstration, die blutig niedergeschlagen wurde. Später wurden einige Teilnehmer öffentlich erhängt.

1936: Freud hatte erfahren, dass seine Briefe an Fließ bei einem Buchhändler zum Verkauf standen. Er bemühte sich, sie – zum halben Preis –zurückzukaufen, um sie zu vernichten. Doch Marie Bonaparte konnte sie ergattern und verfügte, sie dürften erst hundert Jahre nach Freuds Tod eingesehen werden.

Der (endlich) ernsthafte Alte

1937: Als alter, müder, vom jahrelangen Leiden am Gaumenkrebs geschwächter Mann, der nichts mehr zu verlieren hatte, schrieb Freud in *Die endliche und die unendliche Analyse,* dass eine triebbestimmte Störung letztlich nie zu überwinden sei – mit anderen Worten, dass es keine Heilung gebe (Bd. XVI, S. 63).

1938 (Juli): Freud lebte seit Juni im Londoner Exil und arbeitete an *Abriß der Psychoanalyse,* einem unvollendet gebliebenen Text. Dort heißt es: »Die Zukunft mag uns lehren, mit besonderen chemischen Stoffen die Energiemengen und deren Verteilungen im seelischen Apparat direkt zu beeinflussen. Vielleicht ergeben sich noch ungeahnte andere Möglichkeiten der Therapie« (Bd. XVII, S. 108).

1939 (23. September): Um drei Uhr morgens starb Freud in London. Zuvor hatte er Injektionen bekommen, die das Sterben beschleunigten. Er wurde verbrannt; die Asche wurde auf dem Londoner Friedhof Golders Green beigesetzt.

1951 (2. November): Freuds Frau starb im Alter von neunzig Jahren. Sie hatte kein einziges Buch ihres Mannes gelesen. Ihre Urenkelin berichtete in *Im Schatten der Familie Freud* von einer Devise, zu der Martha sich bekannt habe. Demnach sei jene Ehefrau die beste, von der man am wenigsten spreche. In den zwanziger Jahren soll Frau Freud dem französischen Psychoanalytiker René Laforgue anvertraut haben, sie verstehe die Theorien ihres Mannes als eine Art Pornographie.

Ein unfruchtbares und jungfräuliches Mädchen

1956 (August): Anna Freud analysierte einige Tage lang Marylin Monroe. Heute besitzt die Anna Freud Foundation ein Viertel des Vermögens der amerikanischen Schauspielerin.

1970: Einer der Söhne Dorothy Burlinghams – Annas Lebensgefährtin, die, wie auch ihre Kinder, von Freud analysiert worden war und sich zur Kinderpsychoanalytikerin hatte ausbilden lassen – brachte sich in Annas Bett mit Barbituraten um. Freud hatte Dorothy geraten, sich von ihrem Mann zu trennen. Sie war seinem Rat gefolgt, woraufhin sich ihr Mann aus dem Fenster gestürzt hatte.

1971: Anna kehrte nach Wien zurück. Oft sah man sie in den Lodenmantel des Vaters gehüllt; sie wirkte verträumt.

1982 (9. Oktober): Tod Anna Freuds. Paula Fichtl erzählte in *Alltag bei Familie Freud,* Anna habe in einer Art Kleinmädchenzimmer voller Zierrat und Plüschtiere gelebt. Anna hatte nie eine sexuelle Beziehung zu einem Mann gehabt und erfüllte somit das Orakel, das Ödipus seinen Kindern verkündete: »Und so, wer mag euch freien? keiner wird's, / Ihr Kinder, sondern sicher ist es, dürre / Vergehen müsset ihr und ohne Hochzeit.« (Sophokles, *König Ödipus,* V. Akt) Als Jungfrau, Lesbe und kinderlose Frau, die aber Kinderpsychoanalytikerin war, bewies Anna, dass Freud in *Die endliche und die unendliche Analyse* zu Recht geschrieben hatte, drei Dinge seien unmöglich: analysieren, herrschen und lehren.

1989 (September): Die Erinnerungen der Hausangestellten der Familie Freud, Paula Fichtl, erschienen unter dem Titel *Alltag bei Familie Freud.* Im Mai 1991 wurde mit *La famille Freud au jour le jour* die französische Übersetzung in der Reihe »Bibliothèque de Psychanalyse« bei Presses universitaires de France veröffentlicht, die von dem Psychoanalytiker Jean Laplanche betreut wurde. Paula Fichtl berichtete: »Die österreichische Regierung sei zwar ›ein mehr oder weniger faschistisches Regime‹, äußert Freud seinem Arzt Max Schur gegenüber, trotzdem, so erinnert sich der Freud-Sohn Martin Jahrzehnte später, ›hatte sie all unsere Sympathien‹. Das Gemetzel der Heimwehr unter den Arbeitern von Wien läßt Sigmund Freud kalt.« (S. 73) Wir erinnern uns, dass bei dem Massaker zwischen 1500 und 2000 Menschen ums Leben kamen.

2003: Freuds Urenkelin Sophie, Autorin von *Im Schatten der Familie Freud. Meine Mutter erlebt das 20. Jahrhundert,* sagte gegenüber dem *Toronto Star* vom 16. November 2003: »Freud und Hitler teilten die gleiche Umgebung. Sie teilten auch den Ehrgeiz, die Menschen von einer Wahrheit überzeugen zu wollen – der eine mittels brillanter Rhetorik, der andere mit brutaler Gewalt. Beide wurden von ihren Anhängern verehrt und standen an der Spitze bedeutender Bewegungen. In meinem Augen sind Adolf Hitler und Sigmund Freud zwei falsche Propheten des 20. Jahrhunderts.«

Die Verlogenheit der Schüler

2005 (September): Mit dem Erscheinen von *Livre noir de la psychanalyse* lag auf Französisch erstmals eine Zusammenschau der Lügen vor, die Freud, den Freudianern und der Psychoanalyse vorzuwerfen sind.

Élisabeth Roudinesco veröffentlichte *Pourquoi tant de haine? Anatomie du Livre noir de la psychanalyse* bei Navarin. Mit seltener Vehemenz bezichtigte sie das Buch, Freud angegriffen zu haben: »Freud wird als Lügner, Scharlatan, Fälscher, Plagiator, Frauenhasser, Kokainabhängiger; Propagandist, als sexbesessener, geld- und machtgieriger Mensch dargestellt, der wie eine Art Diktator die ganze Welt mit einer Irrlehre täuschte« (S. 9). In ihren Augen sind das falsche Anschuldigungen. Sie zeichnete das Bild eines Freud, der stets die Wahrheit sagte, der ein genialer Wissenschaftler, mutiger Erfinder und Feminist war; der nie Kokain konsumiert hatte; der ein ehrlicher und ernster Denker war, sexuell enthaltsam lebte und sich weder um Geld noch Macht kümmerte; der ein großer Demokrat und liberaler Jude war und die Philosophie der Aufklärung verkörperte.

2006 (Februar): Unter der Leitung des Lacan-Schülers Jacques-Alain Miller erschien, *vorgeblich* als Antwort auf die kritische Zusammenschau, welche Freuds Tempelwächter so verärgert hatte, ein *Anti-livre noir de la psychanalyse*. Es war *scheinbar* die Antwort auf das Buch von 2005. In Wahrheit enthält es Beiträge eines Kolloquiums, das sich gegen kognitive Verhaltenstherapien richtete und am 9. April 2005 stattgefunden hatte – also *fünf Monate vor* der Veröffentlichung von *Livre noir.* Es stellte die kritische Auseinandersetzung mit Freud als eine billige Strategie zur Verteidigung von Marktanteilen auf dem Feld der Psychotherapien dar.

2057: Der Zugriff auf bestimmte Archive wird erlaubt.

Weshalb verwehrt man der Forschung den Zugang, wenn man nichts zu verbergen hat?

Fortsetzung: onfray.over-blog.com